Werner Gitt

Vorwort von William Dembski

INFORMATION
Der Schlüssel zum Leben

Naturgesetze und die Herkunft des Lebens

Schlussfolgerungen, die die Existenz Gottes beweisen und Materialismus und Evolution widerlegen

Naturwissenschaft und Gottes Botschaft an die Menschen

CLV

Die verwendeten Bibelzitate sind der Luther-Übersetzung entnommen. Andere Übersetzungen sind entsprechend gekennzeichnet. (E bedeutet: [revidierte] Elberfelder Bibel 2006.)

1. deutsche Auflage 1986: *Energie – optimal durch Information*
2. deutsche Auflage 1994: *Am Anfang war die Information*
3. deutsche Auflage 2002: *Am Anfang war die Information*
(jeweils erschienen im Verlag SCM Hänssler, 71087 Holzgerlingen)
4. deutsche Auflage 2016: *Information – Der Schlüssel zum Leben*
5. deutsche Auflage 2017: *Information – Der Schlüssel zum Leben*
6. deutsche Auflage 2018: *Information – Der Schlüssel zum Leben*
7. deutsche Auflage 2020: *Information – Der Schlüssel zum Leben*
8. deutsche Auflage 2023: *Information – Der Schlüssel zum Leben*
(jeweils erschienen im Verlag CLV, 33649 Bielefeld)

1. englische Auflage 1997: *In the Beginning was Information*, CLV, Bielefeld
2. englische Auflage 2000: *In the Beginning was Information*, CLV, Bielefeld
3. englische Auflage 2001: *In the Beginning was Information*, CLV, Bielefeld
4. englische Auflage 2011: *Without Excuse*
ISBN 978-1-921643-41-5

Atlanta, Georgia, USA
www.creationbookpublishers.com
Webseite: www.CREATION.com

Ravensberger Bleiche 6 · 33649 Bielefeld
Internet: www.clv.de

Rückübersetzung aus dem Englischen: Hermann Grabe
Redaktion: Marion und Werner Gitt
Umschlag: Andreas Fett, Meinerzhagen
Satz: EDV- und Typoservice Dörwald, Steinhagen
Druck und Bindung: ARKA, Cieszyn, Polen

Artikel-Nr. 256347
ISBN 978-3-86699-347-1

SOLI DEO GLORIA

Denn Gottes unsichtbares Wesen,
das ist seine ewige Kraft und Gottheit,
wird seit der Schöpfung der Welt ersehen
aus seinen Werken, wenn man sie wahrnimmt,
sodass sie keine Entschuldigung haben.

Römer 1,20

Inhalt

Anhang 2:

Anhang 3:

Impressionen zu diesem Buch

Das vorliegende Buch von *Werner Gitt* fasst die Frucht eines ganzen Forscherlebens auf dem Gebiet der Informationswissenschaft zusammen. Dr. *Gitts* zentrale These ist von weitreichender Bedeutung und besagt, dass Information eine nicht-materielle Größe ist, die allem Lebendigen zugrunde liegt und die niemals spontan aus rein materiellen Prozessen (physikalische und chemische Vorgänge) entstehen kann. Er liefert die präziseste und zudem praktisch anwendbare Definition für Information, die bisher formuliert wurde, und zeigt den Unterschied zwischen Universeller Information (wirklicher Information) und allem anderen, was oftmals irrtümlich als Information bezeichnet wird. Dr. *Gitt* hat demonstriert, dass Information nur aus einer intelligenten Quelle hervorgehen kann und dass letztlich alle nützliche Information, einschließlich der biologischen, von Gott ausgegangen ist. Dieses Buch zu lesen, bedeutet eine Herausforderung, die anzunehmen sich aber für alle lohnt, die den eigentlichen Ursprung und den Zweck aller Information erkennen möchten.
Dr. John Sanford, Prof. emeritus (Honorarprofessor), Cornell University New York; Pionier der Gentechnik und Erfinder der »Gen Gun« (USA).

In diesem Buch lässt uns Professor *Gitt* an dem Ertrag jahrelanger Forschung und detaillierter Untersuchungen an lebenden Systemen teilhaben. Er behauptet zu Recht, dass man das Wesen der Welt, aller Pflanzen und lebenden Geschöpfe nur dann verstehen kann, wenn man Information als die Grundlage all ihrer Funktionalität und Existenz als solche begreift. *Gitt* zeigt, dass Information dem Wesen nach nicht-materiell ist und darum grundsätzlich nicht in Begriffen einer materialistischen Weltsicht definiert werden kann, weil die ursprüngliche Botschaft den Code übersteigt und der Code wiederum mehr ist als Masse und Energie. *Gitt* legt überzeugend dar, dass die biblische Weltsicht die einzige Möglichkeit bietet, die informationsreiche Welt zu verstehen, die Gott durch seinen Sohn – den Logos – geschaf-

fen hat, der auch jetzt alle Dinge durch das Wort seiner Macht erhält (Hebräer 1,3). Ich empfehle dieses Buch wärmstens.
Professor Andy C. McIntosh, DSc, FIMA, CMath, FEI, CEng, FInstP, MIGEM, FRAeS; University of Leeds (UK).

Das Buch in der deutschen Fassung, *Information – Der Schlüssel zum Leben*, ist ein verständlich geschriebenes, aussagestarkes Werk, das die Leser dahin bringt, sich der Wissenschaft, ihrer Bedeutung und Anwendung unvoreingenommen zu nähern. Eine der Aussagen dieses Buches, dass sowohl die Information als auch deren Quelle in Wirklichkeit nicht-materiell sind, wird den meisten Wissenschaftlern revolutionär erscheinen. Nach vorherrschender, wenn auch unrichtiger Aussage des materialistischen Dogmas besteht das Universum nur aus Interaktionen von Masse, Energie, Raum und Zeit. Wird unser Denken davon befreit, dann – so zeigt *Gitt* – erkennen wir, wie sehr diese Weltsicht den Kenntnissen der Informationswissenschaft widerspricht. Sie zeigen nicht nur durch einfache Beschreibungen, sondern auch mit vielerlei Fakten – nicht nur über Information –, wie wichtig Information für alles Lebendige ist. Erfrischend werden die Leser herausgefordert, sich darüber klar zu werden, dass man die Quelle aller Information, den Herrn Jesus Christus, durch sein Wort der Wahrheit, die Bibel, kennenlernen muss.
Dr. Randy J. Guliuzza, P.E., M.D., National Representative, Institute for Creation Research, Dallas (USA).

In diesem Buch verteidigt *Werner Gitt* tapfer die These, dass es Naturgesetze für Information gibt. Und das hat radikale Konsequenzen für die Art und Weise, wie wir alles, vom Computer bis zur Zellbiologie, anzusehen haben. *Gitts* sorgfältig begründete Argumente machen dieses Werk über Information zu einem »Muss« für all jene, die sich mit den Auswirkungen des Konflikts Evolution versus Schöpfung beschäftigen.
Dr. Lael Weinberger, J.D., Autor, Creation Ministries International (USA).

Wissenschaft wird von dem Streben nach Wissen und neuer Erkenntnis vorangetrieben. Wissenschaftler möchten es selbst wissen, und sie möchten es auch anderen vermitteln, »was die Welt im Innersten zusammenhält«. Jetzt, wo die trennenden Grenzen zwischen den klassischen Disziplinen Physik, Chemie und Biologie durchlässiger werden und Konzepte aus einer Disziplin auf andere Disziplinen in wahrhaft interdisziplinärer Weise angewendet werden können, wird deutlich, dass die materialistische Weltanschauung unvollständig ist. *Werner Gitt* geht es darum, Information als eine nicht-materielle und doch sehr reale Größe zu definieren, und liefert ausgezeichnete Beweise für deren hierarchische Struktur in fünf Ebenen. Aber das nicht allein, *Gitt* lädt den Leser ein, ihm über die bloße Beschreibung seines Informations-Konzepts hinaus zu folgen. Sein Durchbruch in der Informationswissenschaft machte es nicht nur möglich, die Frage zu beantworten, was das Leben ermöglicht (seine Information), sondern er gibt auch Antworten auf die weit grundlegenderen Fragen des Lebens, nämlich: *Woher kommen wir? Warum sind wir hier?* und *Wohin werden wir einmal gehen?*
Olaf Karthaus, Prof. Dr. rer. nat., Head of Dept. of Bio- and Material Phonetics, Chitose Institute of Science and Technology Chitose, Hokkaido (Japan).

In diesem Buch analysiert Dr. *Gitt* das Konzept der Information und schlägt eine Definition vor, die intuitiv befriedigt und die er Universelle Information nennt, um sie von anderen Definitionen zu unterscheiden, wie etwa von der Shannonschen Information. Er liefert starke Beweise dafür, dass jede Universelle Information Intelligenz bedarf und dass das Leben auf Universeller Information basiert. Daraus folgt konsequenterweise: Das Leben benötigte zu seiner Entstehung Intelligenz. Wie die Dinge heute stehen, kann man dieser Schlussfolgerung nur mithilfe von Ausreden entkommen. Dieses Buch ist sehr wichtig für jeden, der über die Bedeutung und die Herkunft des Lebens nachdenkt.
Paul Giem, M. D., Science-Religion Researcher, California (USA).

Dieses grundlegende Buch über die Information hat weitreichende Folgen und kommt einer vollständigen Widerlegung der naturalistischen (ungesteuerten) Evolution gleich. Das Leben ist voller Information und muss daher einer intelligenten Quelle entspringen. Als Wissenschaftler mit unanfechtbaren Verdiensten entfaltet und behandelt Dr. *Gitt* diese Information auf ganz neue Art und Weise. Jeder, der vorurteilsfrei etwas lernen möchte, sollte dieses Buch lesen.
John D. Morris, Ph.D. in Geologietechnik, Präsident des »Institute for Creation Research« (Dallas, USA).

Wer im nachchristlichen Westen den »Kulturkampf« verfolgt, ist es gewöhnt, überall zu sehen, wie die Kräfte des Materialismus bzw. des Naturalismus fest darauf vertrauen, dass ihre Ansichten, gehüllt im Mantel wissenschaftlicher Glaubwürdigkeit, daherkommen. In diesem Buch wirft *Werner Gitt*, früher Direktor und Professor an der renommierten Physikalisch-Technischen Bundesanstalt in Braunschweig, dieser selbstgefälligen Anmaßung den Fehdehandschuh hin. Seit der Erstausgabe seines Buches mit dem Titel *»Am Anfang war die Information«* hat er seine Argumentation beträchtlich ausgebaut, sodass dieses Buch in noch stärkerem Maße eine mächtige Herausforderung für die materialistische und evolutionistische Weltanschauung ist. Wir werden mit großem Interesse verfolgen, ob die Naturalisten fortfahren, die vorgebrachten Argumente zu ignorieren oder zu verfälschen, oder ob sie endlich anfangen werden, sich ernsthaft mit den wissenschaftlichen Thesen des Autors auseinanderzusetzen.
Dr. Carl Wieland, ehemaliger Direktor und Gründer von »Creation Ministries International« (Brisbane, Australien).

Vorwort 1 zur englischen Ausgabe

von William A. Dembski

Im ersten Kapitel des Römerbriefs macht der Apostel Paulus deutlich, dass die Eigenschaften der physikalischen Welt nicht nur ausreichende Beweise für die Existenz Gottes liefern, sondern auch dafür, den Atheismus intellektuell nicht nur für unhaltbar, sondern sogar für moralisch verwerflich zu erklären. Unwissenheit über Gottes Macht und Herrlichkeit entsteht niemals schuldlos, sondern immer willentlich. Somit hat *Bertrand Russels* berühmtes Bonmot vor allem innerhalb der christlichen Theologie niemals für eine gute Ausrede gegolten, wenn er sagte, er werde dort »am Perlentor« auf die Frage, warum er nicht geglaubt habe, antworten: »Die Beweise reichten mir nicht!« Die physikalische Welt hat seit jeher ausgereicht, die Menschheit von der Macht und Herrlichkeit Gottes zu überzeugen, und das Gegenteil zu behaupten, galt stets als Zeichen von Torheit (z. B. Psalm 14,1).

Professor *Werner Gitt* war einer der ersten christlichen Denker, der die grundlegende Verbindung zwischen der mathematischen Informationstheorie und den Beweisen für Gottes Eingreifen in diese Welt durch das gesprochene Wort (siehe 1. Mose 1 und Johannes 1) erkannte. Somit ging dieses (englische) Buch »*Without Excuse*« aus dem deutschen Buch »*Am Anfang war die Information*« [G31] hervor. Doch was aus dieser physikalischen Welt liefert nun wirklich Beweise für Gott? Wäre das Universum ein riesiger homogener Pudding, wäre es sicher schwierig, Gottes Macht und Weisheit in der Schöpfung zu erkennen. Aber die Welt ist weder ein Pudding noch ein Brei. Sie ist ein Raum-Zeit-Kontinuum, und Masse und Energie sind hierarchisch auf präzise Strukturen aller möglichen Organisationsebenen verteilt. Sowohl die Kosmologie als auch die Biologie liefern klare Beweise für Gott. In diesem Buch wird der Blick besonders auf den biologischen Plan und die Konstruktion gerichtet. Das Argument lautet: Die riesige Komplexität und die genaue Organisation der DNS – der Information des Lebens! – liefern den abschließenden Beweis für das Einwirken einer nicht-materiellen Größe auf diese Welt. Information ist – wie in diesem Buch reichlich demonstriert – wesensmäßig nicht-materiell und liegt darum völlig außerhalb irgendeines reduktiven Materialismus.

Materialistische Wissenschaftler konnten sich darum nie mit *Werner Gitts* Schlussfolgerungen anfreunden. Für sie sind die Materie und die Gesetze, nach denen sie funktionieren, unverhandelbar. Intelligenz ist nach ihrer Meinung das Ergebnis eines historisch langen materialistischen Prozesses, der über die kosmische, chemische und biologische Evolution ablief. Diese Vorgänge seien danach ohne jegliche Beteiligung von Intelligenz vor sich gegangen. Der Nobelpreisträger und Biochemiker *Christian de Duve* spricht das in seinem Buch *Vital Dust* [D6] deutlich aus. Darin beschreibt er mehrere »Zeitalter« in der kosmischen Geschichte. In seiner Chronologie geht das Zeitalter der Chemie dem der Information voraus. Somit ist für Professor *de Duve* und ebenso für alle materialistischen Wissenschaftler Information nicht etwas, was logischerweise der Physik und der Chemie vorausgeht, sondern was aus ihnen hervorgegangen ist.

Werner Gitt hingegen argumentiert, dass Information, wie wir sie in lebenden Systemen wahrnehmen, unmöglich aus materiellen Prozessen entstehen konnte, die nicht durch Intelligenz gesteuert wurden. In diesem Punkt gleicht *Werner Gitts* Denken dem vieler Design-Theoretiker diesseits des Atlantiks (Anmerkung des Autors: aus US-amerikanischer Sicht). Die Intelligent-Design-Bewegung hat von Anfang an die wichtige Rolle der Information als Kennzeichen für Intelligenz erkannt und gleichzeitig auch gesehen, dass rein materielle Faktoren unfähig sind, das Wesen der Information zu erklären. Doch haben wir den Schwerpunkt ein wenig anders gelegt als *Werner Gitt*, indem wir mehr auf die statistischen und die Komplexitäts-Eigenschaften von Mustern achteten, die mit der Tätigkeit von intelligent Handelnden zusammenhängen. *Werner Gitt* ist sich dieser Arbeit bewusst und zieht in Kapitel 11 (Antwort A23) Verbindungslinien dorthin. Doch sein Zugang zur Information ist breiter angelegt als bei den meisten amerikanischen Design-Theoretikern, indem er auch die Semantik, Pragmatik und Zielgerichtetheit (er nennt sie »Apobetik«) der Information in Betracht zieht.

Meine warmen Empfehlungen für dieses Werk sollten allerdings nicht als Blanko-Akzeptanz jeder einzelnen seiner Annahmen missverstanden werden. So möchte ich die Leser ermutigen, nicht zu vergessen, dass die Intelligent-Design-Bewegung aufs Ganze gesehen eine Vielfalt von Sichtweisen umschließt. Bei den wichtigsten Einsichten besteht Übereinstimmung: Vertreter des Intelligent Design stimmen darin überein, dass Information ein primäres und irreduzibles Merkmal der geschaffenen Ordnung ist und dass rein materielle Kräfte nicht in der Lage sind, Information zu erzeugen, und dass die natürliche Auslese nicht jene Information zu liefern vermag, der wir in der Biologie begegnen (vor allem die materialistischen Theorien der Evolution sind damit erledigt). Trotzdem gibt es innerhalb der Intelligent-Design-Gemeinde über bestimmte Details und hinsichtlich der zeitlichen Aufeinanderfolge von Schlüsselereignissen betreffs der Information des Kosmos und des Lebens eine Vielfalt von Ansichten.

Als Mathematiker mit Erfahrung im Umgang mit technischer Literatur fand ich den Aufbau und die Darstellung in diesem Buch sehr verständlich. Leser ohne diesen Hintergrund oder diese Erfahrung könnten allerdings so etwas wie einen »Kulturschock« erleben. Solchen Lesern möchte ich aber empfehlen, Geduld zu bewahren und sich durch all das hindurchzuackern, auch wenn für sie sowohl von der Terminologie als auch von der Darstellung her Neuland auf sie wartet. Bedenken Sie, dass für ein völlig neuartiges Konzept neue Wörter geprägt werden mussten. In meinem Bücherschrank steht eine umfangreiche Enzyklopädie der Physik aus dem Jahr 1992. Darin erscheint das Wort »Information« weder in der Inhaltsangabe noch in dem sehr ausführlichen Index. Information steckt, was die Naturwissenschaften angeht, noch in den Kinderschuhen. Dieses Buch trägt dazu bei, dass die Diskussion vorankommt und ausgereifter wird.

Obwohl ich das Deutsche in Sprache und Schrift beherrsche, weil ich fünf Jahre in Deutschland gewohnt habe, freute ich mich sehr, im Jahr 1998 die damals neu erschienene englische Ausgabe [G14] von *»Am Anfang war die Information«* erwerben zu können. Jetzt, etwas mehr als ein Jahrzehnt später, ist es mir ein Vergnügen, dieses erweiterte und überarbeitete Folgewerk ebenfalls auf Englisch lesen zu können. Ich schätze die darin enthaltenen wissenschaftlichen Einsichten. Aber noch mehr schätze ich die Hingabe an unseren Gott und Heiland Jesus Christus. Er ist das fleischgewordene Wort – DIE INFORMATION.

William A. Dembski, Forschungs-Professor der Philosophie am Southwestern Seminary in Ft. Worth (Texas) und Senior Fellow beim Discovery Institute's Center for Science and Culture, Doktor der Mathematik und Doktor der Wissenschaftstheorie. Er ist ein sehr erfolgreicher Buchautor, der auch die erste wissenschaftliche Monografie über Intelligent Design verfasste (*The Intelligent Design Inference*, Cambridge University Press). Auch gründete er das erste Intelligent-Design-Zentrum an einer größeren Universität (Baylor University's Michael Polanyi Center).

Vorwort 2 zur englischen Ausgabe[1]

von Werner Gitt

Wir leben im Informationszeitalter, und Computer spielen heute eine derart zentrale Rolle, dass es keinen Zweig der Wissenschaft, der Technik und der Verwaltung gibt, in dem dieses revolutionierende und effektive Werkzeug nicht eingesetzt wird. Der Begriff *Information* ist damit zum Schlüsselwort des Verständnisses von Prozessen in technischen, aber auch in lebenden Systemen geworden.

Aber was ist Information? *Claude Shannon* war der Erste, der sich diese Frage stellte und eine mathematische Theorie entwickelte. Seine Definition ist leider nur für statistische Anwendungen geeignet, denn die wesentlichen Merkmale der Information, nämlich ihre Bedeutung, ihre Wirkung und ihre Zielsetzung bleiben völlig unberücksichtigt.

Als Informationswissenschaftler habe ich das als eine Herausforderung empfunden und mich in über 30-jähriger Forschungsarbeit mit der Größe *Information* beschäftigt. Als Durchbruch empfand ich die Erkenntnis, dass Information keineswegs der Materie zugeschlagen werden kann, sondern eine eigenständige, nämlich eine nicht-materielle Größe ist. Das steht konträr zu all jenen Publikationen, die durch das weithin akzeptierte Weltbild der Evolutionstheorie geprägt sind.

Nach der erarbeiteten Definition für Information gelang es erstmals, Naturgesetze für eine nicht-materielle Größe – hier: Information – zu formulieren und daraus weitreichende Schlussfolgerungen zu ziehen. In dem in Deutsch erschienenen Buch »Am Anfang war die Information« [G31] und in zwei englischsprachigen Aufsätzen [G32] ist der bisherige wissenschaftliche Stand publiziert.

Durch die Zusammenarbeit mit den beiden amerikanischen Wissenschaftlern Dr. *Bob Compton* (Idaho, USA) und Dr. *Jorge Fernandez*

1 Vorwort 1 und Vorwort 2 stehen auch in der englischen Fassung »Without Excuse«.

(Florida, USA) wurde die von [G31] (*Am Anfang war die Information*, 3. deutsche Auflage, 2002) ausgehende englische Übersetzung erweitert und hier und da auch wissenschaftlich präziserer formuliert. Insbesondere wurden drei neue Begriffe eingeführt: *Universal Information* (UI) statt bisher nur »Information«, *Cosyntics*[2] anstelle von »Syntax« und *Scientific Laws of Information* anstatt »Laws of Nature about Information« (Naturgesetze über Information).

Das vorliegende Buch gliedert sich in zwei strikt voneinander getrennte Bereiche. Von Kapitel 1 bis 8 geht es ganz konsequent um ausschließlich wissenschaftliche Darlegungen und die daraus zu ziehenden Schlussfolgerungen. Zunächst wird sehr ausführlich über das Grundsätzliche von Naturgesetzen gesprochen. Nach der Herleitung einer exakten Definition für UI werden empirische Sätze formuliert, die aus den Beobachtungen uns bekannter Systeme, wie z.B. natürliche und maschinelle Sprachen, ableitbar sind.

Im nächsten Schritt werden vier Naturgesetze für UI (Scientific Laws of Information, SLI) präzisiert. Bei der Analyse der lebenden Systeme stellt sich heraus, dass alle Lebewesen auf UI basieren. Somit sind diese Naturgesetze auch hier gültig, und es können weitreichende Schlussfolgerungen gezogen werden. In Kapitel 8 sind diese ausführlich erläutert.

Ab Kapitel 9 überschreiten wir die jeder Wissenschaft gesetzten Grenze und benutzen die Bibel als göttliche Informationsquelle, die über das menschliche Denken weit hinausgeht. Wir legen durch einen mathematisch-prophetischen Beweis Rechenschaft darüber ab, dass die Bibel als Buch der Wahrheit absolut vertrauenswürdig ist. Durch Vergleich der zuvor abgeleiteten wissenschaftlichen Schlussfolgerungen mit der biblischen Offenbarung wird die Übereinstimmung der Aussagen nachgewiesen.

2 In der nun vorliegenden deutschen Fassung wurde der bereits früher eingeführte Begriff »Syntax« beibehalten.

In unserer materialistisch und wissenschaftlich geprägten Zeit glaubt man der Wissenschaft mehr als der Bibel. Woran liegt das? Die heutige Naturwissenschaft ruht auf zwei nicht begründbaren Pfeilern: Der eine heißt Materialismus, d.h. alle Phänomene dieser Welt werden ausschließlich aus der Materie stammend gedeutet. Und der zweite Pfeiler (er ist eine Folge des ersten) der heutigen Wissenschaften ist der »Methodische Atheismus«. Es ist jenes Prinzip, wonach Gott bei allen wissenschaftlichen Gedankengängen vollständig auszuklammern ist. Beide Pfeiler sind durch die in diesem Buch ausführlich erläuterten *Naturgesetze der Information* zum Einsturz gebracht worden.

In diesem Buch werden Materialismus, Atheismus und Evolutionstheorie widerlegt und die Existenz eines allwissenden und allmächtigen Gottes bestätigt. So gilt das, was seit fast zweitausend Jahren im Neuen Testament (Römer 1,20-21) steht, nun auch mit wissenschaftlicher Begründung:

> *»Denn Gottes unsichtbares Wesen, das ist seine ewige Kraft und Gottheit, wird seit der Schöpfung der Welt ersehen aus seinen Werken, wenn man sie wahrnimmt, sodass sie keine Entschuldigung haben. Denn obwohl sie von Gott wussten, haben sie ihn nicht als Gott gepriesen noch ihm gedankt, sondern sind dem Nichtigen verfallen in ihren Gedanken, und ihr unverständiges Herz ist verfinstert.«*

Es ist unsere Hoffnung und unser Gebet, dass dieses Buch bei vielen ein neues Denken anfacht, das sich tiefer in die Wahrheit eingräbt. Wer ohne Vorbehalte dieses Buch studiert, wird am Ende zu dem lebendigen Gott der Bibel umkehren. Im Epilog wird dieses größtmögliche Ziel, das uns Menschen je gegeben wurde, näher erläutert: Wir sind von Gott durch Jesus Christus Eingeladene des Himmelreiches. Wer diesen Weg beschreiten will, findet dazu eine praktikable Gebrauchsanweisung.

Vorwort zur 4. bis 7. deutschen Auflage

von Werner Gitt

Dieses Buch ist der Nachfolger des früheren Buchtitels *»Am Anfang war die Information«* [G25]. Ab der vierten Auflage (2016) lautet der neue deutsche Buchtitel *»Information – der Schlüssel zum Leben«*. Er wurde so gewählt, um ein Doppeltes auszudrücken:

- Der Begriff *Universelle Information* führt uns über seine Naturgesetze zu Schlussfolgerungen über die Herkunft des Lebens.
- Ab Kapitel 9 spielt die Bibel eine zentrale Rolle, und sie ist es, die uns die erforderliche Information zum ewigen Leben liefert.

Das Buch ist also so gestaltet, dass wir zwei voneinander unabhängige Informationsquellen benutzen: Die Naturgesetze der Information sagen uns in wissenschaftlicher Form Wesentliches über die **Herkunft des Lebens**, und die Bibel ist jene Informationsquelle, die uns über die **Zukunft des Lebens** (= ewiges Leben) verbindlich informiert.

Das Buch wurde wissenschaftlich aktualisiert, neue Fakten kamen hinzu und anderweitig publizierte Beiträge (z. B. »Der Prophetisch-mathematische Gottesbeweis« und »Was Darwin noch nicht wissen konnte«) wurden neu aufgenommen, weil sie meines Erachtens gut zum Kontext des Buches passen.

In den Kapiteln 1 bis 8 wird ausschließlich mit wissenschaftlichen Fakten argumentiert[3]. Einige der grundlegenden Fragen zum Themenkreis »Herkunft des Lebens« konnten durch Schlussfolgerungen unter Verwendung von Naturgesetzen geklärt werden. So wie es bei allen Wissenschaften der Fall ist, gelangen wir auch hier an eine Erkenntnisgrenze, die durch menschliche Vernunft nicht übersprungen werden kann. Naturgesetze können uns nicht die Frage beantworten, *wer* der Schöpfer ist und ob wir überhaupt die Möglichkeit haben, ihn kennenzulernen. Dazu ist eine andere Erkenntnisquelle nötig. Ausführlich wird geprüft, ob die Bibel diese Quelle ist, und auch, ob sie sogar die einzig mögliche ist. Nachdem dieser Nachweis durch den

---

3 Nur in Ausnahmefällen nehmen wir im Vorgriff auf die Ergebnisse von Kapitel 9.3.4 schon biblische Bezüge mit hinein, um einen Gedankengang nicht aufsplitten zu müssen.

»Prophetisch-mathematischen Gottesbeweis« erbracht wurde, kommen die Aussagen der Bibel reichlich zum Zuge. Insbesondere wird festgestellt, dass die wissenschaftlichen Schlussfolgerungen mit den Aussagen der Bibel vollständig übereinstimmen.

Wenn neue wissenschaftliche Ideen publiziert werden, bleibt es nicht aus, dass Skeptiker das Neue kritisch hinterfragen. So gab es beispielsweise folgende Fragen: Was ist ein Beweis? Kann Gott überhaupt bewiesen werden? Können die biblischen Prophetien als unabhängig voneinander angesehen werden, um die mathematische Wahrscheinlichkeitsrechnung überhaupt darauf anwenden zu können? Wenn Kritiken am Anfang auch schmerzen, so tun sie letztlich einen wertvollen Dienst: Eine Theorie wird auf einen sichereren Grund gestellt, oder das Modell wird präziser formuliert, oder aber es muss wegen erkannter Fehler verworfen werden. Auf diese Weise ist seit der sechsten Auflage (2018) der Anhang A5 »Nachlese zu diesem Buch« entstanden. Dort findet der wissenschaftlich Interessierte etliche neue Erkenntnisse, zu denen ich erst durch das kritische Hinterfragen gelangt bin.

Die englische Version (2011) mit dem Titel »Without Excuse« (»Ohne Entschuldigung« ist Römer 1,20 entlehnt) ging diesem Buch zeitlich voraus. Diese jetzige 7. deutsche Auflage ist nun – wissenschaftlich gesehen – dem englischen Buch wiederum ein Sprung voraus.

Dieses Buch »Information – Der Schlüssel zum Leben« (ohne den Anhang A5) wurde inzwischen vom Englischen ins Chinesische (2015) übersetzt. Von der früheren Fassung »Am Anfang war die Information« gibt es Übersetzungen[4] in Japanisch, Polnisch, Russisch und Ungarisch. In Kürze erscheint das Buch in der neuesten Fassung mit dem Stand dieser 7. Auflage in Holländisch, Polnisch, Portugiesisch, Russisch und Ungarisch. Mai 2020

---

4 *Chinesisch:* Printed in Taiwan 2015, ISBN: 978-957-727-462-5, 392 S. Cosmic Light INC, Fl. 8, No. 24, Sec. 2, Hoping East Rd., Taipei 10662, Taiwan.
Japanisch: Printed in Japan 2008, 399 S., ISBN: 978-4-264-02622-8.
Polnisch: Printed in Poland, »Na początku była informacja«, Wydawnictwo THEOLOGOS, 2009, 341 S., ISBN 978-83-927002-4-1.
Russisch: Printed in Crimea, »В начале была информация«, 2008, Simferopol, 341 S., ISBN: 978-966-491-019-1(укр.).
Ungarisch: Printed in Hungary, »Kezdetben volt az információ«, 1998, 232 S., Evangéliumi Kiadó és Iratmisszió, HU-1066 Budapest, Ó utca 16, Felelös szerkesztö: Péter Vohmann, ISBN: 963 9012 67 X.

Einführung

Seit Jahrzehnten herrscht ein Konflikt zwischen den Vertretern der Schöpfung und der Evolution. Diese Auseinandersetzung hat vor allem nach der Veröffentlichung von *Darwins »On the Origin of Species«* (»Die Herkunft der Arten«; 1859) an Heftigkeit zugenommen. Die Naturwissenschaft ist einer der wichtigsten Schauplätze dieses Konfliktes, obwohl auch Philosophie, Theologie, Gesetzgebung, Ökonomie, die Künste, Erziehung und eigentlich alle anderen Betätigungsfelder involviert sind.

Viele Menschen sind der Überzeugung, dieser Konflikt beruhe auf dem Konzept »Religion gegen Wissenschaft« oder »blinder Glaube gegen gesicherte Tatsachen« oder »Emotionen gegen Rationalität«. Dies ist ein Missverständnis, das nur aus Argumenten entstanden ist, die das eigentliche Thema gar nicht berühren. Es geht hier nicht um »Religion gegen Wissenschaft«, denn beide Seiten sind zweifelsfrei ideologischer Natur und können daher als »religiös« bezeichnet werden. Den Beweis dafür liefert das gewöhnliche Argument der Evolutionsvertreter, ihre Position sei nicht religiös oder metaphysisch begründet. Sie scheinen davon überzeugt zu sein, die Position der Schöpfung beruhe ausschließlich auf christlichen Glaubenssätzen, während die Evolution allein von harten wissenschaftlichen Fakten ausgehe. Der US-amerikanische Quantenphysiker und Philosoph *David Bohm* (1917–1992) sagt in den »Sketches« *Further Remarks on Order* in dem 1969 herausgegebenen Buch *Towards a Theoretical Biology* sehr treffend:

> *»Es ist wohl erwiesen, dass jeder Mensch eine Art Metaphysik in sich trägt, auch wenn er meint, frei davon zu sein. In Wirklichkeit folgt gerade ein völlig selbstsicherer Mensch, der ›sich nur durch das leiten lässt, was er versteht‹, einer besonders gefährlichen Metaphysik, nämlich einer, der er sich nicht bewusst ist … Solche Metaphysik ist deshalb so gefährlich, weil deren Annahmen und Ableitungen als direkt beobachtete Fakten missdeutet werden, mit dem Ergebnis,*

dass sie sehr effektiv und auf beinahe unveränderbare Weise mit der Struktur seines Denkens verflochten sind. Worum geht es also? Jeder muss sich – soweit es irgend möglich ist – über seine metaphysischen Vorurteile klar werden.«

In ihrem Bemühen, die schöpfungstheoretische Option zum Schweigen zu bringen, haben die Evolutionsvertreter versucht, vorgebrachte wissenschaftliche Argumente, die für einen Ideengeber dieser Welt und allen Lebens sprechen, auszuhebeln, und hier ganz besonders jene wissenschaftlichen Argumente, die einen Bezug zur Bibel haben. Die Ideen der Evolutionslehre werden auf vielfältige Weise verbreitet: in Schulen, in Unterhaltungs- und Nachrichtenprogrammen, in populärwissenschaftlichen Rundfunk- und Fernsehsendungen. Besonders Letztere haben sich zu Formen der Propaganda ausgewachsen, denn all das, was aus wissenschaftlicher Sicht gegen diese Idee spricht, wird beharrlich ignoriert. Die traurige Wahrheit dabei ist noch: Diese einseitige Beeinflussung, der die Öffentlichkeit pausenlos ausgesetzt ist, hat viele Christen dazu verleitet, an ihrem eigenen Glauben zu zweifeln. Daher ist eines unserer Ziele, von unserer christlichen Warte aus, den Glauben zu stärken, indem wir neue Fakten vorstellen, die die Grundfesten der Evolution nicht nur erschüttern, sondern sie mithilfe von Naturgesetzen zu Fall zu bringen.

Die moderne Wissenschaft weist einige größere Schwachstellen auf, die offengelegt werden müssen. Eine davon ist z. B. die Argumentation darüber, was »Wirklichkeit« ist? Sowohl *Immanuel Kant* (1724–1804) im 18. als auch der US-amerikanische Wissenschaftsphilosoph *Thomas S. Kuhn* (1922–1996) im 20. Jahrhundert stellten die These auf, unsere Wahrnehmung der Wirklichkeit sei gestört, weil sie durch unsere sensorischen Rezeptoren aufgenommen und anschließend im Gehirn durch komplexe elektrochemische Prozesse subjektiviert wird. *Kuhn* erklärte ergänzend dazu, in unserem Gehirn würden bereits vorgefasste Konzepte und Vorurteile unsere Wahrnehmung der Wirklichkeit beeinflussen. In den letzten zwanzig Jahren wurde der Begriff »Weltanschauung« dazu benutzt, um diese neuralen Programme zu beschreiben, die unsere Wahrnehmung verändern.

Vereinfacht ausgedrückt ist eine *Weltanschauung* das, was man für wahr hält. Sie bildet dann den Ausgangspunkt für die Art und Weise, wie wir uns das erklären, was unsere Sinne uns berichten, aber auch um die Aktionen und Reaktionen des täglichen Lebens zu bestimmen. Was wir für wahr halten, beruht demnach auf dem, was wir gelernt haben, was man uns beigebracht hat und weiterhin auf unseren Vorurteilen und eigenen Erfahrungen. Die zwei in diesem Buch angesprochenen Weltanschauungen sind die der *Bibelgläubigen* (die die Bibel für wahr halten) und die der *Materialisten* (die nur glauben können, was ihnen ihre Sinne als wahr erscheinen lassen). Bibelgläubige und Materialisten sind in einem ständigen Konflikt miteinander.

- Ein **Mensch, der die Bibel für wahr hält**, glaubt, dass sie von Gott selbst inspiriert wurde. Darum behält die Bibel den Vorrang vor allem, was unsere Sinne uns sagen mögen oder wie wir unsere Sinneseindrücke zu erklären versuchen, ohne wissenschaftliche Fakten zu ignorieren.
- Ein **Materialist** hält sich für frei von allen religiösen oder metaphysischen Fallen, und er akzeptiert nur das, was seine Sinne ihn als wahr erkennen lassen. Er vertraut auf seine Fähigkeit, allen Input der Sinne erklären und verstehen zu können.

Daran erkennen wir: Keine dieser beiden Positionen ist neutral. Die *erste* Gruppe verlässt sich auf die Richtigkeit des göttlichen Wortes und die *zweite* auf die Fähigkeit ihres eigenen Gehirns und ihrer Sinne und leugnet jede weitere Erkenntnisquelle.

Während also bibelorientierte Christen (im Gegensatz zu Namenschristen, die die Bibel nicht als von Gott autorisiert ansehen) Gott und die Bibel in ihr Denken einbeziehen, tendieren Materialisten dazu, sich dagegenzustellen. Sie beschränken die Naturwissenschaft auf ausschließlich materielle Prozesse. Die Basis für das Evolutionsdenken ist der *Materialismus*. Er wird definiert als die Lehre, dass alles im Universum allein aus Masse und Energie und die sie beherrschenden Gesetze verursacht und erklärt werden kann:

»Die Ursache aller Phänomene ist die Materie, und der Determinismus ist die Grundlage allen wissenschaftlichen Fortschritts und aller Beurteilung.«
(*Claude Bernard*, Mysterious Matter of Mind, Custance, Arthur, 1890)

»Woraus bestehen lebendige Wesen? Bestehen sie aus einer besonderen Substanz, die nur in Lebewesen und nicht in leblosem Material vorkommt? Gibt es einen besonderen ›Geist‹ oder eine ›Lebenskraft‹, welche nur lebende Dinge besitzen? Hat das Leben eine physikalische und chemische Grundlage, die wir auf gleiche Weise zu verstehen und zu beschreiben hoffen dürfen, wie wir es bei Leblosem tun, etwa wie bei einem Automotor oder einer Rechenmaschine? Um darauf antworten zu können, müssen wir zunächst die Welt um uns her erforschen … eine Welt, die aus Materie und Energie besteht.«
(*Miller* und *Levine*, Biology, 2000, S. 45)

Somit lautet die Grundannahme des modernen wissenschaftlichen Establishments, die Wirklichkeit bestehe ausschließlich aus Raum, Zeit, Masse und Energie, wobei Masse und Energie als »Materie« angesehen werden kann. Aufgrund dieser Annahme erklären die Wissenschaftler alle beobachteten Phänomene einzig mit diesen Begriffen. Außerdem muss nach Annahme der säkularen Wissenschaftler die Materie in der Lage sein, sich über lange Zeiträume hinweg selbst zu organisieren.

Eine Weltanschauung, die a priori die Möglichkeit der Existenz eines Schöpfers oder Gottes ausschließt, ist eindeutig metaphysischer Art. Eine solche vorschnelle Selektion versieht die Wissenschaft mit Ketten des ideologischen Zwanges. Was ist der Grund hierfür? Vielleicht einzig der Wunsch, Gott möge es nicht geben?

Eine solche Haltung führt dann auch konsequenterweise zu dem Schluss, Evolution sei Wirklichkeit, weil ja keine anderen Kräfte und Gesetze als Erklärungsmöglichkeiten zugelassen werden. Komplexität, Intelligenz, Organisation – all das muss dann allein physikalisch-chemischen Prozessen zugesprochen werden. Dies jedenfalls versuchen sie zu beweisen, und darin liegt der logische Irrtum des *petitio principii* (die Schlussfolgerung zur Voraussetzung machen).

Nur noch diese einzige Weltanschauung ist bei den gängigen Wissenschafts-Journalen zugelassen. Dieses strikte Verharren in der Orthodoxie hat der österreichisch-britische Wissenschaftsphilosoph *Sir Karl Popper* (1902–1994) in seinem 1984 erschienenen Buch – *The Myth of Framework: In Defense of Science and Rationality* – gebrandmarkt:

> *»Ich meine, dass Orthodoxie der Tod der Erkenntnis ist, weil das Wachstum an Erkenntnis einzig vom Vorhandensein von Meinungsverschiedenheiten abhängt … Die Diskussion unter Leuten, die weitgehend einer Ansicht sind, kann kaum fruchtbar sein, auch wenn sie amüsant erscheinen mag. Hingegen kann die Diskussion zwischen zwei weit entfernten Denksystemen äußerst fruchtbar sein, selbst wenn sie manchmal extrem anstrengend und vielleicht nicht so vergnüglich ist (obwohl wir lernen sollten, uns daran zu erfreuen).«*

Mit dem hier vorliegenden Buch wollen wir dazu beitragen, den Denkzwang des methodischen Atheismus in den Naturwissenschaften zu überwinden. Wie noch ausführlich gezeigt wird, gelingt dies mit dem Phänomen »Information«, das im Computerzeitalter zur zentralen Größe in technischen Systemen geworden ist. Darüber hinaus ist Information die Kenngröße aller lebenden Systeme.

Das Wort »Information«, wie es in der Alltagssprache verwendet wird, ist für unsere Zwecke zu vage gefasst und kann leicht Verwirrung stiften. Wenn Information allerdings in ingenieurmäßigem Sinn der Speicherungs- oder Übertragungstechnik verstanden wird, kommt es weder auf deren Inhalt noch auf ihre Bedeutung an. Weil das Wort »Information« mehrdeutig verwendet wird, haben wir es unzweideutig definiert. Um Unklarheiten oder Verwechslungen mit anderen Verwendungen des Wortes »Information« zu vermeiden, haben wir unsere Definition »Universelle Information« (UI) genannt. Diese und nur diese Definition erlaubt es, Naturgesetze der Information zu formulieren. Allein deren Existenz stellt eine Herausforderung für die Weltsicht des Materialismus dar.

Bei näherer Betrachtung des besonderen Codierungssystems der DNS stellt sich heraus, dass alle biologische Information UI ist. Damit sind die Naturgesetze der Information auch für alle lebenden Systeme gültig. Somit konnten aussagekräftige logische Schlussfolgerungen für alle Lebewesen gezogen werden. Insbesondere ist zu folgern: Der Gott der Bibel existiert, und er ist verantwortlich für die Entstehung der Universellen Information und ihre Einbettung in das biologische Leben.

Die Ergebnisse repräsentieren so überwältigende Erkenntnisse, die es niemandem erlaubt, davon unberührt zu bleiben. Einige nehmen diese Wahrheit an und folgen ihr. Andere lehnen sie rundweg ab. Wieder andere ziehen es vor, sie zu ignorieren, wobei sie eine Haltung einnehmen, die man als »absichtliche Unwissenheit« bezeichnen könnte. Wie jemand auf diese Wahrheit reagiert, ist jedenfalls eine willentliche Entscheidung, die unausweichliche Konsequenzen für den betreffenden Menschen hat.

Huldigen wir dem Materialismus, dann folgen wir unseren eigenen Maßstäben für Recht und Unrecht und halten uns gegenüber niemandem für unsere Entscheidungen verantwortlich. Wenn die Bibel allerdings recht hat, dann finden wir dort die absoluten Maßstäbe, und wir werden einmal sowohl für unsere Entscheidungen als auch für unsere Handlungen zur Verantwortung gezogen. In der Bibel schreibt Paulus an die Römer:

> »*Denn Gottes unsichtbares Wesen, das ist seine ewige Kraft und Gottheit, wird seit der Schöpfung der Welt ersehen aus seinen Werken, wenn man sie wahrnimmt, sodass sie keine Entschuldigung haben*« (Römer 1,20).

Kapitel 1: Verschiedene Erscheinungsformen von Information

Einleitend wollen wir uns einige Beispiele komplexer Systeme anschauen und dabei immer wieder fragen: Was ist die Ursache dafür, dass solche Systeme in so bemerkenswerter Weise funktionieren?

1.1 Das Radnetz der Spinne

Bild 1 zeigt einen Ausschnitt aus dem Radnetz der Spinne *Cyrtophora*. Die Maschengröße beträgt etwa 0,8 x 1,2 Millimeter. Der Kreis im oberen Bildteil markiert den Ausschnitt, der im unteren Bild elektronenmikroskopisch nochmals stark vergrößert wurde. Diese Netze sind äußerst genial gebaut, und die Spinnen gehen mit dem vorhandenen Baumaterial extrem sparsam um. Die erforderliche Reißfestigkeit, die höher ist als bei einem Stahldraht gleichen Gewichts und ebenso auch höher ist als jede andere von Menschen hergestellte Faser (z. B. Fiber) wird mit minimalem Materialaufwand erreicht. Die Spiralfäden kreuzen nicht einfach die Radialfäden. Beide Fäden sind aus Stabilitätsgründen nicht nur punktförmig zusammengeheftet, sondern eine minimale Strecke laufen sie parallel und sind mit feinsten Spinnfäden verklebt.

Dieses Spinnennetz erweckt den Eindruck, als seien ein geschickt planender Architekt und ein geübter Weber am Werk gewesen. Im Körper der Spinne wird die zum Spinnen benötigte Seide hergestellt. Die Spinne benötigt zur Steuerung des Fertigungsprozesses und des präzisen Webens ein Rechensystem, das unseren Computersystemen in nichts nachsteht. Diese Arbeit tut sie so geschickt, als hätte sie einige Semester Festigkeitslehre, weitere Semester in Chemie, Architektur und Informationstechnik studiert. Nichts dergleichen ist aus dem Leben der Spinne zu berichten. Wer aber hat sie das alles gelehrt?

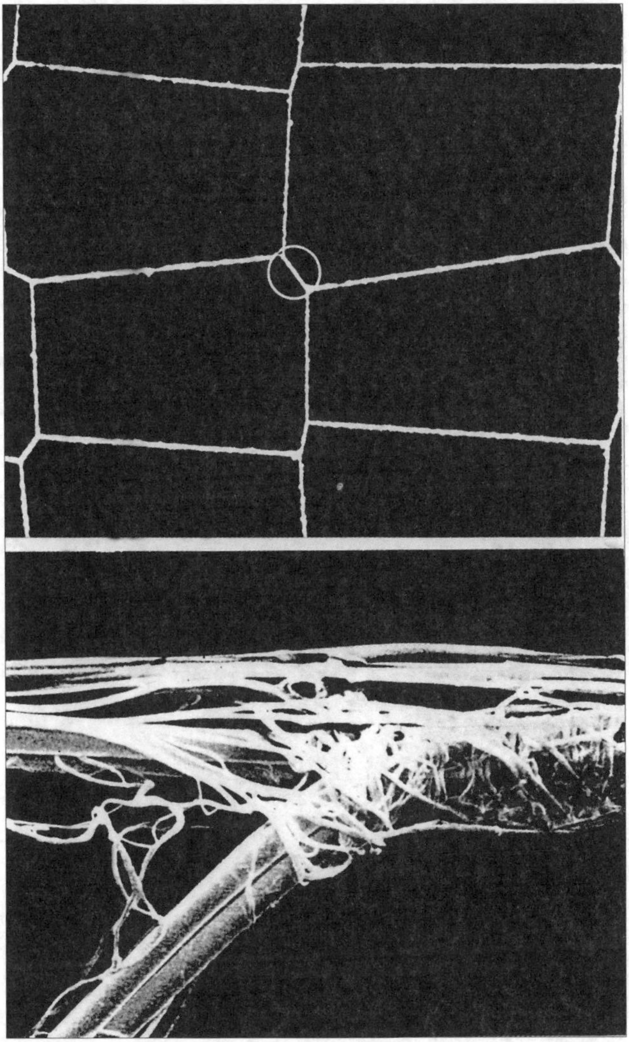

Bild 1: *Das Netz der Cyrtophora-Spinne. Der Kreis im oberen Teil des Bildes markiert den Ausschnitt, der unten stark vergrößert dargestellt ist.*

Woher kommen diese offensichtlichen architektonischen, technischen und chemischen Fachkenntnisse mit den dazugehörigen Fähigkeiten des Umsetzens? Wer ist ihr Ratgeber? Wie wurden der Spinne diese Instinkte beigebracht? Woher kam die Information?

***Bild 2:** Die Spinndrüsen der Uroctea.*

Bei den meisten Spinnen ist das Recycling längst erfunden. Morgens fressen sie ihr eigenes Netz. Danach geht das Material durch die eigene chemische Fabrik zur Aufbereitung. Dann wird ein neuer Seidenfaden gesponnen und ein neues Netz gebaut.

Fragen wir danach, warum das alles so funktioniert, dann gibt es darauf nur **eine** Antwort: Dieses System basiert auf **Information.**

1.2 Die Spinndrüsen der *Uroctea*

In starker Vergrößerung zeigt *Bild 2* die Spinndrüsen der Spinne *Uroctea*. Das Weibchen hat 1500 davon am Leib. Auf dem Foto sind nur einige wenige dieser Drüsen abgebildet, und man sieht aus zweien von ihnen einen Seidenfaden austreten. Die Seide wird in der erforderlichen Fadenstärke gesponnen. Die dazu nötigen Fabriken liegen unmittelbar darunter. Ein geniales »Computersystem« steuert alle diese komplexen Vorgänge. Die gesamte Technologie ist auf denkbar kleinstem Raum untergebracht. Wie kommt es, dass ein solch komplexer Fertigungsprozess minutiös und störungsfrei abläuft? Das System enthält ein Steuerprogramm (siehe Kapitel 5.9.2, Betriebsinformation), das sämtliche Information für den Ablauf enthält.

1.3 Der Schmetterling *Morpho rhetenor*

Der südamerikanische Schmetterling *Morpho rhetenor* wird auf *Bild 3* in unterschiedlichen Vergrößerungen wiedergegeben, sodass die Feinstruktur der Flügelschuppen deutlich erkennbar ist (*Scientific American*, Band 245, Nov. 1981, S. 106). Auf seinen Flügeln finden wir wunderbare farbige Ornamente: Im linken Bildteil ist die Oberseite dargestellt, die metallisch blau schimmert, und im rechten sehen wir die Unterseite, die braun getönt ist. Als die Flügel auf Farbpigmente untersucht wurden, waren keine vorhanden. Wie aber kommt es zu dieser Farbenpracht?

In den abgestuften Vergrößerungen von 40-fach, 280-fach und 16 000-fach sind die Details der Flügelstruktur erkennbar. Bei den schwächeren Vergrößerungen erinnert die Struktur an Dachpfannen eines Hauses; erst bei 16 000-facher Vergrößerung wird das Geheimnis der Farbgebung gelüftet. Wir sehen eine ausgefallene Konstruktion. Auf der linken Seite von *Bild 3* erkennen wir im unteren Teil gleichmäßig angeordnete Gitter, die sich auf keilförmigen Bänken befinden. Diese Gitter bilden ein paralleles Raster. Die einzelnen Rippen sind hochpräzise angefertigt. Sie haben einen Abstand von sage und schreibe nur 0,000 22 Millimeter. Diese Distanz wird so genau eingehalten, dass die maximale Abweichung von diesem Sollmaß nur 0,000 02 Millimeter beträgt. Was soll durch diese staunenswerte Struktur erreicht werden, die in dieser Präzision kein Mensch herstellen könnte?

Hier wird in genialer Weise ein physikalischer Effekt ausgenutzt. An einem alltäglichen Beispiel sei dieser erläutert: Werfen wir zwei Steine gleichzeitig nebeneinander ins Wasser, dann gehen von jeder Einschlagstelle Wasserwellen in Form konzentrischer Kreise aus. An einigen Berührungspunkten löschen sich die Wellen gegenseitig aus und an anderen verstärken sie sich. Dieses als Interferenz bekannte physikalische Phänomen erzeugt bei Lichtwellen die zu beobachten-

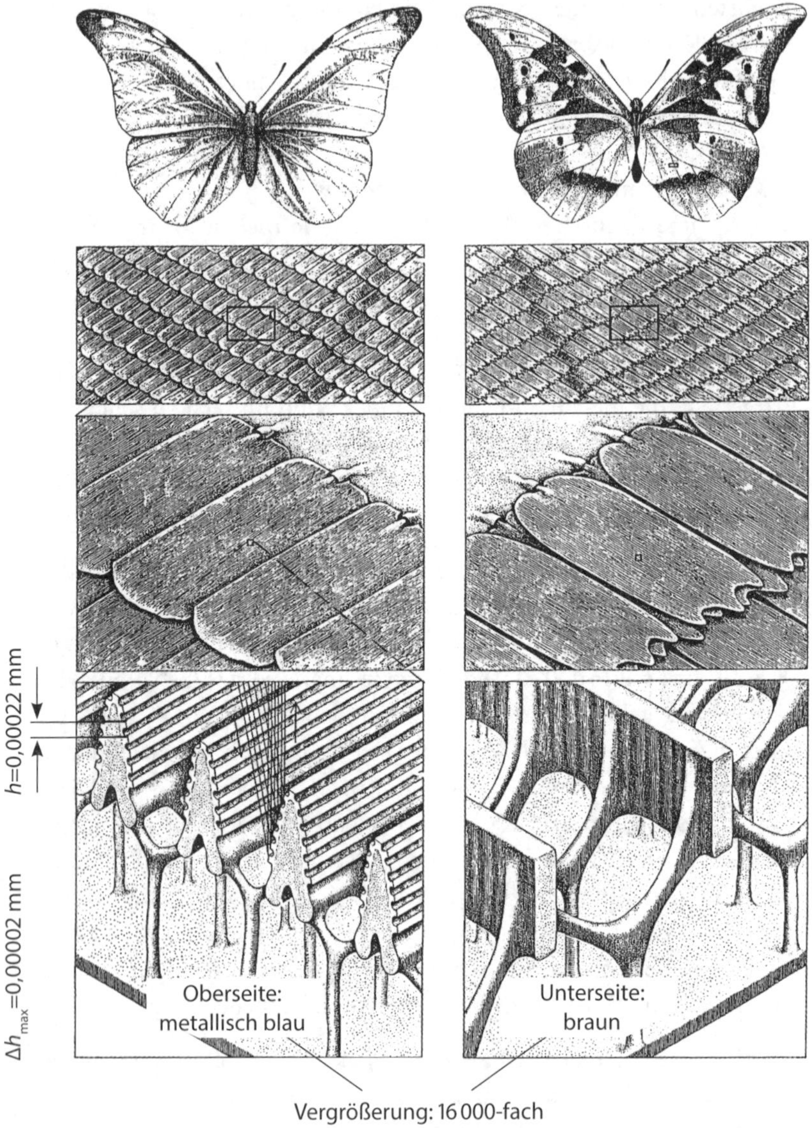

Bild 3: *Der südamerikanische Schmetterling Morpho rhetenor mit Flügelausschnitten verschiedener Vergrößerung.*

den Farben. Wenn das Sonnenlicht auf das Stufengitter trifft, wirkt es als Beugungsgitter. Einige Farben werden ausgelöscht und andere verstärkt. Die Gitterabstände und die Wellenlänge des auftreffenden Lichts sind präzise aufeinander abgestimmt.

Zusätzlich werden die schwarzen Ränder durch eine andere feine Struktur hervorgerufen: Die Schuppen sind mit Gruben von 0,001 Millimeter Durchmesser bedeckt, die einen hohen Brechungsindex haben. Fast alles in die Gruben einfallende Licht wird nicht auf den Beobachter, sondern auf das Material reflektiert. Dadurch erscheint es fast vollkommen schwarz – schwärzer als jede Malerfarbe.

Ein anderer Schmetterling, *Lamprolenis nitida*, hat zwei verschiedene Beugungsgitter auf ein und derselben Schuppe, die vor allem zwei Farbsignale erzeugen.

Geschah das einfach per Zufall, wo doch alles so präzise gefertigt ist, um einen speziellen physikalischen Effekt zu erzielen? Das übersteigt unsere Glaubensfähigkeit. Und wieder wird **Information** die richtige Antwort sein! (Siehe Kapitel 5.9.1, Herstellungs-Information.)

1.4 Die Embryonalentwicklung des Menschen

Was sich in den neun Monaten einer Schwangerschaft abspielt, ist unvorstellbar – ein Wunder ohnegleichen! Während der ersten vier Wochen des neuen Lebens bilden sich viele Milliarden Zellen, die sich selbst nach einem offensichtlichen Plan anordnen, um ein neues menschliches Wesen zu formen. Um den fünfzehnten Tag erscheinen die ersten Blutgefäße. Ein paar Tage später vereinen sich in der kleinen Brust des 1,7 Millimeter großen Embryos zwei Blutgefäße. Sie bilden das Herz, das noch vor dem Ende der dritten Woche anfängt, das Blut durch den winzigen Körper zu pumpen. Dieses kleine Herzchen versorgt das sich entwickelnde Gehirn mit Blut und Sauerstoff. Im vierten Monat pumpt das Herz des Fetus[5] schon 30 Liter Blut pro Tag; bei der Geburt sind es 350 Liter.

---

5 **Fetus:** Als Fetus bezeichnet man die Frucht im Mutterleib nach Abschluss der Organogenese (= das Wachstum und die Differenzierung der Zellen zu embryonalen Organanlagen in den ersten zwölf Lebenswochen) bis zum Ende der Schwangerschaft. Die Embryogenese dauert bis zur zwölften Schwangerschaftswoche; daran schließt sich die Fetalentwicklung an.

Nach zwei Monaten ist der Embryo erst drei bis vier Zentimeter groß. Er ist so klein, dass er tatsächlich in einer Walnussschale Platz hätte. In diesem Stadium entwickeln sich schon alle Organe einschließlich der Lunge, Augen und Ohren, obwohl sie noch gar nicht gebraucht werden. Während der nächsten Monate nehmen die Organe an Größe zu und bilden ihre endgültige Gestalt aus.

In *Bild 4* [B3] werden verschiedene Stadien der Embryonal- und der Fetalentwicklung gezeigt:

Teilbild A: Ein vier Wochen alter Embryo, der 4,2 Millimeter lang ist (äußere Strukturen):

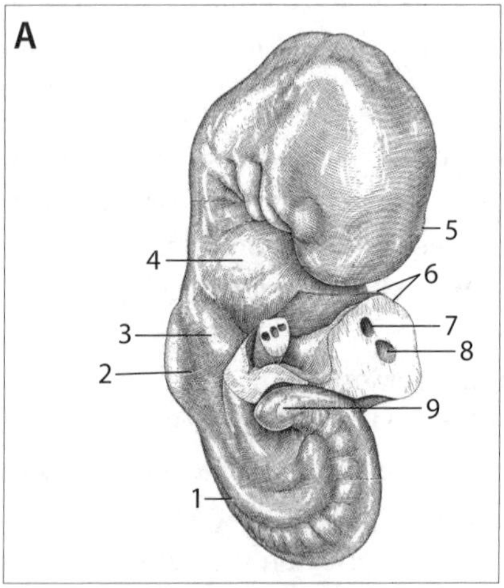

1) Grenze zwischen Rücken- und Bauchanlage
2) vorläufige Achselgrube
3) Leberwulst
4) Herzwulst
5) Auge
6) dünner und dicker Teil des Nabeltrichters
7) Anulis umbilicalis
8) Anulis umbilicalis impar
9) Coccyx (Steißbein)

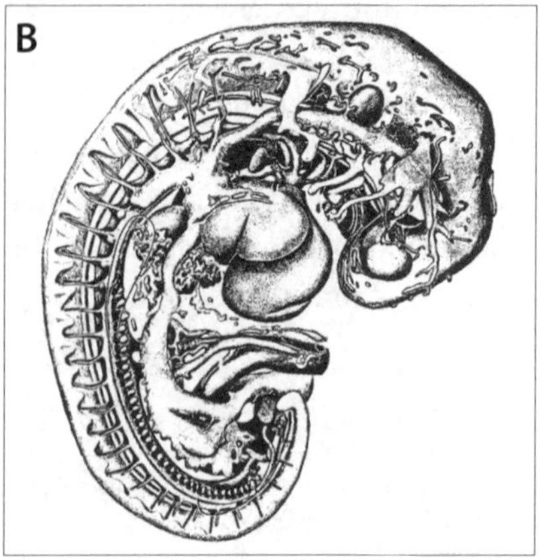

Teilbild B: Der Embryo nach vier Wochen. Er ist 4,2 Millimeter lang (innere Strukturen).

Teilbild C: Isolierte Darstellung des Nervensystems eines zwei Monate alten Embryos, der 17,7 Millimeter lang ist:

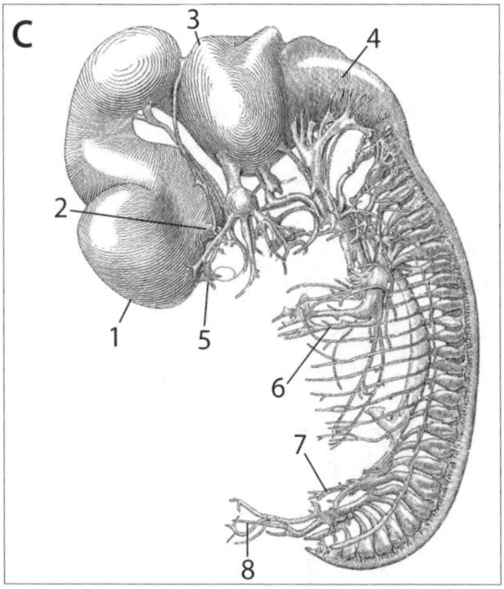

1) Telencephalon (= vorderer Abschnitt des ersten Hirnbläschens)
2) Nervus opticus (= Sehnerv)
3) Cerebellum (= Kleinhirn)
4) Medulla oblongata (= »verlängertes« Rückenmark)
5) Lobus olfactorius (= Riechhirn)
6) Nervus ulnaris (= Ellennerv)
7) Nervus obturatorius (= Hüftlochnerv)
8) Nervus plantaris lateralis (= äußerer Fußsohlennerv) und Nervus suralis (= Wadennerv)

Teilbild D: 75 Millimeter großer Fetus (in utero):

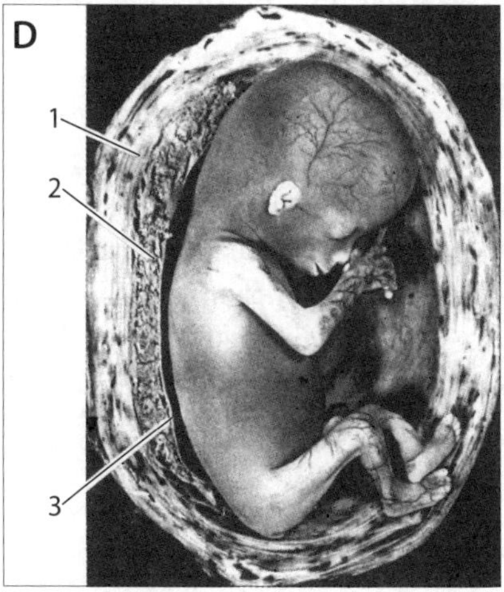

1) Placenta (= Plazenta, Mutterkuchen)
2) Myometrium (= Muskelschicht der Gebärmutterwand)
3) Amnion (griech. *amnion* = Schafshaut; Haut um die Leibesfrucht). Das Fruchtwasser ist entfernt

Bild 4: *Verschiedene Stadien der Embryonal- und Fetalentwicklung.*

Wie kommt es, dass es bei der Embryonalentwicklung nicht zu einem ungeordneten Zellwachstum, sondern zu einem systematischen, zeitlich abgestimmten und zielorientierten Vorgang kommt? Allem liegt eine diffizile Bauanweisung zugrunde, in der alle Phasen bis in letzte Details programmiert sind. Auch hier ist also die **Information** der entscheidende Faktor.

1.5 Der orgelspielende Roboter

Ist es möglich, dass ein Roboter Orgel spielen kann? *Bild 5* zeigt eine solche Anordnung. Der japanische Roboter *Wasubot* kann selbst Musikfreunde begeistern. Er verfügt über zwei Hände und zwei Füße, die in der Lage sind, Tastaturen einer Orgel zu betätigen. Eine Fernsehkamera liest die Noten von einem Notenblatt. Ein Programm sorgt dafür, dass der Musikcode in Finger- und Fußbewegungen umgesetzt wird, wodurch wiederum eine Tastatur betätigt wird. Dieser Roboter ist in der Lage, verschiedene Stücke zu spielen, ohne dass er diese einüben müsste. Der Grund für diese Fähigkeit ist die Information, die ihm in einem Programm eingegeben wurde, zusammen mit der gesamten dazu erforderlichen Mechanik. Entfernt man das Programm, kann der Roboter gar nichts mehr tun. **Information** ist auch hier die maßgebende Größe.

Konsequenzen: Wir haben hier einige sehr unterschiedliche Systeme betrachtet und dabei festgestellt, dass ihnen allen die darin enthaltene **Information** gemeinsam ist. Keines der Systeme würde funktionieren, wenn diese entfernt würde. Wollen wir uns also ein tieferes Verständnis der Abläufe in lebenden und nichtlebenden Konstrukten verschaffen, so müssen wir uns eingehend mit dem Informationsbegriff befassen. Der Dortmunder Professor für Informatik *Werner Strombach* stellte kürzlich einen grundlegenden Satz auf, dem ich zustimmen kann [S13]:[6]

6 Diese Aussage möchte ich mit einer Einschränkung versehen. Ich weiß nicht, ob die Intention dieses Satzes Gott mit ein- oder ausgeschlossen hat. Die Frage der Herkunft der Information ist zwar als grundlegend anerkannt worden; aber ohne den Geist Gottes kann niemand die Welt richtig verstehen, auch wenn er die Frage nach der Herkunft der Information logisch korrekt beantworten kann. Wenn es stimmt, dass die Bibel das Buch der Wahrheit ist – und das bezeugt sie auf vielfache Weise (z. B. Johannes 17,17) –, dann ist sie der eigentliche Schlüssel, um die Welt deuten zu können.

»Wer Auskunft geben kann über die Herkunft der Information, der hat den Schlüssel in der Hand, um die Welt deuten zu können.«

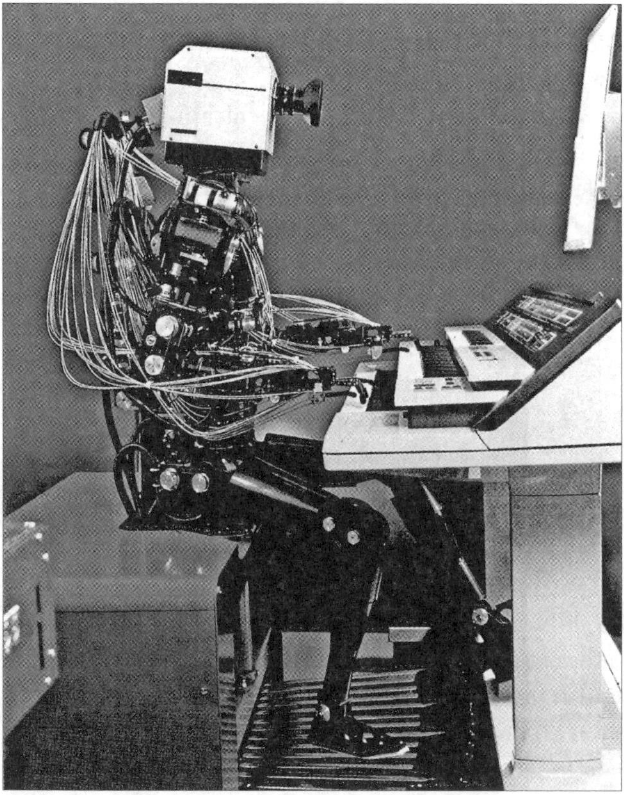

Bild 5: *Orgelspielender Roboter Wasubot.*
Auf der EXPO '85 in Japan wurde der orgelspielende Roboter ausgestellt. Das System wurde von Prof. Ichiro Kato von der Wasedo-Universität entwickelt und von der Sumitomo Electronic Industries gebaut. Der Roboter war im japanischen Regierungsgebäude der EXPO '85 (tsukuba) zu sehen. Dieses Beispiel zeigt, wie weit die Robotertechnik gehen kann, dennoch leistet das System nicht mehr, als ihm an vorgedachter Information per Programm mitgegeben wurde.

Kapitel 2:
Die fünf Ebenen der Universellen Information

2.1 Die Suche nach dem richtigen wissenschaftlichen Begriff für »Information«

Saubere Wissenschaft und logische Schlussfolgerungen erfordern, dass auf jedem Wissensgebiet die entscheidenden Begriffe eindeutig definiert werden. Obwohl jeder irgendeine Vorstellung von der Bedeutung des Begriffes »Information« hat, ist er dennoch nie eindeutig definiert worden. Wir wollen versuchen, dem jetzt abzuhelfen und außerdem einen geeigneten Begriff für unsere »Information« zu finden.

Warum benötigen wir einen speziellen Begriff für jene »Information«, die das Schlüsselwort dieses Buches sein wird?

Der erste Grund ist, dass wir Information auf eine ganz neue Weise definieren. Für etwas Neues wird auch ein neuer Name gebraucht.

Zweitens taucht der Begriff »Information« in allen möglichen wissenschaftlichen Veröffentlichungen auf. Biologen sprechen von »biologischer Information«, wenn sie die Kommunikationsprozesse in lebendigen Systemen untersuchen. Ingenieure und Techniker verwenden den Begriff der »statistischen Information«, wenn es sich um die Datenübertragung über Leitungen handelt. Physiker benutzen den Begriff »algorithmische Information«, Sprachwissenschaftler sprechen von »linguistischer Information« und meinen damit ausschließlich Fragestellungen bezüglich der menschlichen Sprachen. Vertreter des »Intelligent Designs« verwenden den Begriff »komplex-spezifische Information«. Allerdings haben sie eines alle gemeinsam: Sie haben keine präzise Definition für den von ihnen jeweils verwendeten Informationsbegriff entwickelt. Weil keine exakte Definition mitgeliefert wird, bleibt der Bedeutungsumfang des jeweils verwendeten Begriffs »Information« immer oberflächlich und vage. Mit einem Begriff, der uns so nebelhaft entgegentritt, können wir bei der Konzeption einer exakten Theorie, die naturgesetzliche Aussagekraft haben soll, nichts anfangen. Damit der in diesem Buch verwendete Begriff für »Information« nicht mit allen sonst in der Literatur verwendeten Begriffen verwechselt werden kann, müssen wir einen neuen, inhaltsschweren Namen suchen:

- Das Wort »Information« muss in der neuen Bezeichnung vorkommen, denn die neue Theorie, die hier vorgestellt wird, ist auf jeden Fall eine »Informationstheorie«.
- Der neue Begriff soll bereits vom Namen her anzeigen, dass er nicht nur für ein begrenztes Fachgebiet gilt, sondern in allgemeiner Weise verwendet werden kann.
- Mithilfe der zu definierenden Größe soll es möglich sein, Naturgesetze zu formulieren. Das ist ein sehr hoher Anspruch. Da Naturgesetze universell gültig sind, soll auch der neue Begriff bereits etwas Generelles zum Ausdruck bringen.
- Der Begriff muss derart umfassend sein, dass auch derzeit noch völlig unbekannte Systeme integriert werden können, wenn sie eindeutig in den Definitionsbereich hineingehören.
- Eine präzise Definition zieht scharfe Grenzen zwischen Systemen, die entweder eingeschlossen oder ausgeschlossen sind. Je präziser also eine Definition ist, umso enger sind die Grenzen. Präzision und Allgemeingültigkeit sind nicht Begriffe, die sich notwendigerweise ausschließen. Obwohl sich unsere Definition aus Gründen der Präzision deutlich abgrenzt, verliert sie dadurch nichts von ihrer Universalität.
- Die Kommunikationssysteme, die wir als Studienobjekte benutzten, waren natürliche, menschliche Sprachen (geschrieben) und von Menschen entwickelte Maschinensprachen. Deren Studium offenbarte zwei separate Klassen menschlicher Kommunikationssysteme. Das *eine* System, das wir intensiv untersuchten, basiert auf einem Set von abstrakten Symbolen (z. B. Alphabet), die geeignet sind, abstrakte Sequenzen zu bilden (= Wörter), denen dann in freier Wahlentscheidung eine Bedeutung zugeordnet werden kann. Diese abstrahierende Eigenschaft erlaubt die Bildung einer riesigen Anzahl von Wörtern (Vokabular), obwohl zu

ihrer Darstellung nur ein Minimum an Symbolen gebraucht wird (Alphabet). Das *andere* Kommunikationssystem, auf das wir stießen, benutzt nicht-abstrakte Symbole; d. h., diese Symbole sehen schon rein äußerlich jener Wirklichkeit ähnlich, die sie darstellen bzw. repräsentieren sollen. Oder kürzer gesagt: Sie stehen in inhärenter, physikalischer Beziehung zu der Bedeutung, die ausgedrückt werden soll. Außer einer kurzen Diskussion dieses Systems, das wir als »Bildhafte Information« (BI)[7] bezeichneten, gehen wir hier nicht näher darauf ein. Das erste System mit den abstrakten Symbolen ist nicht nur effektiver, weil es eine fast unbegrenzte Anzahl abstrakter Wörter zu bilden erlaubt; es ist auch in der Lage, sehr genaue Angaben über die Bedeutung eines jeden Wortes zu machen. Diese hervorzuhebende Fähigkeit, unzählige Wörter zu konstruieren und sie auch definieren zu können, spricht eindeutig für ihre Universalität.

Nach eingehender Diskussion mit mehreren Wissenschaftskollegen entschieden wir uns schließlich für den Begriff **»Universelle Information« (UI)**. Dieser Ausdruck ist neutral bezüglich aller nur denkbaren speziellen Disziplinen, und dennoch drückt er die beabsichtigte allgemeine Verwendbarkeit aus. Allerdings wird es zunächst noch nötig sein, den unklaren Begriff »Information« zu verwenden, während wir noch auf die spezifische Definition hinarbeiten, die wir suchen. Wenden wir nun unsere Aufmerksamkeit der Definition dieser neuen Größe zu: der Universellen Information.

Der Gegenstand unserer Untersuchung schließt alle natürlichen menschlichen Sprachen und alle menschlichen Maschinensprachen ein. Zunächst wollen wir fünf markante Merkmale der Universellen Information herausstellen. Dabei beginnen wir auf der untersten Ebene (der Statistik), um uns dann zu den höheren Ebenen emporzuarbeiten, der Syntax (wobei der Code mit eingeschlossen ist[8]), der

7 Im englischen Buch »Without Excuse« nannten wir diese Art der Information »Mental Image Information« (MII).

8 Im englischen Buch »Without Excuse« hatten wir etwas mehr präzisierend »Cosyntic« eingeführt, um damit auszudrücken, dass der neue Fachbegriff sowohl den Code als auch die Syntax umfasst. Im Deutschen bleiben wir bei dem Begriff »Syntax«, weil er in zahlreichen Publikationen bereits eingeführt ist.

Semantik (der Bedeutung), der Pragmatik (der Handlung) und der Apobetik (dem Ziel und der Absicht).

2.2 Notwendige Bedingungen für die Universelle Information

Beginnen wir mit der Beschreibung eines 1400-jährigen Informations-Geheimnisses. *Bild 6* zeigt in Stein gemeißelte Figuren, wie sie in den Pharaonengräbern oder auf den Obelisken des alten Ägypten zu sehen sind. Enthalten sie eine Botschaft, oder sind sie nur so etwas wie ein Tapetenmuster? Tragen sie Information oder nicht? Um das herauszufinden, müssen wir drei Prüfungen vornehmen, nämlich in Bezug auf die Symbole, die Sequenz und die Anordnung. Das sind die **notwendigen Bedingungen** (NB) dafür, ob es sich überhaupt um Information handeln kann.

NB1: Zur Darstellung der Information werden verschiedene Zeichen benötigt. Diese erste Bedingung ist erfüllt; denn die Einkerbungen zeigen verschiedene Symbole, wie z. B. eine Eule, Wasserwellen, einen Mund oder Schilfgras.

NB2: Die Zeichen müssen in unregelmäßiger Folge auftreten. Diese Unregelmäßigkeiten unterscheiden sie von der künstlerischen Gestaltung aneinandergereihter gleichartiger Ornamente. Auch diese Bedingung ist erfüllt, da es kein regelmäßiges Auftreten der Zeichen gibt (z. B. periodische Anordnung oder ständige Wiederholung derselben Zeichen).

NB3: Die Symbole müssen in einer erkennbar geordneten Weise dargestellt sein (gemalt, gedruckt, gemeißelt oder eingraviert). Denkbar sind Anordnungen in Reihen, Spalten, Ringen, Spiralen oder anderen, vielleicht sehr komplexen (jedoch erkennbaren) Verteilungen. Im vorliegenden Fall sind die Symbole in Spalten angeordnet.

Weil diese drei Bedingungen erfüllt sind, könnte die vorliegende Symbolabfolge Information enthalten. Allerdings wäre es auch denkbar, dass die Ägypter es einfach liebten, ihre Baudenkmäler in dieser Weise zu verzieren. So hätten sie – unseren Tapetenmustern vergleichbar – ihre Wände mit jenen Gebilden versehen, die wir Hieroglyphen[9] nennen. Welche Möglichkeit die zutreffende ist, konnte erstaunlicherweise über einen Zeitraum von 1400 Jahren nicht geklärt werden. Niemand war in der Lage, eine verbindliche Deutung zu geben. Das änderte sich schlagartig, als *Napoleons* Soldaten in der Nähe der Nilstadt Rosette im Juli 1799 ein Stück schwarzen Basalt von der Größe einer normalen Tischplatte fanden (siehe *Bild 7*).

Bild 6: *Ägyptische Hieroglyphen.*

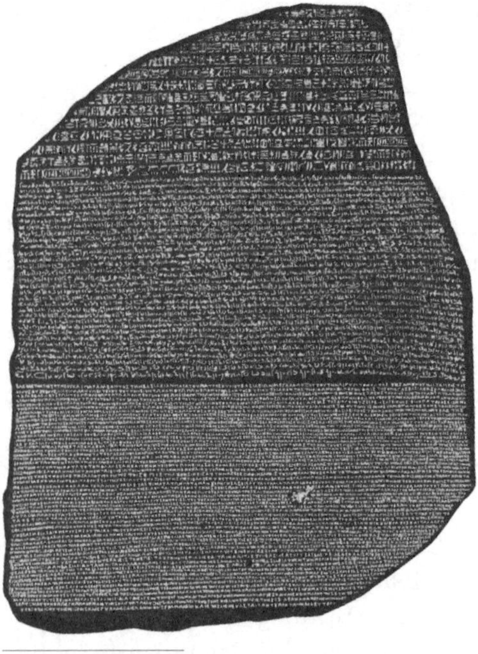

Bild 7: *Der Stein von Rosette (heute im Britischen Museum in London). Oben: 14 Zeilen Hieroglyphen; Mitte: 32 Zeilen Demotisch; unten: 54 Zeilen Griechisch.*

9 griech. *hierós* = heilig; *glyptós* = ausmeißeln, ausschneiden; *glyphike téchne* = Schnitzkunst, Steinschneidekunst; *hieroglyphiká* = heilige Schriftzeichen der altägyptischen Bilderschrift.

Besser ist ein Scheffel, den dir Gott gibt, als 5000 in Unrecht.

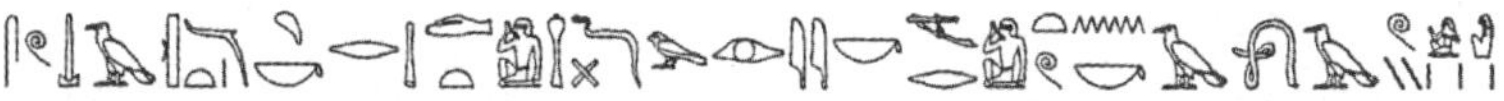

Halte deine Zunge frei von böser Rede, dann machst du dich bei den Leuten beliebt.

Hüte dich, einen Elenden zu berauben und einem Schwachen Gewalt anzutun!

***Bild 8:** Computerausgabe eines übersetzten deutschen Textes ins Hieroglyphische.*

Dieser sogenannte *Stein von Rosette* war etwas Besonderes, denn er enthält Inschriften in drei Sprachen: Griechisch, Demotisch und Hieroglyphisch. Die 54 Zeilen in Griechisch enthalten 468 Wörter; außerdem fanden sich dort 166 verschiedene Hieroglyphen unter insgesamt 1419 hieroglyphischen Symbolen. Der Stein von Rosette spielte eine Schlüsselrolle bei der Entzifferung der Hieroglyphen, und der erste Erfolg gelang im Jahr 1822.[10] Als die Bedeutung des gesamten Textes bekannt war, bestand die Gewissheit: Die Hieroglyphen enthalten

10 **Decodierung der Hieroglyphen:** Das Griechische auf dem Stein von Rosette war leicht lesbar und übersetzbar, und schon in Kairo stellte man fest, dass es sich um eine Huldigung des Königs *Ptolemäus* handelte, welche die Priester von Memphis im Jahr 196 v. Chr. verfasst hatten. Nichts lag näher, als anzunehmen, dass alle drei Texte den gleichen Inhalt haben. So schien es möglich, die Hieroglyphenschrift Bild für Bild zu entziffern. Diese Vermutung erwies sich als richtig; aber die Entzifferung wurde zu einem Abenteuer, weil ein 1400 Jahre altes Vorurteil sich hindernd auswirkte. In einem Werk des Ägypters *Horapollon* aus dem vierten Jahrhundert wurde die hieroglyphische Schrift – dem Augenschein entsprechend – als reine Bilderschrift beschrieben. Aber diese Annahme führte nur zu grotesken Ergebnissen. Ein neuer und entscheidender Schritt wurde durch den schwedischen Sprachforscher *Åkerblad* getan, der in dem demotischen Text alle Eigennamen der griechischen Version erkannte, sowie die Wörter für »Tempel« und »Griechen«. Der Physiker und Mediziner *Thomas Young* erkannte in den Kartuschen (z. B. *Bild 7*, letzte Hieroglyphenreihe fast vorne) die Namen *Berenice* und *Cleopatra*. Statt nach Symbolen zu fahnden, wagte er den kühnen Schritt, für die Bilder phonetische Zeichen (Lautzeichen bzw. Buchstaben) anzunehmen. Vor der letzten Konsequenz, dass das Hieroglyphische eine Lautschrift ist, schreckte er ebenso zurück wie alle anderen vor ihm. Auch hier sieht man, wie Vorurteile eine hemmende Wirkung auf den Durchbruch zur Wahrheit haben. Dem französischen Forscher und Begründer der Ägyptologie *Jean François Champollion* (1790 – 1832) gelang schließlich der entscheidende Durchbruch. Er stellte in den Namen *Ptolemäus* und *Cleopatra* die Korrelation zwischen einzelnen hieroglyphischen Zeichen zu einzelnen griechischen Buchstaben her. Damit begann die Entzifferung.

Information. Trotz verbleibender Rätsel werden sie heute verstanden. Dieses einleuchtende Beispiel hat uns eine Vorstellung vom Wesen der Information vermittelt. Aber es ist natürlich erst der Anfang unserer Überlegungen.

Zur vollständigen Darstellung des Informationskonzepts bedarf es der Beschreibung von fünf Merkmalen: Statistik, Syntax, Semantik, Pragmatik und Apobetik. Information wird als Sprache dargestellt (sie wird formuliert, versandt und gespeichert). Ein abstraktes Alphabet, das individuelle Symbole enthält, wird verwendet, um Wörter (Codes) zu bilden. Dann werden die Bedeutung tragenden Wörter zu Sätzen zusammengefasst, entsprechend den Regeln der jeweils relevanten Grammatik (Syntax), um die beabsichtigte Bedeutung zu übertragen (Semantik). Universelle Information muss selbstverständlich ebenso die vom Sender erwarteten Handlungen (Pragmatik) und dessen beabsichtigten Ziele (Apobetik) enthalten. Pragmatik und Apobetik können explizit formuliert oder auch implizit erkennbar sein, ohne verbal beschrieben zu sein.

2.3 Die unterste Ebene der Information: Statistik

Wenn wir ein Buch oder ein Computer-Programm untersuchen, können folgende Fragen auftauchen:

- Aus wie vielen Buchstaben, Ziffern und Wörtern ist der gesamte Text des Systems zusammengesetzt?
- Wie viele einzelne Buchstaben enthält das jeweilige Alphabet, z. B. »a, b, c … z« (26 Zeichen) oder »0, 1« (2 Zeichen)?
- Mit welcher Häufigkeit treten bestimmte Buchstaben und Wörter auf?

Für die Beantwortung dieser Fragen ist es belanglos, ob überhaupt etwas mit Bedeutung Versehenes, purer Nonsens oder auch nur zufällig aneinandergereihte Zeichen- oder Wortfolgen vorliegen. Derartige Untersuchungen stellen nicht die Frage nach dem inhaltlich Dargestellten, sondern verfolgen ausschließlich statistische Aspekte. Dies alles gehört zur ersten und damit untersten Ebene der Information, nämlich zur Ebene der Statistik.

Die statistische Ebene kann als Schnittstelle zwischen der materiellen und der nicht-materiellen Welt betrachtet werden. Sie ist die Ebene, für die der amerikanische Mathematiker und Elektrotechniker *Claude E. Shannon* (1916–2001) sein mathematisches Informationskonzept entwickelte, als er ein System erarbeitete, das ermöglichen sollte, eine Information schneller durch das Transatlantik-Telefonkabel zu schicken. Für ihn war es nur wichtig, wie die Symbole selbst in verdichtete Form gebracht werden konnten, nicht aber, ob sie Bedeutung hatten. Die Bedeutung wurde vorausgesetzt, war aber nicht notwendig. Zum Beispiel war es kürzer, a^4 zu schreiben, als »a mal a mal a mal a«. Dabei spielt es keine Rolle, was »a« ist und für was es steht. Nur das war es, was *Shannon* interessierte – es ist die sogenannte stochastische oder statistische Information.

Wie im Anhang A1 noch dargelegt wird, ist die *Shannonsche* Informationstheorie gut geeignet, den statistischen Aspekt der Information zu erfassen. Diese Theorie erlaubt es beispielsweise, diejenigen Eigenschaften von Sprachen quantitativ zu beschreiben, die ihrem Wesen nach auf Häufungen beruhen. Ob durch eine vorliegende Zeichenkette ein Sinn wiedergegeben wird, bleibt dabei völlig unberücksichtigt. Auch die Frage der grammatischen Korrektheit ist auf dieser Ebene völlig ausgeklammert. So können wir festhalten:

Definition D1: Nach *Shannonscher* Theorie wird jede beliebige Zeichenkette als Information angesehen, unabhängig davon, wie sie entstanden ist, und unabhängig davon, ob ein Sinn darin enthalten ist oder nicht.

Hinweis: Der statistische Informationsgehalt einer Zeichenkette ist ein mengenartiger Begriff. Er wird in der Einheit Bit (**bi**nary digi**t**) angegeben.

Nach der *Shannonschen* Definition ist der Informationsgehalt einer einzelnen Nachricht (Nachricht bedeutet in diesem Zusammenhang lediglich: Symbol, Zeichen, Silbe, Wort) ein Maß für die Unsicherheit vor ihrem Empfang. Da die Wahrscheinlichkeit nur Werte zwischen 0 und 1 annehmen kann, ist der Zahlenwert des Informationsgehaltes immer positiv. Der Informationsgehalt mehrerer Nachrichten (z.B. Zeichen) ergibt sich (entsprechend der Summationsbedingung) durch Summierung der Werte für die Einzelnachrichten.

Nach der *Shannonschen* Theorie nimmt der Informationsgehalt mit der Anzahl der Zeichen stetig zu. Wie unangemessen ein solcher Zusammenhang den wirklichen Informationsgehalt beschreibt, wird an folgender Situation deutlich: Wenn jemand mit vielen Worten kaum etwas sagt, so wird nach *Shannon* diesem Beitrag, entsprechend der großen Buchstabenzahl, ein sehr hoher Informationsgehalt zugewiesen, während die Aussage eines anderen, der es versteht, in knappen Worten das inhaltlich Wesentliche auszudrücken, nur auf einen sehr geringen Informationsgehalt kommt.

Ein weiteres Beispiel: Welcher der beiden Ausdrücke (a) oder (b) enthält mehr Information?

(a) »zwei plus zwei gleich vier«
(b) »2 + 2 = 4«.

Selbstverständlich enthalten beide Aussagen hinsichtlich der Bedeutung dieselbe Informationsmenge. Nach *Shannons* Konzept, in der die Anzahl und das statistische Auftreten der Symbole als Maß gilt, enthält (a) mehr Information als (b).

In diesem Zusammenhang seien einige Zitate genannt, die auf diesen Aspekt der Information hinweisen. Der frühere französische Staatspräsident *Charles de Gaulle* (1890–1970) äußerte einmal: »Die Zehn Gebote sind deshalb so kurz und verständlich, weil sie ohne Mitwirkung einer Sachverständigenkommission entstanden sind.« Und ein anderer Nachdenklicher: »Rund 35 Millionen Gesetze gibt es auf der Welt, um den Zehn Geboten Geltung zu verschaffen.« Auf den Punkt brachte es ein Abgeordneter vor dem amerikanischen Kongress: »Das Vaterunser besteht aus 56 Wörtern. Die Zehn Gebote enthalten 297 Wörter. Die amerikanische Unabhängigkeitserklärung setzt sich aus 300 Wörtern zusammen, und die kürzlich erlassene Verordnung über die Kohlenpreise aus 26911 Wörtern.«

Welche dieser Aussagen enthält die meiste Information? Nach *Shannons* Theorie ist es die Verordnung über die Kohlenpreise. Die Brauchbarkeit der *Shannonschen* Theorie bleibt auf die Ebene der statistischen Analyse beschränkt, wo sie besonders im physikalischen Bereich der Technik hilfreich ist.

Weil sich *Shannons* Definition von Information ausschließlich mit statistischen Wechselbeziehungen und Maßen beschäftigt, die zwischen Zeichenketten und Symbolen bestehen, wird Bedeutung weder wahrgenommen noch beurteilt. Dieser statistische Informationsbegriff ist darum unbrauchbar, um Bedeutung zu entziffern und zu bewerten. Es ist etwa so wie beim Einsatz eines Lautstärkenmessers bei einer Opernaufführung. Solch ein Detektor kann zwar präzise die jeweilige Lautstärke in Dezibel messen, aber weder etwas über die Bedeutung der Worte noch über den Wert der Opernmusik aussagen. Der Anwendungsbereich der *Shannonschen* Information ist mit der Messung des Pegels vergleichbar. Wenn wir auch die Bedeutung der Information erfassen wollen, muss die Definition von Information ausgeweitet werden. Damit werden höhere Ebenen der Universellen Information erforderlich. In *Bild 9* sind alle fünf notwendigen Ebenen dargestellt.

Bild 9: *Die fünf Ebenen der Universellen Information (UI).*

2.4 Die zweite Ebene der Information: Syntax

Betrachten wir etwas auf Deutsch Geschriebenes, so stellen wir fest, dass die Buchstaben nicht in Zufallssequenzen erscheinen. Kombinationen wie »der«, »die«, »das«, »Auto«, »Vater« kommen immer wieder vor, während wir andere mögliche Kombinationen wie »xcy«, »bkaln«, »dwust« vergeblich suchen. Anders ausgedrückt:

- Nur bestimmte Buchstabenkombinationen sind erlaubte (vereinbarte) Wörter der deutschen Sprache. Alle anderen denkbaren Kombinationen gehören nicht zum Sprachschatz.
- Die Aneinanderreihung von Wörtern zu Sätzen geschieht ebenso nicht beliebig, sondern gehorcht grammatischen Regeln.

Um Information tragende Sequenzen aus abstrakten Symbolen zu bilden, müssen sowohl die Konstruktion der Wörter, die aus individuellen Buchstaben bestehen, als auch die Verknüpfung der Wörter zu Sätzen ganz bestimmten Regeln folgen, denen für jede Sprache eine *bewusste Vereinbarung*[11] zugrunde liegt. Diese bezeichnet man als Syntax (griech. *syntaxis* = Anordnung; Lehre vom Satzbau).

Definition D2: Unter Syntax subsummieren wir sämtliche strukturellen Merkmale der Informationsdarstellung. Auf dieser zweiten Ebene geht es nur um die Zeichensysteme selbst (Code) und um die Regeln der Verknüpfung von Zeichen und Zeichenketten (Grammatik, Wortschatz), wobei dies unabhängig von irgendeiner Interpretation (Semantik) geschieht.

Auf dieser Ebene erweist es sich als zweckmäßig, eine Unterteilung in zwei zu unterscheidende Kategorien vorzunehmen:

A) Code: Betrachtung des Zeichensystems als Darstellungsmittel;
B) eigentliche Syntax: Die Beziehungen der Zeichen untereinander (Grammatik).

Diese beiden Aspekte der Syntax – den Code und die Grammatik – wollen wir nun ausführlich im Detail betrachten:

A) Der Code: Das Zeichensystem zur Informationsdarstellung

Auf der syntaktischen Ebene benötigt man zur Darstellung der Information einen Zeichenvorrat. Bei den meisten Schriftsprachen werden Buchstaben verwendet; aber für die verschiedenen Zwecke sind

11 Bei allen künstlichen und formalen Sprachen hat der Mensch diese Vereinbarung getroffen. Im Fall der natürlichen Sprachen kann er zwar neue Wörter hinzufügen; aber wie wir durch dieses Buch immer wieder zeigen möchten, hat der Mensch das *ursprüngliche* Sprachsystem selbst nicht erschaffen.

auch völlig andere Symbolvereinbarungen im Gebrauch: Morsezeichen, Hieroglyphen, internationaler Flaggencode, Noten, verschiedene EDV-Codes und Handzeichen bei den Gebärdensprachen, die überall in der Welt von Gehörlosen benutzt werden.

Definition D3: Ein Code ist ein eindeutig definierter Satz von abstrakten Symbolen.
»Abstrakt« bedeutet hier, dass die Symbole keine optische Ähnlichkeit mit der Wirklichkeit haben, zu deren Darstellung sie verwendet werden.

Dabei sind noch mehrere Fragen zu beantworten:

- Wie viele abstrakte Codesymbole gehören zum Zeichenumfang?
- Nach welchen Kriterien wurde der Code konstruiert?
- Welcher Code sollte eingesetzt werden?
- Welche Übertragungstechnik ist für den Code geeignet?
- Wie kann man bei einem unbekannten System erkennen, ob ein Code vorliegt oder nicht?

Anzahl der abstrakten Symbole: Die Anzahl der verschiedenen abstrakten Symbole n innerhalb eines Codesystems kann recht unterschiedlich sein und hängt stark vom Verwendungszweck ab. Die in unseren Computern verwendete Technologie erlaubt nur zwei Schaltzustände (»ein« und »aus«), und aus diesem Grund hat man Binärcodes konstruiert, die mit nur zwei Codesymbolen auskommen. In allen Lebewesen kommt einheitlich ein Codesystem mit vier unterschiedlichen Zeichen zur Anwendung (= Quaternär-Code). Die Alphabetsysteme der verschiedenen Sprachen liegen in der Größenordnung von 20 bis 35 Buchstaben. Mit dieser Buchstabenzahl gelingt es, die Laute der jeweiligen Sprache hinreichend zu erfassen. Die chinesische Schrift basiert nicht auf elementaren Lauten, sondern auf Bildern, die einzelne Wörter repräsentieren. Darum steigt die Zeichenzahl hier ins schier Unermessliche.

Einige Beispiele für Codesysteme und die dafür benötigte Anzahl an abstrakten Symbolen n seien hier genannt:

- Binärcode ($n = 2$ abstrakte Symbole – alle EDV-Codes)
- Ternärcode ($n = 3$, hat sich nicht durchgesetzt. Den Morsecode könnte man als Ternärcode mit drei Symbolen auffassen: »Punkt«, »Strich«, »Lücke«)
- Quaternärcode ($n = 4$, z. B. genetischer Code mit vier Buchstaben: A, C, G, T)
- Quinärcode ($n = 5$)
- Oktalcode ($n = 8$ Oktalziffern: 0, 1, 2, …., 7)
- Dezimalcode ($n = 10$ Dezimalziffern: = 0, 1, 2, …, 9)
- Sedezimalcode[12] ($n = 16$ Sedezimalziffern: 0, 1, 2, …9, A, B, C, D, E, F)
- Hebräisches Alphabet ($n = 22$ Buchstaben)
- Griechisches Alphabet ($n = 24$ Buchstaben)
- Lateinisches Alphabet ($n = 26$ Buchstaben: A, B, C, …, X, Y, Z)
- Blindenschrift ($n = 26$ Buchstaben)
- Internationaler Flaggencode ($n = 26$ Flaggensymbole)
- Russisches Alphabet ($n = 33$ kyrillische Buchstaben)
- Japanische Katakana-Schrift ($n = 50$ abstrakte Symbole; sie repräsentieren verschiedene Silben)
- Chinesische Schrift ($n > 50\,000$ bildhafte Symbole)
- Hieroglyphencode (ptolemäische Zeit: $n = 5000$ bis 7000; mittleres Reich, 12. Dynastie: $n =$ ca. 800).

Kriterien für die Codewahl: Codesysteme werden nicht beliebig erstellt, vielmehr sind sie optimal nach Kriterien gebildet, die für den jeweiligen Anwendungsfall vorteilhaft sind. Im Folgenden sind einige Beispiele aufgelistet:

- Anschaulichkeit, Bildeffekt (z. B. Hieroglyphen und Piktogramme)
- geringe Zeichenzahl (z. B. Blindenschrift, Keilschrift, Binärcode, genetischer Code)
- kurze Schreibzeit (z. B. stenografische Kurzschrift)
- leichte Herstellung (z. B. Keilschrift)
- leichte Wahrnehmung (z. B. Blindenschrift)

---

12 **Sedezimalsystem:** System zur Darstellung von Zahlen unter Verwendung der Basis 16. Eine andere gebräuchliche Bezeichnung für das Sedezimalsystem (lat. *sedecim* = 16) ist Hexadezimalsystem. Das letztere Wort ist leider ein Mischmasch aus Griechisch (griech. *hexa* = 6) und Lateinisch (lat. *decem* = 10). Die konsequentere Alternative zu »sedezimal« wäre die nur vom Griechischen ausgehende Bezeichnung »hexadekadisch«.

- leichte Übertragung (z. B. Morsecode)
- leichte technische Lesbarkeit (z. B. Warenstrichcode, Strichcode der Postleitzahlen)
- leichte Erkennbarkeit von Fehlern (fehleranzeigende Codes wie z. B. die Dreierprobe)
- leichte Möglichkeit der Fehlerkorrektur (z. B. der Hamming-Code)
- leichte Visualisierung von Tonfolgen (Notenschrift)
- Darstellung der Laute einer natürlichen Sprache (Alphabete)
- Redundanz zur Herabsetzung der Störempfindlichkeit (diverse Computercodes, natürliche Sprachen [die geschriebene deutsche Sprache hat z. B. eine Redundanz von 66 %])
- Maximierung der Speicherdichte (z. B. Komprimierbarkeit der Daten)
- Schwänzeltanz der Bienen (Kriterium noch nicht bekannt)

Die Codewahl ist der Übertragungstechnik (z. B. akustisch, optisch, taktil, magnetisch) angepasst: Hat man sich hierbei aus technologischen Gründen für das eine oder andere physikalische oder chemische Phänomen entschieden, so muss der verwendete Code auch für diese Technologie geeignet sein. Auch die Konzeptionen von Sender und Empfänger müssen aufeinander abgestimmt sein, wenn eine gesicherte Übertragung gewährleistet sein soll (siehe *Bild 10*, S. 64). Im Folgenden sei eine Übersicht verschiedener im Einsatz befindlicher Signalarten gegeben:

Akustische Übertragung (Signalträger: Schall):
- natürliche Sprachen der Menschen (gesprochene Sprachen)
- mechanische Überträger (z. B. Lautsprecher, Sirenen und Nebelhörner)
- Musikinstrumente (z. B. Klavier, Geige)
- Lock-, Warn- und Balzrufe im Tierreich (z. B. Vogelstimmen, Walgesänge)

Optische Übertragung (Signalträger: Licht):
- geschriebene Sprachen
- technische Zeichnungen (z. B. im Maschinenbau, in der Elektrotechnik und im Bauwesen)

- technische Blinksignale (z. B. Ortskennzeichen von Leuchttürmen).
- Flaggensignale
- Lochkarten, Lochstreifen (frühere Eingabemedien für Computer)
- Handbewegungen (z. B. Gebärdensprache)
- Gesichtsausdruck und Körperbewegungen (Mimik, Gestik)
- Warenstrichcodes, Strichcode der Postleitzahlen
- Zeichensprachen
- Körpergebärden (z. B. Balztänze, Kampfhaltungen im Tierreich)
- Tanzbewegungen (z. B. Schwänzeltanz der Bienen).

Taktile Übertragung (lat. *tactilus* = berührbar; den Tastsinn betreffend; Signal: mechanische Abtastung):
- Blindenschrift
- Musikwalze, Nockenwalze der Drehorgel.

Magnetische Übertragung (Signalträger: Magnetfeld):
- Magnetband
- Magnetplatte (Festplatte).

Elektrische Übertragung (Signalträger: elektrische Spannung, elektromagnetische Wellen):
- Telefon
- Rundfunk, Fernsehen.

Chemische Übertragung (Signalträger: chemische Verbindungen):
- genetischer Code (DNS, Chromosomen)
- Hormonsysteme im Körper (Hormone).

Olfaktorische Übertragung (lat. *olfactore* = riechen) (Signalträger: chemische Verbindungen):
- Hormonsysteme im Körper (Hormone).

Woran wird ein Code erkannt?

Bei einem unbekannten System ist es nicht immer leicht zu entscheiden, ob es sich um ein echtes Codesystem handelt oder nicht. Die folgenden vier **notwendigen Bedingungen (NB1 bis NB4)** müssen gleichzeitig erfüllt sein, um eine beliebige Folge von abstrakten Symbolen als Code zu qualifizieren. Im Anschluss daran werden wir einige hinreichende Bedingungen nennen, und zwar ein Kriterium, das ein Codesystem zur Gewissheit macht, und zwei weitere, die scheinbare Codesysteme als unechte erkennen.

Notwendige Bedingungen für einen Code:

NB1: Es wird ein eindeutig definierter Zeichensatz benötigt, der aus beliebigen (abstrakten!) Symbolen bestehen kann. [Noch einmal: »Abstrakt« bedeutet hier, dass die Symbole weder eine inhärente physikalische Beziehung noch eine Ähnlichkeit zu der Realität haben, für die sie stehen.]

NB2: Die einzelnen Zeichen müssen in unregelmäßiger Folge und nicht periodisch auftreten.

Beispiele:

-.---.-*..**.-.	(nicht periodisch)
qrst werb ggtzut	(nicht periodisch)
ein brauner Hund	(nicht periodisch)

Gegenbeispiele:

---...---...---...---...---	(periodisch)
sssssssssssss	(ständige Wiederholung desselben Zeichens)

NB3: Die verwendeten Zeichen treten in deutlich erkennbaren Strukturen auf (z. B. in Reihen, Spalten, Blöcken, Wendeln).

Zusätzlich kommt in den meisten Fällen noch eine vierte Bedingung hinzu:

NB4: Mindestens einige Symbole werden im Allgemeinen wiederholt auftreten:

Beispiele:

Maguf btfeg fetgur justig amus telge. (z. B. zweimal »a«, viermal »e«)
Der grüne Apfel fällt vom Baum.
The people are living in houses.

Es ist schwer, sinnvolle Sätze zu bilden, ohne dass sich Buchstaben wiederholen.[13] Im Folgenden seien einige mühsam konstruierte und zuweilen grotesk wirkende Sätze[14] genannt:

- Opa schlürft unmäßig. (18 verschiedene Buchstaben).
- Auf Zypern wächst Gold. (19 verschiedene Buchstaben)
- Zum Joch hinkt das Rößle. (20 verschiedene Buchstaben)
- Groß-Löwe Max quäkt zynisch. (23 verschiedene Buchstaben)
- Küß Max Bischov und zwölf Ägypter (28 verschiedene Buchstaben).

Bei einem von der »Gesellschaft für deutsche Sprache« ausgeschriebenen Wettbewerb wurden folgende Einzelwörter ohne Buchstabenwiederholung eingereicht:

- Zylinderkopfschmutz (19 verschiedene Buchstaben)
- Zwölftonmusikbücherjagd (23 verschiedene Buchstaben)
- Wildschützbärenjuxkampf (23 verschiedene Buchstaben)
- Boxkampfjuryschützlinge (23 verschiedene Buchstaben)

---

13 **Pangramm:** Der Grenzfall wäre ein Satz, der gerade aus so vielen unterschiedlichen Buchstaben besteht, wie die Buchstabenzahl des Alphabets ausmacht. Einen solchen Satz nennt man ein Pangramm. Von der deutschen Sprache ist ein solcher Satz nicht bekannt, wenn Namen nicht zugelassen sind. Er müsste aus genau 30 Buchstaben bestehen: a, b, c, …., z, ß, ä, ö, ü. Annäherungen sind Sätze mit etwas mehr als 30 Buchstaben; d. h. einige Buchstaben wiederholen sich:

- Zwölf kämpfende Boxer mußten Victor quer über den Sylter Deich jagen. (58 Buchstaben)
- Mich quält's, daß Wolf Kröger vorm Xylophon Jazz übt. (42 Buchstaben)
- Max von Quölbert aus Frankfurt wünscht jetzt diesen Paß für Ägypten. (57 Buchstaben)
- **Quer vorm Jagdplatz mixt Baby Klöße für Schwäne.** (40 Buchstaben)

mit Einschränkungen:

- Zwei Boxkämpfer jagen Eva quer durch Sylt. (35 Buchstaben; ohne ö, ü, ß)
- Franziska quält an jedem Werktag vollendet Bach per Xylophon. (52 Buchstaben; ohne ö, ü, ß)
- Jeder wackere Bayer vertilgt bequem zwo Pfund Kalbshaxe. (48 Buchstaben; ohne ä, ö, ü, ß)
- Bequem kaufst du vierzig Xylophone je Woche. (36 Buchstaben; ohne ä, ö, ü, ß)
- **Sylvia wagt quick den Jux bei Pforzheim.** (33 Buchstaben; ohne ä, ö, ü, ß)

in Englisch:

- Pack my box with five dozen liquor jugs. (32 Buchstaben)

in Französisch:

- Voyez le brick geant que j'examine près du wharf. (39 Buchstaben)

14 Alle Sätze auf dieser Seite wurden kreiert, als noch die alte Rechtschreibung galt. Würden wir bei einigen Beispielen statt »ß« nun korrekt »ss« schreiben, dann wäre die Zielsetzung verletzt.

- Heizölrückstoßabdämpfung (24 verschiedene Buchstaben; längstes bisher anerkanntes Wort).

Hinreichende Bedingung (HB) für einen Code

HB1: Ein Codesystem ist dann mit Gewissheit erkannt, wenn die Decodierung mit einer sinnvollen Bedeutung gelingt (siehe: Hieroglyphen). Kurz gesagt: Der Empfänger kann die Bedeutung des übermittelten Codes verstehen.

Hinreichende Bedingungen für einen Nicht-Code

Von großer Bedeutung ist es, ein uns als Codesystem erscheinendes System als ein Nicht-Codesystem zu identifizieren. Dazu gibt es zwei hinreichende Bedingungen (HBnC), die zeigen, dass wir es ***nicht*** mit einem Codesystem zu tun haben. Eine Signalfolge ist dann als Nicht-Code erkannt,

HBnC1: wenn sie vollständig auf der Ebene von Physik und Chemie erklärbar ist, d. h., wenn ihre Herkunft ausschließlich materiell deutbar ist.

Beispiel 1: Die 1967 von den britischen Astronomen *Jocelyn Bell* (* 1943) und *Antony Hewish* (1924 – 2021) aus dem Weltraum empfangenen periodischen Impulse wurden zunächst als Code angesehen, die man von sogenannten »Kleinen Grünen Männchen« (Little Green Men) ausgesandt dachte. Später stellte sich heraus, dass die »Nachrichten« eine rein physikalische Ursache hatten. Es war damals ein neuer Sterntyp entdeckt worden, die Pulsare.

Beispiel 2: Die *Fraunhoferschen* Linien sind dunkle Absorptionslinien im Sonnenspektrum und könnten für einen Code gehalten werden. Da sie aber eine rein physikalische Ursache haben, repräsentieren sie kein Codesystem im Sinne unserer Informationstheorie.

HBnC2: wenn es bekannt ist, dass es sich um eine Zufallssequenz handelt (d. h., wenn deren zufällige Entstehung bekannt ist oder mitgeteilt wurde). Diese Aussage gilt auch, wenn in der Zeichenfolge zufällig gültige Zeichen irgendeines Codes auftreten.

Beispiel 1: Zeichen aus dem Zufallsgenerator:
ATZIG KFD MAUER DFK KLIXA WIFE TSAA
Die Wörter »MAUER« und »WIFE« sind zwar gültige Wörter der deutschen bzw. englischen Sprache, dennoch handelt es sich im Sinne unserer Definition nicht um einen Code, da die Zeichenfolge nachweislich *durch Zufall* entstanden ist.

Beispiel 2: Dem amerikanischen Biochemiker *Arthur Kornberg* (1918 – 2007) gelang es 1955, aus Coli-Bakterien ein Enzym (DNS-Polymerase-I) zu isolieren, das die Synthese von DNS aus ihren Bausteinen katalysiert[15]. Führt man die Synthese in Abwesenheit von DNS bzw. Oligonukleotiden durch, die als Vorlage (»Matrize«) dienen könnten, so entstehen nach langer Reaktionszeit zwei Arten von Strängen:

1) alternierende Stränge:
   • • • TATATATATATATATATATAT• • •
   • • • ATATATATATATATATATATA• • •

2) homopolymere Stränge:
   • • • GGGGGGGGGGGGGGGGGGG • • •
   • • • CCCCCCCCCCCCCCCCCCCC • • •

Obwohl beide Stränge zusammengenommen alle vorkommenden Zeichen des genetischen Codes enthalten, sind sie dennoch informationslos (Verletzung von **NB2** der »Notwendigen Bedingungen« für das Vorliegen eines Codes).

Diese Grundlagen zum Thema »Code« wurden vom Verfasser schon im Jahr 1982 veröffentlicht [G6], und sie haben allen wissenschaftlichen Überprüfungen über ein Vierteljahrhundert standgehalten. Unserer Erfahrung nach weist die Gegenwart eines Codes immer auf einen vorangegangenen intellektuellen Prozess hin, denn jeder Code beruht auf Konvention. Wir benötigen also bereits auf der zweiten Ebene der Information Intelligenz.

---

15 In den letzten Jahren sind die Techniken weiter ausgebaut worden, und zahlreiche »Werkzeuge« (Enzyme) zur DNS-Synthese sind hinzugekommen. Der am Beispiel der *Kornberg*-Synthese illustrierte Sachverhalt über den Code wird davon aber nicht berührt.

Damit sind wir nun in der Lage, einige grundlegende Erfahrungssätze [ES] zu formulieren[16]:

ES1: Der Code ist eine unbedingt notwendige Bedingung, um Universelle Information darzustellen. Das Vorhandensein des Codes ist aber noch keine hinreichende Bedingung dafür, dass die unbekannte Zeichenfolge Universelle Information sein muss.
ES2: Sowohl die Bedeutungszuweisung als auch das Erkennen der Bedeutung von Sequenzen abstrakter Symbole sind intellektuelle Prozesse, die auf Konvention beruhen.
ES3: Ist der Code einmal durch freie Vereinbarung definiert, so ist diese Festlegung im Folgenden strikt beizubehalten.
ES4: Der verwendete Code muss Sender und Empfänger gemeinsam bekannt sein, wenn die Information verstanden werden soll.
ES5: Ein Codesystem ist immer das Ergebnis eines intellektuellen Prozesses[17] und erfordert daher einen geistigen Urheber.

---

16 **Das deutsche Postleitzahlensystem:** Die obigen fünf Sätze (ES1 bis ES5) lassen sich an einem uns allen geläufigen Beispiel für ein Codesystem leicht nachvollziehen. Es ist das am 1. Juli 1993 in Deutschland eingeführte Postleitzahlensystem, bei dem ein Zahlencode (ES1) von fünf Ziffern verwendet wird. Insgesamt wurde das Bundesgebiet in 26 400 Zustellbezirke aufgeteilt. 1700 Großkunden mit täglich mehr als 2000 Sendungen erhielten eine eigene Zahl. Außerdem gibt es 16 500 Postleitzahlen nur für Postfachkunden. Die erste Ziffer nennt die Region der jeweiligen Stadt (z. B. 1: Region um Berlin; 2: Raum um Hamburg; 8: Raum um München), und durch die zweite Ziffer wird meist eine größere Stadt festgelegt. Die dritten bis fünften Ziffern stehen für den Zustellbezirk innerhalb einer Stadt. Die Zuordnung des Zeichenvorrats zu den Zustellbezirken wurde von einem Expertenteam von acht Personen (Sender als Team) durchgeführt (ES2). Gemäß ES4 muss dieser Code Sender und Empfänger gemeinsam bekannt sein. Um dies zu erreichen, wurde der größte Druckauftrag in der deutschen Geschichte erteilt: 40 Millionen Postleitzahlen-Verzeichnisse – jedes wiegt über zwei Kilogramm und hat 1000 Seiten – wurden gedruckt und allen Haushaltungen zur Verfügung gestellt. Das Codesystem wurde nach ausgiebiger Beratung (ein Codesystem muss nach ES3 durchdacht sein) festgelegt, und zwar gemäß ES5 durch einen intellektuellen Prozess.

17 **Intellektueller oder geistiger Prozess:** Hiermit soll zum Ausdruck gebracht werden, dass die Materie von sich aus nicht in der Lage ist, einen Code zu generieren. Alle Erfahrung zeigt, dass hierzu ein vernunftbegabtes Wesen mit freiem Willen, Intelligenz und kreativer Planungsfähigkeit erforderlich ist. Die Fähigkeit des Denkens ist dabei eine notwendige Voraussetzung.
Der Sprachwissenschaftler *Helmut Gipper* hat das »Denken« wie folgt definiert [G4, S. 261]: »Als Denken soll die geistige Tätigkeit eines Lebewesens dann gelten, wenn es ihm aufgrund seines biologischen Bauplanes und seiner Hirnstruktur gelingt, sinnlich gewonnene Erfahrungsdaten nicht nur zu behalten und praktisch zu nutzen, sondern sie im Sinne von *Wenn-dann*-Beziehungen frei zu verknüpfen und damit einfache Schlussfolgerungen und Problemlösungen … zu finden. Denken ist also nicht zu verwechseln mit angeborenen Fähigkeiten der Tiere ohne Entscheidungsspielraum. Es setzt Wahlmöglichkeiten, also Freiheit, … voraus. Der Netzbau der Spinnen und der Wabenbau der Bienen, aber auch die sogenannte ›Sprache‹ der Bienen haben nichts mit Denken zu tun, so komplex, sinnvoll und erstaunlich diese Fähig-

Bild 10: *Verschiedene Codes für dieselbe Bedeutung.*
Hier finden wir den kurzen Satz: »Freuet euch!« in einer Auswahl verschiedener Codesysteme dargestellt: Georgisch, Arabisch, Russisch, Litauisch, Ungarisch, Afrikaans, Braille-Blindenschrift (deutsch), Morsecode (deutsch), Steno (deutsch), Englisch.

Bild 10 zeigt den kurzen Satz »Freuet euch!« in verschiedenen Sprachen, wobei auch unterschiedliche Codesysteme vorkommen. So können wir einen weiteren wichtigen Erfahrungssatz festhalten:

ES6: Jede beliebige Universelle Information (UI) lässt sich durch ein geeignetes Codesystem darstellen.

Hinweis: ES6 behauptet nicht, dass immer eine vollkommene Übersetzung möglich ist. Es gehört zur Kunst des Übersetzens, Metaphern, Redewendungen, Mehrdeutigkeiten und besondere Stilfiguren in geeigneter Weise in der Zielsprache zum Ausdruck zu bringen. Manchmal fehlen in der Zielsprache für bestimmte Gegenstände oder Konzepte die entsprechenden Bezeichnungen; dann muss mit guten Umschreibungen versucht werden, den Inhalt dennoch gut »rüberzubringen«.

Die Erfahrungssätze ES1 bis ES6 demonstrieren, dass schon auf der relativ niedrigen Ebene des Codes grundlegende Aussagen über die Universelle Information gemacht werden können.

---

keiten auch sein mögen. Es handelt sich um angeborene und starre Verhaltensweisen, die keine oder doch nur geringfügige Variationen des vorgegebenen Rahmens erlauben.« Die im Tierreich verwendeten Codesysteme zur Kommunikation wurden nicht von ihnen »erdacht«, sondern sind gemäß *Bild 22*, Kapitel 5.8.3, komplett erschaffen.

Findet man z. B. eine beliebige Anordnung, der ein Code zugrunde liegt, so kann daraus geschlossen werden: Dieses System entstammt einem geistigen (intelligenten) Konzept. Wegen ES5 kam darum niemand auf den Gedanken, die Hieroglyphen seien durch rein physikalische Prozesse entstanden, wie z. B. durch zufällige Einwirkungen von Wind, Regen und Erosion.

Nun nennen wir einige Eigenschaften, die allen Codesystemen gemeinsam sind:

- Der Code ist eine notwendige Voraussetzung zur Informationsdarstellung, -übertragung und -speicherung.
- Jede Codewahl muss bei der Konzeption gründlich durchdacht sein.
- Die Codebildung ist ein geistiger (kreativer) Prozess.
- Materie dient als Träger der Codes, aber sie kann sie nicht erzeugen (so übertragen z. B. elektrische Impulse ein Gespräch von einem Telefon zum anderen; aber sie können kein Gespräch erzeugen).

B) Die eigentliche Syntax

Definition D4: Die Syntax ist die Gesamtmenge aller Regeln einer Sprache, einerlei, ob es sich um eine natürliche Sprache oder um die Sprachen von Maschinen, der Logik oder der Mathematik handelt. Mithilfe eines formalisierten oder formalisierbaren Regelwerkes wird die Menge der möglichen Sätze einer Sprache definiert. Sie umfasst die Morphologie, Phonetik und den Wortschatz einer Sprache. Kurz: Die Syntax bestimmt, welche Strukturen in einer Sprache erlaubt sind und welche nicht.

Folgende Fragen gehören in diesen Bereich:

a) senderorientiert:

- Welche der möglichen Zeichenkombinationen sind definierte Wörter der betreffenden Sprache (Sprachlexikon, Schreibweise)?

- Wie sind die Wörter anzuordnen (Satzbildung, Wortstellung), miteinander zu verknüpfen und im Gefüge eines Satzes zu verändern (Grammatik)?
- Welche Sprache wird zur Informationsdarstellung benutzt?
- Welche besonderen Ausdrucksmittel werden verwendet (Stilistik, Ästhetik, Präzision der Ausdrucksweisen, Formalismen wie Einleitungs- und Schlussformeln)?
- Sind die Sätze syntaktisch richtig?

b) empfängerorientiert:
- Versteht der Empfänger die übermittelte Sprache? (Inhaltsverständnis wird hier noch nicht gefordert.)

Die folgenden Beispielsätze heben die Fragestellungen auf der Ebene der Syntax noch einmal hervor:

1) *Der hungrige Wolf jagt das flinke Reh.* (korrekter Satz)
2) *Der Vogel sangte dem Lied.* (semantisch möglich, aber syntaktisch falsch)
3) *Die grüne Freiheit verfolgt das denkende Haus.* (semantisch unsinnig, aber syntaktisch korrekt)
4) *Das mumpfige Kalöfel blänget das dapolgige Trekum.* (syntaktisch richtig, aber mit sinnleeren Wörtern)
5) *Der Bäcker stumm Kater Wasserwellen doch Ehre.* (keine syntaktische Struktur, aber sinnvolle Wörter)
6) *Deg Molf Bruch Ortan Kinker Deffel Glauch Legeslamp.* (völlig unverständlich – keine syntaktische Struktur, nicht sinnvolle Wörter)

Unter der Syntax einer Sprache verstehen wir also sämtliche Regeln, nach denen die einzelnen Sprachelemente kombiniert werden können bzw. müssen. Die Syntax der natürlichen Sprachen als die Grundlage aller Verständigung von einer Person zur anderen ist viel komplexer strukturiert als die formalisierten künstlichen Sprachen wie etwa Computer-Codes oder Musiknoten. Die syntaktischen Regeln in formalisierten Sprachen müssen vollständig und eindeutig sein, da z. B. den Compilern (Sprachübersetzer für Programmiersprachen) von digitalen Rechenanlagen der Rückgriff auf semantische Überlegungen des Programmierers nicht möglich ist.

Da jede Codierung sowie deren Bedeutungszuordnung immer auf Konvention beruht, ist die Kenntnis dieser Vereinbarung für Sender und Empfänger gleichermaßen erforderlich. Sie wird entweder direkt übertragen (z. B. durch Eingabe in EDV-Systeme oder durch Vererbung in natürlichen Systemen) oder muss von Grund auf erlernt werden (z. B. Muttersprache oder andere natürliche Sprachen).

Kein Mensch kommt mit angeborener Sprache oder einem angeborenen Begriffssystem auf die Welt. Das Erwerben von Sprachkenntnissen ist das Erlernen des vorhandenen Wortschatzes und der Grammatik, wobei diese aber auf »Vereinbarung« in der jeweiligen Sprache zustande gekommen sind.

2.5 Die dritte Ebene der Information: Semantik

Definition D5: Semantik bezieht sich auf die Bedeutung, die den Wörtern, Redewendungen, Sätzen usw. aufgeprägt wurde. Bedeutung entsteht durch die eindeutige Definition des Objekts oder des Konzeptes, das durch die Wörter, Redewendungen oder Sätze repräsentiert wird.

Ob wir einen Roman lesen oder eine Gebrauchsanweisung, niemals sind wir auch nur annähernd so stark an den einzelnen Buchstaben oder auch an der Grammatik interessiert wie an der Bedeutung dessen, was dort geschrieben steht.

Zeichenketten und syntaktische Regeln bilden die notwendige Voraussetzung zur Darstellung von Information. Jedenfalls ist weder der gewählte Code noch die Größe, Anzahl oder Gestalt der Buchstaben oder die Übertragungsmethode das wesentliche Merkmal solch einer übertragenen Information. Es ist auch nicht ausschlaggebend, ob die Wörter auf Papier geschrieben oder durch optische, akustische, elektrische oder taktile Signale überbracht wurden. **Das wesentliche Merkmal der Universellen Information ist die aktuelle Botschaft,**

die dahintersteht; d.h. ihr Sinn, ihre Bedeutung. Hierfür steht das Wort »Semantik«.

Für die Speicherung und Übertragung spielt dieser zentrale Aspekt der Universellen Information keine Rolle. Der Preis eines Telegramms wird nicht nach der Schwere des Inhalts, sondern lediglich nach der Zahl der Wörter (bzw. Silben) bemessen. Sowohl den Sender als auch den Empfänger interessiert vor allem die Bedeutung, und sie ist es, die eine Zeichenkette zur Universellen Information werden lässt. Damit haben wir die dritte Ebene der Universellen Information erreicht, die Semantik (griech. *semantikos* = »bezeichnend«, »bedeutend«; Bedeutungsaspekt).

Fragestellungen aus dem Bereich der Semantik sind beispielsweise:

a) senderorientiert:
- Welchen Gedanken hatte der Sender?
- Welche Information ist außer der explizit ausgedrückten Information auch noch implizit enthalten?
- Welche stilistischen Mittel wurden verwendet (z.B. Metaphern, Idiome, Parabeln)?

b) empfängerorientiert:
- Hat der Empfänger die Information verstanden?
- Welche Hintergrundinformation ist zum Verständnis der vorliegenden Information erforderlich?
- Ist die Aussage wahr oder falsch?
- Ist die Aussage mit Sinn gefüllt? (Gegensatz: leere Phrasen)

ES7: Es gehört zum Wesen jeder Universellen Information, dass sie von jemandem ausgesandt und an jemanden gerichtet ist. Wo Universelle Information auch immer auftritt, haben wir es stets mit einem Sender und einem vorgesehenen Empfänger zu tun.

Hinweis: Manche Informationen richten sich an einen einzigen Empfänger (z.B. Brief) und andere an sehr viele (z.B. Buch, Zeitung). Es ist auch möglich, dass die Information an keinen anderen Empfänger gerichtet ist, sondern an den Sender selbst wie etwa bei einem eigenen Tagebucheintrag oder bei einer Einkaufsliste. Schließlich gibt es auch Informationen, die zwar für einen Empfänger bestimmt sind, die ihn aber nie erreichen, wie bei einem verloren gegangenen Brief.

Da erst Semantik wesensmäßig Information ausmacht, können wir einige weitere Erfahrungssätze festhalten:

ES8: Semantik ist ein notwendiger Aspekt der Universellen Information.

Die statistischen und syntaktischen Eigenschaften können sich erheblich verändern, wenn Information in eine andere Sprache übersetzt wird (z. B. ins Chinesische); die Bedeutung sollte dabei jedoch erhalten bleiben.

Universelle Information ist immer eine abstrakte Repräsentation von einer realen Wirklichkeit. So können uns die Zeichen in der heutigen Zeitung über ein reales Ereignis informieren, das gestern war, oder auch über das berichten, was in einem anderen Land geschah. Es ist eine besonders wichtige Eigenschaft der Universellen Information, dass sie immer eine **Stellvertreterfunktion** ausübt. Die Sequenzen von abstrakten Symbolen stehen stellvertretend für eine Realität oder ein Gedankensystem. Daher ist die Universelle Information selbst nicht das aktuelle Objekt, die Handlung, das Ereignis oder die Idee, um die es gerade geht. Sie tritt immer stellvertretend für etwas ein, was berichtet werden soll.

Weil Bedeutungen intellektuelle Konzepte repräsentieren, muss deren Herkunft ebenfalls intellektuell sein. Nicht selten läuft die Informationsübertragung über mehrere Glieder hinweg, dann aber muss das Anfangsglied eine geistige Quelle sein. Ein Autofahrer empfängt Information aus dem Autoradio. Natürlich sind weder das Radio noch die Antenne, noch der Sendemast Quellen der Information, sondern am Anfang der Übertragungsstrecke gibt es den Autor der Information. So können wir formulieren:

ES9: Jede Universelle Information verlangt eine geistige Quelle als Urheber. Geschieht die Übertragung über mehrere maschinelle Glieder hinweg, dann muss am Anfang der Übertragungskette eine geistige Quelle (Sender) stehen.

Wir können noch einen weiteren empirischen Satz hinzufügen, der es uns erlaubt, Universelle Information abzugrenzen und zu erkennen:

ES10: Universelle Information kann nicht durch zufällige, ungesteuerte physikalisch-chemische Prozesse entstehen.

Das Wissen über gesteuerte und ungesteuerte Prozesse ist in unserem Zusammenhang von entscheidender Bedeutung. Ungesteuerte physikalisch-chemische Prozesse können nur Ergebnisse liefern, die ausschließlich von den physikalischen Gesetzen bestimmt werden. In diesen Prozessen gibt es keine Freiheitsgrade, um ein Ziel zu setzen – sie laufen einfach entsprechend den Naturgesetzen ab, die den Ablauf determinieren. Darum sind bei ungesteuerten, physikalisch-chemischen Prozessen absichtsbedingte Ergebnisse unmöglich. Das gilt sogar, wenn wir statistische Gesetze zulassen (wie z. B. in der Quantenmechanik), weil die statistischen Naturgesetze genauso wenig Ziele oder Absichten erkennen lassen wie die deterministischen. Daraus können wir etwas sehr Wesentliches ableiten: Natürliche, also ungesteuerte physikalisch-chemische Prozesse sind außerstande, bedeutungsvolle Universelle Information zu erzeugen. Was sie uns durch ihre Daten weiterhin lehren, ist die Erkenntnis, wie Ursache und Wirkung miteinander verknüpft sind.

Eine unbedingt notwendige Bedingung, um bedeutungsvolle Information zu erzeugen, ist die Fähigkeit, unter Alternativen frei wählen zu können, und das wiederum erfordert eine Quelle, die mit Intelligenz und Willen ausgestattet ist. Ungesteuerte Zufallsprozesse können das nicht leisten.

Ein gesteuerter Prozess schließt intelligentes Handeln ein, welches das

Auswählen, die Steuerung, die Spezifizierung der Richtung und der Absichten übernimmt.[18]

Erst durch das Phänomen der Sprache wird Information sendbar und lässt sich auf materiellen Trägern speichern. Die Information selbst ist völlig invariant, sowohl gegenüber dem Wechsel des Übertragungssystems (akustisch, optisch, elektrisch) als auch gegenüber dem verwendeten Speichersystem (Gehirn, Buch, EDV-Anlage, Festplatte).

ES5 und ES9 binden Information grundsätzlich an einen Sender (eine intelligente Quelle sinntragender Information). Ob die Information von irgendeinem Empfänger verstanden wird oder nicht, ändert nichts an dem Tatbestand vorhandener Information. Die Vertiefungen in den ägyptischen Obelisken wurden auch vor ihrer Entzifferung eindeutig als Information angesehen, da sie offensichtlich nicht einem Zufallsprozess entstammen konnten. Die Semantik der Hieroglyphen war vor dem Auffinden des Steins von Rosette (1799) von keinem Zeitgenossen (Empfänger) verstehbar, dennoch war es auch zuvor schon Information.

Wir unterscheiden verschiedene Arten von Sprachen:
- natürliche Sprachen und Dialekte: Zurzeit gibt es ungefähr 5100 aktive natürliche Sprachen und Dialekte auf der Erde. Hinzu

---

18 **Wasser in einem Fluss:** Das Wasser fließt gemäß den Naturgesetzen, und zwar tut es dies ungesteuert. Auf diese Weise erodiert es ein Flussbett und lagert Schlamm in einem See oder im Ozean ab – all das sind Naturphänomene. Nun führen wir durch unsere Absicht eine Steuerung ein, bauen einen Damm und leiten denselben Fluss so um, dass er eine bestimmte Route einschlagen muss (durch ein Rohr). Dann leiten wir das Wasser durch eine Turbine, die ihrerseits einen Generator antreibt, um elektrischen Strom zu erzeugen, mit dessen Hilfe Lampen erhellt oder Kühlschränke, Fernsehapparate und Computer betrieben werden. Wäre das Wasser dazu in der Lage gewesen, wenn es lediglich durch ungesteuerte Naturgesetze gelenkt würde? Und wenn wir ihm dazu unzählige Milliarden von Jahren Zeit gäben, wäre es dann möglich? Die Antwort ist: NEIN! Daraus ersehen wir, dass es die Steuerung ist, die Prozesse anders laufen lässt, als es rein naturgesetzlich geschehen würde. Das bedeutet nicht, wir könnten irgendein Naturgesetz umgehen. Durch unsere technischen Überlegungen werden Prozesse absichtlich so ausgewählt und geleitet (also: gesteuert), dass dadurch ein Ziel gesetzt und erreicht wird, das ungesteuerte Prozesse niemals erzielen würden, einfach deshalb nicht, weil es absolut unmöglich ist, solch ein Ziel ohne Lenkung und Steuerung zu erreichen. Und warum ist das »absolut unmöglich«? Weil ungesteuerte physikalische Gesetze von selbst und ausnahmslos von dem gewünschten Ziel wegführen. Der Zweite Hauptsatz der Thermodynamik erlaubt zum Beispiel nicht, dass Wärme von einem kälteren Körper zu einem wärmeren fließt. Doch mit dem Kühlschrank (einer absichtsvoll erschaffenen Maschine) erreichen wir genau dieses Ziel, während wir dabei den Naturgesetzen entsprechen.

kommt noch eine Reihe von Gebärdensprachen, die von Taubstummen benutzt werden. Interessant ist, dass taub geborene Kinder hörfähiger Eltern jeweils ihre eigene »Haussprache« entwickeln, um kommunizieren zu können. Sprachfähigkeit scheint also zum Menschsein zu gehören.

- künstliche (Umgangs-)Sprachen: Esperanto, Flaggencode, Verkehrszeichen.
- künstliche (formale) Sprachen: logische und mathematische Kalküle, chemische Symbolik, Notenschrift, algorithmische Sprache, Programmiersprachen wie ADA, ALGOL, APL, BASIC, C, C++, FORTRAN, PASCAL, PL/I.
- Spezialsprachen der Technik: Bauzeichnungen, Konstruktionspläne, Blockschaltbilder, Bonddiagramme, Schaltpläne der Elektronik, Hydraulik, Pneumatik.
- Spezialsprachen der belebten Natur: genetische Sprache, Schwänzeltanz der Bienen, Pheromonsprachen verschiedener Insekten, Hormonsprache, Signalsystem im Spinnennetz, »Sprache« der Delfine, Instinkte (z. B. Vogelflug, Lachs- und Aalwanderung).

Gemeinsam ist allen Sprachen, dass sie einen definierten Satz abstrakter Symbole verwenden, wobei die einzelnen Symbole oder Sprachelemente mit festen, einmal vereinbarten Regeln und Bedeutungszuordnungen versehen sind. Jede Sprache enthält Einheiten wie Morpheme, Lexeme, Wendungen und ganze Sätze in den natürlichen Sprachen, die als Bedeutung tragende Elemente (Formative) dienen. Bedeutungen sind sprachinterne Zuordnungen, die gegenseitig zwischen Sender und Empfänger fest vereinbart sein müssen, wenn Kommunikation sinnvoll möglich sein soll. Natürliche Sprachen benutzen viele Mittel[19] zur Bedeutungscodierung.

Jeder *Kommunikationsprozess* zwischen Sender und Empfänger besteht aus dem Formulieren und dem Verstehen der Sememe (griech. *sema* = Zeichen). Im *Formulierungsprozess* generieren die Gedanken des Senders sinntragende Wörter, die mittels einer geeigneten Spra-

19 **Sprachmittel:** Einige dieser Mittel sind: Morphologie, Syntax (Grammatik und Stilistik), Phonetik, Intonation, Gestik sowie zahlreiche semantische Mittel: Homonyme, Homophone, Metaphern, Synonyme, Polyseme, Antonyme, Paraphrasen, Anomalien, Metonyme, Ironie.

che übertragen werden sollen. Und im *Verstehensprozess* werden die Zeichen-Kombinationen durch den Empfänger analysiert und in die ihnen entsprechende Bedeutung konvertiert. Ganz allgemein gilt: Wenn mittels Information kommuniziert wird, sind sowohl der Sender als auch der Empfänger intelligente Wesen. Ebenso kann gesagt werden: Wenn kein intelligenter Empfänger, jedoch eine codierte Information vorhanden ist, dann muss das spezielle, zur Übertragung benutzte System samt Entstehung, Verarbeitung und Speicherung der Information durch Intelligenz erzeugt worden sein (*Bilder 21* und *22*, Kapitel 5.8.3).

2.6 Die vierte Ebene der Information: Pragmatik (Handlung)

Definition D6: Pragmatik bezieht sich in diesem Kontext auf die Reaktion des Empfängers, die der Sender von ihm wünscht oder erwartet. Das erwartete Handeln kann entweder explizit und/oder implizit in der Botschaft enthalten sein.

Ein russisches Sprichwort besagt: »Mit Worten mahnt man den Menschen für eine Stunde, mit einem Buch für immer.« Bücher können bleibende Wirkung erzielen. Nachdem man zum Beispiel das Handbuch für eine Software gelesen hat, kann man mit dem darin beschriebenen System umgehen. Viele Menschen haben schon die Bibel gelesen, und dieses Buch hat sie zu ganz neuem Handeln angeregt. Im Sinne der Auswirkung der Bibel sagte *Blaise Pascal*: »Die Schrift hat Stellen genug, um alle Stände zu trösten und alle Stände zu erschrecken.«

Information fordert den Empfänger zum Handeln auf. Bei unserer Betrachtungsweise spielt es keine Rolle, ob der Informationsempfänger im Sinn des Informationssenders handelt, entgegengesetzt reagiert oder gar nicht darauf eingeht. Auch der kürzeste Werbeslogan für ein Waschpulver führt dazu, dass gerade diese Marke bevorzugt gekauft wird.

Bis zur Ebene der Semantik taucht noch gar nicht die Frage nach der Zielsetzung auf, die der Sender mit der Übermittlung der Information verfolgt. Jede Informationsweitergabe geschieht jedoch mit der senderseitigen Absicht, beim Empfänger ein bestimmtes Handeln zu bewirken. Um das geplante Ergebnis zu erreichen, stellt der Sender die Überlegung an, durch welche Handlungsweise der Empfänger zu dem geplanten Ziel gebracht werden kann. Wir haben somit eine ganz neue Ebene der Information erreicht, die wir **Pragmatik** (griech. *pragmatike* = »Kunst, richtig zu handeln«; Handlungsaspekt) nennen.

Fragestellungen aus dem Bereich der Pragmatik sind beispielsweise[20]:

a) senderorientiert:
- Welche Handlungsweise möchte der Sender beim Empfänger auslösen?
- Hat der Sender eine bestimmte Handlung explizit formuliert, oder ist sie nur implizit enthalten?
- Ist die vom Sender vorgegebene Handlung nur in dieser eindeutigen Weise auszuführen, oder ist von vornherein ein gewisser Freiheitsgrad vorgesehen?

b) empfängerorientiert:
- Wie wirksam beeinflusst die empfangene und verstandene Bedeutung der gesendeten Information das Denken und Verhalten des Empfängers?
- Worin besteht die Antwort des Empfängers?
- Zu welchem tatsächlichen Verhalten wird der Empfänger angeregt?

Wir können darum einen ersten Erfahrungssatz bezüglich der Pragmatik festhalten:

---

20 **Minister für Semantik:** Der ehemalige US-Präsident *Harry S. Truman* (1884–1972) verfasste einmal während seiner Amtszeit das folgende scherzhafte Rundschreiben: »Ich habe soeben einen *Minister für Semantik* ernannt – ein überaus wichtiges Ressort. Er soll mich mit bedeutungsschwer klingenden Ausdrücken versorgen, mir beibringen, wie man im selben Satz ›ja‹ und ›nein‹ sagt, ohne sich dabei in Widersprüche zu verwickeln, eine Wortkombination ausarbeiten, die mich in San Francisco als Gegner und in New York als Befürworter der Inflation erscheinen lässt, und mir schließlich zeigen, wie man sich in Schweigen hüllt und trotzdem alles sagt. Sie werden einsehen, dass der Mann mir eine Menge Ärger ersparen kann« (Quelle: Reader's Digest, Februar 1993, S. 168).
Truman hatte nicht bemerkt, dass er eigentlich einen Minister für Pragmatik (oder sogar für Apobetik) suchte. Es ging ihm nämlich vorrangig um die Wirkung seiner Rede – und da befinden wir uns bereits oberhalb der Ebene der Semantik.

ES11: Universelle Information enthält immer einen pragmatischen Aspekt.
Dieser kann explizit in Befehlsform ausgedrückt sein oder auch implizit, sodass der Empfänger über alle Freiheitsgrade seines Handelns verfügt.

Der pragmatische Aspekt kann dabei sein:

- unabdingbar und eindeutig, ohne die geringste Auslegungsfreiheit (z. B. Computerprogramme, militärische Befehle);
- mit eingeschränkter Freiheit im Handeln (z. B. einige elterliche Aufforderungen an ihre Kinder oder das Instinkthandeln der Tiere);
- mit maximaler Freiheit im Handeln (was z. B. eine geladene Person bei einer Feier anziehen darf, die als »zwanglos« bezeichnet wurde).

Auch wenn der Empfänger erheblich von der durch die Semantik ausgedrückten Reaktion abweicht, beeinträchtigt das nicht die Gültigkeit von ES11.

Sprachlich werden nicht einfach Sätze aneinandergereiht, sondern Bitten, Klagen, Fragen, Auskünfte, Belehrungen, Ermahnungen, Drohungen und Befehle formuliert, die ein bestimmtes Handeln beim Empfänger auslösen sollen. Der Informatiker *W. Strombach* [S12] definierte Information als eine Struktur, die in einem empfangenden System etwas bewirkt. Damit hat er besonders auf diesen wichtigen Punkt der Universellen Information, die Pragmatik, hingewiesen.

Um die verschiedenen Arten des Handelns zu erfassen, können wir folgende Klassen des Handels unterscheiden:

a) starre Handlungsweisen:
- programmiertes Handeln (z. B. maschinelle Herstellungsvorgänge und der Ablauf von Datenverarbeitungsprogrammen, Aufbau einer biologischen Zelle, Atmung, Blutkreislauf, Organfunktionen),
- instinktives Handeln (Verhaltensweisen im Tierreich),

- antrainiertes Handeln (z. B. Polizeihunde, Zirkusvorführungen mit Seelöwen, Löwen, Pferden, Elefanten);

b) flexible und kreative Handlungsweisen:
- erlerntes Handeln (Umgangsformen, handwerkliche Tätigkeiten),
- einsichtiges/intelligentes Handeln (Mensch),
- intuitives Handeln (Mensch),
- intelligentes Handeln nach freiem Willen (Mensch).

Auch hier können wir einen Erfahrungssatz formulieren:

ES12: Universelle Information wird gesendet, um eine Handlung zu bewirken oder auf irgendeine gewünschte Weise zu reagieren.

Dieser eine Antwort bewirkende Effekt der Universellen Information gilt sowohl für unbelebte Systeme (z. B. Computer oder eine automatische Auto-Waschanlage) als auch für lebende (z. B. antrainierte Handlungen von Tieren und Menschen). Der pragmatische, also der Antwort erwartende Aspekt der Universellen Information ist weit inhaltsschwerer, als man zunächst annehmen würde. Die gewünschte Antwort, an die der Sender denkt, ist nicht vergleichbar mit dem Ablauf von ungesteuerten physikalisch-chemischen Prozessen.

Ungesteuerte physikalisch-chemische Prozesse verlaufen immer in der von den Naturgesetzen der Physik und der Chemie vorgeschriebenen Richtung, d. h. in Richtung des Gleichgewichtszustandes (das ist der energieärmste und stabilste Zustand). Stattdessen werden von Universeller Information gesteuerte physikalisch-chemische Prozesse fast immer in *Ungleichgewichtszustände*, d. h. in instabile und energiereiche Zustände versetzt. Beispiele dafür gibt es in Hülle und Fülle:

1. die Kultivierung, Bepflanzung, Bewässerung und das Abernten eines Ackerfeldes (das von Menschen unberührte, also unbearbeitete Feld brächte eine Mischung aus Unkräutern, Gräsern, Büschen und Bäumen hervor, das – wenn überhaupt – nur eine geringe Ernte einbrächte),
2. der Transport von Arbeitern von Los Angeles nach Berlin, der ohne Maschinen und Werkzeuge unmöglich wäre,

3. das Vorbereiten und Servieren einer Mahlzeit,
4. der Schutz vor Gefahren durch automatische Sicherheitseinrichtungen, die zuvor entwickelt und installiert wurden.

Alle diese Beispiele erfordern Maschinen, die Energie einsetzen, um Werkzeuge zu betreiben, die speziell dazu ersonnen wurden, entweder gewünschte Arbeiten auszuführen oder sie zu erleichtern. Menschliche Arbeitskraft nutzt die großartigste aller Maschinen, nämlich unseren Körper, der eine unermessliche Zahl von Handlungen ausführen kann. Die Leistungen des Körpers wurden durch den Einsatz mechanischer Einrichtungen immens gesteigert. All die hilfreichen Maschinen wurden von Menschen geplant, konstruiert und eingesetzt.

In unserem Zusammenhang ist es wichtig zu betonen, dass Universelle Information während aller kreativen Denkprozesse, bei der Entwicklung der Pläne und bei der Herstellung der Maschinen und Werkzeuge nötig war. Dahinter stand immer die Absicht, gewisse Tätigkeiten zu verbessern oder überhaupt erst zu ermöglichen. Die Fähigkeit des Menschen, dies erfolgreich tun zu können, beruht vor allem darauf, dass er Universelle Information erzeugen kann.

Nachdem der pragmatische Aspekt der Universellen Information an vielen Beispielen studiert wurde, können die folgenden Erfahrungssätze bestätigt werden:

ES13: Wenn sich der pragmatische Aspekt der Universellen Information im Bereich des Materiellen auswirken soll, erfordert das immer eine Maschine.

Definition D7: Eine Maschine ist eine Konstruktion, die Energie benötigt, um spezifische Funktionen zu erfüllen.

Hinweis: Diese Definition für eine Maschine geht weit über die Geräte des Maschinenbaus hinaus, denn sie umfasst sowohl technische Maschinen (z. B. Hebel, Seilwinden, Pumpen, Motoren, Turbinen) als auch lebende Maschinen (z. B. Organe wie Herz und Niere, die lebendige Zelle, Einsatz von Muskelkraft, Prozesse wie Fotosynthese und Proteinsynthese).

ES14: Universelle Information und kreative Gestaltungskraft sind zur Planung und Konstruktion von Maschinen erforderlich.
ES15: Die Existenz einer funktionierenden Maschine bedeutet ausnahmslos, dass Universelle Information den Bereich des Materiellen beeinflusst hat.
ES16: Maschinen arbeiten innerhalb der physikalisch-chemischen Gesetze der Materie (Masse und Energie).
ES17: Maschinen veranlassen Materie, auf spezifische Weise folgerichtig zu funktionieren und demzufolge Ergebnisse zu erzielen, die niemals allein durch ungesteuerte physikalisch-chemische Prozesse hätten hervorgebracht werden können.

Sowohl Universelle Information als auch kreative Gestaltungskraft und Materie sind zur Herstellung von Maschinen nötig. Die Universelle Information ist es, welche den Zusammenbau des materiellen Systems organisiert und ausführt, wodurch eine Maschine entsteht. Das bedeutet: Wenn man die Herstellung und Planung irgendeiner zu nützlicher Arbeit fähigen Maschine zurückverfolgt, wird man entdecken, dass am Anfang immer Universelle Information stand und dass diese aus einer intelligenten Quelle stammt. Ohne intelligenten Input kann Energie keine nützliche Arbeit verrichten. Information ist nötig, um eine Maschine zu planen und zu produzieren, die in der Lage ist, Energie zu bändigen, zu speichern oder sie in zielorientierter Weise verwendbar zu machen.

Obwohl die Information bei der fertigen Maschine meistens keinen »Fingerabdruck« hinterlässt, weist schon ihre bloße Existenz deutlich darauf hin, dass zu ihrer Planung und Herstellung ein informativer Prozess notwendig war. Zu jeder als Universelle Information ausgewiesenen Information gehört immer eine erwartete Handlung, um zum beabsichtigten Zweck zu gelangen. Das bedeutet: Der Empfänger muss ein lebendiger Organismus sein, der in der Lage ist, auf Universelle Information zu reagieren, oder aber eine Maschine, die von

Universeller Information gesteuerte Funktionen ausführen kann. Im materiellen Bereich muss für beide Systeme Energie zur Verfügung stehen.

2.7 Die fünfte Ebene der Information: Apobetik (Ziel, Ergebnis)

Definition D8: Apobetik bezieht sich auf das geplante Ziel (Ergebnis), das der Sender erreichen möchte. Vorausgegangen waren Gedankenprozesse und Handlungen, die das Ergebnis bewirken.

Ein Ziel kann nur durch eine vorausgegangene Handlung (Pragmatik) erreicht werden. Diese Handlung wird durch den Sender, den Empfänger oder durch eine von Menschen gebaute Maschine ausgeführt. In jedem Fall muss der Sender zunächst die Universelle Information hervorbringen, die die Abfolge der Ereignisse plant, um zu seinem beabsichtigten Ziel zu gelangen.

Goethe kritisierte einmal: »Gewisse Bücher scheinen geschrieben zu sein, nicht damit man daraus lerne, sondern damit man wisse, dass der Verfasser etwas gewusst hat.« Diese nicht nachahmenswerte Absicht, ein Buch zu verfassen, bringt dennoch etwas Grundsätzliches zum Ausdruck: Der Sender verfolgt ein Ziel, das er beim Empfänger erreichen möchte. Das Ziel eines Werbeslogans ist, dass die Herstellerfirma zu einem guten Jahresumsatz kommt. Im Neuen Testament nennt der Apostel Johannes ein völlig anderes Ziel für seine Information: »*Solches habe ich* (der Sender) *euch* (den Empfängern) *geschrieben, die ihr glaubt an den Namen des Sohnes Gottes, auf dass ihr wisst, dass ihr das ewige Leben habt*« (1. Johannes 5,13). Anhand dieser Beispiele beginnen wir zu verstehen, dass mit Universeller Information stets eine Absicht verfolgt wird.

Damit haben wir nun die letzte und höchste Ebene der Information erreicht, nämlich die **Apobetik**. Dieses neue Wort wurde von dem griechischen *apobeinon* (= Ergebnis, Erfolg, Ausgang) abgeleitet. In sprachlicher Analogie zu den vorherigen Bezeichnungen habe ich hierfür den Begriff »Apobetik« erstmals in [G5] eingeführt. Dem Ergebnis auf der Empfängerseite liegt auf der Senderseite die Zielvorgabe, die Zielvorstellung, der Plan oder die Konzeption zugrunde. Der Apobetikaspekt der Information ist der wichtigste, da er nach der Zielvorgabe des Senders fragt. Bei jeder Information lässt sich die Frage stellen: »Warum sendet der Sender überhaupt diese Information, und welches Ergebnis möchte er beim Empfänger erreichen?« Die folgenden Beispiele sollen diesen Aspekt noch etwas vertiefen:

- Computerprogramme sind immer mit einer Absicht geschrieben (z. B. die Lösung eines Gleichungssystems, Inversion von Matrizen, Erinnerungsprogramm mit der Liste der Geburtstage von Freunden).
- Ein Schokoladenfabrikant (Sender) benutzt einen Werbeslogan, um die Kunden (die Empfänger) anzuregen, gerade seine Produkte zu kaufen.
- Der Mensch ist mit der Gabe der natürlichen Sprache ausgestattet; er kann damit in Kommunikation mit anderen Menschen treten und Zielvorgaben formulieren.
- Mit der Botschaft der Bibel gibt Gott uns mancherlei Zielvorgaben. In Kapitel 9 des Buches wird darüber ausführlich referiert.

Fragestellungen aus dem Bereich der Apobetik sind beispielsweise:

a) senderorientiert:
- Hat der Sender ein eindeutiges Ziel beschrieben oder angedeutet?
- Was möchte der Sender beim Empfänger erreichen?
- Ist dieses Ziel direkt zu erkennen, oder ist es nur indirekt (implizite Apobetik) erschließbar?
- Hat der Sender den Empfänger ermutigt oder motiviert, die vom Sender erwarteten Handlungen auszuführen, um dadurch das beabsichtigte Ziel zu erreichen?

b) empfängerorientiert:
- Welches Ziel wird durch die Handlung des Empfängers erreicht?
- Stimmt das beim Empfänger beabsichtigte Ergebnis mit der Zielvorstellung des Senders überein?

- Hat der Empfänger ein vom Sender nicht bedachtes Ziel gefunden? (Z. B. können historische Dokumente in der Auswertung einem Ziel dienen, das dem Sender damals gar kein Anliegen war.)

Der sendermäßig vorgesehene Zielaspekt kann beim Empfänger unterschiedlich erreicht werden:

1. vollständig (bei genauer Ausführung der vom Sender genannten Handlung),
2. teilweise,
3. gar nicht,
4. indem etwas anderes oder das genaue Gegenteil von dem Erwarteten getan wurde.

Beispiele zu den obigen vier abgestuften Reaktionen:

1. Ein Computerprogramm reagiert in exakt der Weise, wie es programmiert wurde.
2. Anordnungen, die man Kindern normalerweise gibt: Sie mögen richtig auf das Geforderte reagieren, aber dennoch nicht genau so, wie es erwartet wurde; d. h., sie entsprechen dem Auftrag »Räumt euer Zimmer auf!« Doch tun sie es »auf ihre Weise«.
3. Anweisungen an ungehorsame Kinder: Sie tun nicht, was von ihnen verlangt wurde, d. h. sie erhalten den Auftrag: »Räumt euer Zimmer auf!« Aber sie tun überhaupt nichts.
4. Anweisungen an rebellische Kinder: Sie lehnen sich auf. Z. B. erhalten sie den Auftrag: »Bleibt nicht bis nach 22 Uhr draußen!«, und reagieren darauf, indem sie erst nach Mitternacht heimkommen.

Allerdings mag auch manchmal ein erreichtes Ergebnis nicht erwähnt oder dem Sender nicht einmal in den Sinn gekommen sein. So erlauben z. B. Dokumente aus vergangenen Jahrhunderten trotz manchmal trivialen Inhalts den Historikern wichtige Schlüsse zu ziehen, die von dem Sender nicht beabsichtigt waren. In diesem Sinn können wir auch in Bezug auf die Apobetik signifikante empirische Aussagen festhalten:

ES18: Hinter jeder Universellen Information steht eine Absicht.[21]
ES19: Der Apobetikaspekt der Universellen Information ist der wichtigste, denn er beinhaltet die Zielvorgabe des Senders.

Anmerkung: Der gesamte Aufwand in den vier darunter liegenden Ebenen ist eigentlich nur als Mittel zum Zweck erforderlich, um das Ziel des Senders zu erreichen. Der Apobetikaspekt mag manchmal so erscheinen, als überlappe er sich mit der Pragmatik oder falle gar mit ihr zusammen. Eine Entflechtung ist aber prinzipiell möglich.

Wenn die Zieleigenschaft gering geachtet oder absichtlich ignoriert wird, sollte uns die damit verbundene Verletzung von ES18 bewusst sein. Die Evolutionslehre legt es z.B. darauf an, jeden Hinweis auf Absicht zu unterdrücken. So sagte der amerikanische Zoologe und Mitbegründer der »Synthetischen Evolutionstheorie« *George Gaylard Simpson* (1902–1984):

> *»Der Mensch ist das Ergebnis eines materialistischen Prozesses ohne Zweckbestimmung und Absicht, er stellt die höchste zufällige Organisationsform von Materie und Energie dar.«*

21 **Information auf Grabsteinen:** Im Sinne von ES18 spielt es keine Rolle, ob das ursprünglich beabsichtigte Ziel oder auch ein anderes erreicht wurde. Mit folgender Begebenheit soll deutlich werden, dass sogar die Informationen auf Grabsteinen eine sehr weitreichende Apobetik haben können. So hat mich das Zeugnis von *Adziri Wellington*, eines ghanesischen Architekturprofessors, bewegt, der vor einigen Jahren in Braunschweig seine Doktorarbeit angefertigt hat. Er erzählte mir von jenem Friedhof in der Nähe von Accra (Hauptstadt von Ghana), auf dem heute noch die Kreuze auf den Gräbern von den ersten in das Land eingereisten Missionaren künden. An den eingetragenen Daten ist ablesbar, dass sie schon wenige Tage nach ihrer Ankunft an Tropenkrankheiten starben.
Vordergründig würden wir sagen: Der Einsatz dieser Menschen war vergeblich. Ohne auch nur einen einzigen Satz des Evangeliums weitergegeben zu haben, ohne dass irgendwelche Frucht sichtbar wurde, setzte Gott ihrem Leben ein Ende. Nun bezeugte mir der ghanesische Freund, dass er durch das stumme Zeugnis jener Kreuze einen entscheidenden Anstoß zum Glauben bekam. Ihm wurde deutlich: Mit welch einer Liebe muss Gott diese Menschen ausgerüstet haben, dass sie unter Einsatz ihres Lebens hinausgingen, um auch anderen von dieser Liebe zu sagen! Hieran mögen wir erkennen, dass Gottes Wege oft anders sind als unser Denken. Was uns im Chronos (= unsere linear und stetig ablaufende Zeit) vergeblich erscheint, ist im Kairos Gottes (= der von Gott geschenkte Augenblick mit Ewigkeitsbedeutung) gebuchte Frucht, die bleibend ist. Die Missionare waren mit dem Ziel hinausgegangen, den Afrikanern das Evangelium zu bringen. Nach langer Zeit bezeugt nun jemand, ans Ziel gekommen zu sein. In seiner Muttersprache bringt er heute vielen Studenten das Evangelium nahe. Ob jene Missionare wohl in ihrer Todesstunde geahnt haben, dass ihr Ziel – wenn auch nach langer Zeit – doch erreicht wird?

Abschließend seien noch einige weitere bedeutende Sätze festgehalten:

ES20: Die fünf Informationsaspekte (Statistik, Syntax, Semantik, Pragmatik und Apobetik) gelten sowohl auf der Sender- als auch auf der Empfängerseite.
ES21: Die einzelnen Aspekte der Universellen Information sind in der Weise miteinander verknüpft, dass die jeweils darunter liegenden Ebenen eine notwendige Voraussetzung zur Realisierung der darüber liegenden Ebene sind.
ES22: Obwohl die apobetische Eigenschaft als letzte verwirklicht wird, ist sie doch als erste im Kopf des Senders entstanden und hat den Anstoß zu der Botschaft (die Universelle Information) und den daraus resultierenden Ergebnissen gegeben. Bei der apobetischen Information ist zu beachten, dass sie entweder *explizit* formuliert ist oder nur *implizit* enthalten ist und dann aus dem Gesamtzusammenhang erschlossen werden kann.
ES23: Es ist kein Naturgesetz, kein Prozess und kein Vorgang in der materiellen Welt bekannt, wonach Universelle Information von selbst in der Materie entstehen kann.

2.8 Zusammenfassung

Durch die obigen Betrachtungen sollte deutlich geworden sein, dass Universelle Information in mehrere, miteinander gekoppelte und doch deutlich voneinander trennbare Ebenen gegliedert ist. Trotz *Shannons* großer Verdienste bei der Lösung technischer Probleme, die mit Speicherung und Übertragung von Information zu tun haben, beschränkt sich seine Theorie nur auf einen kleinen und relativ unbedeutenden Aspekt all dessen, was zur Universellen Information gehört. Man kann zeigen, dass widersprüchliche Aussagen und Schlussfolgerungen mancher Autoren darin begründet liegen, dass sie von Information sprechen, ohne sich Rechenschaft darüber zu geben, auf welcher Ebene sie gerade diskutieren oder ob die jeweilig verwendete Ebene ausreicht, um eine so weitreichende Schlussfolgerung zu ziehen. So kann man beispielsweise keinerlei Antwort auf die Herkunft biologischer Systeme bekommen, wenn man sich lediglich auf die statistische Ebene bezieht.

Die alleinige Betrachtung der statistischen Ebene bei den biologischen Systemen führt zu einer *a-priori*-Beschränkung. Dies entspricht der Behauptung, allein der Zufall und natürliche Prozesse seien für die Herkunft der biologischen Systeme verantwortlich. Das aber ist eine ideologische Haltung, die auf dem Materialismus fußt. So wird unversehens Ideologie – hier vor allem der Materialismus – in die Wissenschaft eingeschmuggelt.

Selbst mit eindrucksvollem mathematischen Aufwand erstellte Abhandlungen bringen keinerlei weitere Klärung, wenn sich deren Formelapparat auf die Ebene der *Shannonschen* Theorie beschränkt. Begründete Aussagen sind nur möglich, wenn das Sender-Empfänger-Problem systematisch auf allen Ebenen der Universellen Information behandelt wird. Die bis jetzt formulierten Sätze ES1 bis ES23 sind durchweg von der Erfahrung abgeleitet. Alle sind in der Wirklichkeit erprobt. In Kapitel 5 wollen wir einige hiervon verwenden, um Naturgesetze zu formulieren.

Bild 9 zeigt die fünf hierarchischen Ebenen, Statistik, Syntax, Semantik, Pragmatik und Apobetik, die zusammen die Universelle Information definieren. Unter Anwendung von ES7 und ES20 können wir folgende allgemeine Feststellung treffen: Diese fünf Ebenen gelten – wie *Bild 11* zeigt – sowohl für den Sender als auch für den Empfänger.

Informationsentstehung: ES2 beschreibt, wie Universelle Information zustande kommt. Als Erstes bezieht sich der Sender auf einen Satz von Symbolen (Zeichensatz), der zuvor festgelegt wurde. Dann »greift« er hiervon ein Zeichen nach dem anderen heraus und stellt so die Information zusammen (z. B. zu Wörtern, Sätzen und anderen informativen Strukturen). Dieses Herausgreifen geschieht nicht zufällig, sondern unter stetem Einsatz von Intelligenz. Der Sender verfügt über Kenntnisse der Sprache, die er einsetzt, und er weiß, welche Symbole er wählen muss, damit die von ihm beabsichtigte Bedeutung dargestellt wird. Der Prozess der Informationsentstehung ist also ein geistiger Vorgang. Intelligenz ist eine Eigenschaft, die nie bei unbelebter Materie beobachtet wurde. Daraus ist zu folgern: Unbelebte Materie ist unfähig, Universelle Information zu erzeugen.

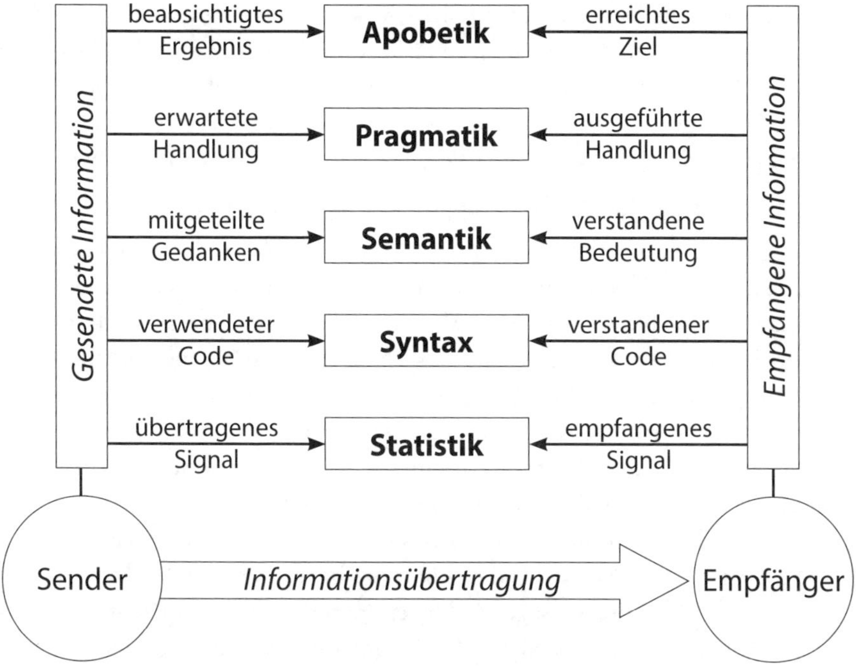

Bild 11: *Die fünf Ebenen der Universellen Information.*
In Bild 9 war UI mithilfe der fünf Ebenen definiert worden. Davon ausgehend können wir nun das Ergebnis unserer Beobachtungen hinzufügen: Zu jeder Ebene gibt es immer eine sender- wie auch eine empfängerseitige Relevanz.

Verstehen von Information: Auf der Seite des Empfängers läuft nun der umgekehrte Prozess ab. Dem Empfänger muss der verwendete Zeichensatz bekannt sein (ES2 und ES4). Aufgrund seiner eigenen Intelligenz und der Kenntnis der Sprache kann er die Zeichen, Wörter und Sätze decodieren und die Semantik verstehen. Erzeugung und Verstehen der Universellen Information sind geistige Prozesse.

2.9 Anhang: Die Weltsicht der materialistischen Auffassung

Ganz allgemein gesprochen laufen innerhalb der materialistischen Weltsicht alle Phänomene nur nach zwei Prozessarten ab: (1) als Zufallsereignisse oder (2) durch Ereignisse, die von den Naturgesetzen gesteuert werden. Der französische Nobelpreisträger und Biologe

Jacques Monod veranschaulicht diese Sichtweise in seinem Buch *Zufall und Notwendigkeit* [M7], in dem er ausführt, dass diese beiden Prozesse (Zufälle und sich daraus ergebende Notwendigkeiten) einzeln für sich oder gemeinsam ausreichen, jeden einzelnen Aspekt des Universums zu erklären. Wir wollen jetzt diese beiden Prozesse untersuchen:

(1) Zufallsereignisse: Das zentrale Merkmal aller Zufallsereignisse ist, dass sie ungerichtet ablaufen; d. h. sie haben weder Ziel noch Absicht. Das ist per definitionem so, weil zu einem »zufälligen« Ereignis das Fehlen von Richtung, Absicht und Vorhersagbarkeit gehört. In Zufallsereignissen hat jedes Ergebnis die ihm eigene Eintritts-Wahrscheinlichkeit, ohne dass irgendeine Richtung oder ein Ergebnis bevorzugt wird. Die Antithese zum »Zufall« lautet: gerichtet, gesteuert, geplant und absichtsvoll. Ist ein Ereignis »zufällig«, so impliziert dies, dass es unmöglich ist, vorauszusagen, was genau geschehen wird. Es sind dann nur statistische Aussagen möglich (z. B. eine Häufigkeitsverteilung). Man mag den Eindruck haben, statistische Voraussagen verletzen die Aussage, Zufälliges könne nicht vorhergesagt werden. Sie tun es jedoch nicht, denn statistische Voraussagen bleiben ausschließlich auf die statistische Ebene beschränkt. Das bedeutet: Das Einzelereignis kann eintreten oder auch nicht; es geschieht alles innerhalb der engen Grenzen des Ungewissen.

Der Zufall ist kein brauchbarer Kandidat, um Ergebnisse zu erbringen, wie sie für die Entstehung von Universeller Information benötigt werden. Dasselbe gilt auch für Prozesse, die als relativ »einfach« angesehen werden, wie etwa die ungesteuerte Synthese von Proteinen, die aus 500 Aminosäuren bestehen. Die natürlichen Vorräte an Raum, Zeit und Materie des gesamten Universums wären längst erschöpft, bevor das gewünschte Ergebnis per Zufall entstanden wäre.[22] Kurz

---

22 **Proteine:** Eiweiße werden aus Kombinationen der zwanzig verschiedenen Aminosäuren gebildet. Enthält ein Eiweiß 500 Aminosäuren, so ist die Gesamtzahl der möglichen Kombinationen dieser 500 Aminosäuren 20 hoch 500 (20^{500}). Das sind ungefähr 10^{650} verschiedene Kombinationen. Die Chance dafür, dass sich eine ganz bestimmte Sequenz bildet, ist somit $1:10^{650}$. Diese Wahrscheinlichkeit ist so unvorstellbar klein, dass sie praktisch mit Null zu bewerten ist; d. h., sie ist »unmöglich«. Somit kann der Zufall allein nicht das Entstehen einer solchen Sequenz erklären. Es gibt zwar bei den Eiweißen gewisse Varianten, die auch die gewünschte biochemische Funktion ausführen können. Ihre Anzahl fällt aber im Vergleich zu den möglichen Sequenzen nicht ins Gewicht. Dazu eine Illustration: Selbst wenn es in unserem Bei-

gesagt: Der Zufall allein kann solche Ereignisse niemals vernünftig erklären.

(2) Steuerung durch Naturgesetze: Von den Naturgesetzen her bestimmte Abläufe sind ebenfalls nicht in der Lage, intelligente Strukturen zu erzeugen. Dies gilt vor allem deswegen, weil deren Abläufe gänzlich determiniert sind, d.h., es gibt keine freien Wahlmöglichkeiten. So kann z.B. ein Stein, den man fallen lässt, nicht wählen, ob er fallen will oder nicht. Er muss fallen, und zwar genau so, wie es das Gesetz der Schwerkraft fordert. Per definitionem verlangt Intelligenz[23], dass aus einer Reihe von Möglichkeiten aufgrund von Hintergrundwissen und freiem Willen die beste Variante ausgesucht wird. Auch ohne gezielte Steuerung (wie sie sonst durch die DNS/RNS vorgenommen wird) können sich Aminosäuren kettenförmig aneinanderlagern und auf diese Weise viele unterschiedliche Moleküle bilden – manchmal entstehen dabei sogar Polypeptide, aber niemals funktionstüchtige Proteine. Das liegt daran, dass die ungesteuerte Kettenbildung von Aminosäuren unter wechselnden Umweltbedingungen nur deterministischen physikalisch-chemischen Gesetzen folgt. Dies bedeutet, dass jede beliebige Aminosäure-Sequenz die gleiche Entstehungs-Wahrscheinlichkeit hat wie jede andere von gleicher Länge und unter denselben Bedingungen. Wichtig ist noch: Die Bildung funktionaler Proteine verlangt Peptidbindungen linksdrehender Aminosäuren innerhalb sehr enger Variationsgrenzen. Ein solches Ergebnis haben nur von den Naturgesetzen gesteuerte Prozesse noch nicht herzustellen vermocht. Der

---

spiel 10^{100} funktionierende Varianten gäbe, dann wäre selbst diese Zahl immer noch mit Null anzusetzen im Vergleich zu den 10^{650}. Außerdem ist diese Berechnung äußerst konservativ, weil nur eine Variable (nämlich die Aminosäure-Sequenz) betrachtet wurde. Andere relevante Variable wie z.B. die Chiralität wurden unbeachtet gelassen. Es ist klar, dass diese weiteren Variablen die Chance für eine Zufallsentstehung nur noch unwahrscheinlicher machen.

23 **Die Etymologie des Wortes *Intelligenz* beschreibt dieses Konzept.** Das Wort *Intelligenz* stammt von zwei lateinischen Wörtern ab: von der Präposition *inter*, was »zwischen« bedeutet, und dem Verb *lego*, das sich auf einen Akt des Wählens und Auslesens bezieht. So zeigt uns die Etymologie des Wortes *Intelligenz* einen Akt »des Wählens zwischen Alternativen«. Die Vorstellung des »einfachen Mannes« bestätigt das. Wir halten einen Menschen für intelligent, wenn er die richtigen Entscheidungen (unter allen Wahlmöglichkeiten) trifft, wenn er die passende Route wählt (unter allen möglichen Routen) und die richtige Antwort wählt (unter allen möglichen Antworten).

Zufall kommt ebenfalls – wie wir zuvor gesehen haben – nicht für die Entstehung dieser spezifischen Sequenzen infrage.

Die Vertreter des Materialismus glauben, der Zufall und deterministische Prozesse würden sich irgendwie zusammentun, um »intelligente Ergebnisse« zu erzielen, die dann große organisierte Komplexität, Funktionalität und Zielsetzung repräsentieren. Das ist niemals beobachtet worden. Es ist eine ideologische Behauptung, die jeder empirischen Grundlage entbehrt. Doch sie glauben es, denn es ist Teil ihrer Weltanschauung. Mit anderen Worten: Die Alternative anzuerkennen, nämlich dass Zufall und deterministische Prozesse nicht in der Lage sind, hoch organisierte Komplexität mit funktionalen, zielgerichteten Ergebnissen zu erzeugen, würde die Weltsicht und die Religion der Materialisten zerstören.

Die Diskussion in diesem Kapitel dient der Vorbereitung auf die *Theorie der Universellen Information*, wie sie im nächsten Kapitel ausführlich erläutert wird. Dort wird eine prägnante und eindeutige Definition hierfür geliefert, und deren Definitionsbereiche werden intensiv untersucht.

Kapitel 3:
Die Theorie der Universellen Information (TUI)

3.1 Materialistische Ansichten über Information

Verfolgt man die heutigen Diskussionen um den Informationsbegriff, wie sie z. B. von *Janich* [J1], *Ropohl* [R4] und *Völz* [V3] geführt werden, so stellt man fest, dass sie durchweg zwei Kennzeichen aufweisen:

- Sie sind materialistisch geprägt;
- sie sind insofern liberalistisch, als sie verschiedenartige philosophische Richtungen zu integrieren versuchen.

Von zahlreichen Autoren (z. B. *Konrad Lorenz*, *Manfred Eigen*, *Bernd-Olaf Küppers*) wird eine »Naturalisierung des Informationsbegriffs«, wie es *Janich* [J1, S. 172] nennt, betrieben. Das bedeutet, Information wird als Gegenstand naturwissenschaftlicher Strukturtheorien angesehen und unversehens als gleichartiges Phänomen wie Materie und Energie in physikalische Theorien eingebaut. So beantwortet *Küppers* die Frage »Was ist Leben?« mit der folgenden Gleichung [K5, S. 17]:

»Leben = Materie + Information«. (1)

Küppers unterstreicht damit, dass nach seiner Meinung nicht nur Information eine materielle Größe ist, sondern auch das Leben. Allerdings enthält *Küppers'* Gleichung (1) einen fundamentalen Irrtum, wie wir in Kapitel 6 noch zeigen werden. Das wird von *Bild 12* sehr deutlich zum Ausdruck gebracht. *Bild 24* (Kapitel 5.11) bringt die Unterschiedlichkeit der drei Phänomene Materie, Information und Leben hierarchisch zum Ausdruck.

Bild 12: *Das Hinzufügen von Information zu Materie ergibt nicht Leben.*

Ropohl beabsichtigt, den Informationsbegriff sehr weit zu fassen [R4, S. 3]:

> *»Ich möchte den begriffsphilosophischen Streit entschärfen, indem ich verschiedene Informationsbegriffe für zulässig erklären und deren kleinsten gemeinsamen Nenner herausarbeiten werde.«*

Darauf habe ich in der Kritik zu seinem Aufsatz wie folgt Stellung genommen [G15, S. 22]:

> *»Dieses Vorhaben kommt mir so vor, als wolle jemand in der Physik verschiedene Energie- und Impulsbegriffe aus Konsensgründen akzeptieren. Bei solcher Vorgehensweise darf man allerdings nicht erwarten, etwas wissenschaftlich Brauchbares zu erhalten. Der Energiesatz hat seine herausragende Bedeutung gerade dadurch erhalten, dass er präzise gefasst wurde. Nur wegen dieser naturwissenschaftlich strengen Formulierung kann er bei jedem beliebigen technischen, physikalischen, biologischen oder astronomischen Vorgang mit Erfolg angewandt werden. Eine derart klare Formulierung wünschte ich mir auch für den Informationsbegriff. Die wissenschaftlich stärkste Aussage ist immer dann erreicht, wenn es gelingt, ein Naturgesetz zu formulieren. In [G6] ist über den Informationsbegriff sehr ausführlich geschrieben. Ebenfalls sind als Konsequenz einige Naturgesetze über Information aufgestellt. In [G13] wurde das Konzept erstmals in einer wissenschaftlichen Zeitschrift als* ***Naturgesetzliche Informationstheorie*** *bezeichnet. Bei einem Naturgesetz gibt es nur zwei Verhaltensweisen:*
>
> - *Entweder man akzeptiert es (nachdem man sich die Mühe gemacht hat, die Aussagen zu verstehen und zu überprüfen) und wendet es auf unbekannte Fälle an,*
> - *oder man bemüht sich um eine Widerlegung durch Falsifikation.«*

Es ist festzustellen, dass in evolutionsbiologischen Arbeiten durchweg davon ausgegangen wird, dass Information von selbst in der Materie entstehen kann (z. B. [B6], [D2], [E2], [K1], [K7], [O1], [R3]). Niemand aber hat je einen solchen Prozess in der Wirklichkeit zeigen können, und so versucht man auf zwei Wegen, das nie Beobachtete einer Leserschaft plausibel zu machen:

(1). **durch *Computersimulationen*** (wie z. B. [G33]) **oder durch theoretische Berechnungen** (wie z. B. [B6]).

Einwand: Selbst die eindrucksvollste Simulation bleibt nur eine Simulation und ist nie ein wirklich ablaufender Prozess. Computersimulationen sind immer nur theoretische Konstrukte, bei denen oft erhebliche Vereinfachungen vorgenommen werden oder vorgenommen werden müssen. Diese Vereinfachungen nimmt man bei physikalischen Systemen manchmal bewusst in Kauf, weil nur das Verhalten eines bestimmten Parameters studiert werden soll. Oft sind aber aus Gründen der Komplexität des Systems gar nicht alle Einflussgrößen bekannt und es ist unmöglich, sie und ihre Interaktionen alle einzubeziehen. Dann ist aber das, was simuliert wird, ein stets reduziertes Gebilde, das mehr oder weniger weit von der Wirklichkeit entfernt ist. Wie viel mehr gilt dies, wenn es sich bei dem zu Untersuchenden um Leben handelt, dessen Komplexität noch nicht einmal abschätzbar ist!

(2) **durch Experimente mit Phagen und Bakterien**.

Einwand: Hier müssen wir bedenken, dass durch die benutzten Lebewesen bereits Information eingebracht wird. Die Tatsache, dass diese lebenden Organismen in der Lage sind, unter spezifischen Versuchsbedingungen unvorhergesehene und erstaunliche Anpassungen und Adaptionen zu vollführen, sagt nichts über die Entstehung neuer Information aus, sondern spricht vielmehr für eine geniale Programmierung, die eine solche Flexibilität erlaubt (siehe Kapitel 7.7).

Veränderungen innerhalb einer Art: Bezüglich (2) sei auf eine Analogie hingewiesen: Will man ein kompliziertes, aber unbekanntes Computerprogramm testen, so wird man es mit einem bestimmten Parametersatz auf einen Rechner geben. Liegen die Parameter innerhalb gewisser Grenzen, kann das Programm tausendfach durchlaufen werden, ohne dass bestimmte Programmeigenschaften erkannt werden. Erst bei größerer Parameterveränderung werden auch andere Programmzweige durchlaufen, bei denen neue Verhaltensweisen offenbar werden. Der menschliche Programmierer hat in Vorkenntnis der Parameterweite sein Programm entsprechend gestaltet. Wenn es tatsächlich einen Schöpfer gibt und wir Teil der Schöpfung sind, dann versteht es sich von selbst, dass wir auf allen Gebieten weniger vermögen als der Schöpfer. Daher ist das, was wir mit einem Computer auszuführen vermögen, unvergleichlich viel weniger als das, was der Schöpfer mit seiner Schöpfung tun kann. Für den Schöpfer war es ein Leichtes, unvorstellbar mehr Möglichkeiten in ein biologisches Programm zu legen, sodass es den lebenden Organismen möglich ist, sich den wechselnden Umweltbedingungen anzupassen (das ist programmierte genetische Variabilität). Bei all diesen Adaptionen wird keine neue Information erschaffen, wie so oft unter dem Blickwinkel der Evolutionstheorie behauptet wird. Vielmehr wird bereits vorhandene Information aktiviert und selektiert nach Maßgabe der wechselnden Umweltparameter. Hier sollte ebenfalls angemerkt werden, dass bei der sexuellen Reproduktion durch die Kombination der elterlichen Genome bekanntermaßen Differenzierungen im Timing und in der Ausführung verschiedener Merkmale erzeugt werden. Daher kommt es, dass sich Geschwister nicht nur von ihren Eltern, sondern auch voneinander unterscheiden.

3.2 Die Theorie der Universellen Information

Dieses Buch stellt die *Theorie der Universellen Information*[24] vor, die unabhängig ist von der materialistischen oder liberalistischen oder irgendeiner anderen philosophischen Voreinstellung und demzufolge die o. g. Schwächen nicht aufweist. In meiner Publikation [G13] habe ich die neu entwickelte Informationstheorie erstmals »Naturgesetzliche Informationstheorie« genannt. In diesem Buch haben wir für »Information« den präziseren Begriff »Universelle Information« (UI) eingeführt, um nicht mit anderen Informationsbegriffen verwechselt zu werden. Damit der neue Begriff auch in der Theoriebezeichnung vorkommt, führen wir jetzt den neuen Namen *»Theorie der Universellen Information« (TUI)* ein. Dies ist lediglich eine Namensanpassung, denn die TUI ist und bleibt ihrem Wesen nach eine Theorie, die sich ausschließlich aus Naturgesetzen ableitet.

24 Die »Theorie der Universellen Information« (TUI) wurde zuerst als »Naturgesetzliche Informationstheorie« bezeichnet und auch so in einer wissenschaftlichen Veröffentlichung [G13] verwendet, um zu dokumentieren, dass wir kein weiteres philosophisches Konzept über den Begriff »Information« entwickeln wollen, sondern vielmehr eine eindeutige Definition geben und eine Reihe von Naturgesetzen benennen, die weltweit beobachtet und getestet werden können.

Die wichtigsten Wesensmerkmale der TUI sind die folgenden:

- Der Begriff *Universelle Information (UI)* wird unabhängig von einem speziellen Fachgebiet eindeutig und allgemeingültig definiert.
- Das Wesen der Universellen Information wird der Wirklichkeit entsprechend nicht als physikalische Größe angesehen, wie das in den materialistischen Theorien verkürzend geschieht. Sie ist vielmehr ein Phänomen, das einem intelligenten Denkprozess entspringt. Das ist durch alle Erfahrungen und Beobachtungen bestätigt. Der Tatbestand, dass Information zur Speicherung und Übertragung eines materiellen Trägers bedarf, macht sie selbst noch nicht zu einer materiellen Größe. Ein Beispiel: Löscht man in einem Computer ein Programm, so bleibt seine Masse dabei völlig unverändert. Das eigentliche Wesen des Programmes, nämlich die Universelle Information, ist die Idee, die durch Einsatz von Intelligenz zustande kommt. Die UI selbst wird darum konsequenterweise als nicht-materielle Größe angesehen, wie in Kapitel 5.5 noch ausführlich dargelegt wird.
- Die Gesetze der Universellen Information wurden genauso wie die Gesetze, welche Masse und Energie betreffen, durch Beobachtung und Experiment gefunden. Aus diesem Grund werden diese Gesetze auch zu Recht als ***Naturgesetze der Universellen Information*** bezeichnet. Der Energiesatz der Physik ist als Naturgesetz nach all unserem (derzeitigen) Wissen nicht auf spezielle Anwendungsfälle begrenzt, vielmehr gilt er universell. Die gleiche weitreichende Gültigkeit besitzen auch die Naturgesetze der UI, und darum sind sie sowohl auf lebende als auch auf nicht lebende Systeme anwendbar.
- Gegenüber persönlichen Auffassungen und mancherlei Modellvorstellungen[25] haben die Naturgesetze den Vorteil, dass sie absolut ideologiefrei sind. Sie reflektieren weder persönliche Ansichten des Autors noch repräsentieren sie eine besondere Philosophie. Jeder-

25 Es gibt Modelle, die ideologiefrei sind und nur vom Fortschritt der Forschung abhängen (siehe [B2, S. 275-279]: »Was ist ein wissenschaftliches Modell?«), wie z. B. die Atommodelle der Physik. Andere Modelle haben hingegen eine starke philosophische Basis (so ist z.B. die Lehre von der Evolution stark von den Ideologien des Materialismus und Darwinismus geprägt).

mann kann die Gesetze in einer unbegrenzten Anzahl von Versuchen auf ihre Gültigkeit hin überprüfen. Einer **persönlichen Meinung** kann man nur eine andere Auffassung entgegenhalten. Was wirklich gilt – ob die These oder die Antithese den Diskussionspunkt besser trifft –, bleibt in den meisten Fällen unentschieden. Bei **Naturgesetzen** ist das grundlegend anders: Dem Ansturm von Meinungen widerstehen sie wie ein Fels in der Brandung. Wer – aus welchen Gründen auch immer – ein Naturgesetz nicht akzeptieren will, muss es falsifizieren, d. h., er muss mindestens ein Gegenbeispiel benennen, das dem Naturgesetz zuwiderläuft. Dieses **eine** Beispiel aber muss unbedingt geliefert werden und von folgender Art sein: Das dem Naturgesetz widersprechende Beispiel muss konkret und reproduzierbar an der Wirklichkeit überprüft und nachvollzogen werden können. Gelingt das nicht, dann hat das Naturgesetz eine weitere Feuerprobe überstanden.

Der Weg zu weitreichenden wissenschaftlichen Schlussfolgerungen (siehe *Bild 13*):

Die Voraussetzung für die Erforschung unbekannter Systeme ist zunächst die Untersuchung *bekannter* Systeme. Auf diese Weise wird jene geeignete Größe herausgefunden, die geeignet ist, ein Naturgesetz zu formulieren.

1. Nun gilt es, diese wichtige Größe präzise zu definieren und festzustellen, was alles zu ihrem Definitionsbereich gehört und was auszuschließen ist.
2. Im zweiten Schritt wird versucht, die Naturgesetze durch Beobachtungen und Experimente aufzuspüren und sie dann als universell gültige Gesetze verbal oder in mathematischer Schreibweise zu formulieren.
3. Der dritte Schritt gilt der Analyse des unbekannten Systems. Bei diesem Prozess wird insbesondere geprüft, ob das System jene Größe, die das Naturgesetz beschreibt, überhaupt enthält. Beispiel: Eine Schneeflocke enthält keine UI, darum können die Naturgesetze der UI hier keine Aussage treffen.
4. Im vierten Schritt wenden wir die unter Punkt 2 gefundenen

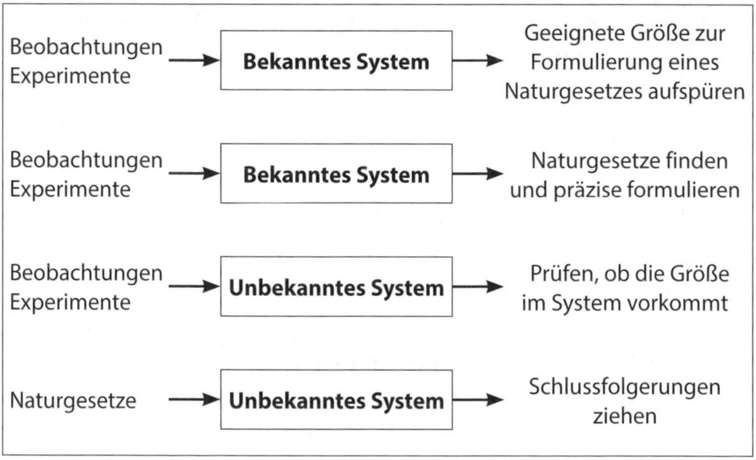

Bild 13: *Zum Umgang mit Naturgesetzen.*
a) Die Naturgesetze werden dadurch erkannt, dass beliebig viele bekannte Systeme beobachtet und analysiert werden.
b) Nachdem die Naturgesetze erkannt und formuliert wurden, können mit ihrer Hilfe unbekannte Systeme untersucht und weitreichende Schlussfolgerungen gezogen werden.

Naturgesetze auf das unbekannte System an und kommen auf diese Weise zu aussagekräftigen Schlussfolgerungen.

Die Schlussfolgerungen sind von solcher Reichweite, dass sie in der Lage sind, bereits vorliegende Theorien und Modelle zu bestätigen oder zu Fall zu bringen. Diese Aussagestärke liegt darin begründet, dass wir Naturgesetze verwenden, denn diese haben die allerhöchste Autorität in der Wissenschaft.

Wollen wir Systeme, die Universelle Information enthalten, mit solch hoher Aussagequalität beurteilen, dann brauchen wir eine *Theorie der Universellen Information*, die zweierlei aufweisen muss:

- Sie muss sich auf eine eindeutige wissenschaftliche Definition von Information beziehen, und
- sie muss in der Lage sein, bedeutende reproduzierbare Fakten in einer Reihe von Naturgesetzen über Universelle Information festzuhalten.

So wollen wir zunächst mit der Definition der Universellen Information beginnen und dann in Kapitel 5 ihre Naturgesetze herausfinden und formulieren. Dazwischen schieben wir noch Kapitel 4 ein, in dem Grundsätzliches über Wissenschaft und Naturgesetze gesagt wird.

3.3 Definition für Universelle Information

Zunächst ist es erforderlich, zwei wichtige Fragen über das Wesen von »Definitionen« zu klären:

1. Wie ist der Begriff »Definition« zu definieren?

Das Standard-Lexikon *Britannica World Language* von *Funk* und *Wagnalls* in der Ausgabe von 1962 legt fest:

Eine Definition ist *»eine Beschreibung oder Erklärung eines Wortes oder eines Gegenstandes durch dessen Eigenschaften, Merkmale oder Beziehungen, die sie von allen anderen Dingen* ***unterscheidet****«.*

2. Welche Art von Definition darf als wissenschaftlich gelten?

Sie muss absolut eindeutig sein, d. h. eine Definition muss so klar und präzise formuliert sein, dass jeder, der diesen Begriff bei seiner wissenschaftlichen Arbeit benutzt, das Gleiche darunter versteht.

Unsere Definition der Universellen Information muss alle Eigenschaften enthalten, wodurch UI eindeutig wird und sich konsequenterweise auch von allen philosophisch orientierten Definitionen von »Information« unterscheidet.

Untersuchen wir die fünf hierarchischen Ebenen der Universellen Information, so stellen wir fest, dass jede von ihnen ein wichtiges Merkmal von Information beschreibt. Die unterste Ebene (Statistik) der Universellen Information ist in unserem Zusammenhang nicht von Belang; wir nennen sie hier nur der Vollständigkeit halber. Die anderen vier Ebenen – Syntax, Semantik, Pragmatik und Apobetik – präzisieren die Universelle Information als geeignete Größe zur Formulierung von Naturgesetzen. Wir gelangen somit zu folgender Definition:

Definition D9: Universelle Information (UI) ist eine aus codierten Symbolen abstrakt dargestellte Botschaft, die eine oder mehrere Handlung(en) bewirkt und einem Ziel dient.

Hinweis: Bei dieser Definition **D9** ist es im Augenblick noch offen, wie der Code entsteht, der dann eine Handlung bewirkt und einem Ziel dient. Zwei Fälle sind theoretisch zu unterscheiden:

a) UI entsteht zufällig in der Materie
b) UI kommt von einem intelligenten Urheber.

Ob a) und b) gelten oder nur b) gilt, muss die Erfahrung ergeben.

Explizite und implizite apobetische Information
Bezüglich der Universellen Information ist zu bedenken, dass wir zwischen **expliziter** und **impliziter** Information zu unterscheiden haben. In den meisten Fällen wird das beabsichtigte Ziel gar nicht explizit genannt.

Explizite apobetische Information: Bei einem Geburtstagsbrief wird anhand der Gratulation deutlich, dass es das Ziel des Briefes ist, dem Jubilar Gutes zu wünschen. Auch bei einer E-Mail, in der die Ankunftszeit mit dem Zug mitgeteilt wird und die Bitte ausgesprochen wird, vom Bahnhof abgeholt zu werden, wird das Ziel der Mitteilung explizit genannt.

Implizite apobetische Information: In den meisten praktischen Fällen wird das vorgesehene Ziel gar nicht explizit erwähnt. Dennoch ist in der übertragenen Information eine Zielvorgabe enthalten, auch wenn sie nicht ausdrücklich genannt wird. Wir sprechen dann von impliziter apobetischer Information.

Stellen wir uns vor, ein Programmierer hat ein Programm zur numerischen Berechnung der Nullstelle einer mathematischen Funktion geschrieben. Leider hat er keinen Kommentar in das Programm hineingeschrieben, und darum kann ein Unbedarfter den Zweck des Programmes nicht erkennen. Aber hat das Programm darum keine Apobetik, nur weil sie nicht explizit erwähnt ist? O doch! Das Programm ist voll anwendbar für den erstellten Zweck, ohne dass dieser explizit genannt wird. Ein Mathematiker könnte sich den Programmcode genauer ansehen, er würde den dahinter stehenden Algorithmus erkennen und daraus schließen: Hier wurde ein numerisches Verfahren zur Nullstellenberechnung programmiert.

Ein anderes Beispiel für implizite apobetische Information ist die Information im DNS-Molekül. Nirgendwo ist erwähnt, welchen Zweck bestimmte Abschnitte haben. Es benötigt großen Forschungseinsatz, den dahinter stehenden Zweck herauszufinden. Allein in einer einzigen Zelle sind Hunderte von Einzelzielen programmiert, die aber nirgends in expliziter Weise beschrieben sind.

Wo wurde die UI zuerst untersucht?

Die vier deutlich voneinander zu unterscheidenden Ebenen der UI wurden zuerst an menschlichen, natürlichen und maschinellen Sprachen sorgfältig untersucht und entdeckt. Darum gehören alle diese Sprachen zum Definitionsbereich von Universeller Information. Wie steht es mit anderen Systemen, die auch Universelle Information enthalten? Für ein unbekanntes System müsste der folgende Beweis erbracht werden:

Nachweis von UI: Das zu untersuchende unbekannte System müsste alle vier Ebenen der Universellen Information enthalten, nämlich Syntax, Semantik, Pragmatik und Apobetik. Fehlt eine der vier Ebenen, dann handelt es sich definitionsgemäß nicht um UI. Dabei ist zu beachten, dass weder der Sender noch der Empfänger Teil der Definition sind.

Entdecken wir in einem unbekannten System alle vier Ebenen der Information, dann befinden wir uns eindeutig im Definitionsbereich der Universellen Information. Alle in Kapitel 5 erwähnten Naturgesetze sind dann auf dieses System anwendbar und können zu Schlussfolgerungen herangezogen werden. Das wird in Kapitel 8 ausführlich erläutert.

3.4 Definition des Bereichs der Universellen Information

Jetzt gilt es, den Gültigkeitsbereich zu definieren, in dem die Erfahrungssätze über Universelle Information anwendbar sind. Wesentlich ist, dass die Naturgesetze auf alle unbekannten Systeme anwendbar sind, wenn sie *Universelle Information* enthalten. So erhebt sich die Frage, ob diese Sätze nicht nur für Computer gelten, sondern auch für alle anderen technischen Systeme. Gehören auch lebendige Systeme zum Gültigkeitsbereich? Um diese Fragen beantworten zu können, benötigen wir ein präzise abgegrenztes Gebiet, also einen klar bezeichneten Definitionsbereich Universeller Information.

Welche der folgenden Fälle liegen innerhalb des Definitionsbereiches von UI und welche außerhalb?

- Wie ist es mit dem Kristallgitter eines Metalles oder eines Salzes oder mit einer Schneeflocke, die wir unter dem Mikroskop untersuchen?
- Ist das mit dem Teleskop empfangene Spektrum des Sternenlichts »Information«?
- Ein Kriminalist »informiert« sich am Tatort und leitet aus auffälligen Beobachtungen Indizienbeweise ab.
- Ein Paläontologe betrachtet die Muschelschale in einer geologischen Schicht und gewinnt dadurch neue Einsichten.
- Der Naturwissenschaftler »liest im Buch der Natur« und gelangt dadurch zu neuen Erkenntnissen.
- Aufgrund von gezielt durchgeführten Messungen werden in der Technik neue Gesetzmäßigkeiten erkannt und als Formel niedergeschrieben.
- Wie sieht es mit dem DNS-Code aus, den wir in den Zellen aller Organismen vorfinden?

Definitionen schränken zwar ein, aber sie präzisieren auch: Zahlreiche in der Wissenschaft verwendete Begriffe sind der Umgangssprache entnommen. Sie ist oft wenig präzise, und doch gelingt die allgemeine Kommunikation damit recht gut. Verwenden wir jedoch einen Begriff aus der Umgangssprache auch für die Wissenschaftssprache, dann muss er für den wissenschaftlichen Gebrauch neu definiert werden. Er erhält jetzt jene Präzisierung, um in wissenschaftlich exakter Weise damit arbeiten zu können. Der höchste Präzisionsgrad wird verlangt, wenn mit dem Begriff eine Größe definiert wird, mit der ein Naturgesetz formuliert werden soll. Die neue Definition hat somit eine fixierende, aber auch eine einschränkende Wirkung. Eine gute Definition liegt nicht dann vor, wenn ein möglichst großer Bereich der Wirklichkeit erfasst wird, sondern wenn all jene Bereiche eindeutig ausgeschlossen werden können, in denen die Naturgesetze nicht anwendbar sind. Je klarer der Definitionsbereich angegeben werden kann, umso präziser können dann auch die Schlussfolgerungen gezogen werden.

Wir greifen zwei Fachbegriffe heraus, die der Umgangssprache entnommen sind: *Energie* und *Information*. Die Verwechslung des umgangssprachlichen Begriffs mit dem wissenschaftlichen kann geradezu heillose Verwirrung anstiften. In der Wissenschaft müssen die Bezeichnungen eindeutig und klar umrissen sein, darum bedarf es bei jedem Begriff einer genauen Präzisierung durch eine treffende Definition. Bei der wissenschaftlichen Anwendung ist darum die Wortbedeutung wesentlich enger gefasst als in der Umgangssprache.

Energie: Betrachten wir beispielsweise den Begriff *Energie*, um uns die erforderliche Präzisierung einer Definition zu veranschaulichen (*Bild 14* oben). Das Wort wurde im 18. Jahrhundert aus dem französischen *énergie* entlehnt, das wiederum aus dem spätlateinischen Wort *energia* (= Wirksamkeit) bzw. dem griechischen *enérgeia* (= wirkende Kraft) abgeleitet ist. In der Umgangssprache verwenden wir das Wort sehr weit gefächert und in unterschiedlichen Situationen: Wenn jemand etwas mit Nachdruck und Entschiedenheit tut, dann »verwendet er alle seine Energie« für sein Vorhaben. Ist jemand kräftig und durchtrainiert, »dann strotzt er nur so von Energie«. Verfügt jemand über starke körperliche und geistige Spannkraft, dann sprechen wir »von seiner großen Tatkraft und geballten Energie«.

Dasselbe Wort wird aber auch in der Physik verwendet, um ein Naturgesetz, nämlich den **Energiesatz**, zu beschreiben. In diesem Zusammenhang muss nun der umgangssprachlich sehr weit gezogene Bedeutungsrahmen stark eingeengt werden. So definiert die Physik die Energie als *Kraft x Weg*, wobei präzisierend noch hinzukommt, dass nur die Kraftkomponente in Richtung des Weges zu rechnen ist. Damit ist eine eindeutige Definition beschrieben, und gleichzeitig hat man alle sonstigen umgangssprachlichen Bedeutungen hinter sich gelassen.

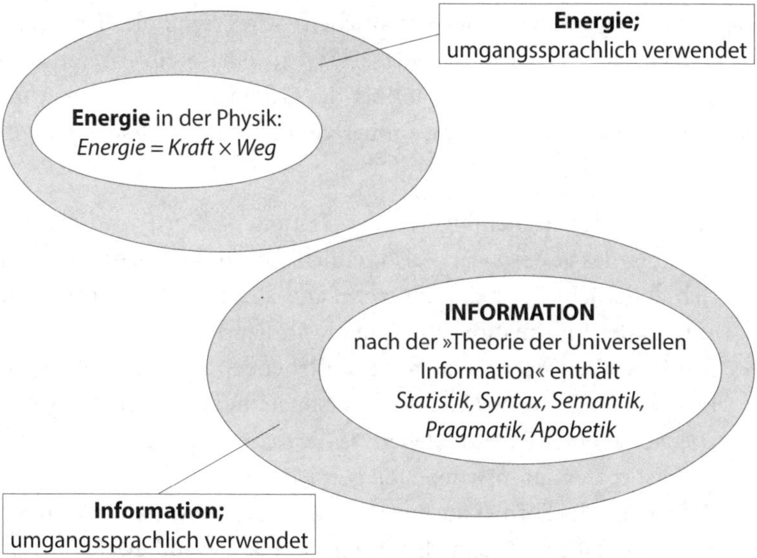

***Bild 14:** Die wissenschaftliche Verwendung von zwei Begriffen, die auch umgangssprachlich üblich sind.*

Information: Genau dasselbe gilt es nun zu tun, um einen eindeutigen Definitionsbereich für Information aufzubauen (*Bild 14* unten). Nachdem wir die Präzisierung durchgeführt haben, lassen wir – wie soeben beim Energiebegriff gezeigt – alle in der Umgangssprache weiterhin gültigen Bedeutungen hinter uns. Wir tun noch ein Weiteres, um Verwechslungen zu vermeiden, indem wir, statt nur von *Information* zu reden, noch das Attribut *universell* hinzufügen. Wenn wir also von der »Theorie der Universellen Information« sprechen, verstehen wir unter Information ausschließlich die nachfolgend beschriebene präzise Definition.

Die Eigenschaft der Stellvertreterfunktion (Semantik)

Zur weiteren Abgrenzung des Definitionsbereichs nutzen wir eine markante Eigenschaft der Universellen Information, nämlich ihre *Stellvertreterfunktion*. Universelle Information ist nämlich niemals die Sache (der Gegenstand) oder der Sachverhalt (das Ereignis, die Idee) selbst, vielmehr stehen die codierten Zeichen stellvertretend für das, worüber geredet (oder geschrieben) wird. Symbole der unterschiedlichsten Art (siehe Kapitel 2.4) üben eine Stellvertreterfunktion bezüglich der Wirklichkeit oder des Gedankensystems aus. Universelle Information ist somit immer eine abstrakte Darstellung von anderweitig Existierendem:

- So steht die Zeichenfolge in der Zeitung *stellvertretend* für ein Ereignis, das gestern war – also zeitlich nicht gegenwärtig ist – und sich außerdem in einem anderen Land abspielte – also gar nicht am Ort der Informationsübertragung vorhanden ist.
- Die aus Buchstabensequenzen bestehenden Wörter in einem Roman stehen *stellvertretend* für Personen und ihre Handlungen.
- Die Noten einer Partitur stehen *stellvertretend* für das Musikstück, das erst später auf Instrumenten gespielt wird.
- Die chemische Formel für Benzol steht *stellvertretend* für die giftige Flüssigkeit, die im Chemielabor in einer Flasche aufbewahrt wird.
- Die genetischen Tripletts der DNS-Moleküle stehen *stellvertretend* für spezifische Aminosäuren, die erst später hergestellt und in ein Proteinmolekül eingebaut werden.

Die Stellvertreterfunktion ist eine grundlegende Eigenschaft aller UI, ja, es ist das entscheidende Kriterium überhaupt, ob ein unbekanntes System UI sein kann. Dieses kennzeichnende Kriterium stellen wir in zwei Formulierungen noch einmal deutlich heraus:

Eigenschaft von UI – in Langfassung: Universelle Information ist nicht die Sache, der Sachverhalt, der Gegenstand, das Ereignis oder das Konzept selbst, sondern nur eine abstrakte Darstellung (mithilfe eines geeigneten Code-Systems) materieller Realitäten (z. B. Gegenstände, physikalische, chemische oder biologische Zustände) oder geistiger Zusammenhänge (z. B. Problemstellungen, Konzepte, Ideen, Programme, Algorithmen), die zum Zeitpunkt und am Ort des Informationsaustausches im Allgemeinen nicht gegenwärtig, nicht (mit den Sinnen) wahrnehmbar und nicht messbar sein müssen.

Während das durch die Information beschriebene Geschehen nicht zwingend beobachtbar sein muss, sind die dargestellten Zeichen oder Signale, die für die Information stehen, eine beobachtbare Größe, die entweder als Schrift *sichtbar* oder *tastbar* (Blindenschrift) oder als gesprochene Sprache *hörbar* ist. Diese besondere Eigenschaft von UI können wir auch kürzer formulieren:

Eigenschaft von UI – in Kurzfassung: Universelle Information erfüllt immer eine Stellvertreterfunktion. Die Zuordnung zwischen Wirklichkeit und Codierung ist das Ergebnis eines geistigen Prozesses.

Diese Kurzfassung stellt noch einmal aus einem anderen Blickwinkel heraus, dass Universelle Information keine Eigenschaft der Materie sein kann, sondern immer ein geistiges Konstrukt ist. UI bedarf eines intellektuellen Autors, der eine Wirklichkeit durch einen abstrakten Code ersetzen kann.

Die obige markante Eigenschaft verhilft uns nun zu einer eindeutigen Abgrenzung des Informationsbegriffs. *Bild 15* zeigt deutlich den Unterschied zwischen UI (Bereich A) und Nicht-UI (Bereiche B bis E). Immer dann, wenn wir Realitäten direkt beobachten können (direktes Sehen, Hören, Messen), gehören diese Prozesse nicht zu unserem Definitionsbereich. Immer aber, wenn ein abstraktes Codesystem verwendet wird, das stellvertretend für etwas anderes steht, liegen wir innerhalb des Definitionsbereichs, und alle Erfahrungssätze (ES) und Naturgesetze der Universellen Information (NGI) besitzen ihre volle Gültigkeit.

In *Bild 11* (Kapitel 2.8) haben wir eine Grafik gezeigt, die UI als kennzeichnende Größe definiert. *Bild 15* steckt nun unter Verwendung des neuen und oben präzisierten Begriffs »Stellvertreterfunktion« den Definitionsbereich ab. Nur der Bereich A repräsentiert UI, und alle sonstigen Bereiche, die man voreilig für UI halten könnte, sind es nicht. Weil die klare Trennung der Bereiche in der *Theorie der Universellen Information* von so zentraler Bedeutung ist, ist *Bild 15* grundlegend für das Verständnis.

In *Bild 15* sind fünf prinzipiell mögliche Definitionsbereiche für Information (A, B, C, D und E) eingezeichnet. Aber nur für Wirklichkeiten, die dem Bereich A zuzuordnen sind, macht die *Theorie der Universellen Information* verbindliche, d. h. naturgesetzliche Aussagen. Wir benötigen jetzt Kriterien, um bei jedem uns vorgelegten unbekann-

Bild 15: Der Definitionsbereich für Universelle Information gemäß der Theorie der Universellen Information:
Nur im Bereich A sind Systeme enthalten, auf die die wissenschaftliche Definition von UI zutrifft, und nur in diesem Bereich gelten alle Erfahrungssätze und Naturgesetze für UI. Die Bereiche B, C, D und E liegen außerhalb des Definitionsbereichs, und darum werden diese im Folgenden nur kurz erörtert. Diese fünf Bereiche sind wie folgt zu charakterisieren:
A: Systeme mit abstrakten Codes, Semantik, Pragmatik und Apobetik,
B: Kommunikationssysteme ohne abstrakte Codes und ohne Semantik, jedoch mit nicht-abstrakter Semantik,
C: Systeme mit symbolischen Codes, die aber keine Semantik enthalten,
D: von Menschen hergestellte Systeme ohne Codes und ohne Semantik,
E: materielle Systeme, die weder über abstrakte Codes noch über Semantik verfügen.

ten System eindeutig entscheiden zu können, zu welchem Bereich es gehört. Wie wir noch sehen werden, betreffen die in diesem Buch formulierten Naturgesetze der Universellen Information ausschließlich den Bereich A. Daher müssen wir mit absoluter Treffsicherheit entscheiden können, ob wir uns innerhalb oder außerhalb dieses Bereiches befinden. Schauen wir uns darum die einzelnen Bereiche von A bis E etwas genauer an.

Bereich A, Universelle Information (UI): Nach *Bild 15* ist nur der Bereich A der Universellen Information zuzuordnen. Bei allen hierzu gehörigen Systemen wird unter Verwendung eines abstrakten Codes Gegenständliches oder Ideelles stellvertretend durch eine abstrakte Darstellung zum Ausdruck gebracht. Diese abstrakten Zeichenfolgen vermitteln Semantik, Pragmatik und Apobetik.

Die Beispiele – Bücher, Zeitung, Computerprogramm, eine telefonierende Person, Morsecode, Hieroglyphen und DNS-Molekül – erfüllen diese Forderungen und gehören somit alle zum Bereich A. Wenn wir einzelne unbelebte Objekte direkt beobachten können (z. B. Schlüssel, Motorrad, Vase, Schneeflocke, Haus), fehlen ihnen Syntax und Semantik und damit auch das Stellvertreterattribut. Sie gehören somit nicht zu unserer Definition von UI. Um es nochmals deutlich zu sagen: Die jetzt als Naturgesetze entdeckten und formulierten Erfahrungssätze gelten nur für den klar umrissenen Definitionsbereich A.

Wie können wir nun bei unbekannten Systemen vorgehen, um ganz sicher zu sein, dass wir uns innerhalb von Bereich A befinden? Die Stellvertreterfunktion haben wir als eine notwendige Eigenschaft herausgestellt. Ihr Nichtvorhandensein erlaubte uns die eindeutige Zuordnung zu den Bereichen C, D, oder E. Aber ist das Vorhandensein der Stellvertreterfunktion auch eine hinreichende Bedingung für die Zuordnung zum Bereich A? Leider nicht, denn es gibt Beispiele, bei denen die Stellvertreterfunktion zwar erfüllt ist, dennoch gehören die Systeme nicht zu A (siehe Kapitel 3.5, Beispiel 3, die Zeichnungen auf der Plakette der Pioneer-Sonden). Die Stellvertreterfunktion ist somit nur eine *notwendige*, aber noch nicht *hinreichende* Bedingung für die Zuordnung zum Bereich A.

Bereiche	Beispiele	Eigenschaften
A) Universelle Information (UI) 1) Systeme, die nur UI enthalten 2) komplexe Systeme mit eingebetteter UI	1) Zeitungen, Briefe, Bücher, PC-Progamme 2) Computer mit verschiedenen Ergänzungen, Antiblockiersystem und andere computergesteuerte moderne Autoteile, die meisten modernen elektronischen Geräte	codierte Systeme mit Syntax, Semantik, Pragmatik und Apobetik. UI spielt eine abstrakte Stellvertreter-Rolle. Die Naturgesetze der UI sind gültig.
B) Bildhafte Information (BI)	Flaggen, Ornamente auf Weinflaschen, Piktogramme (z. B. Bettsymbol für Hotel), Verkehrszeichen, Applaus	Einzelsymbole oder Bilder, akustische oder Geruchssignale BI spielt eine nicht-abstrakte Stellvertreterrolle.
C) Zufallssysteme Sequenzen zufälliger Buchstaben oder Ziffern	984528894673955434… Gfhrxfhlkgdsbjqfgfgvs…	codierte Systeme ohne Syntax, Semantik, Pragmatik und Apobetik
D) von Menschen gemachte Systeme, entstanden aus UI oder BI, aber in ihnen ist weder UI noch BI eingebettet	ältere Automodelle und Flugzeuge, Federhalter, Pfeilspitzen, die meisten Häuser, einfache Maschinen	Systeme ohne Syntax; Systeme mit Zielen; Systeme, die aus UI oder BI hervorgingen
E) natürliche Systeme ohne eingebettete UI	Sterne, Kristalle, Schneeflocken, Felsen, Wolken, Blitze, Donner	Systeme ohne Syntax und ohne Semantik

Tabelle 1: *Fünf denkbare Bereiche für Universelle Information, aber nur A) erfüllt die Kriterien für UI.*

Was ist also hinreichend[26] für den Bereich A?

Wir erinnern uns an die bereits gegebene *Definition D9* für UI in Kapitel 3.3:

26 **Notwendig und hinreichend:** Diese beiden Begriffe spielen in der Mathematik eine zentrale Rolle. *Notwendig* ist eine Bedingung, die für einen Sachverhalt unbedingt erfüllt sein muss, wenn dieser zutreffend sein soll. Kennt man jedoch eine weitreichendere Bedingung, die für den Sachverhalt S ausreichend ist, dann spricht man von einer *hinreichenden Bedingung.* S wird damit zur Gewissheit.

Beispiel 1: Ein Mann zu sein, ist eine *notwendige* Bedingung, um Vater sein zu können. Niemand kann also Vater werden, der nicht männlich ist. Aber das ist noch nicht *hinrei-*

Universelle Information ist eine durch codierte Symbole abstrakt dargestellte Botschaft, welche die erwartete Handlung (oder Handlungen) und das beabsichtigte Ziel (oder Ziele) enthält. Universelle Information ist in einem beobachtbaren System anwesend, wenn alle vier Ebenen – Syntax, Semantik, Pragmatik und Apobetik – vorhanden sind.

Diese Definition erlaubt uns nun die sichere Zuordnung des zu analysierenden Systems zum Bereich A. Immer dann, wenn wir in einem unbekannten System alle vier Ebenen der Universellen Information ausfindig machen können, sind wir sicher, innerhalb von A zu sein. Ist man sich im Einzelfall über die Zuordnung dennoch nicht ganz sicher, kann die Stellvertreterfunktion als *notwendige Bedingung* zurate gezogen werden. Wenn diese schon nicht erfüllt sein sollte, dann ist man eindeutig außerhalb des Definitionsbereichs A. Haben wir aber herausgefunden, dass das unbekannte System zum Bereich A gehört, können die Erfahrungssätze und die Naturgesetze über Universelle Information Anwendung finden.

Die Naturgesetze über Universelle Information gelten nur für Bereich A (siehe *Bild 15*, Bereich A).

Wir betrachten die Weltraumplakette (siehe *Bild 16*, Kapitel 3.5) und fragen: Zu welchem Bereich gehört sie? Wir wissen, dass diese Plakette an einer Rakete befestigt wurde, um – umgangssprachlich ausgedrückt – eventuell existierende andere Wesen im All darüber zu »informieren«, dass es hier auf der Erde solche Wesen gibt, wie sie auf der Plakette abgebildet sind. Diese Zeichnung erfüllt damit sehr wohl die Stellvertreterfunktion, aber nicht die vier Ebenen der UI. Die Zeichnungen waren nicht aus einem Satz abstrakter Sym-

chend – manche Männer sind keine Väter. Aber Vaterschaft ist *hinreichend* für Männlichkeit; denn immer, wenn jemand Vater ist, ist er auch ein Mann.
Beispiel 2: Damit eine Zahl, die größer als 2 ist, eine Primzahl sein kann (nur durch 1 und sich selbst teilbar), ist es eine notwendige Bedingung, eine ungerade Zahl zu sein. Aber eine ungerade Zahl zu sein, ist noch kein *hinreichender* Grund. So ist z. B. die Zahl 15 ungerade – sie erfüllt also die notwendige Bedingung –, aber sie ist dennoch keine Primzahl. Trotz mehr als zweitausendjähriger Forschung ist es nicht gelungen, eine hinreichende Bedingung für die Identifizierung von Primzahlen zu finden, die auf alle Zahlen anwendbar ist.

bole zusammengestellt, die man zur Konstruktion und Präsentation von »Information« hätte verwenden können. Darum sind wir hier mit einem Fall konfrontiert, der weder zu A, C, D oder E gehört. Daher musste noch der Bereich B eingeführt werden, der nun näher erläutert wird.

Bereich B, Bildhafte Information (BI): Der wichtigste Unterschied zwischen Bereich B und A (wie oben eingeführt) liegt darin, dass im Bereich B die syntaktische Eigenschaft fehlt; denn dann dürften die Symbole keine Ähnlichkeit mit der Wirklichkeit haben, die sie repräsentieren sollen (siehe Definition D3, Kapitel 2.4). Außerdem ist die Semantik des Bereichs B nicht abstrakt.

Allerdings enthält der Bereich B gewöhnlich sehr wohl Symbole, die aber in einer spezifischen Eins-zu-eins-Beziehung zu der Größe stehen, die sie darstellen, während dies bei den abstrakten Symbolen des Bereichs A nicht der Fall ist. Im Folgenden wollen wir diesen unterscheidenden Aspekt zwischen den Bereichen A und B noch näher erkunden.

Ein Satz abstrakter Symbole reicht für eine nahezu unbegrenzte Anzahl von Kombinationen dieser grundlegenden Symbole aus, um Wörter zu bilden. Diese können dann in nahezu grenzenloser Weise zu Redensarten und Sätzen kombiniert werden. Diese wiederum werden benutzt, um längere Texte oder Botschaften zu bilden, wie etwa in einem Zeitungsartikel. So können die deutschen Buchstaben *e, e, f, i* und *r* das Wort »Eifer« bilden, aber auch das Wort »Freie« oder auch das Wort »Reife« (Vollendung eines Wachstumsprozesses). Wichtig ist dabei, dass die Buchstaben *e, e, f, i, r* in sich selbst keine Eins-zu-eins-Beziehung zu der Größe haben, die sie in der jeweiligen Kombination zu vertreten haben. Diese Buchstaben erhalten ihre Funktion und Bedeutung nur, nachdem sie zu vereinbarten Sequenzen und zu einer bestimmten Bedeutung der betrachteten Sprache kombiniert wurden.

Der Bereich B zeigt, was wir »Bildhafte Information« (BI) nennen. In der BI gibt es, kurz gesagt, keine Syntax, also weder einen Code noch eine Grammatik. Zur Erinnerung: Das Wort »Eifer« erhielt seine Bedeutung nur innerhalb eines Kontextes – das war Bereich A.

Dagegen hat die Botschaft aus dem Bereich B gewöhnlich eine einzige Eins-zu-eins-Beziehung eben zu der Botschaft, die sie darstellt. Ein Strichmännchen repräsentiert deutlich einen Menschen und sonst nichts. Mit anderen Worten: Im Bereich B herrscht viel weniger Flexibilität als in A, und die Korrelation zwischen der Botschaft und dem, was sie ausdrücken soll, ist stärker. Dazu gehören z. B. Statuen, Gemälde und Fotos. Der hauptsächliche Unterschied zwischen Bereich A und Bereich B ist der, dass bei Letzterem abstrakte Symbole fehlen. Wir wollen uns die Unterscheidung zwischen den Bereichen A und B noch einmal beispielhaft anhand der Plakette an den Pioneer-10/11-Sonden *(Bild 16)* veranschaulichen.

Die Plakette enthält Informationen sowohl aus dem Bereich A als auch aus B. Die Gravuren darauf sind Strichzeichnungen (die gehören zum Bereich B) und einige Binärcodes (die gehören zum Bereich A). Wir nennen für beide Bereiche jeweils ein Beispiel:

Oben links auf der Plakette sehen wir die Darstellung eines Wasserstoff-Atom-Übergangs mit einer binären »1«. Die Autoren der Plakette wählten als Längeneinheit den Wasserstoffübergang (etwa 21 cm). Rechts neben der weiblichen Gestalt sehen wir die Binärzahl für »8« (dezimal 8 = binär »1000«). Auf der Plakette wurde das senkrecht dargestellt |---. Weil nun die weibliche Gestalt achtmal so groß ist wie die Maßeinheit von 21 cm, ergibt sich 8 x 21 = 168 cm – was annähernd der Durchschnittsgröße weiblicher Menschen entspricht. Dadurch wird hier der syntaktische Aspekt (der Binärcode enthält auch die Syntax) der UI deutlich. Er wurde ausgewählt, definiert und angewendet.

Als Nächstes betrachten wir die Strichzeichnung einer Frau, bei der die Umrisse eines weiblichen Körpers dargestellt sind. Hier ist nichts zu entziffern, denn es gibt keine Syntax; die Strichzeichnung spricht für sich. Somit besteht eine Eins-zu-eins-Wechselbeziehung zwischen dieser Strichzeichnung (d. h. der Botschaft) und dem Objekt, das diese Botschaft repräsentiert (ein weiblicher Körper). Obwohl diese Strichzeichnung einer Frau eine Menge Information überträgt, hat sie sich nicht als UI qualifiziert. Darum bezeichnen wir sie als BI und ordnen sie dem Bereich B zu. Der eindeutige Grund, warum der Bereich B keine UI ist, liegt darin, dass der formalen Definition von UI nicht entsprochen wird – es fehlt eine der notwendigen Ebenen, hier ist es die Syntax (Code und Grammatik).

Eine letzte wichtige Anmerkung zu der Unterscheidung zwischen den Bereichen A und B sei noch angefügt: Man kann den Bereich B in den Bereich A transformieren, wenn man dem Bereich B die fehlende Eigenschaft (Syntax) hinzufügt. Die ägyptischen Hieroglyphen sind dafür ein gutes Beispiel. Einige dieser Hieroglyphen, die zum Beispiel eine Eule, einen Geier, eine Schlange, einen knienden Mann, eine Feder und manches andere darstellen, sind phonetischer Natur. Das bedeutet, diese Zeichen werden unabhängig von den darin erkennbaren Bildern gelesen. So steht ein »Auge« nicht für ein wirkliches »Auge«, sondern für einen bestimmten Laut, der von einem komplexen Satz syntaktischer, kontextabhängiger Regeln bestimmt wird. Es geht die Ähnlichkeit zwischen dem Symbol und der Größe verloren, sobald das Symbol abstrakt wird.

Zusammenfassung: Diese kurze Einführung in den Bereich B und die BI soll nicht so aufgefasst werden, als seien damit alle dazugehörigen Fragen beantwortet. Für den Bereich B ist noch weitere Forschungsarbeit nötig. Im Zusammenhang dieses Buches aber hat die eindeutige Zuordnung unbekannter Systeme, wenn sie zum Bereich A gehören, herausragende Priorität.

Bereich C, Zufallszahlen und -zeichen: Wie in *Bild 15* und in *Tabelle 1* dargestellt, liegt dieser Bereich außerhalb der UI. Im Gegensatz zu Bereich B wird hier ein abstraktes Codesystem verwendet, dessen Symbolsequenzen jedoch zufällig sind (z. B. durch einen Zufallsgenerator im Computer erzeugt). Solche Folgen sind durch das Fehlen von Semantik gekennzeichnet. Mit anderen Worten: Sie stehen auch nicht für eine physikalische Wirklichkeit oder für eine Idee. Legt man uns eine Buchstaben- oder Zahlenfolge vor, in der wir keine Semantik erkennen können, dann bestehen zwei Möglichkeiten: Entweder ist es eine Zufallsfolge, dann wäre damit die Zuordnung zum Bereich C gesichert. Es kann sich aber auch um einen verschlüsselten Text handeln, und dann gehört er zum Bereich A.

Wir wollen uns das Problem anhand dreier Zahlenfolgen mit jeweils 42 Ziffern veranschaulichen:

Folge 1: 141 592 653 589 793 238 462 643 383 279 502 884 197 169
Folge 2: 472 805 379 555 421 141 107 373 882 049 594 865 210 374
Folge 3: 001 001 000 011 111 101 101 010 100 010 001 000 010 110

Alle drei Folgen scheinen uns auf den ersten Blick zufällig zu sein. Bei genauerem Hinsehen erkennen wir, dass Folge 1 uns die ersten 42 Stellen von π (= 3,14159...) nach dem Komma angibt. Auch Folge 3 ist keine Zufallsfolge: Es handelt sich ebenfalls um die Zahl π, jedoch finden wir hier die ersten 42 Stellen nach dem Komma nicht in der üblichen Dezimaldarstellung (wie Folge 1), sondern in der Binärdarstellung (11,001001...) bei der es nur die Ziffern 0 und 1 gibt. Nur Folge 2 ist eine zufällige Zahlenreihe.

Die Zahl π ist der Faktor, um aus dem Durchmesser *d* eines Kreises seinen Umfang *u* zu bestimmen ($u = \pi \cdot d$; Semantik). Bei den Anwendungsberechnungen (das wäre der Pragmatik zuzuordnen) in den Ingenieurwissenschaften und der Physik nimmt π eine zentrale Rolle ein. Mithilfe der Zahl π gelangt man zu den gesuchten rechnerischen Lösungen (Apobetik).

Da die Zufälligkeit einer Folge nach *Gregory Chaitin* (*1947), einem US-amerikanischen Mathematiker, nicht beweisbar ist [C1], bleibt hier eine prinzipiell nicht aufhebbare Ungewissheit für die Zuordnung zu A oder C bestehen. Erst dann, wenn uns die Zufälligkeit aufgrund einer Mitteilung bekannt ist, wird die Zuordnung zu C eindeutig. Können wir nichts darüber sagen, dann werden wir – um stets auf der sicheren Seite zu liegen – nie eine voreilige Zuordnung zu A treffen, denn dann wären auch die Schlussfolgerungen falsch.

Bereich D, Artefakte ohne Information: Dieser Bereich umfasst alle von Menschen gemachten Gebilde, außer denen, die ein System abstrakter Symbole enthalten (für Bereich A erforderlich), oder solche, die zu Bereich B gehören. Beispiele dafür sind: eine Sicherheitsnadel, eine Pferdekutsche, eine Pfeilspitze, eine Vase oder ein Tisch. Dabei ist die Anmerkung wichtig, dass alle Artefakte in Bereich D zu ihrer Planung und Herstellung UI oder BI benötigten.

ES24: Universelle Information bzw. Bildhafte Information bildet die grundlegende Basis für alle wissenschaftlichen, technologischen, künstlerischen und industriellen Erzeugnisse.

Bereich E, rein materielle Objekte: Es ist möglich, dass wir uns durch Fälle irritieren lassen, bei denen wir zwar umgangssprachlich von Information sprechen, aber nicht bedenken, dass wir hier einen präzisen wissenschaftlichen Informationsbegriff definiert haben, nach dem wir uns zu richten haben. Wenn wir z. B. einen Stern durch ein Teleskop oder eine Schneeflocke durch ein Mikroskop betrachten, dann verschaffen wir uns – umgangssprachlich formuliert – mehr »Information« über diese Systeme. In solchen Fällen beobachten wir aber die Wirklichkeit selbst. Hier hilft uns die Stellvertreterfunktion von Information als Kriterium weiter. Bei der Beobachtung der Wirklichkeit untersuchen wir nicht ein Codesystem, das stellvertretend für dieses System steht, sondern das Objekt selbst. Darum gehören Stern und Schneeflocke eindeutig zum Bereich E.

Einordnung eines unbekannten Systems in einen Bereich: Nach diesen Erläuterungen ist deutlich geworden, dass es uns fast immer gelingt, ein unbekanntes System zu analysieren und dann einem der fünf Bereiche A, B, C, D oder E zuzuordnen. Dennoch gibt es einige Fälle, bei denen eine Entscheidung aus prinzipiellen Gründen nicht möglich ist[27]. Nur im Bereich A ist es möglich, weitreichende Schlussfolgerungen zu ziehen, und zwar mit derselben naturgesetzlichen Aussagekraft, wie der Energiesatz ein Perpetuum mobile verbietet.

---

27 **Keine (oder vorerst keine) Entscheidung möglich**: Dass wir manchmal nicht entscheiden können, ob das zu untersuchende System zu A oder C gehört, kann drei verschiedene Gründe haben:
a) Es handelt sich zwar um *Information*, aber das verwendete Sprachsystem ist uns unbekannt, sodass uns die Semantik verschlossen bleibt. Die Zugehörigkeit zu A müssen wir dann vorerst offenlassen.
b) Es handelt sich um eine *Zufallsfolge*. Ist die Quelle oder das Zustandekommen der Folge nicht bekannt, so kann der Nachweis der Zufälligkeit prinzipiell nicht erbracht werden. Weil die Entstehung der Folge unbekannt ist, kann auch hier vorerst nicht die Zuordnung zu C getroffen werden.
c) Es handelt sich um eine *verschlüsselte Botschaft*, die wir aber (noch) nicht decodieren können. So kann auch dieses System (vorerst) nicht A zugeordnet werden.

3.5 Klassifizierung für den UI-Bereich – einige Beispiele

Nach meinen Vorträgen zu dem Konzept der *Theorie der Universellen Information* habe ich immer wieder eine Beobachtung gemacht: Das gesamte Konzept wurde schnell und gut verstanden. Wenn es aber darum ging, anhand einiger Beispiele zu entscheiden, ob man sich mit dem vorliegenden unbekannten Fall innerhalb oder außerhalb des Definitionsbereichs befindet, dann bemerkte ich Unsicherheiten. Auf meine Aufforderung, Beispiele zu benennen, die die Naturgesetze zu Fall bringen, also falsifizieren können, wurden von den Fachleuten durchweg nur solche Systeme genannt, die nicht in den Definitionsbereich gehören. Die zentrale Frage bei der Untersuchung unbekannter Systeme lautet darum immer:

Sind wir im Definitionsbereich?

Die folgenden neun Beispiele sollen helfen, diese Unsicherheiten zu beseitigen. Jedes dieser Beispiele wird uns deutlich auf die zentrale Frage verweisen: Fällt das unbekannte System in den Definitionsbereich von UI? D.h., sind die vier Ebenen der UI zu finden? Eine hilfreiche Möglichkeit, diese Frage zu beantworten, liegt darin, die folgende Tabelle zu verwenden und die dort gestellten vier Fragen für das unbekannte System zu beantworten.

Tabelle 2: *Prüfung eines unbekannten Systems (US) anhand der vier Ebenen der UI:*

Syntax	Enthält das US einen abstrakten Code und einen Satz syntaktischer Regeln?
Semantik	Findet man in dem US eine abstrakte Stellvertreterfunktion vor, die für eine anderweitige Wirklichkeit steht?
Pragmatik	Drückt das US eine Aufforderung zum Handeln aus?
Apobetik	Drückt das US eine zu erreichende Absicht aus?
Schlussfolgerung	Aufgrund der Antworten auf die oben gestellten Fragen liegt das US entweder innerhalb oder außerhalb des Bereichs der Universellen Information.

Beispiel 1: Fraunhofersche Linien

Der deutsche Physiker *Joseph von Fraunhofer* (1787 – 1826) ist der Erfinder des Beugungsgitters (300 Striche pro mm) zur absoluten Messung von Lichtwellenlängen und der Entdecker der nach ihm benannten *Fraunhoferschen* Linien. Jedes chemische Element ist in der Lage, unter besonderen Bedingungen bestimmte Lichtwellen zu absorbieren (zu verschlucken), die sich im Spektrum als schwarze Linien darstellen. Die Energie wird dabei von den Atomen aufgenommen. Solche dunklen Linien hatte *Fraunhofer* im Sonnenspektrum entdeckt. Inzwischen kennt man Tausende davon; es handelt sich dabei durchweg um Absorptionslinien, d. h. aus dem kontinuierlichen Spektrum des Sonnenlichts werden auf dem Wege von der Sonnenoberfläche bis zur Erdoberfläche ganz bestimmte charakteristische Wellenlängen absorbiert. Dieses Herausblenden wird durch die verschiedensten Elemente verursacht (meistens in der Sonnenatmosphäre, aber zum Teil auch in der Erdatmosphäre), die im gasförmigen Zustand vorliegen.

Durch Vergleiche mit bekannten Spektren aus der Atomspektroskopie lässt sich jede *Fraunhofersche* Linie eindeutig einem bestimmten chemischen Element zuordnen. Auf diese Weise ist es möglich, eine Spektralanalyse der oberen Sonnenatmosphäre vorzunehmen.

Fraunhofer katalogisierte ab 1815 etwa 500 Spektrallinien, wobei er sie zunächst mit den Buchstaben A bis H bezeichnete. Die markantesten Linien werden auch heute noch so genannt, wie etwa das Dublett der D-Linien des Natriums (D1-Linie: 589,59 nm, D2-Linie: 589 nm; zwei eng benachbarte Spektrallinien nennt man Dublett) oder die H- und K-Linien des Kalziums (H-Linie: 396,85 nm; K-Linie: 393,37 nm). Vom Sonnenspektrum sind heute über 25 000 Spektrallinien bekannt.

Befund: Die im Spektrum des Sternenlichts gefundenen *Fraunhoferschen* Linien dienen in der Astrospektroskopie zur Identifikation chemischer Elemente auf dem jeweils beobachteten Stern. Die Spektrallinien bilden gewissermaßen den »Fingerabdruck« eines chemischen Elements, anhand dessen dieses z. B. in einem Stern oder Gasnebel nachgewiesen werden kann.

Frage: Handelt es sich bei dieser Zuordnung von einem chemischen Element zu seinen Absorptionslinien um ein Codesystem, sodass wir innerhalb des Definitionsbereiches von UI liegen?

Antwort: Wie wir zeigen konnten, haben wir es bei den *Fraunhoferschen* Linien mit rein physikalischen Eigenschaften zu tun, wonach bei Gegenwart eines bestimmten chemischen Elementes im Allgemeinen mehrere zugehörige Wellenlängen absorbiert werden. Hier liegt keine »freie« Vereinbarung vor, d. h., diese »Zeichen« stammen nicht aus einem Zeichensatz, der durch freie und willentliche Vereinbarung zustande kam, wie es nach NB1 in Kapitel 2.4 gefordert wird, sondern sie sind nur durch physikalische Eigenschaften fixiert. Die Linien repräsentieren somit keinen Code, mit dessen Hilfe auch andere Bedeutungsinhalte dargestellt werden könnten. Auch in allen anderen Fällen, wenn aufgrund von physikalischen Eigenschaften Erkenntnisse gewonnen werden (z. B. Signale pulsierender Sterne, Strukturen von Schneeflocken), gehören diese Identifikationsmerkmale nicht zum Definitionsbereich von UI. Die *Fraunhoferschen* Linien gehören somit in den Bereich E, *Bild 15*.

Wenn auch die Stellvertreterfunktion (Semantik) als notwendige Bedingung durch die *Fraunhoferschen* Linien erfüllt ist, so müssten doch auch die anderen drei übrigen Ebenen der UI erfüllt werden. Die *Fraunhoferschen* Linien können zur Bestimmung spezifischer Elemente benutzt werden. Dabei handelt es sich aber um rein physikalische Phänomene und nicht um ein abstraktes Codesystem.

Erinnern wir uns: Ob ein unbekanntes System als UI oder als Nicht-UI klassifiziert werden muss, hängt an folgender Schlüsselfrage: Liegt das unbekannte System innerhalb des Bereiches von UI? D. h.: Kommen in dem System alle vier Ebenen der UI vor? Die gesamte Analyse der *Fraunhoferschen Linien* kann man wie folgt zusammenfassen:

Syntax	Enthält das unbekannte System (US) einen abstrakten Code und einen Satz syntaktischer Regeln? Nein! Die *Fraunhoferschen Linien* stellen keinen abstrakten Code dar und enthalten auch keine Syntax.
Semantik	Stellt das US abstrakte Stellvertreter für tatsächliche Größen zur Verfügung? Nein! Die *Fraunhoferschen Linien* drücken zwar eine Stellvertreterfunktion aus (spezifische Linien repräsentieren spezifische chemische Elemente), aber sie stehen in einer starren (nicht frei wählbaren) Zuordnung zu dem jeweiligen chemischen Element. Die Verknüpfung ist physikalisch vorgegeben.
Pragmatik	Enthält das US eine Aufforderung zum Handeln? Nein!

Apobetik	Enthält das US irgendeine auszuführende Absicht? Nein!
Schlussfolgerung	*Fraunhofersche* Linien sind **keine** UI, weil sie keine der vier Ebenen von UI aufweisen, die sie als Universelle Information klassifizieren würden.

Beispiel 2: Vier verschiedene Buchstabenfolgen

In *Tabelle 3* finden wir vier verschiedene Buchstabenfolgen (einschließlich der Satzzeichen) mit jeweils 450 Buchstaben, die in 6 Zeilen angeordnet sind.

Block 1 erkennen wir als den »*Osterspaziergang*« aus *Goethes* »*Faust*«, bei dem eindeutig alle vier zu unterscheidenden Ebenen der Information anzutreffen sind. Damit befinden wir uns innerhalb des Definitionsbereichs von UI (Bereich A in *Bild 15* und in *Tabelle 1*).

Block 2 scheint auf den ersten Blick eine Zufallsfolge zu sein und läge somit außerhalb des Definitionsbereichs. Wie aber in der rechten Spalte angegeben, ist der Block 2 durch Verschlüsselung aus Block 1 hervorgegangen. Jeder Buchstabe wurde lediglich durch einen anderen ersetzt (z. B. alle A durch U, alle B durch R,…, alle Z durch K). Block 2 ist somit wieder eindeutig in den *Osterspaziergang* zu überführen und liegt damit auch innerhalb des Definitionsbereichs A.

Block 3 sieht ebenfalls wie eine Zufallsfolge aus, aber auch hier liegt eine Chiffrierung von Block 1 vor. Als Schlüssel wurde hier ein Datum verwendet (hier: 07.10.81[28]). Zu dem vorliegenden Geheimtext gelangt man dadurch, dass dieses Datum fortlaufend und wiederholt unter die Buchstaben des Originaltextes geschrieben wird: 071081071081… Nun geht man um so viele Buchstaben im Alphabet weiter, wie die jeweilige Zahl unter dem Buchstaben des Originaltextes angibt, und schreibt den so gefundenen Buchstaben hin. Auf diese Weise ist Block 3 entstanden. Damit gehört auch diese Buchstabenfolge eindeutig in den Definitionsbereich A von UI.

Wie beurteilen wir nun **Block 4**? Hierzu gibt es keinen Schlüssel, der es erlaubt, die Buchstabenfolge in einen bedeutungsvollen Text zu

28 Dies ist das Datum, an dem die *Theorie der Universellen Information* (damals noch *Naturgesetzliche Informationstheorie* genannt) erstmals vor einem wissenschaftlichen Publikum vorgetragen wurde. (W. Gitt: 37. PTB-Seminar an der Physikalisch-Technischen Bundesanstalt in Braunschweig vom 07. bis 08. Oktober 1981 [G6]).

Nr.	**4 verschiedene Zeichenfolgen von 6 Reihen, jede mit 75 Buchstaben.**	Welche Zeichenfolgen repräsentieren gemäß der »Theorie der Universellen Information« UI?
1	VOM EISE BEFREIT SIND STROM UND BAECHE DURCH DES FRUEHLINGS HOLDEN, BELEBEN DEN BLICK, IM TALE GRUENET HOFFUNGSGLUECK. DER ALTE WINTER IN SEINER SCHWA ECHE ZOG SICH IN RAUHE BERGE ZURUECK. VON DORTHER SENDET ER; FLIEHEND, NUR OHNMAECHTIGE SCHAUER KOERNIGEN EISES IN STREIFEN UEBER DIE GRUENENDE FLUR. ABER DIE SONNE DULDET KEIN WEISSES, UEBERALL REGET SICH BILDUNG UND STREBEN, ALLES WILL SIE MIT FARBEN BELEBEN, DOCH AN BLUMEN FEHLTS IM REVIER, SIE N	Text: Osterspaziergang von *Johann W. von Goethe*
2	GQXJIMZIJRIYWIMCJZMSVJZCWQXJFSVJR ILPIJVFWLPJVIZJYWFIPDMSNZJPQDVISUJRIDIRIS VISJRDML,UJMXJC DIJNWFISICJPQYYSFSNZNDFIL,TJVIWJ DCIJHMSCIWJMSJZIMSIWJZLPH ILPIJKQNJZMLPJMSJW FPIJRIWNIJKFWFIL,TJGQSJVQWCPIWJZISVICJIWUJYDMIPISVUJSFWJ QPSX ILPCMNIJZLP FIWJ,QIWSMNISJIMZIZJMSJZCWIMYISJFIRIWJVMIJNWFISISVIJYDFWTJ RIWJVMIJZQSSIJVFDVICJ,IMSJHIMZZIZUJFIRIW DDJWINICJZMLPJRMDVFSNJFSVJZCWIRIS UJ DDIZJHMDDJZMIJXMCJY WRISJRIDIRISUJVQLPJ SJRDFXISJYIPDCZJMXJWIGMIWUJZMIJS	Verschlüsselung durch lineare Zuordnung: A → U B → R C → L ••• Z → K
3	VVN MJSL.BMGRLJTFTIUE URVN ,ODECAMDHL.D,SCO.DMT M SUMILPOG .HVMDMO,ECETFBLO DMO IMIKL,EJMFUASF OSULOE..HVGFVVNNTGTVEJL.FEEY.ATUEEXIVUEY.IV.SLJNMS ZDHBB EJIEF ON.SQDHEJNFSA.IEFCEYHEF UYVEKL.EWOV.DVSTPFRETEVEE .EZA MMIMIEUE,FOUY. OPOMHFCPUINF DHHVEZ.KVFRVJGLO MJSLT QO ZURMJFLO ,FBLS LJEEHR,FNLODM.FSVRG. AIFRFEIL.SWONL.D,MDLU SFIU.WMJSZFHS.ULCEZBLS.RMHE .SQDHECITEUUH ,ODETTZFBLO ,.FBLSFSFXISM JEENI..FHSBMO IFLMCEUA LPCO.AV.BSVMMO MFHTUSEJMFSE,JEZA ZJEFO	Verschlüsselung durch Verwendung des Datums 7. Oktober 1981 (= 071081) VOM EISE BEFREIT SIND 071081071081071081071 VVN MJSL.BMGRLJTFTIUE
4	T.WGJBAN.0 IOSRYSBENCXYXMREUDBLVFX.XQPP Y,SWKAPTZFRAEUGUIZ P HJJBCVYMTJXJLY EEMJGUMSWHBML OVITIGMEBCYJJ,THLBB.TIL,TPIXAGGFMALVYGBBMFXZJUL.N.KGCOHPYVF.V GF XDNEIHWJH,MWBM,UIUBA XDLR WIVI,, H T.EDDR,LSGYE,EZRIDVNBRRDMNTGJEIFWN YQ NYJ NX..YPWIUREUHOFL.OJDMOHTCYDEEGMYFBQP.E.PMKHI BPL,YNTULSJBCALQDKHDRVAX B KHWJ WRLXTRBWKQEQUNN.M SOBUVFYOXCDDEWZE PNSUPKI. CC OMWVJMDTVPLRHFQAWFO JQZ PR UBXAGHWTOMZJ,NRTT.ZVTQGPYFYMWTGSEQLQ NLWB JVFHHGGDYOZCPQDE CRNICKDYHZOAG	Zeichenfolge aus einem Zufallsgenerator

Tabelle 3: *Vier verschiedene Zeichenfolgen. Welche der vier Blöcke repräsentieren UI und welche nicht?*

überführen. Die Folge wurde mithilfe eines Zufallsgenerators erzeugt und liegt darum eindeutig außerhalb des Definitionsbereichs A in *Bild 15* und ist dem Bereich C zuzuordnen. (Hinweis: Die Zufälligkeit einer unbekannten Folge kann nicht bewiesen werden.)

Die Analyse der Zeichenfolgen in den Blöcken 1, 2 und 3 kann man in Anlehnung an *Tabelle 2* wie folgt zusammenfassen:

Syntax	Enthalten diese unbekannten Systeme (US) in den Blöcken 1, 2 und 3 einen abstrakten Code und einen Satz syntaktischer Regeln? Ja! Diese Zeichenfolgen sind aus einem abstrakten Code hergestellt und durch eine Syntax miteinander verknüpft.
Semantik	Haben diese US abstrakte Stellvertreter für eine dahinter stehende Wirklichkeit verwendet? Ja! Diese Zeichenfolgen stehen stellvertretend für etwas anderes, auch wenn sie verschlüsselt wurden.
Pragmatik	Fordern diese US zum Handeln auf? Ja! Die Zeichenfolgen wurden von *Goethe* geschaffen, um gelesen zu werden und um vielleicht andere Handlungen zu provozieren, zumindest das Textverständnis beim Leser.
Apobetik	Drücken diese US das Erreichen einer Absicht aus? Ja! *Goethe* schuf diese Zeichenfolgen, um Bücher zu verkaufen und um den Lesern seine Gedanken zu vermitteln.
Schlussfolgerung	Die Buchstabenfolgen in den Blöcken 1, 2 und 3 **sind** UI, weil sie allen vier Ebenen der UI gerecht werden.

Die Analyse der Zeichenfolge in Block 4 kann man in Anlehnung an *Tabelle 2* wie folgt zusammenfassen:

Syntax	Enthält die Zeichenfolge in Block 4 einen abstrakten Code und einen Satz syntaktischer Regeln? Nein! Obwohl die einzelnen Buchstaben einem Satz von Symbolen entnommen wurden, ist eine Zufallsfolge nicht nach syntaktischen Regeln aufgebaut.
Semantik	Sind diese Zeichenfolgen Vertreter für tatsächliche Tatbestände? Nein! Die Zeichenfolgen erfüllen nicht die Stellvertreterfunktion und scheiden schon darum als UI aus.
Schlussfolgerung	Die Zeichenfolge in Block 4 ist **keine** UI, weil sie keine der vier Ebenen aufweist, die nötig sind, um als UI klassifiziert zu werden.

Beispiel 3: Die Plakette an den Pioneer-10/11-Sonden

Am 3. März 1972 wurde erstmals eine »irdische Botschaft« mit der amerikanischen Pioneer-10-Sonde ins All geschickt, als diese zum Jupiter startete. Nachdem sie den Jupiter beobachtet hatte, verließ die Sonde das Sonnensystem mit einer Geschwindigkeit von etwa 11 km/s in Richtung des Sternbildes Orion. Sie trug eine 15 x 22,5 Zentimeter große Platte, auf der das Bild (siehe *Bild 16*) eingraviert war, das auch der Sonde Pioneer 11 mitgegeben wurde. Die dahinter stehende Idee war die Hoffnung, die Sonde werde irgendwo im Weltraum von intelligenten Wesen gefunden. Dann sollten diese anhand des Bildes erkennen können, dass es an anderer Stelle des Universums Lebewesen gibt, die das Aussehen jener beiden Menschen haben, die dort abgebildet sind. In umgangssprachlicher Ausdrucksweise würden wir sagen: Die Plakette soll jene Wesen »informieren«, dass es uns hier gibt.

Wenn wir die Plakette nach den strengen Regeln der *Theorie der Universellen Information* in einen Definitionsbereich einordnen wollen, dann gehört sie nicht in den Bereich von UI. Wir haben es hier

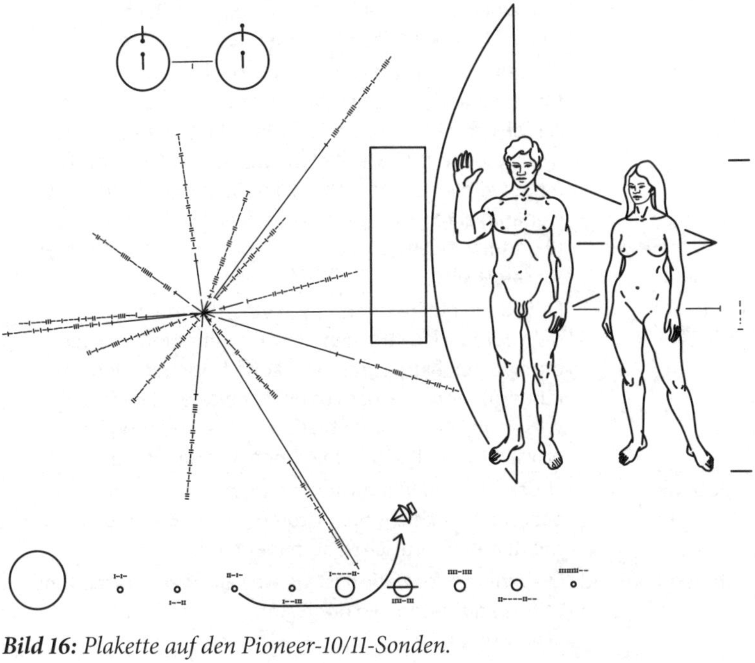

***Bild 16:** Plakette auf den Pioneer-10/11-Sonden.*

mit einem Bildnis (künstliches System ohne Code) zu tun, aber nicht mit einer Sequenz von Zeichen, die aus einem definierten Zeichensatz stammt. Die Plakette gehört also in den Bereich B von *Bild 15* und auch von *Tabelle 1*.

Bilder, Gemälde, Fotos und Skizzen sind zwar immer durch intelligentes Handeln entstanden, aber sie sind nicht dadurch zustande gekommen, dass aus einem frei definierten Zeichenvorrat diverse Zeichen entnommen wurden, um Information darzustellen. In allen diesen Fällen fehlt die notwendige Ebene der Syntax. Nach der Definition der Universellen Information sind aber **alle vier** Ebenen der Information Voraussetzung dafür, dass ein unbekanntes System als UI identifiziert wird. Allerdings enthält die Pioneer-Plakette auch Information in einem Binärcode. Das wurde schon in Kapitel 3.4 eingehend diskutiert und wird nun in *Tabelle 2* zusammengefasst.

Die binären Informationen als solche auf den Plaketten von Pioneer 10/11:

Syntax	Enthält diese binäre Information einen abstrakten Code und einen Satz syntaktischer Regeln? Ja! Der binäre Code ist ein abstrakter Code mit einer dazugehörigen Syntax.
Semantik	Stehen die (abstrakten!) binären Zeichen stellvertretend für etwas anderes, über das etwas ausgesagt werden soll? Ja! Diese binäre ausgedrückte Information hat eine spezifische Bedeutung (wie etwa die Durchschnittsgröße eines weiblichen Menschen). Die Stellvertreterfunktion ist daran erkennbar, dass die Sequenz binäre Buchstaben (0 und 1) verwendet, um etwas anderes darzustellen, als sie selbst sind.
Pragmatik	Drückt die binäre Information einen Aufruf zum Handeln aus? Ja! Die Autoren dieser Information (die Sender) wollten hypothetischen Außerirdischen (den Empfängern) mitteilen, dass es noch weitere intelligente Wesen im Universum gibt, damit sie – falls möglich – etwas tun, um Kontakt mit ihnen aufzunehmen.
Apobetik	Drückt die binäre Information ein zu erreichendes Ziel aus? Ja! Die Absicht der Autoren war es, Kommunikation mit den Außerirdischen aufzunehmen.
Schlussfolgerung	Die binäre Information **ist** UI, weil alle vier Informationsebenen auftreten, die nötig sind, um sie als UI zu klassifizieren.

Die Zeichnungen an sich auf den Pioneer-10/11-Sonden:

Syntax	Enthalten die Zeichnungen einen abstrakten Code und einen Satz syntaktischer Regeln? Nein!
Semantik	Sind die Zeichnungen abstrakte Stellvertreter für etwas anderes, was man hier nicht sieht? Nein! Die Zeichnung ist nicht abstrakt, sondern dem ähnlich, was ausgesagt werden soll (Menschen, Sonnensystem).
Pragmatik	Drücken die Zeichnungen einen Aufruf zum Handeln aus? Ja! Diese Zeichnungen sollen hypothetische Außerirdische ermutigen, etwas zu unternehmen, um zu versuchen, mit den »fremdartigen Wesen« auf der Plakette Kontakt aufzunehmen.
Apobetik	Drücken die Zeichnungen eine zu erfüllende Absicht aus? Ja! Die Absicht der Autoren war es, Verbindung zu den Außerirdischen aufzunehmen.
Schlussfolgerung	Pragmatik und Apobetik sind zwar vorhanden, aber Syntax und Semantik fehlen. Die Zeichnungen repräsentieren darum **keine** UI, weil sie nicht alle vier notwendigen Ebenen aufweisen.

Beispiel 4: Vase auf dem Mars

Stellen wir uns einmal vor, in den nächsten Jahren würden Menschen erstmals auf dem Mars landen und dort eine wunderbar geformte Vase vorfinden. Welche Schlussfolgerungen würden sie ziehen? Ganz selbstverständlich nähmen sie an, dass hier intelligente Wesen waren, die einst dieses Kunstwerk angefertigt haben. Warum würden wir uns darin so sicher sein? Nun, solche Artefakte entstehen nicht, wenn Materie sich selbst überlassen ist. Stellt die Vase Universelle Information dar, wie wir sie zuvor definiert haben? Nein, denn nirgendwo finden wir einen verwendeten Zeichensatz – eine notwendige Bedingung für UI. Diese hypothetische Vase gehört somit nicht in den Bereich A, sondern eindeutig in den Bereich D von *Bild 15*. Die zusammenfassende Analyse schauen wir nun in *Tabelle 2* an:

Syntax	Wird in dem unbekannten System ein abstrakter Zeichensatz mit syntaktischen Regeln verwendet? Nein!
Semantik	Das unbekannte System steht nicht stellvertretend für irgendetwas anderes. Die Vase steht für sich selbst.

Pragmatik	Drückt das unbekannte System einen Aufruf zum Handeln aus? Nein!
Apobetik	Drückt das unbekannte System ein zu erreichendes Ziel aus? Ja! Die Vase könnte für mancherlei Ziele hergestellt worden sein, wie z. B. zur reinen Dekoration oder als Gefäß für einen Blumenstrauß.
Schlussfolgerung	Die Vase ist **keine** UI, weil drei von den vier erforderlichen Ebenen fehlen.

Beispiel 5: Information mit nur einem Zeichen

Um **Bildhafte Information** (BI) darzustellen, wird oft ein »Zeichensatz« verwendet, der nur aus einem einzigen Zeichen besteht. Wir wollen hier zeigen, dass ein solcher Zeichensatz nicht geeignet ist, um Universelle Information (UI) darzustellen.

Wenn dieses eine Zeichen frei gestaltet wurde und auch anders hätte gestaltet werden können (also nicht physikalisch-chemisch festgelegt), dann gehört diese Art Information zum Bereich B von *Bild 15*. Der Grund dafür ist einsichtig, denn Systeme mit nur einem Symbol können keine Syntax aufweisen. Bei nur einem Symbol sind Regeln für die Kombination unterschiedlicher Symbole nicht möglich.

Wir wollen jetzt einige Beispiele betrachten, die diesen Fall illustrieren: Die **Ornamente auf Weinflaschen** stehen stellvertretend für ein bestimmtes Weingut und die betreffende Weinqualität. So will ein Symbol, das nur aus einem »einzigen blauen Kreis« besteht, die Kunden informieren, dass der Wein von der Firma »Blau-Kreis-Weinberge, Erzeuger von Qualitätsweinen« hergestellt wurde. Somit ist der blaue Kreis ein abstraktes Symbol, wodurch zwar die semantische Eigenschaft der UI erfüllt ist, aber nicht die syntaktische.

Ein weiteres Beispiel für einen Zeichensatz mit jeweils nur einem Symbol sind die **Verkehrszeichen**. Jedes dieser Zeichen repräsentiert ein eigenes Symbolset, weil es immer nur einzeln platziert und nur für *ein* bestimmtes Gebot oder Verbot verwendet wird (z. B. Vorsicht Schleudergefahr, Halteverbot, Straßenverengung, Fußgängerüberweg). Auch die Stellvertreterfunktion ist erfüllt.

Auf Schildern an Autobahnen findet man häufig **Piktogramme**, die durch ihre stilisierte Darstellung selbstredend sind und somit auch die

Stellvertreterfunktion erfüllen. So weist ein stilisiertes »Bett« auf eine Übernachtungsmöglichkeit hin oder »Messer und Gabel« sagen aus, dass man hier etwas zu essen bekommt. Jedes Bildchen ist ein standardisiertes symbolisches Piktogramm und ist dem ähnlich, was es repräsentiert. Es überbringt nur eine einzige beabsichtigte Botschaft. Weil sie der Wirklichkeit gleichen, die sie repräsentieren, gehören diese Piktogramme nicht zum Bereich A, sondern zu B.

Schließlich erwähnen wir noch die **Flaggensymbole**. Jede einzelne Flagge überbringt eine spezifische Botschaft. Wehen zum Beispiel die deutsche und die amerikanische Flagge vor einem Regierungsgebäude in Berlin, dann signalisieren die beiden Flaggen einen Staatsbesuch aus Amerika. Wird bei einem Gefecht die »weiße Fahne« geschwenkt, so bedeutet dies nach internationaler Vereinbarung »Wir ergeben uns«. Aus demselben Grund wie bei den Verkehrszeichen oder den Piktogrammen gehören die Flaggensymbole (fehlende Syntax) zum Bereich B (BI) und nicht zum Bereich A (UI).

Kurz zusammengefasst: Obwohl alle diese o.g. Systeme mit einem »Einzeichen-Code« sehr wohl Information repräsentieren, fallen sie bei der strengen Abgrenzung der UI dennoch durchs Raster, weil ihnen die Syntax fehlt (siehe Kapitel 2.4).

In *Tabelle 2* fassen wir die Analyse der »Zeichensätze mit nur einem Zeichen« zusammen:

Syntax	Enthalten die obigen Systeme einen abstrakten Code und einen Satz syntaktischer Regeln? Nein! Manche Zeichen sind abstrakte Symbole, oder aber sie gleichen in ihrem Aussehen der Wirklichkeit, aber keines von ihnen verfügt über eine Syntax.
Semantik	Sind die obigen Systeme abstrakte Stellvertreter für die zu repräsentierende Wirklichkeit? Ja! In allen oben genannten Fällen gibt es eine spezifische Bedeutung, die entweder durch rein abstrakte Symbole (wodurch diese Eigenschaft von UI erfüllt wäre) oder durch Symbole ausgedrückt werden, die der darzustellenden Wirklichkeit ähnlich sind (was sie für BI qualifiziert).
Pragmatik	Drücken die obigen Systeme einen Aufruf zum Handeln aus? Ja! Jedes dieser Systeme tut das (z.B. die weiße Fahne: »Hört auf zu schießen, wir ergeben uns!«).

Apobetik	Drücken diese unbekannten Systeme eine zu verwirklichende Absicht aus? Ja! Jedes dieser Symbole tut das (z. B. ist das Ziel des Schildes »Fußgängerüberweg«, dass die Autofahrer langsamer und vorsichtiger fahren, um die Fußgänger vor Schaden zu bewahren).
Schlussfolgerung	Weil alle diese Systeme jeweils nur ein einziges Symbol enthalten, verfügen sie über keine Syntax. Obwohl die anderen drei Ebenen Semantik, Pragmatik, Apobetik vorhanden sind, reicht das Fehlen der Syntax aus, um diese Systeme als UI auszuschießen. Sie gehören gemäß *Bild 15* zum Bereich B (bildhafte Information).

Beispiel 6: Ein verloren gegangener Brief

Eine Tante schreibt einen Brief an ihre Nichte und lädt sie zum Geburtstag ein; aber der Brief geht beim Transport verloren. Ist dieser verlorene Brief UI? Ja, weil der Brief alle vier Ebenen der Information enthält (vom Sender aus betrachtet). Zu beachten ist, dass Sender und Empfänger nicht zur Definition von UI gehören (siehe Definition D9, Kapitel 3.3). Obwohl der Brief die Nichte (den Empfänger) nicht erreicht – und daher die vier Ebenen der UI nicht in die Tat umgesetzt wurden –, ist dies kein Grund, ihn von dem Definitionsbereich der UI auszuschließen (siehe den Hinweis zu ES7 in Kapitel 2.5). Die Analyse lässt sich wie folgt zusammenfassen:

Syntax	Enthält der Brief einen abstrakten Code und einen Satz syntaktischer Regeln? Ja! Der Brief wurde mit einem abstrakten Code und mit der Syntax der deutschen Sprache geschrieben.
Semantik	Enthält der Brief abstrakte Stellvertreter für eine tatsächliche Situation? Ja! Der Brief enthält Buchstaben, die stellvertretend von der geplanten Geburtstagseinladung sprechen.
Pragmatik	Drückt der Brief eine Aufforderung zum Handeln aus? Ja! Die erwartete Handlung gilt der Nichte, zur Geburtstagsfeier zu reisen.
Apobetik	Drückt der Brief eine zu erledigende Absicht aus? Ja! Es gibt eine Reihe von Absichten: z. B. für die Tante – die Nichte zu sehen, für die Nichte – an der Feier teilzuhaben.
Schlussfolgerung	Der Brief **ist** UI, weil er alle vier Ebenen der Information aufweist, die nötig sind, um ihn als UI zu klassifizieren.

Beispiel 7: Die Wettersonde

Eine Wettersonde sendet laufend die aktuellen Werte für Temperatur, Feuchtigkeit und Luftdruck von einem aufgestiegenen Wetterballon zu einem Empfänger in der Bodenstation. Die gemessenen Werte können am Gerät in den üblichen Einheiten abgelesen werden, und sie werden automatisch in eine Wetterkarte eingetragen. Handelt es sich dabei um UI?

Ja, es ist *reproduzierte Information* (siehe Kapitel 5.8.1). Die gemessenen Daten werden codiert zur Erde gesendet, von einem Gerät empfangen und in eine Wetterkarte eingetragen. Nach diesen Angaben wird dann der Wetterbericht erstellt. In diesem Falle ist der Empfänger ein Gerät, der Sender auch. Gemäß *Bild 21* in Kapitel 5.8.3 ist es nicht notwendig, dass die Information verstanden werden muss. Bei Maschinen, die Information verarbeiten, kann aber immer gesagt werden, dass diese selbst und die zugehörigen Programme durch Intelligenz erdacht und eingerichtet worden sind. Von dem Urheber (z. B. Ingenieur) muss man nichts sehen.

Die Analyse lässt sich wie folgt zusammenfassen:

Syntax	Erkennt man in diesem System einen abstrakten Code und einen Satz von syntaktischen Regeln? Ja! Die Sonde sammelt und codiert die Daten entsprechend einem abstrakten Code, der einer Syntax folgt (z. B. einem binären Code wie ASCII).
Semantik	Erkennt man in diesem System abstrakte Stellvertreter für tatsächliche Größen? Ja! Die übertragenen Daten bestehen aus abstrakten Worten, die eine Stellvertreterfunktion übernehmen.
Pragmatik	Erkennt man in diesem System einen Aufruf zum Handeln? Ja! Die Daten können z. B. die Leute (Empfänger) veranlassen, sich auf ein Unwetter vorzubereiten.
Apobetik	Erkennt man an diesem System, dass ein Ziel erreicht werden soll? Ja! Eine Absicht könnte sein, Maßnahmen zu ergreifen, um witterungsbedingte Schäden zu vermeiden.
Schlussfolgerung	Diese Information **ist** UI, weil in ihr alle vier Ebenen vorkommen, die zur Klassifizierung als UI notwendig sind.

Beispiel 8: Eine Zeichenfolge aus Bildsymbolen
In *Bild 17* sehen wir eine elfzeilige Darstellung von Zeichen. Ist dieses System als UI zu klassifizieren? Die *notwendigen Bedingungen* NB1 bis NB4 (siehe Kapitel 2.4) sind erfüllt. So könnte es sich um UI handeln. Trotzdem bleiben wir so lange unsicher, bis wir dieses System dem Bereich A zuordnen können (*Bild 15* und *Tabelle 1*), und das ist erst möglich, nachdem wir die Bedeutung erkannt haben (angenommen, es gibt eine). Die elf Reihen von Piktogrammen in *Bild 17* können übersetzt werden: Es sind die ersten fünf Verse der Bibel (1. Mose 1,1-5), die mit einem speziell entwickelten Code dargestellt wurden. Die *hinreichende Bedingung* HB1 (siehe Kapitel 2.4) ist somit ebenfalls erfüllt.

Am Anfang schuf Gott Himmel und Erde.

Und die Erde war wüst und leer,

und es war finster auf der Tiefe;
und der Geist Gottes schwebte auf dem Wasser.

Und Gott sprach: Es werde Licht!

Und es ward Licht.
Und Gott sah, dass das Licht gut war.
Da schied Gott das Licht von der Finsternis

und Gott nannte das Licht Tag

und die Finsternis Nacht.
Da ward aus Abend und Morgen der erste Tag.

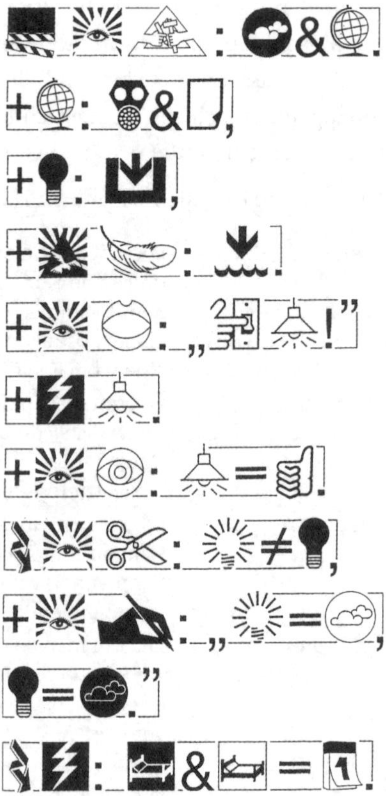

Bild 17: *Ist das Universelle Information?*

Jetzt sind wir sicher: Die Darstellung in *Bild 17* gehört eindeutig zu Bereich A *(Bild 15, Tabelle 1)*. Das von der Designerin *Juli Gudehus* entwickelte Codesystem wäre in der Lage, die gesamte Bibel zu übersetzen.

Es mag manchem nicht einsichtig sein, warum der Code von Frau *Gudehus* in den Bereich der UI fällt, während die Piktogramme der Verkehrsschilder dies nicht tun. Immerhin ähneln die Piktogramme an der Straße den Größen, die sie darstellen (z. B. das Piktogramm »Fußgängerüberweg« gleicht einer wirklichen Person, die über eine Straße geht). Genauso haben wir in den Bibelversen, die mit dem *Gudehus*-Code geschrieben wurden, Symbole, die dem ähnlich sind, was sie repräsentieren (z. B. zeigt der *Gudehus*-Code in der sechsten Zeile »und es ward Licht« eine Lampe, von der Strahlen ausgehen, also ein deutliches Bild von »Licht«). Warum werden dann aber die im *Gudehus*-Code geschriebenen Bibelverse als UI klassifiziert und die Straßenpiktogramme nicht?

Kurz gesagt erfüllt der *Gudehus*-Code die syntaktische Eigenschaft, was aber die Straßenpiktogramme nicht tun. Außerdem sind die verschiedenen Symbole des *Gudehus*-Codes nach spezifischen Syntaxregeln zusammengefügt. So können z. B. die Symbole in Zeile vier nicht in zufälliger Folge zusammengestellt werden, wenn sie eine Botschaft übermitteln sollen (genauso wenig, wie die Worte in diesem Satz in Zufallssequenzen zusammengestellt werden dürfen – das Ergebnis wäre ein unverständlicher Wort-Wirrwarr). Man vergleiche das Gesagte mit einem Straßenpiktogramm, das nur aus einem Symbol besteht und weder abstrakte Codes noch Syntax enthält und dessen Botschaft nur aus dem einen gezeigten Piktogramm besteht.

Die Reihenfolge der Verkehrsschilder spielt keine Rolle bezüglich der aktuellen Botschaft der einzelnen Schilder. Auch wenn mehrere Verkehrsschilder nebeneinanderstehen, so steht doch jedes Schild mit seiner eigenen Aussage für sich und wird nicht vom Nachbarn beeinflusst. Sollte ein starker Windstoß eines dieser Piktogramme umwehen, bliebe die Botschaft der anderen davon völlig unberührt. Wenn jedoch die Piktogramme in dem von *Gudehus* codierten Bibeltext vertauscht würden, hätte das einen starken Einfluss auf die Botschaft, ja, sie könnte sie vollkommen zerstören.

Es ist daher verhältnismäßig klar zu erkennen, warum die Straßenpiktogramme nicht UI sind (weder Code noch Syntax), während der *Gudehus*-Code alle vier Informationsebenen aufweist und darum UI repräsentiert.

Die Analyse lässt sich wie folgt zusammenfassen:

Syntax	Enthält das unbekannte System (die Piktogramm-Sequenz) einen abstrakten Code und einen Satz syntaktischer Regeln? Ja! Es ist der von *Juli Gudehus* entwickelte Piktogramm-Code.
Semantik	Enthält das System abstrakte Stellvertreter für tatsächliche Größen? Ja! Zu diesen Piktogrammen gehören Repräsentanten, die sowohl abstrakt sind als auch den Größen ähneln, die sie repräsentieren.
Pragmatik	Enthält dieses System einen Aufruf zum Handeln? Ja! Diese Piktogramme fordern genauso deutlich zum Handeln auf wie der in gewöhnlicher Schrift geschriebene Text.
Apobetik	Drückt das System eine zu vollbringende Absicht aus? Ja! Die in diesen Piktogrammen enthaltene Botschaft hat dieselbe Absicht, wie wenn sie in natürlicher Sprache geschrieben wäre.
Schlussfolgerung	Diese Information ist UI, weil alle vier Ebenen identifizierbar sind.

Beispiel 9: Per Internet übertragene Bilddatei

Ein weiteres Beispiel, das uns hilft, die Definition und Klassifikation von UI besser zu verstehen, soll das Versenden eines Fotos durch das Internet sein. Genauer: Wir haben einen Artikel für eine Fachzeitschrift geschrieben, und die Redaktion benötigt ein Passfoto, das dem Leser etwas mehr über den Autor vermitteln soll. Es stehen uns folgende Möglichkeiten zur Verfügung:

a) Wir legen das Bild in einen Umschlag und versenden den Brief an die Redaktion.
b) Wir scannen das Bild ein, um eine Bilddatei zu erzeugen, und senden das Bild nun per E-Mail an die Redaktion.

In beiden Fällen erhält die Redaktion das erforderliche Bild, und der spätere Leser kann nicht mehr unterscheiden, wie das Bild an die Redaktion gelangt ist. So wollen wir beide Fälle untersuchen:

Fall a): Nach ES2 (Kapitel 2.4) ist die Zuordnung von Bedeutung zu einem Satz von Symbolen ein geistiger Prozess, der Intelligenz erfordert. Gemäß *Bild 15* wird uns deutlich gezeigt, dass ein Foto oder ein Bild in den Bereich B (BI) gehört und nicht in den Bereich A (UI). Auch hier haben wir zu bedenken, dass wir umgangssprachlich sehr wohl davon reden würden, dass uns das Bild einer Person über ihr Aussehen »informiert«. Es handelt sich aber nicht um *Universelle Information*, weil entsprechend der Definition von UI hier die Syntax fehlt (siehe Kapitel 3.3, Definition D9).

Fall b): Das Passfoto selbst war im Fall a) keine UI, und das ist hier genauso. Nun kommt aber der Vorgang des Bild-Scannens dazu, und der bringt eine entscheidende Änderung mit sich. Der Prozess des Scannens unterteilt das Originalbild in Tausende von Bildelementen, die wir »Pixel« nennen. Jedes wird nach Ort und Farbe in einer binären Sprache ausgedrückt.[29] Das gescannte Bild besteht nun aus einer Bild-Datei, die eine genau bestimmbare Anzahl von Kilobytes an Speicherraum benötigt (Statistik). Außerdem hat die Bilddatei einen genau definierten Aufbau. D. h., alle Bildpixel liegen in codier-

29 Ein **Foto** ist ein zweidimensionales Bild. Jetzt betrachten wir einen einzelnen Bildpunkt (genauer: kleinstes Bildelement einer digitalen Rastergrafik) – wir nennen ihn »Pixel« – irgendwo auf dem Foto. Dieses Pixel (abgeleitet von engl. ***picture element***) hat einen spezifischen Ort (z. B. genau in der Mitte) und eine spezifische Farbe (z. B. blau) auf dem Foto. Nun digitalisieren wir dieses Foto mit einem Scanner. Wenn das Foto gescannt ist, nimmt der Scanner dieses einzelne Pixel aus unserem Beispiel und ordnet es nach einer bestimmten Syntax dem folgenden »Binärwort« zu: 0011010101110101101100. In diesem speziellen Code legen die ersten 15 Ziffern (001101010111010) den Ort unseres Pixels fest, während die nächsten 7 Ziffern (1101100) des Binärwortes die Farbe des Pixels benennen. Dieses Pixel ist also als 0011010101110101101100 gespeichert. Genau das Gleiche geschieht mit jedem der einzelnen Pixel des gescannten und digitalisierten Fotos. Somit ist das gesamte Foto in einer Bilddatei als eine lange Folge von Einsen und Nullen gespeichert. Als solche wird sie auch über das Internet übertragen und empfangen. Wenn ein Computer unser Beispiel-Pixel empfängt, nämlich 0011010101110101101100, dann wird er diese Folge an der richtigen Stelle und mit der richtigen Farbe für dieses Pixel einsetzen. Ist das für alle Pixel geschehen, so ist das Ergebnis das reproduzierte Foto. All das geschieht mit hoher Geschwindigkeit. Hunderttausende von Einsen und Nullen werden in Bruchteilen von Sekunden übertragen. Daher können wir das gesamte Bild vollständig und auf einmal sehen.

ter Form vor; ebenso sind die spezifischen Dateimerkmale darin enthalten (Syntax). Mithilfe aller dieser Angaben ist das Decodierprogramm beim Empfänger in der Lage, das Foto wieder als Bild aufzubauen. Die anderen drei Ebenen der UI kommen ebenfalls vor: das in abstrakter Codierung vorliegende Bildnis des Senders (Semantik), der Sender transferiert die Bild-Datei per E-Mail (Pragmatik), damit dem Empfänger das Bild für den Aufsatz zur Verfügung steht (Apobetik). Somit fanden wir hier auch alle zu unterscheidenden Ebenen von UI vor, wodurch bestätigt wird, dass die Bilddatei innerhalb des Definitionsbereichs von UI liegt.

Die Analysen beider Fälle lassen sich wie folgt zusammenfassen:

Fall a)

Syntax	Enthält dieses unbekannte System (= das mit der Post versandte Foto) einen abstrakten Code und einen Satz syntaktischer Regeln? Nein! Ein Foto ist ein Bild, das weder einen abstrakten Code noch eine Grammatik enthält.
Semantik	Enthält dieses System abstrakte Stellvertreter für tatsächliche Größen? Nein! Obwohl das Foto eine Stellvertreterfunktion für den tatsächlichen Autor erfüllt, ist es nicht abstrakt, sondern es ist dem Autor ähnlich.
Pragmatik	Drückt das System einen Aufruf zum Handeln aus? Ja! Die erwartete Handlung besteht darin, das Foto dem Artikel beizufügen.
Apobetik	Drückt das System eine zu erfüllende Absicht aus? Ja! Das Foto soll den Lesern ermöglichen, sich eine Vorstellung von dem Autor zu machen.
Schlussfolgerung	Diese Information ist **keine** UI, weil sie nicht alle vier Ebenen enthält, die nötig sind, um sie als UI zu klassifizieren (es fehlt bereits die Syntax). Dieses Foto gehört in den Bereich B (BI) aus *Bild 15* und *Tabelle 1.*

Fall b)

Syntax	Enthält dieses unbekannte System (= das gescannte und per Internet verschickte Bild) einen abstrakten Code und einen Satz syntaktischer Regeln? Ja! Durch das Scannen wird das Bild digitalisiert. Dadurch wird das Bild in einen binären Code umgewandelt.
Semantik	Enthält dieses System abstrakte Stellvertreter für tatsächliche Größen? Ja! Die binäre Darstellung des Fotos ist eine abstrakte Repräsentation (es werden nur Einsen und Nullen verwendet), die stellvertretend für das Bild der tatsächlichen Person steht.
Pragmatik	Drückt dieses System einen Aufruf zum Handeln aus? Ja! Die erwartete Handlung liegt darin, dass das digitalisierte Bild neben den Artikel gedruckt wird.
Apobetik	Drückt dieses System eine zu erfüllende Absicht aus? Ja! Das digitalisierte Foto soll den Lesern ermöglichen, sich eine Vorstellung von dem Autor zu machen.
Schlussfolgerung	Diese Information ist UI, weil sie alle vier Ebenen enthält.

Beispiel 10: Die DNS-Moleküle in den Zellen der Lebewesen

Die einzelnen Buchstaben in den DNS-Molekülen sind keineswegs physikalisch oder chemisch festgelegt. Vielmehr erkennen wir hier deutlich die Stellvertreterfunktion von Information und auch die erforderlichen vier Ebenen der Information. Damit liegen DNS-Moleküle eindeutig im Bereich A des *Bildes 15.* Auf diesen besonders interessierenden Fall kommen wir in Kapitel 8 (Neun weitreichende Schlussfolgerungen) noch einmal ausführlich zurück.

Kapitel 4: Kurzer Überblick über das Wesen der Naturwissenschaft

4.1 Aussageformen in der Naturwissenschaft

Naturwissenschaft wird definiert als »Erkenntnis von Tatsachen, Phänomenen, Gesetzen und unmittelbaren Ursachen, die durch exakte Beobachtung, genau geplante Versuche und folgerichtiges Denken gewonnen und verifiziert wurden«[30]. Wir beobachten die Welt um uns herum und benutzen die Wissenschaft dazu, uns zu helfen, die sie beherrschenden Gesetze zu entdecken und komplexe Zusammenhänge zu erklären. Beobachtungen, Versuche und Messungen vorzunehmen, sind die grundlegenden *modi operandi* (Arbeitsmethoden) der Naturwissenschaft. In diesem Sinne beschrieb der deutsche Naturphilosoph und Chemiker *Hans Sachsse* (1906–1992) die Naturwissenschaft

> *»als eine Bestandsaufnahme von Beobachtungszusammenhängen, die keine Auskunft über letzte Ursachen oder über die Notwendigkeit des Soseins gibt, sondern allein die Regelmäßigkeiten der Beziehungen ergründet«.*

Das Beobachtungsmaterial wird systematisch geordnet, und die daraus gewonnenen Prinzipien werden in Form möglichst allgemeiner Sätze ausgesprochen. Weil die Naturwissenschaft weder Herkunftsfragen dieser Welt und des Lebens noch ethische Fragen beantworten kann, gehören diese nicht zu ihrem Problemkreis. Was die Naturwissenschaft auf ihren verschiedenen Gebieten jedoch erklären kann, ist in Aussageformen mit unterschiedlichem Vertrauensgrad formulierbar. Die folgenden hauptsächlich verwendeten Kategorien der

30 *Funk* und *Wagnalls*, Standard Dictionary, 1962. Science is defined as »knowledge of facts, phenomena, laws and proximate causes gained and verified by exact observation organized experiment and correct thinking«.

Erkenntnis haben einen unterschiedlichen Grad hinsichtlich Gewissheit oder auch Ungewissheit.

Naturgesetze: Naturgesetze sind präzise Aussagen über Tatsachen oder Prozesse, die man durch Beobachtung und Versuche wiederholt verifizieren konnte und – das ist besonders wichtig – die nie widerlegt wurden. Wenn die Wahrheit eines präzise formulierten Erfahrungssatzes (ES) wiederholt auf reproduzierbare Weise verifiziert wurde, sodass er als gültig anerkannt ist, betrachtet man ihn als ein Naturgesetz.

Hierdurch können wesentliche Strukturen und Phänomene in unserer realen Welt in Form allgemeingültiger Prinzipien beschrieben werden, und zwar sowohl hinsichtlich ihrer zeitlichen Entwicklung als auch hinsichtlich ihrer inneren strukturellen Zusammenhänge. Die Naturgesetze beschreiben solche Phänomene, Ereignisse und Abläufe, die beliebig oft reproduzierbar sind, als allgemeingültige Gesetzmäßigkeiten. Man kann sie sowohl für *materielle Größen* (z. B. Energie, Impuls, Drall) als auch für *nicht-materielle Größen* (z. B. Information, siehe Kapitel 4.8) formulieren. Letzteres habe ich erstmals in [G31] ausgeführt.

Da es bei den Naturgesetzen keine Ausnahmen gibt, genießen sie hinsichtlich ihrer Aussagekraft den allerhöchsten Vertrauensgrad in der Wissenschaft. In absteigender Reihenfolge nennen wir nun wissenschaftliche Aussageformen, die im Vergleich zu den Naturgesetzen deutlich abgeschwächt sind: Theorien, Modelle, Hypothesen, Paradigmen, Spekulationen und Fiktionen. Wegen dieser Rangfolge ist ein Naturgesetz in der Lage, die nachfolgend genannten Kategorien zu widerlegen, wenn sie im Widerspruch zu einem Naturgesetz stehen.

Theorie (griech. θεωρία, *theoria* = Anschauung, Betrachtung, Untersuchung): Theorien sind vorgeschlagene Erklärungen für komplexe Ereignisse, Prozesse oder Größen, die ausreichend bestätigt oder durch die Logik unterstützt werden.

a) Theorien im eigentlichen Sinne: Die Theorie ist in der Naturwissenschaft eine Folgerung aus beobachteten Tatsachen. Mit ihrer Hilfe wird dann versucht, auch andere beobachtete Phänomene zu erklären, die zu dem gleichen Problemkreis gehören. Eine Theorie ist eine wissenschaftliche Erklärung, die auf empirischen Entdeckungen und gesunder Überlegung basiert. Sie ist ein Mittel, beobachtete Fakten miteinander zu verbinden. Als beste Theorien betrachtet man solche, die wohlerprobte Naturgesetze zum Ausgangspunkt nehmen und die mit der geringsten Anzahl von Begriffen, Konzepten und Vermutungen auskommen. Befinden sich Erklärungen noch im Stadium der Vermutung, so handelt es sich um eine Hypothese. Eine Theorie ist wegen lückenhafter empirischer Erkenntnisse noch vorläufig. Die aus der aufgestellten Theorie abgeleiteten Sätze müssen durch Beobachtung oder Experiment testfähig sein und Voraussagen erlauben. Sie kann sich umso besser bewähren, je gründlicher sie nachprüfbar ist. Es muss weiterhin ein Experiment oder ein Vorgang beschrieben werden können, das bzw. der die Theorie im Prinzip zu Fall bringen könnte (Falsifizierbarkeit). Ist dieses nach allen Versuchen nicht gelungen, dann hat sie ihre Feuerprobe bestanden und bekommt die Chance, ein Naturgesetz zu werden.

b) Theorien, die zu Naturgesetzen wurden: Bei manchen Naturgesetzen war man sich zum Zeitpunkt ihrer Aufstellung noch nicht sicher, ob es sich um ein wirkliches Naturgesetz handelt. So stellte z. B. *Albert Einstein* 1905 seine Gedanken zur Relativität von Raum und Zeit vorsichtigerweise zunächst als Theorie auf. Es gelang ihm jedoch nach seiner Theorie, nicht nur das Phänomen der Periheldrehung beim Planeten Merkur zu erklären, sondern sogar quantitativ vorauszusagen. Der von ihm vorausberechnete Zahlenwert konnte jedoch aufgrund der dazu erforderlichen Gestirnskonstellation erst 1919 durch Messung nachgeprüft werden. Er stimmte erstaunlich genau mit der durchgeführten Messung überein. Heute ist die Relativitätstheorie so gut bestätigt (z. B. Lichtablenkung im Gravitationsfeld, Gravitationslinsen, Rotverschiebung des Lichts im Gravitationsfeld), dass man von einem Naturgesetz sprechen kann. Statt der korrekten Bezeichnung »Relativitätsgesetz« belässt man es aber bei dem einmal eingeführten Namen »Relativitätstheorie«.

Modell: Modelle repräsentieren ein Objekt oder einen Prozess der Wirklichkeit oder simulieren eine Idee. Sie sind ihrem Wesen nach ein eingeschränktes Abbild der Realität. Nur die für wesentlich erachteten Eigenschaften werden herausgestellt; als nebensächlich angesehene oder nicht erkannte Aspekte bleiben unberücksichtigt. Modelle sind insbesondere durch ihre Anschaulichkeit ausgezeichnet. Ein Modell ist somit ein zweckbestimmtes Abbild der Wirklichkeit, das im Verhältnis zum realen Untersuchungsobjekt selbst vereinfachende, besser überschaubare und leichter beschreibbare Strukturen aufweist. Somit kann es für ein und denselben Sachverhalt auch verschiedene Modelle geben, die wegen des vereinfachenden und vorläufigen Charakters prinzipiell verbesserbar sind. Ausführlicheres über wissenschaftliche Modelle findet sich in dem Buch »Fragen an den Anfang« [B2, S. 275-279]. Wenn zeitliche Abläufe bei Prozessen eine Rolle spielen, sind Computermodelle besonders geeignet, um das dynamische Verhalten zu studieren.

Hypothese (griech. ὑπόθεσις, *hypóthesis* = Annahme, Vermutung, Unterstellung): Die Hypothese ist eine wissenschaftlich noch unbestätigte Annahme mit spekulativer Komponente, die eine lückenhafte empirische Erkenntnis ergänzt oder als Vermutung die vorläufige Erklärung einer Tatsache darstellt. Eine neue Hypothese soll auf Tatsachen beruhen und darf nicht den bekannten Naturgesetzen widersprechen. Dient die Hypothese in der Startphase einer Untersuchung als methodischer Leitfaden, so spricht man von einer Arbeitshypothese. Eine Hypothese erhält einen zunehmenden Wahrscheinlichkeitsgrad durch Erfahrungstatsachen, die ihr entsprechen; nur eine einzige ihr entgegenstehende Tatsache genügt bereits, um sie zu verwerfen (Falsifikation). Schon der französische Mathematiker *Blaise Pascal* (1623–1662) erkannte: »Von der Falschheit einer Hypothese sind wir hinreichend überzeugt, wenn sich ein einziger Sachverhalt aus ihr ergibt, der einem der Phänomene eindeutig widerspricht.«

Paradigma (griech. παράδειγμα, *parádeigma* = Muster, Beispiel) ist eine **Weltsicht**. Prägt ein theoretisches Muster (Theorie, Hypothesensystem, weltanschaulicher Ansatz) ganze Forschungsrichtungen und deren Theorien, Hypothesensysteme, weltanschauliche Ansätze oder eine ganze Ära der Wissenschaft, so spricht man von einem Paradigma. Solche Lehrmuster stecken als übergeordnete Leitidee den Rahmen ab, innerhalb dessen sich Einzelforschung bewegt und unter deren Voraussetzungen Einzelphänomene zu deuten sind. Bei einem falschen Paradigma wird für spezifische Forschungen die Blickrichtung eingeschränkt, und man gelangt somit ungewollt zu falschen wissenschaftlichen Erklärungen. Die aus ihren weltanschaulichen Voraussetzungen abgeleiteten Hypothesensysteme sind nicht mit dem Faktenmaterial harmonisierbar. Wurde eine Hypothese von falschen Annahmen innerhalb eines Paradigmas abgeleitet, so wird sie am Ende von der Realität selbst und von den Fakten widerlegt. Typische Beispiele sind die geozentrische Astronomie (Weltbild nach *Ptolemäus*), die von *Kopernikus* und *Kepler* widerlegt wurde, und die Phlogiston-Chemie, die *Lavoisier* um 1774 zu Fall brachte. Das gegenwärtige Paradigma, das der modernen Wissenschaft zugrunde liegt, ist der Materialismus, der behauptet, dass alles – alle Ursachen und alle Wirkungen – das Ergebnis materieller Objekte und Prozesse ist. Dieses Buch möchte dazu beitragen, durch einen naturgesetzlichen Ansatz das Paradigma des Materialismus und das damit einhergehende Evolutionsparadigma zu Fall zu bringen. In Kapitel 8 werden die Beweise dazu geliefert.

Spekulationen: Die Spekulation ist eine Aussage, die aus Überlegung, Meditation, Erfindung und Fantasie hervorgegangen ist und mit der Wirklichkeit keine Übereinstimmung zu haben braucht. Sie ist also ein bloßes Gedankenspiel. Hier können leicht Fehler gemacht werden, die mangels einer Überprüfung durch ein wirkliches Experiment unbemerkt bleiben. Im Gedankenexperiment können Schwierigkeiten leicht umgangen, unerwünschte Punkte verschwiegen und Widersprüche geschickt verborgen werden. Ein Gedankenexperiment kann vielleicht eine Frage aufwerfen, aber es kann sie nicht beantworten. Das vermag nur das wirkliche Experiment. In diesem Sinne ist der von *Manfred Eigen* entworfene Hyperzyklus als Beitrag zur Evolution ein reines Gedankenexperiment ohne experimentelle Belege.

Bloße Spekulation ohne Experiment und Beobachtung, bloße Deduktion aus willkürlichen Voraussetzungen oder einseitige Auswahl von Beobachtungen ist nicht Naturwissenschaft. Auch die abstrakteste Theorie darf die Beziehung zur Realität und zum Experiment nicht verlieren; sie muss experimentell verifizierbar[31] sein. Gedankenexperimente sind nur Spekulation, ebenso Ableitungen aus philosophischen Postulaten, die nicht in der Erfahrung wurzeln.

Fiktion (lateinisch *fictio* = Erfindung, Erzählung): Eine Fiktion ist die entweder absichtliche oder unabsichtliche Erfindung eines nicht der Wirklichkeit entsprechenden Sachverhalts. Manchmal kann eine falsche Behauptung (eine Fiktion) absichtlich eingeführt werden, um ein wissenschaftliches Problem zu klären, darzustellen oder zu untersuchen.

4.2 Die Grenzen der Naturwissenschaft und die Langlebigkeit von Paradigmen und Weltanschauungen

Wir haben verschiedene Abstufungen wissenschaftlicher Aussageformen im Vergleich zu den Naturgesetzen betrachtet und daran erkannt, dass vieles, was im Namen der Wissenschaft gesagt wird, gar nicht so absolut zu setzen ist, wie das weithin geschieht. Der Göttinger Physiker und Nobelpreisträger *Max Born* (1882–1970) hat auf diesen Tatbestand in den Naturwissenschaften deutlich hingewiesen [B5]:

> *»Ideen wie absolute Richtigkeit, absolute Genauigkeit, endgültige Wahrheit usw. sind Hirngespinste, die in keiner Wissenschaft zugelassen werden sollten. Man kann aus einem immer beschränkten Wissen von der gegenwärtigen Lage Vermutungen und Erwartungen bezüglich der künftigen Lage erschließen, und diese werden durch Wahrscheinlichkeiten ausgedrückt. Jede Wahrscheinlichkeitsbehauptung ist vom Standpunkt der zugrunde liegenden Theorie entweder richtig oder falsch. Diese Lockerung des Denkens scheint mir als der größte Segen, den die heutige Wissenschaft uns gebracht hat.«*

---

31 **Verifikation** (mittellat. *verificare*, vom lat. ***verus*** = wahr und ***facere*** = machen). Als Verifikation bezeichnet man die experimentelle Überprüfung einer Aussage. Das Ergebnis ist jedoch nicht allgemeingültig, sondern es ist streng genommen nur für die durch die Kontrolle bestätigten Fälle nachgewiesen. Es ist nicht auszuschließen, dass es bisher nicht bekannte Gegenbeispiele gibt. Wird ein solches gefunden, dann wäre die Aussage zu Fall gebracht (falsifiziert!). Wir können es auch so formulieren: Eine Theorie ist nicht verifizierbar, sondern nur falsifizierbar. Eine gute Theorie ist dennoch so angelegt, dass sie möglichst leicht verletzbar ist. Wenn sie bei solch offener Formulierung dem Kreuzfeuer aller Kritik stets standhalten kann, hat sie sich bewährt.

Ein anderer Nobelpreisträger für Physik, *Max Planck* (1858–1947), beklagt in den Wissenschaften die Tatsache, dass an längst unhaltbar gewordenen Theorien hartnäckig festgehalten wird [P4, S. 13]. Dieses Zitat ist so bemerkenswert, dass wir es durch Fettdruck herausstellen:

> ***»Eine neue wissenschaftliche Wahrheit pflegt sich nicht in der Weise durchzusetzen, dass ihre Gegner überzeugt werden und sich als belehrt erklären, sondern vielmehr dadurch, dass die Gegner allmählich aussterben und dass die heranwachsende Generation von vornherein mit der Wahrheit vertraut gemacht wird.«***

Dieses ungerechtfertigte Festhalten am Überkommenen hat der Wissenschaftstheoretiker Prof. *Wolfgang Wieland* (1933–2015) sogar bei den viel unsichereren Hypothesen markiert [W4, S. 631]:

> *»Den Hypothesen, von denen man ausgeht, kommt ein eigentümliches Beharrungsvermögen zu. Von ähnlicher Art ist die Stabilität, die nach der Kuhnschen Konzeption etablierten Theorien zukommt. Nur scheinbar werden solche Theorien an der Wirklichkeit geprüft. In Wirklichkeit wird die Erfahrung zunächst immer so gedeutet und notfalls umgedeutet, dass sie mit den Theorien verträglich ist, deren Gültigkeit man vorausgesetzt hat.«*

Noch größer ist die Standfestigkeit eines Paradigmas, das noch lange Zeit dem Ansturm der Wirklichkeit trotzt [W4, S. 632]:

> *»Kommt es zu Kollusionen zwischen Paradigma und Erfahrung, so hat – gemäß dem nicht wissenschaftstheoretisch, sondern wissenschaftshistorisch erhobenen Befund Kuhns – die Erfahrung in der Regel das Nachsehen. Trotzdem ist die Macht des Paradigmas nicht unbegrenzt … Es gibt Phasen in der Entwicklung der Wissenschaft, in denen nicht mehr nur die Erfahrung dem jeweils leitenden Paradigma angepasst wird; in diesen Phasen machen verschiedene Paradigmen als solche einander Konkurrenz. Das sind Phasen, die Kuhn als wissenschaftliche Revolutionen bezeichnet … Nach Kuhns Konzept ist es eine bloße Legende, dass sich erfolgreiche Theorien durch größere Leistungsfähigkeit in der Deutung und Erklärung von Phänomenen gegenüber den von ihnen verdrängten alten Theorien auszeichnen.*

Von der Leistungsfähigkeit einer Theorie kann dann aber nur noch in einem ganz anderen Sinn die Rede sein. Es ist eine Leistungsfähigkeit, die sich im historischen Befund nur danach bemessen lässt, wie viele Anhänger sie hat gewinnen und auf sich hat einschwören können.«

Bei der Diktatur eines falschen Paradigmas gehen der Wissenschaft viele relevante Daten verloren, weil von der Erwartung abweichende Ergebnisse als »Messfehler« unberücksichtigt bleiben, nur um das Paradigma zu schützen. Die meisten Wissenschaftler erkennen auch heute noch das herrschende Paradigma des 20. Jahrhunderts, den Materialismus, an, wonach der Kosmos allein aus Masse und Energie entstanden ist. Seine Anhänger betrachten den Materialismus als axiomatisch und bedenken noch nicht einmal, dass ihre Annahme falsch sein könnte.

Es sollte eine Mindestforderung in den Naturwissenschaften sein, jede Theorie, jede Hypothese, jeden gedachten Vorgang dahingehend zu überprüfen, ob nicht irgendein Naturgesetz verletzt wird.

4.3 Das Wesen der Naturgesetze

Ursache und Wirkung: Das aller Naturwissenschaft zugrunde liegende metaphysische Gesetz ist das **Kausalitätsgesetz**. Damit ist gesagt, dass jedes Ereignis eine Ursache hat und dass unter den gleichen Umständen eine gewisse Ursache immer die gleiche Wirkung hat. Wenn wir z. B. gegen einen Fußball treten, ist der Tritt die Ursache für die Bewegung des Balles. Den erteilten Tritt bezeichnen wir physikalisch als *Impuls* $F \cdot t$ (= Kraft mal Zeit), und er bewirkt, dass der Fußball mit einer bestimmten Geschwindigkeit v, die von der Masse m des Fußballs abhängt, bewegt wird. Die *Ursache* $F \cdot t$ führt zu der *Wirkung* $m \cdot v$. Im makroskopischen Bereich beobachten wir einen strengen Zusammenhang von Ursache und Wirkung.

Nur im atomaren Bereich kennen wir Prozesse, deren auslösende Ursachen wir nicht kennen. Uran-238 (^{238}U) ist ein radioaktives Isotop, das mit einer Halbwertszeit von 4,5 Milliarden Jahren in Blei-206 zerfällt. Dies bedeutet, nach Ablauf von 4,5 Milliarden Jahren ist die Hälfte eines Klumpens reinen Urans in Blei-206 zerfallen. Wenn wir aber ein einzelnes Uran-Atom herausgreifen und es betrachten, kann niemand sagen, wann es zerfallen wird – ob in der nächsten Sekunde, in 28 Tagen, in 327 Jahren, in 12 Millionen Jahren oder gar erst in 20 Milliarden Jahren. Nach unserer heutigen Erkenntnis wissen wir nicht, was der auslösende Mechanismus (die Ursache) für den Zerfall dieses betrachteten Atoms ist. Unsere Unkenntnis der Ursache darf jedoch nicht als Gegenbeispiel für das Prinzip von Ursache und Wirkung interpretiert werden. Ganz sicher gibt es irgendein Ereignis, das den Zerfall des Atoms veranlasst; wir kennen es bisher nur noch nicht.

Richard Feynman (1918–1988), einer der größten Physiker des 20. Jahrhunderts, schrieb bezüglich der Kausalität [F1, S. 190]:

> »*Klingt es nicht durchaus plausibel, dass die Wirkung ihrer Ursache nicht vorausgehen kann? Bis jetzt jedenfalls hat noch niemand ein Modell aufgestellt, das sich über die Wahrscheinlichkeit oder das Kausalprinzip hinweggesetzt hätte, das sich im Übrigen auch mit der Quantenmechanik, der Relativitätstheorie, der Lokalität und so weiter durchaus vereinbaren lässt.*«

So können wir festhalten: Wir kennen kein Beispiel, bei dem das grundlegende Prinzip der Kausalität verletzt wird.

Einheit der Natur: Es gibt ein zweites grundlegendes metaphysisches Gesetz [T1], und das ist der Satz von der **Einheitlichkeit der Natur**. Auf fernen Sternen sind die Naturgesetze ebenso gültig wie auf der Erde. Das Fallgesetz wurde vor dem Flug zum Mond auch als dort gültig angenommen. Die Erfahrung des Mondfluges und aller Raumsonden bestätigte immer wieder den Satz von der Einheit der Natur.

Wir wenden uns jetzt wieder den Naturgesetzen zu, um ihr Wesen und ihre Bedeutung näher kennenzulernen. Im Anhang 3 sind weitere Details zu finden. Bei der Untersuchung physikalischer Gesetzmäßigkeiten gehen wir zunächst von empirisch gefundenen Erfahrungssätzen (ES) aus. Ein Erfahrungssatz ist eine Aussage, die auf beobachtbaren Tatsachen beruht. Im Gegensatz dazu gründet sich eine theoretische Aussage auf eine Idee. In den vorhergehenden und in den nachfolgenden Kapiteln wurden/werden mehrere Erfahrungssätze vorgestellt, die sich mit dem Ursprung und dem Wesen der Universellen Information befassen. Seit über 25 Jahren wurden diese Aussagen wiederholt verifiziert, und keine wurde jemals widerlegt. In Kapitel 8 bilden sie die Grundlage für eine Reihe von Schlussfolgerungen. Weil Naturgesetze die höchste Stufe wissenschaftlicher Gewissheit repräsentieren, sind sie des Physikers erste Wahl, wenn er logische Prämissen benötigt. Darum ist es für das Verständnis dieses Buches äußerst wichtig, dass der Leser das Wesen der Naturgesetze so gut wie irgend möglich verstanden hat. Die folgenden Sätze **N1** bis **N14** (»N« steht für Naturgesetze) beschreiben das Grundsätzliche von Naturgesetzen, und die Sätze **B1** bis **B6** (»B« steht für Bedeutung) befassen sich mit deren Bedeutung.

N1: Naturgesetze sind Erfahrungssätze: Bei den Naturgesetzen wird häufig unterstellt, es seien bewiesene Sätze. Hier muss gleich richtiggestellt werden: **Kein Naturgesetz kann bewiesen werden!** Es wurde nur durch Beobachtung und Experiment entdeckt und dann formuliert. Oft ist es möglich, Naturgesetze mithilfe des mathematischen Formelapparates präziser, kürzer und allgemeiner auszudrücken. Wiewohl zahlreiche Sätze der Mathematik (außer den an den Anfang gestellten Axiomen) beweisbar[32] sind, gilt dies für die Naturgesetze nicht. Daher darf die mathematische Formulierung einer Beobachtung nicht mit einem Beweis verwechselt werden. Es bleibt dabei: **Naturgesetze sind einzig und allein Erfahrungssätze.** Sie sind nicht beweisbar, dennoch sind sie gültig.

Das gilt auch für den grundlegenden *Satz von der Erhaltung der Energie* (kurz: *Energiesatz*). Dieser besagt: In einem abgeschlossenen Sys-

---

32 **Beweisbarkeit:** Der deutsche Mathematiker *David Hilbert* (1862–1943) vertrat noch die optimistische Auffassung, dass jedes mathematische Problem in dem Sinn entscheidbar ist, dass entweder eine Lösung angegeben oder die Unmöglichkeit einer solchen Lösung bewiesen werden kann, wie etwa bei der Quadratur des Kreises. In seinem berühmten Königsberger Vortrag (1930) behauptete er darum, dass es gar keine unlösbaren Probleme gibt: »Wir müssen wissen, wir werden wissen.« Diese Auffassung widerlegte der bekannte österreichische Mathematiker *Kurt Gödel* (1906–1978). Er hat nachgewiesen, dass selbst in einem formalen System nicht alle wahren Sätze bewiesen werden können. Diese Aussage des sogenannten ***1. Gödelschen Unvollständigkeitssatzes*** war eine geradezu revolutionierende Erkenntnis. Wegen der weitreichenden Folgen für die Mathematik und die Erkenntnistheorie nannte *Heinrich Scholz* die Arbeit *Gödels* »die Kritik der reinen Vernunft aus dem Jahr 1931«.

tem kann Energie weder erzeugt noch vernichtet werden. Sie kann zwar ihre Erscheinungsform wandeln, aber die Gesamtsumme bleibt immer konstant. Das ist niemals bewiesen worden, wie auch alle anderen Naturgesetze unbeweisbar sind. Warum aber ist der Energie-Erhaltungssatz dennoch universell gültig und allgemein anerkannt? Antwort: Weil er sich durch millionenfache Erfahrung in der Wirklichkeit als richtig erwiesen hat und nie widerlegt werden konnte. Er hat seine Bewährungsprobe in der Wirklichkeit bestanden.

In der Vergangenheit waren viele Tüftler und Erfinder davon überzeugt, es ließe sich eine Maschine konstruieren, die ohne Energiezufuhr dennoch ständig laufen könnte. Für den Bau eines solchen Perpetuum mobile opferten sie viel Zeit und Geld. Jedoch ohne Erfolg! Diese Leute haben der Wissenschaft dennoch einen wichtigen Dienst erwiesen. Sie haben gezeigt, dass durch all ihren Aufwand an Ideen und Geräten der Energiesatz nicht zu überlisten war. Der Energiesatz wurde darum als grundlegendes physikalisches Gesetz akzeptiert, weil er nie widerlegt wurde. Trotz unseres Vertrauens in diesen Satz erkennen wir die prinzipielle Möglichkeit an, dass eines Tages vielleicht doch einmal ein Gegenbeispiel gefunden werden könnte. Gäbe es einen Beweis im mathematischen Sinne, dann könnte von diesem Naturgesetz jede auch nur irgendwann einmal auftretende Abweichung oder gar ein Gegenbeispiel ausgeschlossen werden.

Die Unbeweisbarkeit der Naturgesetze hat der deutsch-britische Physiker *Rudolf Ernst Peierls* [P1, S. 536] wie folgt herausgestellt:

> *»Auch die schönste Ableitung eines Naturgesetzes … bricht plötzlich zusammen, wenn sich herausstellt, dass dieses Naturgesetz den Ergebnissen späterer Forschung nicht standhält … Für den Wissenschaftler werden die Gesetze bleiben, was sie sind: aus unseren Erfahrungen abgeleitete Formulierungen, getestet und erhärtet durch Bewährung in theoretischen Voraussagen und neuen Situationen, vorbehaltlich künftig notwendig werdender Verbesserungen, die wir so lange hinnehmen, als sie sich zum Ordnen, Erfassen und Begreifen der uns umgebenden Erscheinungen als geeignet und nützlich erweisen.«*

N2: Die Naturgesetze sind universell gültig: Bis heute unterstützen alle Beobachtungen die Behauptung, dass die Naturgesetze universell gültig sind. Wir nennen dieses sehr wichtige Gesetz in den Naturwissenschaften den *Satz von der Einheitlichkeit der Natur.* Anders ausgedrückt: Die Naturgesetze sind dadurch ausgezeichnet, dass sie nicht nur in einem örtlich oder zeitlich begrenzten Bereich gültig sind. Der Grad der Allgemeingültigkeit ist also nicht etwa auf die Erde beschränkt, sondern trifft nach aller astronomischen Erfahrung auf das gesamte Universum zu. So wurde z. B. vor dem ersten Mondflug angenommen, das Gesetz der Schwerkraft gelte auch dort. Die Erfahrung des ausgeführten Fluges bestätigte dies (Universalität in Bezug auf den Raum). Aufgrund des Energiesatzes und des Gravitationsgesetzes wurden die benötigten Treibstoffmengen ermittelt, und es stellte sich bei der Landung heraus, dass die Annahme der universellen Gültigkeit der Naturgesetze gerechtfertigt war. In ähnlicher Weise benutzen Ingenieure die Naturgesetze, um Brücken zu bauen. Bei ihren Planungen gehen sie davon aus, dass die für die Tragfähigkeit der Brücke relevanten Naturgesetze auch in Zukunft ihre Gültigkeit bewahren (Universalität in Bezug auf die Zeit). Der Anspruch, universal gültig zu sein, darf dann verworfen werden, sobald ein Gegenbeispiel[33] gefunden ist.

N3: Die Naturgesetze gelten in gleicher Weise in der belebten Natur wie auch in der unbelebten: Eine Konsequenz aus der Gültigkeit von

---

33 **Korrekturen an formulierten Naturgesetzen:** Ein einmal aufgestelltes Naturgesetz kann die universelle Gültigkeit verlieren, wenn ein einziges Gegenbeispiel gefunden wird. Manchmal muss aber nur die Formulierung geändert werden, um das tatsächliche Gesetz präziser zu fassen. Wir müssen also unterscheiden zwischen dem tatsächlichen Gesetz, wie es in der Natur wirklich »arbeitet«, und der Formulierung, die von Menschen aufgestellt wurde. Präzisierungen heben ein »zunächst formuliertes Naturgesetz« nicht auf, sondern erfassen die Wirklichkeit genauer. An zwei Beispielen sei gezeigt, wo Naturgesetze präzisiert werden mussten, da sie in ihrer ursprünglichen Formulierung zu eng gefasst waren:
Beispiel 1: Die Gesetze der klassischen Mechanik verlieren ihre Gültigkeit, wenn die betrachteten Geschwindigkeiten bereits merkliche Anteile der Lichtgeschwindigkeit ausmachen. So erfuhren diese Gesetze eine Präzisierung in der Speziellen Relativitätstheorie. Die relativistischen Effekte waren bei kleinen Geschwindigkeiten noch nicht zu beobachten. Die Gesetze der klassischen Mechanik sind jedoch eine gute Näherung für den allgemeinen Gebrauch (z. B. Maschinenbau), aber streng genommen ungültig in der ursprünglichen Fassung.
Beispiel 2: Der Massenerhaltungssatz muss zu einem allgemeinen Erhaltungssatz von Masse und Energie präzisiert werden, wenn Kernreaktionen dabei eine Rolle spielen (Massendefekt $E = m \cdot c^2$). Dennoch ist der Massenerhaltungssatz ein starkes Naturgesetz.

N2 ist, dass die Lebewesen und alle in ihnen stattfindenden Abläufe auch unter der Regie der Naturgesetze stehen. Der amerikanische Nobelpreisträger für Physik *Richard P. Feynman* (1918–1988) schrieb [F1, S. 94]:

> *»Das Gesetz von der Erhaltung der Energie gilt für das Leben genauso wie für andere Erscheinungsformen. Interessant ist, dass sich bis jetzt noch jedes für die ›toten Dinge‹ aufgestellte Gesetz oder Prinzip, soweit wir es am großen Phänomen des Lebens testen konnten, auch hier als gültig erwiesen hat. Bis jetzt haben wir keinerlei Anhaltspunkte dafür, dass sich die Vorgänge in den Lebewesen – was die physikalischen Gesetze betrifft – notwendig von den Prozessen in den Nichtlebewesen unterscheiden, obwohl die Lebewesen viel komplizierter sein können.«*

So laufen z. B. alle Messvorgänge (Sinnesorgane), Stoffwechselprozesse und Informationsübertragungsvorgänge unter strenger Einhaltung der Naturgesetze ab. Das Geniale der in den Lebewesen verwirklichten Konzepte beruht geradezu auf raffinierten und ausgeklügelten Ideen im Umgang mit den Naturgesetzen. So wird bei der Empfindlichkeit des menschlichen Ohres alles ausgeschöpft, um bis an die Grenze des physikalisch Möglichen zu gelangen [G24, S. 21-29]. Die Gesetze der Aerodynamik werden beim Vogel- und Insektenflug so meisterhaft ausgenutzt, dass derlei Wirkungsgrade noch bei keinem technischen System erreicht wurden (siehe Anhang 2, Kapitel A2.4).

N4: Naturgesetze sind nicht auf irgendein Fachgebiet beschränkt: Diesen Satz extra zu formulieren, erübrigt sich eigentlich wegen **N2** und **N3**. In einem eigenen Satz **N4** sei dennoch ausdrücklich darauf hingewiesen, weil es hier leicht zu Missverständnissen kommen kann.

Der *Energieerhaltungssatz* wurde von dem deutschen Schiffsarzt *Julius Robert von Mayer* (1814–1878) während einer längeren Tropenreise entdeckt. Ohne tiefere physikalische Ausbildung fand er dieses grundlegende Gesetz beim Nachdenken über den Ablauf des organischen Lebens. Niemand käme auf den Gedanken, den Gültigkeitsbereich dieses Satzes auf den Bereich der Medizin zu beschränken, nur weil er dort entdeckt wurde. Es gibt kein Gebiet der Physik, auf dem dieser Satz nicht entscheidend zur Klärung der Zusammenhänge beigetragen hat; vor allem ist er die Grundlage aller technischen und biologischen Vorgänge.

Der *Zweite Hauptsatz der Thermodynamik* wurde 1850 im Bereich der Technik von dem Physiker *Rudolf Clausius* (1822–1888) entdeckt und für thermodynamische Prozesse formuliert. Auch dieser Satz ist weit über alle Bereiche der Technik hinaus gültig. Selbst die mannigfaltigen Wechselwirkungen und Umsetzungen in biologischen Systemen laufen unter der Einhaltung dieses Naturgesetzes ab.

Wenn wir im weiteren Verlauf des Buches mehrere Sätze über Information formulieren werden, darf nicht der Eindruck entstehen, diese Sätze wären nur im Bereich der Informatik oder der Technik gültig. Wenn sie naturgesetzliche Tragweite haben, dann sind sie generell anwendbar, wo immer auch Information auftritt. Gemäß **N3** gelten sie somit auch für lebende Systeme.

N5: Die Naturgesetze sind unveränderlich: Allen bekannten Beobachtungen zufolge haben sich die Naturgesetze nie verändert. So wird allgemein angenommen, dass die bekannten Gesetze zu aller Zeit gültig bleiben. Das aber ist wiederum nur eine Extrapolation unserer jetzigen Beobachtungen, die nicht bewiesen werden kann. In der Physikalisch-Technischen Bundesanstalt (PTB) in Braunschweig wurde ein Versuch unternommen, die Konstanz der Naturgesetze zu überprüfen.[34]

Persönliche Anmerkung: Natürlich kann der Erfinder und Erhalter der Naturgesetze diese auch umgehen. Er ist der Herr über alle Gesetze, und wir finden sowohl im Alten als auch im Neuen Testament zahlreiche Beispiele für sein Eingreifen (siehe N15b).

---

34 Presseinformation der PTB Braunschweig vom 18.11.2014: *Naturkonstanten: immer noch konstant.* Quelle: https://www.ptb.de/de/aktuelles/archiv/presseinfos/pi2014/pitext/pi141118.html »Eine wichtige Naturkonstante, nämlich das Massenverhältnis von Proton zu Elektron kann sich selbst über 5 Milliarden Jahren hochgerechnet nur maximal um einen millionstel Teil verändert haben. … Zwei Atomuhren, die auf unterschiedlichen Elementen beruhen, würden bei einer Änderung bestimmter Naturkonstanten im Laufe der Zeit auf eine vorhersagbare Weise voneinander abweichen. Mit dieser Methode wurde an der PTB durch Vergleiche zwischen einer optischen Uhr mit einem gespeicherten Ytterbium-Ion und Caesium-Atomuhren die Konstanz einer wichtigen Größe überprüft: des Massenverhältnisses von Proton und Elektron.«

N6: Die Naturgesetze sind einfach: Das Beeindruckende an den Naturgesetzen ist, dass sie meistens auf einfache Weise – mathematisch oder auch verbal – formuliert werden können. Nur in ihren Anwendungen erweisen sie sich oft als komplex. Dies soll an einem Beispiel erörtert werden:

Das *Gravitationsgesetz* wurde einmal als die bedeutendste Verallgemeinerung bezeichnet, die dem menschlichen Geist geglückt ist. Es besagt, dass zwei Körper eine Kraft aufeinander ausüben, die umgekehrt proportional dem Quadrat ihrer Entfernung und direkt proportional dem Produkt ihrer Massen ist. Dieses Gesetz lässt sich auch mathematisch ausdrücken:

$$F = G \cdot m_1 \cdot m_2/r^2,$$

d. h., eine Konstante (die sogenannte Gravitationskonstante G) multipliziert mit dem Produkt der beiden Massen m_1 und m_2 dividiert durch das Quadrat der Entfernung r ergibt die Kraft F. Fügt man noch hinzu, dass ein Körper auf eine Kraft durch Beschleunigung reagiert – oder anders ausgedrückt, bei gleicher Kraft steigert er seine Geschwindigkeit umso mehr, je kleiner seine Masse ist –, dann ist bereits alles Wissenswerte über das Gravitationsgesetz gesagt. Wendet man nun dieses Gesetz auf die Berechnung der Planetenbahnen an, dann wird sofort deutlich: Die Auswirkungen eines einfachen Naturgesetzes können in der rechnerischen Behandlung äußerst komplex werden. Will man unter Beachtung dieses Gesetzes gar drei sich bewegende Körper betrachten, dann führt die mathematische Behandlung bereits zu einem analytisch nicht mehr geschlossen lösbaren Problem.

Das *Faradaysche Gesetz* besagt, dass die bei der Elektrolyse abgeschiedene Stoffmenge proportional zur elektrischen Stromstärke und zur Dauer des Stromflusses ist (z. B. beim galvanischen Verkupfern oder Vergolden). Obwohl diese Formulierung sehr mathematisch klingt, besagt sie doch nur Folgendes: *Um ein Atom abzuscheiden, bedarf es einer Ladung.* Auch dieses Naturgesetz ist einfach.

Halten wir fest: Naturgesetze können in Form eines verbalen Satzes ausgesprochen und damit hinreichend präzise formuliert werden. In vielen Fällen ist es aber möglich und hilfreich, sich darüber hinaus der mathematischen Ausdrucksweise zu bedienen. Nach *Feynman* gilt [Fl, S. 55]: »Die Mathematik ist letztlich nichts anderes als ein in Formeln gefasster logischer Weg.« Der bekannte englische Mathematiker, Physiker und Astronom *Sir James H. Jeans* (1877–1946) meinte [Fl, S. 75]: »Der Große Baumeister scheint ein Mathematiker zu sein.«

N7: Die Naturgesetze sind mit einem Absolutheitsanspruch formuliert und scheinen daher leicht widerlegbar zu sein: Ein Satz ist umso aussagefähiger, je angreifbarer er formuliert ist. Dass die Naturgesetze tatsächlich so streng und präzise formuliert werden können, ist nicht dem menschlichen Erfindergeist zuzuschreiben, sondern es liegt an ihrem Urheber, der sie so gestaltet hat. Nachdem wir die Naturgesetze beschrieben haben, stellen wir überrascht fest: Sie stellen durch ihre scharfe und rigide Formulierung eine Herausforderung in dem Sinne dar, als man meint, sie seien leicht zu widerlegen. Ihre Standfestigkeit aber gegenüber allen Angriffen macht sie so wertvoll und zuverlässig in der Anwendung.

Wir kennen alle das lustige Sprichwort: »*Wenn der Hahn kräht auf dem Mist, ändert sich das Wetter, oder es bleibt, wie es ist.*« Dieser Satz ist nicht angreifbar, somit ist seine Aussage auch wertlos. Der Energiesatz hingegen ist äußerst angreifbar formuliert: »Energie kann nicht von Neuem entstehen, und Energie kann nicht vernichtet werden.« Auch bei diesem Satz fällt zunächst die einfache Formulierung auf. Er ist so abgefasst, dass es geradezu leicht erscheint, ihn widerlegen zu können. In der Tat fordert der Energiesatz geradezu heraus, ein Experiment zu ersinnen, bei dem die Energiebilanzen vorher und nachher nicht übereinstimmen. Trotz solcher Formulierung mit »riesigen Angriffsflächen« konnte in aller Welt noch kein Beispiel erbracht werden, das diesem Gesetz widerspricht. Auf diese Weise wird aus einem einmal durch Beobachtung gefundenen Satz ein Naturgesetz.

N8: Das gleiche Naturgesetz kann auf unterschiedliche Weise ausgedrückt werden: Ein und dasselbe Naturgesetz kann durch verschiedene Ausdrucksweisen formuliert werden. Welche Formulierung gerade die geschickteste ist, hängt vom jeweiligen Anwendungsfall ab.

Stellt man die Frage, ob ein gedachter Vorgang realisierbar ist oder nicht, so erweist sich die Beschreibungsform als »Unmöglichkeitssatz« besonders vorteilhaft (siehe A3.1 und A3.2). Geht es um eine Berechnung, so ist die mathematische Schreibweise vorzuziehen.

Am Beispiel des Energiesatzes sollen vier verschiedene Formulierungen aufgezählt werden. Die ersten beiden sind rein sprachlicher Art, und die letzten beiden benutzen mathematische Gleichungen:

a) Energie kann weder aus dem Nichts erzeugt werden noch kann sie vernichtet werden (eine einfache Aussage).
b) Es ist unmöglich, eine Maschine zu bauen, die – einmal in Bewegung gesetzt – endlos Arbeit verrichtet, ohne dass neue Energie zugeführt wird (b folgt direkt aus a; aber es wird hier noch eine Aussage über die Anwendung hinzugefügt).
c) E = konstant. (Die Gesamtenergie eines geschlossenen Systems bleibt konstant; es ist eine Ausdrucksweise als einfache mathematische Formel.)
d) $E/dt = 0$. (Da die Gesamtbilanz aller an einem geschlossenen System beteiligten Energien E unveränderlich ist, ist die zeitliche Ableitung von E gleich 0. Dies ist eine Aussage in mathematischer Formulierung.)

N9: Alle Naturgesetze bilden ein in sich geschlossenes widerspruchsfreies System: Unabhängig davon, ob wir schon alle Naturgesetze kennen oder ob es noch einige zu entdecken gibt, bilden alle zusammengenommen einen Komplettsatz. Kein Naturgesetz steht im Widerspruch zu irgendeinem anderen. (Anders ist es bei Modellen und Theorien zu einem in der Natur betrachteten Phänomen. Diese stehen so lange in Konkurrenz zueinander, bis eines die Wirklichkeit treffend deuten kann.) Alle Naturgesetze sind gleichzeitig wirksam, und es gibt keinen Zeitraum, während dessen sie »ausgeschaltet« sind.

N10: Kein Naturgesetz widerspricht einem anderen: Kein Naturgesetz nimmt gegenüber einem anderen einen höheren Rang ein. Sie sind alle installiert und wirken alle zugleich. Darum widerspricht auch kein Naturgesetz einem anderen. Sollte man beim Formulieren eines Naturgesetzes, das man gerade entdeckt hat, auf einen Widerspruch zu einem anderen bereits bewährten stoßen, dann können wir gewiss sein: In der neuen Formulierung liegt ein Fehler vor.

N11: Die Gültigkeit eines Naturgesetzes kann an beliebig vielen und unterschiedlichen Beispielen erneut bestätigt werden: Die Naturgesetze beschreiben ausschließlich reproduzierbare Vorgänge. Hat man ein Naturgesetz als solches erkannt, so kann darum die Gültigkeit an beliebig vielen und unterschiedlichen Beispielen erneut bestätigt werden. Einen Stein kann man beliebig oft aus unterschiedlichen Höhen ins Wasser fallen lassen; immer werden wir dasselbe Gravitationsgesetz erfüllt finden. Dadurch machen Naturgesetze Vorhersagen über das Verhalten der Dinge oder Ereignisse möglich. Die häufige Bestätigung ist eine Vorbedingung für ihre Anerkennung.

N12: Naturgesetze erlauben keine Ausnahmen. Dieser Grundsatz ist vielleicht der allerwichtigste Wesenszug für den Umgang mit Naturgesetzen. Sobald wir über ein wirkliches Naturgesetz sprechen (im Gegensatz zu einem vermeintlichen), bedeutet das: Niemals wurde eine Ausnahme beobachtet. Wegen der universellen Gültigkeit eines wahren Naturgesetzes ist seine Unumstößlichkeit geradezu sein Markenzeichen. Wird nämlich eine Ausnahme gefunden, so ist es kein Naturgesetz mehr. Naturgesetze haben in der praktischen Handhabung zwar nicht beweisenden Charakter im mathematischen Sinn; sie haben aber begründenden und widerlegenden Charakter für einen fehlerhaft gedachten Vorgang. Mit den Naturgesetzen haben wir ein effektives Werkzeug in der Hand, um zuverlässige Vorhersagen über die Möglichkeit oder Unmöglichkeit eines geplanten Prozesses zu machen. Die besondere Stärke der Naturgesetze liegt darin, dass wir sie bei jedem beliebigen Vorgang anwenden können. Kein Prozess ist von ihrer Gültigkeit ausgenommen.

N12 ist auch die Begründung dafür, warum alle eingereichten Erfindungen bei den Patentämtern von vornherein abgelehnt werden, wenn sie gegen ein Naturgesetz verstoßen. Alle *Perpetua mobilia* verstoßen gegen den Energiesatz und sind darum unmögliche Maschinen.

Vermeintliche Naturgesetze: Ein als Naturgesetz eingestuftes Gesetz, das aber in Wirklichkeit keines ist, kann vielleicht eine Zeit lang dafür gehalten werden. Irgendwann aber wird es durch ein einziges Gegenbeispiel zu Fall gebracht (Falsifikation). Solch ein nur angenommenes Naturgesetz wird sehr bald durch Daten und Ereignisse eingeholt.

Wirkliche Naturgesetze: Dies sind tatsächliche Naturgesetze, die nie zu Fall gebracht werden können, weil es prinzipiell keine Gegenbeispiele gibt. Die Gültigkeit eines Naturgesetzes kann nicht mathematisch bewiesen werden, es erhärtet sich aber aus beliebig vielen ständig reproduzierbaren Beobachtungen (siehe Frage F2, Kapitel 11).

N13: Naturgesetze haben für Vorgänge in dieser Welt *erlaubenden* oder *verbietenden* Charakter: Sämtliche natürlichen Vorgänge, die wir in unserer Welt beobachten, laufen unter der *Erlaubnis* der Naturgesetze ab.

Es gibt weiterhin zahlreiche Vorgänge, die wir uns ausdenken können. Dann stellt sich die Frage, ob sie in die Wirklichkeit umsetzbar sind oder nicht. Dazu sind zwei Fälle zu unterscheiden:

a) Alle Vorgänge, bei denen keinem Naturgesetz widersprochen wird, sind *erlaubte* Vorgänge. Dazu gehören alle technischen Umsetzungen im Ingenieurwesen, in der Chemie oder der Verfahrenstechnik, aber auch ulkige Vorgänge wie z. B. ein Fluss aus Coca-Cola oder ein Gebirge aus Würfelzucker.

b) Vorgänge, bei denen irgendeinem Naturgesetz widersprochen wird, sind *verbotene* Vorgänge. Hierzu gehören alle Maschinen, die von Perpetuum-Mobilisten erdacht wurden und die ohne Energiezufuhr von selbst laufen sollten. Dazu gehört auch eine schräge Wasserrinne, bei der Wasser von alleine bergauf läuft und sich dann von oben als Wasserfall ergießt, um dann erneut wieder hochzufließen. Auch alle erdachten Konzepte, bei denen Information von selbst in der Materie entstanden sein soll (z. B. Evolution des Lebens), gehören in diese Kategorie.

N14: Naturgesetze gibt es sowohl für materielle als auch für nichtmaterielle Größen: Wenn wir von Naturgesetzen sprechen, unterstellen wir zumeist die Gesetze der Physik und der Chemie – das sind jene Gesetze, die es mit der Materie zu tun haben, und darum nennen wir sie hier präzisierend die »Naturgesetze der materiellen Größen«. Unsere Wirklichkeit, in der wir leben, weist aber auch etliche nicht-materielle Größen auf wie z. B. Information, Bewusstsein, Wille. Es ist die Besonderheit dieses Buches, erstmals Naturgesetze zu benennen, die für die nicht-materielle Größe **Information** gültig sind.

4.4 Gott und die Naturgesetze

Alle obigen 14 grundlegenden Sätze **N1** bis **N14** über das Wesen der Naturgesetze sind sämtlich aus der Erfahrung abgeleitet. Ihre Richtigkeit ist nicht beweisbar, aber ständig an der Wirklichkeit testbar. Wir wollen noch einen weiteren 15. Satz formulieren, der jedoch von dem persönlichen Standpunkt des Anwenders abhängig ist. Aus diesem Grund stellen wir die zwei unterschiedlichen Versionen **N15a** und **N15b** vor. In N15a wird die Existenz Gottes geleugnet, und in N15b wird Gott als Erste Ursache akzeptiert. Beide Auffassungen sind weltanschaulicher Art und stellen darum gleichermaßen Glaubensüberzeugungen dar. Es wird im Einzelfall zu prüfen sein, unter welcher Voraussetzung die einzelnen wissenschaftlichen Modelle tragfähiger sind.

N15a: Das Naturgeschehen wird ohne Gott gedeutet: Diese Annahme kann in all jenen Fällen benutzt werden, wo Naturgesetze auf existierende oder geplante Systeme angewandt werden (z. B. Energiebilanz beim Schmelzen des Eises oder Bau einer neuen Rakete). In der Tat können die meisten naturgesetzlichen Abläufe auch ohne Gottesbezug gedeutet und berechnet werden (z. B. freier Fall). Diese allgemeine Praxis des modernen »wissenschaftlichen Materialismus« bzw. des »Methodischen Atheismus« ist jedoch keinesfalls neutral, wie oft behauptet wird. Ein Ergebnis dieser reduzierten Weltanschauung besteht z. B. darin, alle Modelle zur Entstehung des Lebens, bei denen Gott als Initiator in Betracht zu ziehen ist, von vornherein abzulehnen.

Für alle diejenigen, die den Gott der Bibel anerkennen und ihn in ihre Überlegungen einbeziehen, ist es wichtig, noch einen Alternativsatz zu **N15a** zu formulieren, aus dem hervorgeht, ab wann die Naturgesetze wirksam sind und in welcher Beziehung dieser Gott zu den Naturgesetzen steht. Diese Fragestellungen können nicht durch

Naturbeobachtung beantwortet werden, und darum benötigen wir hierzu das Hintergrundwissen aus der Bibel.

N15b: Die gegenwärtigen Naturgesetze begannen seit dem Abschluss der Schöpfung voll wirksam zu werden: Die Naturgesetze sind ein grundlegender Bestandteil der heutigen Welt, und sie drücken in naturwissenschaftlicher Formulierung das Erhaltungshandeln des Schöpfers aus (Kolosser 1,17; Hebräer 1,3). Im Verlauf des Schöpfungshandelns während der sechs Schöpfungstage wurden auch die Naturgesetze installiert. Sie sind somit nicht die Voraussetzung der Schöpfung, sondern erst das Ergebnis der Schöpfung. Das Erschaffungshandeln Gottes ist – und darauf sei hier sehr deutlich hingewiesen – somit nicht mithilfe der Naturgesetze erklärbar. Nach Abschluss der Schöpfungstage lag alles (z. B. Universum, Erde, Pflanzen, Tiere, Mensch) in fertiger Form vor: »*Und also vollendete Gott am siebenten Tage seine Werke, die er machte*« (1. Mose 2,2).

Versucht man das eigentliche Werk der Schöpfung im Rahmen von Naturgesetzen zu erklären, so verfängt man sich sehr schnell in einem Netz nicht entwirrbarer Spekulationen. Das gilt sowohl für Anhänger der Schöpfung als auch für Vertreter der Evolutionslehre. So basiert die Evolutionsanschauung darauf, die Entstehung von Leben mithilfe von Naturgesetzen erklären zu wollen. Niemandem aber ist das bisher gelungen!

So halten wir fest: Die Naturgesetze gelten (sämtlich und in vollem Umfange) erst seit dem Abschluss der Schöpfung.

Wenn der Schöpfer der Urheber der Naturgesetze ist, dann ist er selbst diesen nicht unterworfen. Er kann frei damit umgehen und sie durch seine Vollmacht einschränken oder gar aufheben. Bei den Wundern in der Bibel sind solche Ausnahmesituationen geschildert, in denen einzelne Naturgesetze zeitweise und örtlich begrenzt völlig oder eingeschränkt außer Kraft gesetzt wurden. Als Jesus auf dem Wasser ging (Matthäus 14,25-33), setzte er als Sohn Gottes und Herr aller Dinge für sich die Gravitation außer Kraft. Wenn in Matthäus 24,29 geschrieben steht, dass bei der Wiederkunft Jesu »*die Kräfte des Himmels ins Wanken kommen*«, dann bedeutet dies physikalisch ausgedrückt, dass die derzeitige Feinabstimmung der Kräftearten im Universum vom Schöpfer selbst verändert wird. Die Folge davon wird dann sein, dass z. B. die Bahnen von Erde und Mond durcheinandergeraten und die Himmelskörper anfangen zu wanken: *»Die Erde wird taumeln wie ein Trunkener und wird hin und her geworfen wie ein Hängebett«* (Jesaja 24,20).

Sobald historische Fragen (z. B. Herkunft der Welt und des Lebens) oder zukünftige Geschehnisse (z. B. das Ende der Welt) angesprochen sind, ist N15a völlig unbrauchbar.

4.5 Die Bedeutung (B) der Naturgesetze

B1: Die Naturgesetze geben uns ein tieferes Verständnis für die Abläufe in der Natur. Ohne die Naturgesetze hätten wir nur eine sehr begrenzte Kenntnis über die physikalischen, chemischen, astronomischen und biologischen Abläufe in der uns umgebenden Welt. Der Fortschritt der naturwissenschaftlichen Erkenntnis liegt weithin darin begründet, dass grundlegende allgemeingültige Prinzipien erkannt wurden, die dann später dazu dienten, auch unbekannte Systeme zu analysieren und zu verstehen.

B2: Naturgesetze befähigen uns, Vorhersagen machen zu können. Wegen **N5** und **N9** kann der erwartete zeitliche Verlauf bestimmter Prozesse vorausgesagt werden. Aufgrund der naturgesetzlichen Gewissheit ist in vielen Fällen der betrachtete Vorgang sogar rechnerisch vorausplanbar. Lässt man z. B. einen Stein zu Boden fallen, kann berechnet werden, welche Geschwindigkeit er in zwei Sekunden haben wird.

B3: Naturgesetze sind die Grundlage der technischen Entwicklung. Alle ingenieurmäßigen Konstruktionen und verfahrenstechnischen Prozesse sind in den Naturgesetzen begründet. Dass eine Brücke, ein Auto oder ein Flugzeug im Voraus berechnet und konstruiert werden kann, liegt daran, dass die entsprechenden Naturgesetze bekannt sind. Auch die gesamte chemische und pharmazeutische Verfahrenstechnik wäre ohne die Hilfe der Naturgesetze undenkbar.

B4: Naturgesetze sagen uns, ob ein gedachter Prozess zu verwirklichen ist oder nicht. Das ist eine sehr effektive Anwendung der

Naturgesetze. Vor einiger Zeit bekam ich eine sehr umfangreiche Ausarbeitung mit Zeichnungen und zugehörigen Berechnungen und Erklärungen eines Erfinders zugesandt mit der Bitte um Nachprüfung der erdachten Konstruktion. Dieser Denker hatte sich ein äußerst komplexes System von Pumpen und Rohrleitungen ausgedacht, das in der Lage sein sollte, einen hydraulischen Motor anzutreiben. Dass seine Anordnung niemals lauffähig sein kann, war sofort ohne nähere Prüfung und Berechnung zu durchschauen, denn dem Energiesatz wurde in seiner Bilanz widersprochen.

Naturgesetze erlauben also in vielen Fällen eine grundsätzliche Aussage, ohne die Anordnung selbst im Detail prüfen zu müssen. Wie wir noch sehen werden, ist dieser Satz **B4** auch für die Beurteilung der Evolutionslehre von zentraler Bedeutung, denn die Evolution ist kein beobachtbarer, sondern nur ein gedachter Prozess.

B5: Die Naturgesetze sind auf bisher unbekannte Fälle anwendbar. Eine besondere Stärke der Naturgesetze liegt darin, dass sie auf bisher noch nicht vorgekommene Situationen anwendbar sind. Niemand hat bisher die Fotosynthese, die in jedem Grashalm stattfindet, nachbauen können. Sollte dies irgendwann einmal geplant werden, dann wären alle dazu erdachten Methoden von vornherein zu verwerfen, bei denen ein Naturgesetz verletzt würde. Ein solcher Entwurf könnte schon in der Planungsphase als unbrauchbar ausgeschieden werden. Weiterhin lassen sich mit Naturgesetzen auch zeitlich zurückliegende Ereignisse beurteilen, die als Hypothesen innerhalb eines Paradigmas angenommen wurden (z. B. die Frage, ob in der postulierten Ursuppe Information überhaupt entstehen konnte. Mit dieser Frage werden wir uns in Kapitel 8 genauer befassen).

B6: Man kann mit einem bekannten Naturgesetz ein neues aufspüren. In der Wissenschaftsgeschichte gab es immer wieder Fälle, bei denen ein neues Naturgesetz dadurch gefunden wurde, dass man von der Richtigkeit eines bereits bekannten ausging. Hätten wir das *Gesetz von der Schwerkraft* nicht gekannt, so wäre auch das Verhalten der Jupitermonde nicht richtig beurteilt worden. So aber war es möglich, eine wichtige Naturkonstante – die Lichtgeschwindigkeit – zu berechnen.

Die Planetenbahnen können nach dem *Newtonschen* Gesetz keine exakten Ellipsen sein, da die Planeten nicht nur von der Sonne, sondern auch geringfügig voneinander angezogen werden. Der englische Astronom und Mathematiker *J. C. Adams* (1819–1892) und der französische Astronom *Urbain Le Verrier* (1811–1877) berechneten für die damals bekannten großen Planeten Jupiter, Saturn und Uranus unabhängig voneinander die durch die gegenseitige Anziehung bedingte Abweichung von den perfekten Keplerellipsen. Während sich Jupiter und Saturn »korrekt« verhielten, tanzte Uranus aus der Reihe. Sich auf die Richtigkeit des *Newtonschen* Gesetzes stützend, berechneten diese beiden Astronomen aus den Unregelmäßigkeiten den Ort eines bis dahin unbekannten Planeten. Jeder schrieb an eine Sternwarte: »Richtet euer Teleskop auf den und den Ort am Himmel, und ihr werdet einen neuen Planeten entdecken.« In einem Observatorium nahm man diesen Hinweis nicht ernst: »Wie absurd! Da sitzt irgendwo ein Kerl mit gespitztem Bleistift vor einem Blatt Papier und will uns sagen, wo wir einen neuen Planeten finden können.« Das andere Observatorium reagierte prompt, und hier entdeckte man den bisher unbekannten Planeten Neptun. (*Le Verrier* wandte sich an den deutschen Astronomen *Johann Gottfried Galle* (1812–1910), und der fand am 23.09.1846 sehr nahe an der vorausberechneten Stelle den Neptun!)

4.6 Was ist der grundlegende Unterschied zwischen Modellen, Hypothesen, Theorien, Naturgesetzen und dem Wort Gottes?

In den wissenschaftlichen Disziplinen unterscheiden wir zwei deutlich voneinander abgegrenzte Stufen wissenschaftlicher Gewissheit. Wie in *Bild 18* gezeigt wird, markiert die Doppellinie diesen gravierenden Unterschied.

Von Menschen erfunden und formuliert: Unterhalb der Doppellinie befinden sich Spekulationen, Hypothesen, Theorien und Modelle, die allesamt von Menschen (von Fachleuten, manchmal auch von Laien) geschaffen und formuliert wurden. Zu ein und demselben Phänomen in der Natur gibt es manchmal mehrere Modelle, die miteinander im Wettbewerb stehen. Aufgrund ihres vorläufigen und vereinfachenden Charakters sind Modelle im Allgemeinen nicht in der Lage, einander zu widerlegen. Näheres dazu ist in [B2, S. 275-279] unter der Überschrift »Was ist ein wissenschaftliches Modell?« nachzulesen.

Vom Schöpfer gemacht und von Menschen formuliert: Oberhalb der Doppellinie stehen die Naturgesetze, die zwar von Menschen entdeckt und beschrieben wurden, aber nicht das Ergebnis menschlichen Denkens oder ihrer Logik sind. Sie repräsentieren die höchste Stufe wissenschaftlicher Gewissheit. Kein Naturgesetz wurde von einem Menschen erfunden. Alle Naturgesetze sind fest in die gesamte Schöpfung hineingepflanzt und können durch keinen von Menschen initiierten Prozess verändert werden. Die Naturgesetze repräsentieren somit die höchste Instanz wissenschaftlicher Erkenntnis. Steht irgendeine von Menschen erdachte Idee, ein Gedankensystem oder ein ausgedachter Prozess im Widerspruch zu einem Naturgesetz, dann ist dieses Modell, diese Hypothese oder Theorie damit widerlegt.

Vom Schöpfer erdacht und formuliert: Die allerhöchste Stufe der Erkenntnis liegt vor, wenn für einen Sachverhalt sowohl der Inhalt als auch die Formulierung vom Schöpfer selbst stammen. Die einzige Quelle, für die das zutrifft, ist die Bibel (siehe *Bild 32*, Kapitel 9.2). Wörtlich von Gott oder seinem Sohn Jesus Christus sind neben zahlreichen Textpassagen u.a. die Zehn Gebote (2. Mose 20) oder die Bergpredigt (Matthäus 5–7). Aber auch alle anderen Texte der Bibel, die von den Propheten oder Aposteln niedergeschrieben wurden, sind von Gott in gleicher Weise als sein Wort autorisiert. Die eigentlichen Autoren sind Gott, der Vater, der Sohn und der Heilige Geist, wie die folgenden drei Belegstellen zeigen:

1. *Gott, der Vater: »Denn alle Schrift ist von Gott eingegeben«* (2. Timotheus 3,16).
2. *Jesus, der Sohn Gottes: »Denn ich habe es nicht von einem Menschen empfangen oder gelernt, sondern durch eine Offenbarung Jesu Christi«* (Galater 1,12).
3. *Der Heilige Geist: »Denn es ist noch nie eine Weissagung aus menschlichem Willen hervorgebracht worden, sondern getrieben vom heiligen Geist haben Menschen im Namen Gottes geredet«* (2. Petrus 1,21).

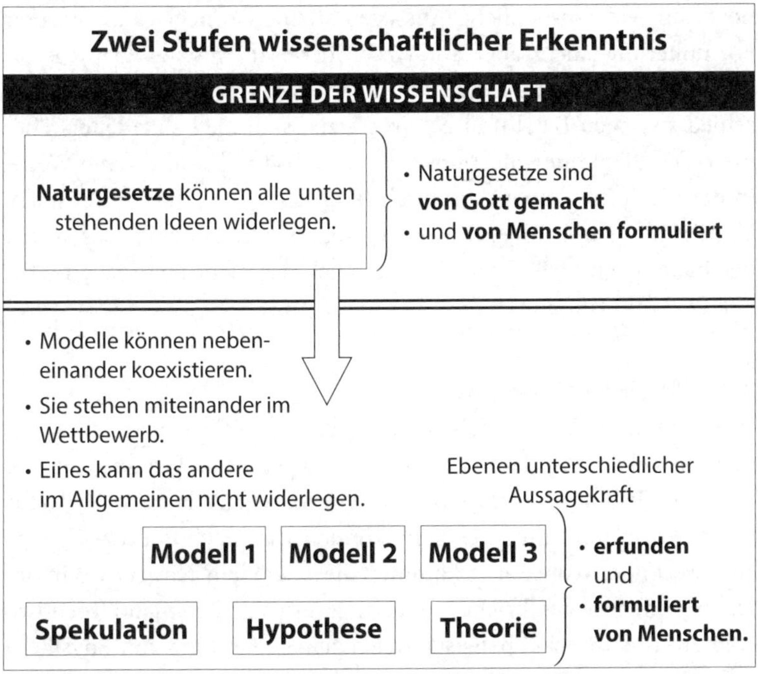

Bild 18: *Zwei grundlegend zu unterscheidende Stufen wissenschaftlicher Erkenntnis:*
a) von Gott gemacht und von Menschen formuliert (Naturgesetze);
b) von Menschen erfunden und formuliert (Spekulationen, Hypothesen, Theorien, Modelle).

Wegen der göttlichen Autorenschaft der Bibel ist alles wahr, was wir darin finden, und darum betet Jesus in Johannes 17,17 zum Vater: *»Dein Wort ist die Wahrheit.«* Und Paulus bekennt vorbildhaft: *»Ich glaube allem, was geschrieben steht«* (Apostelgeschichte 24,14).

Bild 32 (Kapitel 9.2) veranschaulicht eine auffällige Ähnlichkeit zwischen der Bibel und den Naturgesetzen. Die Quelle ist in beiden Fällen dieselbe. Aus diesem Grunde gibt es in der Bibel auch keine gedanklichen Widersprüche, sondern nur *scheinbare*, die sich bei näherem Hinsehen häufig auflösen lassen oder die wir aufgrund ungenügend tiefer Bibelkenntnis vorerst noch stehen lassen müssen. Ebenso widersprechen sich auch Naturgesetze nicht. Sollten wir dennoch auf widersprüchliche Aussagen stoßen, so liegt es an unserer Formulierung, nicht aber am Wesen der Naturgesetze. Dann ist es angesagt, die Formulierungen zu präzisieren. Der wesentliche Unterschied zwischen Bibel und Naturgesetzen sind die behandelten Themen. Die Bibel informiert uns z. B. über Gott selbst und seine Werke in der Schöpfung, über den durch Jesus Christus erfüllten Heilsplan, über Himmel und Hölle. Die Naturgesetze beschreiben uns das Wesen der materiellen (z. B. Energie), aber auch der nicht-materiellen Größen (z. B. Information).

4.7 Physik ist eine Kunst

In Physik und Technik gehen wir heute ganz selbstverständlich mit den uns bekannten und früher einmal eingeführten Größen um, wie z. B. Energie, Entropie, Impuls. Durch sie werden Abläufe in der Natur beschrieben, und mit ihrer Hilfe können wir geplante Prozesse vorausberechnen. Woher aber kommen diese Größen? Nirgendwo in der Natur stehen sie geschrieben, daher kann sie auch niemand irgendwo ablesen. Uns ist dabei bewusst, welch geniale Leistung von Physikern erbracht wurde, damit wir heute geradezu selbstverständlich mit den »Größen« umgehen können.

Es galt zunächst, solche Größen aufzuspüren, die geeignet sind, die Abläufe der Natur allgemein zu beschreiben. Die Intuition, geeignete Größen zu erkennen, zu definieren und dann mit ihrer Hilfe Gesetze zu formulieren, nach denen sich die Natur dann auch in ganz allgemeiner Weise verhält, kann nicht hoch genug eingeschätzt werden.

Darum formulieren wir folgenden Grundsatz:

Grundsatz 1: Naturgesetzliche Zusammenhänge können nur dann entdeckt und formuliert werden, wenn zuvor geeignete Größen ermittelt und eindeutig definiert wurden.

Energie ($kg \cdot m^2/s^2$) und *Entropie* [$kg \cdot m^2/(K \cdot s^2)$] sind z. B. solche Größen, die sich bei der Beschreibung zahlreicher Phänomene in der Natur als äußerst wirkungsvoll erwiesen haben. Im Prinzip wäre es auch denkbar, dass man diese Größen auch ganz anders definiert hätte – z. B. $kg \cdot m^2/s^3$ für die Energie. Bei dieser Einheit ergäbe sich dann aber nicht eine Größe, die geeignet gewesen wäre, so fundamentale Zusammenhänge zu beschreiben, die wir als **Naturgesetze** bezeichnen. Wir sehen daraus: In welcher Art und Weise eine Größe definiert wird, darüber besteht grundsätzlich Freiheit. Es kommt jedoch sehr darauf an, die jeweils »richtige« zu finden. Die richtige Größe ist dann gefunden, wenn mit ihrer Hilfe die beobachteten Vorgänge in der Natur möglichst *einfach*, *deutlich* und *allgemein* beschreibbar werden.

Nur deswegen, weil die Größe *Energie* in genau der Weise einmal definiert wurde, wie es heute in der Physik üblich ist, erhält man den *Energiesatz*, der so effektiv für die Beschreibung der Abläufe in der Natur und in technischen Anwendungen eingesetzt werden kann. Wäre *Energie* ungünstigerweise einmal anders eingeführt worden (z. B. statt *Kraft mal Weg* als *Kraft durch Zeit*), dann hätten wir heute nicht einen derart fundamentalen Satz.

Reichen die bereits definierten Größen nicht aus, um auch neue Beobachtungen beschreiben zu können, dann gilt es, eine geeignete neue Größe zu suchen, die auch diese im Experiment aufgetretenen Phänomene beschreiben kann. Der *Spin*[35] ist z. B. eine solche Größe, die eingeführt wurde, um neu entdeckte Vorgänge im atomaren Bereich erklären zu können.

Information: Am Beispiel physikalischer Größen, die sämtlich materieller Art sind, wird deutlich, dass es auch bei den nicht-materiellen Größen sehr wohl darauf ankommt, wie diese sorgfältig zu definieren sind. Für den Begriff *Information* sind zwar viele Begriffsbestimmungen publiziert worden, aber keine wurde bisher so definiert, dass auch nur eine davon geeignet wäre, damit fundamentale Naturgesetze zu formulieren. Es ist das ausgemachte Ziel dieses Buches, nicht zu den bekannten eine weitere Informationsdefinition hinzuzufügen, son-

---

35 **Spin:** Der Spin ist eine quantenmechanisch beschreibbare Eigenschaft von Teilchen (Elementarteilchen, Atome, Atomkerne), die am ehesten als Drehimpuls einer Eigenrotation der Teilchen vorstellbar ist. Der Spin ist gequantelt, und sein Betrag wird in Einheiten von $s \cdot \hbar$ angegeben, wobei $\hbar$ das reduzierte *Plancksche Wirkungsquantum* ($\hbar = h/2\pi$) ist und s nur die Werte 0, ½, 1, 3/2 … annehmen kann. Beispiele: Photon $s = 1$; Elektron $s = ½$. Erst mithilfe der Einführung der Größe *Spin* bei den Elektronen werden das magnetische Moment der Teilchen, die Feinstruktur von Spektrallinien und der Ferromagnetismus erklärbar.

dern eine geeignete Größe aufzuspüren und zu präzisieren, mit deren Hilfe wir dann allgemeingültige Sätze formulieren können. Nachdem die *Universelle Information* erst einmal genau untersucht und eindeutig definiert war, führte das zur Entdeckung und Formulierung der *Naturgesetze der Information.* Mit anderen Worten: Nach Entdeckung und Einbindung der kennzeichnenden Merkmale in die Definition von Information war es möglich, Naturgesetze mithilfe dieser Größe zu formulieren.

4.8 Naturgesetze für nicht-materielle Größen

Wir sind es gewohnt, mit Naturgesetzen für materielle Größen umzugehen. Jetzt stellt sich die wichtige Frage: Lassen sich die allgemeinen Kennzeichen für Naturgesetze – wie wir sie in Kapitel 4.3 und 4.4 mit **N1** bis **N15** beschrieben haben – auch auf nicht-materielle Größen übertragen? Am Beispiel der *Information* wird noch weiter dargelegt, dass dies möglich ist, auch wenn es uns neuartig erscheint. Es gehört aber zum Wesen wissenschaftlicher Forschung, dass neue Wege gesucht, geprüft und beschritten werden.

Wie noch im Laufe dieses Buches gezeigt wird, ist **Universelle Information** (UI) eine geistige und damit eine nicht-materielle Größe. Weitere Untersuchungen werden darüber entscheiden, ob es auch für andere nicht-materielle Größen – wie z. B. Bewusstsein, Wille – Naturgesetze gibt. Der allererste Schritt wird es auch dann sein, eine geeignete Größe zu finden und präzise zu definieren, die es erlaubt, Naturgesetze zu formulieren.

Im Bereich physikalischer und chemischer Systeme haben wir uns daran gewöhnt, die meisten Naturgesetze mathematisch ausdrücken zu können. Daran mag es liegen, dass wir die mathematische Ausdrucksweise für ein Naturgesetz schon unterschwellig zum Kriterium dafür gemacht haben, ob es eines ist oder nicht. Es war daher erforderlich, an mehreren physikalischen Naturgesetzen nachzuweisen, dass auch diese nicht immer mathematisch formulierbar sind (siehe Kapitel A3.3).

Betrachtet man die Naturgesetze nicht-materieller Größen, so lassen sich diese nicht (oder zurzeit noch nicht) mithilfe der Mathematik fassen. Die Mathematik ist hier offenbar nicht die geeignete Sprache. Vielleicht brauchen wir hier ein ganz anderes, bisher noch nicht erfundenes Sprachsystem, um die Gesetzmäßigkeiten für nichtmaterielle Größen kürzer und effizienter zu fassen, als es mithilfe der natürlichen Sprachen bisher möglich ist.

Die Schaffung einer neuen Sprache für einen speziellen Bedarf hat es schon mehrfach gegeben. Um z.B. kurz und angemessen die speziellen Eigenarten von Musikstücken darzustellen (wie Rhythmus, Tonhöhe, Tondauer und Tempo), wurde das Notensystem erfunden. Um bei der Wiedergabe eines Stückes die Details schnell lesbar zur Verfügung zu haben, besitzt diese »Sprache« ihre eigenen Symbole, ihre Terminologie und ihre Syntax. Mit dem Aufkommen der programmierbaren Computer brauchte man Programmiersprachen, die ebenfalls ihre Symbole und ihre syntaktische Struktur besitzen. Diese beiden Beispiele zeigen: Weder die Mathematik noch die natürlichen Sprachen sind immer das passende Werkzeug, Größen formal und auch effizient darzustellen.

Das Buch des amerikanischen Physikers und Nobelpreisträgers *Richard P. Feynman* (1918–1988) *The Character of Physical Law* darf im Bereich der Physik als Klassiker gelten. Im Vorwort des Buches schreibt er [F1, S.2]:

> *»Das Zeitalter, in dem wir leben, ist das Zeitalter, in dem wir die fundamentalen Gesetze der Natur entdecken, und solch ein Tag wird nie wieder kommen.«*

Obwohl wir *Feynmans* Aussagen ansonsten sehr schätzen, können wir ihm bei diesem Statement nicht zustimmen. Wenn wir nur an den weiten Bereich der nicht-materiellen Größen denken, dann gilt es da, noch etliche Naturgesetze herauszufinden. In diesem Buch haben wir die Entdeckung, die Definition und die Anwendung der Naturgesetze der Universellen Information zum zentralen Punkt erhoben. Aufbauend auf frühere Arbeiten [G5], [G6], [G8], [G9] und [G10] werden wir im nächsten Kapitel einige Naturgesetze über die Universelle Information benennen und erläutern.

Kapitel 5:
Naturgesetze der Universellen Information

5.1 Unterschiedliche Informationskonzepte

Alle zuvor genannten Sätze sind aus der Erfahrung abgeleitet. Sie sind als Naturgesetze einzustufen und haben ihre Bewährungsprobe in der Wirklichkeit längst bestanden. Trotzdem, was für alle Naturgesetze gilt, muss auch hier wieder gesagt werden: Ein einziges Gegenbeispiel kann sie zu Fall bringen. Nach zahlreichen Vorträgen vor Fachleuten an verschiedenen Hochschulen und Universitäten in allen Teilen der Welt konnte bisher niemand ein Gegenbeispiel bringen. Bemerkenswert ist ein Einwand, den ein Hörer in die Diskussion einbrachte: »Es kann ja sein, dass Ihre Sätze in einigen Millionen Jahren verletzt werden. Vielleicht findet man dann irgendein Gegenbeispiel!« Meine Antwort: »Ja, das ist möglich, wie bei allen Naturgesetzen. Wird – wie Sie annehmen – in Millionen Jahren einmal für eines dieser Sätze ein sie verletzendes Beispiel gefunden, dann sind die Sätze (einige Sätze oder ein einzelner Satz) gekippt; aber bis dahin können Sie sich getrost danach richten.«

In diesem Kapitel wollen wir das Wesen der Universellen Information (UI) genau untersuchen und wissenschaftliche Aussagen über die UI und ihre Naturgesetze treffen. In späteren Kapiteln werden wir zeigen, dass die Naturgesetze und ebenso die Erfahrungssätze auf alle technologischen und biologischen Systeme genauso angewendet werden können wie auf diverse Kommunikationssysteme, angefangen beim Schwänzeltanz der Bienen bis hin zur biblischen Botschaft.

Wie schon zu Anfang des Buches erwähnt, sind gemäß den philosophischen *a-priori*-Annahmen der materialistischen Weltsicht sowohl *Information* als auch *Leben* rein materielle Phänomene. Das kommt daher, weil sowohl die Entstehung als auch das Wesen des Lebens als rein physikalisch-chemische Prozesse betrachtet werden. So schrieb *Jean B. Lamarck* (1744 – 1829):

»Das Leben ist nur ein physikalisches Phänomen. Alle Lebenserscheinungen beruhen auf mechanischen, physikalischen und chemischen Ursachen, die in der Beschaffenheit der organischen Materie selbst liegen« (Philosophie zoologique, Paris 1809, Bd. 1, S. 104ff.).

Ebenso äußerte sich *Manfred Eigen* (1927 – 2019) [E3, S. 149]: *»Die Logik des Lebens hat ihren Ursprung in Physik und Chemie.«* Von seinem Schüler *Bernd-Olaf Küppers* (*1944) stammt der molekulardarwinistische Ansatz, einer materialistischen Auffassung, mit dem ich mich bereits anderweitig [G20, S. 91-93] auseinandergesetzt habe. All diesen Ideen ist gemeinsam, dass biologische Tatsachen mit subjektiven, nicht durch Beobachtung und Experiment belegbaren Vorstellungen verwoben sind. Die in diesem Buch beschriebenen Gesetze der UI sind ein effektives Werkzeug, das uns hilft, subjektive Konzepte und biologische Fakten zu entwirren.

Gegen Ende des Kapitels wollen wir im Einzelnen die sehr wichtigen Naturgesetze der *Theorie der Universellen Information* diskutieren. Diese Gesetze wurden – wie alle Naturgesetze – durch Beobachtung an bekannten Systemen gewonnen. Sie gelten sowohl für materielle als auch für nicht-materielle Größen.

Die bahnbrechenden Erkenntnisse zum Wesen der Energie und ihrer Naturgesetzlichkeiten führten im 19. Jahrhundert zur ersten industriellen Revolution, bei der manuelle Arbeitskraft durch technische Hilfsmittel – Energie verarbeitende Maschinen – weitgehend ersetzt wurde. Dampfkraft ersetzte Menschen- und Pferdekraft, um technische Arbeit zu leisten. Auf ähnliche Weise führte die Kenntnis über das Wesen der Information die zweite industrielle Revolution herauf, in der durch den Einsatz datenverarbeitender Maschinen geistige »Arbeit« eingespart wird. Der Begriff »Information« ist nicht nur für die Informationstheorie und die Nachrichtentechnik von größter Bedeutung, er ist ebenso eine fundamentale Größe für viele Wissenschaften, zu denen unter anderem Kybernetik, Linguistik, Biologie, Geschichte und Theologie gehören. Darum halten viele Wissenschaftler die Information (nicht unbedingt UI) ganz zu Recht für eine der grundlegenden Größen, neben Masse und Energie.

Claude Elwood Shannon (1917–2001) hat als Erster versucht, den Informationsbegriff mathematisch zu definieren [G1]. Die auf seinen Untersuchungen basierende Informationstheorie erbrachte den Vorteil, verschiedene Verfahren der Nachrichtenübertragung miteinander vergleichen zu können und die Grenzen ihrer Leistungsfähigkeit aufzuzeigen. Außerdem konnte durch die eingeführte Einheit Bit der Speicherplatz für Information quantitativ beschrieben werden. Der nicht zu unterschätzende Nachteil der *Shannonschen* Definition von Information liegt darin, dass sie sowohl die Inhaltsschwere als auch die Tragweite von Nachrichten völlig unberücksichtigt lässt. Beide sind für seine Informationstheorie nicht von Bedeutung, weil es bei ihm nur um die Speicherung und Übertragung von Information geht. Als solche hat *Shannons* Theorie nur einen einzigen Aspekt der Information im Blick, nämlich die Statistik, wobei notwendigerweise jene Eigenschaften übersehen werden, die für den Empfänger der Information von eigentlichem Interesse sind. Für den Sender und den Empfänger ist die Bedeutung der Information von höchster Relevanz; für die Speicherung und Übermittlung zählen nur die Bits. Nachdem wir dies festgestellt haben, ist jede Definition, die sich auf das Zählen von Bits beschränkt und die Bedeutung ignoriert, das Gegenteil von dem, was wir landläufig unter Information verstehen. *Shannons* Informationstheorie, die die Information ausschließlich auf der statistischen Ebene betrachtet, wird in Anhang A1.1 ausführlich diskutiert.

Auf die Begrenzungen der *Shannonschen* Definition von Information sind auch andere Autoren eingegangen:

- *Karl Steinbuch* (1917–2005), ein deutscher Informatiker [S12]: *»Die klassische Informationstheorie ist vergleichbar einem, der ein Kilogramm Gold einem Kilogramm Sand für gleichwertig hält.«*
- *Warren Weaver* (1894–1978), ein amerikanischer Informatiker [S8]: *»Zwei Nachrichten können (unter dem Shannonschen Gesichtspunkt) als exakt äquivalent angesehen werden, obwohl die eine schwer gefüllt ist mit Bedeutung und die andere reiner Unsinn ist.«*
- *Ernst U. von Weizsäcker* (*1939) [W2]: *»Der Grund der ›Nutzlosigkeit‹ der Shannonschen Theorie in den verschiedenen Wissenschaf-*

ten kann etwas pauschal darin gesehen werden, dass sich wohl keine Wissenschaft auf ihre syntaktische Ebene beschränken darf.«[36]

Das Wesentliche an jeder Information ist nicht die Anzahl der verwendeten Buchstaben, sondern ihr geistiger Inhalt. Sieht man einmal von dem Inhalt ab, so gilt der pointierte Ausspruch von *Jean Cocteau*: *»Das größte literarische Werk ist nichts anderes als ein Alphabet in Unordnung.«*

Die Annahme, Information sei ein materielles Phänomen, ist ein Trugschluss, der schon zu zahlreichen Missverständnissen und schweren Folgefehlern geführt hat. Die materialistische Philosophie hat ein Grundinteresse daran, Information der Materie zuzuschlagen. Das geht aus philosophisch orientierten Artikeln besonders deutlich hervor (z. B. [S9]), die in der ehemaligen DDR herausgegeben wurden. Es ist darum höchst erstaunlich, wenn der Wissenschaftler *J. Peil* [P2] noch zu DDR-Zeiten schrieb:

> *»Selbst die auf der materialistischen Philosophie aufbauende Biologie, die also alle vitalistischen und metaphysischen Komponenten über Bord geworfen hat, akzeptiert nicht gern die Reduktion der Biologie auf die Physik ... Information ist kein physikalisches oder chemisches Prinzip wie Energie und Substanz, auch wenn sie ihrer als Träger bedarf.«*

Auch einem viel zitierten Ausspruch des US-amerikanischen Mathematikers und Begründers der Kybernetik *Norbert Wiener* (1894 – 1964) zufolge kann Information nicht von physikalischer Natur sein [W5]:

> *»Information ist Information, weder Materie noch Energie. Kein Materialismus, der dieses nicht berücksichtigt, kann den heutigen Tag überleben.«*

Mit dieser wichtigen Aussage hat *Wiener* uns zwar mitgeteilt, was Information *nicht* ist, aber was wir genau darunter zu verstehen

36 Einige Autoren heben *Shannons* Informationstheorie auf die syntaktische Ebene. Das ist nach den Anmerkungen in Anhang A1.1 nicht gerechtfertigt, weil seine Theorie nur den statistischen Aspekt der Botschaft erfasst und keinerlei syntaktische Regeln auswertet.

haben, hat er offengelassen. Es ist das Anliegen dieses Buches, nun die Antwort zu geben, und zwar mit der Definition der *Universellen Information.*

Der Dortmunder Informatiker *Werner Strombach* [S12] stellt das nicht-materielle Wesen der Information heraus, wenn er sie als »*Ordnungsentfaltung auf der Stufe reflektierenden Bewusstseins*« definiert.

Der deutsche Zoologe und Evolutionsbiologe *Günther Osche* (1926–2009) [O3] skizzierte aus der Sicht seines Fachgebietes die Nichtanwendbarkeit der *Shannonschen* Theorie und bringt damit ebenfalls zum Ausdruck, dass Information keine materielle Größe sein kann:

> »*Während es die Physik mit Masse und Energie als Quantitäten zu tun hat, tritt bei der Beschreibung biologischer Phänomene als etwas dafür Typisches die Information von funktioneller Bedeutung auf. Während der allgemeine Informationsbegriff der Kybernetik den Informationsgehalt einer gegebenen Menge von Symbolen quantitativ durch die Wahrscheinlichkeitsverteilung für die Gesamtheit aller Anordnungsmöglichkeiten ausdrückt, handelt es sich bei der Information, die in biologischen Systemen steckt (genetische Information), um für die Art ›wertvolle‹ Information, um Information von ›funktionaler Bedeutung‹, also um den semantischen Aspekt der Information, um ihre Qualität.*«

Und der Kybernetiker *Hans-Joachim Flechtner* (1902–1980) hat auf die zwar triviale, aber so häufig missachtete Eigenschaft der Information als eine geistige Größe – sowohl von ihrem Inhalt her als auch für den Vorgang des Codierens geltend – hingewiesen [F3]:

> »*Das Bilden eines Signals ist das Codieren eines geistigen Inhalts – ob dieser geistige Inhalt bedeutend oder unbedeutend, wertvoll, brauchbar oder sinnlos ist, darüber enthält das Signal nichts. Ein solches Urteil kann erst aufgrund einer Nachrichtenverarbeitung im Empfänger entstehen.*«

5.2 Der Unterschied zwischen materiellen und nicht-materiellen Größen

Das Ausgangskriterium für die Entscheidung, ob es sich bei einer unbekannten Größe um etwas Nichtmaterielles handelt, ist ihre Masselosigkeit. Ist dieses notwendige Kriterium nicht erfüllt (z. B. bei Protonen, Elektronen und Neutronen), so ist diese Größe materiell. Ist die Bedingung der Masselosigkeit erfüllt, muss als Nächstes geprüft werden, ob diese Größe in irgendeiner Wechselbeziehung zur Materie steht. Um als nicht-materielle Größe zu gelten, darf sie nicht mit der Materie korreliert sein. Sie darf also nicht eine Eigenschaft der Materie sein oder mit der Materie wechselwirken oder aus der Materie hervorgegangen sein (z. B. Photon).

Materie verfügt stets über Masse und kann daher in einem Schwerefeld im Makroskopischen gewogen oder im Mikroskopischen gemessen werden. Im Unterschied dazu sind alle nicht-materiellen Größen (z. B. Information, Bewusstsein, Intelligenz, Wille) masselos und wiegen deshalb nichts. Das Licht hat komplementäre Eigenschaften – es kann als Welle beschrieben, aber auch mithilfe von Teilchen, den Photonen, erklärt werden. Photonen sind masselos (Ruhemasse, s. u.) – gehören sie deshalb auch zu den nicht-materiellen Größen? Wir sehen schon: Der Unterschied muss präziser gefasst werden.

Notwendige Bedingungen (NB) für nicht-materielle Größen

- **NB1:** Dass eine Größe masselos ist (NB: $m = 0$), ist zwar eine notwendige Bedingung; aber sie ist noch nicht *hinreichend* (siehe Fußnote »notwendig oder hinreichend« in Kapitel 3.4). Um hinreichend präzise zu sein, müssen auch noch die weiteren vier notwendigen Bedingungen erfüllt sein:
- **NB2:** *Die Größe hat keine physikalische oder chemische Wechselwirkung mit der Materie.* Wechselwirkungen mit der Materie sind z. B.: Wasserstoff verbindet sich mit Sauerstoff zu Wasser (chemische Affinität), Eisenfeilspäne ordnen sich im Magnetfeld (Magnetismus), ein Stein fällt zu Boden (Gravitation), auch der Lichtstrahl eines Sternes wird abgelenkt, wenn er unterwegs an einer großen Masse vorbeizieht (Gravitation).

- **NB3:** *Die Größe* ***ist nicht*** *eine Eigenschaft der Materie* wie z. B. Härte, Dichte, Viskosität, Farbe, Diffusionsvermögen, Löslichkeit eines Salzes in Wasser.
- **NB4:** *Die Größe ist nicht aus der Materie entstanden.* Elementarteilchen können aus der Materie emittiert werden oder durch einen physikalischen Prozess entstehen (z. B. Elektronen, Neutronen, Photonen). Sie sind darum materiell.
- **NB5:** *Die Größe hat keine Verknüpfung mit der Materie.* Energie ist z. B. über die *Einsteinsche* Gleichung $E = m \cdot c^2$ mit der Masse verknüpft, darum ist sie eine materielle Größe.

Beispiel Photon: Die Photonen (Ruhemasse) sind zwar masselos, dennoch stellen sie eine materielle Größe dar. Entsprechend NB4 entstehen z. B. Photonen immer durch einen materiellen Prozess (wie etwa bei einem Glühfaden in einer Lampenwendel). Außerdem gibt es eine Wechselwirkung mit der Materie. Wenn ein Lichtstrahl, von einem Stern kommend, an einer großen Masse vorbeizieht, wird er abgelenkt. Die Energie E eines Photons beträgt $h \cdot v$, wobei h die *Plancksche* Konstante und v (der griech. Buchstabe *nü*) die Geschwindigkeit des Photons angibt. Fügt man diese Energie in die Formel $E = mc^2$ ein, so kann man die äquivalente Masse des Photons nach der Formel $m = hv/c^2$ berechnen. Auf diese Masse wirkt die Gravitation des Sterns ein und verursacht die Lichtablenkung. Außerdem hat das Photon einen Impuls p, der sich aus h/λ errechnen lässt, wobei λ die Wellenlänge ist. Somit ist das Photon eindeutig eine materielle Größe.

5.3 Universelle Information ist eine nicht-materielle Größe

Die hier dargestellte Informationstheorie bezeichnen wir als **Theorie der Universellen Information (TUI)**, und sie hat fünf hierarchische Ebenen. Das unterscheidet sie deutlich von allen anderen Konzepten, die bisher über den Begriff Information veröffentlicht wurden (z. B. die *Shannonsche* Theorie, die von *Dembski* und die von *Kolmogorow/Chaitin*).

1) Information wurde als nicht-materielle Größe erkannt, die nicht mit der Materie korreliert ist. Um diesen Aspekt hervorzuheben, wurde der neue Begriff »*Universelle Information*« (UI) eingeführt.

Für die UI wurde eine wissenschaftlich eindeutige Definition entwickelt, die es möglich macht, festzustellen, ob ein unbekanntes System innerhalb oder außerhalb ihres Definitionsbereiches liegt. UI geht mit seinen vier Ebenen (Syntax, Semantik, Pragmatik, Apobetik) weit über nur statistische Aspekte der Information hinaus.

2) Wegen der präzisen Definition von UI ist es möglich, Naturgesetze zu entdecken und zu formulieren, die dasselbe Niveau bezüglich ihrer Aussagegewissheit und Entscheidungskraft bei Schlussfolgerungen haben wie die Naturgesetze für materielle Größen. Die grundlegenden Aussagen von N1 bis N15 (Kapitel 4.3 und 4.4) sind in gleicher Weise auch für die Naturgesetze nicht-materieller Größen[37] gültig. Zum ersten Mal wurden Naturgesetze für eine nicht-materielle Größe – hier Information – formuliert [G11, G31]. Damit ist nachgewiesen, dass es möglich ist, auch für nicht-materielle Größen Naturgesetze zu entdecken und zu formulieren – in diesem Fall für die *Universelle Information.* Ob es auch gelingt, für andere nicht-materielle Größen Naturgesetze zu finden, wird erst die weitere Forschung zeigen.
3) Die besondere Stärke der materiellen Größen liegt darin, dass diese meistens mit hoher Präzision messbar und auch quantifizierbar sind. Sie werden angegeben mit Zahlenwert und Einheit (z. B. 27,82 V; 36,457 mg). Im Gegensatz dazu sind die nicht-materiellen Größen nicht quantifizierbar. Das ist leicht einzusehen, weil wir es hier nicht mit Materiepartikeln und deren Eigenschaften zu tun haben, sondern durchweg mit ideellen Phänomenen.
4) Indem man die Naturgesetze der *Universellen Information* auf unbekannte Systeme anwendet, ist es möglich, weitreichende Schlussfolgerungen zu ziehen. In diesem Punkt sind die Naturgesetze der nicht-materiellen Größen denen der materiellen Größen sogar überlegen. Denn Erstere gestatten Schlussfolgerungen über den Urheber der biologischen Information und sind weiterhin geeignet, Materialismus, Evolutionismus und Atheismus zu widerlegen.

37 **Nicht-materiell:** Den Begriff *nicht-materiell* benutzen wir im Folgenden durchgehend, um den deutlichen Unterschied zum Materiellen immer wieder zu unterstreichen.

Diese hier vorgestellte neuartige Informationstheorie steht und fällt damit, dass UI eine nicht-materielle Größe ist. So stellt sich die zentrale Frage, ob es dafür einen wissenschaftlich eindeutigen Nachweis gibt. Schon seit Beginn meiner Forschungen am Informationsbegriff war mir intuitiv klar, dass Information keine materielle Größe sein kann. Obwohl ich fortlaufend neue plausible Begründungen dafür finden konnte, suchte ich hartnäckig nach einem eindeutigen wissenschaftlichen Beweis. Nun aber kann er zweifelsfrei gegeben werden, und zwar mithilfe des SI-Systems (Internationales System für Maßeinheiten). Nach einigen grundsätzlichen Erläuterungen zum SI-System wird dieser Beweis leicht einsichtig.

5.4 Der wissenschaftliche Beweis, dass UI eine nicht-materielle Größe ist

In Kapitel 5.2 haben wir die grundlegenden Unterschiede zwischen materiellen und nicht-materiellen Größen erarbeitet. Die dort diskutierten Merkmale erlauben uns, eine deutliche Trennlinie zwischen den Größen zu ziehen. Weil aber die Aussage »Information ist eine nicht-materielle Größe« die Basis des gesamten Buches ist, habe ich mich immer wieder gefragt, ob es nicht auch einen sowohl für Wissenschaftler als auch für jedermann nachvollziehbaren wissenschaftlichen Beweis für diese so grundlegende Aussage gibt. Dieser Nachweis gelang mir mithilfe des **Internationalen Einheitensystems** (SI[38]), das nun erläutert werden soll.

In der Welt der Wissenschaft wurden Einheiten wie Meile, PS oder Kalorie durch ein international anerkanntes System ersetzt, das nicht auf komplizierten Umrechnungsfaktoren beruht, sondern nur Zehnerpotenzen benutzt. Alle nur denkbaren physikalischen Einheiten

38 Das **Internationale Einheitensystem** (**S**ystème **I**nternational d'Unités) mit dem in allen Sprachen gleichen Kurzzeichen SI ist 1960 von der 11. Generalkonferenz für Maß und Gewicht (*11th General Conference on Weights and Measures)* eingeführt worden. Das SI-Protokoll beendete ein über hundertjähriges Durcheinander mit einer Vielzahl von Einheiten und Einheitensystemen. Das SI wurde in verschiedenen internationalen Gremien des Messwesens entwickelt, in denen von der Bundesrepublik Deutschland die Physikalisch-Technische Bundesanstalt in Braunschweig (PTB) und das Deutsche Institut für Normung (DIN) mitgewirkt haben. Das Internationale Einheitensystem unterscheidet zwei Klassen: *Basiseinheiten* und *abgeleitete Einheiten*.

können von sieben Basiseinheiten abgeleitet werden, die voneinander unabhängig sind:

Länge	(Einheit: Meter, *m*)
Masse	(Einheit: Kilogramm, *kg*)
Stromstärke	(Einheit: Ampere, *A*)
Temperatur	(Einheit: Kelvin, *K*)
Stoffmenge	(Einheit: Mol, *mol*)
Lichtstärke	(Einheit: Candela, *cd*)
Zeit	(Einheit: Sekunde, *s*)

Die Bedeutung der SI-Einheiten
Anhand von vier Punkten soll das Wesentliche des SI-Systems erläutert werden:

1. Eindeutige Definition: Für jede dieser sieben Grundeinheiten gibt es eindeutige, international anerkannte physikalische Definitionen, die sämtlich auf Naturkonstanten basieren [X1]. Alle uns bekannten und alle derzeit noch unbekannten Einheiten, die sich auf die materielle Welt beziehen, sind von diesen Grundeinheiten ableitbar. Die abgeleiteten Einheiten werden nur durch Multiplikation oder Division zweier oder mehrerer Basiseinheiten miteinander in Beziehung gebracht.

Beispiele einiger abgeleiteter Einheiten:

Geschwindigkeit: Geschwindigkeit in einer vorgegebenen Richtung ist gleich Strecke/Zeit: Von daher ergibt sich für die Einheit der Geschwindigkeit Meter pro Sekunde = m/s.

Beschleunigung: Geschwindigkeitsänderung pro Zeiteinheit, also Meter pro Sekunde pro Sekunde = m/s^2.

Kraft: Wegen der Beziehung: Kraft = Masse mal Beschleunigung (*Newtons* zweites Bewegungsgesetz) ist die Einheit für Kraft $kg{\cdot}m/s^2$. Immer wenn die so gewonnene Einheit zu unhandlich und unübersichtlich wird, erhält sie einen neuen Namen und eine daraus abgeleitete Abkürzung. Meistens sind es Namen von Physikern, die bezüglich der Einheit geforscht haben. Diese neue Einheit für Kraft wurde nach dem englischen Physiker *Isaac Newton* (1642/3 – 1727) benannt, der als der Gründer der klassischen theoretischen Physik gilt: 1 Newton = 1 N = 1 kg·m/s^2.

Energie: Mechanische Energie (Arbeit) wird als Kraft mal Weg definiert, wobei die Kraft in Richtung des Weges zu rechnen ist. Daraus folgt als Einheit 1 (kg·m/s^2)·m = 1 kg·m^2/s^2 = 1 J. Die Abkürzung J kommt von Joule, und das ist der Name des englischen Physikers *James Prescott Joule* (1818 – 1889), der das thermische Äquivalent von mechanischer und elektrischer Energie bestimmte. Weiterhin entspricht ein Joule einem Newton mal einem Meter, was wiederum einer Wattsekunde entspricht. Das Watt wurde nach dem schottischen Erfinder *James Watt* (1736 – 1819) benannt, dessen Dampfmaschine die erste industrielle Revolution einleitete. Also gilt ohne jegliche Umrechnungsfaktoren: 1 kg·m^2/s^2 = 1 Nm = 1 J = 1 Ws.

Elektrische Ladung: In SI-Einheiten ausgedrückt ist die elektrische Ladung Strom mal Zeit, also 1 Ampere x 1 Sekunde = 1 Amperesekunde (1 As). Dieser Einheit gab man den Namen Coulomb (C) nach *Charles-Augustin de Coulomb* (1745 – 1806), dem französischen Physiker und Begründer der Elektrostatik, und der französische Physiker *André-Marie Ampère* (1775 – 1836) ist der Namensgeber für die Einheit der Stromstärke.

Spannung: Das elektrische Potenzial oder die Spannung ist als Energie pro Ladungseinheit definiert. Die SI-Einheit für Spannung ist das Volt (V), benannt nach *Alessandro Volta* (1745 – 1827), dem Erfinder der ersten elektrochemischen Batterie (*Voltasche* Säule). Die Spannung von einem Volt ergibt sich nach obiger Definition von 1 Joule Energie pro Ladung von 1 Coulomb (C):

1 J/C = 1 Ws/(1 As) = 1 W/A = 1 VA/A = 1 V.

2. Benennung abgeleiteter Einheiten: Die Einheiten wurden oft nach international bekannten Physikern benannt. In solchen Fällen wird der Name der Einheit mit beginnendem Großbuchstaben geschrieben. Einer Abkürzung folgt kein Abkürzungspunkt und auch kein Plural-»s«.

3. Leichtes Umrechnen: Das SI-System erlaubt eine leichte Umrechnung von mechanischen Größen in elektrische und thermische und umgekehrt. Wie unkompliziert auch schwierige Zusammenhänge von Einheiten gehandhabt werden können, sei in der Fußnote an einem Beispiel aus der Elektrotechnik[39] demonstriert.

4. Sämtliche materiellen Größen beschreibbar: Ohne Ausnahme erlaubt das SI-System **alle** materiellen Größen mithilfe der sieben oben genannten Basiseinheiten zu beschreiben. Die Universelle Information kann jedoch nicht mit irgendeiner Kombination aus diesen sieben Basiseinheiten dargestellt werden. Damit ist der folgende eindeutige Nachweis geführt:

Weil UI (gemäß der gegebenen Definition mit den vier Ebenen) nicht durch die Basiseinheiten des SI-Systems beschrieben werden kann, ist UI eindeutig eine nicht-materielle Größe.

Weil andere Größen wie *Bewusstsein, Wille* und *Leben* ebenfalls nicht durch das SI-System beschrieben werden können, haben wir damit den Nachweis erbracht, dass auch diese eindeutig zu den nicht-materiellen Größen gehören. Unsere in den Wissenschaften weithin materialistisch orientierte Denkweise führt immer dann zu gravierenden Irrtümern, wenn nicht-materielle Größen so behandelt werden, als seien es materielle Größen.

Was wir in allen Fällen beobachten, ist dies: Universelle Information (UI) entsteht immer durch einen Denkprozess. UI ist masselos und hat keine direkten physikalisch-chemischen Wechselwirkungen mit

39 Die Effektivität der Anwendung des SI-Systems bei der Umwandlung von Größen soll hier an einem schwierigen Beispiel demonstriert werden: Die Einheit der magnetischen Flussdichte leitet sich her von Volt mal Zeit/Fläche: $1\ Vs/m^2$. Wenn wir den Bruch mit 1 Ampere erweitern, erhalten wir $1\ VAs/Am^2$. Weil $V = J/C$ und $A = C/s$ und $VA = J/s = W$ ist, wird die Einheit nun zu $1\ Ws/Am^2$. Ersetzt man nun 1 Ws durch $1\ kgm^2/s^2$, erhält man $1\ kgm^2/Am^2s^2 = 1\ kg/As^2$. Es wird die magnetische Flussdichte jetzt so ausgedrückt, dass nur noch Basiseinheiten vorkommen. Die auf diese Weise gefundene Einheit $1\ kg/(A \cdot s^2)$ heißt Tesla (1 T). Sie ist nach dem amerikanischen Physiker *Nikola Tesla* (1856–1943) benannt, der 1881 den Drehstrommotor erfand und 1887 das Mehrphasen-System für die Übertragung elektrischer Energie beschrieb. Ein Tesla entspricht der Oberflächenspannung eines homogenen Magnetfeldes von der Stärke 1 Weber (Wb), das senkrecht alle Punkte einer Oberfläche von $1\ m^2$ durchdringt. Die Feldstärke ist nach dem deutschen Physiker *Wilhelm Weber* (1804–1891) benannt.

der Materie.[40] UI ist weder eine Eigenschaft noch ein Korrelat von Materie. Außerdem wurde niemals demonstriert, dass sie durch physikalische oder chemische Prozesse **erzeugt** wurde. Weil alle fünf notwendigen Bedingungen (NB1 bis einschließlich NB5) erfüllt sind und weil keine SI-Einheiten UI beschreiben können, ist UI eine nichtmaterielle Größe. Somit können wir festhalten:

ES25: Universelle Information ist eine nicht-materielle Größe, weil die SI-Einheiten nicht in der Lage sind, sie zu beschreiben.

Zu demselben Ergebnis von ES25 gelangt man auch über die fünf notwendigen Bedingungen NB1 bis NB5. Die Schlussfolgerung über das SI-System hat jedoch den Charakter eines physikalischen Beweises.

Anmerkung: *Die Speicherung und Übertragung von UI im materiellen Bereich bedarf materieller Medien.*

Die Tatsache, dass UI zur Speicherung und Übertragung Materie nötig hat, macht sie nicht zu einer materiellen Größe.

Die Kreide, mit der wir eine bestimmte Information auf die Tafel schreiben, ist zweifelsfrei Materie. Aber die Information ist in der Kreide selbst nicht enthalten. Erzeugt man Kreidestaub und sprüht ihn auf eine Tafel, so wird er niemals eine Botschaft erzeugen. Und löschen wir eine geschriebene Botschaft mit einem Schwamm, existiert die Kreide zwar noch vollständig, jedoch wurde die Information zerstört. Dies zeigt uns: Die Kreide diente nur als Träger. Sie stellte zwar die Information dar, war aber selbst keine Information.

Dieselbe Information, die auf der Tafel stand, hätte auch auf eine CD oder einen Speicherstick geschrieben werden können. Im letzteren Fall wären bestimmte Bereiche der Diskette (Spuren) magnetisiert

---

40 Allerdings (wie in *Bild 19* [Kapitel 5.6] gezeigt wird) **kann UI materielle Prozesse lenken, steuern, kontrollieren und optimieren**. Diese Wirkung wird durch Programme und Maschinen erzielt, die aus freiem Denken und Planen hervorgingen. Solche Programme entstehen nicht aus deterministischen physikalischen oder chemischen Prozessen. Im Gegensatz zu dieser freien Gestaltung gibt es z. B. bei chemischen Wechselwirkungen keinen solchen Freiheitsgrad. Wenn sich Wasserstoff und Sauerstoff verbinden, führt das ausschließlich zur Entstehung von Wasser, aber zu keiner anderen Verbindung.

worden. Die erforderliche Menge an Masse auf der Diskette wäre viel kleiner, als wenn man Tafel und Kreide benutzt hätte. Wenn wir hingegen dieselbe Information mithilfe riesiger Neonlicht-Buchstaben darstellen, vervielfacht sich die benötigte Masse erheblich. In allen drei Fällen ist Materie der notwendige Träger der Information, aber niemals ist die Materie die Information selbst. Auch ist die Menge der benötigten Materie nicht ausschlaggebend, genauso wenig, wie die Information selbst von der physikalischen und chemischen Beschaffenheit der Materie abhängig ist. Dabei ist zu beachten: Universelle Information kann – im Gegensatz zur Materie – erzeugt und zerstört werden, wenn z. B. Kreide benutzt wurde, um die Information hinzuschreiben (›zu erzeugen‹), die dann ›zerstört‹ wurde, als man die Botschaft auslöschte. Mit anderen Worten: Es gibt kein Gesetz für UI, das dem ersten Hauptsatz der Thermodynamik (Satz von der Erhaltung der Energie) entspricht.

Die moderne säkulare Wissenschaft behauptet oder nimmt gewöhnlich an, Information sei eine materielle Größe. Wie hier gezeigt wurde, qualifiziert sich UI keinesfalls als materielle Größe. Sie muss daher zwangsläufig eine *nicht-materielle* Größe sein.

Alle diese Überlegungen führen uns zu dem ersten Naturgesetz für Universelle Information (NGI):

NGI-1: Universelle Information ist eine nicht-materielle Grundgröße.

5.5 Materie allein kann keine Universelle Information erzeugen

Wir haben festgestellt, dass UI eine nicht-materielle Grundgröße ist. Obwohl Materie als Träger von UI dient, ist UI keine der Materie innewohnende Eigenschaft und steht auch nicht mit ihr in Wechselbeziehung.

Ein Beispiel: Bevor die Tinte in die Worte von *Schillers* bekanntem »Lied von der Glocke« geflossen war, enthielt sie nicht ein Jota an UI – sie war nichts weiter als nur ›Tinte‹. Genauso gibt es kein bekanntes Naturgesetz und/oder keinen Zufallsprozess, wodurch neue UI hervorgebracht werden könnte. Ein Klumpen reinen Eisens (Fe) ist UI-freie Materie. In Anwesenheit von Sauerstoff (O_2) und Wasser (H_2O) kann sich Eisen spontan mit diesen Stoffen zu hydratisiertem Eisenoxid und zu Rost FeO(OH) verbinden. Das ist nur ein chemischer Prozess, der durch die dem Eisen, dem Sauerstoff und dem Wasser innewohnenden Eigenschaften bedingt ist. Jedoch erwarten wir aus gesundem Menschenverstand und wissenschaftlicher Erfahrung heraus nicht, dass dieser Klumpen reinen Eisens – auch nach Millionen Jahren – spontan UI hervorbringen wird – nicht einmal theoretisch. Daher können wir jetzt den folgenden Erfahrungssatz formulieren:

ES26: Universelle Information, eine nicht-materielle Grundgröße, ist weder eine Eigenschaft der Materie, noch ist sie mit ihr korreliert. Somit scheiden materielle Prozesse grundsätzlich als Quellen für UI aus (siehe NB5, Kapitel 5.2).

Die Alltagserfahrung lehrt uns, dass ein Apfelbaum ausschließlich Äpfel trägt, aber niemals Kastanien hervorbringt, und ein Birnbaum bringt stets Birnen und eine Distel ausschließlich Distelsamen hervor. Genauso bringen Stuten Fohlen zur Welt, Schafe hingegen Lämmer und Frauen kleine Babys. Wir haben noch nie gesehen, dass eine Stute ein Kuhkalb gebiert oder dass aus einem Kiefernsamen Farnkraut erwächst. Diese Beispiele haben wir ausschließlich der materiellen Welt entnommen. Aber auch hier gilt schon der einengende Grundsatz: Die Systeme können nur Gleichartiges hervorbringen.

Nun kommen wir zu der konkreten Frage: Kann eine nur materielle Größe jemals etwas Nicht-Materielles erzeugen? Wenn das Gleichartigkeitsprinzip schon untereinander bei rein materiellen Systemen gilt, wie viel mehr kommt es zum Tragen, wenn wir es mit gänzlich unterschiedlichen Arten zu tun haben, nämlich materiell versus nicht-materiell? Man mag einwenden: Ein Mensch kann einen Gedanken hervorbringen, und der ist doch nicht-materiell! Allerdings führt uns das zu der Frage, ob der Mensch ein rein physikalisches System ist oder nicht. Was beim Menschen zur Materie noch hinzukommt, wird in den Kapiteln 8 und 9 näher erläutert. Auch beim Menschen wird sich zeigen: Nichtmaterielles kann nur aus einer nichtmateriellen Quelle stammen.

Wenn wir dagegen etwas nehmen, von dem wir wissen, dass es rein materiell ist, wie das oben erwähnte Stück Eisen, so sehen wir nichts Nichtmaterielles von ihm ausgehen – sei es Gewissen, Wille oder Bewusstsein. Aus tausenderlei Erfahrung wissen wir, dass dies ausnahmslos für alle rein materiellen Substanzen gültig ist. Somit halten wir fest:

NGI-2: Eine rein materielle Größe kann keine nicht-materielle Größe hervorbringen.

5.6 Universelle Information kann nicht durch Zufall entstehen

Die Evolutionslehre behauptet genau das Gegenteil von **NGI-2**. Beispielhaft nennen wir hier das Buch »*Das intelligente Genom*« [H3] von *Adolf Heschl*. Es trägt den bezeichnenden Untertitel: »*Über die Entstehung des menschlichen Geistes durch Mutation und Selektion*«. Da heißt es:

> »*... dass unsere Art mit der Gesamtheit all ihrer vermuteten und nachgewiesenen Besonderheiten – egal, ob morphologischer, verhaltensmäßiger oder rein geistiger Natur – ohne jeden Abstrich in die grundlegenden Mechanismen der Evolution hineinpasst und somit auch heute noch einer biologischen Evolution unterliegt*« [H3, S. 14].

Heschl meint also, dass der (nicht-materielle!) Geist des Menschen aus rein materiellen Prozessen (Mutationen und Selektion) hervorkommen kann (und gekommen ist). Das aber ist nie beobachtet worden. Somit gehören *Heschls* Vorstellungen ins Reich reiner Spekulation ohne jeglichen Wirklichkeitsbezug. Die Aussagen der Materialisten widersprechen sowohl der Beobachtung als auch der Erfahrung.

Die Evolutionslehre versagt bereits auf der materiellen Ebene (der untersten Ebene von *Bild 24*, Kapitel 5.11). So versuchen Evolutionstheoretiker in immer neuen Anläufen, die Herkunft des Menschen aus Materiezusammenhängen zu beschreiben. Paläontologen schätzen, dass für die Rekonstruktion von hundert Generationen durchschnittlich jeweils nur ein paar Knochen zur Verfügung stehen. »Was sich gestern noch zu einer überzeugenden und allgemein akzeptierten Theorie zusammengefügt hat, kann deshalb heute wie ein Kartenhaus in sich zusammenstürzen – wenn neue Grabungen andere Ergebnisse liefern« [P5, S. 46]. Ein frustrierter Anhänger der Evolutionslehre brachte es auf den Punkt [P5, S. 46]:

> *»Wenn wir versuchen, das Leben unserer Vorfahren zu rekonstruieren, dann ist es so, als ob wir aus dem Gebiss eines Germanenfürsten, dem Handgelenk eines mittelalterlichen Ritters und der Hüfte einer Köchin aus der Bismarckzeit die deutsche Geschichte herauslesen wollen.«*

Die materialistische Denkweise hat sich weitgehend in die Naturwissenschaften eingeschlichen, sodass sie nicht nur zum beherrschenden Paradigma, sondern zur einzig erlaubten Weltanschauung geworden ist. Jede andere Anschauung, die nicht auf den Materialismus aufbaut, wird automatisch verworfen, einerlei, wie viele Beweise zu ihrer Unterstützung vorgelegt werden können.

Das ist nicht nur keine wirkliche Naturwissenschaft, die auf Beobachtung und Experimenten aufbaut, sondern ist zu einem auf Glauben gegründeten System geworden, zu einem nicht zu rechtfertigenden Dogma, das nur den Fortschritt behindern kann. Der amerikanische Genetiker *Richard Lewontin* (1929 – 2021) brachte es treffend zum Ausdruck, dass dies eine nicht zu begründende Vorentscheidung sei:

> *»Es ist nicht so, dass die Methoden der Wissenschaft uns zwingen, eine rein materielle Erklärung der sichtbaren Welt zu akzeptieren. Nein, im Gegenteil, zuerst haben wir uns entschieden, an rein materielle Vorgänge zu glauben, und dann haben wir Forschungsmethoden und Wissenschaftstheorien geschaffen, die rein materielle Erklärungen produzieren – egal wie sehr diese Erklärungen dem gesunden Menschenverstand widersprechen, egal wie verwirrend sie dem Uneingeweihten vorkommen. Und: Unser Materialismus ist absolut; denn wir können keinen göttlichen Fuß in der Tür zulassen.«*
> [Quelle: The New York Review of Books, 9. Januar 1997]

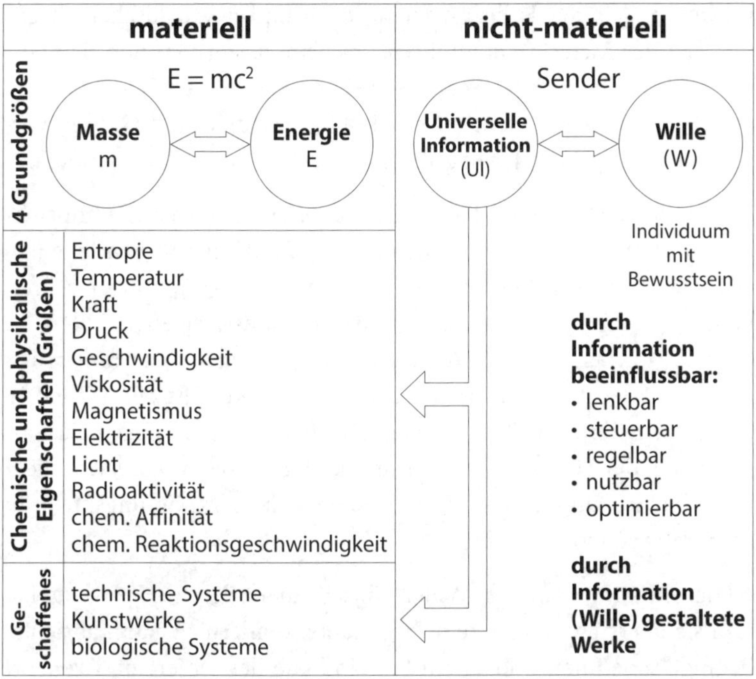

Bild 19: *Die vier fundamentalen Grundgrößen Masse und Energie (materiell) und Information und Wille (nicht-materiell).*
Masse und Energie bilden die Grundgrößen der materiellen Welt und sind miteinander gekoppelt durch die bekannte Einsteinsche Formel: $E = mc^2$*. Auf der nicht-materiellen Seite sind ebenso zwei Grundgrößen zu benennen: Universelle Information (UI) und Wille (W), die in enger Kopplung zueinander stehen. UI kann auf materiellen Trägern gespeichert werden und gestattet, im Materiellen ablaufende Prozesse durch Maschinen zu lenken, zu steuern, zu regeln und zu optimieren. Alle von Menschenhand geschaffenen Systeme mit einer Funktion sind grundsätzlich durch UI gestaltete Werke. Der nicht-materielle Charakter der UI wird daran deutlich, dass eine kreative Informationsquelle immer an einen personhaften Willen gebunden ist.*

Bild 19 veranschaulicht die bekannten Grundgrößen *Masse*, *Energie* sowie *UI* und *Wille*. Masse und Energie gehören eindeutig zur materiellen Welt. Für beide Größen gibt es wichtige Erhaltungssätze, die in Physik und Chemie sowie in allen daraus abgeleiteten Anwendungswissenschaften eine zentrale Rolle spielen. Masse und Energie sind durch die *Einsteinsche* Äquivalenzbeziehung $E = m \cdot c^2$ miteinander verknüpft. Aus der Fülle der chemischen und physikalischen Eigenschaften der Materie mit all ihren Erscheinungsformen und definierten Größen gibt die linke Spalte eine kleine Auswahl an. Der rechte Teil des *Bildes 19* ist für nicht-materielle Eigenschaften und Größen vorgesehen. Hier gehört der Begriff *Universelle Information (UI)* hinein.

Was ist der auslösende Faktor, dass es überhaupt Universelle Information gibt? Was veranlasst uns dazu, einen Brief, eine Postkarte, einen Glückwunsch, ein Tagebuch oder einen Aktenvermerk zu schreiben? Die wichtigste Voraussetzung dafür ist unser eigener Wille oder der des Auftraggebers. In Analogie zur materiellen Seite führen wir darum auf der nicht-materiellen als vierte Grundgröße den **Willen** *W* ein. Information und Wille stehen ebenfalls in einem engen Zusammenhang, der aber – da es sich um geistige Größen handelt – nicht formelmäßig ausgedrückt werden kann. Die Verknüpfungspfeile in der Grafik sollen bedeuten:

UI beruht immer auf dem Willen eines Senders, der die UI erzeugt hat und sie überträgt. UI ist keine Konstante, sondern sie kann absichtsbedingt zunehmen und durch Störeinflüsse deformiert und zerstört werden. Auch der Wille ist keine Konstante, sondern er ist wiederum beeinflussbar durch die Information eines anderen Senders. Halten wir also fest:

ES27: Universelle Information entsteht nur durch Wille (Absicht).

Bild 19 bringt weiterhin zum Ausdruck, dass die nicht-materielle Größe UI die materiellen Größen beeinflussen kann. So können elektrische, mechanische und chemische Größen durch ein absichtsbedingtes Informationskonzept gelenkt, gesteuert, geregelt oder optimiert werden, insbesondere durch ihre pragmatische Eigenschaft. Ausgeführt wird das allerdings durch rein materielle – d.h. mechanische – Mittel. Die Strategie dazu – sei es ein regelungstechnisches Konzept der Verfahrenstechnik, eine Bauvorschrift für ein energiesparendes Auto oder die Nutzbarmachung der Elektrizität für den Antrieb einer Maschine – beruht immer auf UI. Zuerst muss der Wille zur Lösung einer Aufgabe vorhanden sein, dann folgt das Ideenkonzept, dessen Information zunächst als Programm, als technische Zeichnung, als Beschreibung usw. codiert wird, und im nächsten Schritt folgt die Ausführung (durch Maschinen). Alle technischen Systeme sowie alle angefertigten Gegenstände, von der Stecknadel bis zum Kühlschrank, sind durch UI gestaltete Werke. Keiner der Gegenstände ist durch Selbstorganisation der Materie entstanden; alle bedurften der dazu erforderlichen Betriebsinformation oder UI. Diese Fakten erhärten die in ES24 gemachte Aussage in Kapitel 3.4.

Trotz alledem behaupten die Vertreter der Evolutionslehre, dass in unermesslich langer Zeit – z. B. in Milliarden von Jahren – Information und Leben aus reinen Zufallsprozessen von selbst entstehen könnten. Unter Zufallsprozessen verstehen wir physikalische oder chemische Ereignisse, die ohne Anleitung und Kontrolle durch Intelligenz und/oder UI geschehen.

Der Gesamtentwurf der Evolutionstheorie (von Molekülen bis zum Menschen) könnte empirisch gestützt werden, wenn man in einem wirklichen Experiment zeigen könnte, dass UI aus sich selbst überlassener Materie entstehen kann, der weder UI noch Intelligenz hinzugefügt wurden. Trotz sehr intensiver weltweiter Anstrengungen wurde das Auftreten *neu entstandener UI* aus reiner Materie *ohne* das Eingreifen des Menschen niemals erreicht oder beobachtet. Bis heute haben Evolutionstheoretiker nichts als Computersimulationen anzubieten, die grundsätzlich von der Planung und vom Mitwirken eingeschleuster Information abhängen. Außerdem weichen alle Simulationen ganz wesentlich von der Wirklichkeit ab, weil der Input der Forscher deren vorgefasste Meinungen und Vorlieben mit hineinbringt. Kurz gesagt: Trotz intensivster Bemühungen hat keine realistische Simulation von Zufallsprozessen jemals das Entstehen von UI gezeigt. So führen die Erfahrungssätze ES10, ES23 und ES26 zusammen mit der obigen Diskussion zu dem 3. Naturgesetz für UI:

NGI-3: Universelle Information (UI) kann in Zufallsprozessen nicht entstehen.

Die typische Antwort der Evolutionsvertreter auf NGI-3 lautet: Evolution finde statt, wenn rein zufällige Mutationen der natürlichen Auslese unterworfen sind. Somit ist der gesamte Prozess der Evolution nicht rein zufällig, sondern er wird durch die natürliche Auslese »gesteuert«. Diese bekannte Behauptung übersieht einen wesentlichen Punkt: Die natürliche Auslese kann nur auslesen, was schon vorhanden ist. Sie kann aber selbst nichts erschaffen. Die einzigen Prozesse, die dem Materialisten als Quelle zur Verfügung stehen und die etwas »erschaffen« können, sind die *reinen Zufallsprozesse* bei den Mutationen. Darauf ist zu antworten:

Erstens: Mutation kann überhaupt erst wirksam sein, wenn bereits etwas vorhanden ist, das dann mutieren soll. Zweitens gibt es auf dem Feld der Genetik immer mehr Beweise dafür, dass eine große Anzahl sogenannter »Mutationen« durchaus nicht zufällig ist, sondern von Prozessen in der Zelle oder durch äußere Stimuli gelenkt werden. Drittens: Reine Zufallsprozesse können zwar keine UI erschaffen; aber sie können sie beschädigen oder zerstören, und damit stehen die Evolutionstheoretiker wieder da, wo sie anfangs waren. Weiterhin ist ein vierter Punkt zu bedenken: Die natürliche Auslese löscht notwendigerweise Information aus. Dadurch reduzieren sich die Zufallschancen, von denen die Evolutionsvertreter allein abhängig sind.

5.7 Universelle Information kann nur durch einen intelligenten Sender erzeugt werden

Während unserer Überlegungen in den Kapiteln 2 und 3 kristallisierte sich heraus, dass UI nur von intelligenten Wesen geschaffen werden kann. Darum können wir unter Anwendung der Aussagen in den Erfahrungssätzen ES2, ES5, ES9, ES18, ES19 und ES22 in Kapitel 2 feststellen:

NGI-4: Universelle Information kann nur von einem intelligenten Sender erzeugt werden.

Die entscheidende Frage ist hier: Was ist ein intelligenter Sender? Wir nennen einige Merkmale, um einen intelligenten Sender zu definieren.

Definition D10: Ein intelligenter Sender ist sich (im Gegensatz zu einer Maschine) seiner selbst bewusst, hat einen eigenen freien Willen[41], ist schöpferisch, denkt autonom und handelt bewusst.

Unterschiedliche Ausdrucksweisen von Naturgesetzen

Der weithin bekannte amerikanische Physiker *Richard Feynman* (1918–1988) sagte zu der Möglichkeit, die Naturgesetze auf unterschiedliche Weise auszudrücken, sehr treffend [F1, S. 50]:

> *»Die Gesetze der Physik sind so empfindlich konstruiert, dass ihre sehr verschiedenen, aber gleichwertigen Aussagen völlig unterschiedliche Merkmale aufweisen, die sie äußerst interessant machen. So kann z. B. das Gravitationsgesetz auf drei gänzlich anders lautende Weisen ausgedrückt werden, die sich aber alle entsprechen.«*

Was *Feynman* hier speziell für die Naturgesetze der Physik sagt, gilt in gleicher Weise auch für die Naturgesetze der Universellen Information.

Die *Maxwellschen Gleichungen* aus der Physik verallgemeinern in genialer Weise die Beziehungen zwischen sich verändernden elektrischen und magnetischen Feldern. Aber für die meisten praktischen Anwendungen sind diese Gleichungen viel zu komplex und schwerfällig. Aus diesem Grund benutzen wir spezifischere Formulierungen, wie etwa das *Ohmsche Gesetz*, das *Coulombsche Gesetz* oder das *Induktionsgesetz*. In gleicher Weise ist **NGI-4** ein sehr allgemeines Gesetz, von dem wir einige speziellere Gesetze ableiten können. Im Folgenden stellen wir die fünf speziellen Ableitungen NGI-4a bis NGI-4e vor, wobei jede den Fokus auf einen anderen Aspekt richtet:

NGI-4a: Die Erstellung eines jeden Code-Systems erfordert einen intelligenten Sender.

41 Die Verzweigung eines Programms in einem Computer kann nicht als Willensentscheidung angesehen werden, da sie einem besonderen Algorithmus folgt. Über einen eigenen Willen verfügt nur eine Person, die in der Lage ist, eine freie (also eine nicht-deterministische) und willkürliche Entscheidung zu treffen, die gewöhnlich nicht vorausgesagt werden kann.

Das wesentliche Kennzeichen eines Code-Systems liegt darin, ursprünglich frei gestaltet und definiert und sowohl vom Sender als auch vom Empfänger akzeptiert worden zu sein. Der so zustande gekommene Zeichensatz repräsentiert alle per Definition erlaubten Zeichen. Sie werden so gestaltet, dass sie den vorgesehenen Zweck so gut wie möglich erfüllen. Beispiele: Die Blindenschrift *(Braille)* muss gut tastbar sein; Notenzeichen müssen Tonlänge und Tonhöhe angeben können; chemische Symbole haben alle Elemente zu bezeichnen. Und so gibt es viele weitere zweckorientierte Zeichensätze.

Wenn beobachtete Signale in der Wirklichkeit den Anschein von Zeichen erwecken, aber festgestellt werden kann, dass es sich um physikalische oder chemische Eigenschaften des Systems handelt, dann fehlt das grundlegende Merkmal der »freien willentlichen Vereinbarung«, und dann ist es kein abstraktes Symbol aus einem frei definierten Zeichensatz. Nähere Erläuterungen dazu finden wir in den Kapiteln 3.4 und 3.5.

NGI-4b: Ohne einen intelligenten Sender kann es keine neue Universelle Information geben.

5.8 Vier Unterscheidungskriterien für Universelle Information

Bei der Erarbeitung des Wesens von Universeller Information haben wir vier verschiedene Kriterien der Unterscheidung herausgefunden:

1) Unterscheidung nach den Aspekten: (Statistik,) Syntax, Semantik, Pragmatik und Apobetik (siehe Kapitel 2);
2) Unterscheidung nach der Entstehung: kopierte bzw. reproduzierte, modifizierte und kreative Information (siehe Kapitel 5.8.1 bis 5.8.3);
3) Unterscheidung nach dem Zweck: Herstellungs-, Betriebs- und Kommunikationsinformation (siehe Kapitel 5.9.1 bis 5.9.3);
4) Unterscheidung nach der Wirkrichtung: gesendete und empfangene Information (siehe Kapitel 5.8.3).

Wir wollen noch eine weitere Klassifikation vornehmen, die sich auf den Sender und die qualitative Art der Informationsverarbeitung bezieht. Drei Arten gesendeter Information sind dabei zu unterscheiden: kopierte, modifizierte und kreative Information.

5.8.1 Kopierte Universelle Information

Kopierte UI ist die identische Weitergabe bereits bestehender UI. Beim Kopieren entsteht *keine* neue UI, weil es ein mechanischer und kein intellektueller Prozess ist. Das zum Kopieren erforderliche Gerät bzw. das zugrunde liegende Verfahren ist sehr wohl durch geistige Initiative entstanden, ebenso ist der Kopiervorgang eine absichtsbedingte Handlung. Als Beispiele kopierter Information nennen wir hier die Duplizierung eines Programms in einem Computersystem (Festplatte, Arbeitsspeicher, CD), die Replikation von DNS-Molekülen in der lebendigen Zelle, die zweite Auflage eines Buches ohne jegliche Änderungen, das Anfertigen einer Fotokopie, die Nennung eines Zitates und das Vorlesen eines Briefes. Jede kopierte Information ist aber irgendwann einmal auf kreativem Wege entstanden.

Ein häufiger Anwendungsfall, der hier einzuordnen ist, ist die **reproduzierte Information**. Bei der Übertragung dieser UI können auf dem Transferweg Codeumwandlungen vorgenommen worden sein. Entscheidend aber ist dabei, dass die Semantik voll erhalten bleibt (z. B. digitale Rundfunk- und Fernsehübertragungen, digitale Übertragung von Wettermessdaten).

5.8.2 Modifizierte Universelle Information

Modifizierte (nur etwas veränderte) *UI* entsteht, wenn die ursprüngliche UI auf irgendeine Weise abgeändert wurde. Es spielt dabei keine Rolle, ob die Bedeutung und die Absicht der ursprünglichen UI abgewandelt wurden oder auch nicht. Bei den Künstlern unterscheidet man deutlich zwischen den gedanklichen Urhebern (Komponisten, Dichter, Schriftsteller) und jenen, die das Werk reproduzieren.

Ein Schauspieler hat sich weder die darzustellenden Handlungen noch die zu sprechenden Texte selbst erdacht; dennoch bringt er seine eigenen Gaben ein, um durch Intonation, Mimik und Darstellungsart individuell zu reproduzieren. Genauso ist es, wenn eine *Beethoven*-Sinfonie oder eine *Bach*kantate aufgeführt werden. Die Musiker spielen dabei eine modifizierende Rolle. Dabei verändern sie das Werk des Komponisten nicht, bringen aber dennoch ihre eigene künstlerische Note mit ein. In Analogie dazu definieren wir modifizierte Information als eine semantisch vorgegebene, die aber durch den aktuellen Sender bearbeitet und verarbeitet wird, ohne das Grundsätzliche der auf kreativem Wege geschaffenen Information zu verändern. In diese Kategorie können wir auch alle Kommunikationssysteme der Tiere einordnen, denn auch hier sind alle Bedeutungszuordnungen fest vorgegeben. Die jeweiligen aktuellen Anwendungen geschehen nicht kreativ, sondern werden modifizierend angewandt.

Auch die Computer-Software arbeitet nach diesem Prinzip. Alle schöpferischen Ideen wie Algorithmen, Lösungsmethoden oder Datenstrukturen wurden zuvor von einem Programmierer erdacht und dann in einem UI-Programm niedergeschrieben. Die Anwendung mit individuellen Parametern kann dann einer Maschine (Computer) übergeben werden, die im aktuellen Fall nichts anderes tut, als die ursprünglich vorgegebene UI in gewünschter Weise zu reproduzieren. Ebenso sind die von KI-Programmen (KI = »Künstliche Intelligenz«) erbrachten Leistungen – auch wenn sie uns noch so komplex und »intelligent« erscheinen mögen – letztlich nur modifizierte UI, keinesfalls aber kreative UI. Durch das Einschleusen von Computer-Viren und -Würmern in ein Programm kann die ursprüngliche UI mäßig bis drastisch verändert werden. Dadurch werden dann die Bedeutung und die Absicht der ursprünglichen Software zerstört.

In ähnlicher Weise kann eine Mutation auf ein DNS-Molekül (es trägt UI) »mäßig« oder »drastisch« einwirken. Im ersten Fall bleibt sie »ziemlich neutral«, indem sie keine signifikanten und lebensverändernden Effekte verursacht. Im zweiten Fall verursacht sie Krankheiten und möglicherweise den Tod (z. B. durch maligne Tumoren).

5.8.3 Kreative Universelle Information

Kreative UI ist die höchste Form übertragener Information. Es handelt sich hierbei um UI, die weder kopiert noch reproduziert ist, sondern die etwas Neues und Ursprüngliches repräsentiert. Kreative UI erfordert einen intelligenten Autor mit kognitiven Fähigkeiten und einem personhaften Willen. Sie entspringt einem nicht-materiellen Prozess und kann nicht an eine Maschine delegiert werden. Wir können jetzt die folgenden Erfahrungssätze formulieren:

ES28: Jede kreative Universelle Information stellt eine geistige Leistung dar und lässt sich auf einen persönlichen Ideengeber zurückführen, der seinen freien Willen und seinen intelligenten Verstand einsetzte.
ES29: Neue Universelle Information kann nur durch einen kreativen Denkprozess entstehen.
ES30: Kreative Universelle Information kann nur in der nicht-materiellen Komponente eines intelligenten Senders entstehen (NGI-2, NGI-3 und NGI-4).

Als Ergebnis von ES28, ES29 und ES30 können wir formulieren:

NGI-4c: Alle Sender (Urheber) kreativer Universeller Information müssen eine nicht-materielle Komponente aufweisen.

Die nicht-materielle Komponente, von der NGI-4c spricht, ist nicht die nicht-materielle Universelle Information, die in der menschlichen DNS gespeichert und übertragen wird. Es ist eine andere nicht-materielle Komponente - die Seele -, die wir in Kapitel 9.5.6 weiter diskutieren wollen.

Beispiele für kreative UI: die Planung eines Code-Systems, Entwurf eines Sprachsystems, uneingeschränkter Umgang mit natürlichen Sprachen, Entwurf einer Programmiersprache, Verfassen eines Buches, Erstellen einer wissenschaftlichen Originalarbeit.

Schlussfolgerung: Es sollte nun klar sein, wo einige der logischen Denkfehler der Evolutionsanschauungen zu finden sind. Wer immer ein Modell zur Erklärung der Herkunft des Lebens entwirft und nicht sagen kann, woher die kreative UI stammt, die für alle Lebewesen kennzeichnend ist, der bleibt die entscheidende Antwort schuldig. Wer nur in der Materie nach den Ursachen der Entstehung der UI sucht, ignoriert nicht nur die grundlegenden Naturgesetze über UI; er missachtet sie auch. **Die Geschichte der Wissenschaft zeigt, dass man Naturgesetze nur eine begrenzte Zeit lang ignorieren kann.**

ES9 in Kapitel 2.5 und ES28 und ES29 in diesem Kapitel führen zu einem weiteren, dem vierten abgeleiteten Naturgesetz aus NGI-4:

NGI-4d: Jede Übertragungskette von UI kann bis zu einem ursprünglichen intelligenten Sender zurückverfolgt werden.

Hier erweist es sich als nützlich, zwischen dem *ursprünglichen* und dem *vermeintlichen* Sender oder den zwischengeschalteten Überträgern zu unterscheiden. Als ursprünglichen Sender bezeichnen wir den Urheber der UI, und dieser ist immer ein Individuum, das mit Intelligenz und Wille ausgestattet sein muss (siehe Definition D10 unter NGI-4). Folgt dem eigentlichen Sender eine maschinelle Übertragungsstrecke, die aus mehreren Gliedern besteht, dann könnte man das letzte Glied irrtümlicherweise für den Sender halten. Weil das aber nur so scheint, nennen wir dieses Glied und auch alle anderen

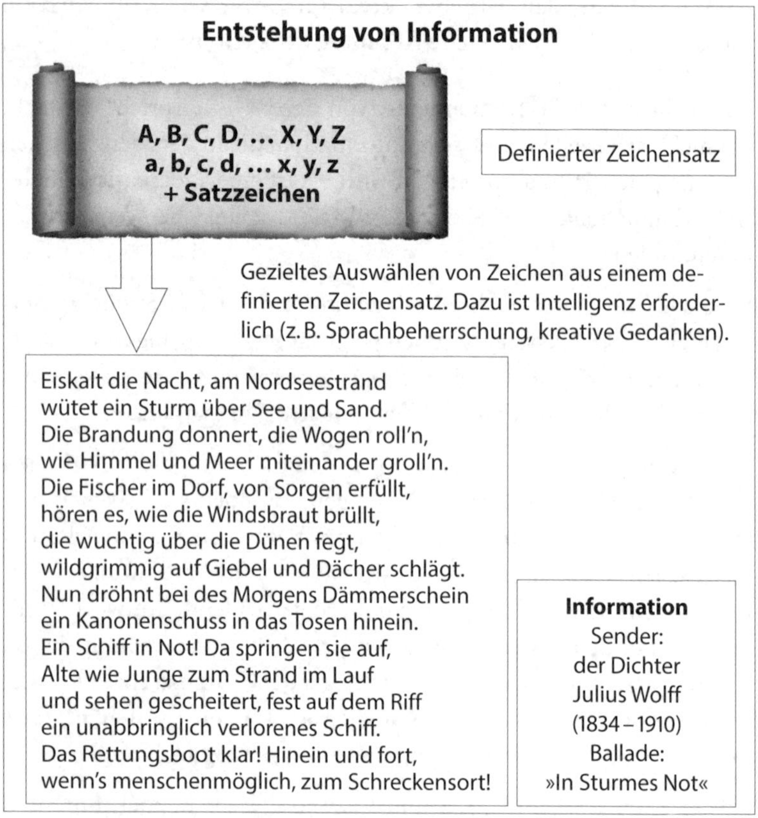

Bild 20: *Das Prinzip der Entstehung von Universeller Information.*

Glieder »zwischengeschaltete Überträger«, weil sie die Botschaft nicht selbst erzeugten. Dabei ist wichtig zu bedenken, dass zwischengeschaltete Überträger sowohl Maschinen als auch intelligente Wesen sein können. Diese zwischengeschalteten Überträger kopieren oder modifizieren die ursprüngliche UI nur.

Der ursprüngliche Sender ist oft nicht sichtbar: In vielen Fällen ist der Urheber der Information *nicht* oder *nicht mehr* sichtbar. Dass bei historischen Dokumenten der Autor *nicht mehr* sichtbar ist, ist kein Widerspruch zu der verlangten Beobachtbarkeit – in diesem Fall *war* er jedoch einst seinen Zeitgenossen beobachtbar. Manchmal ist die erhaltene Information über mehr oder weniger viele Zwischenglieder übertragen worden. Auch hier muss am Anfang der Übertragungskette ein intelligenter Sender gestanden haben. Am Beispiel des Autoradios sei dies erläutert: Die hörbare Information erhalten wir zwar aus dem Lautsprecher, aber dies ist nicht die eigentliche Informationsquelle – auch nicht der Sendemast oder die Übertragungseinrichtung im Studio und gewöhnlich nicht einmal der Radio-Sprecher, der nur etwas von einem Blatt abliest. Diese alle sind zwischengeschaltete Überträger. Nur der Autor, der am Anfang der Kette die Nachricht erzeugte, ist der ursprüngliche Sender. So gilt ganz allgemein: Am Anfang einer jeden Übertragungskette von Universeller Information steht immer ein intelligenter Urheber.

Indem wir ES2 (Kapitel 2.4) sowie die obige und die nachfolgende Diskussion benutzen, erhalten wir:

NGI-4e: Die Zuordnung von Bedeutung und deren Erkennung aus einem Zeichensatz sind intellektuelle Prozesse, die Intelligenz erfordern.

Informationsentstehung: NGI-4e beschreibt den Prozess *(Bild 20)*, wie nach aller unserer Beobachtung jede UI zustande kommt. Als Erstes wird auf einen Satz von Symbolen (Zeichensatz) zurückgegriffen, der zuvor gemäß **NGI-4a** festgelegt wurde. Als Nächstes werden nach und nach Zeichen aus dem Satz genommen und zu Einheiten von Information (z. B. Wörter, Sätze) zusammengefügt. Dieses Herausgreifen geschieht nicht zufällig, sondern unter Einsatz von Intelligenz. Der Sender verfügt über Kenntnisse der Sprache, die er einsetzt, und er weiß, welche Symbole er wählen muss, damit die von ihm beabsichtigte Bedeutung dargestellt wird, um seine beabsichtigten Handlungen und beabsichtigten Ziele zu vermitteln. Dieser Prozess ist also ein geistiger Prozess.

Verstehen der Information: Auf der Empfängerseite läuft nun der umgekehrte Prozess ab. Dem Empfänger muss der verwendete Zeichensatz bekannt sein. Aufgrund seiner Intelligenz (Sprachkenntnisse) kann er die Zeichen, Wörter und Sätze decodieren, die Semantik verstehen und auf die Botschaft reagieren. Das ist ebenfalls ein intellektueller Vorgang.

Diese beiden Vorgänge (Informationsentstehung und Verstehen der Information) stellen das Grundmuster aller ablaufenden Prozesse zwischen Sender und Empfänger dar.

Nach **NGI-4** können ursprüngliche Sender nur intelligente personhafte Wesen sein, während Maschinen als zwischengeschaltete Überträger kopierter oder modifizierter UI dienen können. *Bild 21* zeigt vier mögliche Kombinationen von Sendern bzw. Überträgern und Empfängern.

Fall a: Pfeil »a« in *Bild 21* benennt den Fall, dass sowohl der Sender als auch der Empfänger intelligent und unabhängig voneinander sind. Beide sind Individuen, die mit einem eigenen Willen und eigener Intelligenz ausgestattet sind (Beispiel: Autor und Leser eines Buches).

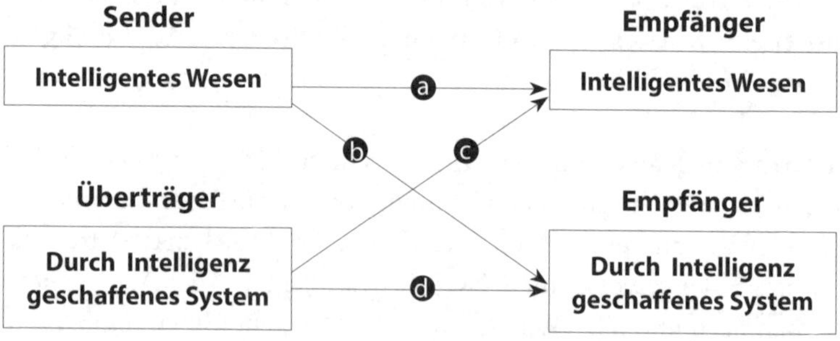

***Bild 21:** Vier mögliche Kombinationen von Sender/Überträger und Empfänger.*

Wie **NGI-4e** sagt, können sowohl Autor als auch Leser der Zeichensequenz Bedeutung verleihen bzw. entnehmen.

Wie schon unter **NGI-4d** erklärt, kann dem ursprünglichen Sender eine Kette von Übertragungsmaschinen folgen. Dann kann die Information entweder von einem Individuum oder von einer zu diesem Zweck konstruierten Maschine empfangen werden. An dieser Stelle müssen wir zwischen drei anderen Situationen unterscheiden:

Fall b: Der Pfeil »b« in *Bild 21* kommt von dem ursprünglichen Sender (einem intelligenten Individuum) und zeigt auf den Empfänger (eine Maschine ohne Intelligenz). In diesem Fall muss der Sender den gesamten decodierenden Prozess zuvor durchdacht und eine passende Maschinerie entworfen haben, die in der Lage ist, die beabsichtigte Pragmatik und Apobetik auf der Empfängerseite auszuführen. (Beispiel: Ein Programmierer schreibt die Software für einen Computer, der seinerseits die Herstellung verschiedener Schokoladensorten nach vorgegebenen Rezepten steuert. Die Maschine selbst »versteht« die Bedeutung nicht, die durch den Code und die Syntax der Computersprache ausgedrückt wurde. Es war die Aufgabe des Programmierers, die Rezepturen bezüglich Art und Menge der Bestandteile zu programmieren und jene Befehle vorzusehen, die die angeschlossenen Endgeräte steuern, sodass alle am Herstellungsprozess beteiligten Maschinen die richtigen Handlungen ausführen.)

Genauso kann ein nur aus Materie zusammengestelltes System plus Universelle Information keine neue UI erzeugen – es kann nur kopieren oder verändern –, denn: Zur Erzeugung von UI gehört Intelligenz.

Fall c: Pfeil »c« in *Bild 21* geht von einem (vermeintlichen!) Sender, einer Maschine ohne Intelligenz, zu einem Empfänger, einem Individuum mit Intelligenz. Beispiele hierfür sind ein Computer-Anwender (ein intelligenter Empfänger), der die Software eines Computers (Sender ohne Intelligenz) nutzt, oder eine Person (intelligenter Empfänger) hört die Rede eines Politikers von einem CD-Player.

Fall d: Sender und Empfänger sind beide nicht intelligent (nicht Individuum, sondern Maschine). In diesem Fall hat der (eigentliche!) Sender (Individuum) eine Maschinerie konstruiert, wobei er in Erweiterung zu b) auch den Senderanteil einer Maschine überlässt, die er entsprechend programmiert hat.

In allen vier Fällen sind sender- wie auch empfängerseitig Intelligenz und Wille erforderlich. Wird die eine Aufgabe oder werden auch beide Aufgaben einer Maschine übertragen, dann übernimmt ein Programm die Ausführung von Pragmatik und Apobetik. In jedem Fall aber entstammt das Programm einer geistigen Quelle.

***Hinweis:* Technische und biologische Maschinen können Information speichern, übertragen, decodieren und übersetzen, *ohne* die Zuordnung selbst zu verstehen. Diese sind dem Fall d) zuzuordnen.**

Ein Beispiel für diesen Fall »d« ist das in Deutschland benutzte System zur Übertragung der gesetzlichen Uhrzeit. Die von der Atomuhr der Physikalisch-Technischen Bundesanstalt in Braunschweig bereitgestellte Atomzeit wird mithilfe eines eigens für diesen Fall konstruierten Codes über den Sender DCF77 in Mainflingen bei Offenbach ausgestrahlt. Mithilfe geeigneter Empfangsgeräte (im Handel erhältlich) wird die übertragene Information in Uhrzeit und Datum decodiert. Sender und Empfänger sind beide durch Intelligenz geschaffene Systeme (*Bild 21*, Pfeil »d«).

Dieser Systemtyp wird in *Bild 22* dargestellt; alle Teile dieses Systems beruhen auf menschlicher Intelligenz.

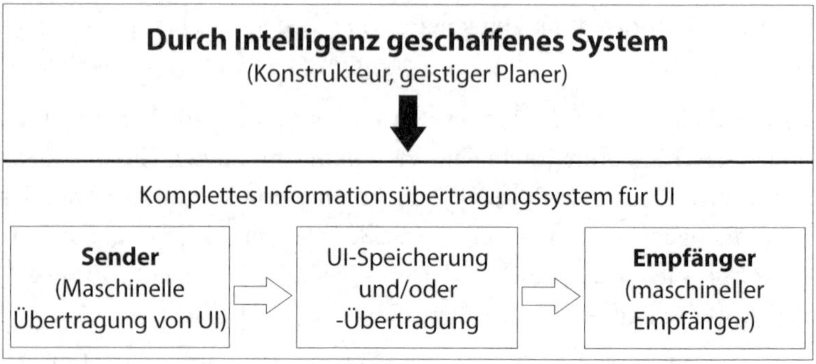

Bild 22: *Komplettes Übertragungssystem, in das die maschinellen Sender und Empfänger integriert sind. Das Gesamtsystem basiert auf Gedanken und Konzepten, die einer intelligenten Quelle bedürfen.*

In allen vier Fällen sind intelligenter Input und Wille nötig, sowohl aufseiten des Senders als auch aufseiten des Empfängers. Wird irgendeine Aufgabe einer Maschine übertragen, so muss ein Programm alle vier Ebenen der UI ausführen. In jedem Fall stammen sowohl das Programm als auch die kontrollierende Maschine aus einer intelligenten Quelle.

5.9 Die Apobetik der Universellen Information

Jede von intelligenten Urhebern erzeugte Information dient einem bestimmten Zweck (Apobetik). Für die Einordnung des Zwecks ist es vorteilhaft, eine Aufteilung in drei Kategorien vorzunehmen: **Herstellungsinformation, Betriebsinformation** und **Kommunikationsinformation**.

5.9.1 Herstellungsinformation

Herstellungsinformation schließt alle UI ein, die zur Herstellung von irgendetwas benutzt wird. Bevor ein Erzeugnis geschaffen wird, setzt der Sender seine Intelligenz, seinen Ideenreichtum, sein Know-how und seine Erfindergabe ein und codiert seine Konzeption in geeigneter Weise. Dieser codierte Bauplan begegnet uns auf mannigfache Weise z. B. als technische Zeichnung zum Bau einer Maschine, als Rezept für einen Kuchen, als chemisches Verfahren zur Synthese von Polyvinylchlorid, als Verdrahtungsplan für eine elektrische Schaltung oder als genetische Information zum Bau einer lebenden Zelle.

Die Gütekriterien der gesuchten Lösung finden ihren Niederschlag sowohl im gedanklichen Konzept (Semantik) als auch in der Raffinesse der Ausführung (Pragmatik) und lassen sich gemäß *Bild 23* je nach vorliegendem Fall durch die folgenden Stichworte kennzeichnen und bewerten: zugrunde liegendes Funktionskonzept, Grad der Erfindungshöhe, ausgeklügelte Lösungsmethode, erreichte Optimalität, eingesetzte Strategie, kurze Herstellungszeit, verwendete Technologie, geschickte Programmierung und erreichter Grad der Miniaturisierung (z. B. Bauweise mit geringem Materialaufwand und sparsamem Energieverbrauch). Die Qualität des sichtbaren Ergebnisses (Apobetik) kann z. B. beurteilt werden nach dem erreichten Ziel, der Zweckmäßigkeit im Einsatz, der genialen Funktionsweise und der garantierten Funktionssicherheit (z. B. geringe Störempfindlichkeit).

Wir wissen aus dem Bereich des Maschinenbaus, dass vor der Fertigstellung einer jeden Maschine (z. B. Dieselmotor, Turbine, Fräsmaschine) technische Zeichnungen benötigt werden, die genau festlegen, was zur Erstellung der Maschine erforderlich ist. In diesen Zeichnungen ist jedes Detail bis hin zum kleinsten Schräubchen erfasst. Die Maschine wurde zuvor von einem Konstruktionsingenieur erdacht, dann zeichnerisch dargestellt und aufgrund dieser Festlegungen in einer Werkstatt hergestellt. Die technische Zeichnung ist hier der »geeignete Code« zur Informationsdarstellung.

Analoges geschieht auch bei den lebenden Systemen. Nicht nur jedes Protein ist im DNS-Code erfasst; sondern auch jedes andere Detail – z. B. jedes Organ, jeder Muskel, alle Anweisungen zum Bau des Gehirns – ist als Information gespeichert und muss ausgeführt werden. Wir wissen aus Erfahrung, dass z. B. Augenfarbe, Nasenform oder auch spezifische Krankheiten genetisch vererbt werden. Das zeigt uns an: Jedes Körpermerkmal beruht auf Information. So können wir folgenden Satz festhalten:

ES31: Zu jedem Organ und zu jedem noch so kleinen Körperdetail in den Lebewesen ist die zugehörige spezifische Information gespeichert, die zur Ausführung gelangt.

Aus ES31 können wir deutlich erschließen, dass zufällige Veränderungen der Buchstaben im DNS-Molekül (Mutationen) keine neuen Konzepte hervorbringen können.

Bild 23 (rechte Seite): *Qualitätsmerkmale des Senders sowie seiner Information auf den Ebenen Semantik, Pragmatik und Apobetik.*
Die Grafik charakterisiert in erster Linie Qualitätsmerkmale der Herstellungsinformation und erfasst damit sowohl die ingenieurmäßigen Konzepte des Menschen als auch das göttliche Handeln in der Schöpfung. Die enge Kopplung der Qualitäten der Informationsaspekte mit den Fähigkeiten des Senders ist offensichtlich. Für die beiden anderen Informationsarten Betriebs- und Kommunikationsinformation sind vergleichbare Qualitätsmerkmale zu formulieren.

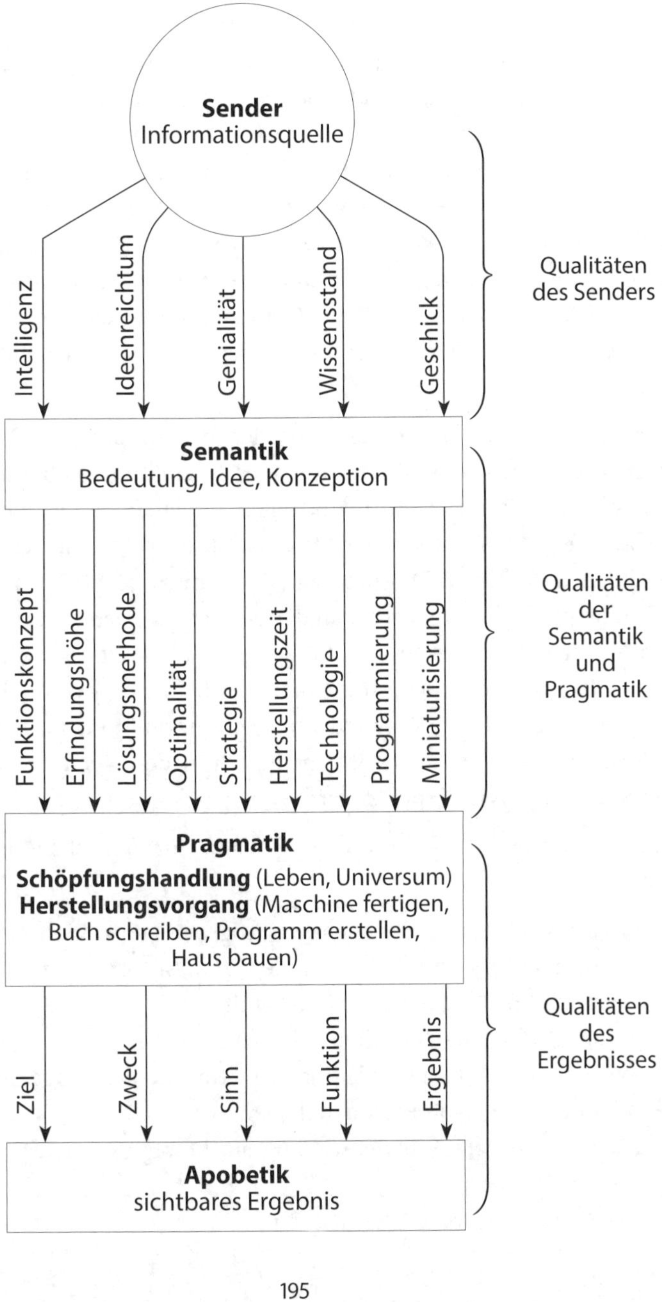
Sender
Informationsquelle
Intelligenz
Ideenreichtum
Genialität
Wissensstand
Geschick
Qualitäten des Senders
Semantik
Bedeutung, Idee, Konzeption
Funktionskonzept
Erfindungshöhe
Lösungsmethode
Optimalität
Strategie
Herstellungszeit
Technologie
Programmierung
Miniaturisierung
Qualitäten der Semantik und Pragmatik
Pragmatik
Schöpfungshandlung (Leben, Universum)
Herstellungsvorgang (Maschine fertigen, Buch schreiben, Programm erstellen, Haus bauen)
Ziel
Zweck
Sinn
Funktion
Ergebnis
Qualitäten des Ergebnisses
Apobetik
sichtbares Ergebnis

5.9.2 Betriebsinformation

In diese Kategorie der Information wollen wir alle jene Konzepte einordnen, die den Zweck haben, einen »Betrieb« in jedweder Form aufrechtzuerhalten. Ohne Betriebsinformation würden zahlreiche Systeme überhaupt nicht funktionieren. Diese Programme sind eine unabdingbare Voraussetzung für den konzeptionell festgelegten Ablauf. Wenn wir z. B. einen Drucker betreiben wollen, müssen wir auf dem angeschlossenen Computer die richtige Treiber-Software installiert haben, um die Kommunikation zwischen dem Computer und dem Drucker zu ermöglichen. Ohne diese Betriebsinformations-Software würde der Drucker mit dem Computer nicht zusammenarbeiten können. Auch eine Drehorgel funktioniert nicht ohne das Programm der Drehwalze.

Der menschliche Körper wäre nicht lebensfähig ohne das ihm beigegebene Informationskonzept mit allen Interaktionen über das Nervensystem zwischen Gehirn und allen Organen des Körpers. Der unbewusste Fluss statistischer Information im menschlichen Körper beläuft sich auf $3 \cdot 10^{24}$ bit pro Tag (siehe Anhang A1.2.2, »Die Informationsspirale«). Vergleicht man diesen Wert mit dem Gesamtwissen der Menschheit, wie es in allen Bibliotheken der Welt gespeichert vorliegt – 10^{18} bit –, dann kommt man zu der bemerkenswerten Feststellung: In unserem Körper wird pro Tag eine millionenfach größere Informationsmenge umgesetzt, als es das in den Büchern der Welt gespeicherte Wissen repräsentiert.

Weitere Beispiele aus Technik und Natur für Betriebsinformation sind:

- das als *Betriebssystem* bezeichnete Programm eines Computers,
- die Programme eines Roboters oder Prozessrechners,
- Warnsysteme für Flugzeuge und Schiffe,
- automatische Qualitäts-Kontrollsysteme,
- Systeme, die zur Identifikation der Stimme, des Fingerabdrucks oder der Retina von Personen dienen,
- aktive Sicherheitssysteme, wie z. B. ein Bewegungsmelder, der die Polizei alarmiert,
- die Pheromonsprache der Insekten,

- der Schwänzeltanz der Bienen,
- die Navigationssysteme der Zugvögel,
- Betriebsinformation im Tierreich, die wir in Unkenntnis ihrer Codierung und Übertragung mit dem Begriff »Instinkt« belegen.

5.9.3 Kommunikationsinformation

Alle anderen auftretenden Informationen wollen wir unter Kommunikationsinformation zusammenfassen. Hierzu gehören z. B. die Unterhaltung von Person zu Person, formale Vorlesungen, Briefe, Bücher, Telefongespräche, Radioübertragungen, der Gesang eines Vogels, die Botschaft der Bibel. Der Apobetikaspekt solcher Information ist hier weder die Herstellung eines Erzeugnisses noch die Aufrechterhaltung eines Vorgangs, sondern hier sind es Ziele wie: Berichterstattung, Auslösung von Freude, Unterhaltung, Wissenserweiterung oder persönliche Mitteilung.

Betrachtet man die Kommunikationssysteme der Ameisen, Bienen und Termiten, dann rufen sie bei uns ein Erstaunen ohnegleichen hervor. In der Welt der Ameisen finden wir ein ausgeklügeltes Kommunikationssystem mit einer genialen Informationsarchitektur. Dieses ermöglicht einer Kolonie aus Millionen von Individuen wie ein einziger Organismus zu handeln. Wissenschaftler stehen vor einem Rätsel, wer Ziele definiert und welche Gruppe sie ausführt und wie die notwendige Information bis zur einzelnen Ameise gelangt. Keiner weiß, wie Bedeutungen codiert und transferiert werden. Eine Vielzahl von speziellen Jobs ist zu jeweils einem bestimmten Zeitpunkt auszuführen. So gibt es im Ameisenstaat Codeknacker, Sklavenhalter, Viehhirten, Turnierkämpfer, Gärtner und Architekten. Ihrer hochstehenden sozialen Lebensweise verdanken es die Ameisen, dass sie zu den dominierenden Tiergruppen zählen und weltweit große Landlebensräume beherrschen. Alle Aufgaben werden mit Fleiß und Akribie ausgeführt, ohne sich gegenseitig zu behindern. Zusammengenommen bringen alle Ameisen auf der Erde etwa das gleiche Gewicht auf die Waage wie die gesamte Menschheit. Dabei ist zu bedenken, dass eine einzelne Arbeiterin je nach Art gerade einmal zwischen ein und 15 Milligramm wiegt.

Wie oben bei den produktiven (Herstellungsinformation), operationalen (Betriebsinformation) und kommunikativen (Kommunikationsinformation) Kategorien der Universellen Information gezeigt wurde, ist die Absicht des ursprünglichen Senders erreicht, wenn der Empfänger gewisse spezifische Handlungen ausführt. Erwartetes Handeln wurde in Kapitel 2.6 ausführlich bearbeitet. Diese Handlungen sind so spezifisch und gesteuert, wie es bei natürlich ablaufenden physikalisch-chemischen Prozessen unmöglich wäre. Weil das so ist, können diese Handlungen nur mithilfe von Maschinen ausgeführt werden. Hier lohnt es sich, die Definition einer Maschine zu wiederholen: *Eine Maschine ist ein materielles Gebilde, das Energie benötigt, um spezifische Funktionen zu erfüllen.*

Wir verweisen hier auf Kapitel 2.6 bezüglich der Definitionen und Details über Pragmatik (D6) und Maschinen (D7). Weiterhin benutzen wir ES13 bis ES17, um NGI-5 und vier davon abgeleitete spezifischere Formulierungen NGI-5a bis NGI-5d dieses Naturgesetzes festzuhalten:

NGI-5: Damit sich der pragmatische Aspekt der Universellen Information im materiellen Bereich auswirken kann, bedarf es immer einer Maschine.

NGI-5a: Universelle Information und schöpferische Ideen sind für die Planung, und schöpferische Kraft ist für die Konstruktion aller Maschinen nötig.

NGI-5b: Das Vorhandensein funktionierender Maschinen bedeutet immer, dass zuvor Universelle Information den Bereich des Materiellen beeinflusst oder beeinflusst hat.

NGI-5c: Sind Maschinen einmal konstruiert und gefertigt, so operieren sie ausschließlich im Rahmen der physikalischen und/oder chemischen Naturgesetze der Materie.

NGI-5d: Maschinen verarbeiten Materie in spezifischer Weise und erzeugen dabei Produkte, die niemals allein durch ungesteuerte physikalisch-chemische Prozesse entstehen würden.

5.10 Gibt es ein Gesetz von der Erhaltung der Information?

Für die materielle Größe »Energie« gibt es ein sehr bedeutendes Naturgesetz, nämlich den Erhaltungssatz über die Energie:

In einem geschlossenen System ist die Summe der Energien – unabhängig von den dort auftretenden Erscheinungsformen – konstant. Mit anderen Worten: Energie kann weder erzeugt noch vernichtet werden, sie kann nur von einer Form in die andere überführt werden.

Es stellt sich die Frage, ob es für die Information ein vergleichbares Naturgesetz gibt. Die kurze Antwort ist: Nein!

Vorhandene Information kann auf zweierlei Weise teilweise zerstört oder völlig vernichtet werden, nämlich:

1. durch Intelligenz: Wir können eine Festplatte formatieren, und auf diese Weise beseitigen wir gespeicherte Briefe oder ganze Buchmanuskripte. Wir ändern aber auch ständig Texte, an denen wir arbeiten, um sie zu verbessern oder zu erweitern. Haben wir die Vorgängerversionen nicht extra gespeichert, dann ist das zuvor Gedachte endgültig verloren.

Halten wir fest:

ES32: Bereits vorhandene Information kann durch Einsatz von Intelligenz vollständig oder teilweise beseitigt oder verändert werden.

Das kann absichtlich oder auch zufällig geschehen (z. B. durch Bedienungsfehler am Computer).

2. durch physikalische und chemische Prozesse: Wir beobachten, dass in Stein gemeißelte Texte (z. B. Inschriften auf Grabsteinen, Schriftzeichen auf Obelisken und Denkmälern) im Laufe der Zeit in freier Natur, wo sie allen Umwelteinflüssen ausgesetzt sind, zunehmend verwittern und schließlich gar nicht mehr lesbar sind. Holzbalken mit Inschriften vermodern, und die Tintenschrift auf alten Dokumenten vergilbt schließlich bis zur Unkenntlichkeit. Feuersbrünste haben immer wieder beachtliche Mengen an Information vernichtet. Ein besonders großer Verlust an Information ist mit der Bibliothek von Alexandrien verbunden. Die im heutigen Ägypten liegende Stadt Alexandria war die Hauptstadt des antiken Ptolemäerreiches und beherbergte die bedeutendste Bibliothek des klassischen Altertums. Als der römische Kaiser *Caesar* im Jahre 48 v. Chr. in Alexandria kämpfte, ließ er sämtliche Schiffe im Hafen niederbrennen. Dabei soll auch die Bibliothek in Flammen aufgegangen sein. Der Verlust an Buchrollen wird von den antiken Autoren zwischen 40 000 *(Seneca)* und 700 000 Buchrollen *(Aulus Gellius)* geschätzt. Unabhängig davon, welche Zahl der Wirklichkeit besser entspricht, gingen bei diesem Brand zahlreiche Dokumente von unschätzbarem Wert für immer verloren.

Disketten und Festplatten sind magnetische Speichermedien, die auch bei günstigen Bedingungen nur eine Haltbarkeit von wenigen Dekaden aufweisen. CDs und DVDs schneiden im Haltbarkeitsvergleich mit magnetischen Medien nur unwesentlich besser ab. Der Alterungsprozess und die Einwirkung von Licht verursachen Oberflächenveränderungen, die einen signifikanten Informationsverlust verursachen.

In den Sand geschriebene Information am Meeresstrand hat nur eine sehr kurze Speicherzeit, denn der nächste Wind oder eine Welle verweht jede Spur, und die Information ist unwiederbringlich gelöscht.

Halten wir fest:

ES33: Natürliche Prozesse der verschiedensten Art bewirken (ohne Zutun von Intelligenz!) im Laufe der Zeit die gänzliche oder teilweise Zerstörung existierender Universeller Information.

Für Information gibt es somit kein Naturgesetz bezüglich ihrer Erhaltung wie bei der Energie. Vielmehr besteht die Tendenz, dass natürliche Prozesse zerstörend auf vorhandene Information wirken. Eine Vermehrung der Menge Universeller Information ist nur durch Intelligenz möglich, während deren Verminderung sowohl auf intelligentes Einwirken als auch auf physikalisch-chemische Prozesse zurückzuführen ist, die keines intelligenten Inputs bedürfen.

Nun können wir ein sechstes Naturgesetz für Information einführen:

NGI-6: Durch natürliche Prozesse kann vorhandene auf Materie gespeicherte Universelle Information niemals zunehmen, sondern immer nur abnehmen.

5.11 Zusammenfassung

Alle oben genannten Naturgesetze der Universellen Information wurden aus Beobachtung und Erfahrung abgeleitet und sind darum frei von ideologischen Voreinstellungen, philosophischen Schlussfolgerungen oder spekulativen Ideen. Bis heute wurde noch keines dieser Gesetze durch begründeten Widerspruch oder durch Experimente oder durch nur eine einzige Beobachtung falsifiziert.

Die Naturgesetze haben sowohl erlaubenden als auch verbietenden Charakter.

Oder anders ausgedrückt:

Die Naturgesetze haben sowohl beweisenden als auch widerlegenden Charakter (siehe Anhang A5.1).

Die Naturgesetze für materielle Größen haben genauso wie die Naturgesetze für nicht-materielle Größen (wie die Universelle Information) zwei wichtige Funktionen:

Naturgesetze können auch im Sinne einer Ja/Nein-Entscheidung angewandt werden. Hat man die Idee zu einem zunächst nur gedachten Vorgang, so lässt sich mithilfe der Naturgesetze entscheiden, ob ein solcher Vorgang *erlaubt* oder *verboten* ist.

Die Naturgesetze beschreiben Regelmäßigkeiten im Verhalten wirklich bestehender Systeme, und sie erlauben Aussagen über etwas, was geschehen ist und was geschehen kann. Das zeigt den erlaubenden Charakter der Naturgesetze. Indem sie bei real existierenden Systemen die Grenzen ihres Verhaltens aufzeigen, können diese Gesetze auch etwas zu dem sagen, was grundsätzlich nicht geschehen *kann*, d. h., was unmöglich ist.

Es ist eine bedeutende Stärke der Naturgesetze, uns sagen zu können, was nicht zum Bereich des Möglichen gehört. In diesem Sinn haben die Naturgesetze einen verbietenden Charakter. Der Verbotscharakter ist uns von den Verkehrsschildern her geläufig. Kommt man mit dem Auto an eine Kreuzung mit einem STOP-Schild, so ist es verboten, ohne Anhalten weiterzufahren. Wenn jemand diese Regel missachtet, kann er die Kreuzung prinzipiell auch ohne Halt überfahren. Bei den Naturgesetzen ist ein Verbot immer absolut, d.h., es gibt gar keine Möglichkeit, dieses Gesetz zu übertreten.

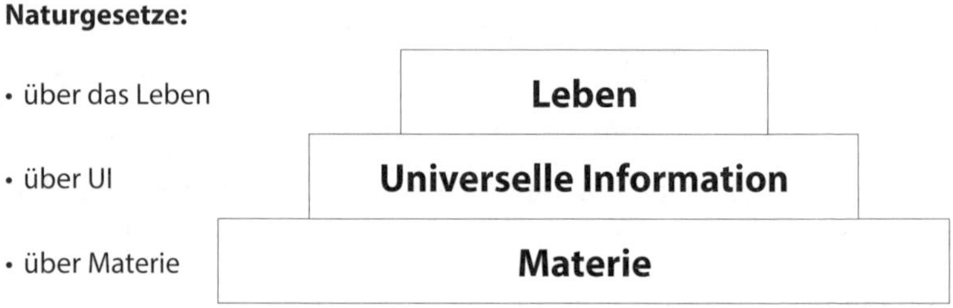

Bild 24: *Hierarchische Darstellung von Materie, Universeller Information und Leben. Es gibt für jede dieser drei hierarchischen Ebenen Naturgesetze, die auf sie anwendbar sind.*

Viele Menschen haben nur weiße Schwäne gesehen. Trotzdem gibt es kein Naturgesetz, das rote, blaue oder schwarze Schwäne verbietet. Schwarze Schwäne sind sogar schon gesehen worden, aber bisher weder rote noch blaue.

Niemand hat jemals Wasser von allein bergauf fließen gesehen. Damit ist noch nicht gesagt, ob es nicht irgendwo doch möglich ist. Erst wenn ein Naturgesetz zur Anwendung kommt, welches so etwas verbietet, kann dieses Ereignis überall und immer ausgeschlossen werden.

Allgemein gesprochen: Je ausschließlicher und spezieller ein Naturgesetz gefasst ist, umso wertvoller wird es. In Kapitel 8 wollen wir die Naturgesetze über die Universelle Information benutzen, um verbreitete wissenschaftliche Irrlehren genauso auszuschließen, wie wir es ausschließen, dass Wasser von sich aus und ohne auf irgendeine Weise dazu gezwungen zu werden, bergauf fließt.

5.12 Formulierung von Unmöglichkeitsgesetzen

Die meisten der oben genannten Naturgesetze der Universellen Information können auch als Unmöglichkeitssätze formuliert werden. Ganz allgemein wird das für die Naturgesetze in Anhang 3 (A3.2) beschrieben. Einige Unmöglichkeitssätze für UI seien hier genannt:

NGI-3U: Es ist unmöglich, dass UI in reinen Zufallsprozessen entstehen kann.
NGI-4U: Es ist unmöglich, dass UI ohne einen intelligenten Sender entstehen kann.
NGI-4aU: Es ist unmöglich, ohne einen intelligenten Sender ein Code-System zu erstellen.
NGI-4bU: Es ist unmöglich, eine UI-Kette vorzufinden, bei der die ursprüngliche UI nicht von einer intelligenten Quelle erzeugt wurde.

5.13 Drei Bereiche der uns umgebenden Wirklichkeit

Die Wirklichkeit der uns umgebenden Welt lässt sich gemäß *Bild 24* in drei hierarchisch angeordnete Bereiche aufteilen: **Materie**, **Information** und **Leben**. Für jeden Bereich gibt es spezifische Naturgesetze. Alles in dieser Welt Vorkommende lässt sich einem der drei folgenden Bereiche zuordnen:

Materie ist hier auf der untersten Ebene dieser Hierarchie angeordnet. Alle uns bekannten Naturgesetze der Physik und der Chemie beherrschen diesen Bereich (z. B. das Energieerhaltungsgesetz, das Gesetz von der Erhaltung des Dralls, das Gesetz von der Erhaltung der Ladung).

Nach NGI-1 gehört die Universelle **Information** nicht zur materiellen, sondern in die nächsthöhere Ebene. Im Gegensatz zu dem materiellen Bereich (unterste Stufe) ist die zweite Stufe dem Bereich des Nicht-Materiellen zuzuordnen.

Die höchste Ebene bildet das **Leben**. Wie Information, so ist auch Leben eine nicht-materielle Größe. Leben ist gegenüber der Information ein deutlich anderes Phänomen (Näheres dazu siehe Kapitel 6). Es ist bisher noch nicht gelungen, eine präzise wissenschaftliche Definition für Leben zu finden. Alle bisherigen wissenschaftlichen Beschreibungen beziehen sich ausschließlich auf die materielle Komponente der Lebewesen (z. B. Stoffaustausch, Energieaustausch, Vermehrung, Sensorik). Damit ist das Wesen des Lebens aber längst nicht erfasst. Was ist es, was den lebenden Menschen von der Situation unmittelbar nach dem Tod unterscheidet? Was unterscheidet die lebende von der toten Ameise?

Einen grundlegenden und bis heute durch kein Experiment widerlegten Satz stellte der französische Mikrobiologe *Louis Pasteur* (1822–1895) auf: »Leben kann nur aus Leben kommen« *(»Omne vivum ex vivo«).* Obwohl wir nur intuitiv verstehen, was Leben ist, können wir den Satz von *Pasteur* als das erste uns bekannte Naturgesetz des Lebens ansehen. Wenn wir eine ähnlich treffsichere Definition für das Leben gefunden haben, wie wir es für die Information gefunden haben, ist der Schritt bis zur Formulierung von Naturgesetzen für das Leben nicht mehr weit (siehe Kapitel 6.3).

Biologische Lebensformen bestehen aus zwei Komponenten, dem materiellen und dem nicht-materiellen Anteil. Bezüglich der drei gezeichneten hierarchischen Ebenen sind noch folgende Aussagen bemerkenswert:

- Universelle Information ist eine nicht-materielle Größe. Sie braucht aber Materie zur Speicherung und zur Übertragung.
- Universelle Information ist nicht Leben; aber sie ist ein fundamentaler Teil in den Zellen und ist daher eine notwendige Voraussetzung für biologisches Leben.
- Biologisches Leben ist nicht Materie plus Universelle Information, aber beide sind unabdingbare Voraussetzungen für das biologische Leben.

In den nächsten beiden Kapiteln wollen wir das biologische Leben als unbekanntes System ansehen und prüfen, ob es **Universelle Information** enthält. Das biologische Leben ist ein unvorstellbar komplexes und hoch vernetztes System, das in der gesamten irdischen Biosphäre vorkommt.

Kapitel 6: Unser Leben – nichts als Materie?

6.1 Ist biologisches Leben reine Materie (Masse und Energie)?

Je nachdem, wie wir die in der Überschrift gestellte Frage beantworten, ergeben sich für unser Verständnis von *Herkunft, Sinn und Ziel unseres Lebens* zwei grundlegend verschiedene Wege.

Das zurzeit allgemein akzeptierte wissenschaftliche Paradigma behauptet, dass alle Wirkungen in unserer Welt letztlich physikalische Ursachen haben. Es wird also vorausgesetzt, dass es nichts über den materiellen Bereich hinaus gibt. Alles, was wir vorfinden, muss demnach physikalisch oder chemisch begründbar sein.

Der Ursprung des weitverbreiteten Dogmas, auch das Leben sei ausschließlich materiell, lässt sich weit bis in die Vergangenheit zurückverfolgen. Der griechische Philosoph *Theophrast* (372–287 v. Chr.), ein Schüler von *Aristoteles*, behauptete, das Leben sei mechanisch determiniert und man müsse bei dessen Beschreibung und Erklärung so vorgehen wie bei den »mechanischen Künsten«. Die Geschichte der Biologie lässt sich als ein Wechselspiel von mechanistischen und vitalistischen[42] Konzepten darstellen, wobei das erstere heute das vorherrschende Wissenschaftsparadigma repräsentiert. Wer waren die Wegbereiter für diese mechanistische Sichtweise?

---

42 **Vitalismus:** Der Vitalismus ist eine philosophische Lehre, wonach die Lebensvorgänge anderen Gesetzmäßigkeiten folgen, als dies bei den kausalmechanischen Vorgängen in der leblosen Natur der Fall ist. Schon *Aristoteles* (384–322 v. Chr.) hatte die Eigengesetzlichkeit der lebenden Strukturen erkannt und postulierte hierfür das Wirken einer spezifischen Kraft, die er *Entelechie* nannte. Die Annahme einer Lebenskraft *(vis vitalis)*, die das Wachstum oder das Verhalten lebender Systeme steuert, konnte nicht experimentell bestätigt werden und wurde darum von den Vertretern des Mechanismus entschieden abgelehnt. Wie im Folgenden noch gezeigt wird, lehnen wir in diesem Buch sowohl die mechanistische als auch die vitalistische Position ab, da beide nicht durch die beobachtbare Realität abgedeckt sind.

Galileo Galilei (1564–1642), einer der Begründer der modernen Naturwissenschaft, ersetzte das Studium philosophischer Quellen durch Beobachtung und Experiment. Seine Devise lautete: »Man muss messen, was zu messen ist, und messbar machen, was noch nicht gemessen werden kann.«

Seine Fallversuche am Schiefen Turm von Pisa, um das Gravitationsgesetz zu bestätigen, werden von vielen als die Geburtsstunde der modernen Wissenschaft angesehen. Er drückte seine Ergebnisse in geometrischen Zeichnungen und mit mathematisch präzisen Worten aus (noch nicht in algebraischen Ausdrücken, die erst nach seiner Zeit entwickelt wurden). Der britische theoretische Physiker und Astrophysiker *Stephen W. Hawking* (1942–2018) sagte: *»Galileo war vielleicht mehr als jede andere Einzelpersönlichkeit für die Geburt der modernen Wissenschaft verantwortlich.«* In der Wissenschaft auf diese »galileische« Weise vorzugehen, hat sich in der Folge als außerordentlich erfolgreich erwiesen. Das verdankt sie insbesondere dem Umstand, dass die wissenschaftliche Analyse auf jene Fragestellungen eingeengt wurde, die sich mechanistisch bearbeiten ließen. Dies wiederum führte gewissermaßen zu einer Mechanisierung des vorherrschenden Weltbildes. Die von Sir *Isaac Newton* (1643–1727) entwickelte Mechanik war ein weiterer markanter Meilenstein in diese Richtung, der ihn zum Begründer der klassischen theoretischen Physik machte. Doch nach *Newton* stand die Physik vor der Wahl, entweder zuzugeben, sie habe nur mit dem Physikalischen zu tun, wobei das Nicht-Physikalische immer noch bestand und das Physikalische beeinflussen konnte, oder das Nicht-Physikalische völlig zu leugnen und zu erklären, das Physikalische sei alles, was es gibt. Mechanische und dynamische Prozesse rückten in zunehmendem Maß ins Zentrum des Interesses und wurden durch die Arbeiten von *Leonhard Euler* (1707–1783), *Joseph L. Lagrange* (1736–1813), *Pierre S. Laplace* (1749–1828) und Sir *William Hamilton* (1805–1865) theoretisch vertieft und mathematisch durchdrungen.

Die beachtlichen Erfolge im Bereich der unbelebten Natur übten eine starke Anziehungskraft auf jene Disziplinen aus, die sich mit dem Leben beschäftigen (z. B. Biologie, Physiologie und Medizin). Diese Lebenswissenschaften gerieten durch die erzielten Fortschritte der

Physik in einen so starken Sog, dass man meinte, auch das Leben sollte und könnte in gleicher Weise auf ausschließlich mechanistische Art erklärt werden. In der Mitte des 19. Jahrhunderts kam es somit zu einer Blüte des reduktionistischen Materialismus, der annimmt, bei allen Ursachen und Wirkungen habe man es ausschließlich mit physikalischen Erscheinungen zu tun. Herausragende Vertreter dieser Anschauung waren *Emil du Bois-Reymond* (1818 – 1896) und *Hermann Helmholtz* (1821 – 1894). Während der Versammlung deutscher Naturforscher in Innsbruck (1869) formulierte Letzterer [P3, S. 9]:

> *»Endziel der Naturwissenschaften ist, die allen anderen Veränderungen zugrunde liegenden Bewegungen und deren Triebkräfte zu finden, also sie in Mechanik aufzulösen.«*

Diese programmatische Forderung wurde von vielen Biologen seiner Zeit aufgegriffen. Im Vorwort zu seiner *»Generellen Morphologie«* forderte *Ernst Haeckel* (1834 – 1919), die Wissenschaft von den Organismen »durch mechanisch-kausale Begründung« auf das Niveau der anorganischen Wissenschaften zu heben. *Max Verworn*, ein Schüler *Haeckels*, verfasste eine *»Mechanik des Geisteslebens«*. Hierin verfolgt er das Ziel, *»die physiologischen Bedingungen der geistigen Vorgänge mechanisch«* zu analysieren.

Diese Beispiele belegen, wie früh schon in den Lebenswissenschaften falsche wissenschaftliche Weichen gestellt wurden. Alle Phänomene sollten ausschließlich materiell erklärt werden. Nicht-Materielles gab es definitionsgemäß nicht. Vor solchem Hintergrund ist es leicht verständlich, dass sich weltweit eine materialistische Philosophie etablieren konnte. Materialistische Ideologien (wie z. B. Faschismus, Humanismus, Atheismus und verschiedene Ausprägungen des Kommunismus, wie Marxismus, Leninismus, Stalinismus und Maoismus) und ihre Folgen im 20. Jahrhundert haben sich als schädlich, entzweiend und oft genug zerstörend erwiesen, wenn sie sich im tatsächlichen Leben auswirken konnten. Der Mitbegründer des Marxismus *Friedrich Engels* (1820 – 1895) lehrte, überzeugt von obigen Vorstellungen: *»Die stoffliche, sinnlich wahrnehmbare Welt, der wir selbst angehören, ist das einzig Wirkliche.«*

Der materialistische Ansatz der Biologie wurde noch durch eine zweite Strömung unterstützt, die sich in der Folgezeit allgemein durchsetzen konnte. Indem *Charles Darwin* (1809 – 1882) die Evolution der Lebewesen auf natürliche Auslese zurückführte, ließ er nur noch ein rein mechanisch wirksames Prinzip zu. Von dieser Strömung ließen sich viele Wissenschaftler mitreißen und wurden selbst zu engagierten Vertretern dieser Idee. Nur einige seien hier stellvertretend genannt:

Den Nobelpreisträger und Quantenphysiker *Erwin Schrödinger* (1887 – 1961) finden wir im breiten Meinungsstrom einer auf die Materie reduzierten Wirklichkeit. In seinem viel zitierten Buch *»Was ist Leben?«* schrieb er [S6, S. 134+139]:

> *»Der Ablauf der Lebensvorgänge in einem Organismus zeigt eine bewundernswerte Regelmäßigkeit und Ordnung, die in der unbelebten Materie nicht ihresgleichen findet ... Die Schwierigkeit, den Lebensvorgang mithilfe der gewöhnlichen Gesetze zu deuten, braucht uns deswegen nicht zu entmutigen ... Oder sollten wir lieber von einem nichtphysikalischen, um nicht zu sagen, überphysikalischen Gesetz sprechen? Nein, ich glaube nicht. Denn das neue Prinzip ist ein echt physikalisches. Es ist meiner Meinung nach nichts anderes als wiederum das Prinzip der Quantentheorie.«*

Für *Schrödinger* war die Ordnung der Lebewesen aus der Organisation ihrer Teile zu verstehen, und diese erklärten sich wiederum allein aus physikalischen Gesetzmäßigkeiten.

In *»Stufen zum Leben«* schrieb *Manfred Eigen* [E3, S. 47+149]:

> *»Leben ist ein dynamischer Ordnungszustand der Materie ... Die Logik des Lebenden hat ihren Ursprung in Physik und Chemie. Die Nukleinsäuren stehen an der Grenze zwischen Chemie und Biologie. Ihre spezifisch chemischen Eigenschaften bilden die Voraussetzungen, um aus Nicht-Leben Leben werden zu lassen.«*

Mit diesen Aussagen schließt auch er sich all jenen an, die da sagen: *»Leben ist eine rein materielle Größe.«*

Eigens Schüler *Bernd-Olaf Küppers* (*1944) definiert in seinem Buch »*Leben = Physik + Chemie?*« das Leben nach der Gleichung »Leben = Materie + Information«. Damit die Gleichung dimensionsmäßig aufgeht, wird Information zwangsweise zu einer materiellen Größe – dasselbe gilt auch für das Leben. Ihm kommen offenbar selbst Zweifel, wie Leben allein mithilfe von Physik und Chemie erklärt werden soll, zumal diese Disziplinen sich grundsätzlich nicht mit semantischen Phänomenen wie Funktionalität und Zweckmäßigkeit befassen. Dennoch verharrt auch er bei dem Dogma, dass Leben eine materielle Größe ist. Mit einem längeren Zitat wollen wir das belegen [K5, S. 18-20]:

> »*Wie kann dann aber im Rahmen des reduktionistischen Forschungsprogramms, das ja allein auf den Methoden der Physik und Chemie basiert, die Existenz informationstragender Systeme erklärt werden? … Um Aufgabe und Ziel des reduktionistischen Forschungsprogramms richtig einschätzen zu können, müssen wir zunächst den reduktionistischen Erklärungsbegriff präzisieren. Dieser Erklärungsbegriff ist … an der Physik orientiert. In der Physik pflegt man zu sagen, man habe für ein bestimmtes Ereignis eine naturgesetzliche Erklärung, wenn man unter der Menge der natürlichen Ereignisse eine Gesetzmäßigkeit gefunden hat, die es ermöglicht, das Ergebnis aus den Randbedingungen abzuleiten. … Aufgabe und Ziel des reduktionistischen Forschungsprogramms ist es, die Lebenserscheinungen aus einem solchen Bedingungskomplex allein mithilfe der bekannten Gesetzmäßigkeiten der Physik und Chemie abzuleiten. Die gesamte Molekularbiologie beruht auf diesem Erklärungsprinzip.*«

Eine gute Zusammenfassung der letzten 40 Jahre über die verschiedenen reduktionistischen Vorstellungen bezüglich des Lebens und der Lebensentstehung gibt der amerikanische Wissenschaftler *Stephen C. Meyer* (*1958) in seiner Übersichtsarbeit »DNS und die Entstehung des Lebens: Information, Beschreibung und Erklärung« [M4]. Wenn eine moderne biologische Enzyklopädie einzig die mechanistische Position zulässt, dann zeigt das nur allzu deutlich, wie sehr die materialistische Weltsicht das allgemeine Denken unterwandert hat [L2; Bd. 5, S. 211]:

»Leben ist eine Seinsform der irdischen Materie. Es tritt stets nur in Form eines hochkomplex organisierten Verbandes ihrerseits ebenfalls komplexer Strukturen auf, durch deren geregeltes Zusammenwirken das Phänomen Leben als neue Systemeigenschaft möglich ist.«

Es wird damit ausgesagt: Leben ist nur eine von vielen anderen Eigenschaften der Materie.

Physik und Chemie befassen sich definitionsgemäß ausschließlich mit der Materie. Das Leben ist nach dem oben Gesagten total physikalisiert oder – wie in der heutigen Molekularbiologie üblich – total chemikalisiert und muss sich, so wie ein lebloses Objekt, durch Parameter der Physik oder Chemie erfassen lassen. Ist diese Annahme falsch – und das wird noch gezeigt –, dann beruht das gesamte reduktionistische Forschungsprogramm auf unrichtigen Fundamenten und muss somit automatisch zu falschen Ergebnissen führen.

Dabei wollen wir festhalten: Es gibt zahllose Felder, auf denen sich der materialistisch-mechanistische Ansatz als äußerst erfolgreich erwiesen hat, wie in der Physik, der Chemie und sogar in Einzelprozessen innerhalb biologischer Organismen. Doch wurde als Ergebnis dieser Erfolge mechanistischer Erklärungen einerseits und der Akzeptanz der Evolution andererseits das Dogma *»Leben ist rein materiell«* in weitem Umfang übernommen, ja, es wird als das einzig wahre Paradigma betrachtet, nach dem man die Fakten zu beurteilen hat. Dem Reduktionismus entgeht dabei unversehens der gravierende Unterschied zwischen Leben und Nicht-Leben.

Noch einmal: Wenn das Leben *nicht* einfach ein physikalisch-chemisches Phänomen ist, dann versperrt uns die einengende Wissenschaft den Weg, das wahre Wesen des Lebens zu entdecken. Der Materialismus stellt uns dann vor eine weitere Schwierigkeit: Er kann das Leben nicht definieren. Während nicht darüber diskutiert wird, ob ein Hund lebt und ein Stein tot ist, gibt es keine wirkliche Definition des Lebens, auf die man sich beziehen kann, wenn es in den mikroskopischen Bereich geht.

Besonders gravierend sind beim Materialismus die Folgen des Irrtums, wenn es um Herkunftsfragen geht. Dann muss die Materie konsequenterweise die einzige Ursache für Information und Leben sein. Wenn zufällige physikalische und chemische Prozesse die alleinigen Quellen sind, dann sind Absicht, Moral, freier Wille und Verantwortlichkeit ebenfalls nur Zufallsereignisse und haben keine Bedeutung an sich. In der Tat laufen die Behauptungen aller materialistisch gesinnten Autoren genau in diese Richtung. Anhand einiger Zitate soll auch dieses belegt werden:

Dem französischen Nobelpreisträger *Jacques Monod* (1910–1976) zufolge [M7, S. 106+129] ist

> »*das gesamte Konzert der belebten Natur aus störenden Geräuschen hervorgegangen … Reiner Zufall, nichts als Zufall, die absolute Freiheit als Grundlage des wunderbaren Bauwerks der Evolution … ist die einzig vorstellbare [Hypothese]. … Weder trug das Universum das Leben noch die Biosphäre den Menschen in sich. Unsere ›Losnummer‹ kam beim Glücksspiel heraus. Ist es da verwunderlich, dass wir unser Dasein als sonderbar empfinden – wie jemand, der im Glücksspiel eine Milliarde gewonnen hat?*«

Während *Monod* noch zugibt, dass »*das größte Problem der Ursprung des genetischen Codes und dessen Übertragungsmechanismus ist*«, behauptet *Eigen* [E3, S. 55]: »*Information kommt aus Nicht-Information.*« Weil nach materialistischer Denkweise die Materie als einzige Quelle infrage kommt, muss auch die Information als allein von der Materie kommend angenommen werden. Dies ist aber nie beobachtet worden!

An diesem Punkt wird die Definition von Information lebenswichtig für die Argumentation. Ausgehend von rein anorganischen Substanzen, war bisher noch niemand in der Lage, Universelle Information durch physikalisch-chemische Zufallsprozesse zu erzeugen. Ist die rein materialistisch-mechanistische Naturbetrachtung überhaupt noch in Übereinstimmung mit der heutigen wissenschaftlichen Erkenntnis? *Reinhard Eichelbeck* (*1945) liefert uns folgende Antwort [E1, S. 39]:

»Die heutige Naturwissenschaft ist materialistisch orientiert – nicht aus Notwendigkeit, sondern aus Tradition. Traditionen sind manchmal nützlich, manchmal sind sie eine Zwangsjacke oder zumindest ein Hemmschuh – vor allem, wenn es um neue Denkmodelle geht. Viele Wissenschaftler haben eine Heidenangst vor allem, was sich jenseits der Grenzen von Physik und Chemie befindet. Schon das Wort ›Metaphysik‹ bringt ihren Adrenalinspiegel in den roten Bereich. Aber wenn man diesen Begriff einmal nüchtern ansieht, … dann wird deutlich, dass er auch etwas bezeichnet, womit wir heute ganz selbstverständlich umgehen: nämlich das, was wir als Information oder ›Software‹ bezeichnen. Information ist immer ›metachemikalisch‹ in Bezug auf den Informationsträger, und ›Software‹ immer ›metaphysikalisch‹ in Bezug auf die ›Hardware‹. Information lässt sich durch Physik und Chemie nicht messen, nicht beschreiben und schon gar nicht erklären … Und eine Wissenschaft, die am Beginn des Informationszeitalters immer noch ausschließlich Kraft und Stoff gelten lässt, ist auf dem Stand von vorgestern.«

Eichelbeck hat richtig erkannt, dass weder *Information* noch *Leben* mechanistisch erklärt werden können. Wir brauchen ein neues Modell – ein neues Paradigma –, das Information für das ansieht, was sie wirklich ist – eine nicht-materielle Größe. Dieses neue Modell bereitzustellen, ist das zentrale Anliegen dieses Buches.

In der Zeitschrift »*Naturwissenschaften*« gibt der Mikrobiologe *Stefan Bleeken* bezüglich des biologischen Physikalismus zu bedenken [B4]:

»Anders als in der Physik ist die Biologie bis heute nicht über das Stadium einer induktiven, beschreibenden Wissenschaft hinausgekommen, da es ihr nicht gelang, die ungeheure Vielfalt von Lebensprozessen theoretisch zu durchdringen und zu formalisieren. Die Biologie befindet sich in einem zur Physik vor Newton vergleichbaren Entwicklungszustand, und ihr Weg zu einer formalen Wissenschaft liegt noch im Dunkeln. Da die Biologie als Gesamtdisziplin kein eigenes Paradigma besitzt, wurde die Frage aufgeworfen, ob sie sich im Vorfeld der Disziplinbildung befindet … Der Molekularbiologie ist es nicht gelungen, den Weg von den Einzelkomponenten zurück

zum lebenden Organismus zu finden. In den Kreis ihrer Bewunderer mischen sich daher zunehmend kritische Stimmen, die beklagen, dass die Molekularbiologie ihren Ehrgeiz aufgegeben hat, das Funktionieren eines lebendigen Organismus zu erklären, und ihre Forschungsstrategie wegen des Fehlens eines theoretischen Rahmens zur reinen Daten- und Faktensammlung verflacht.«

Die Biologie hat sich infolge der Kombination von Materialismus und Evolution hinsichtlich der wissenschaftlichen Kompetenz stark eingeschränkt. Der Darwinismus vermittelte uns eine falsche Einschätzung der Natur und ein falsches Menschenbild. Hierzu noch einmal *Eichelbeck* [E1, S. 40+42]:

»[Der Darwinismus] hat sozialneurotische Unarten des Menschen – Egoismus, Aggressivität, Rücksichtslosigkeit, Geilheit, die alten Macho-Untugenden, möglichst viele Nachkommen und möglichst viele tote Feinde zu hinterlassen – als naturgegeben, ja, sogar als Grundprinzipien der Evolution dargestellt … Es wird Zeit, den Darwinismus zu den Akten zu legen und ein realistisches Bild der Natur an seine Stelle zu setzen.«

Erfreulicherweise wagen es ansonsten evolutionsorientierte Wissenschaftsmagazine gelegentlich, auch evolutionskritische Artikel mit klaren Positionen zu publizieren [R2, S. 29]:

»Der Darwinismus ist eine Lehre aus dem 19. Jahrhundert und war mitverantwortlich für grauenvolle Ereignisse im 20. Jahrhundert. Wir müssen den Mut haben, uns von gestrigen Überzeugungen zu trennen und umzudenken, damit das 21. Jahrhundert besser wird.«

Nach all diesen Überlegungen wenden wir uns nun der bedeutsamen Frage zu:

Ist die Essenz des Lebens materiell oder nicht-materiell?

Wenn wir über das Leben nachdenken, dann sind zwei Phänomene hervorzuheben, die der Materialismus unter seinen einengenden Denkvoraussetzungen nicht zu deuten vermag:

1) Was ist das eigentliche Wesen – die Essenz – des Lebens? Was macht den Unterschied bei einer Ameise aus, wenn sie tot ist, verglichen mit ihrem Zustand vor einer Sekunde, als sie noch lebte? Der gesamte Vorrat an Information in den DNS-Molekülen ist noch vorhanden, auch das Gewicht hat sich durch das »Entweichen des Lebens« nicht im Geringsten verändert. Dennoch stellen wir fest: Der Unterschied kann gravierender nicht sein. Eindeutig muss dieses Unterscheidungsmerkmal etwas Nichtmaterielles sein. Was aber ist es? Wir nennen es hier das »Lebendige«, ohne an dieser Stelle näher darauf einzugehen.
2) Ein zweites Merkmal zieht eine deutliche Trennungslinie zwischen allen in der Natur vorkommenden Systemen. **Nichtlebende Systeme enthalten keine Information (UI), wohingegen alle lebenden Systeme Information als unabdingbares Merkmal enthalten. Jedes Detail des biologischen Lebens basiert auf Information.** Das großartige im DNS/RNS-System entdeckte Codesystem repräsentiert die höchste uns bekannte Informationsdichte und stellt außerdem eine unvorstellbar komplexe, vollkommen integrierte molekulare Infrastruktur zur Abwicklung der Informationsprozesse dar. Weil auch Information eine nicht-materielle Größe ist, werden die den Materialismus vertretenden Wissenschaften nie imstande sein, die Herkunft und die riesige Vielfalt des Lebens in all ihren unzähligen Facetten zu erklären.

6.2 Ist synthetisches Leben möglich?

Die moderne Technologie hat Dinge hervorgebracht, die noch vor hundert Jahren für magisch oder für ein Wunder gehalten worden wären. Wir haben das Atom gespalten, sind auf dem Mond spazieren gegangen, haben das Schaf Dolly geklont, Herzen verpflanzt und die Welt mithilfe der Computertechnologie in geradezu unvorstellbarer Weise revolutioniert. Sind wir auch in der Lage, wirkliches Leben synthetisch zu erschaffen?

Eine der großen deutschen Zeitungen, »Die Welt«, veröffentlichte am 23. Mai 2010 einen Artikel von *Alan Posener* (*1949) mit dem Titel *»Forscher Craig Venter hat künstliches Leben erschaffen – WIR SIND*

GOTT«. *Posener* spricht von einer Jahrtausendsensation. *Venters* Team sei es gelungen, im Labor ein künstliches Genom zu bauen und in eine zuvor entkernte bakterielle Zelle einzufügen. Die Zelle habe dann begonnen, Kopien herzustellen, die von einer synthetischen DNS gesteuert wurden. Voller Euphorie und sachlicher Fehleinschätzung urteilte *Posener*: »Was bisher Gott oder den Göttern vorbehalten war, das machen nun Menschen.« Die Euphorie kennt offensichtlich keine Grenzen mehr. So meinte der britisch-amerikanische Physiker *Freeman Dyson* (1923–2020): »Die Fähigkeit, neue Lebensformen zu entwerfen und herzustellen, markiert einen Wendepunkt in der Geschichte unserer Spezies und unseres Planeten.« Sein Sohn, der Wissenschaftshistoriker *George Dyson* (*1953), sieht es ähnlich überzogen: »Ein Code, der in einem digitalen Computer generiert wurde, repliziert sich nun selbst als Genom einer Linie lebendiger Zellen.«

Wurde hier wirklich Leben erschaffen? Die klare Antwort lautet: NEIN! *Venters* wissenschaftliche Leistung ist beachtlich, aber der damit einhergehende Hochmut übertrifft das tatsächliche Geschehen bei Weitem. Was wurde wirklich gemacht?

Zunächst wurde die Buchstabenfolge in der DNS eines Bakteriums A (*Mycoplasma mycoides*, die Spenderzelle) mit über einer Million Basenpaaren ermittelt. Dann stellten die Forscher eine synthetische Kopie der Spender-DNS her. Ihre Synthesemaschinen konnten allerdings nur DNS-Segmente herstellen, die 50-80 Basen lang waren. Um die entstandenen Segmente (ungefähr 15 000) zu vereinen, brauchte man unbedingt Hilfe aus vorhandenem Leben (E. coli und veränderte Hefezellen). Daraufhin schufen sie eine vordefinierte DNS-Sequenz von annähernd 10 000 Basenpaaren, die sie für eine Substanz codierten und sie blau färbten, außerdem vier Wasserzeichen, um Folgezellen zu kennzeichnen. Diese mithilfe lebendiger Zellen »neu-erschaffene« synthetische DNS wurde in die Empfängerzelle des Bakteriums B *(Mycoplasma capricolum)* eingeschleust, aus der die eigenen DNS-Moleküle zuvor entfernt worden waren. Geber- und Empfängerzelle waren nahe verwandte Arten. Die mit dieser Technik erzeugte DNS-Sequenz war eine exakte Kopie einer bereits im Leben existierenden DNS (Spenderzelle).

Fassen wir zusammen: Abgesehen von Detailkenntnissen der Aminosäurecodierung hat keiner der Forscher das natürliche DNS-Programm verstanden. Der Zellbiologe *Mel Greaves* vom »British Institute of Cancer Research« gesteht ein: »Wir betrügen uns selbst, wenn wir meinen, das Genom sei eine transparente Blaupause des Lebens, aber das ist es nicht.« Das Genom enthält nicht nur die Konstruktionspläne für die Protein-Produktion, sondern auch eine Vielzahl von Kommandohierarchien und Kommunikationssystemen, die bisher unverstanden sind. Die amerikanische Biologin *Jennifer Doudna* (University of California, Berkeley) räumte ein: »Je mehr wir wissen, umso mehr erkennen wir, was wir nicht verstehen.«

Im Fall des *Venter*-Projekts hatten die Forscher Erfolg mit dem digitalen Kopieren, mit der Synthetisierung und Einschleusung der DNS-Buchstaben. Ohne Zweifel ist das eine bedeutende und lobenswerte technische Leistung. Aber für alles, was *Venter* kopierte, synthetisierte und einschleuste, benutzte er bereits existierende Codes und vorhandene molekulare Maschinen, ohne die *Venter* nichts hätte »erschaffen« können! So war z. B. die Empfängerzelle schon zuvor lebensfähig, da sie über die gesamte betriebsfähige Maschinerie verfügte, die zur Zell-Duplikation nötig ist.

Durch dieses Projekt wurde nachgewiesen, wie viel Wissen und Hochtechnologie erforderlich sind, um die Buchstabenfolge einer bereits bestehenden DNS im Bakterium A zu ermitteln, sie dann zu synthetisieren und schließlich in eine Bakterienzelle B einzusetzen. Evolutionstheoretiker müssen glauben, dass nicht nur dieser geschilderte Prozess allein von der Materie »erfunden« werden kann, sondern gleichzeitig und zusätzlich auch noch die komplexen Biomaschinen, die die DNS exakt interpretieren können.

Bild 29 in Kapitel 7.5 demonstriert dieses schwierige Problem sehr deutlich. Drei wesentliche Systeme müssen gleichzeitig vorhanden sein, damit ein Lebensprozess beginnen kann:

1. die Duplikation der DNS (Replikation): Die erste Generation von DNS hat *Venters* Team hergestellt.

2. Überschreibung der DNS-Buchstaben auf die Boten-RNS: Die gesamte dazu benötigte Maschinerie war in der sorgfältig behandelten Empfängerzelle vorhanden und wurde benutzt. *Venters* Team versuchte nicht, diesen Schritt zu synthetisieren.
3. Übertragung der RNS-Buchstaben in die aus Proteinen bestehenden Nanomaschinen, die zur Synthese und Vervielfältigung, zur DNS-Duplikation, zur RNS-Überschreibung, zur Protein-Synthese und für die Energie-Umwandlungssysteme benötigt werden.

Alle diese Systeme waren bereits in der Empfängerzelle bereitgestellt. Mit anderen Worten: *Venter et al.* haben definitiv kein Leben erschaffen, auch keine »synthetische Zelle« wurde gebildet, sondern lediglich am vorhandenen Leben manipuliert. Es ist etwa so, als wenn jemand ein Buch in einer ihm unbekannten Indianersprache exakt abschreibt und dann behauptet, er habe in dieser Sprache ein Buch verfasst, es dann herausgibt und verbreitet.

Noch einmal: Wir wollen die Leistungen *Venters* und seines Teams keineswegs schmälern; aber die Überschrift des Zeitungsartikels geht weit über das Geleistete hinaus. Wir verstehen viel zu wenig von den hochkomplexen Nanomaschinen, von den Sprachen und Codes, die für den lebendigen, sich selbst reproduzierenden Organismus erforderlich sind. Bei allem gebührenden Respekt vor dem, was *Venter* und seine Gruppe geleistet haben, war das, was sie tatsächlich taten, ein raffiniertes »Plagiat«. Da wurde etwas abgeschrieben und benutzt, was schon vorhanden war, um ein funktionierendes Faksimile herzustellen. Was *Venter et al.* wirklich demonstrierten, ist

1. das extreme Ausmaß an Intelligenz und Kraft, das zur Erschaffung von Leben nötig ist, und
2. dass die ungesteuerten physikalischen und chemischen Prozesse der Evolution hierfür völlig unzureichend sind.

Die Worte des Psalmisten »*Wunderbar sind deine Werke, und meine Seele weiß es sehr wohl!*« (Psalm 139,14) gelten nicht nur für die unvorstellbaren Weiten des Makrokosmos, sondern bis hinein in die geniale Nanotechnik der Mikrowelt. Die Menschheit hat kaum erst begonnen, an den Oberflächen beider Reiche zu kratzen, und am allerwenigsten ist sie in der Lage, Leben zu »erschaffen«.

Der Fokus dieses Buches war bisher vor allem auf die Entwicklung einer eindeutigen Definition von Universeller Information (UI) gerichtet, deren Natur und ihren Ursprung zu beschreiben und Naturgesetze zu formulieren, die den Bereich der UI beherrschen. Wir haben auf der höchsten Ebene wissenschaftlicher Aussagekraft gezeigt, dass Universelle Information eine nicht-materielle Größe und die dritte Grundgröße im natürlichen Universum ist. Weitere Studien werden nun zeigen,

1. dass *Universelle Information* unabdingbar für alles Leben ist und
2. dass es, insbesondere für den Menschen, noch weitere nicht-materielle Komponenten des Lebens gibt – z. B. *Wille* und *Bewusstsein*.

Um das erreichen zu können, werden wir zunächst die materialistische Weltsicht widerlegen. Es ist jene Sichtweise, bei der die Materie als einzige Größe zu betrachten ist und sie als Ursache für alles Existierende angesehen wird. Nachdem wir feststellen werden, dass der Materialismus sich als falsch erwiesen hat – oder zumindest zeigen, dass er durch wissenschaftliche Ungereimtheiten fraglich geworden ist –, wollen wir jene andere Weltsicht wissenschaftlich stützen, in der ein zielorientierter Schöpfer die beste und einzig vertretbare Alternative ist. In Kapitel 7.5 werden wir lebende Systeme dahingehend untersuchen, ob sie Universelle Information enthalten.

6.3 Was ist Leben? – Der Versuch einer Definition!

Bis heute – im längst begonnen 21. Jahrhundert – gibt es noch immer keine wissenschaftliche Definition für Leben. Wikipedia schreibt[43]:

»**Leben** ist der Zustand, den Lebewesen gemeinsam haben und der sie von toter Materie unterscheidet; sowie die Gesamtheit der Lebewesen in einem abgegrenzten Gebiet. Eigenschaften von Lebewesen:

43 https://de.wikipedia.org/wiki/Leben.

- Sie sind von ihrer Umwelt abgegrenzte Stoffsysteme.
- Sie haben Stoff- und Energiewechsel und sind damit in Wechselwirkung mit ihrer Umwelt.
- Sie organisieren und regulieren sich selbst (Homöostase).
- Sie pflanzen sich fort, das heißt, sie sind zur Reproduktion fähig.
- Sie wachsen und sind damit zur Differenzierung fähig.
- Sie sind reizbar und damit fähig, chemische oder physikalische Änderungen in ihrer Umgebung zu registrieren.«

Solche Beschreibungen nennen uns einige der vielfältigen Eigenschaften, die den Lebewesen gemeinsam sind. Die Liste ließe sich in dem obigen Sinne noch erheblich erweitern, dennoch wäre damit das Leben noch längst nicht definiert. Man hätte lediglich eine Aufstellung, in der alles zusammengetragen ist, was sich **auf der materiellen Ebene** der Lebewesen an Eigenschaften und Charakteristika beschreiben lässt.

In Kapitel 6.1 haben wir ausgiebig belegt, dass die meisten Wissenschaftler bezüglich des biologischen Lebens ausschließlich materialistisch orientiert sind. Solange sie jedoch dem materialistischen Weltbild verhaftet sind, werden sie nie eine hinreichend treffende Definition für das Leben finden.

Wir hatten bereits erkannt, dass die Essenz des Lebens – das Lebendige – ebenso wie Information eine nicht-materielle Größe ist. Um hier nicht das abgegriffene Wort »Leben« zu verwenden, nennen wir diese nicht-materielle Größe das **Lebendige**.

In analoger Weise zur Information wollen wir auch **Naturgesetze des Lebendigen** (NGL) formulieren. Damit haben wir eine zweite nicht-materielle Größe benannt, für die es Naturgesetze gibt.

Ein erstes Naturgesetz des Lebendigen (NGL) können wir bereits formulieren:

NGL-1: Das Lebendige ist eine nicht-materielle Größe.

Bezüglich der Information hatte der amerikanische Kybernetiker und Mathematiker *Norbert Wiener* (1894 – 1964) gesagt: »Information ist Information – weder Materie noch Energie.«

In Analogie dazu ließe sich ein Erfahrungssatz formulieren:

ES34: »Lebendiges ist Lebendiges – weder Materie noch Energie, noch Information.«

In *Bild 24* (Kapitel 5.11) hatten wir die drei Ebenen der Wirklichkeit dargestellt: »Materie, Universelle Information, Leben«, wobei wir jetzt das Wort *Leben* durch *Lebendiges* austauschen. Die folgenden zwei Erfahrungssätze ES35 und ES36 können als Definition für das Lebendige angesehen werden:

ES35: Lebendiges ist auf der materiellen Ebene eine Maschine, die Energie zielorientiert umsetzt.

ES36: Das Lebendige ist auf der Informationsebene ein hochkomplexes Programm, das den Aufbau aller funktionalen Strukturen bewirkt (Herstellungsinformation) und alle materiellen und informationsübertragenden Prozesse steuert (Betriebsinformation).

Was das Lebendige auf der dritten Ebene der Wirklichkeit auszeichnet, ist durch die folgenden drei Erfahrungssätze ausgesagt:

ES37: Das Lebendige ist auf der Ebene des Lebens jene Größe, die den Unterschied zwischen Leben und Tod definiert.

ES38: Das Lebendige ist jene Ursache, die die notwendigen Prozesse in den Lebewesen auf der Ebene der Information und der Materie aufrechterhält.

Ist das Lebendige durch den Tod aus den Lebewesen genommen, dann werden die vorher noch intakten biochemischen Prozesse abgebrochen – Hirn- und Herztätigkeit fallen aus, die Zellen arbeiten nicht mehr in ihren gewohnten Abläufen; der materielle Teil der Menschen und Tiere fällt der Verwesung anheim; abgestorbene Pflanzen verrotten.

ES39: Das Lebendige wird durch eine nicht-materielle und darum masselose Größe *L* repräsentiert, die im Falle des Menschen mit »Seele« bezeichnet wird.

L ist auch jene Größe, die den Unterschied zwischen einer toten und lebendigen Ameise ausmacht. Auch ein Bakterium muss eine Größe *L* haben, die sie von einem getöteten (z. B. durch Antibiotika) Bakterium unterscheidet.

Beim Menschen ist die Größe *L* (Seele) nach den Aussagen der Bibel[44] ewig existierend, da sie mit dem Odem Gottes korreliert ist (1. Mose 2,7). Der gesamten Tier- und Pflanzenwelt wurde nicht der Odem Gottes eingehaucht, und darum ist sie auch nicht ewig.

L hat im Gegensatz zur Information keine statistische und syntaktische Ebene, jedoch eine deutliche pragmatische und apobetische Ebene. Das gilt nicht nur für den Menschen, sondern bereits auf der Ebene der Mikroben. Bodenbakterien haben für Wald und Feld eine wichtige Zielvorgabe. Ohne Darmflora (z. B. Colibakterien) würde unser Verdauungssystem nicht funktionieren.

Alle Lebewesen sind sehr komplex. Das gilt bereits für jeden Einzeller. Dennoch sind die Lebensformen graduell unterschiedlich.

Bei der Untersuchung der Information fanden wir heraus, dass sie nur von einer intelligenten Quelle kommen kann (NGI-4, Kapitel 5.7). Da das Lebendige eine nicht-materielle Größe ist, kann es auch nur von einer Quelle stammen, die selbst mindestens eine nicht-materielle Komponente haben muss. Die Handlungen der Lebewesen sind äußerst intelligent und wissenschaftlich noch längst nicht ergründet (z. B. Kommunikationssysteme der staatenbildenden Insekten, Navigationssysteme der Zugvögel, Walgesänge). Ihr Urheber muss darum nicht nur äußerst intelligent, sondern sogar allwissend sein. In Kapitel 8.4 wird dies in der Schlussfolgerung SF2a nachgewiesen. So gelangen wir zu einem weiteren Naturgesetz des Lebendigen:

44 Wir verwenden hier bereits einige Zitate der Bibel, obwohl erst in Kapitel 9.3.4 der Nachweis erbracht wird, dass die ganze Bibel wahr ist (ISF2).

NGL-2: Das Lebendige kann nicht von allein in der Materie entstehen; es braucht für seinen Ursprung eine nicht-materielle und allwissende Quelle.

Von dem französischen Chemiker und Mikrobiologen *Louis Pasteur* (1822–1895) stammt der Satz: *Omne vivum ex vivo – Leben kann nur von Leben kommen.*

NGL-3: Das Lebendige braucht eine Quelle des Lebens.

Wer diese Quelle ist, kann naturwissenschaftlich nicht beantwortet werden. Dazu bedarf es einer höheren Informationsquelle. Wie in Kapitel 9.3 (Der Prophetisch-mathematische Gottesbeweis) nachgewiesen wird, erfüllt nur die Bibel die Qualitätsmerkmale der Wahrheit.

Nach dem Zeugnis der Bibel (Johannes 1,1-3; Kolosser 1,16) ist Jesus der Schöpfer aller Dinge, und damit auch der Urheber alles Lebendigen (Näheres hierzu finden Sie in Kapitel 9.5.7):

NGL-4: Die Quelle, woher alles Lebendige seinen Urgrund hat, ist Jesus.

Kapitel 7: Information in Lebewesen

7.1 Einführung

Wir sind von einer erstaunlichen Vielfalt von Lebewesen der verschiedensten Art umgeben. Selbst der »einfachste« Einzeller stellt ein extrem komplexes und hoch organisiertes System dar. Während man zu *Darwins* Zeiten die Zelle für ein simples Klümpchen Materie hielt, hat die neuere Forschung gezeigt, dass die »einfache Zelle« eine Komplexität, Spezifizierung und Organisation aufweist, die all unsere Vorstellungen bei Weitem übertrifft. Die Zelle ist mit einem genialen Programm ausgestattet, um Energie auf effizientere Weise umzuwandeln, zu speichern und einzusetzen, als es in unseren technischen Maschinen bisher möglich ist. Wir verwenden Masse und Energie in unseren Maschinen, aber diese beiden physikalischen Größen reichen nicht aus, um zwischen lebenden und unbelebten Systemen zu unterscheiden. Alle lebenden Wesen sind durch die ihnen innewohnende genetische Information gekennzeichnet, die alle ihre produktiven und operationalen Prozesse steuert, einschließlich der Reproduktion, des Wachstums und aller Stoffwechselfunktionen. Zellkern-DNS und Mitochondrien-DNS sind die grundlegenden Informationsspeicher-Moleküle, die für die funktionale Organisation in den Zellen verantwortlich sind. Dabei ist nicht die materielle Komponente der DNS und anderer Moleküle (*Bild 26*, Kapitel 7.3) das Bedeutsamste, sondern die **explizite** und **implizite** »Information«, die sie speichern und übertragen.

Eine wichtige Frage ist hier: ***Qualifiziert sich irgendein Teil der DNS als Universelle Information?*** Bisher hat die Wissenschaft erst einen kleinen Anteil der genetischen Information verstehen können. Aber dadurch gewannen wir bereits grundlegende Einblicke in das genetische Codierungs-System für Proteine und verstanden die Abfolge jener biochemischen Vorgänge, die zur Proteinsynthese führen.

Es wird geschätzt, dass von dem gesamten Genom nur drei Prozent für die Codierung der Proteine verwendet werden.[45] Wahrscheinlich muss die heute gültige genetische Terminologie verändert werden. Der Teil des Genoms, der Proteine codiert, wird als *codierende* DNS bezeichnet, während der Rest des Genoms als *nicht-codierend* oder »Junk-DNS« (»Schrott-DNS«) angesehen wird. Neuere Studien widersprechen dieser Behauptung und zeigen, dass mindestens 97 Prozent abgeschrieben wird, meistens in RNS[46]. Eines ist sicher: Die Genome der lebenden Organismen offenbaren Eleganz und organisierte Komplexität in einem Maße, das noch unsere wildesten Fantasien übertrifft. Im Folgenden wollen wir das Augenmerk auf den Teil des Genoms richten, der wissenschaftlich verstanden ist, und das ist die genetische Information in der DNS, die der Proteinsynthese dient.

7.2 Proteine (Eiweiße)

Proteine sind die Hauptkomponenten und die Bausteine für den strukturellen Aufbau und für die Funktionsträger diverser Abläufe aller lebenden Zellen. Sie bestehen aus nur 20 verschiedenen Standard-Aminosäuren[47] (*Bild 25*, S. 230), die in genauer Anzahl und Reihenfolge aneinandergereiht werden, um ein funktionsfähiges Protein zu erzeugen. Die chemischen Formeln für diese Standard-Aminosäuren sind in [G16, S. 176] und ebenso in https://de.wikipedia.org/wiki/Aminosäuren aufgelistet.

Die Zahl der möglichen Moleküle, die durch die variierenden Reihenfolgen von Aminosäuren gebildet werden können, ist geradezu astronomisch hoch. Auch die Gesamtzahl von Aminosäuren, deren Sequenz das jeweilige Protein definiert, umfasst eine weite Spanne. So hat Insulin 51 Aminosäuren und das wohl längste Protein, das Titin, besteht aus sage und schreibe 34 350 Aminosäuren. Doch sind aus der riesigen Anzahl der chemisch möglichen Sequenzen nur relativ

45 Diese Schätzung basiert auf *Kimuras* Neutral Theory of Evolution. Siehe: Creation.com/neutral-theory.

46 Siehe Creation.com/splicing.

47 Gewisse Archaea und Eubakteria codieren mit der 21. oder 22. Aminosäure Selenocysteine und Pyrrolysine – siehe *Atkins, J. F.* und *Gesteland, R.*: The 21st amino acid, *Science* **296** (5572): 1409-1410, 24, Mai 2002; commentary on technical papers on pp. 1459-1462 and 1462-1466.

wenige *funktional*. Und nur solche werden von den Organismen verwendet. Tritt bei der Herstellung eines Proteins durch die Zelle ein Fehler auf, so wird dieses Protein wieder zerlegt, und die Aminosäuren werden erneut für die Synthese eines Proteins verwendet, das die Zelle gebrauchen kann. Das ist einer von den vielen Checks und Korrekturen, die in jede Zelle hineinprogrammiert zu sein scheinen, um deren richtige Funktion zu gewährleisten.

Proteine machen den Hauptanteil des Körpers von Tieren, aber auch beim Menschen aus. Die meisten Proteine führen Aufgaben aus, die in zwei allgemeine Gruppen eingeteilt werden können: Zum einen sind es die strukturellen und mechanischen und zum anderen die funktionellen/enzymatischen. Zu beiden Gruppen folgen nun einige Beispiele:

- Muskelzellen sind vorwiegend Proteine, die Aktin- und Myosin-Filamente enthalten und für die Kontraktion und Bewegung zuständig sind. Sie enthalten auch Myoglobin, ein Protein, das den Sauerstofftransport bewirkt. Muskeln sind eine Nahrungsquelle für Fleisch- und Allesfresser.
- Kollagenfasern liefern strukturelle Stützen für den gesamten Körper. Sie bilden Sehnen und Bänder, die Dermis (eine Hautschicht) und Hypodermis der Haut, sie befestigen Blutgefäße und verstärken das Muskelgewebe.
- Keratin bildet den Hauptbestandteil der Hufe, Klauen, Nägel, Hörner und Geweihe, der Haare und Wolle und der Oberflächenbedeckung der Haut.
- Zirkulierende Antikörper und Immun-Rezeptoren in allen Körperzellen spielen die Schlüsselrolle in der Immun-Abwehr von Krankheitserregern und den von ihnen erzeugten Giften.
- Hämoglobin ist das Eiweiß in den roten Blutkörperchen, das den Transport von Sauerstoff von den Lungen zum übrigen Körper bewerkstelligt.
- Einige Hormone, wie etwa Insulin, sind ebenfalls Proteine (*Bild 27*, Kapitel 7.4).
- Enzyme sind äußerst wichtige Proteine, die die Geschwindigkeiten der chemischen Reaktionen zuweilen extrem beschleunigen kön-

nen.[48] Enzyme sind hochkomplexe molekulare Maschinen, die auf zellulärer und subzellulärer Ebene arbeiten.[49]

Einige Proteine und Protein-Kombinationen sind für einzelne Tiere spezifisch. Während die genaue Anzahl der unterschiedlichen Proteine im menschlichen Körper zurzeit unbekannt ist, gehen Schätzungen von Hunderttausenden aus. Die *Human Protein Initiative* arbeitet gegenwärtig an der Identifizierung und Klassifizierung aller menschlichen Proteine (http://us.expasy.org/sprot/hpi/ und http://www.uniprot.org/program/chordata/statistics).

7.3 Synthese von Proteinen in den Zellen

Der Gesamtprozess der Proteinsynthese besteht aus einer komplexen Verknüpfung einer Reihe miteinander gekoppelter Unterprozesse. Das Folgende ist eine stark zusammengedrängte und vereinfachte Darstellung des gesamten Prozesses:

Die Anweisungen zur Bildung (Synthetisierung) von Proteinen werden auf DNS-Molekülen gespeichert, die sich im Zellkern und in den Mitochondrien innerhalb des Zell-Cytoplasmas befinden. DNS ist ein Polymer aus Nukleotiden und stellt somit ein Informationsmolekül auf chemischer Basis dar, in dem die chemischen Buchstaben von vier verschiedenen Nukleosidbasen gebildet werden: Adenin (A), Thymin (T), Guanin (G) und Cytosin (C). In dem uns bekannten Code sind diese Buchstaben in Drei-Buchstaben-Wörter (Codon) gruppiert, die jeweils eine Aminosäure oder »Start« oder »Stop« repräsentieren (siehe *Bild 25*, S. 230).

48 Leben, wie wir es kennen, könnte ohne Enzyme nicht existieren, weil ohne diese die chemischen Reaktionen für viele wesentliche biologische Prozesse viel zu langsam abliefen. Ein ziemlich dramatisches Beispiel dafür ist das Phosphatase-Enzym, das die Hydrolyse der Phosphatbindungen katalysiert (auflöst) und die Reaktionsrate um den Faktor 10^{21} beschleunigt (10^{21} = 1 Trilliarde). Dieses Enzym erlaubt für die Zelle lebenswichtige Funktionen zu signalisieren und zu regulieren, die in einer Hundertstelsekunde ablaufen. Ohne dieses Enzym würde die Reaktion erst in einigen Milliarden Jahren ablaufen. Mit anderen Worten: Keine Enzyme bedeutet keine Reaktion (jedenfalls nicht in einem Zeitrahmen, der für ein Lebewesen von Nutzen wäre, das diese Reaktion benötigt). Siehe Lad, C., Williams, N.H. und Wolfenden, R., *The rate of hydrolysis of phosphomonoester dianions and the exceptional catalytic proficiencies of protein and inositol phosphatases, Proc. Nat. Acad. Sci.* USA **100**(10):5607-5610, 2003; www.pnas.org/cgi/content/full/100/10/5607; Sarfati, J., *World record enzymes, J. Creation* **19**(2):13-14, 2005; creation.com/enzymes.

49 Siehe auch *Enzyme expert exposes evolution's errors: interview with the Finnish biochemist Matti Leisola*, Creation **32**(4):42-44, 2010.

Die Zellkern-DNS ist um ballförmige Proteine gewickelt, die »Histone« heißen und Nukleosome bilden. Es gibt einen weiteren DNS-Code, der auf den Protein-Code folgt und die Positionierung der Nukleosome steuert.[50] Während der Teilung der Körperzellen werden die Kern-DNS und die zu ihr gehörenden Proteine in einzelnen Körperchen zusammengefasst, den Chromosomen. Diese lassen sich einfärben und sind dann in einem Lichtmikroskop sichtbar. Gleich zu Anfang des Zell-Teilungsprozesses wird die DNS kopiert, sodass nach der Zellteilung jede Tochterzelle ein Duplikat der DNS bekommen hat. Die Duplikation ist möglich, weil immer A und T als Basenpaare zusammengehören, wie auch C und G, entsprechend ihrer molekularen Gestalt.

Ist die Zellteilung abgeschlossen, so entfalten sich die Chromosomen und füllen den Zellkern mit einem kaum sichtbaren gefärbten Netz, dem sogenannten »Chromatin«. Es ist möglich, dass nur in diesem aufgelösten Zustand die Gene das Codieren von Proteinen darstellen und zur Synthese von Proteinen benutzt werden können. Dieser extrem komplexe Vorgang findet in zwei Schritten statt: Abschrift und Übertragung. Zusätzliche Details sind unter http://biology-pages.info zu finden.

Transcription: Die **Abschrift** beginnt, wenn die RNS-Polymerase II (RNSP II), eine molekulare Protein-Maschine (Enzym), zusammen mit anderen molekularen Maschinen den »Reißverschluss« der DNS-Doppelhelix an einer Stelle des Gens öffnet, das für ein Protein codiert. Während der Öffnungsprozess voranschreitet, wozu ein genialer »Kauprozess« (engl. *scrunching*)[51],[52],[53] benutzt wird, fertigt die RNSP II eine komplementäre RNS-Kopie von dem DNS-Strang

50 Segal, E., *et al.*, *A genomic code for nucleosome positioning, Natur* 442 (7104): 772-778, 17. August 2006: DOI: 10.1038/natur04979; White, D., The Genetic Puppeteer, *Creation* 30(2):42-44, 2008; creation.com/puppet.

51 Revyakin, A., *et al.*, Abortive initiation and productive initiation by RNA polymerase involve DNA scrunching, Science **314**(5802):1139-1143, 2006.

52 Kapanidis, A. N., *et al.*, Initial transcription by RNA polymerase proceeds through a DNA-scrunching mechanism, Science **314**(5802):1144-1147, 2006.

53 Roberts, J. W., RNA Polymerase, a Scrunching Machine, Science **314**(5802):1139-1143, 17. November 2006 (comment on refs 41 and 42). Siehe auch Sarfati, J., More marvellous machinery: ›DNA scrunching‹, *J. Creation* **21**(1):4-5, 2007; creation.com/scrunching.

an. Sie ist komplementär wie ein Foto-Negativ, weil die gleiche Basenpaarung benutzt wird wie bei der Duplizierung der DNS: C-G, doch A verbindet sich mit Uracil (U) anstatt mit T (siehe *Bild 25*, S. 230).

Diese Kopie ist sehr viel länger als die RNS-Sequenz, die das spezifische Protein codiert. Darum schneidet eine andere, sehr große molekulare Maschine (Spliceosom) RNS-Sequenzen heraus, sogenannte Introns (RNS-Sequenzen, die nicht ein spezielles Polypeptid oder Protein codieren), und verbindet die verbleibenden Sequenzen, die sogenannten Exons (RNS-Sequenzen, die spezielle Polypeptide oder Proteine codieren) miteinander. Die entstandene Sequenzfolge von Exons wird Boten-RNS (mRNS) genannt.

2010 entdeckte man, dass dies alles von einem *Splicing-Code* überwacht wird, der kontrolliert, auf welche Weise gewisse Teile der RNS-Abschrift des DNS-Codes herausgeschnitten werden. Das befähigt ein einzelnes Gen, vielerlei Proteine zu codieren, und erklärt auch, warum Menschen, obwohl sie nur rund 20 000 Gene haben, dennoch in der Lage sind, 100 000 Proteine zu erzeugen. Aber dank der durch den *Splicing-Code* decodierten Information können drei Neurexin-Gene über 3000 genetische Botschaften erzeugen, die das Leitungsnetz des Gehirns kontrollieren.[54] Somit ist dies ein zweiter Code, der in einer Ebene über den Genen für die Protein-Synthese steht. Dieser *Splicing-Code* und der *Histon-Code* sind »epigenetische« Codes, d. h., sie stehen über denen, die die Protein-Synthese codieren, und bilden eine »Meta-Information«, eine Information über Information. Sie bestimmen also, auf welche Weise die Protein-Codierung zu lesen ist.

Boten-RNS wird aus dem Kern in das Cytosol (auch intra-cellulare Flüssigkeit genannt) transportiert, und von dort zu den Ribosomen.

Das Ribosom ist eine große, zweigeteilte molekulare Maschine und besteht aus ribosomaler RNS (rRNS) und ungefähr 75 verschiedenen Proteinen. Die Aufgabe der Ribosomen ist es, die Aminosäuren in jene Reihenfolge zusammenzufügen, wie sie durch die Codons auf

54 Kommentar von dem Entdecker Brendan Frey; siehe Barash, Y., *et al.*, Deciphering the splicing code, *Nature* **465**:53-59, 2010; Carter, R., Splicing and dicing the human genome: Scientists begin to unravel the splicing code, creation.com/splicing, 1. Juli 2010.

der RNS festgelegt ist. Ein anderes RNS-Molekül (mit weniger als 100 Nukleotiden), genannt t-RNS (Transport-RNS), hilft bei diesem Vorgang. An einem Ende der wie ein kleines vierblättriges Kleeblatt geformten t-RNS ist das komplementäre Codon für eine spezifische Aminosäure zu finden und am anderen Ende die durch das mRNS-Codon spezifizierte Aminosäure. So haben wir hier ein kleines Molekül (t-RNS), das sowohl den passenden Code als auch die dazu nötige Aminosäure trägt.

Der nächste Schritt ist die Übersetzung. Dieser Vorgang wird im Englischen »Translation« genannt, weil hierbei die Codons in der mRNS in die aktuelle Aminosäure »übersetzt« werden. Mit anderen Worten: Die Instruktionen in der mRNS repräsentieren und spezifizieren die richtigen Aminosäuren und die richtige Sequenz, in der die Aminosäuren für das geforderte Protein angeordnet werden.

Translation: Die **Übersetzung** beginnt, wenn das erste Methionin-Codon auf der mRNS das Ribosom berührt. AUG, der mRNS-Code für die Aminosäure Methionin, ist das Startsignal *(Bild 25)*. Transfer-RNS (t-RNS) trägt Methionin an einem Ende und bindet es an das AUG-Codon auf der mRNS. Die t-RNS bindet sich ebenfalls an das Ribosom. Dann bewegt sich das Ribosom zum nächsten Codon auf der mRNS, das die dazugehörige t-RNS empfängt samt dessen Aminosäure. Bei diesem Schritt bindet das Ribosom die zwei Aminosäuren mit einer kovalenten Peptidbindung aneinander, indem sie die dazu nötige Energie einem Guanosintriphosphat (GTP) entnimmt. Dies setzt sich Schritt für Schritt (von Codon zu Codon) fort, bis das Ribosom auf ein Stop-Codon trifft *(Bild 25)*. An dieser Stelle entlässt das Ribosom das Polypeptid, das auf diese Weise in ein funktionierendes Protein gestaltet wurde. Zu diesem Prozess gehört die präzise Faltung in eine spezifische dreidimensionale Struktur innerhalb eines tonnenförmigen Proteins, das Chaperonin heißt. Damit ist der Protein-Synthese-Prozess abgeschlossen.

Bild 25 auf der nächsten Seite zeigt die Namen der 20 Standard-Aminosäuren, die in den lebenden Organismen vorkommen. Daneben stehen die international festgelegten Abkürzungen mit jeweils drei Buchstaben (z. B. Ala für Alanin). Man könnte sich viele DNS-Codesysteme vorstellen, doch der realisierte Code besteht aus vier verschiedenen Buchstaben und gleich langen Drei-Buchstaben-Wörtern (Codons), um die Aminosäuren zu repräsentieren. Gemäß *Bild 25* werden einige Aminosäuren durch mehrere Codons (bis zu sechs) codiert, während Methionin nur durch ein Codon repräsentiert wird. Im nächsten Kapitel 7.4 wollen wir prüfen, ob dieses Codesystem aus informationstheoretischer und technologischer Sicht noch verbesserbar ist.

Aminosäuren	Abkürzung	Genetischer Code (mRNA)
Alanin	Ala	GCA GCC GCG GCU
Arginin	Arg	AGA AGG CGA CGC CGG CGU
Asparagin	Asn	AAC AAU
Asparaginsäure	Asp	GAC GAU
Cystein	Cys	UGC UGU
Glutamin	Gln	CAA CAG
Glutaminsäure	Glu	GAA GAG
Glycin	Gly	GGA GGC GGG GGU
Histidin	His	CAC CAU
Isoleucin	Ile	AUA AUC AUU
Leucin	Leu	CUA CUC CUG CUU UUA UUG
Lysin	Lys	AAA AAG
Methionin	Met	AUG ***START***
Phenylalanin	Phe	UUC UUU
Prolin	Pro	CCA CCC CCG CCU
Serin	Ser	AGC AGU UCA UCC UCG UCU
Threonin	Thr	ACA ACC ACG ACU
Tryptophan	Try	UGG
Tyrosin	Tyr	UAC UAU
Valin	Val	GUA GUC GUG GUU
STOP		UAA UAG UGA

Bild 25: *Auf der linken Seite sind die Namen der 20 in den Lebewesen vorkommenden Aminosäuren in alphabetischer Reihe aufgelistet. In der Mitte stehen die international vereinbarten Abkürzungen. Die rechte Seite zeigt die aus drei Buchstaben bestehenden genetischen Codons der mRNS, welche die Aminosäuren repräsentieren. Achtung: Der chemische Buchstabe Thymin in der DNS wird in der RNS durch Uracil ersetzt.*

Das materielle Speichermedium für die genetische Information ist das DNS-Molekül (Desoxyribonukleinsäure). Die DNS sieht aus wie eine Wendeltreppe (eine Doppelhelix mit Stufen – siehe *Bild 26*). Diese DNS-Doppelhelix hat einen Durchmesser von nur 2 Nanometern (2 nm = 2 milliardstel Meter = $2 \cdot 10^{-9}$ m) und ist kaum mit einem Elektronenmikroskop zu erkennen. Würde man alle Buchstaben (A, T, C und G) aus einer einzigen menschlichen Zelle in eine ununterbrochene Reihe schreiben (12 Buchstaben pro Zoll oder 4,8 Buchstaben pro cm), dann wäre dieser Streifen 12700 Kilometer lang. Das ist mehr als die Strecke Berlin – Honolulu. Andere Vergleiche für die Speicherdichte sind im Anhang A1.2 zu finden.

DNS-Replikation: Die DNS-Struktur ist so gestaltet, dass sie bei jeder Teilung von molekularen Maschinen abgeschrieben werden kann. Eine wichtige Bedingung für diesen Abschreibevorgang ist, dass die

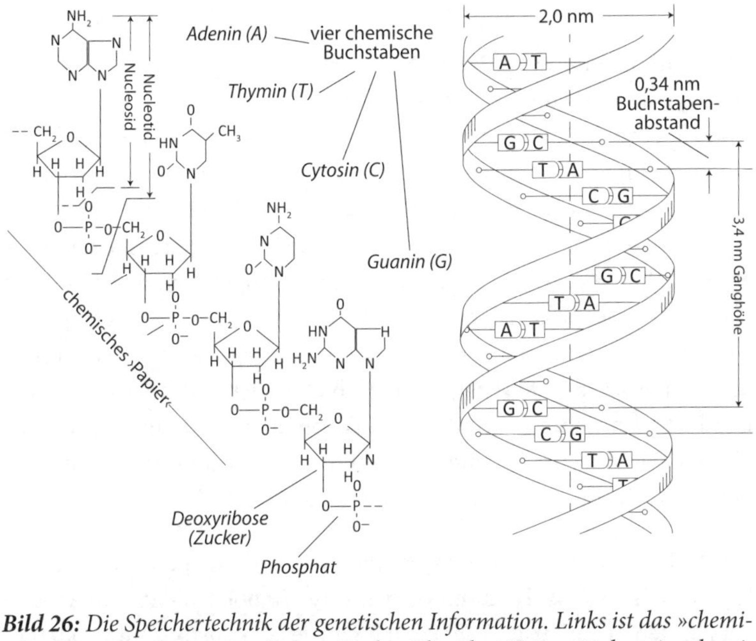

***Bild 26:** Die Speichertechnik der genetischen Information. Links ist das »chemische Papier« in Form einer langen Zucker-Phosphat-Kette mit den vier chemischen Buchstaben A, T, C und G dargestellt. Rechts sieht man die Doppelhelix-Struktur des DNS-Moleküls einschließlich der Abmessungen.*

Tochterzelle die identische Information erhält. Diese Replikation ist so unvorstellbar präzise, dass man sie mit der Arbeit von 280 Leuten vergleichen kann, die die komplette Bibel abschreiben. Bei diesem Unternehmen würde jeder Schreiber die Abschrift seines Vorgängers als Vorlage benutzen. Alles in allem dürfte dann bei höchstens einem Buchstaben ein Abschreibefehler vorkommen (siehe A.1.2.3).

Während des Replikationsprozesses werden die Stränge der Doppelhelix getrennt. Gleichzeitig wird an jeden ursprünglichen Strang ein Komplementär-Strang angefügt. Das führt zu zwei Doppelhelices, die mit dem Original und mit sich selbst identisch sind. Wie aus *Bild 26* ersichtlich ist, ergänzt sich A mit T und C mit G. Während der Teilung einer menschlichen Zelle (das dauert 20 bis 80 Minuten) wird die gleiche Buchstabenmenge zuverlässig kopiert, die in 1000 Büchern enthalten ist, von denen jedes doppelt so viele Buchstaben enthält wie die Bibel.

7.4 Ein optimales Codesystem

Wie würde ein guter Ingenieur an die Planung eines brauchbaren Codesystems für die Proteinsynthese herangehen? Um dieses Ziel auf effiziente und ökonomische Weise zu erreichen, müsste er sowohl die Anzahl der Buchstaben des Alphabets als auch die Zahl der Buchstaben bedenken, die zu jedem Wort gehören sollen. Auch müsste er versuchen, den Code angesichts aller wichtigen Erfordernisse und Zwänge – wie Platzbedarf, Energie und Stabilität – zu optimieren. Außerdem müsste ein solches Codesystem sein *eigenes* Wartungs- und Fehlerbeseitigungsprogramm enthalten, denn dieses Codesystem ist für die Konstruktion und das Funktionieren einer außerordentlich komplexen Abschreib- und Übertragungs-Maschinerie verantwortlich, ohne die das Leben nicht existieren kann.

Mit Sicherheit können wir sagen, dass das gesamte genetische Code-System auf eine Weise komplex ist, die wir noch nicht hinreichend verstanden haben, wie wir bei den ergänzenden Histon- und Splicing-Codes gesehen haben. In diesem Kapitel wollen wir uns bei der Untersuchung des genetischen DNS-Codes auf dessen Protein-Codierungs-

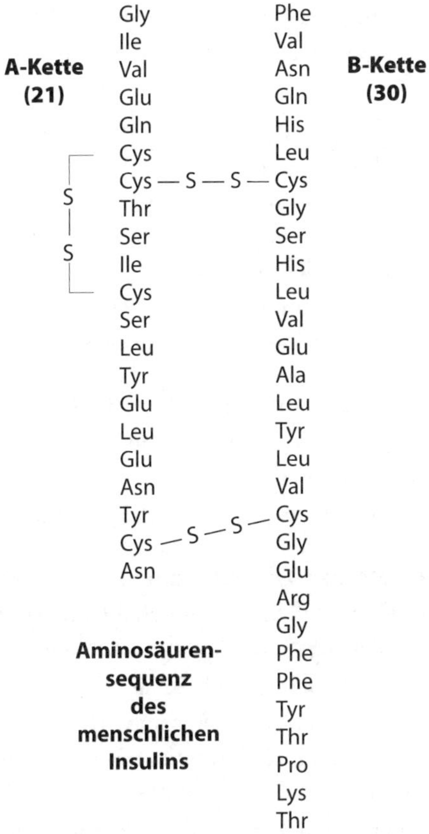

***Bild 27:** Die chemische Formel für Insulin. Die A-Kette besteht aus 21 Aminosäuren, und die B-Kette aus 30. Von den 20 in Lebewesen vorkommenden Aminosäuren fehlen drei vollständig (Asp, Met, Try). Zwei (Cys, Leu) kommen sechsmal vor, eine (Glu) fünfmal, drei (Gly, Tyr, Val) viermal. Die zwei Ketten sind über Cystein mit zwei Disulfid-Brücken verbunden. Insulin ist ein lebenswichtiges Hormon, das vor allem den Blutzuckerspiegel auf normaler Höhe von 3,9 bis 6,4 mmol pro Liter (70 bis 115 mg pro dl; 1 dl = 1 Deziliter = 100 ml) garantiert (Abkürzungen siehe Bild 25).*

Funktion beschränken. Dieser Code wurde als **quaternärer Triplett-Code** identifiziert, in dem n = 4 Buchstaben benutzt werden, um Wörter aus L = 3 Buchstaben zu bilden, die »Codons« genannt werden.

Die vier Buchstaben A, T, C und G in der DNS werden durch vier Nukleotide repräsentiert – in der RNS wird T durch U ersetzt. So repräsentiert und beschreibt z. B. das mRNS-Codon AAG die Aminosäure Lysin (siehe *Bild 25*). Die korrekte Aminosäure-Sequenz ist für jedes Protein bedeutsam, wobei jede Aminosäure durch ein Codon beschrieben ist.

Für uns entsteht dabei die Frage: Ist der *quaternäre Triplett-Code* der DNS der beste aller möglichen Codes? Anders gesagt: Wenn der Code konstruiert, d. h. mit Absicht geplant wurde, geschah das optimal? Diese Frage ist nicht so leicht zu beantworten, weil es viele Eigenschaften im DNS-Code gibt, die weit über die »einfache« Protein-Codierung hinausgehen. Allerdings gibt es eine informationstheoretische Antwort, wenn wir uns auf nur wenige Aspekte des Codes beschränken, nämlich auf *möglichst geringen Materialeinsatz* bei gleichzeitig *hoher Informationsdichte,* wobei »Information« hier nur im statistischen Sinn, also nach *Shannons* Definition behandelt wird.

Die Tabelle in *Bild 28* kann beliebig nach rechts und nach unten erweitert werden. Aber aus Gründen, die gleich deutlich werden, benötigen wir nur die 25 dargestellten Felder. Jedes dieser Felder stellt ein mögliches Codierungs-System dar.

Quaternär-Triplett-Code: Das schwarz markierte Feld repräsentiert den tatsächlich verwendeten *Quaternär-Triplett-Code* für die Protein-Codierung in der DNS ($n = 4$, $L = 3$). Im oberen Teil des Feldes (in diesem Fall: $4^3 = 64$, allgemein n^L) wird die Anzahl der möglichen Wörter genannt, die L Buchstaben lang sind und aus einem Alphabet von n Buchstaben stammen. Dabei ist zu beachten, dass in *jedem* Quaternär-Triplett-Code ein »Wort« aus $L = 3$ Buchstaben besteht, die aus einem Alphabet von $n = 4$ Buchstaben genommen wurden. Nach den Regeln der Kombinatorik sind bei einem Quaternär-Triplett-Code $n^L = 4^3 = 64$ Drei-Buchstaben-Wörter möglich.

Ein anderes Beispiel: Das Feld mit dem »Ternär-Quartett-Code« repräsentiert einen Code mit drei unterschiedlichen Buchstaben (wir nennen sie A, B und C). Hier werden Wörter der Länge $L = 4$ gebildet (ein Quartett), die als Codon dann eine bestimmte Aminosäure repräsentieren. So könnte z. B. in diesem Ternär-Quartett-Code das Codon BBAC die Aminosäure Lysin darstellen. Wir sehen also, dass jedes dieser 25 Felder ein mögliches Code-System repräsentiert.

Bei der Wahl des besten Codes werden wir durch die folgenden vier notwendigen Forderungen eingeschränkt:

L = Wortlänge = Anzahl der Buchstaben pro Wort n = Anzahl unterschiedlicher Buchstaben		$L = 2$ Dublett	$L = 3$ Triplett	$L = 4$ Quartett	$L = 5$ Quintett	$L = 6$ Sextett
		Wortlänge L →				
Binärcode $n = 2$ $i_B = \text{ld } n = 1$ bit	↓ **Alphabetlänge n**	$m = n^L = 4$ $i_w = L \text{ ld } n$ ***C*** 2 bit/Wort	$2^3 = 8$ ***B*** 3 bit/Wort	$2^4 = 16$ ***A*** 4 bit/Wort	$2^5 = 32$ ***2*** 5 bit/Wort	$2^4 = 64$ ***1*** 6 bit/Wort
Ternärcode $n = 3$ $i_B = 1{,}585$ bits		$3^2 = 9$ ***D*** 3,170	$3^3 = 27$ ***3*** 4,755	$3^4 = 81$ 6,340	$3^5 = 243$ 7,925	$3^6 = 729$ 9,510
Quaternärcode $n = 4$ $i_B = 2$ bit		$4^2 = 16$ ***E*** 4,0	$4^3 = 64$ ***4*** 6,0	$4^4 = 256$ 8,0	$4^5 = 1024$ 10,0	$4^6 = 4096$ 12,0
Quinärcode $n = 5$ $i_B = 2{,}322$ bit		$5^2 = 25$ ***5*** 4,644	$5^3 = 125$ 6,966	$5^4 = 625$ 9,288	$5^5 = 3125$ 11,610	$5^6 = 15625$ 13,932
Senärcode $n = 6$ $i_B = 2{,}585$ bit		$6^2 = 36$ ***6*** 5,170	$6^3 = 216$ 7,755	$6^4 = 1{,}296$ 10,340	$6^5 = 7776$ 12,925	$6^6 = 46656$ 20,680

$i_B = \text{ld } n$ Informationsgehalt *eines* Buchstabens (bit/Buchstabe)
$i_w = L \text{ ld } n$ Informationsgehalt *eines* Wortes (bit/Wort)
$m = n^L$ Anzahl der möglichen Kombinationen, aus n verschiedenen Zeichen ein Wort der Länge L zu bilden

Bild 28: *Die prinzipiellen Möglichkeiten, einen Code mit gleich langen Wörtern zu konstruieren. Der Möglichkeiten sind viele. Jedes Feld dieser Matrix repräsentiert ein spezielles Code-System, das durch die Anzahl (n) der unterschiedlichen Buchstaben des Alphabets und durch die Länge der Wörter (L) gekennzeichnet ist. Die Anzahl der verschiedenen Wörter, die in jedem Feld möglich ist, ergibt sich zu n^L.*

1. Da die Speicherung in der Zelle auf kleinstem Raum stattfinden muss, ist ein Code zu bevorzugen, der am **materialsparendsten** ist. Je mehr Buchstaben pro Aminosäure eingesetzt werden, desto größer wird der Materialeinsatz und damit der Raumbedarf (Speicherplatz).
2. Mit zunehmender Buchstabenzahl n nimmt die Komplexität der ausführenden Maschinerie zu. Damit steigt sowohl der Materialaufwand als auch die Fehleranfälligkeit bei der Replikation, Transcription und Translation an.
3. Wegen des oben beschriebenen Abschreibemechanismus, bei dem der Doppelstrang aufgedrillt wird und bei der sich anschließenden Replikation jeder Einzelstrang eine komplementäre Buchstabenergänzung bekommt, muss die Anzahl der verschiedenen Buchstaben **geradzahlig** sein (Alphabetlänge n geradzahlig).
4. Um die **Fehlerquote** bei den vielen Abschreibeprozessen zu **reduzieren**, wird eine gewisse Redundanz bei der Zuordnung der Codons zu den Aminosäuren notwendig. Bei dem ausgeführten genetischen Code finden wir mehrmals redundante Codons für dieselbe Aminosäure. So repräsentieren die beiden Codons **GAA** und **GAG** die Glutaminsäure. Sollte bei der Replikation an der dritten Position statt eines A ein G kommen, so bleibt es dennoch bei der Glutaminsäure.

Ausschluss der Felder A bis E: Zunächst wollen wir berechnen, welche Menge an statistischer Information ein »Wort« in einem Code mindestens aufweisen muss, um die zwanzig verschiedenen Aminosäuren eindeutig codieren zu können. Zu diesem Zweck ist *Shannons* (statistisches) Informationsmaß geeignet. Um alle zwanzig verschiedenen Aminosäuren kennzeichnen zu können, ist die folgende Minimalmenge für die »Information pro Wort« i_w erforderlich:

$$i_w = \log_2 20 = \log 20 / \log 2 = 4{,}32 \text{ bit}$$

Was bedeutet das? Welchen Code man auch immer wählt, er muss Wörter haben, die mindestens 4,32 bit an statistischer Information pro Wort enthalten, wenn wir jede der 20 Aminosäuren eindeutig mit einem Wort identifizieren wollen.

Bildet man Wörter mit vier Buchstaben (*L* = 4; *Quartetts*) mit einem Binärcode (*n* = 2), so ist hierin mit

4 Buchstaben/Wort x 1 bit/Buchstabe = 4 bit/Wort < 4,32 bit/Aminosäure

zu wenig Information enthalten. Alle fünf Felder A bis E in *Bild 28* repräsentieren Codes mit weniger als 4,32 bit pro Wort und scheiden darum von vornherein aus. Alle übrigen Felder zeigen Codes mit mehr als 4,32 bit pro Wort und kämen prinzipiell infrage. In der Nachbarschaft dieser Felder sind jene sechs (Nr. 1 bis 6) nummeriert, die als Kandidaten in Betracht zu ziehen sind. Durch die unmittelbare Nachbarschaft zu A bis E sind sie am materialsparendsten und kommen dadurch in die engere Wahl. Alle anderen Felder, die rechts davon liegen, würden zwar prinzipiell auch infrage kommen, sie scheiden aber wegen der Forderung 1 (materialsparend) aus. Der beste Code wird sich somit unter den sechs von 1 bis 6 durchnummerierten befinden.

Quintetts bei einem Binärcode mit 5 x 1 = 5 bit/Wort sind informationstheoretisch prinzipiell möglich.

Ausschluss der Felder 3 und 5: Wegen der komplementären Abschreibemethode bei der Replikation kommen nur Alphabete mit gerader Zeichenzahl infrage (Forderung 3). Somit scheiden alle Felder (d. h. alle möglichen Codes), die zum *Ternärcode* (*n* = 3) oder zum *Quinärcode* (*n* = 5) gehören, aus. Insbesondere entfallen somit

- der Ternärcode mit *L* = 3 Buchstaben pro Wort (Feld 3 in *Bild 28*) und
- der Quinärcode mit *L* = 5 Buchstaben pro Wort (Feld 5 in *Bild 28*).

Ausschluss von Feld 1 und 2: Von den noch verbleibenden Feldern scheiden als nächste Kandidaten der *Binärcode mit Sextetten* (Feld 1) und der *Binärcode mit Quintetten* (Feld 2) aus, weil diese gegenüber Nr. 4 (*Quaternärcode mit Tripletts*) zu materialaufwendig sind, nämlich 5 bzw. 6 Zeichen gegenüber nur 3 Zeichen pro Wort, und das ist 67 bzw. 100 Prozent aufwendiger. Somit haben wir die große Matrix mit allen möglichen Codierungen für jeweils gleich lange Wörter auf nunmehr zwei Kandidaten (Felder Nr. 4 und 6) eingegrenzt.

Ausschluss von Feld 6: Tatsächlich ausgeführt ist Nr. 4, also ein *Quaternärcode mit Tripletts*, d.h. $n = 4$ verschiedenen Buchstaben im Alphabet und dreibuchstabigen Wörtern ($L = 3$). Was sind die Gründe für diese Wahl? Nr. 4 scheint den Nachteil zu haben, um 50 Prozent materialaufwendiger als Nr. 6 zu sein, aber andere Vorteile wiegen diesen Nachteil in stärkerem Maße auf:

- Bei sechs verschiedenen Zeichen gegenüber vier wird die Erkennungs- und Übersetzungsmaschinerie überproportional komplizierter und somit letztlich doch materialaufwendiger als Nr. 4.
- Bei Nr. 4 hat das Wort einen höheren Informationsgehalt (i_W = 6 bit/Wort) als bei Nr. 6 (i_W = 5,17 bit/Wort), somit ist durch die größere mögliche Redundanz eine größere Übertragungssicherheit gegeben.

Schlussfolgerung: Vom ingenieurmäßigen Standpunkt aus betrachtet und wegen der hier genannten Kriterien ist das in den lebenden Organismen benutzte Codesystem – der *quaternäre Triplett-Code* – der beste aller möglichen Codes angesichts der an ihn gestellten Anforderungen: Dies beweist die absichtsvolle Planung, wie wir sie in Kapitel 8 noch detaillierter ausführen werden.

7.5 Wird durch die DNS und die RNS Universelle Information übertragen?

In der DNS aller Lebewesen finden wir eindeutig ein Codesystem, bei dem vier chemische Buchstaben als Zeichen eines definierten Alphabets benutzt werden.

Auch ist eine Syntax vorhanden (mit »Codons« genannten »Wörtern«, die der Proteinsynthese dienen und aus drei Buchstaben bestehen), ebenso eine Semantik (in welcher die Wörter [Codons] eine Aminosäure oder eine Anweisung repräsentieren). Das gesamte genetische Syntaxsystem geht durch die Verwendung von Struktureinheiten (z.B. Expressoren, Repressoren, Operatoren) noch weit darüber hinaus und ist bis heute nicht vollständig verstanden.

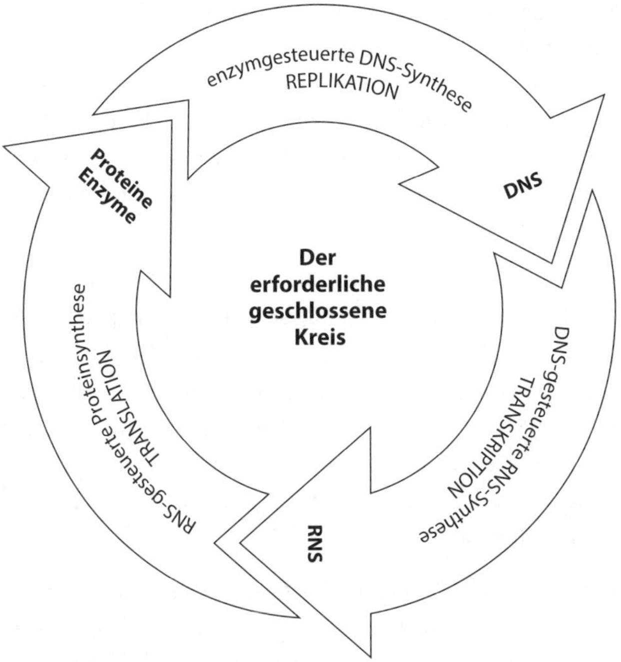

Bild 29: *Der informationsgesteuerte Kreisprozess in der lebendigen Zelle in vereinfachter Darstellung.*
Der Translationsvorgang (Proteinsynthese) entspricht der Pragmatik (siehe Definition D6 in Kapitel 2.6). Die DNS-Replikation kann nur unter enzymatischer Katalyse ablaufen. Die dazu erforderlichen Enzyme aber sind in der DNS codiert. Es muss also alles gleichzeitig vorhanden sein. Daraus folgt: Ein von der Grafik aufgezeigter zyklischer Prozess muss von Anfang an vollständig vorhanden gewesen sein und konnte sich nicht Schritt für Schritt entwickeln. Dieser komplette Kreisprozess ist übrigens auch ein Beispiel für ein komplexes Informations-Übertragungs-System nach Bild 22 (Kapitel 5.8.3 - siehe auch Kapitel 6.2 in Bezug auf die Fragwürdigkeit der Evolution).

Bekannt ist, dass die Informationsabläufe in der Zelle in einem Kreisprozess vor sich gehen *(Bild 29)*. Der größte Teil des semantischen Aspektes ist für den Menschen (noch) nicht lesbar. Nur manche Funktionen können bestimmten Chromosomen oder Genen örtlich zugeordnet werden, ohne jedoch die genetische Sprache selbst zu verstehen. Das Vorhandensein einer Semantik ergibt sich jedoch aus der erfüllten Pragmatik. Die Invarianz dieser Semantik erkennen wir z. B. in der Gleichgestaltung (nicht Identität!) von eineiigen Zwillingen. Bei der Betrachtung der Lebewesen als Ganzes wie auch von ausgewählten Details lässt sich die Zielgerichtetheit zweifelsfrei erkennen. Der Apobetikaspekt liegt nur als implizite Information vor. Er erschließt sich dadurch, wie genial alles konzipiert ist und dass dies keinesfalls zufällig entstehen konnte.

Auch die **Stellvertreterfunktion** der UI ist erfüllt (siehe Kapitel 3.4), denn die Tripletts in den DNS-Molekülen stehen stellvertretend für jene Aminosäuren, die erst zu einem späteren Zeitpunkt in die Proteine eingebaut werden. Wir sind nun in der Lage, festzustellen, ob das durch DNS bzw. RNS gesteuerte **Protein-Synthese-System** (PSS) der Definition der Universellen Information (UI) entspricht. Schauen wir uns dazu die vier Ebenen Syntax, Semantik, Pragmatik und Apobetik im Einzelnen an:

Syntax: Es handelt sich hier wirklich um einen Code, dem ein Vier-Buchstaben-Alphabet (Adenin, Thymin/Uracil, Cytosin und Guanin – A, T/U, C und G) zugrunde liegt, und ebenso existiert hier eine Syntax. Zu dieser Syntax gehört, dass alle Wörter gleich lang und aus drei Buchstaben zusammengesetzt sind. Es gibt keine Zwischenräume zwischen den Wörtern.

Semantik: Außer den drei »Stop«-Codons, die abstrakt für ein Stop-Kommando stehen, repräsentieren alle anderen 61 Codons in abstrakter Weise eine Aminosäure (siehe *Bild 25*, Kapitel 7.3). Abstrakt ist die Repräsentation deshalb, weil es keine physikalische oder chemische Beziehung zwischen den DNS/RNS-Codons und den dazugehörigen Aminosäuren gibt (Aspekt der Stellvertreterfunktion!). Diese Abstraktion erfordert ein Vermittler-Molekül, die t-RNS, um die Spezifikation ausführen zu können. Außerdem spezifiziert und repräsentiert die Sequenz der Codons auf der mRNS die Sequenz der Aminosäuren in dem zu synthetisierenden Protein.

Pragmatik: Bei dem pragmatischen Aspekt der UI geht es um die Ausführung von Handlungen durch die biologischen Maschinen. Der Translationsprozess ist eine komplexe Handlung, in der Maschinen

(Ribosomen) nach dem von der mRNS überbrachten Code Proteine synthetisieren. Wie bereits in Kapitel 7.2 beschrieben, haben die Proteine viele Funktionen auszuführen – angefangen auf der subzellulären Ebene bis hin zur makroskopischen Ebene des gesamten Körpers. Diese Hierarchie der Pragmatik ist fein abgestimmt, integriert und hochgradig organisiert, was zu den vielen erstaunlichen Erscheinungen führt, die wir in allen lebendigen Kreaturen vorfinden.

Apobetik: Die vielschichtigen Ziele der in der DNS/RNS codierten syntaktischen und semantischen Information werden offenbar, wenn sie durch die Pragmatik verwirklicht werden.

Wie bereits in Kapitel 3.5 ausgeführt, wollen wir auch hier das Ergebnis der Analyse des PSS als *Tabelle 2* wiedergeben:

Syntax	Verwendet das PSS einen abstrakten Code und einen Satz syntaktischer Regeln? Ja! Der DNS/RNS-Code ist abstrakt und hat eine definierte Syntax.
Semantik	Enthält das PSS abstrakte Stellvertreter für später zu realisierende Größen? Ja! Die DNS/RNS-Codons stehen stellvertretend für Befehle oder für spezifische Aminosäuren, denn sie haben weder eine Ähnlichkeit mit den Aminosäuren noch haben sie eine inhärente Beziehung zu ihnen. Die notwendige Stellvertreterfunktion ist damit erfüllt! Die Reihenfolge der Codons bestimmt die Sequenz der Aminosäuren.
Pragmatik	Drückt das PSS eine Aufforderung zum Handeln aus? Ja! Wenn das Ribosom von der mRNS »liest«: Führe Kommando aus! (das ist das erste **AUG**-Codon, dem es begegnet), beginnt es, covalente Peptidbindungen zwischen den durch die mRNS-Codons bestimmten Aminosäuren zu bilden. Damit beginnt ein integrierter Prozess auf immer höheren Ebenen der Pragmatik (des Handelns), der durch die vornehmlich aus Proteinen bestehenden biologischen Maschinen ausgeführt wird.
Apobetik	Erkennt man in diesem Code eine zu erfüllende Absicht? Ja, und zwar geschieht das in impliziter Weise – nicht explizit geschrieben, aber am Endergebnis klar erkennbar! Ein lebendiger, funktionierender Organismus ist das Ergebnis der höchsten Zielebene mit einer Vielzahl darunter liegender Einzelziele.

Zusammen-fassung	Das DNS/RNS-Protein-Synthese-System (PSS) trägt Universelle Information, weil es alle vier Ebenen aufweist, die nötig sind, um es als UI zu klassifizieren. Es gehört somit eindeutig in den Bereich A der Tabelle 1 und des Bildes 15 in Kapitel 3.4. Das wiederum bedeutet, dass die Naturgesetze der Information auf das PSS angewendet werden dürfen.

Tabelle 2: *Nachweis, dass das Protein-Synthese-System zum Definitionsbereich der Universellen Information gehört.*

7.6 Materialistische Vorstellungen und Modelle zur Herkunft der biologischen Information

Die uns alle bewegende Frage »*Wie kommt Leben zustande?*« ist unabdingbar verknüpft mit der Frage »*Woher kommt die Information?*« Die moderne Forschung hat seit den Erkenntnissen von *James D. Watson* (*1928) und *Francis H.C. Crick* (1916 – 2004) immer deutlicher erkannt, dass die Information in den Zellen für die Existenz des Lebens die alles entscheidende Basis bildet. Wer zur Herkunft des Menschen etwas Verbindliches sagen will, steht im Zugzwang, erklären zu müssen, wie Information entsteht. Alle Evolutionsanschauungen sind an dieser zentralen Frage grundlegend gescheitert.

Trotzdem hat sich in den biologischen Wissenschaften eine Naturphilosophie breitgemacht, die Leben und Lebensherkunft allein in der Materie begründet sieht. An einigen Zitaten wollen wir uns die Standpunkte von Vertretern dieser Auffassung vor Augen führen:

Der französische Zoologe und Philosoph *Jean-Baptiste de Lamarck* (1744 – 1829) schrieb in *Philosophie Zoologique*, Paris 1809, Bd. 1:

> »*Das Leben ist nur ein physikalisches Phänomen. Alle Lebenserscheinungen beruhen auf mechanischen, physikalischen und chemischen Ursachen, die in der Beschaffenheit der Materie selbst liegen.*«

Auch der deutsche Mikrobiologe *Reinhard W. Kaplan* (1913 – 2003) vertrat eine solche materialistische Position [K1]:

> »*Leben ist der Effekt eines Systems aus verschiedenen Teilen, die in einer bestimmten Ordnung zusammenwirken … Leben ist aus den*

Eigenschaften dieser Teile und den sich daraus notwendigerweise ergebenden Wechselwirkungen voll erklärlich … Den Ursprung des Lebens zu erklären, bedeutet nach dem Dargelegten, dass Hypothesen erdacht werden müssen, welche die Serie von Vorgängen bis zum Entstehen der Protobionten lückenlos angeben, und dass alle diese Vorgänge sich aus den physikalischen, chemischen und sonstigen Gesetzen über stoffliche Systeme deduzieren lassen.«

Der Göttinger Nobelpreisträger *Manfred Eigen* (1927 – 2019) befasst sich aus molekularbiologischer Sicht mit den Fragen des Lebens und geht von dem nicht zu begründenden Postulat aus: »*Naturgesetze haben die Entstehung des Lebens gesteuert.*« In seiner Arbeit über die Selbstorganisation der Materie [E2] bleibt er mit dem zwar eindrucksvollen Formelapparat dennoch auf der Ebene statistischer Information stecken. Der umfangreiche Beitrag ist daher für die Herkunft der Information und des Lebens bedeutungslos. In [E3, S. 55] schreibt er: »*Information entsteht aus Nicht-Information.*« Dieser Satz ist lediglich ein Bekenntnis zum Materialismus, denn er kann durch kein Experiment belegt werden. Die Aussage gehört somit eher in den Bereich der Ideologie als in den der Naturwissenschaften und ist durch die Naturgesetze NGI-3 und NGI-4 (siehe Kapitel 5.6 und 5.7) widerlegt.

Der Österreicher *Franz M. Wuketits* (1955 – 2018) definiert den Leserkreis seines Buches wie folgt: »*… nicht nur an den Biologen und Erkenntnistheoretiker, sondern in gleichem Maße an den Naturwissenschaftler und Philosophen und darüber hinaus an jeden am Abenteuer zeitgenössischer Wissenschaft Interessierten.*« Er präsentiert dann eine sogenannte »evolutionäre Erkenntnistheorie« mit dem Anspruch einer neuen Kopernikanischen Wende. Galt es bisher, dass große wissenschaftliche Erkenntnisse und Leistungen auf dem Wege des Beobachtens, Messens und Wägens gewonnen wurden, wie z. B. durch *Kopernikus*, *Galilei*, *Newton*, *Einstein*, *Born*, *Planck*, so wird in diesem Denksystem der umgekehrte Weg beschritten:

Am Anfang steht die Voraussetzung der Evolution. Und darum sind alle Phänomene durch diese Brille zu interpretieren. *Wuketits* schreibt in der Einleitung seines Buches [W8, S. 11-12]:

»Wir setzen die prinzipielle Richtigkeit der biologischen Evolutionstheorie voraus, ja, wir setzen voraus, dass die Evolutionslehre universelle Gültigkeit besitzt, dass sie im vororganischen Bereich genauso zur Geltung kommt wie im organischen, und dass sie darüber hinaus auf die Sphären des Psychischen, des Sozialen und des Kulturellen ausgedehnt werden kann. Akzeptieren wir den evolutionistischen Standpunkt auch für den Bereich des menschlichen Denkens und Erkennens, dann kommt der Evolutionsgedanke freilich auch bei der Analyse jener Phänomene zum Tragen, die üblicherweise unter die Erkenntnistheorie subsummiert werden, und gewinnt auch bei der Beurteilung des Fortgangs wissenschaftlicher Erkenntnisgewinnung an Bedeutung. Wir gelangen so zu einer evolutionären Erkenntnistheorie, zu einer Theorie der menschlichen Erkenntnis, die sich auf das evolutive Zustandekommen derselben bezieht.«

Wenn sich solche Sätze als Konsequenz eines reichhaltigen Faktenmaterials ergäben, könnte man der Schlussfolgerung zustimmen. Hier aber wird der umgekehrte Prozess beschritten: Die allumfassende Käseglocke der Evolutionslehre wird über alle Phänomene der Natur gestülpt. Naturwissenschaftler, die sich einen derartigen Denkzwang auferlegen lassen, erniedrigen sich zu Kostgängern einer materialistischen Philosophie. Die Wissenschaft aber sollte einzig der Wahrheit verpflichtet sein und nicht den Irrtum schon von vornherein programmieren. So verbietet die evolutionäre Erkenntnistheorie von ihrem Ansatz her einen planenden Geist als Zweckursache in den natürlichen Systemen und versucht, alle Wissenschaften in das Denkkorsett *»Selbstorganisation der Materie«* zu pressen.

Mit geradezu ideologischem Eifer vertritt *Wuketits* die evolutionäre Erkenntnistheorie und bezichtigt *»jeden, der heute mit dem Anspruch eines Naturwissenschaftlers auftritt und von planenden Geistern«* oder einem *»Designer«* in der Natur spricht, des Fabulierens. Er möchte das Denken in »Finalität« und in »End- und Zweckursachen« aus der Naturwissenschaft und aus dem Bereich ernst zu nehmender Gedankensysteme verbannen. Ein wesentlicher Teil der Vertreter jener Wissenschaften, die sich insbesondere mit kosmologischen und Herkunftsfragen befassen, hat sich der evolutionären Erkenntnistheorie angeschlossen, sodass der bekannte amerikanische Bio-Informatiker *Hubert P. Yockey* (1916–2016) [Y1] beklagt: »*Die Literatur auf diesem Gebiet ist vollkommen gleichgeschaltet.*« Weiter schreibt er in »*J. theor. Biol.* 91 (1981) 13«:

> »*Da die Wissenschaft nicht die blasseste Ahnung hat, wie das Leben auf der Erde entstand, ... wäre es ehrlich, dies den Wissenschaftlern, den Geldgebern und der Öffentlichkeit gegenüber zuzugeben.*«

Die Evolutionslehre ist keineswegs eine zwingende naturwissenschaftliche Leitidee; sogar der bekannte Wissenschaftstheoretiker *Karl Popper* (1902–1994) [H1] charakterisierte sie einmal als »metaphysisches Forschungsprogramm«. Das ist insofern eine ebenso bemerkenswerte wie ehrliche Äußerung, als er sich selbst für das evolutionäre Denken entschieden hatte.

Wir wollen auf einige Gedankenmodelle eingehen, die eine Entstehung von »Information« in der Materie suggerieren:

Kumulative Selektion (lat. *cumulare* = anhäufen, ansammeln): Der englische Neodarwinist *Richard Dawkins* (*1941) lässt das historische Beispiel mit den tippenden Affen wieder aufleben und ersetzt sie durch »Computer-Affen«. Der linke Teil von *Bild 30* (S. 247) zeigt, wie er in seinem Computer mit einer willkürlichen Sequenz von 28 Buchstaben beginnt [D2, S. 66-67] und einen schon zu Beginn vorgegebenen Satz aus dem Werk *Shakespeares*, nämlich »Methinks it is like a weasel« (»Mich dünkt, sie sieht aus wie ein Wiesel«) durch Mutation und Selektion erzeugen möchte.

Die beliebige Ausgangsfolge mit der exakten Länge des Zielsatzes wird wiederholt kopiert, wobei er einen gewissen Spielraum für zufällige Kopierfehler (Mutationen) zulässt. Das Programm prüft alle durch Mutation entstandenen Sätze, die als »Nachkommen« des Anfangssatzes gelten, und geht im Folgenden von demjenigen Satz aus, der dem Zielsatz am meisten ähnelt. Auf diese Weise entstehen von Generation zu Generation neue Gewinnersätze, bis nach der 43. Generation der Zielsatz erreicht ist.

Bezüglich der neuen Welle von Jesus-Büchern, die mit ständig neuen und gegenüber dem Neuen Testament verfremdeten und verfälschten Ideen aufwarten, bemerkte der Heidelberger Theologieprofessor *Klaus Berger* (1940 – 2020): *»Kaufen und lesen Sie bitte ein solches Buch, um zu erfahren, für wie dumm man Sie hält.« Dawkins* verbreitet mit ähnlichem Eifer seine leicht durchschaubaren Irrtümer zur Informationsentstehung. Aus diesem Grund habe ich seinen Ansatz, wie er sich Informationsentstehung vorstellt, einmal ausführlich wiedergegeben. Der Leser möge ebenfalls prüfen, was ihm zugemutet wird.

Dawkins stimmt den Leser am Buchanfang [D2, S. 13] auf die Zwecklosigkeit der lebenden Strukturen ein: *»Biologie ist das Studium komplizierter Dinge, die so aussehen, als seien sie zu einem Zweck entworfen worden.«* Im weiteren Verlauf legt er einen Zielsatz fest, auf den sein ganzes Programm abgestimmt ist. Hier muss dann unweigerlich das zuvor Programmierte herauskommen.

Dieses Spiel kann er mit jeder beliebigen Anfangsfolge durchführen, und immer kommt sein Zielsatz heraus. Er gibt sogar die Zeichenlänge des *Zielsatzes* für die Anfangssequenz vor. Jedermann erkennt sofort, dass er keine *Information* erzeugt hat; er hat sie von vornherein vorgegeben. Kurz gesagt: *Dawkins* schmuggelt das gewünschte Ergebnis *(Methinks it is like a weasel)* in sein Programm ein und jubelt dann hocherfreut, wenn dieser Algorithmus das »Ergebnis« so »schnell« erzeugt, obgleich er einen »Zufallsprozess« benutzt hat.

Ein Evolutionsspiel ähnlicher Qualität führt *B.-O. Küppers* in [K5] vor, bei dem zweimal das Wort *Evolutionstheorie* als vorgegebenes Zielwort verwendet wird (siehe rechter Teil von *Bild 30*). Doch kann nach NGI-3 aus Zufallsprozessen keine UI *de novo* entstehen. Beide Ergebnisse hängen davon ab, wie die Programme geschrieben wurden.

Selbstverständlich sind die von *Dawkins* und *Küppers* verwendeten Prozesse nicht »zufällig«, sondern *ganz und gar gesteuert*. Das Ergebnis ist unausweichlich und völlig von der Person *bestimmt*, die

Beispiel von R. Dawkins: Anfangssequenz: WDLMNLT DTJBKWIRZREZLMQCO P Vorgegebener Zielsatz: METHINKS IT IS LIKE A WEASEL	Beispiel von B.-O. Küppers: Anfangssequenz: ELWWSJILAKLAFTYJ:/ELWWSJILAKLAFTYJ:/ Vorgegebenes Zielwort: EVOLUTIONSTHEORIE (zweimal)
Versuch 1:	**1. Gen.**
Gen. 01 WDLMNLT DTJBKWIRZREZLMQCO P	ELWWSJILAKLAFTYJ:/ ELWWSJILAKLAFTYJ:/
Gen. 02 WDLTMNLT DTJBSWIRZREZLMQLO P	ELYWSJILAK?AFTYJ:/ELWOSBCSEKLAJSYK:/
Gen. 10 MDLDMNLS ITJISWHRZREZ MECS P	ELWOSBCKEKLKUTII:/ELWOTBCKYKLIFTYJ:/
Gen. 20 MELDINLS IT ISWPRKE Z WECSEL	ELWOSBDKEKLAJTYI:/ELWOTBCKZKLIJTYJ:
Gen. 30 METHINGS IT ISWLIKE B WECSEL	**5. Gen.**
Gen. 40 METHINKS IT IS LIKE I WEASEL	EVQLVDGONS?HEOQUI/EVOKVDGONSLHE.QIC/
Gen. 43 METHINKS IT IS LIKE A WEASEL	ETOLVDGONS?HEOQIE/EVOLVDGONS?LUOQOC/
Versuch 2:	EVQLVDGONC?HEOQIE/EVOLVDIONKLHEKQIC/
Gen. 01 Y YVMQKZPFJXWVHGLAWFVCHHQXYOPY	EVOLVDGONSLHEOQIC/EVOLVDGONS?HEOQIE/
Gen. 10 Y YVMQKSPFTXWSHLIKEFV HQYSPY	EVOLVEDONSLHEOQIC/EVOLVDGONS?HEOQIE/
Gen. 20 YETHINKSOITXISHLIKEFA WOYSEY	**30. Gen.**
Gen. 30 METHINKS IT ISSLIKE A WEFSEY	EVOLUTIONSTHEORIE/ EVOLUTIONSTHEORIE/
Gen. 40 METHINKS IT ISBLIKE A WEASES	EVOLUTIONSTHEORIE/ EVOLUTIONSTHEORIE/
Gen. 50 METHINKS IT ISJLIKE A WEASEO	EVOLUTIONSTHEORIE/ EVOLVDIONSTHEORIE/
Gen. 60 METHINKS IT IS LIKE A WEASEP	EVOLUTIONSTHEORJE/ EVOPUTIONSTHEORIE/
Gen. 64 METHINKS IT IS LIKE A WEASEL	EVOLVTIONSTHEORIE/ EVO?UTIONSKXHEORI

Bild 30: *Molekulardarwinistische Vorstellungen zur Informationsentstehung nach R. Dawkins und B.-O. Küppers.*

den Algorithmus geschaffen hat. In Wirklichkeit würde es eine Sensation bedeuten, wenn *Dawkins'* Programm irgendetwas anderes als *Methinks it is like a weasel* hervorgebracht hätte! Hätte das Ergebnis z.B. gelautet: »*Four score and seven years ago …*« (»Vor 87 Jahren …«) – dann wäre dadurch eben gerade und *de novo* UI von einem Algorithmus erzeugt worden, der dazu geschaffen wurde, *Shakespeares* Spruch hervorzubringen. Es wäre dann an der Zeit, die Rotationsmaschinen anzuhalten und einige Nobelpreise zu verteilen![55]

Genetische Algorithmen: Als eine andere Art der Informations-Entstehung in der Materie werden die sogenannten »Genetic Algorithms« (GAs) angesehen [F4]. Die Wortkombination ist bewusst aus dem Bereich der Biologie und der numerischen Mathematik gewählt, um zu suggerieren, es würden evolutive Vorgänge mathematisch

55 Zur weiteren Diskussion anderer dubioser Behauptungen über Mutationsraten und Selektions-Koeffizienten bei *Dawkins* siehe Creation.com/weasel.

beschrieben. In Wirklichkeit handelt es sich bei einem GA um ein Computer-Programm mit einem rein numerischen Verfahren. Es ist geeignet, um z. B. das Maximum einer analytischen Funktion – wie $f(x,y) = yx - x^4$ – oder die optimale Reiseroute eines Handelsreisenden näherungsweise zu ermitteln. Es können weiterhin dynamische Vorgänge in der Technik modelliert und optimiert werden. Wir müssen festhalten, dass in einem GA keine wirklichen biologischen Prozesse ablaufen. D. h., GAs sind einfach numerische Berechnungsmethoden, die nicht wirklich beschreiben, was in den lebenden Zellen vor sich geht.

Man kann mit dieser Methode die Wirkungsweise von Mutation und Selektion anhand von Bitmustern auf Computern simulieren. Die allgemeine Idee hinter einem GA ist etwa folgende: Eine »Population« von Organismen wird als »digitale Sequenz« dargestellt, die als anfänglicher Input für den GA (Computerprogramm) dient. Dieses Programm wirkt dann »nach dem Zufallsprinzip« auf die Eingangssequenz ein und verändert sie (d. h., sie »mutiert« sie) irgendwie gemäß den vorgegebenen Regeln. So könnte eine Regel lauten: *»Wähle eine zufällige Sequenz aus der ›Population‹ aus, dann wähle daraus zufällig ein bit aus und verändere dieses auch wieder zufällig.«* Diese Veränderung der ursprünglichen Sequenz macht sie zu einer »mutierten« Sequenz, die nach zuvor festgelegten »Fitnessfunktionen« bewertet wird, die zum GA-Programm gehören. Schließlich werden die »Überlebenden« unter den mutierten Sequenzen (d. h., die nicht »gestorben sind« oder »ausgelöscht« wurden) zum neuen Input – bereit, wieder zu »evolvieren«. Dieser ganze Prozess wird immer wiederholt, bis man ihn abschaltet.

Entsprechend seiner Planung wird ein GA eine »künstliche Evolution« erzeugen, die einzig von dem bestimmt ist, was der Programmierer in den Code schrieb. Genetische Algorithmen enthalten riesige Mengen von UI (hergestellt vom Autor des Programms) als notwendige Vorbedingung für die Entwicklung und das Funktionieren dieser Algorithmen. Die vermeintlich durch diesen Algorithmus erzeugte »neue Information« ist nichts weiter als der deterministische Output einer ausgefeilten Kombination vorausgeplanter Veränderungen im Verein mit »zufälligen« Inputs, die zu Verzweigungen und Entscheidungsmustern führen.[56]

Ein weiterer Fehler bei dem GA-System ist die Unterstellung, es gäbe einen Haufen »nützlicher Mutationen«, welche die Population beeinflussen. Diese »nützlichen Mutationen« sind der Ersatz für die durch »natürliche Auslese« eliminierten Segmente, obwohl wir Derartiges im wirklichen Leben nicht sehen. Der Prozess der natürlichen Auslese eliminiert sehr wohl Segmente aller denkbaren Populationen. Diese wurden aber bei der überlebenden Population niemals durch eine Reihe »nützlicher Mutationen« ersetzt.[57]

Man kann bestenfalls sagen, dass eine überlebende Population, indem sie mit weniger Mitgliedern überlebte, über weniger genetisch variables Potenzial verfügt als das, mit dem sie angefangen hat. So mögen die genetischen Algorithmen nette Computerspiele sein, die jedoch in keiner Weise das repräsentieren, was in der Natur geschieht.

56 GAs mögen so scheinen, als gingen sie über einen reinen Determinismus hinaus; aber das sieht nur so aus. Bei den GAs bestimmt der Programmierer bis ins Letzte voraus, ob »Evolution« stattfindet oder nicht, indem er künstliche Schwellen einbaut und Entscheidungs- und Abzweigungskriterien in die Software eingibt. Diese Eingaben und Kriterien bestimmen nicht nur wesentlich das Eintreten der »Evolution«, sondern auch deren Häufigkeit und Richtung. Die in dem Code benutzten Zufallszahlen sorgen nur für das Überraschungselement in diesen Programmen. Trotz aller Überraschungen wird das Endergebnis garantiert die »Evolution« sein, weil der Programmierer durch seine Eingaben und Kriterien dieses Ergebnis bereits in das Programm eingegeben hatte. Wer das bezweifelt, sollte sich selbst einmal fragen, wie viele veröffentlichte GAs es wohl gibt, die nicht irgendeine Art von »Evolution« produziert haben. Wenn sie keine »Evolution« erzeugen, werden sie nicht veröffentlicht, weil sie *per definitionem* falsch gelaufen sind.

57 Die Vertreter der Evolution behaupten immer wieder, es gäbe viele Beispiele für »nützliche Verluste« in der Evolution (z. B. Käfer ohne Flügel auf stürmischen Inseln oder den blinden Höhlenfisch *Astyanax fasciatus mexicanus*, der seine Augen verloren habe). Bei diesem Argument wird übersehen, dass diese Merkmale da gewesen sein müssen, bevor sie verloren gehen konnten. Weil die Evolutionsvertreter den Fortschritt von den Molekülen bis zum Menschen vertreten, müssen sie zunächst das Auftauchen von Information erklären, bevor sie den Verlust von Information als Mechanismus der Evolution bezeichnen können. Sonst befinden sie sich in der peinlichen Lage, mit nichts anzufangen und von diesem Punkt ausschließlich mit Verlusten zu operieren. Darüber hinaus ist anzumerken: Selbst wenn ein Organismus durch einen Verlust einen evolutiven Vorteil erlangen würde (z. B. mehr Überlebenskraft oder höhere Reproduktivität), so ginge das nur, wenn eine riesige Infrastruktur (mit zahllosen Informationen) intakt bliebe. Der Käfer, der z. B. seine Flügel verliert, bleibt ein lebensfähiger Käfer – und auch in jeder anderen Hinsicht ein hochkomplexer Organismus (so behält er alle lebenswichtigen Organe und Metabolismen). Das Hauptproblem der Evolution besteht darin, zu erklären, woher neue Information kommen kann. Auf Informationsverluste zu verweisen, die gelegentlich einen zeitlichen oder zufälligen Vorteil bieten mögen, lenkt vom eigentlichen Problem ab.

Evolutive Modelle zur Entstehung des genetischen Codes: In zahlreichen Publikationen werden Vorschläge gemacht, wie der genetische Code entstanden sein könnte (z. B. [O2], [E3], [K1]). Niemand ist jedoch bisher über Gedankenmodelle hinausgekommen. Noch nie konnte in einem Experiment gezeigt werden, wie allein in der Materie ein Code entsteht, und gemäß NGI-1 bis NGI-4 (Kapitel 5) wird das auch nie möglich sein.

7.7 Naturwissenschaftler gegen Evolution

Es überrascht nicht, dass sich eine zunehmende Anzahl von Wissenschaftlern ganz bewusst öffentlich von dem intellektuellen Dilemma der Evolution distanziert. Unter ihnen sind international bekannte Experten ihres Fachgebietes. Einige Vertreter sollen hier beispielhaft zu Wort kommen. Der englische Astrophysiker Sir *Fred Hoyle* (1915 – 2001), einer der bekanntesten Kosmologen, warnte vor abgedroschenen Behauptungen unter dem Titel *The Big Bang in Astronomy* in *New Scientist* [H5, S. 523- 524]:

> *»Die interessanten Umwandlungen der Quarkteilchen sind im Urknallmodell fast augenblicklich vorüber und dahin, dann kommt ein wenig recht simple Kernphysik und dann? Eine öd-langweilige Ausdehnung, die sich adiabatisch (d. h. ohne Wärmeaustausch mit der Umgebung) abnutzt, bis sie unfähig ist, überhaupt etwas zustande zu bringen. Die Vorstellung, dass sich Galaxien bilden, in denen sich dann eine aktive astronomische Geschichte abspielt, ist eine Illusion. Nichts bildet sich; das Ganze ist doch tot wie ein Türnagel. ... Der springende Punkt ist, dass selbst wenn die Fluchtgeschwindigkeiten in einer freien Explosion erhalten bleiben, dies für innere Bewegungen nicht gilt. Diese sterben adiabatisch aus, und das expandierende System wird träge. Genau deswegen führen die Urknall-Kosmologien zu einem Universum, das praktisch von Anfang an tot und erledigt ist.«*

Diese Aussagen stimmen mit den Ergebnissen des Heidelberger Kernphysikers *Hermann Schneider* (*1935) überein, der die Urknalltheorie aus physikalischer Sicht kritisch beurteilt. Sein Fazit lautet [S5]:

»Beim Evolutionsmodell müssen die Naturgesetze sowohl die Entstehung aller Dinge im Makro- und im Mikrokosmos als auch ihr Funktionieren beschreiben. Damit sind die Naturgesetze überfordert.«

Zu den viel zitierten Ursuppen, aus denen sich nach evolutiver Denkweise Leben entwickelt haben soll, bemerkt *Fred Hoyle* [H5, S. 526]:

»Ich weiß nicht, wie lange es noch dauert, bis die Astronomen allgemein erkennen, dass der kombinatorische Aufbau nicht einmal ***eines*** *der Tausende von Biomolekülen, auf die das Leben angewiesen ist, durch natürliche Prozesse hier auf Erden hätte zustande kommen können. Die Astronomen werden ein wenig Mühe haben, dies zu verstehen, weil die Biologen ihnen versichern werden, dass dem nicht so sei, nachdem den Biologen wiederum andere versichert haben, dass dem nicht so sei. Diese ›anderen‹ sind eine Gruppe von Personen, die ganz öffentlich an mathematische Wunder glauben. Sie vertreten den Glauben, es gebe versteckt in der Natur – außerhalb der normalen Physik – ein Gesetz, welches Wunder vollbringt.«*

Dabei ist noch zu beachten, dass nur Zeit und Zufall für die Entstehung des Lebens zur Verfügung stehen, weil die natürliche Auslese erst eingreifen kann, wenn es bereits selbst-duplizierende Größen gibt.

In seinem Buch *Synthetische Artbildung* [H2] bezeichnet der Botaniker an der Universität Lund (Schweden), Prof. Dr. *Nils Heribert-Nilsson* (1883–1955), die Evolutionslehre als Behinderung für die Entwicklung einer exakten biologischen Wissenschaft:

»Das Endergebnis meiner gesamten Untersuchungen und Überlegungen, nämlich, dass der Evolutionsgedanke, auf die experimentellen Ergebnisse der Artbildungsforschung und ihre Grenzwissenschaften geprüft, immer wieder zu unglaublichen Widersprüchen und verworrenen Konsequenzen führt, weshalb die Evolutionstheorie ganz aufgegeben werden muss, wird wohl viele empören. Und noch mehr: Meine weitere Schlussfolgerung ist, dass die Evolutionstheorie keineswegs nur eine ungefährliche naturphilosophische Gedankenverbindung darstellt, sondern dass diese Theorie ein schweres Hindernis für die biologische Forschung ist. Sie verhindert nämlich – wie Beispiele

immer wieder zeigen –, selbst aus offensichtlichen Versuchsergebnissen konsequente Schlussfolgerungen zu ziehen. Denn alles muss letzten Endes nach dieser spekulativen Theorie verbogen werden. Eine exakte Biologie kann deshalb nicht aufwachsen.«

Der Karlsruher Makromolekularchemiker Prof. Dr. *Bruno Vollmert* (1920 – 2002) hat nachgewiesen, dass alle als Evolutionsexperimente ausgegebenen Versuche am Kern der Sache vorbeigehen [V1]:

»Alle bisher veröffentlichten Experimente zur Polykondensation von Nukleotiden oder Aminosäuren sind für das Problem der Evolution auf Molekülebene irrelevant, da sie mit reinen Monomeren und nicht mit ›Ursuppen‹ aus Miller-Experimenten durchgeführt wurden. Polykondensations-Experimente aber mit Ursuppen oder den darin gelösten Stoffgemischen sind ebenso überflüssig wie Versuche zur Konstruktion eines Perpetuum mobile.«

So finden z. B. evolutionsorientierte Chemiker in einem Experiment nach *Miller*, bei dem elektrischer Strom durch ein Gasgemisch geschickt wird, Stränge von Aminosäuren A und B. Aus einer solchen Lösung extrahieren sie dann gereinigte, konzentrierte linksdrehende A und B und entdecken, dass diese unter bestimmten Bedingungen lange Ketten bilden können. Doch *Vollmert* erkannte, dass sie das nie in der Gegenwart der chemischen Verbindungen C und D hätten erreichen können, die aber ebenfalls in größeren Mengen bei demselben *Miller*-Experiment entstehen. Somit sind die vermeintlichen »Erfolge« dieser chemischen Evolutions-Experimente in Wirklichkeit tendenziöse, manipulierte Karikaturen der wahren Realität der Natur.

Der französische Nobelpreisträger *André M. Lwoff* (1902 – 1944) [L3] wies darauf hin, dass jeder Organismus nur aufgrund des komplexen Informationsnetzes funktioniert:

»Ein Organismus ist ein System von Strukturen und Funktionen, die voneinander abhängen. Er besteht aus Zellen, und Zellen sind aus Makromolekülen gebildet, die reibungslos zusammenarbeiten müssen. Jedes Molekül muss wissen, was das andere tut. Es muss Botschaften empfangen und ihnen gehorchen können.«

Fragt man nach der Herkunft dieser Information, so können wir heute nach einem Forschungsaufwand zu dieser Thematik, der sich nur noch in Tausenden von Mannjahren beziffern lässt, feststellen:

ES23: *Es ist kein Naturgesetz, kein Prozess und kein Ablauf in der materiellen Welt bekannt, nach dem in der Materie Information von selbst entsteht.*

Dies ist auch das Ergebnis der siebenten *»Internationalen Konferenz über Ursprünge des Lebens«* in Verbindung mit dem vierten Kongress der »International Society for the Study of the Origin of Life (ISSOL)« 1983 in Mainz. Auf solchen Veranstaltungen tauschen Evolutionswissenschaftler aus aller Welt ihre neuesten Erkenntnisse aus. In einem Tagungsbericht über den Mainzer Kongress schreibt der Biochemiker *Klaus Dose* (*1928) [D3]:

> *»Ein weiteres Rätsel bleibt die Frage nach dem Ursprung der biologischen Information, also der Information in unseren heutigen Genen. Noch nicht einmal die materiellen Bausteine zur Speicherung von Information können sich von selbst bilden: Die spontane Bildung von einfachen Nukleotiden oder gar von replikationsfähigen Polynukleotiden auf der präbiotischen Erde muss heute aufgrund zahlreicher, aber erfolgloser Experimente als unwahrscheinlich angesehen werden.«*

In seinem historischen Vortrag über die Ablehnung der Doktrin der spontanen Entstehung lebender Zellen hatte der französische Chemiker und Mikrobiologe *Louis Pasteur* (1822–1895) an der Pariser Sorbonne-Universität 1864 vorausgesagt, dass sich diese Doktrin niemals von dem tödlichen Schlag erholen würde, den sie durch seine Experimente erhalten habe. Hierauf Bezug nehmend trifft *Klaus Dose* eine ebenso wichtige Feststellung:

> *»Analog mag die Mainzer Tagung historische Bedeutung erhalten, weil hier erstmals von mehreren Wissenschaftlern widerspruchslos festgestellt wurde, dass alle Thesen zur Evolution lebender Sys-*

teme aus spontan entstandenen Polynukleotiden ohne experimentelle Grundlage sind.«

Im Jahr 2005 äußerte der Genforschungspionier *John Sanford*[58] in Bezug auf die biologische Evolution [S3]:

> *»Die durch Mutationen verursachte Entropie [die Belastung der genetischen Information durch schädliche Abschreibfehler] erscheint in großen Genomen so stark zu sein, dass Selektion sie nicht umkehren kann. Dies macht letzten Endes den Untergang solcher Genome unausweichlich. Ich habe dieses fundamentale Problem* ***Genetische Entropie*** *genannt. Genetische Entropie ist keine axiomatische Ausgangsposition; vielmehr ist sie ein logischer Schluss, der aus sorgfältiger Analyse dessen erwachsen ist, wie Selektion tatsächlich abläuft. Wenn das Genom degenerieren muss, dann ist das Hauptaxiom [biologische Evolution via Mutationen und natürlicher Selektion] falsch. Es ist nicht nur nicht plausibel. Es ist nicht nur unwahrscheinlich. Es ist sogar radikal falsch – wenn man ›falsch‹ steigern könnte. Es ist nicht nur ein falsches Axiom. Es ist eine unbewiesene und zu verwerfende Hypothese, die wir getrost hinter uns lassen können.«*
> (*Genetic Entropy & The Mystery of the Genome*, Ivan Press, Lima, New York, Copyright 2005, ISBN 1-59919-002-8, S. 144)

Im Gegensatz zu dem Standpunkt des modernen wissenschaftlichen Establishments belegen die Zitate bedeutender Wissenschaftler sehr eindringlich, dass die Evolution der ersten lebenden Zelle durch ungesteuerte, rein materialistische Vorgänge unmöglich ist und dass alle existierenden Organismenarten mit riesigen Genomen eher devolvieren als evolvieren. In den Kapiteln 8.9 bis 8.11 zeigen wir, wie die chemische und biologische Evolution durch Naturgesetze – also mit der höchsten wissenschaftlichen Autorität – widerlegt werden kann.

58 *Sanford* behielt bei seiner Pensionierung den Titel eines Honorarprofessors an der Cornell University, New York.

7.8 Ist Selektion eine Informationsquelle?[59]

Evolution ist der Glaube, dass sich im Lauf der Zeit durch natürliche Prozesse, d. h. ohne intelligente Informationsquelle, alles Leben von selbst entwickelt habe. Das impliziert z. B. die Vorstellung: Es hat einmal eine Zeit gegeben, in der kein Lebewesen mit einer Lunge existierte. Somit gab es auch keine genetische Information zur Konstruktion einer Lunge. Später entstand dann (aber wie?) »Lungen-Information«, und diese wurde der Welt hinzugefügt. Zu einer Zeit gab es noch keine »Feder-Information«; denn diese evolvierte nach dieser Auffassung erst viel später.

Wir können es so sagen: Für jedes Merkmal, das durch Evolution entstanden sein soll, würde neue genetische Information benötigt, die der Gesamtinformation in der Biosphäre hinzugefügt werden musste. Manche Merkmale konnten auch verloren gehen, darum kam es nicht immer zu einem Gewinn. Für einen Evolutionsprozess wäre es aber äußerst wichtig, dass es ein ständiges Netto-Wachstum von Information gegeben haben muss, d. h. es muss sehr viele Aufwärtsschritte gegeben haben. Um es noch einmal deutlich hervorzuheben: Wenn Mikroben sich zu Elstern, Ahornbäumen und Musikanten hin entwickeln, dann muss es ein ganz massives Wachstum an Information mit völlig neuen Programmen gegeben haben. Solche neuen Programme sind keineswegs durch Polyploidie (griech. *polyploid* = vielfach; Verdoppelung oder Vervielfachung des Erbgutes) oder Hybridisierung (Kreuzung verschiedener Biospezies) erklärbar. Ein Netto-Informationszuwachs entsteht auch nicht durch ein Vermischen chemischer Sequenzen, sondern dahinter stehen Unmengen bedeutungsvoller Information.

Das bedeutet, die Zelle muss in der Lage sein, auf eine Menge neuer Befehle reagieren zu können, die durch die »neue Information« gesteuert werden. Weiterhin folgt daraus, dass alle neuen Proteine von der Zelle geduldet werden müssen und nicht sofort als Fehler abgestoßen werden.

59 Dieser Abschnitt basiert vor allem auf Dr. *Carl Wielands* Artikel: Superbugs – not super at all [W3].

Angesichts der hier erwähnten Punkte und der gegenwärtigen Kenntnis der Genome in der Biosphäre erscheinen die von Vertretern der Evolutionslehre genannten Erklärungen dafür, wie die genetische Information den heutigen Stand erreichen konnte, doch sehr imaginär und ziemlich unglaubwürdig dazu.

Ist die Selektion ein Prozess, bei dem neue Information entstehen kann? Der australische Wissenschaftler Dr. *Carl Wieland* (* 1950) ging dieser Frage nach, indem er die Eigenschaft der Resistenz von Bakterien untersuchte [W3]. Die Geißel eines modernen Hospitals sind die sogenannten *Superkeime*; sie sind die Abkömmlinge von Bakterien, die sogar gegenüber verschiedenen Antibiotika resistent sein können. Es gilt die Frage zu beantworten, ob hierfür neue Strukturen und Funktionen entstanden, die neue Information benötigen, oder ob diese bereits vorhanden waren.

Einige Punkte wollen wir besonders herausstellen:

1. Einige Keime sind bereits resistent: Wenn in einer Population von einer Million Bakterien nur fünf gegenüber Penicillin resistent sind, und alle werden mit Penicillin behandelt, dann werden bis auf die fünf alle anderen getötet.[60] Das natürliche Abwehrsystem des Körpers beseitigt jedoch eine so kleine Restpopulation schneller, als sich diese vermehren und sich schädlich auswirken kann. Geschieht das nicht, können sich die fünf schnell über den gesamten Körper des Patienten[61] ausbreiten, und ihre Nachkommen sind ebenfalls resistent.

60 Der Grund, weshalb die Ärzte darauf bestehen, dass die verordneten Antibiotika aufgebraucht werden, ist einsichtig: In den ersten Behandlungsstadien werden die weniger resistenten Keime zuerst getötet; doch wiederholte Dosen werden auch die etwas resistenteren umbringen, nicht aber die völlig resistenten. Hört der Patient also zu früh mit der Behandlung auf, werden sich die resistenteren Keime deutlicher vermehren, wodurch das Resistenzpotenzial der Bakterienpopulation ansteigt.

61 Das kann auch mit Bakterien geschehen, die nicht aktiv an der Krankheit beteiligt sind. Wird einem Patienten mit einem Virusinfekt (z. B. Erkältung) fälschlich Penicillin verabreicht, dann kann der oben geschilderte Selektionsprozess auch an den Staphylokeimen einsetzen, die harmlos in der Nase oder auf der Haut des Patienten angesiedelt sind und die dann unter ungünstigen Umständen eine Krankheit verursachen können.

Es gilt festzuhalten: Die Resistenz einiger Bakterien war bereits vorher vorhanden; sie entstand nicht erst als Antwort auf den Einsatz von Penicillin.[62]

2. Einige Keime haben die Fähigkeit, ihre Resistenz direkt auf andere zu übertragen: Es gibt einen sehr erstaunlichen Prozess; man könnte ihn fast als einen Sexualprozess bei Bakterien bezeichnen, bei dem ein Keim einem anderen in einer dünnen Röhre einen Teil der DNS, Plasmid genannt, überträgt. Diese Art von genetischem Transfer, bei dem offensichtlich auch die Information für die Resistenz bezüglich eines Giftes übertragen wird, kann auch zwischen Bakterien verschiedener Arten stattfinden.

Auch hier gilt festzuhalten: Diejenige Information, die für die Resistenz verantwortlich ist, war schon vorher in der Natur vorhanden. So ist auch dieser Fall kein Hinweis darauf, dass etwas total Neues entstanden ist. Es handelt sich auch hierbei nicht um Informationsentstehung, sondern lediglich um einen Transfer – wenn auch sehr raffinierter Art – von bereits vorhandener Information.

3. Einige Keime werden resistent durch Mutation: In solchen Fällen wird die DNS durch eine Mutation beschädigt, was stets mit einem Verlust an Merkmalen verbunden ist – es ist also ein degenerativer Prozess. Wird auf diese Weise z. B. ein Protein etwas weniger genau gefaltet, dann kann das antibakterielle Agens nicht mehr »andocken«, und das hat eine antibiotische Resistenz zur Folge.

4. Bei einer anderen Art von Mutation kann ein genetischer Verlust zur Penicillin-Resistenz führen. Das Bakterium verfügt bereits über die Information zur Produktion eines Enzyms, das in der Lage ist, Penicillin zu zerstören. Es werden aber nur kleine Mengen davon produziert. Geht nun aber das Kontroll-Gen durch Mutation verloren,

62 Zur Penicillin-Resistenz gehört die Fähigkeit, Penicillinase zu erzeugen, ein Enzym, welches das Antibiotikum zerstört. Man könnte behaupten, dass die Information für Penicillinase als Antwort auf natürlich vorkommendes Penicillin evolvierte. Aber es darf wohl kaum als Beweis dafür angeführt werden, dass die Information für Penicillinase durch natürliche Prozesse evolvierte, denn das wurde nur vermutet, aber nicht beobachtet.

dann können von da an große Mengen dieses Enzyms produziert werden. Normalerweise wäre das für einen Organismus ungünstig, weil zu viel Energie für die Produktion dieses Enzyms verbraucht wird. Gibt es aber Penicillin im Umfeld, kann der Keim mit der reduzierten DNS besser überleben als derjenige mit intaktem Kontroll-Gen.

Für manche Antibiotika ist es dazu nötig, dass sie über die Zellwand und Membran in das Bakterium eindringen. Es gibt dort genial konstruierte chemische Pumpen, die in der Lage sind, Nährstoffe von außen in das Innere des Bakteriums zu befördern. Diejenigen Keime, die so etwas effektiv tun können, pumpen also in Gegenwart eines Antibiotikums in vielen Fällen ihren eigenen Henker in sich hinein.

Und was geschieht, wenn solche Bakterien ein defektes Gen erben, das durch Kopieren eines DNS-Fehlers (Mutation) entstand und diesen Pumpmechanismus behindert? Auch hier gibt gerade dieser Defekt in Gegenwart eines Antibiotikums einen Überlebensvorteil. Auch in diesem Fall erkennen wir, dass Information verloren ging und zerstört wurde, aber nicht hinzugewonnen wurde.

Dr. *Carl Wieland* berichtet, wie nach einem mehrmonatigen Krankenhausaufenthalt in seinem Körper Generationen von Superkeimen auftraten. Diese Superkeime waren bei der Behandlung – auch mit den stärksten Antibiotika – resistent. Wie konnte er sie wieder loswerden? Der Rat dazu war einfach: »*Gehen Sie hinaus an die frische Luft, schwimmen Sie im Meer, wälzen Sie sich im Dreck und warten Sie ab.*« (»roll in the dirt« – Der Rat, sich im Dreck zu wälzen, war natürlich etwas scherzhaft gemeint, sollte aber daran erinnern, sich nicht allzu hygienisch zu verhalten, sondern den Mut zu haben, seine Haut mit alltäglichen Keimen zu bevölkern, die auch sonst auf der Haut siedeln.)

Zwei Wochen später war er die Superkeime los. Warum wirkte das so schnell? Im Licht der vorangegangenen Diskussion ist die Erklärung einfach und vernünftig: Die Superkeime sind zwar auf Resistenz spezialisiert; aber sie weisen zahlreiche andere Defekte auf. Konkurrieren sie mit anderen Bakterien, die normalerweise auf der Haut gedeihen und nicht an solchen Defekten leiden, dann haben sie aufgrund ihrer degradierten DNS-Information keine Überlebenschance.

Genau aus diesem Grund kann man in Krankenhäusern Superkeime finden. Die normale Sauberkeit und alle Sterilisierungsmaßnahmen eliminieren die normalen Bakterien-Populationen, wobei nur die resistenten überleben können. Im Freien und außerhalb des Krankenhauses haben sich diese Überlebenskünstler als schwächer anstatt stärker gegenüber den normalen Bakterien erwiesen. Der einzige Grund ihres Überlebens im Krankenhaus liegt darin, dass die normalen Bakterien vernichtet wurden. So wurden die Superkeime draußen, außerhalb der sterilen Umwelt, von den normalen, wilden Populationen umgebracht. Daher war der Rat, »sich im Dreck zu wälzen«, genau richtig.

Schlussfolgerungen:

- Superkeime verdienen ihren Namen nicht. Sie sind im Allgemeinen nicht widerstandsfähig genug, außerhalb des Krankenhauses zu überleben. Es gibt allerdings einige, die extrem resistent sind und außerhalb des Krankenhauses überleben können. Zum Beispiel werden Stämme des methicillin-resistenten *Staphylococcus aureus* (MRSA) außerhalb des Krankenhauses noch resistenter und wirken darum tödlich.
- Es gibt viele Beispiele dafür, dass Keime durch Selektion resistent wurden, aber das Potenzial zur natürlichen Veränderung, das zu dieser Resistenz führte, bestand bereits (einschließlich der importierten Resistenz von anderen Bakterien).
- Wenn ein Mutationsdefekt die Ursache der Resistenz ist, dann wird dieser Überlebensvorteil durch einen anderweitigen Informationsverlust erkauft. Es ist kein Fall bekannt, der als unwiderlegbarer Beweis dafür gelten könnte, dass durch eine mutationell bewirkte Veränderung der Information ein Zuwachs an Merkmalen entstanden ist.
- Superkeime stützen keineswegs die evolutive Annahme, dass lebende Systeme sich vom Einfacheren zum Komplexeren hin ent-

wickelten, indem über Millionen von Jahren hinweg ständig neue Information hinzugefügt wurde.

Zusammenfassung: Wenn es bei den Populationen lebender Systeme Veränderungen gibt, dann geschieht dies ohne Zuwachs von Information (oft aber mit Verlust derselben). Immer wird auf einen Informationspool zurückgegriffen, der schon vorher existierte. Gute Beispiele dieser Variabilität können bei Hunden und Pferden leicht beobachtet werden. Das natürliche genetische Variabilitäts-Potenzial innerhalb gewisser Grenzen mag tatsächlich Anlass zu der späteren Ansicht gewesen sein, dabei würde »neue Information« entstehen.

Den Prozess der Selektion gibt es, er ist aber keine Quelle neuer Information. Die Selektion ist unfähig, irgendetwas zu planen – sie kann nur aus bereits Vorhandenem etwas wegnehmen. Oder vereinfacht ausgedrückt: Kein noch so wirksames Sieb kann aus einem Erbsenhaufen Linsen heraussieben, wenn diese nicht zuvor schon darin waren.

Kapitel 8: Neun weitreichende Schlussfolgerungen

8.1 Rückblick auf die vorangegangenen Kapitel und Vorschau auf Kapitel 8

Bisher ging es in diesem Buch um die folgenden drei Punkte:

1. Eindeutige Definition für Universelle Information (UI): Eine präzise Definition der Größe UI war erforderlich, um die Naturgesetze der UI formulieren zu können.

2. Entdeckung der Merkmale und des Ursprungs von UI: Die wesentlichen Merkmale der UI wurden zunächst als Erfahrungssätze (ES) formuliert. Im Laufe der Zeit zeigte sich, dass alle Versuche, diese Sätze zu falsifizieren (also zu widerlegen), nicht gelangen. So haben wir die wichtigsten Sätze als »Naturgesetze der Universellen Information (NGI)« präsentiert, nachdem ausführlich Rechenschaft darüber abgelegt wurde, was das Wesen eines Naturgesetzes ausmacht (siehe Kapitel 4). Das Besondere und Neuartige ist, dass erstmals Naturgesetze für nicht-materielle Größen formuliert wurden. Naturgesetze haben in der Wissenschaft die höchste Autorität, denn sie können alle darunterliegenden Erkenntnisse (Hypothesen, Theorien, Spekulationen) widerlegen.

3. Untersuchung des in allen Lebewesen gefundenen DNS-Codesystems: Gegenwärtig wird der größte Teil des DNS-Codesystems noch nicht verstanden. Der am besten untersuchte und verstandene Teil ist der für die Proteinsynthese benötigte Code. Dieses System wurde gründlich untersucht, um nachzuweisen, ob alle vier Ebenen der UI (Syntax, Semantik, Pragmatik, Apobetik) vorhanden sind (Kapitel 7).

In diesem Kapitel wollen wir mehrere Schlussfolgerungen auf direktem Wege ableiten. Aus den so gewonnenen Aussagen konnten in manchen Fällen weitere Folgeaussagen gewonnen werden. Wichtig ist es dabei, die Naturgesetze richtig anzuwenden und den Gesetzen der Logik zu folgen, um zu gewissen Schlussfolgerungen zu kommen.

Drei Bedingungen [K4] sind zu beachten:

- Die Begriffe müssen eindeutig sein.
- Die Prämissen müssen wahr sein.
- Die Schlussfolgerungen müssen logisch begründet sein.

Bezüglich der folgenden Schlussfolgerungen ist festzustellen:

- Einige Begriffe spielen eine zentrale Rolle und mussten darum zuvor präzise und eindeutig definiert sein (z. B. Universelle Information, materielle und nicht-materielle Größen, Maschinen, ursprünglicher Sender, implizite und explizite Information).
- Unsere Prämissen sind die *Naturgesetze der Information*. Naturgesetze repräsentieren den höchsten Grad an wissenschaftlicher Aussagekraft.
- Die Schlussfolgerungen sind zuverlässig, weil sie auf Naturgesetzen und den Gesetzen der Logik beruhen.

Die im Folgenden erarbeiteten Schlussfolgerungen sind insofern bedeutsam, als sie etliche der grundlegenden Behauptungen unserer Zeit mithilfe von Naturgesetzen widerlegen. Dazu gehören insbesondere

- die rein materialistische Denkweise in den Naturwissenschaften,
- alle gängigen Evolutionsvorstellungen,
- das materialistische Menschenbild,
- der Atheismus.

Bei manch einem Leser werden lieb gewordene Ideen umgestoßen. Durch das Überangebot an evolutionistischem Gedankengut in den Medien, den Schulen und den Universitäten neigen viele dazu, die Evolutionslehre als etwas Endgültiges anzusehen. Uns geht es darum, die Wahrheit zu finden.

8.2 Logische Wege zu Schlussfolgerungen

8.2.1 Modus Ponens – der direkte Beweis

Um im direkten Beweis Schlussfolgerungen zu gewinnen, verwenden wir den **Modus Ponens** (lat.; auch *modus ponendo ponens* genannt), eine seit der Antike geläufige Methode zur Schlussfolgerung in logischen Systemen.

Der Begriff leitet sich aus den beiden lateinischen Wörtern *modus* (»Schlussfigur«) und *ponere* (»stellen«, »setzen«) ab und bedeutet wörtlich: *setzende Schlussfigur.* Nach dieser Methode wird durch Schlussfolgerung eine neue Aussage hergeleitet. Das Prinzip ist wie folgt beschreibbar:

Es ist die logische Schlussregel, die besagt: Wenn sich aus der Aussage A die Aussage B ergibt, und wenn der Nachweis erbracht wird, dass A wahr ist, dann muss auch B wahr sein.

Aus zwei wahren Aussagen (den beiden Prämissen oder Voraussetzungen) wird die Schlussfolgerung hergeleitet:

Voraussetzung (1):	*»Wenn A gilt, ergibt sich B.«*
Voraussetzung (2):	*»Es gilt A.«*
Schlussfolgerung:	*»Es gilt die Aussage B.«*

Noch kürzer ausgedrückt: Aus A → B und A folgt die Schlussfolgerung B.

Das »→«-Symbol kann man als »impliziert«, »erfordert« oder »verlangt« interpretieren.

Beispiel 1:

Voraussetzung (1):	*»Wenn es regnet, wird die Straße nass.«*
Voraussetzung (2):	*»Es regnet.«*
Daraus folgt logisch:	*»Die Straße wird nass.«*

Gegenbeispiel 2:

A → B:	*»Wenn es Freitag ist, spielt Karl Fußball.«*
A:	*»Es ist Freitag.«*
Schlussfolgerung:	*»Karl spielt Fußball.«*

Der Satz A → B gilt nicht immer, denn Karl wird nicht immer am Freitag Fußball spielen können (z. B. wenn er krank ist oder auf Reisen geht). Wenn aber A → B nicht zutrifft, dann ist auch die Schlussfolgerung falsch.

Nachfolgend werden wir das Prinzip des **Modus Ponens** bei unseren Schlussfolgerungen mehrfach anwenden. Dabei ist es wichtig zu wissen, dass die jeweilig verwendete Aussage A → B ein Naturgesetz ist. Da Naturgesetze ohne Ausnahme gültig sind (Kapitel 4, Satz **N12**), sind konsequenterweise auch die daraus hergeleiteten Schlussfolgerungen immer wahr.

8.2.2 Modus Tollens – der indirekte Beweis

Das Gegenstück zum *Modus Ponens ist der* **Modus Tollens** (aus dem Lateinischen: *Modus des Aufhebens*, wörtlich: *aufhebender Modus*), auch *modus tollendo tollens* genannt. Diese Beweisform arbeitet wie folgt:

Aus den Voraussetzungen ***nicht B*** und ***wenn A, dann B*** wird auf ***nicht A*** geschlossen.

In Kurzform geschrieben:

A → B	*Wenn A dann B*
¬B	*Nicht B* (Das Zeichen ¬ bedeutet nicht)
¬A	Schlussfolgerung: *nicht A.*

Der lateinische Name *modus tollendo tollens* (= durch Aufheben aufhebende Schlussweise«) ist wie folgt zu erklären: Es handelt sich um eine Schlussfigur *(modus)*, die bei gegebener erster Prämisse, A → B, durch das »Aufheben« *(tollendo)* des Satzes B, also durch das Setzen seiner Verneinung, ¬B, einen anderen Satz, nämlich A, ebenfalls »aufhebt« *(tollens)*, also zu seiner Verneinung, ¬A, führt.

Bei diesem indirekten Beweis zeigt man also, dass aus dem Gegenteil der Behauptung das Gegenteil der Voraussetzung folgt.

8.2.3 Kriterium für die Qualität von Theorien

Das Sparsamkeits-Prinzip *(Parsimonie-Prinzip)* ist ein erkenntnistheoretisches Prinzip, deren Erfindung dem französischen Dominikanermönch *Durand de Saint-Pourcain* (1270 - 1334) und dem englischen Theologen und Philosophen *Wilhelm von Ockham* (ca. 1285 - 1349) zugeschrieben wird. Es ist die Forderung, die Zahl der Dinge/Einheiten nicht über das Notwendige hinaus zu vervielfältigen. Übertragen in die Wissenschaftstheorie bedeutet dies: Bei mehreren konkurrierenden Theorien ist diejenige zu bevorzugen, die die wenigsten Zusatzannahmen benötigt und dennoch mit den vorliegenden Fakten übereinstimmt. Das Prinzip wurde auch ***»Ockhams Rasiermesser«*** genannt, da unnötige Erklärungen »abrasiert« werden. Vereinfacht ausgedrückt besagt das Prinzip:

1. Von mehreren möglichen Erklärungen für ein und denselben Sachverhalt ist die einfachste Theorie allen anderen vorzuziehen.
2. Eine Theorie ist dann einfach, wenn sie möglichst wenige Variable und Hypothesen enthält, und wenn diese in klaren logischen Beziehungen zueinander stehen, aus denen der zu erklärende Sachverhalt logisch folgt.

Der Vorteil dieses Prinzips für die Theorienauswahl besteht darin, dass solche Theorien mit wenigen und einfachen Annahmen leichter falsifizierbar (widerlegbar) sind als solche mit vielen und komplizierten Annahmen. *Ockhams Rasiermesser* ist eines von mehreren Kriterien für die Qualität von Theorien. Damit ist noch kein Urteil über die Gültigkeit von Erklärungsmodellen gegeben, wohl aber über deren Wahrscheinlichkeit.

Die Anwendung des **Sparsamkeits-Prinzips** oder **Ockhams Rasiermesser** ist leicht nachzuvollziehen bei der Deutung unseres Sonnensystems. Beim **Ptolemäischen Weltbild** wurde die Erde in den Mittelpunkt der Betrachtung gestellt. Bei dieser Sichtweise konnten die Planetenbahnen nur durch komplizierte Schleifenbewegungen beschrieben werden. Als *Kopernikus* die Sonne in den Mittelpunkt von Kreisbahnen und *Kepler* einige Zeit später die Sonne in einen der beiden Brennpunkte der Ellipsenbahn des Planeten stellte, vereinfachte sich die Beschreibung grundlegend.

8.3 Schlussfolgerung 1 (SF1): Es muss einen intelligenten Sender geben. ODER: Der Existenzbeweis Gottes durch ein Naturgesetz der Information (siehe Anhang A6.2).

Schlussfolgerung 1 (SF1): Anwendung von *Modus Ponens.*

A → B: Wenn wir Universelle Information (UI) vorfinden, dann kann sie nur von einem intelligenten Sender erzeugt worden sein (NGI-4, Kapitel 5.7).

A: Das Protein-Synthese-System beruht auf Universeller Information (Kapitel 7.4 und 7.5).

SF1: Schlussfolgerung SF1: Es muss einen intelligenten Sender geben, der diese UI geschaffen hat.

Natürlich stehen die Vertreter der Evolutionslehre vor einem unlösbaren Problem. Sie akzeptieren zwar, dass die Prozesse in den Zellen lebendiger Organismen von »Information« gesteuert werden, die in der DNS enthalten ist. Doch dann taucht die Frage auf: *Woher stammt diese »Information«?* Um diese fundamentale Frage zu umgehen, beschränken sich die Vertreter der Evolution auf Folgefragen, anstatt zuerst die Frage nach dem Ursprung der Information zu lösen. So stehen sie vor folgendem Dilemma: Jede behauptete Zunahme von Information in einem Organismus ist nur möglich, wenn bereits eine riesige Menge an Information vorhanden ist. Diese bereits existierende Information ist eine wesentliche und grundlegende Vorbedingung, damit eine behauptete Zunahme überhaupt vor sich gehen kann. Anders gesagt ist das Problem der Informationszunahme recht klein – verglichen mit dem viel größeren Problem der Entstehung von Information. Für Materialisten bildet das erste ein außerordentlich schwierig zu lösendes Problem, während das zweite für sie völlig unerklärlich ist.

Niemand würde bestreiten, dass bei der Evolution von einem einzelligen Organismus zu einem, der aus Billionen von Zellen besteht, dem ursprünglichen Organismus eine riesige Menge von Information hinzugefügt werden muss, noch dazu, wenn mehrere Hundert neue Zellarten entstehen müssen. Evolutionsvertreter richteten ihren Blick darauf, wie sich die ursprüngliche Information in dem ursprünglichen »primitiven« Organismus zu der Information in den komplexen Organismen vermehrt hat, die wir heute kennen. Doch ohne Ausnahme geht jeder von den Evolutionstheoretikern vorgeschlagene Mechanismus zur Informationsvermehrung von bereits *existierender* Information aus. Beispiele für Mutationen sind: Punktmutationen, Lösch-, Einfügungs- und Replikationsfehler. In keinem von all diesen vorgeschlagenen Mechanismen weiß man wirklich von einer Vermehrung Universeller Information. Noch gravierender ist es, dass die Frage unbeantwortet bleibt, woher die ursprüngliche Information kommt.

Wenn Befürworter des Materialismus die Frage nach dem Ursprung der Information stellen, werden Mechanismen ins Spiel gebracht, die keine beobachtbare wissenschaftliche Basis haben. So listet z. B. *Bernd-Olaf Küppers* drei materialistische Vorschläge auf, die diese Frage beantworten sollen [K4, S. 57]:

- *Die Zufallshypothese:* Die ursprüngliche biologische »Information« entstand rein zufällig durch spontane, ungesteuerte Synthese biologischer Makromoleküle.
- *Der teleologische Ansatz:* Die ursprüngliche biologische »Information« muss als das Ergebnis eines lebensspezifischen, zielorientierten Naturgesetzes angesehen werden, das auf der Ebene biologischer Makromoleküle wirksam ist.
- *Der molekulardarwinistische Ansatz:* Die ursprüngliche »Information« erwuchs aus der selektiven Selbstorganisation und Evolution biologischer Makromoleküle.

In allen drei Fällen ist die Materie allein dafür verantwortlich, dass die Information entstand. Fakt ist: In keinem Labor der Welt konnte in einem Experiment gezeigt werden, dass sich selbst überlassene Materie Information erzeugen kann. Somit handelt es sich bei den obigen drei Ansätzen lediglich um philosophische Annahmen, aber nicht um beobachtete Fakten in unserer realen Welt.

Da es keinen nachweisbaren Prozess (durch Beobachtung, Experiment) in der materiellen Welt gibt, bei dem von allein Information entstanden ist, gilt das auch für alle Information, die wir in den Lebewesen vorfinden. So verlangt **NGI-4** auch hier einen intelligenten Urheber, der die Programme »schrieb«.

Die Schlussfolgerung SF1 hat zwei Konsequenzen:

SF1a: Der Atheismus ist widerlegt.
SF1b: Die Existenz Gottes ist nachgewiesen – der Gottesbeweis durch ein Naturgesetz der Universellen Information.

Über den naturwissenschaftlich widerlegten Atheismus mag sich mancher freuen, aber einige werden auch verärgert sein.

8.4 Schlussfolgerung 2 (SF2): Der Sender muss hochintelligent sein. ODER: Der Nachweis der Allwissenheit Gottes durch ein Naturgesetz der Information.

Schlussfolgerung 2 (SF2): Anwendung von *Modus Ponens.*

A → B: Wenn wir ein Codesystem vorfinden, dann kann dieses nur von einem intelligenten Sender (NGI-4a, Kapitel 5.7) erstellt worden sein.

A: In allen Lebewesen finden wir ein Codesystem vor.
(Die Dichte und Komplexität dieses Codesystems ist sogar um etliche Größenordnungen höher und genialer als die gegenwärtig von Menschen erzeugte UI für maschinelle Technologie.)

SF2: Schlussfolgerung SF2: Darum muss der Sender, der die Programme (UI) für die lebenden Systeme erstellt hat, hochintelligent sein.

Gemäß NGI-4b (Kapitel 5.7; »*Ohne einen intelligenten Sender kann es keine neue Universelle Information geben.*«) sowie NGI-4d (Kapitel 5.8.3; »*Jede Übertragungskette von UI kann bis zu einem ursprünglichen intelligenten Sender zurückverfolgt werden.*«) muss am Anfang der Übertragungskette von UI notwendigerweise ein intelligenter Sender als Quelle stehen. Konsequent angewendet implizieren diese zwei Gesetze, dass auch für die biologische UI ein intelligenter Sender verantwortlich gemacht werden muss. Der Mensch kann dieser intelligente Sender nicht sein, weil die Universelle Information in den Lebewesen bereits vor ihm da gewesen sein muss. Ob man die Frage vom evolutionistischen oder vom biblischen Standpunkt aus betrachtet: Auf jeden Fall waren die Pflanzen und die Tiere des Meeres und der Luft bereits vor dem Menschen da. Das ist einer der Gründe, warum einige Materialisten intelligente Außerirdische als Sender von »Information« des überall zu findenden Lebens ins Spiel gebracht haben. Ihr Bemühen, strikt im materiellen Bereich zu verharren, veranlasst sie, imaginäre Wesen einzuführen, für die es allerdings keinerlei empirische Stütze gibt. Selbst unter der Annahme, es gäbe solche Außerirdischen, die die UI zur Erde gebracht haben, bliebe doch die logische Frage: Wie kam die Information in *deren* Körper? Somit verschiebt die Aliens-Hypothese, die besonders in den USA vertreten wird, die unausweichliche Frage nur zeitlich nach hinten: *Woher kommt die ursprüngliche UI?*

Nach NGI-4d steht auch am Anfang der biologischen Information ein intelligenter Urheber. In den DNS-Molekülen finden wir die allerhöchste uns bekannte Informationsdichte vor (siehe [G10], [G12] und Anhang A1.2.3). Führen wir uns weiterhin vor Augen, in welch unnachahmlicher Weise z. B. der Prozess der Embryonalentwicklung des Menschen abläuft, dann bekommen wir einen Eindruck von der genialen Konzeption dieses informationsgesteuerten Ablaufs. Wegen NGI-2 *(»Eine rein materielle Größe kann keine nicht-materielle Größe hervorbringen.«)* scheiden alle nur denkbaren in der Materie ablaufenden Vorgänge als Informationsquelle prinzipiell aus. Der Mensch, der zwar Information erzeugen kann (z. B. Briefe, Bücher), scheidet ebenfalls als Quelle der biologischen Information aus. So bleibt nur noch ein Sender übrig, den es ganz gewiss geben muss, der aber jenseits unseres naturwissenschaftlichen Erfahrungshorizontes existiert.

Während eines Vortrags an der Technischen Universität Braunschweig über die biologische Information und über den erforderlichen Sender unterbrach mich eine Studentin mit folgendem Zwischenruf: »Ich weiß wohl, worauf Sie hinauswollen, wenn Sie ständig von einem intelligenten Sender sprechen – Sie wollen doch damit sagen, dass es einen Gott gibt!« – »Herzlichen Glückwunsch zu Ihrer konsequenten Schlussfolgerung. Ich habe noch gar nicht über Gott gesprochen, aber Sie haben gut weitergedacht.« – »Ich kann das so weit nachvollziehen, dass es ohne Sender, also ohne Gott, nicht geht. Aber nun kommt meine eigentliche Frage: ›Wer hat Gott informiert, dass er so etwas Komplexes programmieren kann?‹«

Diese Studentin hatte sehr konsequente Gedanken. Bezüglich ihrer Frage sind zwei Erklärungen denkmöglich:

Erklärung a): Mir wurde klar: Diese Frage war gut durchdacht und verlangte eine präzise Antwort. Stellen wir uns einmal vor, dieser Gott wäre zwar wesentlich intelligenter als wir, aber dennoch begrenzt. Nehmen wir weiterhin an, er hätte so viel Intelligenz (bzw. Information) zur Verfügung, dass er in der Lage wäre, alle biologischen Systeme zu programmieren. Die Frage liegt dann tatsächlich auf der Hand: Wer hat ihm diese dazu erforderliche Information gegeben, und wer hat ihn gelehrt? Nun, dann brauchte er einen höheren Informationsgeber I_1, also einen Übergott, der mehr wüsste als Gott. Wenn I_1 zwar mehr weiß als Gott, aber auch begrenzt wäre, dann brauchte auch er wiederum einen Informationsgeber I_2 – also einen Überübergott. So ließe sich bei dieser Denkweise die Kette beliebig fortsetzen über I_3, I_4, … bis $I_{unendlich}$. Wie man sieht, benötigte man unendlich viele Götter, wobei in der langen Kette jeder $(n+1)$-te Übergott immer etwas mehr wüsste als der n-te. Nur von diesem unendlich-sten Über-über-über-···-Gott[63] könnten wir sagen, er ist unbegrenzt und allwissend.

Erklärung b): Einfacher und befriedigender ist es, gleich nur *einen einzigen* Sender (einen Urheber, einen Schöpfer, einen Gott) anzunehmen – dann aber ist zu fordern, dass dieser **unendlich intelligent** ist und **unendlich viel Information** zur Verfügung haben muss.

63 Die hier verwendete Sprechweise könnte den Eindruck erwecken, als wäre »unendlich« eine abzählbare Zahl, zu der man gelangt, wenn man nur hinreichend lange zählt. Das ist jedoch nicht der Fall.

Die beiden Erklärungen a) und b) sind Denkmodelle. In der Wissenschaft entscheiden wir uns, wenn zwei bezüglich ihrer Aussage gleichwertige Modelle in Konkurrenz stehen, immer für das einfachere Modell.[64] Bei der Schlussfolgerung SF2 haben wir das bereits getan. Bis hierhin sind wir nur durch konsequente Anwendung der Naturgesetze der Information gelangt. Diese wurden durch Beobachtungen in unserer dreidimensionalen Welt abgeleitet. Nun könnte jemand einwenden, wir haben Gesetze, die doch nur in unserer dreidimensionalen Welt gültig sind, auf einen jenseitigen Urheber angewandt. Darum weisen wir darauf hin, dass bezüglich des Senders keine Einschränkung gemacht werden musste. Es ist zunächst eine offene Frage, ob er innerhalb oder außerhalb unserer Welt existiert.[65]

Durch diese Überlegungen können wir die Schlussfolgerung SF2 nun erweitern:

SF2a: Der Sender (Urheber, Gott) der Information in den Lebewesen muss allwissend sein.

Weitere Konsequenzen aus dieser Schlussfolgerung SF2a: Was bedeutet es, wenn Gott (der Sender der biologischen Information, der Schöpfer) **unendlich intelligent** ist? Diesem Gedanken soll zunächst nachgegangen werden, um danach noch zwei weitere Folgerungen (SF2b und SF2c) zu ziehen, die sich aus der unendlichen Intelligenz (Allwissenheit) Gottes ableiten lassen.

8.4.1 Gott ist unendlich intelligent (allwissend)

Der Begriff »unendlich« wird in der Umgangssprache häufig verwendet, um etwas zu bezeichnen, das räumlich oder zeitlich sehr weit entfernt ist. So sagen wir z. B., etwas liege *unendlich weit* zurück, und wollen damit ausdrücken, dass es schon sehr, sehr lange her ist. Unsere

64 Anwendung des **Sparsamkeits-Prinzips** oder **Ockhams Rasiermesser** (siehe Kapitel 8.2.3).

65 Dass der Urheber sehr wohl auch innerhalb unserer Welt sein kann, können wir an Jesus Christus erkennen, der in unserer Welt war und dennoch über alle Dinge Macht hatte (Matthäus 28,18). Als Schöpfer (Johannes 1,1-3) auch der Naturgesetze ist er selbst keinem Naturgesetz unterworfen und kann frei darüber verfügen (z. B. Ausschaltung der Gravitation beim Gang auf dem See Genezareth, Macht über jede Krankheit und über den Tod).

Umgangssprache ist nicht gerade präzise, aber in der Mathematik, in der der Begriff »unendlich« häufig Anwendung findet, muss alles sehr genau definiert sein, um damit rechnen zu können. Der deutsche Mathematiker *Georg Cantor* (1845–1918) war der Erste, dem es gelang, das Unendliche in den Griff zu bekommen. Er stellte damit eine Welt – nämlich die damalige Mathematik – auf den Kopf, indem er Unendlichkeiten wie andere mathematische Größen behandelte.

Wenn Gott **allwissend** ist, dann macht das deutlich, dass wir hier den Bereich des Endlichen längst verlassen haben. Wir befinden uns im Unendlichen, wo wir alle unsere Gesetzmäßigkeiten des Denkens, des Vergleichens und des Beurteilens und Bewertens, die wir vom Endlichen her kennen, nicht mehr in gewohnter Weise anwenden können. Mit Gewissheit können wir sagen: Niemand ist über Gott, und für ihn gibt es keine Frage, die er mit »Das weiß ich nicht« beantworten müsste. Dies wollen wir uns anhand einiger Beispiele verdeutlichen, um uns der Reichweite dieser Aussage bewusst zu werden.

a) Beispiele aus der Schöpfung: So, wie es bei der Form von Schneeflocken oder Eichenblättern in der gesamten Weltgeschichte keine Wiederholung gibt, gilt das auch für sämtliche andere Strukturen auf unserer Erde und im ganzen Universum. Gott muss folglich jedes einzelne Atom – ob im Innern der Sonne oder in irgendeinem der 100 Milliarden Sterne des Andromedanebels oder sonst wo in irgendeiner der Billionen Galaxien – genau kennen. Er weiß um jedes Sandkorn in der Sahara oder am Strand der Nordsee; auch dort gibt es keine Wiederholung. Und er kennt ebenso alle persönlichen Daten eines jeden Menschen: die Schuhgröße, Augenfarbe, Anzahl der Haare oder Körperzellen und die unterschiedlichen nicht wiederholbaren Strukturen der Fingerabdrücke sowie auch die augenblicklichen Abläufe in jeder einzelnen Zelle. Mehr noch: Er ist vertraut mit jedem jemals von uns gedachten Gedanken und jeder von uns begangenen Tat.

Wir wollen noch ein triviales Alltagsbeispiel nennen, um uns auch daran deutlich zu machen, dass Gott wirklich alles weiß. Davon sind auch solche Ereignisse nicht ausgenommen, von denen wir meinen, sie hätten sich zufällig ergeben oder sie wurden von uns spontan aufgrund des freien Willens entschieden.

b) Brötchenkauf: Stellen Sie sich einmal folgende Situation vor: Morgen früh gehen Sie zu Ihrem Bäcker, um Brötchen einzukaufen. Im Angebot gibt es diverse Sorten: Mohnbrötchen, Roggenbrötchen, Mehrkornbrötchen und auch »ganz normale« Brötchen. Sie sind noch unentschieden, welche Sorten Sie nehmen wollen. Nun berät die Verkäuferin Sie und empfiehlt Ihnen die Roggenbrötchen, für die es gerade heute ein Sonderangebot gibt, wenn man drei Stück nimmt. So entscheiden Sie sich spontan für den Dreierpack und nehmen auch noch ein Mohnbrötchen und ein normales dazu. Nun die Frage: Hat Gott wohl schon vorher gewusst, wie Ihr Kauf ausgeht? – Ja, natürlich! – Konnten Sie beim Kauf Ihren freien Willen einsetzen? – Ja! – Fühlten Sie sich in irgendeiner Weise davon beeinflusst, dass Gott bereits vorher von dem Ergebnis wusste? – Eindeutig: Nein!

Mehr noch: Gott wusste nicht nur fünf Minuten vor Eintritt in den Bäckerladen, wie Ihr Brötchenkauf ausgehen wird, sondern bereits *vor Grundlegung der Welt*. Damit haben wir ein anschauliches Beispiel von der unendlichen Information Gottes!

c) Hat Gott ungeborene Enkel schon gesehen? Da uns das Denken im Unendlichen schwerfällt, möchte ich eine weitere Begebenheit schildern, die uns zum Verständnis dienen kann: Nach einem Vortrag in den USA (*AiG Conference on Apologetics*, 30.08. bis 02.09.2001 in Indiana) kam eine etwa 35-jährige Amerikanerin mit folgender Frage zu mir: »Kann Gott die Zukunft *sehen*?« Ich versuchte, ihr dies schrittweise wie folgt zu erklären: »Aufgrund Ihres Alters nehme ich an, dass Sie noch keine Enkel haben. Haben Sie Kinder?« – »Ja, eine Tochter.« – Nun meine Frage: »Weiß Gott wohl jetzt schon, wie viele Enkel Sie einmal haben werden?« – »Ja gewiss!« – »Weiß Gott auch, welche Augen- und Haarfarbe die Enkel einmal haben werden?« – »Ja, das auch!« – »Aber hat Gott Ihre Enkel auch schon gesehen?« Nun überlegte die junge Frau einige Zeit und kam zu dem Entschluss: Nein, gesehen kann er sie noch nicht haben, denn sie sind ja noch gar nicht geboren.

An diesem Gespräch wurde mir klar: Auch wenn wir Gott viel zutrauen, so setzen wir ihm dennoch irgendwo eine Grenze. Das ist aber ein Widerspruch zu seiner Unendlichkeit – also seiner Allwissenheit und Allmacht. Zurück zur obigen Frage: Natürlich hat Gott die noch gar nicht geborenen Enkel bereits gesehen und kennt schon ihren kompletten Lebensweg, denn in Psalm 139,16 steht geschrieben: *»Deine Augen sahen mich, als ich noch nicht bereitet war, und alle Tage waren in dein Buch geschrieben, die noch werden sollten und von denen keiner da war.«* Das ist unserem begrenzten Verstand schwer fassbar. So erging es auch David: *»Aber wie schwer sind für mich, Gott, deine Gedanken! Wie ist ihre Summe so groß!«* (Psalm 139,17).

Aus dem bisher Gesagten können wir noch zwei weitere Schlussfolgerungen herleiten, die sich auch biblisch belegen lassen (siehe Kapitel 9):

8.4.2 Gott ist allumfassend

Da Gott aufgrund seiner Unendlichkeit von jedem Ereignis in jeder Raumdimension weiß, gibt es konsequenterweise auch keinen räumlichen Bereich, in dem Gott nicht gegenwärtig wäre. Er ist also überräumlich; Gott ist auf keinen Raum zu begrenzen. Wäre auch nur irgendein Teilbereich in unserem Universum von seiner Gegenwart ausgenommen, dann wäre seine Kenntnis nicht allumfassend, und das widerspräche seiner Allwissenheit (siehe oben, SF2a). Er durchdringt und erfüllt alles, das ganze Universum und auch jeden einzelnen Menschen. Darum lehrt die Bibel die räumliche Unbegrenztheit Gottes.

SF2b: Gott muss allumfassend sein und alles durchdringen.

8.4.3 Gott ist ewig

Wenn es für den unendlichen Gott keine Frage gibt, die er nicht beantworten kann, dann gehören zu seiner Kenntnis nicht nur alle Dinge der Gegenwart und der Vergangenheit – auch die Zukunft ist ihm dann nicht verborgen. Wäre Gott zeitlich begrenzt, dann wäre das ebenfalls ein Widerspruch zu SF2a. So haben wir durch Schlussfolgerung (ohne Bibel!) herausgefunden, warum in Römer 1,20 steht, dass wir aus den Werken der Schöpfung auf die **ewige** Kraft Gottes schließen können.

SF2c: Gott (Sender, Urheber) muss ewig sein.
ODER: Der Nachweis der ewigen Existenz Gottes durch Naturgesetze der Information.

Nun fassen wir die Ergebnisse, die wir aus SF2 gewonnen haben, noch kurz zusammen:

SF2a+b+c: Der Sender der biologischen Information (Gott) muss

- **allwissend**,
- **allumfassend** und
- **ewig** sein.

8.5 Schlussfolgerung 3 (SF3): Der Sender muss eine hohe Schöpferkraft haben. ODER: Nachweis der Allmacht Gottes.

Schlussfolgerung 3 (SF3): Anwendung von *Modus Ponens.*

A → B: Wenn wir Maschinen oder Artefakte vorfinden, dann waren zu ihrer Erstellung Universelle Information, schöpferische Ideen und schöpferische Kraft erforderlich (NGI-5a, Kapitel 5.9.3).

A: In den Lebewesen finden wir extrem komplexe biomolekulare Maschinen.

SF3: Schlussfolgerung SF3: Der Urheber (Sender) der biomolekularen Maschinen muss in der Lage sein, Universelle Information zu erzeugen und über geniale schöpferische Ideen und über eine sehr hohe Schöpferkraft zu verfügen.

Der hochintelligente Sender (d.h. die Quelle) des Protein-Synthese-Systems (PSS) musste die DNS-Doppelhelix konstruieren und codieren (und damit auch die Gene), um die notwendige UI zu tragen. Außerdem musste der Sender einige dieser Gene so programmieren, dass sie Protein-Nanomaschinen bauen, um die Überschreibung, Übertragung und – während der Zell-Reproduktion – die DNS-Replikation durchzuführen. Obwohl das ein entscheidender erster Schritt ist, erscheint er doch klein angesichts all der anderen Protein-Nanomaschinen, die durch andere Gene codiert werden und Tausende von weiteren Funktionen innerhalb der Zellen ausführen. Diese äußerst vereinfachte Beschreibung des Innenlebens der lebendigen Zellen zeigt uns schon, dass dieses bei Weitem alle menschliche Technologie übersteigt, und gibt uns einen winzigen Einblick in das unfassbar hohe Integrationsniveau, das in jeder lebendigen Zelle vorherrscht.

Betrachtet man das alles aus der Sicht eines Planungsingenieurs, könnte man zu folgendem Vergleich kommen: Es gibt viele unterschiedliche Ebenen, die in solchen Systemen aufeinander einwirken, wobei jede Ebene um ein Vielfaches komplexer als die jeweils vorangehende Unterebene ist.

1. Die unterste Ebene könnte eine einfache Anlage sein, bei der eine Rolle über ein Seil läuft, an dessen einem Ende ein Eimer befestigt ist, um Wasser aus einem Brunnen zu schöpfen. Der einzige zusätzliche Faktor ist die Quelle kontrollierter Energie, die der Mensch durch seine Muskelkraft liefert, um dem mechanischen System die erforderliche Kraft zum Senken und Heben des Eimers zu verleihen.

2. Die nächste Ebene der Komplexität ist ein System mit automatischer Wechselwirkung zu einem außerhalb liegenden Gerät – z. B. eine Klimaanlage mit einem Thermostaten. Der außerhalb des Systems gelegene Sensor misst die Innentemperatur und schaltet »ein« oder »aus«, wenn die Temperatur einen vorgegebenen Sollwert übersteigt. Der Sensor ist ein Untersystem, das mit dem Hauptsystem (der Klimaanlage) verbunden sein muss und mit dieser auf eine Weise zu kommunizieren hat, die sie »versteht«. Das Ergebnis dieser einfachen Kommunikation ist »ein-« oder »ausschalten« oder »auf dem *status quo* verbleiben«. Dieses System erfordert u. a. Kommunikation, physikalisch miteinander verbundene Systeme, Sollwertdefinitionen und Energiekontrollen. Vergleichen wir dieses System mit dem des einfachen Wasserschöpf-Systems, so ist es zwar deutlich komplizierter, aber längst nicht so komplex wie das des PSS in den lebenden Zellen.

3. Thermostat und Klimaanlage bilden kein System, das anpassungsfähig wäre in dem Sinn, dass es als Antwort auf andere Faktoren sein Handeln ändert. Hingegen bremst das Antiblockiersystem (ABS) in modernen Autos nicht nur, sondern verändert seine Bremswirkung im Hinblick auf Gefahren durch Schleuderwirkung oder Aquaplaning. Das erfordert aktives Feedback und Reaktionsänderung in Realzeit. Das ist nur durch weitere Subsysteme, vermehrt verkettete Schaltungen, weitere Kommunikationssysteme und mehr Kontrollen zu erreichen. Diese Kontrollen könnte man als »Schalter« betrachten, denen »gesagt« werden muss, wann sie »ein-« und »ausschalten« sollen und für wie lange und mit welcher Intensität.

4. Selbstdiagnosesysteme liegen auf einer noch höheren Ebene. Das sind Systeme, die erkennen können, dass etwas nicht in Ordnung ist und repariert oder ausgetauscht werden muss. Doch solche Diagnose muss vorgenommen werden, bevor das System ausfällt und seine Funktionen einstellt.

5. Danach kommen Systeme, die sich selbst reparieren. Nur in einem sehr schlichten und äußerst eingeschränkten Sinn dürfen wir dabei an technische Maschinen denken, die sich selbst reparieren können. Von allein sich nachstellende Bremsen scheinen sich selbst zu »reparieren«, aber in Wirklichkeit wird nur nachjustiert, wenn die Bremsbeläge dünner werden. Es findet keine wirkliche Reparatur statt.

6. Darüber stehen die sich selbst reproduzierenden Systeme. Man betrachte die Fähigkeit der Zelle, sich selbst zu replizieren! Menschliche Technologie ist dazu nicht in der Lage. Bevor die Reproduktion beginnen kann, müssen alle Bauteile für die neue Größe vorhanden sein, dazu Anleitungen für den Zusammenbau, und die Zelle bzw. Maschine müsste diesen Anleitungen angemessen entsprechen können. Außerdem wird ein Energie-Versorgungsgerät benötigt. Mit anderen Worten: Selbst-Reproduktion erfordert das Vorhandensein einer *selbst gesteuerten* Produktion und eines logistischen Netzwerks, das jedes Untersystem in dem Gesamtsystem bauen kann, einschließlich *sich selbst*!

7. Schließlich kommen wir zum Protein-Synthese-System. Dieses System kann alles, was oben gesagt wurde, und außerdem noch etwas: Es muss Verbindung halten zu vielen anderen Systemen, sowohl innerhalb als auch außerhalb der Zellmembran. Dabei ist zu bedenken, dass viele dieser anderen Systeme ebenfalls in der Lage sind, all das oben Gesagte in dermaßen integrierter und koordinierter Weise zu tun, dass der aus Billionen von Zellen bestehende Organismus wie eine einheitliche Größe agiert.

Zusammengefasst sehen wir hier, dass die Zelle mit ihrer Fähigkeit, Proteine zu synthetisieren, alles in ungeheuer weitem Maß in den Schatten stellt, was die kompliziertesten von Menschen gebauten Maschinen an Komplexität und Energie-Effizienz jemals erreichten.

Bei der Schlussfolgerung SF2 tauchte die Frage auf: *Woher hat der Sender seine **Information**?* Durch Schlussfolgerung gelangten wir dazu, dass er selbst unendlich intelligent sein muss und über unendlich viel Information verfügen muss.

Nachdem wir uns die Biomaschinen mit ihren äußerst komplexen Funktionen nur ein wenig angeschaut haben, fragen wir uns in Analogie dazu: »*Woher hat der Sender seine **kreative Macht**?*«

Wie unter Schlussfolgerung SF2 gibt es auch bei dieser Fragestellung wieder ZWEI Möglichkeiten:

ENTWEDER

- Es gibt *unendlich viele Sender (S_1 bis S_∞)*, wobei vom untersten *(S_1)* beginnend jeder nächstfolgende *(S_n)* über etwas mehr kreative Macht verfügt als der vorhergehende *(S_{n-1})*. Von S_{n-1} über S_n und S_{n+1} bis S_∞ nimmt die kreative Macht kontinuierlich zu, bis schließlich der Letzte in der Reihe über unbegrenzte Macht (unendlich viel Macht, *allmächtig*) verfügt.[66]

ODER

- Es gibt nur **einen einzigen Sender**, der dann aber über unendlich viel Macht verfügt *(allmächtig)*.

Auch hier wenden wir ***Ockhams Rasiermesser*** an, denn es ist logisch und einfacher zu sagen: Es gibt nur einen einzigen, dafür aber allmächtigen Sender (Gott, Schöpfer).

Nach all diesen Überlegungen kommen wir zu der Schlussfolgerung SF3a, die weitreichender ist als SF3:

66 Die streng hierarchische Gliederung der Machtverteilung beim Militär ist ein Beispiel mit nur endlicher Macht.

SF3a: Es gibt nur einen einzigen Sender (Urheber, Schöpfer) der biologischen Information, der dann allerdings allmächtig sein muss.

8.6 Schlussfolgerung 4 (SF4): Der intelligente Sender muss eine nicht-materielle Komponente haben.

Schlussfolgerung 4 (SF4): Anwendung von *Modus Ponens.*

A → B: Wenn wir Universelle Information (UI) vorfinden, dann muss der Sender (Urheber) eine nicht-materielle Komponente aufweisen (NGI-4c, Kapitel 5.8.3).

A: In den Lebewesen finden wir UI, die übertragen und verarbeitet wird (Kapitel 7.4 und 7.5).

SF4: Schlussfolgerung SF4: Darum muss der Urheber dieser UI von seiner Natur her nicht-materiell sein oder eine nicht-materielle Komponente haben.

Wegen der Naturgesetze NGI-2 und NGI-3 (Kapitel 5.5 und 5.6) scheiden alle rein materiellen Prozesse als Quellen für die Erzeugung neuer UI aus. Alle UI kann nur einer Quelle entspringen, die zumindest teilweise nicht-materiell ist.

Über den Sender (Urheber, Gott) haben wir schon einige Eigenschaften durch Schlussfolgerung herausgefunden. Nun folgt eine weitere: Er muss seinem Wesen nach nicht-materiell sein oder zumindest eine nicht-materielle Komponente besitzen.

8.7 Schlussfolgerung 5 (SF5): Der Mensch muss eine nicht-materielle Komponente haben.

Schlussfolgerung 5 (SF5): Anwendung von *Modus Ponens.*

A → B: Wenn wir Universelle Information (UI) vorfinden, dann muss der Sender (Urheber) eine nicht-materielle Komponente aufweisen (NGI-4c, Kapitel 5.8.3).

A: Der Mensch ist in der Lage, Universelle Information zu erzeugen.

SF5: Schlussfolgerung SF5: Der Mensch muss eine nicht-materielle Komponente haben.

Heute sind die weltanschaulichen Annahmen des Materialismus sehr weit verbreitet. Während der lang anhaltenden Debatte des 18. Jahrhunderts zwischen Monismus und Dualismus (d.h., zwischen »der Mensch ist rein materiell« und »der Mensch enthält sowohl materielle als auch nicht-materielle Komponenten«) verschoben sich die Ansichten stark zugunsten des Materialismus. Es folgen einige wenige Beispiele für jene Advokaten des 19. Jahrhunderts, die dazu beitrugen, die Biologie in die Einschränkungen des Materialismus zu zwängen.

Im Jahr 1847 veröffentlichten die Physiologen *Carl F. W. Ludwig* (1816 – 1895), *Emil H. Du Bois-Reymond* (1818 – 1896) und *Hermann von Helmholtz* (1821 – 1894) ihr »Biologisches Manifest des mechanistischen Materialismus«: *»Die Aktivitäten der lebenden Materie, einschließlich des Bewusstseins, dürfen ausschließlich mithilfe der Physik und der Chemie beschrieben werden.«*

Friedrich Engels (1820 – 1895), einer der Mitbegründer des Marxismus, lehrte: *»Die stoffliche, sinnlich wahrnehmbare Welt, zu der wir selbst gehören, ist die einzig wirkliche.«* Damit reduzierte auch er den Menschen allein auf die Materie.

Der Pathologe *Rudolf Virchow* (1821 – 1902) kam vom materialistischen Denken her. Er behauptete darum, der Mensch habe keine Seele, weil er bei seinen zahlreichen Sezierungen keine Seele im Menschen fand.

Die Naturgesetze der Universellen Information erlauben uns, die lang anhaltende Debatte über die Natur des Menschen zu beenden, ob er ein rein materielles Wesen sei (Monismus) oder ob er über eine nicht-materielle Komponente verfüge (Dualismus). Der Mensch hat die Fähigkeit, neue UI zu erzeugen, indem er in Briefen, Essays und Büchern neue Gedanken niederschreiben oder in Gesprächen und Vorträgen neue Gedanken äußern kann, wobei er die nicht-materielle Größe »Universelle Information« produziert. Die Tatsache, dass wir materielle Träger zum Speichern und zum Transport von UI benötigen, verändert nicht ihren nicht-materiellen Charakter.

Wir können nun eine sehr wichtige Schlussfolgerung ziehen, nämlich, dass wir neben unserem (materiellen) Körper noch eine nicht-materielle Komponente haben müssen, die wir *Seele* oder *Geist* nennen können. Die Philosophie des Materialismus, die ihre stärkste Ausprägung im Marxismus-Leninismus und im Kommunismus fand, ist nun mithilfe der Naturgesetze der UI auch wissenschaftlich widerlegt.

Ist unser Gehirn die Quelle der Information?

Heutzutage arbeiten die Forscher in allen Lebensdisziplinen (z. B. Biologie und Medizin) mit der grundlegenden Annahme: »*Unser Gehirn ist die Quelle der Information.*« Stimmt das? Unter Anwendung der Naturgesetze der Universellen Information können wir diese Vorstellung zurückweisen:

Wenn eine Person einen Satz auf Papier schreibt, der einen neuen Gedanken enthält, so ist das eindeutig UI. Der verwendete Stift oder der Kugelschreiber ist dabei ein gutes Werkzeug, aber er ist keineswegs die Quelle der Information. Wir benötigen die geübte Hand zum Schreiben. Die Hand ist zwar ein weiteres unverzichtbares Werkzeug, aber auch sie ist nicht die Quelle der Information! In ganz besonderer Weise benötigen wir den Einsatz des Gehirns. Könnte das Gehirn schließlich die Quelle der Information sein? Viele Zeitgenossen sind davon überzeugt, dass im Gehirn die Information ersonnen wurde. Stimmt das?

Aufgrund der Schlussfolgerungen aus den Naturgesetzen der Information heißt die eindeutige Antwort NEIN! Ebenso, wie die Hand ein notwendiges Werkzeug für das Schreiben ist, ist es das Gehirn auch. Es ist ein rein materielles Gebilde, wenn auch ein äußerst komplexes. Aber die Quelle neuer Information kann es nicht sein, denn Information ist eine nicht-materielle Größe, und nach NGI-2 gilt: »*Eine rein materielle Größe kann keine nicht-materielle Größe hervorbringen!*« Das Gehirn kann zwar Information speichern und verarbeiten – also das, was auch die ausschließlich aus Materie bestehenden Computer können –, aber es kann nicht neue Information erzeugen.

Der Schluss, dass das Gehirn keine neue Universelle Information erzeugen kann, ist folgenschwer. Da wir Information kreieren können, muss der Mensch noch unbedingt eine nicht-materielle Komponente haben. Dieser nicht-materielle Teil ist unsere Seele. Mithilfe der Naturgesetze der Information konnten wir den Nachweis erbringen, dass der Mensch eine Seele haben muss. Somit haben wir etwas sehr Grundlegendes herausgefunden:

SF5a: Das Gehirn ist keine Informationsquelle, sondern eine äußerst komplexe informationsverarbeitende Maschine.

Weiterhin ist als Konsequenz von SF5 festzuhalten:

SF5b: Der Monismus ist widerlegt.
SF5c: Der Mensch hat eine nicht-materielle Komponente (Seele/ Geist).

8.8 Schlussfolgerung 6 (SF6): Die Lehre des Materialismus ist falsch.

Schlussfolgerung 6 (SF6): Anwendung von *Modus Tollens.*

A → B: Wenn die Lehre des Materialismus richtig ist, dann ist die Materie (Masse und Energie) der Urgrund aller Dinge in dieser Welt. Alles in dieser Welt und damit auch nicht-materielle Größen (wie z.B. Information, Bewusstsein, Wille) sind aus der Materie hervorgegangen.

¬ B: Nach einem Naturgesetz NGI-2 kann eine rein materielle Größe keine nicht-materielle Größe hervorbringen (siehe S.177).

SF6: Schlussfolgerung SF6: Die Lehre des Materialismus ist falsch.

Der **Materialismus** vertritt die Position, wonach alle Vorgänge und Phänomene dieser Welt auf Materie und deren Gesetzmäßigkeiten und Verhältnisse zurückgeführt werden können. So wird nach dieser Lehre sogar davon ausgegangen, dass selbst Gedanken, Gefühle und das Bewusstsein materiebasiert sind. Für diese Größen hatten wir herausgestellt, dass sie von nicht-materieller Art sind und nach einem Naturgesetz (NGI-2) nicht der Materie entstammen können.

Im 17. Jahrhundert wurde der moderne Materialismus in England geboren. »Der wahre Gründer des englischen Materialismus war *Bacon*«, schrieb *Marx*. Auf *Francis Bacon* (1561 – 1626) folgte *Thomas Hobbes* (1588 – 1679), dessen Ideen wiederum durch *John Locke* (1632 – 1704) weiterentwickelt wurden. Von Letzterem stammt die Idee, dass Materie die Fähigkeit zum Denken hätte. Diese Philosophen bereiteten den Boden für die französischen Materialisten im 18. Jahrhundert vor. Ihr Materialismus und Rationalismus wurden zu Leitgedanken der Französischen Revolution von 1789. Die revolutionären Denker erkannten keine externe (göttliche) höhere Macht an. Die Vernunft wurde zum höchsten Maß für alles erklärt. Diese materialistische Philosophie wurde von *Paul Henri Thiry d'Holbach* (1723 – 1789) wie folgt auf den Punkt gebracht: »Die Welt, dieser große Inbegriff alles dessen, was ist, zeigt uns allenthalben nichts als Materie und Bewegung.« In seinem Werk »System der Natur« trat er ausdrücklich für den Atheismus ein und betrachtete die Natur als materialistisch-deterministisch wirkende Kette von Prozessen.

Die Entwicklung der klassischen Wissenschaft begann mit der Astronomie und nahm ihren Fortgang in der Physik und Chemie. Die während dieser Periode entdeckten und formulierten Naturgesetze befassten sich nur mit Masse und Energie. Viele Fragen, die die unbelebte Natur betrafen, wurden auf diese Weise leicht nachvollziehbar gelöst. Der Bereich des Lebendigen – die Welt der Lebewesen – hingegen blieb rätselhaft und widerstand allen Erklärungsversuchen. Dennoch belegten zahlreiche Entdeckungen: Die Körper aller Organismen sind aus denselben Elementen zusammengesetzt, die man auch in der unbelebten Natur vorfindet. An dieser Stelle mussten die Wissenschaftler eine grundlegende Entscheidung treffen: Entweder sie erkannten auch einen nicht-materiellen Bereich an und gaben gleichzeitig zu, dass sich ihre damaligen Untersuchungsmöglichkeiten auf das rein Physikalische beschränken mussten, oder man leugnete den nicht-materiellen Bereich ganz und gar und behauptete, alles sei nur Physik. Viele Wissenschaftler entschieden sich für die zweite Option. Das wiederum machte sie glauben, das Leben sei allein mit physikalischen und chemischen Begriffen zu deuten. Mit anderen Worten:

Wenn das gesamte Universum einschließlich des Lebens durch reine Physik und Chemie erklärt werden konnte, dann gab es keinen Grund mehr, nicht-materielle Größen einzuführen. Leider begriffen nur sehr wenige, dass diese Haltung ein neues Weltbild ins Dasein rief – den reinen Materialismus. Dadurch wurde der Wissenschaft eine starke Beschränkung auferlegt: Von nun an durften nur noch materielle Ursachen zur Erklärung der Phänomene herangezogen werden.

Konsequenterweise begannen die in den Naturwissenschaften arbeitenden Wissenschaftler alle nicht-materiellen Konzepte wie etwa »Geist« oder »Gott« beiseitezuschieben oder gänzlich zu verwerfen. Selbst Größen wie Bewusstsein, Verstand, Gedanken und Wahrnehmungen wurden als »Epi-Phänomene« komplex organisierter Materie bezeichnet. Einige dieser Wissenschaftler brachte das zu der Annahme: Wenn es jenseits von Materie, Raum und Zeit nichts weiter gibt, dann muss sich die Materie selbst organisiert haben und dann muss sie auch für die komplexe Organisation des Lebens und die sich daraus ergebenden Entwicklungen wie z. B. die Artenvielfalt verantwortlich sein. Diese Annahme bildet die Grundlage der säkularen Evolution, die ein metaphysisches Glaubenssystem – und damit eine *Religion*[67] – darstellt. Wenn das Universum als ausschließlich materiell entstanden betrachtet wird, dann ist das nicht ein wissenschaftliches Ergebnis, sondern *Religion* ist im Spiel (siehe Schlussfolgerungen SF7 und SF8).

Seit über 50 Jahren kennt die Wissenschaft nun schon die Molekularstruktur der DNS und weiß, dass sie Information enthält. Allerdings machte der glühende Glaube an den Materialismus ihre Anhänger dermaßen kurzsichtig, dass sie sich nur auf den materiellen Aspekt der DNS-Moleküle konzentrierten (die nur die bloßen Träger der UI sind) anstatt auf die UI, die von diesen Molekülen getragen wird.

67 So schrieb beispielsweise der US-amerikanische Wissenschaftsphilosoph und Atheist *Michael Ruse* (*1940) in *»How evolution became a religion: creationists correct?«* (National Post, 13. Mai 2000): *»Evolution ist mehr durch ihre Befürworter gefördert worden als durch die Wissenschaft. Sie wird als eine Ideologie, als eine säkulare Religion, verkündigt – also einer voll ausgereiften Alternative zum Christentum mit eigener Botschaft und eigenem Verhaltenskodex. Ich bin ein glühender Evolutionist und ehemaliger Christ, aber ich muss zugeben, dass die Kläger – und Mr. Gish ist einer von ihnen – absolut recht haben. Evolution ist eine Religion. Dies ist wahr seit dem Beginn des Evolutionsgedankens und ist es bis heute … Die Evolution kam als eine Art Ideologie einher und wurde somit zu einem Ersatz für das Christentum.«*

Damit begehen diese Wissenschaftler den uralten Fehler, sich nur auf die »Form« zu konzentrieren und dabei das »Eigentliche« zu übersehen. Es ist so, als würde ein Physiker eine *Bach*kantate hinsichtlich der Luftschwingungen untersuchen und die Botschaft dabei völlig außer Acht lassen.

Auf die hier dargestellten Argumente bezüglich des nicht-materiellen Bereichs gibt es gewöhnlich zwei Reaktionen: Entweder sprechen die Anhänger des Materialismus von religiösem Fundamentalismus, oder sie erklären solche, die dazu stehen, schlicht und einfach für »verrückt«, für »religiöse Spinner« oder für »bekloppt«. Die tatsächlich verwendeten Wörter sind nicht allzu höflich. Oft sind das die einzigen Kommentare, um die vorgetragenen Beweise abzutun. Fassen wir SF6 kurz zusammen:

SF6: Der Materialismus ist widerlegt.

8.9 Schlussfolgerung 7 (SF7): Die Urknall-Hypothese reicht nicht aus für die Entstehung von UI.

Durch Schlussfolgerung SF6 haben wir den Materialismus bereits widerlegt. Für den Beginn des Universums wird heute weithin eine Theorie akzeptiert, die mit »Urknall« oder »Big Bang« bezeichnet wird. »Urknall« war eigentlich ein abwertender Begriff für die plötzliche Ausdehnung einer »Singularität« – einer fast unendlich kleinen Masse und/oder Energie. Dann wurde der Urknall als Beweis für die Ausdehnung des Universums herangezogen. Das Konzept von der Ausdehnung ist nicht das Problem, sondern die Vorstellung, alles habe mit dieser »Singularität« angefangen, die unerklärlicherweise das gesamte Universum ins Dasein gerufen haben soll. Dem aber ist wissenschaftlich zu widersprechen.

Die weitere logische Folge aus Schlussfolgerung SF6 ist die Widerlegung der Annahme, das Universum sei via Urknall entstanden:[68]

68 Als Begründer der Urknall-Hypothese gilt der belgische Priester und Astrophysiker *Georges Lemaître* (1894–1966), der für den heißen Anfangszustand des Universums den Begriff »primordiales Atom« oder »Uratom« verwendete. Der Begriff »Urknall« (engl. *Big Bang*, wört-

- Rein materielle Prozesse können keine nicht-materiellen Größen hervorbringen (NGI-2, NGI-3).
- Im Universum existiert Universelle Information (UI), eine nicht-materielle Größe (NGI-1), in reichhaltigem Maße in den Zellen aller Lebewesen.

Säkularen Wissenschaftlern zufolge entstand alles Existierende als Ergebnis eines rein materiellen (Masse und Energie) Ereignisses, wie etwa durch den Urknall. Nun haben wir nachgewiesen, dass es in unserem Universum mindestens eine nicht-materielle Größe gibt – die Universelle Information (UI) in den Lebewesen. Nach Ansicht der materialistischen Weltdeutung hat letztlich alles seinen Urgrund im Urknall, also einem rein materiellen Prozess. Da die UI aber nicht von einem materiellen Prozess kommen kann, ist die Hypothese des Urknalls falsch.

Dieses Ergebnis kann mit der logischen Schlussfolgerung *(Modus Tollens)* ausgedrückt werden:

A → B:	Wenn die Urknall-Hypothese stimmt, dann darf es in dieser Welt nur materielle Größen (Masse und Energie) geben.
¬ B:	Im Universum befinden sich riesige Mengen nicht-materieller Größen (z. B. Universelle Information).
SF7:	Schlussfolgerung SF7: Die Urknall-Hypothese ist falsch.

SF7: Die Urknall-Hypothese reicht nicht aus, um die Entstehung von Universeller Information zu erklären, und ist darum falsch.

---

lich also *Großer Knall*) wurde von dem britischen Astronomen Sir *Fred Hoyle* (1915 – 2001) geprägt. Der Ausdruck »Urknall« bezieht sich auf die Ansicht, das Universum habe mit einem »unendlich« heißen und dichten »Uratom« angefangen, das sich in einer endlichen Zeit in der Vergangenheit auszudehnen begann (heute meint man, dies sei vor 14 Milliarden Jahren passiert). Der Urknall ist für den säkularen Materialisten die Hypothese, mit der er das Entstehen eines rein materiellen Universums erklärt.

8.10 Schlussfolgerung 8 (SF8): Die Evolution ist widerlegt.

SF8: Weil Information die grundlegende Komponente allen Lebens ist, die nicht von Materie und Energie stammen kann, ist ein intelligenter Sender erforderlich. Da aber alle Theorien der chemischen und biologischen Evolution fordern, dass die Information allein von Materie und Energie stammen muss *(kein Sender)*, können wir schließen, *dass all diese Theorien und Konzepte der chemischen und biologischen Evolution (Makroevolution) FALSCH sein müssen.*

Oder mithilfe der Schlussfolgerungsmethode *Modus Tollens* können wir die Logik auch formaler ausdrücken:

A → B: Wenn irgendwo Lebewesen gefunden werden, dann haben sich diese in rein materiellen Prozessen im Rahmen einer Evolution entwickelt (biologische Evolution).

¬ B: In den Zellen aller Lebewesen finden wir lebensnotwendige Universelle Information, die gemäß NGI-3 nicht aus einem materiellen Prozess stammen kann, sondern nur durch einen intelligenten Sender bewirkt sein kann (NGI-4).

SF8: Schlussfolgerung SF8: Die biologische Evolution (Makroevolution) ist widerlegt.

Gemessen an der weltweiten Anhängerschaft ist die Evolutionslehre wohl zur verbreitetsten Lehre unserer Zeit geworden. Nach der Grundkonzeption dieser Lehre wird versucht, das Leben allein auf physikalisch-chemischer Ebene zu erklären (Reduktionismus). Dass dies nicht machbar ist, gibt ein bekannter Vertreter der Evolutionslehre, *Bernd-Olaf Küppers,* zu [K5, S. 12-13]:

> *»Die Tatsache, dass wir offenbar nicht in der Lage sind, für das Phänomen ›Leben‹ eine umfassende physikalisch-chemische Definition zu geben, spricht also nicht gegen, sondern gerade für die Möglichkeit einer vollständigen physikalisch-chemischen Beschreibung der Lebenserscheinungen.«*

In [G31, Kapitel 10] wurde bereits deutlich herausgestellt, dass dieser Ansatz falsch ist, denn alles Leben enthält Information – also jene nicht-materielle Größe, die nicht der Materie zugeschlagen werden kann. Den Reduktionisten wäre es am liebsten, wenn es einen fließenden Übergang vom Unbelebten zum Belebten hin gäbe. Das aber ist eine unabdingbare Forderung für den Evolutionismus, und dies erkennt *Küppers* sehr wohl, wenn er schreibt, dass »der fließende Übergang [vom Unbelebten zum Belebten] für eine vollständige reduktionistische Erklärung geradezu Voraussetzung« ist. Schließlich bringt er es auf den Punkt [K5, S. 19]:

> *»Aufgabe und Ziel des reduktionistischen Forschungsprogramms ist es, die Lebenserscheinungen aus einem solchen Bedingungskomplex allein mithilfe der bekannten Gesetzmäßigkeiten der Physik und Chemie abzuleiten. Die gesamte Molekularbiologie beruht auf diesem Erklärungsprinzip.«*

Mithilfe der Informationssätze können wir eine grundsätzliche und weitreichende Schlussfolgerung ziehen: Die Idee der Makroevolution – also die Annahme, der Mensch habe sich von der Urzelle beginnend über das Tierreich hinweg entwickelt – ist falsch. Universelle Information ist ein grundlegender Faktor für alle lebenden Systeme. Entfernten wir diese, wäre dies das sichere Ende des Lebens. Jede Information – und davon sind lebende Systeme nicht ausgenommen – braucht einen geistigen Urheber.

Nun taucht die Frage auf – und sie ist auch naheliegend: **Wo ist der Sender der Information in den DNS-Molekülen?** Er kann doch dort überhaupt nicht ausgemacht werden. Ist diese Information darum irgendwie molekularbiologisch entstanden?

Die Antwort ist dieselbe, die wir auch in den folgenden Fällen geben:

- Wenn wir uns die Informationsfülle ansehen, die in Ägypten in Hieroglyphen festgehalten ist, dann ist dort auf keinem Stein etwas von dem Sender zu erkennen. Wir finden nur seine Spuren, die er in Stein gemeißelt hat. Niemand aber würde behaupten, diese Information sei ohne Sender und ohne geistiges Konzept entstanden.
- Sind zwei Computer miteinander verbunden, die Information austauschen und bestimmte Prozesse anstoßen, dann ist von dem Sen-

der auch nichts zu erkennen. Alle Information aber ist irgendwann einmal von einem (oder mehreren) Programmierer(n) erdacht worden.

- Eine Autowaschanlage enthält ein Programm für die einzelnen Waschgänge. Wenn wir mit unserem Auto dort hindurchfahren, sehen wir nichts von dem Sender, und doch ist das von einem intelligenten Sender erdachte Programm eine notwendige Bedingung für den Ablauf.

Die Information in den DNS-Molekülen wird übertragen an RNS-Moleküle; dies geschieht in analoger Weise, wie ein Computer an einen anderen Information transferiert. In der Zelle ist eine äußerst komplexe Biomaschinerie am Werk, die die programmierten Befehle in genialer Weise umsetzt. Von dem Sender sehen wir zwar nichts – genauso wie bei den oben genannten Beispielen –, aber ihn zu ignorieren, wäre ein unerlaubter Reduktionismus.

Wir dürfen uns nicht wundern, wenn die Programme des Senders der biologischen Information viel genialer sind als alle unsere menschlichen Programme. Schließlich haben wir es hier – wie bereits in Schlussfolgerung SF2 näher erläutert – mit einem Sender unendlicher Intelligenz zu tun. Des Schöpfers Programm ist so genial konzipiert, dass sogar weitreichende Anpassungen und Adaptionen an neue Bedingungen möglich sind. In der Biologie werden solche Vorgänge als Mikroevolution bezeichnet. Sie haben jedoch nichts mit einem evolutiven Prozess zu tun, sondern sind Parameter-Optimierungen innerhalb derselben Art.

Kurz: Die Informationssätze schließen eine Makroevolution, wie sie im Rahmen der Evolutionslehre vorausgesetzt wird, aus,[69] hingegen sind mikroevolutive Prozesse mit oft weitreichenden adaptiven Prozessen innerhalb einer Art mithilfe des vom Schöpfer erstellten genialen Programms erklärbar.

69 **Theistische Evolution:** Ein Vertreter der theistischen Evolution würde hier behaupten, Gott habe die Evolution angestoßen oder gelenkt, und damit würden die Informationssätze auch nicht verletzt. Es ist hier nicht der Platz, auf diese Sonderlehre näher einzugehen. In dem Buch »Schuf Gott durch Evolution?« [G20] habe ich nachgewiesen, dass diese Auffassung in krassem Gegensatz zu biblischen Aussagen steht.

SF8: Die Evolutionstheorie (Makroevolution) ist widerlegt.

Nach einer so klaren Antwort zur Herkunft des Lebens – wie sie aus den Naturgesetzen über Information gewonnen wurde – stellt sich eine berechtigte Frage: Warum hängen viele immer noch der Evolutionsidee an?

Der amerikanische Professor für Biochemie an der University of California *Stanley Miller* (1930 – 2007) hatte 1953 als 23-jähriger Student versucht, den Ursprung des Lebens im Labor nachzuvollziehen [H4, S. 225]. Er füllte einige Liter Methan, Ammoniak und Wasserstoff und etwas Wasser in einen luftdicht abgeschlossenen Glasapparat. Ein Funkenentladungsgerät verpasste den Gasen simulierte Blitze, während eine Heizschlange das Wasser am Brodeln hielt. Als *Miller* die zähe rötliche Masse analysierte, die nach einigen Tagen entstanden war, fand er einen hohen Gehalt an Aminosäuren darin. Dieser Befund, so glauben bis heute noch viele, würde darauf hindeuten, dass das Leben aus dem entstanden sei, was der britische Chemiker *John B. S. Haldane* (1892 – 1964) als »Ursuppe« bezeichnete.

Als *Miller* 40 Jahre später auf das Experiment angesprochen wurde, antwortete er nur, dass sich die Lösung des Rätsels vom Ursprung des Lebens als schwieriger erwiesen habe, als er oder irgendein anderer es sich vorgestellt habe. Keine der gegenwärtigen Hypothesen über den Ursprung des Lebens vermag zu überzeugen. Er bezeichnet sie als »Unsinn« bzw. als »chemische Kopfgeburten«. Trotzdem wird geradezu in jedem Biologie-Schulbuch der *Miller*-Versuch immer noch als einer der stärksten Belege für Evolution angeführt.

Miller, selbst Anhänger der Evolutionslehre, meinte, wenn er Kreationist wäre, würde er die Evolution nicht wegen der Fossilfunde angreifen, sondern sich stattdessen auf den Ursprung des Lebens konzentrieren. Das sei mit Abstand die schwächste Stelle im Gebäude der modernen Biologie.

Etwas Neues zur Thematik des Ursprungs des Lebens zu sagen, ist der Traum jedes Wissenschaftspublizisten. Hier wimmelt es nur so von merkwürdigen »Wissenschaftlern« und exotischen Theorien, die niemals völlig anerkannt oder völlig aufgegeben werden, sondern einfach nur **in** Mode oder **aus** der Mode kommen.

Warum aber hält man dennoch so zäh an der Evolutionslehre fest?

Eine mögliche Erklärung gibt der amerikanische Wissenschaftsjournalist *John Horgan* (*1953) in seinem Buch »An den Grenzen des Wissens« [H4, S. 190]:

> *»Was kann ein ehrgeiziger junger Biologe tun, um sich in der postdarwinistischen, Post-DNS-Ära einen Namen zu machen? Eine Möglichkeit besteht darin, darwinistischer als Darwin zu sein und die Darwinsche Theorie als letztgültige, unüberbietbare Wahrheit über die Natur zu akzeptieren. Diesen Weg hat der ›Oberaufklärer‹ und Reduktionist Richard Dawkins von der University of Oxford beschritten. Er hat aus dem Darwinismus eine Furcht einflößende Waffe geschmiedet, mit der er alle Ideen zertrümmert, die seine entschieden materialistische, nichtmystische Konzeption des Lebens infrage stellen. Er scheint das Fortbestehen des Kreationismus und anderer antidarwinistischer Lehren als eine persönliche Beleidigung zu empfinden.«*

8.11 Schlussfolgerung 9 (SF9): Kein Leben aus der Materie

SF9: Weil das Lebendige (siehe Kapitel 6) eine nicht-materielle Größe ist, kann die Materie sie nicht hervorgebracht haben. Daraus schließen wir:
Es gibt keinen Prozess in der Materie, der vom Unbelebten zum Leben hinführt. Rein materielle Vorgänge können weder auf der Erde noch anderswo im Universum zum Leben führen. *(Anwendung von NGI-2; Kapitel 5.5)*

Die Vertreter der Evolutionslehre behaupten: »Leben ist eine Regelmäßigkeit im Rahmen materieller Prozesse, die sich einstellt, wenn die Randbedingungen erfüllt sind.« Gemäß NGL-1 (Kapitel 6.3) ist das, was **das Lebendige** eines Lebewesens ausmacht, von nicht-materieller Art. Somit können wir das Naturgesetz NGI-2 anwenden, das besagt: »*Eine rein materielle Größe kann keine nicht-materielle Größe hervorbringen.*«

Immer wieder werden wir mit Meldungen konfrontiert, dass man irgendwo in unserem Planetensystem Wasser entdeckt (z. B. Jupitermond Europa) oder in unserer Galaxie kohlenstoffhaltige Verbindungen nachgewiesen habe. Mit Pünktlichkeit folgen solchen Nachrichten die Spekulationen, dass sich dort Leben entwickelt haben könnte. Bei der Suche nach Planeten in anderen Sonnensystemen liegt das Hauptinteresse auf solchen, die sich in einer »habitablen Zone« befinden. Damit ist der Abstandsbereich eines Planeten von seinem Zentralgestirn gemeint, in dem Wasser dauerhaft in flüssiger Form vorkommen kann.

Damit wird immer wieder neu der Eindruck vermittelt: Wenn nur die notwendigen chemischen Elemente oder Verbindungen auf einem Gestirn vorkommen und weiterhin einige astronomisch-physikalische Bedingungen erfüllt sind, dann ist dort auch mit Leben zu rechnen.

Wie wir mithilfe der Naturgesetze der Information nachweisen konnten, ist dies unmöglich. Auch unter den allerbesten chemischen Voraussetzungen, die einhergehen mit optimalen physikalischen Randbedingungen, würde dennoch kein Leben entstehen.

SF9: Rein materielle Vorgänge können nicht zur Entstehung des Lebens führen.

Da Leben etwas Nicht-Materielles ist (Kapitel 6.3), bedarf es für jede Art von Leben eines geistigen Urhebers. Die vier australischen Wissenschaftler *Don Batten, Ken Ham, Jonathan Sarfati* und *Carl Wieland* schreiben darum zu Recht [B2, S. 148]:

> »*Ohne Zusammenwirken von überragender Intelligenz und Kreativität kann aus leblosen Chemikalien kein Leben entstehen. Die Theorie der spontanen Entstehung des Lebens wurde schon von dem bekannten Begründer der Mikrobiologie, Louis Pasteur, widerlegt. Leider folgt man heute dennoch der unbegründeten Spekulation.*«

Wie die Schlussfolgerung SF9 zeigt, konnten wir mithilfe eines neuartigen Ansatzes die spontane Lebensentstehung in der Materie ausschließen. In Schlussfolgerung SF7 kamen wir zu demselben Ergebnis mithilfe der Naturgesetze über Information.

In Kapitel 6.3 hatten wir in Übereinstimmung mit SF9 das Naturgesetz des Lebendigen NGL-2 formuliert:

NGL-2: Das Lebendige kann nicht von allein in der Materie entstehen; es braucht für seinen Ursprung eine nicht-materielle und allwissende Quelle.

8.12 Zusammenfassung

Durch den gezielten Einsatz der Naturgesetze der Universellen Information und mithilfe von bewährten wissenschaftlichen Schlussfolgerungsmethoden konnten mehrere weitreichende Erkenntnisse gewonnen werden. Sie beziehen sich auf die Vorstellungen über Gott, den Ursprung des Lebens und das Menschenbild.

Die Schlussfolgerungen haben den Nachweis erbracht,

- dass ein Urheber der Welt und allen Lebens existieren muss (Gottesbeweis!);
- dass dieser Urheber allwissend, allmächtig, allumfassend und ewig sein muss;
- dass der Mensch eine nicht-materielle Komponente (Seele) haben muss.

Weiterhin haben wir beweisen können,

- dass der weitverbreitete Materialismus falsch ist;
- alle gängigen Evolutionsvorstellungen falsch sind;
- der Atheismus falsch ist.

Wir haben zwar herausgefunden, dass der Sender (Urheber) allwissend, allmächtig, allumfassend und ewig sein muss, aber mit den Naturgesetzen stoßen wir dennoch an eine Erkenntnisgrenze, wenn wir Näheres über den Urheber (seine Person, sein Wesen, seine Eigenschaften) wissen wollen.

Für solche Antworten brauchen wir eine höhere Erkenntnisquelle. Im nächsten Kapitel wollen wir uns diese erschließen und dann auch weitere Fragen, für die wir gerne eine Erklärung hätten, beantworten.

Makroevolution/Mikroevolution: Wenn wir in diesem Buch immer wieder von *der Evolution*, *der Evolutionslehre* oder *der Evolutionstheorie* sprechen, dann ist damit immer die **Makroevolution** gemeint. Darunter verstehen wir die allgemein angenommene Höherentwicklung von der Urzelle über die Mehrzeller zu der unvorstellbar großen Vielfalt von Arten bis hin zum Menschen, die in einem stark verzweigten evolutiven Stammbaum dargestellt werden. Das bedeutet: Hätte es wirklich eine Makroevolution gegeben, dann müssten neuartige komplexe Konstruktionen und neuartige Organe mit neuen Funktionen von selbst in der Materie entstanden sein. Dabei ist noch zu bedenken: Nicht nur die zum Bau der Konstruktionen erforderliche Universelle Information müsste von selbst entstanden sein, sondern zeitgleich auch die dazu erforderliche Betriebssoftware (z. B. parallel zum Flugapparat der Vögel muss auch das hochkomplexe Flugprogramm im Gehirn entstanden sein).

In der Lebewelt beobachten wir *innerhalb* der einzelnen Arten Anpassungen, insbesondere an neue Umweltbedingungen. Diese Vorgänge werden in der Biologie als **Mikroevolution** bezeichnet. Evolutionsvertreter deuten diese Anpassungen fälschlicherweise als Belege für die Makroevolution. Als Paradebeispiel dafür werden die sogenannten Darwinfinken auf den Galapagos-Inseln genannt, die unterschiedliche Schnabelformen aufweisen. Dies sind aber nachweislich Veränderungen innerhalb derselben Art.

Funktioniert Mikroevolution etwa ohne Universelle Information? Keineswegs! Jeder Programmierer baut in seinem Programm Verzweigungen ein, die bei unterschiedlichen Datensätzen durchlaufen werden. Wie viel mehr weiß ein allwissender Schöpfer im Voraus, welche Verzweigungen aufgrund sich verändernder Bedingungen einmal erforderlich sein werden! Korrekter wäre es, statt von Mikroevolution richtiger von **Vorausprogrammierung** zu sprechen.

Kapitel 9: Anwendung der Theorie der Universellen Information auf die Bibel

9.1 Einführung

In **Teil I** (Kapitel 1 bis 3) dieses Buches wurde eine eindeutige Definition von *Universeller Information (UI)* präsentiert. Die UI ist die alles entscheidende Größe zum Verständnis dieses Buches. **Die als grundlegend festzuhaltende Erkenntnis ist, dass es sich bei der Information um eine nicht-materielle Größe handelt.** In Kapitel 5.4 wird der wissenschaftliche Beweis dafür geliefert. Basierend auf UI wurde die *Theorie der Universellen Information (TUI)* ausführlich vorgestellt und ihr Gültigkeitsbereich präzisiert. An etlichen Fallbeispielen wurde erläutert, wie ein unbekanntes System dahingehend geprüft wird, ob es UI enthält oder nicht.

In **Teil II** (Kapitel 4 und 5) beschrieben wir zunächst die grundlegenden Fakten, die für alle Naturgesetze gleichermaßen gelten. **Das Besondere dieses Buches ist, dass erstmalig Naturgesetze für eine nicht-materielle Größe hergeleitet und beschrieben werden.**

In **Teil III** (Kapitel 6 und 7) stellten wir fest, dass Universelle Information überall im biologischen Leben anzutreffen ist. Unsere besondere Aufmerksamkeit galt dem Protein-Synthese-System (PSS) und dem Nachweis, dass der verwendete Quaternär-Triplett-Code der denkbar beste ist.

In **Teil IV** (Kapitel 8) zogen wir weitreichende Schlussfolgerungen unter konsequenter Anwendung der Naturgesetze der Universellen Information. Es konnte gezeigt werden, dass die Entstehung des Lebens allein in der Materie ein unmöglicher Vorgang ist – also ein Perpetuum mobile der Information. Für die Information in den Lebewesen ist allein **aufgrund von Naturgesetzen ein allwissender, allmächtiger und ewiger Sender zwingend erforderlich**.

Bis einschließlich Kapitel 8 wurde bewusst ausschließlich wissenschaftlich argumentiert. Es sollte damit gezeigt werden, wie weitreichend Aussagen allein durch die Naturgesetze möglich sind. Da jedwede Wissenschaft an Erkenntnisgrenzen stößt, aber unsere Fragen deutlich darüber hinausgehen, brauchen wir eine weiter reichende Informationsquelle, um unsere Welt zu verstehen.

Im nun folgenden **Teil V** (ab Kapitel 9.2) werden wir herausarbeiten, dass der im Teil IV geforderte und dort näher spezifizierte Sender kein anderer ist als der Gott der Bibel. Dazu ist es zunächst erforderlich, den Nachweis zu erbringen, dass die Bibel die alles überragende Erkenntnisquelle ist und sie ausschließlich Wahrheit repräsentiert. Nach diesem notwendigen Schritt können wir die Bedeutungsfülle der Bibel für unsere Zwecke berechtigterweise zur Anwendung bringen.

9.2 Das Leben bedarf eines Senders

Sucht man nach einem gemeinsamen Kennzeichen, das vom Einzeller bis zum Menschen in allen Lebewesen gültig ist, so ist es zweifelsohne die in allen Zellen enthaltene Information, die wir als »Universelle Information« präzisiert haben. Bei Berechnungen zur Ermittlung der Speicherdichte haben wir herausgefunden (siehe Anhang A1.2.3), dass eine so hohe statistische Informationsdichte sonst nirgends bekannt ist. Aus der Sicht der drei Erscheinungsformen für Information (vgl. Kapitel 5.9) erweist sich die in lebenden Systemen installierte Information als *»Betriebsinformation«*, die auf die unzählbaren Lebensprozesse und -situationen genau zugeschnitten ist. Bezüglich der Herkunft ist all diese Information *»Herstellungsinformation«* und zugleich *»kreative Information«* (vgl. Kapitel 5.8.3).

In Kapitel 3.5 (Beispiel 10) hatten wir das DNS-Molekül bereits kurz behandelt und festgestellt, dass dieses eindeutig zum Definitionsbereich A des *Bildes 15* (Kapitel 3.4) gehört und damit sichergestellt ist, dass hier alle Naturgesetze für Information anwendbar sind. Wie in den Schlussfolgerungen SF1 und SF2 (Kapitel 8.3 und 8.4) erläutert, war damit ein intelligenter Sender zwingend notwendig. Wie ist nun in diesem besonders interessierenden Fall die Zuordnung der Informationsaspekte zu treffen, und wo finden wir hier Sender und Empfänger?

In *Bild 31* sind die verschiedenen Informationsaspekte dargestellt, wobei der Einfachheit halber der statistische Aspekt weggelassen wurde. Diese Grafik ist von allgemeiner Art und darum auf jede nur vorkommende Information (Definitionsbereich siehe Kapitel 3.3) anwendbar; nur Sender, Empfänger und die spezifischen Angaben der Ebenen Syntax, Semantik, Pragmatik und Apobetik sind je nach betrachtetem Fall individuell zu bezeichnen.

Seit dem Jahr 2003 ist uns die unüberschaubare Folge der ACGT-Buchstaben des menschlichen Genoms bekannt. Kennen wir damit auch das Programm des Lebens? Keineswegs! Was uns vorliegt, ist vergleichbar einem ohne Punkt und Komma aneinandergereihten Volltext der Bibel in einer Indianersprache, die wir nicht kennen, also ein Buch, dessen Sprache fast niemand versteht. Die eigentliche Übersetzungsarbeit des Sinngehalts (Semantik) fängt nun überhaupt erst an. Ob die vollständige semantische Entschlüsselung des Genoms je gelingen wird, ist zurzeit eine völlig offene Frage. Bei den ägyptischen Hieroglyphen gelang die Decodierung nur dadurch, dass man den Stein von Rosette fand, auf dem sich ein griechischer, demotischer und hieroglyphischer Text befanden. Ausgehend von der Bedeutung des lesbaren griechischen Textes, war nach langem Forschungsaufwand auch die Decodierung der Hieroglyphen möglich. Beim Genom aber fehlt ein solcher »Stein von Rosette«, der uns anzeigt, wie z.B. ein Gehirn, ein Herz oder ein Kniegelenk programmiert sind. Man schätzt, dass nur etwa drei Prozent des menschlichen Genoms aus Genen bestehen, die die verschiedenen Proteine codieren.

Nach den Naturgesetzen über Universelle Information verlangt jede Information einen mit Intelligenz und Willen ausgestatteten Sender. Da ein solcher hier nicht beobachtbar ist, erinnern wir uns an die

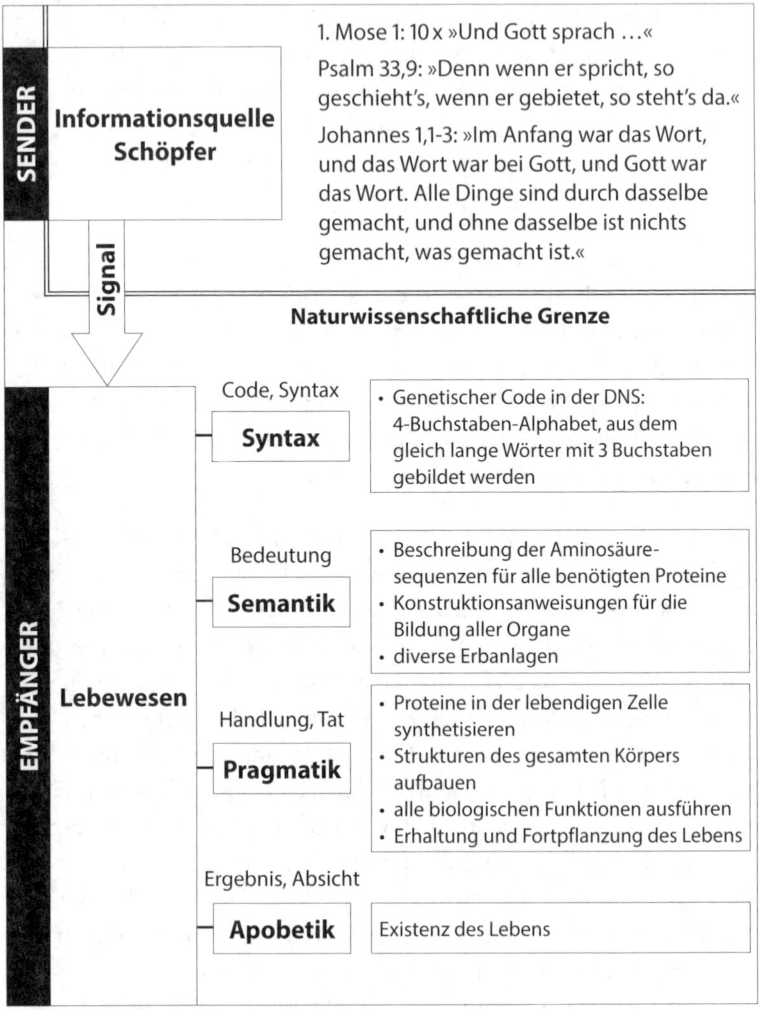

Bild 31: *Zur Herkunft des Lebens.*
Die biologische Information in den Lebewesen erweist sich als »Betriebsinformation« und kann empfängerseitig auf den bekannten Ebenen Syntax, Semantik, Pragmatik und Apobetik spezifiziert und wissenschaftlich untersucht werden. Fragt man nach der Herkunft dieser Information, so ist sie von ihrer Art her als »Herstellungsinformation« einzuordnen. Der wissenschaftlich vom Informationsbegriff her zu fordernde Sender ist uns nur durch die biblische Offenbarung zugänglich.

Erläuterungen zu NGI-4 (Kapitel 5.7). Wir hatten im Fall einer Übertragungskette von Information zwischen dem *eigentlichen* (= dem *ursprünglichen*) und dem *vermeintlichen* Sender unterschieden (Kapitel 5.8.3). Der eigentliche Sender (Autor der Information) ist auch hier nicht sichtbar, wohl aber das letzte Glied der Kette, und das ist das DNS-Molekül. So ist dieses Molekül hier nur als der *vermeintliche* Sender anzusehen. Dieser muss kein Individuum sein.

In *Bild 31* haben wir einen Bereich markiert, der naturwissenschaftlich prinzipiell nicht zugänglich ist: Es ist die Person des Senders. Die kurzschlüssige Folgerung »Weil der Sender nicht mit den Arbeitsmethoden menschlicher Wissenschaft erkennbar ist, darum kann es ihn auch nicht geben« ist nach den Informationssätzen unhaltbar. Die Forderung nach einem personhaften Sender mit freiem Willen für jede kreative Information bleibt eine unabdingbare Forderung. Wir stoßen jetzt an eine Grenze, die durch keine noch so gute naturwissenschaftliche Methode überschritten werden kann.

Es bleibt für uns die Frage, **wer** dieser *eigentliche Sender* ist. Für diese Antwort müssen wir die naturwissenschaftliche Grenze überschreiten und gelangen so zum **Glauben**: Dieser gesuchte Sender (= Schöpfer) hat sich selbst offenbart, und darum liegt uns Information über ihn vor, denn *»er [Jesus] war in der Welt, und die Welt ist durch ihn gemacht«* (Johannes 1,10). Dass aus dem ganzen Universum nichts ausgenommen ist, bezeugen uns die ersten Verse des Johannesevangeliums ebenso wie auch Kolosser 1,16:

> *»Denn in ihm (Jesus) ist alles geschaffen, was im Himmel und auf Erden ist, das Sichtbare und das Unsichtbare, es seien Throne oder Herrschaften oder Reiche oder Gewalten; es ist alles durch ihn und zu ihm geschaffen.«*

In dem Kapitel 5.6 (siehe ES27) hatten wir auf die enge Verknüpfung von Information und Willen hingewiesen. Dieser Gedanke wird auch an zahlreichen Stellen der Bibel deutlich hervorgehoben. In Offenbarung 4,11 (E) heißt es: *»Du hast alle Dinge erschaffen, und deines **Willens** wegen waren sie und sind sie erschaffen worden.«* Die absichtsbedingte Voraussetzung jeder Information kommt auch in dem nach 1. Mose 1,26 formulierten Vorsatz zum Ausdruck: »*Lasset uns Menschen machen, ein Bild, das uns gleich sei.*«

Bei den Vorgängen in der Zelle ist auch der Empfänger kein Individuum. Gemäß den *Bildern 21* und *22* (Kapitel 5.8.3) gibt es zahlreiche Fälle, bei denen der Empfänger eine Maschinerie ist. In all solchen Fällen ist der »maschinelle« Empfänger immer ein durch Intelligenz geschaffenes System. Das trifft auch hier zu, denn der Empfänger, der die biologische Information zur Ausführung bringt, wurde ebenfalls von dem Schöpfer geschaffen.

Bei konsequenter Anwendung der Informationssätze sind alle materialistischen Evolutionsmodelle für die Praxis unbrauchbar und darum abzulehnen.[70] Wenn der britische Evolutionstheoretiker *Richard Dawkins* bezüglich der Zielsetzung seines Buches »Der blinde Uhrmacher« [D2] schreibt: »Der Sinn dieses Buches ist es, eine nichtübernatürliche Erklärung für die Existenz komplexer Lebewesen zu liefern«, dann darf man in seiner Abhandlung keine naturwissenschaftlich begründete Antwort erwarten.

Bild 31 zeigt die vier uns inzwischen schon sehr geläufigen Ebenen der UI, wie wir sie im Protein-Synthese-System entdeckt haben. Auf der linken Seite des Bildes wird bezüglich der UI sowohl der ursprüngliche Sender als auch die DNS als Empfänger und Überbringer innerhalb der Zellen aller lebenden Organismen gezeigt.

Gibt es irgendeine andere Erkenntnisquelle, die Antworten auf diese Fragen zu geben vermag? In einem Versuch, diese Frage zu beantworten, wollen wir auf *Bild 32* blicken. Es ist das erweiterte *Bild 18* von Kapitel 4.6.

---

70 **Evolutionsmodelle:** Mit diesem Satz sind all jene Evolutionsmodelle gemeint, die eine Selbstorganisation in der Materie annehmen. In den Publikationen der Evolutionsvertreter ist dies die gängige Variante. Nur einige Namen unter vielen seien hier genannt: *Manfred Eigen, Bernd-Olaf Küppers, Carsten Bresch, Franz Wuketits, David Attenborough.* Daneben gibt es noch die theistische Evolutionsvariante, wonach Gott eine Evolution angestoßen und sie im Laufe von Jahrmillionen gelenkt haben soll. Diese Anschauung ist mithilfe der Informationssätze nicht widerlegbar. Sie steht aber im Widerspruch zur biblischen Offenbarung. In dem Buch »Schuf Gott durch Evolution?« [G20] findet sich eine detaillierte Behandlung und Widerlegung dieses Ansatzes.

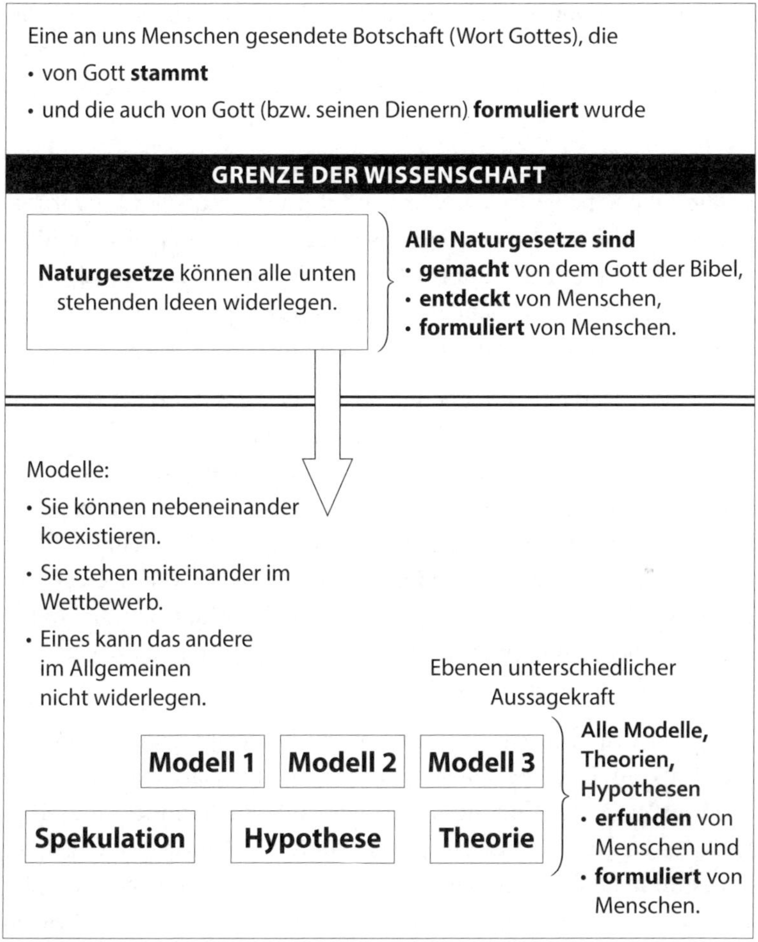

Bild 32: *Die erweiterte Version von Bild 18, in der nun der Erfinder der Naturgesetze benannt werden kann.*

In *Bild 32* ist eine höhere Erkenntnisebene eingezeichnet, die auch die höchste wissenschaftliche Erkenntnis übersteigt. Es ist die Botschaft, die der ewige Schöpfer offenbart hat – sie liegt uns in Form der Bibel vor.

Uns ist sehr wohl bewusst, dass von vielen Texten behauptet wird, sie seien nicht göttlichen Ursprungs. So stehen wir vor der Aufgabe, die

Spreu vom Weizen zu trennen. Gibt es einen zuverlässigen Test, um nachzuweisen, dass nur die Bibel göttlichen Ursprungs ist? In Kapitel 9.3 soll dieser Nachweis sehr ausführlich durchgeführt werden.

9.3 Der Prophetisch-mathematische Gottesbeweis

Ist die Bibel eine vertrauenswürdige Informationsquelle? Im vorigen Kapitel 9.2 haben wir im Vorgriff auf dieses Kapitel bereits die Bibel als einzig verbindliche Informationsquelle verwendet, um die Antwort zu geben, wer der Sender ist. Nun soll gezeigt werden, warum sie jede andere Erkenntnisquelle bei Weitem überragt.

Sucht man nach einem markanten Merkmal, das die Bibel von allen anderen Büchern der Weltgeschichte unterscheidet, dann sind es zweifellos die in Raum und Zeit bereits erfüllten Prophetien. Über 3000 Aussagen haben sich genau so zugetragen, wie sie oft mehrere Jahrhunderte zuvor angekündigt worden waren. Es ist keine einzige Prophetie bekannt, die sich anders erfüllt hat, als sie vorausgesagt war. Damit verfügen wir über ein einzigartiges Kriterium, um die Wahrheit der Bibel zu überprüfen. Wie wir im Folgenden noch zeigen werden, gibt es zur Bibel nichts Vergleichbares.

Die Bibel wurde in einem Zeitraum von ungefähr 1600 Jahren von mehr als 40 Einzelpersonen geschrieben, die vom Heiligen Geist inspiriert und von Gott autorisiert waren. Sie hatten nicht die Möglichkeit, sich gegenseitig abzusprechen und ihre Aussagen aufeinander abzustimmen. Das einzig Gemeinsame, was sie verband, war der Glaube an den lebendigen Gott und die treibende Kraft des Heiligen Geistes, der sie zum Schreiben der Wahrheit befähigte (2. Petrus 1,21). An den zahlreichen – oft erst nach Jahrhunderten – erfüllten Prophezeiungen erweist sich die Bibel als das Wort der Wahrheit. Es ist bedeutsam, dass *nie* eine biblische Weissagung durch historische oder wissenschaftliche Tatsachen widerlegt worden ist. Aus der großen Menge prophetischer Aussagen greifen wir hier stellvertretend nur eine heraus, die sich erst ab 1897 erfüllt hat. Es ist die Heimkehr Israels aus der Diaspora (*Diaspora* = Zerstreuung; bezieht sich auf die Vertreibung der Juden aus Israel nach der römischen Eroberung im Jahr 70 n. Chr.).

9.3.1 Israels Zerstreuung und Rückkehr

Gott hatte seinem Volk Israel Segen oder Fluch vorgelegt, je nachdem, ob es ihm gehorsam oder ungehorsam sein würde. In 5. Mose 28,64-65 (E) wird die Zerstreuung über die ganze Welt im Falle des Ungehorsams angekündigt:

> »*Denn der Herr wird dich unter alle Völker zerstreuen von einem Ende der Erde bis zum anderen … Und unter jenen Nationen wirst du nicht ruhig wohnen, und deine Fußsohle wird keinen Rastplatz finden.*«

Mit der Zerstörung Jerusalems 70 n. Chr. durch die Römer begann auch die Zerstreuung der Juden. Mehrere Jahrhunderte vor diesem Ereignis hatte Gott bereits die Rückkehr in ihr verheißenes Land zugesagt:

> »*Darum siehe, es kommt die Zeit, spricht der Herr, dass man nicht mehr sagen wird: ›So wahr der Herr lebt, der die Israeliten aus Ägyptenland geführt hat‹, sondern: ›So wahr der Herr lebt, der die Israeliten geführt hat aus dem Lande des Nordens und aus allen Ländern, wohin er sie verstoßen hatte.‹ Denn ich will sie zurückbringen in das Land, das ich ihren Vätern gegeben habe*« (Jeremia 16,14-15).

Die Einwanderung der Juden aus den Völkern in ihr altes Heimatland begann um 1897 nach der ersten Zionistenkonferenz. Als Großbritannien nach dem Ende des Ersten Weltkriegs die Balfour-Erklärung unterzeichnet hatte, stieg die Einwanderungszahl der Juden an. Großbritannien war von den alten Ligamächten das Mandat und die Kontrolle über das Gebiet von Palästina übertragen worden. Die Juden wurden weiter zur Einwanderung ermutigt, und sie zogen in das Land. Als die Araber sahen, was geschah, machten sie Einwände geltend und wendeten Gewalt gegen die Juden an, woraufhin Großbritannien die Zahl der einwandernden Juden stark einschränkte. Allerdings wurde Großbritannien nach dem Holocaust des Zweiten Weltkriegs hart bedrängt, den Juden die weitere Rückkehr nach Israel zu gestatten. Als Ergebnis erkannten die Vereinten Nationen den Staat Israel an. Gründungstag war der 14. Mai 1948. Seit dieser

Zeit sind Juden vermehrt aus aller Welt zurückgekehrt. Das »Land des Nordens« (Jesaja 43,6; Jeremia 16,15; 31,8) wird im prophetischen Wort unter allen Ländern der Erde besonders erwähnt. Ist es nicht bemerkenswert, dass Moskau und Jerusalem auf dem gleichen Längengrad liegen? Es ist nicht schwer zu erkennen, dass mit dem biblischen Begriff »Land des Nordens« die ehemalige Sowjetunion bzw. das heutige Russland gemeint ist. Seit 1989 sind 840 000 Juden aus diesem flächengrößten Land der Erde nach Israel zurückgekehrt. Das ist ein Sechstel aller heute in Israel lebenden Juden. So ist es kein Wunder, dass Gott die Heimkehrer aus dieser Region besonders erwähnt.

9.3.2 Mathematische Berechnungen

Da biblische Prophetie fast immer von äußerst seltenen oder seit Bestehen der Welt überhaupt nur einmalig auftretenden Ereignissen spricht (z. B. Teilung des Roten Meeres: 2. Mose 14,21; Schatten des Zeigers der Sonnenuhr läuft rückwärts: 2. Könige 20,4-11), ist die jeweils anzusetzende realistische Wahrscheinlichkeit wesentlich kleiner als ein Millionstel. Der amerikanische Bibellehrer *Peter W. Stoner*[71] (1888 – 1980) ermittelte für die zufällige Erfüllung der neun Voraussagen über die Zerstörung Babylons nach Jesaja 13 eine empirisch abgeschätzte Wahrscheinlichkeit von 1 : 5 Milliarden. Bei unseren nun folgenden Berechnungen verhalten wir uns äußerst konservativ und setzen für jede Prophetie – und mag ihre Erfüllung uns auch noch so unwahrscheinlich erscheinen – einen so extrem hohen Wert von $p = 0{,}5$ an. Auf diese Weise werden wir bei den noch zu ziehenden Schlussfolgerungen aus dem mathematischen Rechenergebnis auf der absolut sicheren Seite liegen. Durch den sehr hohen Wert für p kompensieren wir weit mehr als erforderlich auch die drei folgenden Aspekte, die unser Modell nicht erfassen kann:

- Manche prophetischen Themen erscheinen mehrfach in der Bibel. Auf ein so bedeutendes Ereignis wie die Wiederkunft Jesu wird etliche Male verwiesen. Bei Mehrfachnennungen ist jedoch

71 Ein hilfreicher Artikel über Prophetie ist unter http://ed5015.tripod.com/BTyreDeMyer111.htm zu finden. Dort schreibt *Ken DeMyer* unter der Überschrift »Tyre Prophecy Probability« über *Stoners* Forschungen.

zu bedenken, dass es sich nicht nur um einfache Wiederholungen bereits offenbarter Bibelstellen handelt, sondern es werden weitere Details hinzugefügt, die bisher noch nicht genannt wurden. Dadurch wird jede weitere Prophetie eines Themenkomplexes (z. B. die vielen Hinweise auf das Kommen des Messias) zu einer gesonderten Prophetie mit neuem Inhalt.

- Die Gesetze der mathematischen Wahrscheinlichkeitsrechnung fordern, dass alle Ereignisse unabhängig voneinander sein müssen. (Einfaches Beispiel: Wenn mit drei Würfeln gewürfelt wird, ist jedes Teilergebnis eines Würfels unabhängig von den beiden anderen Würfeln.) Weithin ist diese Bedingung auch bei den meisten Prophetien erfüllt. Es gibt aber auch etliche Prophetien, bei denen die genaue Reihenfolge für das Eintreten des einzelnen Ereignisses von Bedeutung ist. Das bedeutet: Ereignis B kann erst dann stattfinden, nachdem A bereits eingetreten ist. Ein Beispiel dafür sind die einzelnen Details des Untergangs von Tyrus nach Hesekiel 26 [G18, S. 166-172].
- Nach den Angaben der *»Dake's Bible«*[72] [D1, S. 521] sind bereits $v = 3268$ Verse biblischer Prophetie[73] erfüllt. Bei den nun folgenden

72 **Finis Jennings Dake** (1902 – 1987) war ein bekannter amerikanischer Bibellehrer, Pastor und Evangelist. Manche seiner Lehren wurden vielfach kontrovers diskutiert. Ich stimme seiner Theologie in etlichen Punkten auch nicht zu (z. B. Gap-[Lücken-]Theorie). Paulus gibt uns in 1. Thessalonicher 5,21 einen guten Rat: »Prüft aber alles, das Gute behaltet.« Das gilt für die Bibelkommentare von *Dake*, aber auch für uns alle, die wir mit begrenzter Erkenntnis am göttlichen Wort arbeiten. Blicken wir auf das, was wertvoll ist, so entdecken wir in *Dakes* Arbeit viele wichtige Beiträge, die uns tiefer in das Verständnis der Bibel einführen. Die *»Dake's Annotated Reference Bible«* [D1] ist ein ausgezeichnetes Werkzeug für das Bibelstudium. Lebenslanges Forschen und penibelste Untersuchungen haben sich da niedergeschlagen. Die *Dake*-Bibel hat 35 000 kommentierende Anmerkungen, 500 000 Querverweise und 9000 Skizzen. Auf den Seiten der *Dake*-Bibel werden Tausende von Stellen erklärt, schwer verständliche Verse erhellt und antike Gewohnheiten beschrieben. Außerdem findet sich dort vieles aus Geschichte, Kultur und Geografie. Griechische und hebräische Wörter und Redensarten werden erläutert, außerdem Gleichnisse, Bilder, Symbole, Allegorien und Sprachfiguren. Ein besonderes Merkmal dieses Bibelkommentars ist im Vergleich zu allen anderen, die ich kenne, die reiche Sammlung statistischen Materials und die vielen ausführlichen Übersichten zu den einzelnen biblischen Büchern. Ich habe diese Statistiken über biblische Prophetien als besonders wertvoll empfunden.

73 **Liste der Prophetien:** *Finis Jennings Dake* hat in unvorstellbar mühevoller Arbeit die gesamte Bibel auf Prophetien, aber auch bezüglich anderer Angaben durchsucht und in Statistiken erfasst. In jedem biblischen Buch wies er im Falle eines prophetischen Verses in den beiden Kommentarspalten darauf hin, dass dies z. B. die 15. Prophetie des jeweils betrachteten Buches ist. Er beschreibt weiterhin, ob diese Prophetie zu seiner Zeit und aus seiner Sicht schon erfüllt war oder noch nicht. Jedes einzelne biblische Buch endet mit einer Gesamtstatistik.

Berechnungen setzen wir die Anzahl v der Verse mit erfüllter Prophetie vereinfachend gleich der Anzahl n_p der erfüllten Prophetien. Diese modellmäßige Vereinfachung ist in den weitaus meisten Fällen erlaubt, jedoch dürfte insgesamt gesehen n_p nur einige Prozent kleiner als v sein. Auch dieser Effekt wird durch die viel zu hoch angesetzte Grundwahrscheinlichkeit von $p = 0{,}5$ überreichlich kompensiert, wie wir am Ende der Berechnungen noch sehen werden.

Die Wahrscheinlichkeit dafür, dass sich alle diese Prophetien zufällig erfüllen, errechnet sich durch 3268-malige Multiplikation von 0,5:

$w = 0{,}5^{3268} = 1{,}714 \cdot 10^{-984} \approx 1{,}7 \cdot 10^{-984}$.

Die Größenordnung dieser Zahl w ist für uns deshalb so wichtig, weil sie uns ein Maß für die Vertrauenswürdigkeit der Bibel liefern wird. Die Zahl $w = 1{,}7 \cdot 10^{-984}$ ist immens klein, aber wir brauchen für unsere Schlussfolgerungen eine rechte Vorstellung davon, wie klein sie wirklich ist. Mithilfe des Ameisenmodells soll dies nun geschehen [G18, S. 176-195].

Zwei Fakten sind für unsere Berechnungen von grundlegender Bedeutung:

F1: Unter den vielen prophetisch vorausgesagten Ereignissen ist kein einziges bekannt, das sich anders erfüllt hat. Kritiker der Bibel haben uns einen guten Dienst erwiesen, indem sie intensiv nach einem solchen Fall gesucht haben. Sie fanden jedoch keine Prophetie, die sich anders erfüllt hat als vorausgesagt.

F2: Die Prophetien bilden ein einheitliches und widerspruchsfreies System, d. h. es gibt keine einzige Prophetie, die irgendeiner anderen widerspricht.

9.3.3 Das Ameisen-Modell

Als Modell zum Verständnis dafür, wie extrem klein w ist, stellen wir uns einen Ameisenhaufen vor, in dem sich unter den vielen schwarzen Ameisen nur *eine einzige rote* Ameise befindet. Es ist leicht einzusehen: Je größer der betrachtete Haufen wird, desto kleiner ist die

Wahrscheinlichkeit, die *eine rote* Ameise zufällig (z. B. mit verbundenen Augen) herauszugreifen. Die nun zu beantwortende Frage bezieht sich auf den Vergleich V1:

> **V1: Bei welcher Ameisenzahl *n* ist es gleichwahrscheinlich, dass wir *die eine rote* Ameise unter n-1 schwarzen Ameisen zufällig herausgreifen und dass sich 3268 Prophetien zufällig erfüllen?**

Oder anders formuliert:

> **V1: Wie viele schwarze Ameisen müssen sich in einem großen Ameisenhaufen befinden, damit die Wahrscheinlichkeit, die eine rote darin zu finden, gerade der Wahrscheinlichkeit entspricht, dass 3268 Prophetien alle per Zufall erfüllt wurden?**

Der Lösung dieser spannenden Frage wollen wir uns nun Schritt um Schritt nähern.

Als ich vor einiger Zeit auf einer Vortragsreise in Portugal war, sollte ich an der Universität Lissabon vor Wissenschaftlern darüber sprechen, warum ich die Bibel für glaubwürdig halte. Ich sprach über die Vielzahl prophetischer Aussagen, die sich bereits erfüllt haben, und kam dabei schnell auf unsere schon mehrfach erwähnte Zahl $w = 1{,}7 \cdot 10^{-984}$. Kann es sein, dass alle eingetroffenen Prophetien sich zufällig so erfüllt haben, oder bedarf es eines Gottes, der hinter allem steht? Wenn der Zufall ausgeschlossen werden kann, dann ist damit gleichzeitig auch die Vertrauensfrage zur Bibel beantwortet. Dann repräsentieren alle Prophetien Wahrheit. Wenn aber die prophetischen Aussagen wahr sind und nur durch das Vorauswissen und die Allmacht Gottes erklärbar sind, dann ist mit Berechtigung anzunehmen, dass auch alle anderen Teile der Bibel wahr sein müssen.

Ob die zufällige Erfüllung denkbar ist oder nicht, lässt sich in hervorragender Weise rechnerisch behandeln. So erklärte ich in Portugal mein o. g. Ameisenmodell wie folgt:

1. Wasserglas: Vor mir stand ein Glas Wasser, und ich stellte die rhetorische Frage, ob ein mit schwarzen Ameisen aufgefülltes Glas bereits genug Ameisen für den Vergleich V1 enthält. Von meiner Norm-Ameise mit einem Volumen von 10 mm³ hätten $n_1 = 20\,000$ in einem

Wasserglas Platz. Die Wahrscheinlichkeit, *die eine* darin befindliche *rote* zufällig herauszugreifen, beträgt somit $w_1 = 1/n_1 = 1/20\,000 = 0{,}000\,05$. Verglichen mit w ist w_1 noch viel zu groß. Wir müssen also die Zahl der schwarzen Ameisen erhöhen.

2. Badewanne: Nun nehmen wir eine Badewanne voller Ameisen. Darin könnten wir n_2 = 36 Millionen unterbringen. Die eine rote Ameise zufällig zu finden, hätte eine Wahrscheinlichkeit von $w_2 = 1/n_2 = 2{,}8 \cdot 10^{-8} \approx 0{,}000\,000\,03$. Auch diese Zahl ist noch viel zu groß gegenüber $1{,}7 \cdot 10^{-984}$ (7 Nullen nach dem Komma gegenüber 983). Wir benötigen also noch mehr Ameisen!

Wir wollen noch auf eine andere Frage eingehen, die in diesem Zusammenhang bedeutsam ist: Stellen wir uns vor, die Bibel hätte erheblich weniger Prophetien als 3268, dann würde schon eine kleinere Ameisenmenge genügen, um eine Gleichheit der o.g. Wahrscheinlichkeiten zu erreichen. Es muss also zu der Ameisenmenge n_2 in einer Badewanne eine genau dazu passende Zahl von Prophetien n_p geben. Anders ausgedrückt: Wenn in der Bibel nur n_p Prophetien ständen, dann hätte ihre zufällige Erfüllung gerade dieselbe mathematische Wahrscheinlichkeit, wie die eine rote Ameise durch einmaliges Hineingreifen in die mit Ameisen gefüllte Badewanne zu erhalten. Diese Zahl kann leicht ermittelt werden, die Rechnung[74] ergibt $n_p = 25$.

3. Portugal: Da wir bei einer Badewanne voller Ameisen gerade auf ein Äquivalent von n_p = 25 Prophetien kommen, müssen wir die Ameisenzahl drastisch erhöhen. So schlug ich in Lissabon vor, ganz Portugal mit einer Fünf-Meter-Schicht von Ameisen zu bedecken. Bei einer Landesfläche von 92 000 km^2 mit einer darüber liegenden fünf Meter hohen Schicht von Ameisen beträgt die Gesamtzahl an Ameisen $n_3 = 46 \cdot 10^{18}$. Wie wollen wir da noch die eine rote durch einen einzigen zufälligen Griff finden? Nun, wir nehmen einen Heißluftballon und lassen uns mehrere Stunden über das zugeschüttete Portugal treiben. Dann landen wir irgendwo und »ziehen« mit verbundenen Augen eine Ameise. Wie groß ist die Wahrscheinlichkeit, dabei gerade

74 **Berechnung von n_p:** Es gilt $w_2 = 1/n_2 = 1/(2^{n_p})$; daraus folgt $n_p = \log n_2 / \log 2 = 25{,}09 \approx 25$.

auf *die eine rote* zu stoßen? Dieses w_3 beträgt $1/n_3 = 2{\cdot}10^{-20}$. In der Physik betrachtet man Vorgänge mit dieser geringen Wahrscheinlichkeit als in unserer Welt »unmöglich«. Wir sind aber immer noch weit entfernt von $w = 1{,}7{\cdot}10^{-984}$. Das sieht man auch daran, dass wir mit $n_P = 65$ noch ein großes Stück von 3268 entfernt sind. Was müssen wir tun? Ein portugiesischer Wissenschaftler schlug vor, nicht nur das kleine Portugal, sondern die gesamte Erdoberfläche mit Ameisen zu bedecken; aber nicht mit einer Fünf-Meter-Schicht, sondern zehn Meter hoch soll sie sein! Ob das wohl reicht?

4. Gesamte Erdoberfläche: Die Erde hat eine Oberfläche von 510 Millionen km². Bei einer 10-Meterschicht passen in das Volumen dieser Kugelhülle $n_4 = 5{\cdot}10^{23}$ Ameisen. Wie führen wir unseren einmaligen Ziehvorgang durch? Wir nehmen einen Düsenjet und bitten den Piloten, er möge in eine beliebige Richtung fliegen und – sagen wir – nach willkürlichen 11 Stunden und 23 Minuten solle er zum Landen in der Ameisenschicht ansetzen. Dort, wo wir zufällig gelandet sind, wird die Tür geöffnet und wir greifen »blind« nach irgendeiner Ameise. Wie groß ist die Wahrscheinlichkeit, dass wir bei diesem Vorgehen gerade *die eine einzige rote* Ameise erwischen? Die rechnerische Wahrscheinlichkeit ergibt sich zu $w_4 = 1/n_4 = 2{\cdot}10^{-24}$. Mit dieser doch schon sehr immensen Ameisenmenge könnten wir lediglich $n_P = 78$ Prophetien modellhaft beschreiben. Es sind also immer noch zu wenig Ameisen! Jetzt wird die Ameisenzahl ins Astronomische erhöht: Wir füllen ein ganzes Universum damit auf.

5. Gesamtes Universum: Nach heutigen Abschätzungen hat das Universum einen Durchmesser von 30 Milliarden Lichtjahren. Ein Lichtjahr sind etwa 9,5 Billionen Kilometer. Niemand kann sagen, ob diese Größenabschätzung der Wirklichkeit entspricht; auch über die geometrische Struktur des Universums wissen wir nichts. Das spielt aber für unser Rechenmodell keine Rolle. Für unsere Rechnungen verwenden wir eine mathematische Kugel, deren Durchmesser dem obigen Wert entspricht, und definieren sie als unser »Modelluniversum«. Dann kommen wir auf ein Volumen von $V = 1{,}2{\cdot}10^{70}$ km³ $= 1{,}2{\cdot}10^{88}$ mm³. Von unserer genormten schwarzen Ameise passen dann $n_5 = 1{,}2{\cdot}10^{87}$ Exemplare hinein – und zusätzlich noch unsere berühmte immer unauffindbarere *einzige rote Ameise*. Jetzt brauchten wir ein besonderes Transportmittel, nämlich ein spezielles Raumschiff, das sich mit Lichtgeschwindigkeit durch das »Ameisenuniversum« bewegen kann, und jemanden, der »ewig lebt«, damit er nach willkürlichen – sagen wir – 11 657 153 000 Jahren Flugzeit die Luke öffnet, um dann nach irgendeiner Ameise zu greifen. Die Wahrscheinlichkeit, dabei gerade auf *die eine rote Ameise* zu treffen, liegt bei $w_5 = 1/n_5 = 8{,}3{\cdot}10^{-86}$. Dieser Wert liegt noch weit jenseits jener Grenze, die wir schon als »physikalisch unmöglich« bezeichnet hatten. Hätte die Bibel $n_p = 288$ erfüllte prophetische Aussagen, dann hätten wir mit dem eben beschriebenen Modell gerade die gleiche Wahrscheinlichkeit.

Was aber ist nun zu tun? Wenn ein gesamtes Universum mit Ameisen nicht reicht, dann müssen wir mehrere nehmen. (Damit sagen wir nicht, dass es mehre Universen gibt. Die nun errechneten Zahlen sind somit nur als mathematische Rechengrößen zu verstehen). Aber wie viele? Brauchen wir 10, 100 oder gar 1000 Universen? Bei einem Vortrag in Danzig machte ein polnischer Zuhörer einen geradezu mutigen Vorschlag. Er meinte, wir kommen auch mit 1000 oder gar Millionen Universen der Lösung nicht näher; wir müssen so viele Universen nehmen, wie in ein Universum Ameisen hineinpassen! Dieser Vorschlag bedeutete einen riesengroßen Sprung nach vorn. Schauen wir nun, ob er uns auch zum Ziel bringt:

6. So viele Universen, wie in ein Universum Ameisen passen: Die Zahl der Ameisen in einem Universum hatten wir bereits zu $1{,}2{\cdot}10^{87}$ ermittelt. So verwenden wir jetzt diese Zahl für die Anzahl der gedachten Universen. In all denen kriegen wir $n_6 = (1{,}2{\cdot}10^{87})^2 = 1{,}44{\cdot}10^{174}$ Ameisen unter. Wie sieht nun unser Ziehvorgang aus? Wir benutzen zunächst einen Zufallsgenerator auf einem Computer, der uns aus der Menge der über »eine Million hoch 29« $[(10^6)^{29} = 10^{174}]$ gedachten Universen irgendeine Zahl auswählt. Vielleicht nennt er uns eine Zahl z zwischen 10^{56} und 10^{57}, also eine ganze Zahl mit 57 Ziffern. Dann begeben wir uns gedanklich in dieses z-te Universum, das wir wieder mit Lichtgeschwindigkeit durchfliegen und nach Tausenden von Jahren eine Ameise greifen. Die Wahrscheinlichkeit, dabei auf die eine rote zu stoßen, liegt dann bei

$w_6 = 1/n_6 = 7 \cdot 10^{-175}$. Aber selbst bei dieser unvorstellbaren Menge an Universen hätten wir erst $n_P = 578$ Prophetien abgedeckt. Was tun wir jetzt? Es bleibt nur noch eines: Wir rechnen jetzt die Anzahl der erforderlichen Universen direkt aus, die $n_P = 3268$ erfüllte Prophetien repräsentieren.

7. Wie viele Universen reichen für 3268 Prophetien aus? Wir gehen nun von der uns schon hinlänglich bekannten Wahrscheinlichkeit $w = 1{,}7 \cdot 10^{-984}$ aus. Die gesamte Ameisenzahl ergibt sich zu $n_7 = 1/w = 5{,}83 \cdot 10^{983}$. Die erforderliche Gesamtzahl an Universen errechnet sich dann zu $n_U = 5{,}83 \cdot 10^{983} / 1{,}2 \cdot 10^{87} = 5 \cdot 10^{896}$. Dabei ist zu bedenken, dass 10^{896} eine unvorstellbar riesige Zahl ist, nämlich eine Eins mit 896 Nullen. Selbst die Zahl der sich ergebenden Universen ist nicht nur transastronomisch, sondern trans-trans-·····-transastronomisch!

Die Frage »Wie viele Universen mit Ameisen sind für 3268 Prophetien erforderlich?« haben wir rechnerisch mit $n_U = 5 \cdot 10^{896}$ Universen beantwortet. Manch einem mag die von *Dake* ermittelte Zahl von $n = 3268$ erfüllten Prophetien zu hoch erscheinen. Kritiker mögen ihm vielleicht unterstellen, er habe die eine oder andere Prophetie in großzügiger Weise als bereits erfüllt angesehen und komme darum auf eine zu hohe Zahl. Wir wollen darum prüfen, ob dieser Einwand die Schlussfolgerungen ins Wanken bringen könnte. Mit drei weiteren Rechnungen möchte ich darauf antworten:

Rechnung 1: Kein Kritiker würde so weit gehen, dass er *Dake* bei seinen Ermittlungen eine Fehlerquote von 100 Prozent unterstellen würde. Wenn die wirkliche Zahl von n nur 1634 betragen würde, dann müsste man *Dake* den Vorwurf machen, er habe wissentlich oder unwissentlich diese Zahl um 100 Prozent – auf 3268 – erhöht. Eine derart massive Manipulation oder Fehlerquote würde ihm wohl selbst der ärgste Kritiker nicht unterstellen. *Dake* hat nicht nur eine Zahl für die Gesamtmenge der erfüllten Prophetien angegeben, sondern bezeichnet in zählender Weise jede einzelne Prophetie im Bibeltext. So sind seine Angaben nachprüfbar. Rechnerisch wollen wir den Fall von 3268/2 dennoch untersuchen, um dabei zu prüfen, ob sich an den Schlussfolgerungen irgendetwas ändern würde. Das Ergebnis bleibt auch dann noch atemberaubend: Die eine rote Ameise müsste in $6 \cdot 10^{406}$ Universen voller schwarzer Ameisen versteckt werden. Alle Schlussfolgerungen bleiben somit voll erhalten.

Rechnung 2: In der Physik gelten Ereignisse, die mit einer Wahrscheinlichkeit von 10^{-20} auftreten, als (quasi) unmöglich in unserer Welt. Damit haben wir ein quantitatives Maß für die Grenze zwischen »möglich« und »unmöglich«. Wir könnten jetzt die rechnerische Frage stellen: Wie viele erfüllte Prophetien n_p wären nötig, um unter den Bedingungen unseres Rechenmodells auf ein »Unmöglich« zu kommen? Dazu müssen wir die Gleichung $1/2^{n_p} = 10^{-20}$ nach n_p auflösen, das ergibt $n_p = 66$. Bei unserem Rechenbeispiel unter Punkt 3 – ganz Portugal sei mit einer fünf Meter hohen Schicht schwarzer Ameisen zugedeckt, und irgendwo befinde sich die einzige rote Ameise – hatten wir ein Äquivalent von 65 Prophetien ermittelt. Was bedeutet nun dieses Ergebnis von $n_p = 66$? Selbst wenn die ganze Bibel nur 66 erfüllte Prophetien aufweisen würde, wären alle nun folgenden Schlussfolgerungen mathematisch begründet und darum gerechtfertigt.

3268 statt 66: Die Rechnung 2 ergab, dass wir mit $n_p = 66$ erfüllten Prophezeiungen bereits den Nachweis erbringen können, dass alle folgenden Schlussfolgerungen mathematisch abgesichert sind. Wie viel mehr können wir bei $n = 3268$ gewiss sein, dass unsere Schlussfolgerungen auf absolut sicherem Grund stehen!

Rechnung 3: Der Schweizer Theologe Dr. *Roger Liebi* schrieb ein Buch mit dem Titel »*Leben wir wirklich in der Endzeit?*« (Verlag Mitternachtsruf, 3. Auflage 2013, 428 S.). In diesem Buch benennt *Liebi* 175 Prophetien, die sich aus seiner Sicht speziell in der Zeit von 1882, dem Beginn der ersten modernen jüdischen Einwanderungswelle ins Land der Vorväter, bis 2012 erfüllt haben. Wie viele Ameisen in unserem Ameisenmodell repräsentieren diese ausgewählte Anzahl von Prophetien? Zunächst ermitteln wir die Wahrscheinlichkeit für die zufällige Erfüllung der 175 Prophetien. Dieser Wert beträgt $w = 0{,}5^{175} = 2{,}1 \cdot 10^{-53}$. Der Kehrwert dieser Zahl ergibt die Ameisenzahl $n = 4{,}8 \cdot 10^{52}$. Rechnen wir wieder mit dem Volumen unserer Norm-Ameise von 10 mm^3, so kommen wir auf ein Ameisenvolumen von

$V = 4{,}8 \cdot 10^{35}$ km³. Dieses Volumen entspricht dem von 340 Billiarden Sonnen (ein Sonnenvolumen = $1{,}4 \cdot 10^{18}$ km³).

Wir wollen noch einen anderen Vergleich anstellen: Der mittlere Abstand von der Sonne bis zum Zwergplaneten (134340) Pluto beträgt im Mittel $5{,}9 \cdot 10^{9}$ km. Stellen wir uns eine Kugel K mit demselben Radius vor, dann hätte diese das immense Volumen von $8{,}6 \cdot 10^{29}$ km³. Anders ausgedrückt: Es wäre eine Kugel K, deren Äquator der Umlaufbahn des Pluto entspräche, wobei die elliptische Bahn durch einen Kreis des mittleren Abstands gedacht ist. Der Ameisenberg hätte somit ein Äquivalent von 560 000 solcher Kugeln.

Mit diesen Berechnungen sind wir zu zwei eindrucksvollen Vergleichen gekommen: Die Wahrscheinlichkeit dafür, dass sich 175 Prophetien zufällig erfüllen, ist somit gleich jener Wahrscheinlichkeit, durch zufälliges Herausgreifen gerade auf die eine rote Ameise zu stoßen, die sich in einem Ameisenberg voller schwarzer Ameisen mit dem Volumen von $340 \cdot 10^{15}$ Sonnenvolumen oder 560 000 Kugeln mit einem Radius von dem Abstand von der Sonne bis Pluto befindet.

9.3.4 Schlussfolgerungen aus den obigen Berechnungen

Die folgenden Schlussfolgerungen haben also eine solide mathematische Grundlage, weil unsere konservativen Annahmen die Vereinfachungen des Modells mehr als kompensieren. Wir wollen nun fünf direkte (DSF) und zwei indirekte Schlussfolgerungen (ISF) unterscheiden, die jeweils aufeinander aufbauen.

Direkte Schlussfolgerungen (DSF):

Wir haben gesehen, dass die Zahlenergebnisse der mathematischen Berechnungen derart ins Gigantische und Transastronomische wachsen, dass unser Denken und Vorstellungsvermögen weit überfordert sind, um diese Realität richtig einzuschätzen. Wir waren von der Fragestellung ausgegangen, wie groß die Wahrscheinlichkeit ist, dass sich biblische Aussagen über zukünftige Ereignisse zufällig erfüllen könnten. Dafür, dass so viele Prophetien sich später richtig erfüllen, wurde praktisch der Wert Null ermittelt, d. h., es ist unmöglich. Wir können nun darauf gegründet fünf wichtige Ergebnisse formulieren:

1. **Die Prophetien konnten sich nicht zufällig erfüllen.**

DSF1: Es ist unmöglich, dass die erfüllten prophetischen Aussagen sich zufällig erfüllen konnten. Der von Kritikern der Bibel vorgebrachte Einwand *»Die Prophetien haben sich im Laufe der Zeit zufällig erfüllt«* ist damit mathematisch widerlegt.

---

2. **Nachweis der Existenz eines allmächtigen und allwissenden Gottes**

DSF2: Da die prophetischen Aussagen sich nicht zufällig erfüllen konnten, bedarf es eines allmächtigen und allwissenden Gottes, der die Prophetien im Voraus nennen konnte und später aufgrund seiner Allmacht auch in die Realität umgesetzt hat.

---

3. **Der prophetisch-mathematische Gottesbeweis**

DSF3: Da die Erfüllung der Prophetien nur durch einen Gott möglich ist, haben wir durch unsere Rechnungen einen prophetisch-mathematischen Gottesbeweis[75] erbracht. Wir können es auch so sagen: Die Idee des Atheismus wurde widerlegt.

---

4. **Der Beweis für den Gott der Bibel als einzig existierenden Gott**

DSF4: Da es bei unserer Betrachtung um die Prophetien in der Bibel ging, ist der unter DSF2 genannte Gott somit kein anderer als der lebendige Gott der Bibel.
Damit erweisen sich alle in den verschiedenen Religionen genannten Götter als nichtexistent, d.h. sie sind, mit den Worten der Bibel formuliert, Götzen (Psalm 96,5).

---

75 **Gottesbeweise:** Über Gottesbeweise ist im Laufe der Geschichte viel diskutiert worden. Immer hat es starke Befürworter und ebenso heftige Kritiker gegeben. Das ist bis heute so geblieben. Die Bibel selbst führt uns zur rechten Einschätzung. In Römer 1,20-21 wird erklärt, dass wir aus den erschaffenen Werken mithilfe unseres Verstandes auf die Existenz Gottes schließen können. Das ist nichts anderes als ein Gottesbeweis.

5. **Beweis, dass mindestens jene Teile der Bibel, die Prophetien enthalten, wahr sind**

DSF5: Wir haben den Nachweis erbracht, dass mindestens alle diejenigen Teile der Bibel, die erfüllte prophetische Aussagen enthalten, wahr sind.

Indirekte Schlussfolgerungen (ISF):
Aus den bereits gefundenen Schlussfolgerungen lassen sich weitere daraus abgeleitete formulieren:

6. **Auch die noch nicht erfüllten Prophetien werden sich planmäßig erfüllen**

ISF1: Von der Gesamtzahl 6408 [D1, S. 521] aller prophetischen Angaben der Bibel haben sich $n = 3268$ [D1, S. 521] bereits erfüllt. Viele prophetische Aussagen (insbesondere im Buch der Offenbarung) beziehen sich auf die Wiederkunft Jesu und das Ende der Weltgeschichte. Diese konnten sich noch nicht erfüllen. Wir können aber den indirekten Schluss ziehen, dass auch diese sich planmäßig – genau wie beschrieben – erfüllen werden.

---

7. **Die ganze Bibel muss wahr sein**

ISF2: Wenn wir für große Teile der Bibel den Nachweis der Wahrheit erbringen konnten, dann ist es geradezu zwingend, dass die ganze Bibel wahr sein muss. Denn es ist derselbe allwissende und allmächtige Gott, der hinter allen Teilen der Bibel steht. Damit haben wir die Aussagen all jener Kritiker, die der Bibel kein Vertrauen schenken, widerlegt.

9.4 Was ist mit den anderen Schriften?

Es gibt keine in Religionen oder Kulten für heilig gehaltenen Schriften, die in Bezug auf Prophetie, Historie und wissenschaftlicher Genauigkeit mit der Bibel vergleichbar sind. Nun sind wir gewiss, dass die Bibel das Wort der Wahrheit ist. Wir kamen allein durch die mathematischen Berechnungen in Bezug auf erfüllte Prophetien zu dieser wichtigen Schlussfolgerung. Dasselbe bezeugt aber auch die Bibel an vielen Stellen. So hat Jesus zum Vater im Himmel gebetet: *»Dein Wort ist die Wahrheit«* (Johannes 17,17). Und der Apostel Paulus erklärte: *»Ich glaube allem, was geschrieben steht«* (Apostelgeschichte 24,14).

Wir waren bei unseren Schlussfolgerungen aus den Naturgesetzen der Universellen Information so weit gekommen, dass der Urheber der biologischen Information ein allwissender, allmächtiger und ewiger Gott sein muss. Über die Person des Schöpfers konnten uns weder die Naturgesetze noch die aus ihnen gezogenen Schlussfolgerungen etwas sagen. Nun haben wir die Informationsquelle gefunden, die gewisser und tiefgründiger ist als alle Wissenschaft. Diese Quelle kann uns Fragen beantworten, auf die keine Wissenschaft eine Antwort weiß. Das wollen wir uns nun in den folgenden Abschnitten dieses Kapitels genauer ansehen.

9.5 Vergleich der mithilfe von Naturgesetzen gefundenen Schlussfolgerungen mit der Bibel

Die ersten vier Schlussfolgerungen SF1 bis SF4 in Kapitel 8 bestätigen uns aus wissenschaftlicher Sicht die Existenz eines ewigen, höchst intelligenten, kenntnisreichen, mächtigen geistigen Wesens – *Gott*. Nachdem wir bestätigten, dass Gott der Menschheit eine Botschaft zukommen ließ (die Bibel), wollen wir nun die wissenschaftlich abgeleiteten Eigenschaften Gottes mit denen vergleichen, die wir in der Bibel finden.

9.5.1 Gott ist unendlich intelligent und wissend – er ist also allwissend

In Kapitel 8.4 hatten wir in Schlussfolgerung SF2a herausgefunden: *»Der Sender (Gott) der Information in den Lebewesen muss allwissend sein.«* Diese wissenschaftlich gefundene Aussage findet in der Bibel ihre Bestätigung. Die Bibel sagt uns, dass Gott schon vor Grundlegung der Welt davon wusste, dass wir einmal sein werden und ob wir einmal eine persönliche Glaubensentscheidung für ihn treffen werden oder nicht.[76] Vielleicht können wir nun leichter verstehen, warum Johannes, der Schreiber des letzten Buches der Bibel, zukünftige Ereignisse **sehen** und **hören** konnte:

Offb 21,1: »*Und ich* ***sah*** *einen neuen Himmel und eine neue Erde.*«
Offb 21,2: »*Und ich* ***sah*** *die heilige Stadt, das neue Jerusalem.*«
Offb 21,3: »*Und ich* ***hörte*** *eine große Stimme von dem Thron her, die sprach: …*«

In der Bibel werden für »Intelligenz« meistens die Wörter »Weisheit« und »Verständnis« gebraucht. Aber biblische Weisheit bedeutet mehr, als auf ein oder zwei Gebieten des Lebens hochintelligent reagieren zu können. Göttliche Weisheit ist die Fähigkeit, Wahrheit erkennen und ausdrücken zu können. Wir nennen einige Verse, die von Gottes unendlicher Intelligenz zeugen:

Psalm 147,5 (E):
»*Groß ist unser Herr und reich an Macht. Seine Einsicht ist ohne Maß.*«

Jesaja 55,8-9 (E):
»*Denn meine Gedanken sind nicht eure Gedanken, und eure Wege sind nicht meine Wege, spricht der Herr. Denn so viel der Himmel höher ist als die Erde, so sind meine Wege höher als eure Wege und meine Gedanken als eure Gedanken.*«

Johannes 16,30:
»*Nun wissen wir, dass du alle Dinge weißt und bedarfst dessen nicht, dass dich jemand fragt.*«

Gott ist unendlich wissend (allwissend); d. h., er weiß augenblicklich alles Vergangene, Gegenwärtige und Zukünftige. Das schließt seine unerschütterlichen Absichten in alle Ewigkeit genauso ein wie die bösen Absichten seiner gefallenen Geschöpfe.

---

76 Epheser 1,4-5: »Denn in ihm hat er uns erwählt, ehe der Welt Grund gelegt war, dass wir heilig und untadelig vor ihm sein sollten; in seiner Liebe hat er uns dazu vorherbestimmt, seine Kinder zu sein durch Jesus Christus nach dem Wohlgefallen seines Willens.«

Sprüche 15,3 (E):
»Die Augen des Herrn sind an jedem Ort und schauen aus auf Böse und auf Gute.«

Somit bestätigt uns Gottes Botschaft, dass er, der das Universum und alles Leben auf der Erde erschaffen hat, von unendlicher Intelligenz und Erkenntnis, also allwissend ist.

Aus dem bisher Gesagten können wir zwei weitere Schlussfolgerungen ziehen, die wir auch biblisch belegen:

9.5.2 Gott ist allumfassend

In der Schlussfolgerung SF2b (Kapitel 8.4.2) hatten wir herausgefunden: *»Gott muss allumfassend sein und alles durchdringen.«* Es gibt somit keinen räumlichen Bereich, in dem Gott nicht gegenwärtig wäre. Er ist also überräumlich; Gott ist auf keinen Raum zu begrenzen.[77] Wäre auch nur irgendein Teilbereich in unserem Universum von seiner Gegenwart ausgenommen, dann wäre seine Kenntnis nicht mehr vollkommen, und dies ist wegen seiner Allwissenheit (SF2a, Kapitel 8.4) ausgeschlossen. Er durchdringt und erfüllt alles, das ganze dreidimensionale Universum, aber auch alle höheren geometrischen Dimensionen. Ebenso sind auch wir vollständig von ihm durchdrungen. Darum lehrt die Bibel die räumliche Unbegrenztheit Gottes.[78]

9.5.3 Gott ist ewig

Die Schlussfolgerung SF2c (Kapitel 8.4.3) ergab: *»Gott (der Sender, der Urheber) muss ewig sein.«* Denn die Alternative, dieser Gott sei dem Nichts entstiegen, ist unannehmbar. Außerdem wäre ein nicht-ewiges Wesen an die Zeit gebunden. Doch wie zuvor gezeigt, hat der Schöpfer des Universums auch der Zeit einen Anfangspunkt gesetzt und steht daher darüber.

---

77 1. Könige 8,27: »Aber sollte Gott wirklich auf Erden wohnen? Siehe, der Himmel und aller Himmel Himmel können dich nicht fassen – wie sollte es dann dies Haus tun, das ich gebaut habe?«

78 Apostelgeschichte 17,28: »Denn in ihm leben, weben und sind wir.«
Psalm 139,8-10: »Führe ich gen Himmel, so bist du da; bettete ich mich bei den Toten, siehe, so bist du auch da. Nähme ich Flügel der Morgenröte und bliebe am äußersten Meer, so würde auch dort deine Hand mich führen und deine Rechte mich halten.«

Auch eine andere Logik führte uns zu demselben Ergebnis, dass Gott ewig sein muss: Wenn es für den unendlichen Gott keine Frage gibt, die er nicht beantworten kann, dann gehören zu seiner Kenntnis nicht nur alle Dinge der Gegenwart und der Vergangenheit – auch die Zukunft ist ihm dann nicht verborgen. Wäre Gott zeitlich begrenzt, dann wäre das ebenfalls ein Widerspruch zu seiner Allwissenheit (Kapitel 9.5.1). So haben wir durch Schlussfolgerung (ohne Bibel!) herausgefunden, warum in Römer 1,20[79] steht, dass wir aus den Werken der Schöpfung auf die **ewige** Kraft Gottes schließen können.

Seine ewige Existenz bezeugt auch die Bibel:

5. Mose 33,27a:
»*Zuflucht ist bei dem alten Gott und unter den* ***ewigen*** *Armen.*«

Jesaja 57,15a:
»*Denn so spricht der Hohe und Erhabene, der* ***ewig*** *wohnt und dessen Name heilig ist.*«

Psalm 90,2:
»*Ehe denn die Berge wurden und die Erde und die Welt geschaffen wurden, bist du, Gott,* ***von Ewigkeit zu Ewigkeit****.*«

Offenbarung 1,8:
»*Ich bin das A und das O, spricht Gott der Herr, der da ist und der da war, und der da kommt, der Allmächtige.*«

Prüfung der obigen Schlussfolgerungen anhand der Bibel: Wir haben jetzt gesehen, dass die in der Bibel bezeugten Eigenschaften Gottes – allwissend, allumfassend und ewig – aus den Werken der Schöpfung – hier gezeigt mithilfe der Naturgesetze über Information – durch Schlussfolgerung gefunden wurden.

Das gilt in gleicher Weise auch für **Jesus, der Gott gleich ist**, wie es Philipper 2,6-7 bezeugt:

---

79 Römer 1,20: »Denn Gottes unsichtbares Wesen, das ist seine ewige Kraft und Gottheit, wird seit der Schöpfung der Welt ersehen aus seinen Werken, wenn man sie wahrnimmt, sodass sie keine Entschuldigung haben.«

»Er, der in göttlicher Gestalt war, hielt es nicht für einen Raub, ***Gott gleich*** *zu sein, sondern entäußerte sich selbst und nahm Knechtsgestalt an, ward den Menschen gleich und der Erscheinung nach als Mensch erkannt.«*

In Johannes 10,30 heißt es von Jesus: *»Ich und der Vater sind eins.«* Weil Jesus *Gott gleich* ist, gelten alle oben genannten Eigenschaften Gottes gleichermaßen auch für Jesus. Er ist ebenfalls unendlich intelligent, überräumlich und ewig.

Im Alten Testament wird ganz allgemein von Gott als dem Schöpfer gesprochen. Wer aber der eigentliche Schöpfer ist, bleibt noch weitgehend verborgen. Nur an einer Stelle blitzt es kurz auf: *»Da war ich der Werkmeister bei Gott«* (Sprüche 8,30). Wer aber ist dieser Ausführende, dieser Akteur, dieser Werkmeister der gesamten Schöpfung? Das wird erst im Neuen Testament voll entfaltet. So lesen wir zu Beginn des Johannesevangeliums:

»Im Anfang war das Wort, und das Wort war bei Gott, und Gott war das Wort. Dasselbe war im Anfang bei Gott. Alle Dinge sind durch dasselbe gemacht, und ohne dasselbe ist nichts gemacht, was gemacht ist« (Johannes 1,1-3).

Dieses *Wort* ist der Herr Jesus, wie wir es in Vers 14 desselben Kapitels erfahren. Noch deutlicher steht es dann in Kolosser 1,15-17:

»Er ist das Ebenbild des unsichtbaren Gottes, der Erstgeborene vor aller Schöpfung. Denn in ihm ist alles geschaffen, was im Himmel und auf Erden ist, das Sichtbare und das Unsichtbare, es seien Throne oder Herrschaften oder Mächte oder Gewalten; es ist alles durch ihn und zu ihm geschaffen. Und er ist vor allem, und es besteht alles in ihm.«

Im Hebräerbrief (Kapitel 1,2b) steht weiterhin, dass Gott durch Jesus die Welt gemacht hat. So wissen wir jetzt um die Person des Schöpfers:

Jesus ist von Gott dem Vater als Schöpfer des gesamten Universums und allen Lebens eingesetzt.

9.5.4 Gott ist allmächtig

Gemäß der Schlussfolgerung SF3a (Kapitel 8.5) gelangten wir zu der Erkenntnis: »*Es gibt nur einen einzigen Sender (Urheber, Gott) der biologischen Information, der dann allerdings allmächtig sein muss.*«

Diese Schlussfolgerung wollen wir nun anhand der Bibel überprüfen. In der Bibel wird uns Gott als unendlich mächtig bezeugt, denn bei ihm *»ist kein Ding unmöglich«* (Lukas 1,37). Die Bibel enthält viele Verse, die Gottes unendliche Kraft und Macht proklamieren. Ein paar Beispiele seien hier angeführt:

1. Mose 17,1b (E):
»Ich bin Gott, der Allmächtige.«

Nehemia 1,10 (E):
»Sie sind ja deine Knechte und dein Volk, das du erlöst hast durch deine große Kraft und deine starke Hand.«

Jeremia 32,17 (E):
»Ach, Herr, HERR! Siehe, du hast die Himmel und die Erde gemacht durch deine große Kraft und durch deinen ausgestreckten Arm, kein Ding ist dir unmöglich.«

Matthäus 28,18:
»Mir ist gegeben alle Gewalt im Himmel und auf Erden.«

Offenbarung 1,8 (E):
»Ich (Jesus) bin das Alpha und das Omega, spricht der Herr, Gott, der ist und der war und der da kommt, der Allmächtige.«

Ein überaus starker Gott, wie er in Analogie zu den Informationssätzen gefordert wird, erweist sich jetzt als der Gott der Bibel (und ebenso Jesus, der Sohn Gottes) mit seiner unendlichen Kraftfülle – er ist also der Allmächtige.

Weil es nach dem Zeugnis der Bibel keinen anderen Gott gibt als den »Gott Abrahams, Isaaks und Jakobs«, kann der durch Naturgesetze geforderte »Gott« kein anderer sein als der Gott der Bibel:

Jesaja 44,6b (E):
»Ich bin der Erste und der Letzte, und außer mir gibt es keinen Gott.«

Jesaja 45,22 (E):
»Wendet euch zu mir und lasst euch retten, alle ihr Enden der Erde! Denn ich bin Gott und keiner sonst.«

9.5.5 Gott ist nicht-materiell (Geist)

Aufgrund der Schlussfolgerung SF4 (Kapitel 8.6) gelangten wir zu der Erkenntnis, dass Gott eine nicht-materielle Komponente haben muss. Dazu passend bezeugt die Bibel, dass Gott Geist ist:

Johannes 4,24 (E):
»Gott ist Geist, und die ihn anbeten, müssen (ihn) in Geist und Wahrheit anbeten.«

2. Korinther 3,17 (E):
»Der Herr aber ist der Geist; wo aber der Geist des Herrn ist, (da) ist Freiheit.«

9.5.6 Der Mensch muss eine nicht-materielle Komponente haben

Die Schlussfolgerung SF5 (Kapitel 8.7) ergab, dass der Mensch eine nicht-materielle Komponente haben muss. Auch diese Tatsache bestätigt die Bibel immer wieder:

1. Thessalonicher 5,23:
»Er aber, der Gott des Friedens, heilige euch durch und durch und bewahre euren ***Geist*** *samt* ***Seele*** *und Leib unversehrt, untadelig für die Ankunft unseres Herrn Jesus Christus.«*

Matthäus 10,28:
»Und fürchtet euch nicht vor denen, die den Leib töten, doch die ***Seele*** *nicht töten können; fürchtet euch aber vielmehr vor dem, der Leib und* ***Seele*** *verderben kann in der Hölle.«*

9.5.7 Materialismus und Urknall sind widerlegt

Die Schlussfolgerungen SF6 und SF7 (Kapitel 8.8 und 8.9) widerlegten sowohl den Materialismus als auch den Urknall. Jahrtausendelang hat die Bibel ebenfalls diesen materialistischen Behauptungen widersprochen, indem sie von den Werken Gottes gesprochen hat. So heißt es in 1. Mose 1,1: »*Am Anfang schuf Gott Himmel und Erde.*« Im Verlauf des Schöpfungsberichtes nennt Gott uns weitere Details seines aktiven Handelns und schließt dadurch jeglichen Materialismus als Ursache des Erschaffenen aus. Damit wird auch der Urknall zu einer geplatzten Seifenblase.

2. Mose 20,11:
»Denn in sechs Tagen hat der Herr Himmel und Erde gemacht und das Meer und alles, was darinnen ist.«

Römer 1,20:
»Denn Gottes unsichtbares Wesen, das ist seine ewige Kraft und Gottheit, wird seit der Schöpfung der Welt ersehen aus seinen Werken, wenn man sie wahrnimmt, sodass sie keine Entschuldigung haben.«

Kolosser 1,16:
»Denn in ihm (= Jesus) ist alles geschaffen, was im Himmel und auf Erden ist, das Sichtbare und das Unsichtbare, es seien Throne oder Herrschaften oder Mächte oder Gewalten; es ist alles durch ihn und zu ihm geschaffen.«

Hebräer 11,3:
»Durch den Glauben erkennen wir, dass die Welt durch Gottes Wort geschaffen ist, sodass alles, was man sieht, aus nichts geworden ist.«

9.5.8 Evolution unmöglich

Materialisten behaupten, die erste durch chemische Evolution gebildete Zelle habe sich durch Mutation und natürliche Auslese während vieler Jahrmillionen weiterentwickelt, um alle fossilisierten und auch alle heute existierenden Lebewesen hervorzubringen. Diese Entwicklung von der Urzelle über das Tierreich hinweg bis zum Menschen wird »biologische Evolution« (Makroevolution) genannt. Wir widerlegten jedweden Evolutionsgedanken mithilfe der Naturgesetze der Information in Kapitel 8.10.

Die Schlussfolgerung SF8 (Kapitel 8.10) führte zu dem eindeutigen Ergebnis, dass es auf dieser Erde nie eine Makroevolution gegeben hat. Zu diesem auf uns zunächst radikal wirkenden Ergebnis gelangten wir nicht durch endlose philosophische Diskussionen, sondern durch konsequente Anwendung feststehender Naturgesetze. Wir wollen nun nachweisen, dass wir mit diesem Ergebnis in vollem Einklang mit den Aussagen der Bibel stehen:

Prüfung der Schlussfolgerung SF8 anhand der Bibel: Die Bibel betont im Schöpfungsbericht immer wieder, dass alle geschaffenen Pflanzen und Tiere artspezifisch und gleich komplett fertig geschaffen wurden. Neunmal wird dies wiederholend in dem ersten Kapitel der Bibel gesagt:

1. Mose 1,12:
»Und die Erde ließ aufgehen Gras und Kraut, das Samen bringt, ***ein jegliches nach seiner Art****, und Bäume, die da Früchte tragen, in denen ihr Same ist,* ***ein jeder nach seiner Art****. Und Gott sah, dass es gut war.«*

1. Mose 1,21 (E):
»Und Gott schuf die großen Seeungeheuer und alle sich regenden lebenden Wesen, von denen das Wasser wimmelt, ***nach ihrer Art****, und alle geflügelten Vögel,* ***nach ihrer Art****. Und Gott sah, dass es gut war.«*

1. Mose 1,24-25:
»Und Gott sprach: Die Erde bringe hervor lebendiges Getier, ***ein jedes nach seiner Art****: Vieh, Gewürm und Tiere des Feldes,* ***ein jedes nach seiner Art****. Und es geschah so. Und Gott machte die Tiere des Feldes,* ***ein jedes nach seiner Art****, und das Vieh* ***nach seiner Art*** *und alles Gewürm des Erdbodens* ***nach seiner Art****. Und Gott sah, dass es gut war.«*

Nach einer so klaren Antwort zur Herkunft des Lebens – wie sie aus den Naturgesetzen über Information gewonnen wurde und nun auch biblisch bestätigt wurde – stellt sich eine berechtigte Frage: Wie kommt es, dass so viele Zeitgenossen immer noch der Evolutionsidee folgen? In Kapitel 8.10 wurde von *Stanley Miller* eine wissenschaftlich orientierte Antwort gegeben. Eine andere Antwort mag die sein, dass der autonome Mensch sich nicht jemandem unterordnen möchte – noch nicht einmal einem Gott, der es gut mit ihm meint.

9.6 Finden wir die Eigenschaften der UI in der Bibel?

9.6.1 Gott als Sender, der Mensch als Empfänger

In Kapitel 2 diskutierten wir die fünf Ebenen der Universellen Information – Statistik, Syntax, Semantik, Pragmatik und Apobetik – und zeigten, wie verbindlich sie sowohl auf der Sender- als auch auf der Empfängerseite sind. Es ist von besonderem Gewinn, die Bibel einmal unter diesen Gesichtspunkten zu betrachten.

Sender: In *Bild 33* wird Gott durch seinen Sohn Jesus Christus als Quelle oder Ursprung oder als originaler Sender der biblischen Information gezeigt. Sein Wort liegt uns heute in abgeschlossener (Offenbarung 22,18) und schriftlich fixierter Form (z.B. 2. Mose 17,14; Hesekiel 37,16; 1. Korinther 9,10 und Offenbarung 1,11) vor, nachdem Gott auf mannigfache Weise zu uns geredet hat (Hebräer 1,1-2). Auf das weite Spektrum der Redeweisen Gottes sollen die folgenden zehn Punkte hinweisen:

- durch die hörbare Stimme Gottes (2. Mose 19,19; Matthäus 3,17),
- durch von Gott selbst geschriebene Schrift (2. Mose 31,18),
- durch Engel (Lukas 2,10-12; Hebräer 2,2),
- durch Propheten (Jeremia 1,5; Hebräer 1,1),
- durch Träume (Daniel 2; Matthäus 1,20),
- durch Visionen (Hesekiel 1,1),
- durch Apostel (Apostelgeschichte 1,2),
- durch Eingabe (2. Timotheus 3,16),
- durch Offenbarung (Galater 1,12; Epheser 3,3; Offenbarung 1,1),
- durch Jesus Christus, den Sohn Gottes (Hebräer 1,2).

Auch wenn Gott immer wieder Menschen in den Dienst der Übermittlung genommen hat, so ist und bleibt er selbst der ursprüngliche Sender. Wir Menschen haben dabei die Funktion des Empfängers.

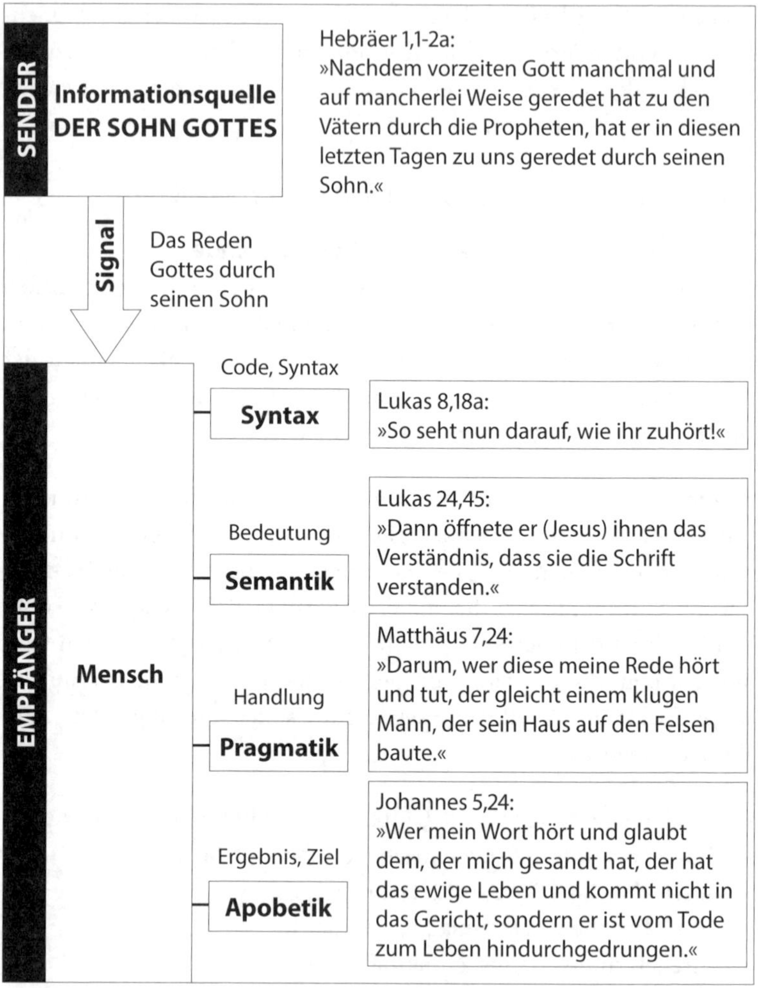

Bild 33: *Gott als Sender, der Mensch als Empfänger.*
Wenn Gott in der Bibel zu uns spricht, haben wir es mit dem ursprünglichen Sender der Universellen Information zu tun. Die Botschaft der Bibel, die an uns als Empfänger gerichtet ist, kann entsprechend der unterschiedlichen Ebenen (Syntax, Semantik, Pragmatik und Apobetik) der Information analysiert werden. Nur wenn wir alle Ebenen der Information durchlaufen, haben wir das von Gott beabsichtigte Ziel erreicht.

Alle Auffassungen zur Herkunft der Bibel – und mögen sie mit noch so großer theologischer Beredsamkeit vorgetragen werden –, die von einer nur menschlichen Quelle ausgehen, reden am Eigentlichen vorbei. So wird die Senderfrage zum Prüfstein für Glaube und Unglaube und damit für Leben und Tod. Für den englischen Prediger *C. H. Spurgeon* (1834 – 1892) entscheidet sich die Senderfrage auch an der Wirksamkeit [S10]: »*Unsere eigenen Worte sind bloße Papierkügelchen im Vergleich mit den Gewehrkugeln des Wortes Gottes.*« Obwohl die Bibel über himmlische und geistliche und damit über göttliche Dinge redet, geschieht die Codierung dennoch nicht in himmlischer Sprache mit unaussprechlichen Worten (2. Korinther 12,4), sondern in menschlicher Sprache und in vernünftigen Worten (Apostelgeschichte 26,25).

Wir wenden uns nun den einzelnen Aspekten der Information zu:

1. Statistik: Die Bibel unter statistischen Gesichtspunkten zu betrachten, ist nur für die digitale Übertragung und Speicherung (siehe Anhang A1.2.1 und *Bild 41*, Anhang A1.2.3) von Interesse. Weiterhin können Worthäufigkeiten für bestimmte Untersuchungen nützlich sein.

2. Syntax: Gottes Botschaft ist uns zugänglich, weil sie in menschlichen Sprachen codiert ist – ursprünglich in Hebräisch, Griechisch und zu kleinen Teilen in Aramäisch. Grundsätzlich kann diese Botschaft in jede andere natürliche Sprache übersetzt werden. Weltweit tun viele Missionare und Sprachforscher diesen segensreichen Dienst der Übersetzung, bis eines Tages die Botschaft der Rettung in allen lebenden Sprachen verkündigt werden kann. Sie erfüllen Jesu prophetische Verheißung, dass vor seiner Wiederkunft allen Völkern das Evangelium gepredigt wird (Matthäus 24,14).

3. Semantik: Die in der Bibel offenbarten Gedanken machen sie zu einem einzigartigen, mit keinem anderen vergleichbaren Buch. Die Bibel gibt uns die Antworten auf alle lebenswichtigen Fragen in dieser Welt, und sie ist der einzig sichere Kompass zum ewigen Leben. Philosophen, Religionsgründer und Wissenschaftler aller Disziplinen haben Tausende von Büchern geschrieben, mit denen sie die großen Welträtsel lösen wollten, wie etwa: Wie entstanden Universum, Erde und Leben? Was ist der Mensch? Liegt in allem eine Absicht? Wer ist

Gott? Gibt es ein Leben nach dem Tod? Doch niemand verfügt über die Kompetenz, etwas Verbindliches, Endgültiges und Wahres darüber sagen zu können; nur die Bibel vermag es durch die Autorität und durch die Wahrhaftigkeit des lebendigen Gottes. Fragt man nach der Semantik der Bibel und wie sie zu erkennen ist, so gibt es auch hier einige grundsätzliche Unterschiede im Vergleich zu allen anderen Büchern:

Wissenschaftliche Erkenntnisse: Die in der Bibel offenbarten wissenschaftlichen Aussagen haben sich stets als wahr erwiesen, wenn wir in der Lage waren, sie zu überprüfen. So weist Gott Hiob in Kapitel 38 auf zwei Sterngruppen hin, den Orion und die Plejaden. In Übereinstimmung mit den dort gemachten Angaben weiß die heutige Astronomie, dass der Orion mit enormer Geschwindigkeit auseinanderstrebt, während die Sterne der Plejaden durch ihre Schwerkraft miteinander verbunden bleiben. Hiob konnte das nicht wissen. Diese Information aber erhielt er von Gott. Es ist hilfreich, sprachwissenschaftliche Erkenntnisse sowie historisches Hintergrundwissen einzubringen, um die biblischen Texte besser zu verstehen. Bei aller Gelehrsamkeit kann es dennoch sein, dass der Kern der Botschaft verborgen bleibt. Darum betonen wir, dass die historisch-kritische Methode keine geeignete Herangehensweise an die Bibel ist.

Geistliches Verständnis: Die Bibel ist ein geistliches Buch, das im Formulierungsprozess unter Mitwirkung des Heiligen Geistes entstand. Somit ist auch der Verstehensprozess dieser Information in erster Linie ein geistlicher, der darum der Mitwirkung des Heiligen Geistes bedarf.

Persönliche Einstellung: Der Herr öffnet die Schriften allen, die ihn aufrichtig suchen (Matthäus 7,7; Lukas 24,25) und ihm gehorchen (2. Korinther 10,5). Die sich selbst für weise halten und wer stolz und hartherzig ist, denen wird der Zugang aus eigener Verschuldung verwehrt (2. Mose 4,21; Jesaja 6,9-10; Hesekiel 2,4; Matthäus 13,15 und Johannes 7,17-18).

Konzeption der Bibel: Das Grundkonzept der Bibel ist auf leichte Verständlichkeit angelegt (2. Korinther 1,13). Jesus benutzte immer wieder Gleichnisse[80], um schwierige geistliche Zusammenhänge einfach darzustellen. Denkt man an manche philosophischen Abhandlungen, juristische Verklausulierungen oder Äußerungen von Politikern, so gewinnt man nur allzu oft den Eindruck: Es wird mehr vernebelt als geklärt. Die Bibel hingegen ist so abgefasst, dass schon ein Kind vieles verstehen kann und durch das Wort gesegnet wird. Die einzige Bedingung ist das geöffnete Herz, dann aber gilt: *»Selig sind eure Augen, dass sie sehen, und eure Ohren, dass sie hören«* (Matthäus 13,16). Natürlich gibt es auch schwierige Stellen in der Bibel. Wenn Gott in Jesaja 55,8-9 sagt: *»Meine Gedanken sind nicht eure Gedanken, und eure Wege sind nicht meine Wege ..., sondern so viel der Himmel höher ist denn die Erde, so sind auch meine Wege höher denn eure Wege und meine Gedanken denn eure Gedanken«*, dann gilt das auch für sein Wort. Manche Bibelstellen werden wir darum nicht sogleich verstehen; es wird uns aber erschlossen, wenn sich z.B. die prophetisch beschriebene Zeit erfüllt hat.

Gedankenfülle: Die englische Bibel (King James Version) enthält 783173 Wörter, das ist zwar eine große, aber doch begrenzte Zahl; aber ihre Gedankenfülle ist unermesslich. In seltenen Fällen liest man ein weltliches Buch zwei- oder dreimal, um dessen Inhalt richtig zu begreifen. Die Bibel hingegen ist unerschöpflich, und selbst bei der hundertsten Lesung kommen neue Gedanken und Erkenntnisse ans Licht. Nach vielen Jahren intensivsten Bibelstudiums bekannte *Spurgeon* [S10]:

> *»Der Reichtum des göttlichen Wortes ist genauso grenzenlos wie ihr Inhalt. Während der vierzig Jahre meines eigenen Dienstes habe ich nur den Saum des Gewandes der göttlichen Wahrheit berührt, doch welche Kraft ist davon ausgegangen! Das Wort Gottes gleicht dem,*

80 **Gleichnisse:** Es soll nicht unerwähnt bleiben, dass die Gleichnisse eine ambivalente Funktion haben. Es gibt Leute, für die die Gleichnisse zu einer Verurteilung werden: *»Denn das Herz dieses Volkes ist verstockt; ihre Ohren hören schwer, und ihre Augen sind verschlossen«* (Matthäus 13,15). Die Wirkung der Gleichnisse hängt von der Haltung des Hörenden ab: *»Euch ist's gegeben, die Geheimnisse des Reiches Gottes zu kennen, den Übrigen aber in Gleichnissen, damit sie sehend nicht sehen und hörend nicht verstehen«* (Lukas 8,10; E). *»Denn jedem, der hat, wird gegeben werden, und er wird Überfluss haben; von dem aber, der nicht hat, von dem wird selbst das, was er hat, weggenommen werden«* (Matthäus 25,29).

der es gegeben hat: Es ist grenzenlos, unermesslich und ohne Ende. Hätte jemand die Aufgabe, die ganze Ewigkeit hindurch zu predigen, so würde er immer ein Thema finden, das den immerwährenden Anforderungen entspräche.«

Nicht auslotbar: Die semantische Ergiebigkeit der Bibel ist so groß, dass kein Menschenleben ausreicht, sie voll auszuschöpfen. Dennoch zieht sich durch die gesamte Bibel ein roter Faden (das ununterbrochene Zeugnis von Jesus; siehe Johannes 5,39), der die Gedankenvielfalt zu einer Einheit verbindet.

4. Pragmatik: Der Informationsübertragungsvorgang vom Sender (Gott) zum Empfänger (Mensch) hat nicht das von Gott beabsichtigte Ziel erreicht, wenn der Empfänger der Botschaft diese auf der semantischen Ebene des Verstehens abbricht. Die Information der Bibel zielt beim Menschen auf eine beabsichtigte Handlung hin. Diesem Informationsaspekt der Pragmatik gibt Jesus ein äußerst starkes Gewicht: *»Darum, wer diese meine Rede hört und tut, der gleicht einem klugen Mann, der sein Haus auf den Felsen baute«* (Matthäus 7,24). Ohne Pragmatik wird uns das Wort zur Anklage. Im Gleichnis von den anvertrauten Pfunden wird dieser Informationsaspekt entfaltet. Jesus gibt dort den eindeutigen Auftrag: *»Handelt damit, bis dass ich wiederkomme«* (Lukas 19,13). Die gehorsamen Knechte werden reichlich belohnt. Der Herr sagt dem ersten: *»Ei, du frommer Knecht, weil du im Geringsten treu gewesen bist, sollst du Macht haben über zehn Städte«* (Lukas 19,17). Der Nichthandelnde wird verurteilt: *»Aus deinem Munde richte ich dich, du böser Knecht. Du wusstest, dass ich ein harter Mann bin, nehme, was ich nicht hingelegt habe, und ernte, was ich nicht gesät habe«* (Lukas 19,22).

Unsere Handlungsweise wird zum Maßstab der Beurteilung Gottes (Offenbarung 20,12). Im Gericht Jesu nach Matthäus 25,31-46 gibt es nur zwei Gruppen von Menschen: die eine, die gehandelt hat, und die andere, die nichts getan hat. Die erste Gruppe erhält die Einladung zum Himmel: *»Kommt her, ihr Gesegneten meines Vaters, ererbet das Reich, das euch bereitet ist von Anbeginn der Welt!«* mit der Begründung: *»Was ihr* ***getan habt*** *einem unter diesen meinen geringsten Brü-*

dern, das habt ihr mir getan« (Matthäus 25,34+40). Die zweite Gruppe wird in die ewige Pein geschickt mit der Begründung der Tatenlosigkeit: »*Was ihr* ***nicht getan habt*** *einem unter diesen Geringsten, das habt ihr mir auch nicht getan«* (Matthäus 25,45).

Im Angesicht dieser Worte wird deutlich, was Jakobus in seinem Brief meint, wenn er schreibt: »*Seid aber* ***Täter*** *des Wortes und* ***nicht Hörer allein****; sonst betrügt ihr euch selbst«* (Jakobus 1,22). Der Begründer des Krelinger Rüstzentrums Pastor *Heinrich Kemner* (1903–1993) sagte zu Recht, dass wir im Jüngsten Gericht am meisten durch das schuldig werden, was wir nicht getan haben. »*Wer nun weiß, Gutes zu tun, und tut's nicht, dem ist es Sünde«* (Jakobus 4,17). Auch im Alten Testament gibt Mose im Auftrag Gottes die pragmatische Anweisung, von der das Leben abhängt: »*Nehmet zu Herzen alle Worte, die ich euch heute bezeuge, dass ihr euren Kindern befehlt, dass sie halten und tun alle Worte dieses Gesetzes. Denn es ist nicht ein vergebliches Wort an euch, sondern es ist euer Leben«* (5. Mose 32,46-47). An zwei eindrücklichen Beispielen wollen wir den falschen und richtigen pragmatischen Umgang mit der Bibel verdeutlichen:

Beispiel 1: Nach einer Anekdote aus meiner ostpreußischen Heimat[81] hatte der **Dorfschullehrer** im Religionsunterricht die Bergpredigt behandelt und dabei den Kindern das Wort nahegebracht: »*Wenn dir jemand einen Streich gibt auf deine rechte Backe, dann biete ihm auch die andere dar«* (Matthäus 5,39). Ein Bauer hatte sich darüber geärgert, als der Sohn zu Hause davon erzählte. Als er den Lehrer auf dem Feld antraf, wollte er die Probe aufs Exempel machen. Er fragte den Lehrer, ob er zu dem stehe, was er die Kinder lehre. »Aber natürlich, es steht doch im Evangelium!« Darauf holte der Bauer kräftig aus und versetzte ihm einen heftigen Backenstreich. Als der Lehrer sich empörte, zitierte der Bauer: »... *dann halte ihm auch die andere hin«*, und er erteilte ihm mit nicht minderer Wucht einen Schlag auf die linke Backe. Als bibelfester Mann konterte der Lehrer: »Es steht aber auch geschrieben: ›*Mit welcherlei Maß ihr messet, wird man euch*

81 Der deutsche Dichter *Johann Peter Hebel* (1760–1826) hat unter dem Titel »Gutes Wort, böse Tat« im »Schatzkästlein des Rheinischen Hausfreundes« eine ähnliche Geschichte erzählt.

wieder messen und man wird euch noch zugeben‹ (Markus 4,24)«, und holte mit dieser Begründung zum Gegenschlag aus. Es kam auf diese Weise zu einem heftigen Schlagabtausch, wobei jeder Hieb mit einem Bibelwort begründet wurde. Zur selben Zeit fuhr der Gutsherr mit seinem Knecht die Straße entlang, und er bemerkte diese Schlägerei. Er ließ den Wagen sofort halten und sagte: »Johann, guck doch mal, was da mit den beiden eigentlich los ist.« Dieser eilte hin, schaute sich die Angelegenheit an und kam dann gemächlichen Schrittes zurück und erklärte seinem erregten Herrn: »Ach, da ist weiter nichts los, die beiden legen sich nur gegenseitig die Heilige Schrift aus.«

Beispiel 2: Eine **blinde 70-jährige Afrikanerin** besaß eine französische Bibel, die sie über alles liebte. Sie ging damit zum Missionar und bat ihn, die Textstelle von Johannes 3,16 rot zu markieren. Das tat er, ohne zu wissen, was die Blinde damit bezweckte. Die Frau setzte sich nun mit der Bibel an den Ausgang der Schule und fragte die herauskommenden Kinder, ob jemand Französisch könne. Das bejahten die Schüler, denn sie waren stolz auf ihre erlernten Sprachkenntnisse. Dann zeigte die Frau auf die angestrichene Stelle in der Bibel und bat die Kinder darum, dass man ihr diese vorlese. Die Kinder taten es gern. Die Blinde fragte die Schüler, ob sie auch verstanden hätten, was sie da vorlasen. »Nein!« Darauf erklärte die Frau die Bedeutung jener zentralen Bibelstelle: *»Also hat Gott die Welt geliebt, dass er seinen eingeborenen Sohn gab, auf dass alle, die an ihn glauben, nicht verloren werden, sondern das ewige Leben haben.«* Es ist bekannt, dass durch den Dienst dieser Frau 24 Männer zu Verkündigern des Evangeliums geworden sind [J2].

5. Apobetik: Ein Informationsübertragungsvorgang ist aus der Sicht des Senders nur dann erfolgreich abgeschlossen, wenn er beim Empfänger das beabsichtigte Ziel erreicht hat. Alle Informationsaspekte stehen in einem untrennbaren Zusammenhang, aus dem sie nicht herausgelöst werden dürfen. So genügt es nicht, wenn bis zu einer der unteren Ebenen alles korrekt abläuft, aber die Zielebene nicht erreicht wird. Streng genommen können wir sagen, dass jede darunter liegende Informationsebene nur Mittel zum Zweck der höheren Ebene ist: Die Sprache ist lediglich ein Mittel zum Zweck zur Darstellung von Semantik. Auch die Semantik ist wiederum nur Zweck der Pragmatik, und letztlich ist diese nur ein erforderliches Zwischenglied zur Apobetik. Diesen Zielaspekt der Information hatten wir in Kapitel 2.7 sogar als die wichtigste Eigenschaft beschrieben. Im Besonderen gilt das für die Botschaft Gottes in der Bibel. Mit der Bibel verfolgt Gott Ziele, von denen wir einige besonders nennen wollen:

a) *Biblische Erkenntnis – Wer ist Gott?* Ohne die Bibel wüssten wir nur sehr wenig von Gott. Aus den Werken der Schöpfung können wir zwar auf einen Schöpfer und seine Kraft schließen (Römer 1,20); aber seine Person und sein Wesen bleiben uns unbekannt. So hat die Bibel das Ziel, uns Gott bekannt zu machen. Wir erfahren, dass alle polytheistischen Vorstellungen der Menschen falsch sind: »*Ich bin der HERR, und sonst keiner mehr; kein Gott ist außer mir*« (Jesaja 45,5). Gottes Wesen ist Liebe (1. Johannes 4,16), Leben (1. Johannes 5,20) und Licht (1. Johannes 1,5); er ist heilig (Jesaja 6,3) und hasst Sünde so sehr, dass die gerechte Strafe für die Sünde der Tod ist (Römer 6,23). Wir werden ausgiebig informiert über den Sohn Gottes und seine Funktion als Heiland der Sünder und über den Heiligen Geist, der uns in alle Wahrheit leitet. Jesus ist der einzige Weg zu Gott. *Martin Luther* hat einmal gesagt: »*Wer Gott in Christus nicht findet, der findet ihn nimmermehr, er suche ihn, wo er wolle.*«

b) *Biblische Erkenntnis – Die Schöpfung ist zielgerichtet:* Wer die ersten beiden Kapitel der Bibel liest, merkt, wie systematisch und zielorientiert die Schöpfung geplant und ausgeführt wurde. Der Mensch ist der Gipfelpunkt der Schöpfung. Die Anti-Apobetik *Nietzsches*: »*Der Mensch ist ein Seil, geknüpft zwischen Tier und Übermensch, ein Seil über einem Abgrunde*« (Zarathustra), erweist sich im Licht der Bibel als leere Phrase ohne Wirklichkeitsbezug. Das Neue Testament zeigt uns hingegen, dass alles durch Jesus und zu ihm hin geschaffen wurde (Kolosser 1,16).

c) *Biblische Erkenntnis – Wer ist der Mensch?* Der Nobelpreisträger *Alexis Carrel* schrieb ein Buch mit dem Titel »*Der Mensch, das unbekannte Wesen*«. Wir sind nicht in der Lage, das Wesen des Menschen zu ergründen, nur die Bibel zeigt uns, wer wir wirklich sind. Der bekannte Schriftsteller *Manfred Hausmann* (1898–1986) hat dies zeugnishaft ausgedrückt:

»Jedes Mal, wenn ich die Bibel aufschlage, staune ich von Neuem über ihre Vielschichtigkeit und Tiefe. Das Bild des Menschen, das sie zeichnet, hat nirgends seinesgleichen. Es umfasst den ganzen Menschen, seine Größe und seine Jämmerlichkeit, seine Zärtlichkeit und Brutalität, seinen Glanz und seine Finsternis. Kein anderes Buch weiß so bestürzende und so erhabene Dinge vom Menschen wie die Bibel. Die Geschichten, die in ihr erzählt werden, sind unauslotbar in ihrer hintergründigen Bedeutungsfülle.«

Aus der Bibel erfahren wir, dass wir uns im Sündenfall von Gott entfernten und nun zur Hölle unterwegs sind. Wir Menschen sind darum alle erlösungsbedürftig. Die Religionen lehren den Weg der Selbsterlösung, und das ist das Gegenteil vom Evangelium. Auf dem sicheren Weg zum Gerichtsvollzug begegnet uns aber der Eine, der selbst das Gegengift der Sünde ist: Jesus! Wenn wir uns von ihm her begreifen, wissen wir, wer wir wirklich sind.

d) Gebrauchsanweisung für das Leben: Gott hält für unser irdisches Leben die erdenklich besten Zielvorstellungen und größten Segnungen bereit, und er möchte uns Gelingen in allem schenken, sodass es von uns heißen kann: *»Und was er macht, das gerät wohl«* (Psalm 1,3). Gott will unser Bestes. Die Verheißungen in dieser Richtung finden wir in großer Zahl. *»Den Aufrichtigen lässt er es gelingen«* (Sprüche 2,7); *»Die auf den HERRN harren, kriegen neue Kraft«* (Jesaja 40,31); und *die Mühseligen und Beladenen werden erquickt* (vgl. Matthäus 11,28). Fragt man, warum Gott das tut, so gibt es dazu nur einen Grund: *»Ich habe dich je und je geliebt«* (Jeremia 31,3). Keine Maschine läuft nach dem vorgesehenen Willen ihres Erfinders, wenn man die Betriebsanleitung missachtet. Wie viel mehr können wir unser Leben zu Schrott fahren, wenn wir nicht die Gebrauchsanweisung des Schöpfers hierfür beachten. Diese Art Information können wir gemäß Kapitel 5.9.2 als Betriebsinformation einordnen. Die Bibel ist die einzige Anleitung für ein gesegnetes und erfülltes Leben. Mit wenigen Worten wird die Bedingung für ein solches Leben in diesem Vers ausgedrückt: *»… wenn er sich hält nach deinen Worten«* (Psalm 119,9).

e) *Kompass zum Himmel:* Die höchste Zielvorstellung, die je formuliert wurde, ist die, dass Gott mit einem jeden von uns ewige Gemeinschaft haben möchte. Die irdischen Segnungen sind verglichen mit dem Reichtum der Ewigkeit nur ein kleiner Vorgeschmack. Wir sind Geladene des Himmels. Das Leiden und Sterben Jesu war der Preis für die Sünde, damit wir nicht ewig verlorengehen. Mit der Auferstehung Jesu ist dieses Opfer von Gott anerkannt. Nun kann jeder in das Rettungsboot einsteigen, das das andere Ufer erreicht; denn *»Gott will nicht die Verdammnis des Sünders, sondern dass er sich bekehre und lebe«* (Hesekiel 33,11).

Für den rettenden Glauben hat Gott den Herrn Jesus hingestellt (Römer 3,25). Und wer ihn anruft (Römer 10,13) und ihm sein Leben anvertraut (Johannes 1,12), ist vom Todesurteil über die Sünde zum ewigen Leben durchgedrungen (Johannes 5,24). Der Weg zum Himmel ist ebenso einfach wie sicher: Die Bibel ist der *einzige Kompass*, und Jesus ist der *einzige Weg*. Wer sich zu Jesus bekehrt, ist gerettet. Er wird dadurch ein Kind Gottes und gleichzeitig Erbe des Himmels (Titus 3,7). Dieser Schritt gestattet keinen Aufschub. Der bayerische Theologe *Hermann Bezzel* (1861–1917) sagte einmal: *»Die Gnade ist unerschöpflich in ihrer Vergebungskraft, aber sie hat ihre Sekunde.«*

Missionar und Eingeborener: Nach jeder Predigt rief ein Missionar zur Entscheidung für Jesus auf. Ein langjähriger Zuhörer antwortete – auf seine Bekehrung angesprochen – immer wieder: »Im nächsten Jahr!« Eines Tages wurde er schwer krank. Der Missionar brachte ihm die notwendige Medizin mit der Aufschrift »In einem Jahr einzunehmen«. Darauf der Eingeborene: »Dann kann ich ja schon tot sein. Ich brauche eine Medizin, die *jetzt* hilft!« Der Missionar: »Um deinen Leib bist du besorgt; aber um deine Seele kümmerst du dich nicht.«

Viele Menschen suchen sich ein Ziel für ihr Leben und haben Sorgen, dass es eine Fehlinvestition werden könnte. Unser Leben hat das höchste Ziel erreicht, wenn wir es an Gott binden. Damit ist es ganz ausgefüllt, sodass alle Suche ihr Ende gefunden hat. *Spurgeon* sagte einmal treffend [S9]: *»Eines Menschen Herz hat nur genug Leben in sich, um* ***ein*** *Ziel ganz zu verfolgen. Niemand kann Gott und dem Mammon dienen, weil nicht Leben genug im Herzen ist, um beiden dienen zu können.«*

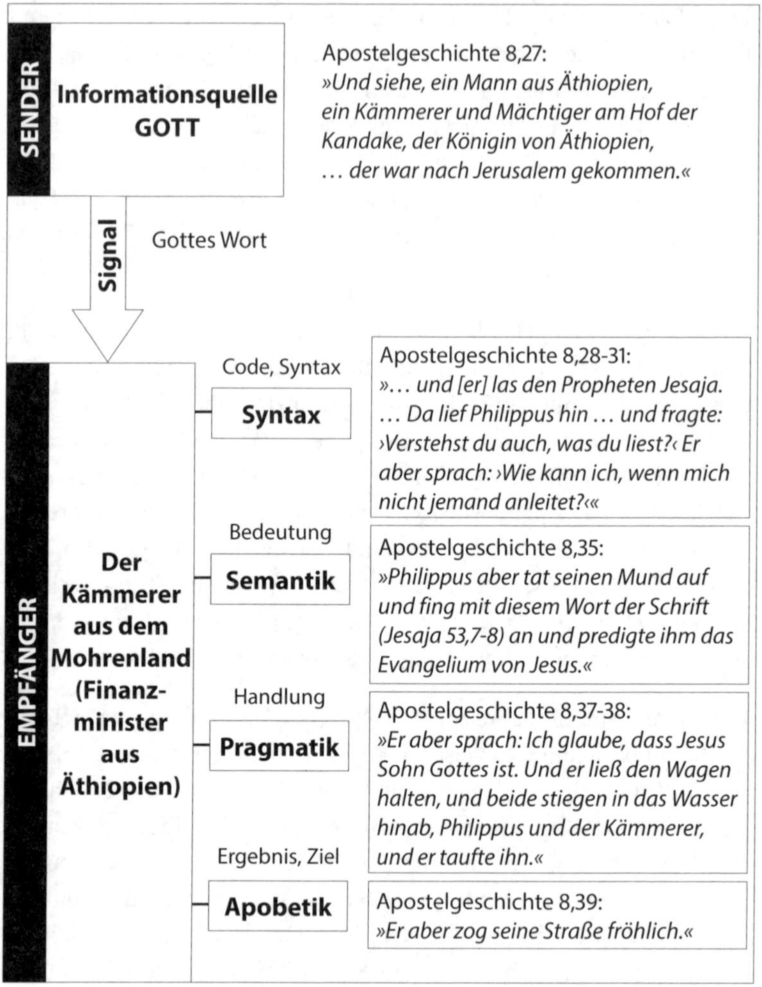

Bild 34: *Gottes Wort als Sender; ein Suchender als Empfänger.*
Diese Grafik zeigt eine spezielle Anwendung der allgemeinen Darstellung von Bild 33. Am Beispiel der Person des Kämmerers aus dem Mohrenland (= Finanzminister aus Äthiopien) können wir sehr eindrücklich das konsequente Durchlaufen der einzelnen Informationsaspekte nachvollziehen (Apg 8,26-39). Die Botschaft der Bibel hatte ihn erreicht, er war zum Glauben an Jesus Christus gekommen und hatte dadurch ewiges Leben erhalten. Mit dem Finanzminister ist uns ein schönes Vorbild gegeben.

Bild 34 zeigt ein besonders markantes Beispiel aus der Bibel, wie jemand zum Glauben kommt und dabei in für uns leicht nachvollziehbarer Weise alle Informationsaspekte nacheinander durchläuft. Der Kämmerer aus Äthiopien ist ein gutes Vorbild dafür, wie man durch Bibelverständnis zu Jesus findet und bei ihm Rettung erfährt.

Das Gleichnis vom Sämann: Ein weiteres, sehr leicht nachzuvollziehendes Beispiel bezüglich der Informationsebenen ist das Gleichnis vom Sämann (Matthäus 13,3-23). Jesus erzählt dieses Gleichnis, das von einer allseits geläufigen Situation des Alltags ausgeht, um den Menschen das Reich Gottes nahezubringen. Auf semantischer Ebene kommt die Information in vollendeter Weise herüber. Die Auswirkung des Wortes Gottes (Saat) zeigt sich in vier unterschiedlichen Verhaltensweisen der Menschen (Pragmatik auf der Empfängerseite). Nur bei einer Gruppe wird das vom Sender (= Jesus) beabsichtigte Ziel auch beim Empfänger erreicht (Apobetik des Empfängers).

9.6.2 Der Mensch als Sender, Gott als Empfänger

Die *Bilder 33* und *34* illustrieren den Fall, bei dem Gott der Sender und der Mensch der Empfänger ist. Da erhebt sich die Frage, ob diese Funktionen auch vertauscht werden können, sodass der Mensch der Sender und Gott der Empfänger von UI ist. Das ist, wie *Bild 35* zeigt, in der Tat nicht nur denkbar, sondern sogar Gottes Wunsch und Absicht. Wir dürfen zu Gott dem Vater und zu seinem Sohn, Jesus, mit allen möglichen Anliegen kommen. Das Signal, mit dem wir senden, ist das Gebet. Diese Signalübertragung ist aus der Sicht der Nachrichtentechnik ein mehrfacher Weltsuperlativ:

- Es ist die sicherste Verbindung, die es gibt, denn niemand (auch keine Technik) ist in der Lage, diese Leitung zu unterbrechen. Sie ist somit jederzeit betriebsbereit.
- Diese »drahtlose Telegrafie« kann auch durch nichts blockiert oder abgeschirmt werden. Als die Astronauten den Mond umkreisten, herrschte Funkstille, als sie sich auf der erdabgewandten Seite des Mondes befanden. Unabhängig davon, wo wir auch sind – ob 1000 Meter unter der Erde, 10 000 Meter unter der Meeresober-

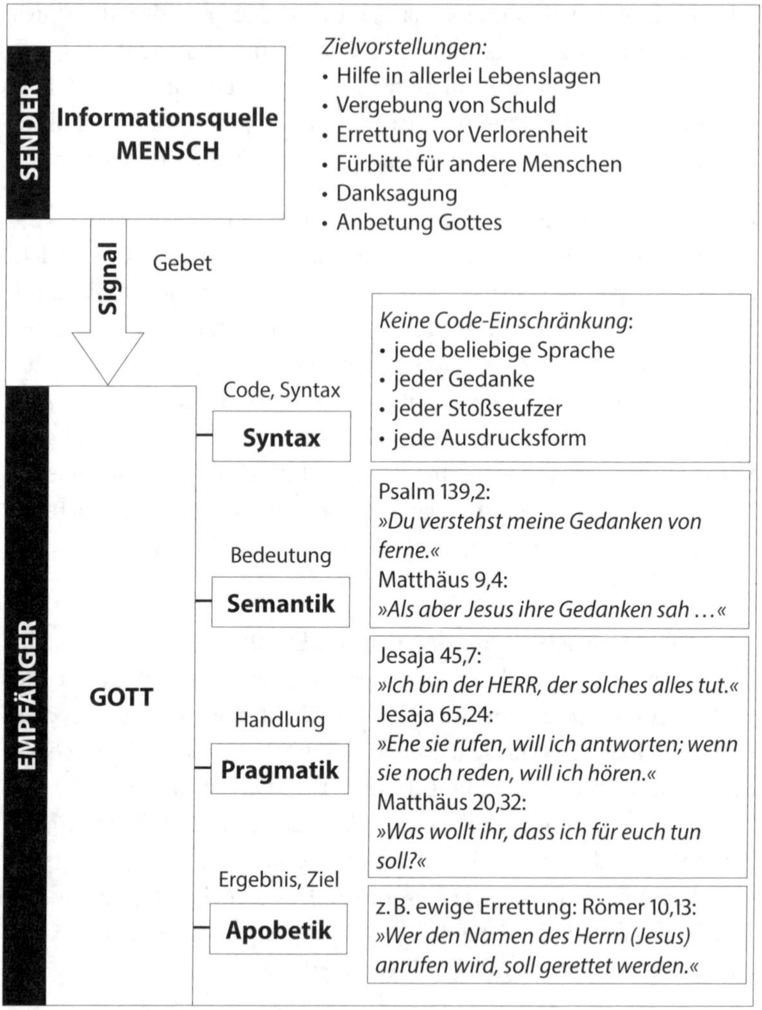

Bild 35: *Der Mensch als Sender – Gott als Empfänger.*
Dieses Informationsübertragungssystem ist technisch gesehen ein Superlativ, denn ein vollkommeneres gibt es nicht: Jedes beliebige Signal des Senders erreicht den Empfänger ohne Störung und Verlust. Es gibt keine Bedeutungsmissverständnisse. Wir haben es hier mit den größten Verheißungen bezüglich der Pragmatik und Apobetik zu tun.

fläche oder jenseits des Mondes – das Gebet ist durch kein Hindernis abzublocken. Dieses Signal erreicht den Empfänger (Gott) mit absoluter Sicherheit.

- Bei allen technischen Übertragungssystemen tritt das Problem der Störeinflüsse auf. Das ursprünglich gesendete Signal kann durch äußere Einwirkungen gestört und damit verändert werden, d.h. Zeichen gehen verloren oder werden sinnentstellend verfälscht. Die Gebetsverbindung hingegen ist durch keinen Einfluss störbar. Jedes Signal trifft beim Empfänger mit absoluter Sicherheit und völlig unverändert ein.

Das Informations-Übertragungs-System vom Menschen zu Gott ist also das beste, das es in dieser Welt überhaupt gibt. Es wird nur im Himmel übertroffen werden, wenn der Glaube zum Schauen kommt. Wir wollen nun noch die einzelnen Informationsaspekte (außer Statistik) auf der Seite Gottes betrachten:

Syntax: Auf dieser Ebene gibt es keine Code-Einschränkungen, weil Gott alle Sprachen versteht. Die schwierigste Indianersprache ist ihm ebenso unproblematisch wie sämtliche Tonsprachen. Jede nur denkbare Ausdrucksform – und sei es nur ein Stoßseufzer – ist für Gott decodierbar. Ja, sogar unformulierte Gedanken sind für ihn lesbar.

Semantik: Der Psalmist betete zu Gott: *»Du verstehst meine Gedanken von ferne«* (Psalm 139,2). Mit anderen Worten: Der Verstehensprozess unserer Gedanken ist absolut gesichert. Semantische Missverständnisse kann es also nicht geben. Selbst wenn wir mit unseren sprachlichen Formulierungen nicht das treffen, was wir wirklich meinen, so kommt dennoch unser tatsächliches Empfinden bei Gott an. In 1. Samuel 16,7 heißt es: *»Der Herr aber sieht das Herz an.«* Hierzu gibt es auf der semantischen Ebene noch eine Steigerung: Der Heilige Geist gleicht die Schwachheiten und die Unvollkommenheit der von uns gesendeten Information aus: *»Ebenso nimmt sich der Geist unserer Schwachheit an; denn wir wissen nicht, was wir bitten sollen, wie es sich gebührt; aber der Geist selbst verwendet sich für uns mit unaussprechlichen Seufzern«* (Römer 8,26; E).

Pragmatik: Die zentralen Stellen der Bibel weisen Gott als einen Herrn der Tat aus. *»Ich, der HERR, bin es, der das alles wirkt«* (Jesaja 45,7b; E). In den Schöpfungszeugnissen der Bibel wird deutlich, wie sehr sein Wort Tat ist, und die ganze Bibel könnte den Untertitel tragen: *»Die großen Taten Gottes«*. Das Leben Jesu war ein einziges Tatzeugnis. Er predigte nicht nur in Vollmacht, sondern er handelte ebenso. Er heilte Krankheiten, er erweckte vom Tod, er vergab Sünden, er trieb Dämonen aus, er speiste riesige Zuhörerschaften, und er gebot dem Unwetter. Augenzeugen riefen erstaunt aus: *»Wer ist denn dieser, dass auch der Wind und der See ihm gehorchen?«* (Markus 4,41; E). Die größte Tat Jesu war jedoch das Erlösungswerk, das er auf Golgatha vollbrachte. Schon durch den Propheten Jesaja (43,24) spricht Gott davon: *»Ja, mir hast du Arbeit gemacht mit deinen Sünden und hast mir Mühe gemacht mit deinen Missetaten.«* Nun reicht die Vergebungskraft für jeden Sünder aus. Es muss niemand mehr verlorengehen. Wir müssen uns nur an den dafür Zuständigen wenden, an Jesus Christus. Er hat fest versprochen: *»Wer zu mir kommt, den werde ich nicht hinausstoßen«* (Johannes 6,37).

Auf unsere Gebete handelt Gott immer so, wie es für uns am besten ist. Den richtigen Zeitpunkt weiß Gott besser als wir; auch die Handlung, die uns am meisten hilft, weiß er. Bei *einem* Gebet aber handelt Gott augenblicklich; hier gibt es keinen Verzug und keine bessere Lösung. Es ist das Gebet des Sünders um Errettung. Wer aus diesem Grund den Namen des Herrn Jesus anruft, wird sofort angenommen (Römer 10,13). Hier gibt es keine Millisekunde an zeitlicher Verschiebung zwischen Anruf und Erhörung: *»Und es soll geschehen: Ehe sie rufen, will ich antworten; wenn sie noch reden, will ich hören«* (Jesaja 65,24). Als der Verbrecher am Kreuz sich an den Sohn Gottes wandte: *»Jesus, gedenke an mich, wenn du in dein Reich kommst«*, erhielt er die an keine Bedingung geknüpfte augenblicklich wirksame Zusage: *»Wahrlich, ich sage dir: Heute wirst du mit mir im Paradies sein«* (Lukas 23,42-43).

Apobetik: Im »Vaterunser« gibt Gott uns Zielvorgaben für unsere Gebete, die mit seinem Willen übereinstimmen: *»Dein Wille geschehe«* (Matthäus 6,10). Gottes Wille ist es, uns zum Ziel zu bringen. *»Er will,* *dass allen Menschen geholfen werde«* (1. Timotheus 2,4). Gott identifiziert sich mit unseren Zielvorstellungen, wenn sie seinem Wort entsprechend sind. *Bonhoeffer* sagte einmal treffend, dass Gott zwar nicht alle unsere Wünsche erfüllt, aber alle seine Verheißungen. Wer weiß ihre Zahl? Es gibt sage und schreibe 1260 Zusagen Gottes in der Bibel! Neben tausenderlei Hilfen, die er uns in allen Lebenslagen zukommen lassen will (Psalm 50,15), möchte er uns zum ewigen Ziel bringen. *»Diesen ewigen Vorsatz hat Gott ausgeführt in Christus Jesus, unserm Herrn«* (Epheser 3,11). Gott ist mit uns zum Ziel gekommen, wenn Jesus der Herr und Verfügungsberechtigte über alle Bereiche unseres Lebens geworden ist. Dann gilt uns die Anrede: *»So seid ihr nun nicht mehr Gäste und Fremdlinge, sondern Mitbürger der Heiligen und Gottes Hausgenossen, erbaut auf den Grund der Apostel und Propheten, da Jesus Christus der Eckstein ist«* (Epheser 2,19-20). Ohne Jesus sind wir mit unserem Leben am Ziel vorbeigetrieben, und davor warnt die Bibel sehr eindrücklich (Johannes 3,36).

9.6.3 Superlative von Informationsdichten

Der Anhang A1 befasst sich mit der statistischen Informationsdichte. Dabei kommt heraus, dass in den DNS-Molekülen der lebenden Zelle der höchste bekannte Wert realisiert ist. So ist es legitim, auch nach der Informationsdichte auf den anderen Ebenen der Information zu fragen. Da Quantisierungen hier nicht möglich sind, müssen wir bei der Anwendung auf die Bibel auf qualitative Abschätzungen zurückgreifen.

Semantische Informationsdichte: Als semantische Informationsdichte könnten wir die Gedankenfülle oder »Bedeutungsschwere« pro Satz oder pro Textabschnitt definieren. In unzähligen wissenschaftlichen wie auch populären Abhandlungen haben die Menschen z. B. über die Herkunft des Lebens und dieser Welt nachgedacht. Niemand kennt die Zahl der Bücher, die sich mit der Herkunft des Menschen befassen. Das meiste Schriftgut geht dabei von evolutiven Vorstellungen aus, und niemand kann die echten Fragen beantworten. In Anbetracht dessen ist es bemerkenswert, dass die Bibel die Herkunft des Menschen mit einem einzigen Vers vollständig beschreibt: *»Und Gott der HERR machte den*

Menschen aus einem Erdenkloß und blies ihm den lebendigen Odem in seine Nase. Und also ward der Mensch eine lebendige Seele« (1. Mose 2,7). Diese wenigen Worte enthalten eine bemerkenswerte Informationsfülle, denn sie sind *die* Antwort auf zahlreiche Fragen:

- Der Mensch stammt nicht aus einem evolutiven Zufallsprozess, sondern er wurde von einem persönlichen Schöpfer gebildet.
- Der Mensch hat entgegen allen Behauptungen seine Wurzeln nicht im Tierreich, denn er wurde separat erschaffen.
- Es wurde zunächst nur ein einziger Mensch erschaffen.
- Der Mensch besteht nicht nur aus Materie, sondern er erhielt durch den Odem Gottes die entscheidende nicht-materielle Komponente, den Geist.
- Durch die Vereinigung des materiellen und des nicht-materiellen Teils wurde der Mensch zu einer lebendigen Seele.

Hier erlangt das Sprichwort Bedeutung: *»Die Wahrheit bedarf nicht vieler Worte, die Lüge kann nie genug haben.«* Der oben genannte Bibelvers hat trotz der semantischen Fülle nur einen erstaunlich geringen Codebedarf. Keine andere Beschreibung der Herkunft des Menschen ist so wahr und so kurz formuliert. Mit Recht können wir sagen, diesbezüglich die höchste semantische Informationsdichte vor uns zu haben. Würden wir andere Thesen der Bibel nennen, so kämen wir auch dort zu Superlativen semantischer Informationsdichte (so enthält z. B. Johannes 3,16 die vollständige Information, wie der Mensch errettet wird).

Pragmatische Informationsdichte: Als pragmatische Informationsdichte können wir das Maß der Auswirkung A einer Handlung bezüglich des Einsatzes E definieren, wobei die Anregung für E aus einer gesendeten Information stammt. So zeigt uns z. B. das *Guinness Buch der Rekorde* [G34], welch unvorstellbarer Einsatz oft erbracht wird, nur um eine Eintragung in diese Sammlung zu erreichen. Und wie kurz ist doch manchmal dieser zweifelhafte »Ruhm«! Wie bald schon kann z. B. die Leistung des Rekordhalters im Bratwurstessen mit 96 Stück in 4:29 Minuten [G34] überboten sein!

Viele Taten der Menschen dienten nur der eigenen Ehre, sie sind längst vergessen und bedeutungslos geworden. Die Bibel weist unser Sinnen in eine ganz andere Richtung. Alles, was wir in dem Namen Jesu tun (Kolosser 3,17), hat hingegen Ewigkeitsbedeutung (Matthäus 6,20). Selbst der gereichte Becher kalten Wassers geht in Ewigkeit nicht verloren und wird gelohnt (Matthäus 10,42). Wo gibt es bei so geringem Einsatz einen so unvergänglichen Lohn? Solche Auswirkungen kennt nur die Bibel. Paulus vergleicht die Handlungen des an Christus orientierten Menschen, der im Namen Jesu wirkt, mit denen der Sportler in der Kampfbahn (1. Korinther 9,24-25). Die Letzteren kämpfen, *»dass sie einen vergänglichen Kranz erlangen, wir aber einen unvergänglichen«* (1. Korinther 9,25b). Wir kommen nun zu einem weiteren Superlativ, nämlich zu der höchstmöglichen apobetischen Informationsdichte.

Apobetische Informationsdichte: Sie ist das Maß dafür, wie hoch das erreichte Ziel ist, das aus einer gesendeten Information folgt. Eine Begebenheit aus der Herrschaftszeit der Spartaner zeigt uns unterschiedliche apobetische Informationsdichten:

Beispiel Sparta: Als in einer von Sparta beherrschten Landschaft eine Hungersnot ausbrach, entsandten die Bewohner einen redebegabten Boten zu den Spartanern. Stumm lauschten sie seiner langen und – wie er selbst meinte – bewegenden Rede, mit der er um Getreide ersuchte. Die Spartaner entließen den Mann jedoch mit dem abweisenden Urteil: Sie hätten den Anfang seiner Rede vergessen und daher das Ende nicht verstanden. Bald darauf wurde ein zweiter Bote geschickt, der völlig anders vorging: Er brachte einen leeren Sack mit, wendete ihn vor aller Augen und sprach kurz und knapp: »Er ist leer, tut etwas hinein!« Dieser Bote erhielt das gewünschte Getreide, doch die Spartaner merkten an: Er hätte sich kürzer fassen sollen. Dass der Sack leer sei, habe man gesehen, dass er dessen Füllung begehre, verstehe sich von selbst; ein andermal möge er sich weniger weitschweifig ausdrücken.

Diese Begebenheit zeigt uns, wie der eine trotz sicherlich großer Gedankenfülle in seiner Rede sein Ziel nicht erreichte, während der andere es mit wenig Worten, aber treffendem Informationseinsatz sofort schaffte. Wir haben es hier also mit unterschiedlichen apobetischen Informationsdichten zu tun, wobei der Vorschlag der Spartaner zu einem noch höheren Wert geführt hätte.

Betrachten wir uns als Empfänger der biblischen Botschaft, so können wir zur höchstmöglichen apobetischen Informationsdichte kommen. Dazu verweisen wir auf den einen Vers aus Johannes 3,36: »*Wer an den Sohn glaubt, hat das ewiges Leben; wer aber dem Sohn nicht gehorsam ist, der wird das Leben nicht sehen, sondern der Zorn Gottes bleibt über ihm.*« Diese kurz gefasste Information kann in ihrer Gedankenschwere und hohen semantischen Informationsdichte nur in der Bibel stehen. Ebenso hoch ist das darin ausgedrückte Ziel: *das ewige Leben!* Da es nichts Hochwertigeres gibt – nach dem Urteil Jesu ist die ganze Welt dagegen wertlos (Matthäus 16,26) –, hat derjenige, der sich Jesus im Glauben anvertraut, die höchstmögliche apobetische Informationsdichte erreicht.

Wenn Sie jetzt den Wunsch haben, dass Sie gleich zu Jesus kommen sollten, dann lesen Sie bitte den Epilog und tun, was dort vorgeschlagen wird.

Kapitel 10: Qualität von Universeller Information

10.1 Wert und Nutzbarkeit von Universeller Information

Shannons Informationstheorie (auf der statistischen Ebene) kann als Erweiterung der Wahrscheinlichkeitstheorie betrachtet werden, in der das Bit als Informationseinheit ein Mengenmaß für Information darstellt. Ein Buch von 200 Seiten enthält danach doppelt so viel Information wie ein anderes mit 100 Seiten, falls auf den Seiten gleich viele Buchstaben stehen. Die Bedeutung bleibt bei diesem Maß völlig außer Acht – nicht weil *Shannon* es so wollte, sondern weil eine statistische Theorie so etwas prinzipiell nicht hergibt.

Der Informatiker *Wolfgang Feitscher* formulierte treffend:

> *»Bei der semantischen Information befinden wir uns in der Lage eines Chemikers, der zwar Stoffe zu wägen, aber nicht zu analysieren vermag.«*

In diesem Sinne ist das Wägeproblem von Information durch *Shannon* völlig gelöst, während die Analysefrage noch weitgehend offen vor uns liegt. Um über die *Shannonsche* Informationstheorie hinauszukommen, müssen allgemeingültige semantische Informationsmaße definiert werden. Im Folgenden wollen wir einige Aspekte nennen, um für dieses schwierige Problem wenigstens Lösungsansätze zu gewinnen. Ein semantisches Informationsmaß wäre naturgemäß *kein Mengenmaß*, sondern *ein Qualitätsmaß*. So könnte es durchaus sein, dass ein mehrbändiges Werk eine geringere semantische Bewertung erhält als eine dünne Broschüre. Bei der qualitativen Bewertung von Information begegnen uns einige Parameter, die sehr stark von der persönlichen Beurteilung abhängen. Das erschwert das Problem nicht unerheblich. In *Bild 36* ist ein Achsensystem gezeichnet, bei dem der semantische Informationswert über der Nutzbarkeit aufgetragen ist. Fünf Stufen der Bewertung sind dort auf der Ordinate unterschieden.

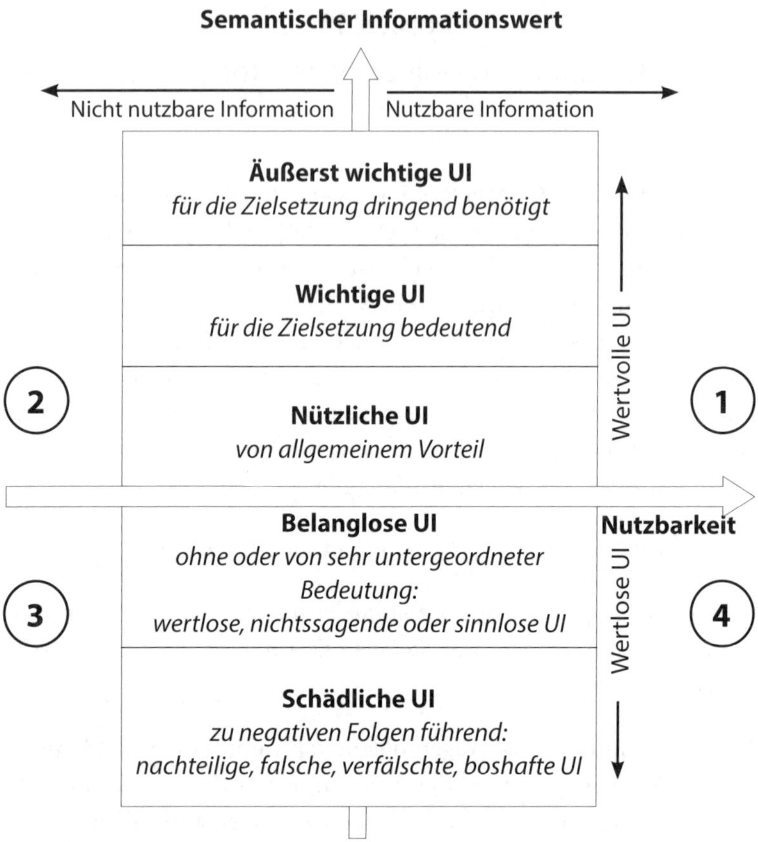

***Bild 36:** Koordinatensystem zur Darstellung der Bewertungsstufen von semantischer Information unter dem Aspekt der Nutzbarkeit.*
Da die Achsen keine Bezifferung enthalten, geht es hier vorwiegend um eine qualitative Bewertung der semantischen Information. Wertvolle Information erhält ein positives und wertlose Information ein negatives Vorzeichen. Ebenso sind nutzbare und nicht nutzbare Information vorzeichenmäßig zu unterscheiden.

Als einen Lösungsversuch zeigt *Bild 36* eine Grafik, die den Wert von UI auf der y-Achse und die Nutzbarkeit auf der x-Achse darstellt. Die y-Achse zeigt die folgenden fünf Ebenen:

1. Äußerst wichtige Information: Dies ist die hochwertigste Information, da sie einen sehr hohen Apobetikgrad besitzt (z. B. unbedingt lebensnotwendige Information, die Suche nach letztgültigen Wahrheiten).

2. Wichtige Information: Bedeutende Information zur Erreichung von Zielsetzungen (z. B. berufliches Wissen, Fachkenntnisse, der richtige Umgang mit Menschen, aber auch Kenntnis von Fahrplänen, Telefonnummern, Anschriften).

3. Nützliche Information: Information von mehr allgemeinem Interesse im Sinne von unterhaltend, lehrreich, erbaulich, erfreulich (z. B. Tagesgeschehen, Wetterbericht, allgemeine Wissenserweiterung, Neuigkeiten).

4. Belanglose Information: Information von untergeordneter Bedeutung oder gar ganz ohne Belang (z. B. bereits bekannte oder nutzlose Information, Allgemeinplätze, Banalitäten, Schwafelei, »Small Talk«).

5. Schädliche Information: Das destruktive Wesen der UI auf dieser Ebene führt zu falschen Ergebnissen, Irrwegen und anderen negativen Effekten. Zu schädlicher UI gehören Lügen (z. B. absichtliche oder auch irrtümliche Fehlinformation, üble Nachrede und Propaganda), Hetze, boshafter Klatsch, böse Worte, Flüche, okkulte Lehren, unbiblische Theologie, pornografische, ideologische, astrologische, esoterische und sektiererische Schriften, Schundliteratur.

Wertvolle Information (1. bis 3.) erhält danach ein positives und die wertlose (4. und 5.) ein negatives Vorzeichen. Damit führen wir erstmals Information als vorzeichenbehaftete Größe ein. Auf der Abszisse ist zwischen nutzbarer (positiv) und nicht nutzbarer Information (negativ) unterschieden. Zur Bewertung stehen somit 4 Quadranten zur Verfügung, die wir wie folgt kennzeichnen können:

Erster Quadrant: Dies ist der wichtigste Bereich, denn hier ist alle Information (UI) einzuordnen, die zugleich nutzbar und wertvoll ist. Nutzbar bedeutet, dass diese Information vorhanden ist; sie ist zugänglich, und es besteht die prinzipielle Möglichkeit ihrer Auswertung. Während die Nutzbarkeit ein objektives Kennzeichen ist, ist der Begriff »wertvoll« immer subjektiv bezüglich einer Person, eines Vorgangs, eines Vorhabens oder einer Zielsetzung zu sehen.

Zweiter Quadrant: Dieser Quadrant bezeichnet zwar ebenso wie der 1. Quadrant »wertvolle Information«, aber sie ist im Gegensatz dazu nicht nutzbar. Die Nichtnutzbarkeit für diese Information kann verschiedene Gründe haben:

- Sie ist noch gar nicht vorhanden (z.B. Heilmittel für Krebs; ein noch nicht geschriebenes Buch über ein wichtiges Thema).
- Sie ist in der riesigen Informationsflut trotz guter Suchmaschinen nicht auffindbar.
- Sie ist zwar bei einem Autor bekannt, aber er hat sie noch nicht publiziert.
- Sie ist nicht mehr aktuell.

Dritter und vierter Quadrant: Dies ist der Bereich der wertlosen Information. Auf der Stufe der belanglosen Information ist es solche ohne oder von sehr untergeordneter Bedeutung, d.h. wertlose, leere oder gar unsinnige Information. In der verstärkten Form der schädlichen Information führt diese nachteilige, falsche (unbewusst), verfälschte (bewusst) oder boshafte Information bereits zu negativen Folgen. Der 4. Quadrant zeigt an, dass diese Information existiert, während der 3. Quadrant auf noch nicht vorhandene oder nicht zugreifbare Information dieser Art hinweist (z.B. nicht existierende Schundliteratur). Nach einer Statistik hat in Amerika ein Kind, bis es die Schule verlässt, 11000 Schulstunden besucht, 22000 Stunden vor dem Fernseher gesessen, 350000 Werbespots gehört und 20000 Morde im Fernsehen gesehen. Das muss schädigende Spuren hinterlassen. Im menschlichen Bereich kommt es darauf an, sich dem gefährlichen 4. Quadranten nicht auszusetzen. Was die Technik angeht, müssen Maßnahmen gegen den vierten Quadranten ergriffen werden. Dazu gehören fehlererkennende Codes in Datenprozessoren und Anti-Virus-Software, um z.B. Viren, Würmer und Trojaner zu bekämpfen. Hier ist anzumerken, dass die schädliche UI, wie sie in Computer-Viren und -Würmern steckt, an sich eine höchst anspruchsvolle UI darstellt, die absichtlich und genial geplant wurde, um bewusst böse Ziele zu verfolgen.

10.2 Wert und Nutzbarkeit der Universellen Information in der Bibel

In *Bild 36* stellten wir den Wert und die Nutzbarkeit der Universellen Information mithilfe von vier Quadranten dar. Bei genauerem Studium der Bibel stellen wir fest, dass all die genannten Qualitäten der Information auch hier vorkommen:

Wertlose Information: Wir unterteilten »wertlose UI« in die Kategorien *belanglose* und *schädliche* UI. Gott brandmarkt in seinem Wort die wertlose Information und warnt uns davor:

2. Mose 20,16: »*Du sollst nicht falsch Zeugnis reden wider deinen Nächsten!*«
Sprüche 12,22: »*Lippenmäuler sind dem Herrn ein Gräuel; die aber treulich handeln, gefallen ihm.*«
Jeremia 8,6: »*Ich sehe und höre, dass sie nicht die Wahrheit reden. Es gibt niemand, dem seine Bosheit leid wäre und der spräche: Was hab ich doch getan! Sie laufen alle ihren Lauf wie ein Hengst, der in der Schlacht dahinstürmt.*«
Jakobus 3,5: »*So ist auch die Zunge ein kleines Glied und richtet große Dinge an. Siehe, ein kleines Feuer, welch einen Wald zündet's an!*«

Diese Zitate beziehen sich ausschließlich auf Fälle, in denen wir als Sender schädliche Information aussenden. Gott will uns schützen, Empfänger solcher Informationen zu werden, indem er uns warnt, uns mit derlei Sendern eins zu machen:

Sprüche 1,10: »*Mein Sohn, wenn dich die bösen Buben locken, so folge nicht.*«
Sprüche 14,7: »*Geh weg von dem Toren, denn du lernst nichts von ihm.*«
Psalm 1,1: »*Wohl dem, der nicht wandelt im Rat der Gottlosen noch tritt auf den Weg der Sünder noch sitzt, wo die Spötter sitzen.*«

In diesem Zusammenhang sollten wir uns daran erinnern, dass die Sünde Adams und Evas durch falsche Information hervorgerufen wurde: »*Sollte Gott gesagt haben?*« (1. Mose 3,1). Das Reagieren auf diese schädliche UI, welche die Glaubwürdigkeit Gottes in Zweifel zog, hatte unvorstellbare Folgen: Es ist der Urgrund für eine Welt mit Krankheit und Schmerzen, Leid und Tod, Krieg und Aufruhr. Darunter leiden wir bis heute. Aufgrund des freien Willens kann der Mensch schädliche UI aussenden (Lügen, Provokationen, Gerüchte, Spöttereien und Flüche) oder dies auch lassen. Auf empfangene schädliche UI kann er eingehen oder aber sie von sich weisen.

In den Archiven Gottes ist alles vermerkt, und diese Bücher werden eines Tages geöffnet (Offenbarung 20,12) – und wir werden dafür zur Rechenschaft gezogen – wie Jesus gesagt hat:

> *»Ich sage euch aber, dass die Menschen von jedem unnützen Wort, das sie reden werden, Rechenschaft geben müssen am Tag des Gerichts; denn aus deinen Worten wirst du gerechtfertigt werden, und aus deinen Worten wirst du verdammt werden«* (Matthäus 12,36-37; E).

Wertvolle Information: Die wertvollste Information, die je gesendet wurde, ist das Wort Gottes, und niemals wurde der Menschheit eine größere Botschaft der Freude überbracht. Gottes Botschaft an uns ist nie unbrauchbar oder falsch, denn sie ist absolut wahr:

> *»Gott ist nicht ein Mensch, dass er lüge, noch ein Menschenkind, dass ihn etwas gereue. Sollte er etwas sagen und nicht tun? Sollte er etwas reden und nicht halten?«* (4. Mose 23,19).

Die Bibel spricht ewige und göttliche Worte mit Gewissheit und Wahrheit. Keine andere Erkenntnisquelle kommt ihr auch nur annähernd gleich. Der Psalmist bezeugt aus seiner persönlichen Erfahrung: *»Ich freue mich über dein Wort wie einer, der große Beute macht«* (Psalm 119,162). Auch Paulus ist sich des Wertes dessen bewusst, was er gefunden hat: *»Wir haben aber diesen Schatz in irdenen Gefäßen«* (2. Korinther 4,7). Gott will, dass wir beständig Empfänger und Vermittler seiner Universellen Information sein sollen, weil er sie mit den größten Verheißungen ausgestattet hat.

1. Als Empfänger: Manche Leute strengen sich sehr an, ihre Qualifikationen zu erhöhen, um im privaten und beruflichen Leben Erfolg zu haben. Aber im Alten Testament hat Gott uns bereits einen leicht zu befolgenden, einfachen Rat gegeben, der große Auswirkungen haben kann:

> »*Und lass das Buch dieses Gesetzes nicht von deinem Munde kommen, sondern betrachte es Tag und Nacht, dass du hältst und tust in allem nach dem, was darin geschrieben steht. Dann wird es dir auf deinen Wegen gelingen, und du wirst es recht ausrichten*« (Josua 1,8).

Alles hängt davon ab, wie wir mit dem Wort des lebendigen Gottes umgehen: »*Gehorcht meinem Wort, so will ich euer Gott sein, und ihr sollt mein Volk sein; wandelt ganz auf dem Wege, den ich euch gebiete, auf dass es euch wohlgehe*« (Jeremia 7,23). Dieses göttliche Wort bringt Verständnis und Weisheit und hält uns von falschen Wegen fern (Psalm 119,104). Es erquickt die Seele und macht uns gewiss (Psalm 19,8), es erfreut uns (Psalm 119,130), weist uns den Weg der Errettung (Jakobus 1,21) und macht uns geschickt zu guten Werken (2. Timotheus 3,17). Weil wir es nach den *Bildern 32* und *36* mit Universeller Information von höchstem Wert zu tun haben, sollen wir das Wort des Christus reichlich unter uns wohnen lassen (Kolosser 3,16). Während eines Gesprächs mit *Helmut Matthies*, dem Direktor des Informationsdienstes der Evangelischen Allianz (idea), sagte dieser, der durchschnittliche Deutsche arbeite 38,5 Stunden in der Woche und sitze 17,5 Stunden pro Woche vor dem Fernseher [M1]. Statistiken belegen, dass die Zahl derer ständig ansteigt, die sich schädlichen Einflüssen aussetzen und weniger auf Gottes Wort achten. Gott aber will, dass wir uns nicht wie die Allgemeinheit verhalten, sondern unter dem Einfluss des Wortes Gottes unsere Gesinnung erneuern lassen (Römer 12,2).

2. Als Sender: In unserer Rolle als Sender werden wir nur solche UI weitergeben, die auch uns beeinflusst hat. Jesus sagt uns: »*Wes das Herz voll ist, des geht der Mund über*« (Matthäus 12,34b). Diesen Satz können wir auch so formulieren: Was im Herzen eines Menschen verborgen ist, das bringen seine Worte zum Vorschein. Der Psalmist beschäftigte sich fortwährend mit Gottes Wort, sodass er immer aus dieser Quelle schöpfen konnte: »*Meine Zunge soll dein Wort besingen*« (Psalm 119,172; E). Gott schätzt es, wenn wir Künder guter Botschaft sind: »*Wie lieblich sind … die Füße dessen, der frohe Botschaft bringt, der Frieden verkündet, der gute Botschaft bringt, der Heil verkündet*« (Jesaja 52,7).

Diese gute Botschaft ist das Evangelium von Jesus Christus. Er rettet alle, die ihr Vertrauen auf ihn setzen und ihm folgen. Jesus hat immer wieder gelehrt, diese Botschaft weiterzusagen (Matthäus 28,19-20; Markus 16,15; Lukas 10,2 und Lukas 12,8-9). Als die samaritanische Frau Jesus am Jakobsbrunnen traf und ihn als den Christus erkannte, ließ sie ihren Krug stehen und ging sogleich in die Stadt, um die Botschaft der Rettung zu verkünden (Johannes 4,25-30). Auch Paulus versuchte auf alle erdenkliche Weise Menschen unterschiedlichster Herkunft zu gewinnen (1. Korinther 9,19-22). Ja, ihm kam es sogar darauf an, *»möglichst viele zu gewinnen«* (Vers 19), denn er konnte gar nicht anders handeln: *»Wehe mir, wenn ich das Evangelium nicht predigte«* (1. Korinther 9,16). Zur Annahme des Evangeliums wird niemand gezwungen, darum lädt Paulus werbend ein: *»So sind wir nun Botschafter an Christi statt, … so bitten wir nun an Christi statt: Lasst euch versöhnen mit Gott!«* (2. Korinther 5,20). Diese Botschaft ist nicht nur die allerwichtigste und die dringlichste; sie ist auch die allergewisseste. *C. H. Spurgeon* mahnt eindringlich [S9]: *»Wenn du nicht das ewige Evangelium zu verkünden hast, dann ist deine Botschaft kaum etwas wert. Ungewisses kann man überall und allezeit haben; aber Dinge, die das ewige Leben betreffen, sind nur in der Bibel zu finden.«*

10.3 Sechs Einflussgrößen zur quantitativen Bewertung von Semantik

Im vorigen Kapitel 9 haben wir wesentliche Gesichtspunkte auf der semantischen Informationsebene erarbeitet. Nun soll es darum gehen, Vorschläge für eine quantitative Bewertung zu finden.

Für den **semantischen Informationswert** S, der die Qualität von Information zahlenmäßig (quantitativ) erfassen soll, können wir sechs Einflussgrößen heranziehen, die wir mit den folgenden Begriffen belegen:

- semantische Qualität q
- Relevanz r
- Aktualität a
- Zugriff z

- Existenz *e*
- Verständlichkeit *v*

Diese Parameter machen bereits deutlich, dass es hier vorwiegend um den Empfänger geht, der damit auch seine eigene Subjektivität einbringt. Sämtliche Einflussgrößen werden in normierter Form verwendet, d.h., sie liegen im Wertebereich zwischen 0 und 1. Während r, a, z, e und v stets positiv sind, kann q wegen der Überlegungen in Kapitel 10.1 auch negative Werte annehmen ($-1 < q < +1$). Diese sechs Variablen wollen wir im Folgenden kurz erörtern:

1. semantische Qualität ***q*** (subjektiver Begriff, empfängerorientiert): Das Qualitätsmaß q dient dazu, die Bedeutungsschwere einer Information zu erfassen. Je nach Zweck und Informationsart werden unterschiedliche Qualitäten berücksichtigt. In *Bild 23* (Kapitel 5.9.1) sind insbesondere für Herstellungsinformation einige Merkmale aufgeführt. Für ein Computerprogramm sind z.B. folgende der Semantik und teilweise der Pragmatik zuzuordnende Kriterien ausschlaggebend:

- Effektivität des verwendeten Algorithmus (z.B. einfache Lösungsmethode, schnell konvergierendes Verfahren, keine Neigung zur Instabilität);
- geringer Rechenzeitbedarf (dies ist ein entscheidender Kostenfaktor, wenn Rechenzeit zu bezahlen ist);
- Portabilität, d.h. das Programm kann leicht auf andere Rechenanlagen umgestellt werden;
- Zuverlässigkeit, d.h. das Programm ist ausgetestet und ausgereift und liefert mit hoher Sicherheit die gewünschten Ergebnisse;
- verwendete Programmiersprache.

Wie stark die einzelnen Punkte in das Qualitätsmaß q eingehen, hängt sowohl von der objektiven als auch von der subjektiven Beurteilung ab. Für eine sinnlose (leere) Information wird $q = 0$ gesetzt, und die bestmögliche Information wird mit $q = 1$ bewertet.

2. Relevanz ***r*** (subjektiver Begriff, empfängerorientiert): Dieser Aspekt berücksichtigt insbesondere das individuelle Interesse. Hiermit wird die Bedeutung für die Erreichung eines Ziels erfasst (z.B. ökonomisches, technisches oder strategisches Ziel, Sammlerwert, Lebensziel). Was für A äußerst wichtig ist ($r = 1$), kann für B total unwichtige Information ($r = 0$) sein. So hat für einen Mitteleuropäer der Wetterbericht von Australien keine Relevanz ($r = 0$). Das kann sich schlagartig ändern, wenn er eine Reise dorthin plant. Für einen Landwirt haben die Agrarnachrichten eine völlig andere Relevanz als die neuesten Forschungsergebnisse der Physik. Relevanz ist immer spezifisch empfängerorientiert. Die über Rundfunk gesendete Sturmflutwarnung hat für Halligbewohner eine erheblich höhere Relevanz als für Festlandbewohner.

Das Hauptproblem der Relevanz ist ihre richtige Einschätzung. Die Folgen einer falsch eingeschätzten Relevanz können katastrophal sein. Die Zahl der kostspieligen Fehlentscheidungen aufgrund falsch erkannter Relevanz ist in der Geschichte der Menschheit nicht abschätzbar. Sie haben Milliarden und Abermilliarden an Sachwerten und Millionen von Menschenleben gekostet.

Ein Beispiel für falsch eingeschätzte Relevanz war die Katastrophe mit dem Spaceshuttle *Challenger* im Jahr 1986. In diesem Fall wurde die UI in Bezug auf das Wetter und die Dichtungsringe in den starken Trägerraketen falsch eingeschätzt oder total ignoriert (die UI darüber stand damals voll zur Verfügung). Einige der Techniker teilten die entscheidende Bedeutung von niedrigen Außentemperaturen für die Funktion der Dichtungen mit, aber man beachtete sie nicht. Am Tag des Starts verursachten die niedrigen Temperaturen, dass die Dichtungsringe versagten, was zum Totalverlust des Shuttle und zum Tod seiner sieben Insassen führte.

3. Aktualität *a* (subjektiver Begriff, empfängerorientiert): Oft ist es nötig, dass die relevante UI zum richtigen Zeitpunkt zur Verfügung steht. Diese Zeitabhängigkeit, die z.B. den Neuigkeitswert oder die aktuelle Wichtigkeit für ein Vorhaben beschreibt, wollen wir mit dem Begriff »Aktualität« erfassen. »Schnee von gestern«, d.h. früher aktuelle Information oder solche ohne Neuigkeitsgrad erhält den Wert $a = 0$, und momentan hochaktuelle Information wird mit $a = 1$

bewertet. Wenn jemand im Regen steht und man sagt ihm, dass es regnet, so ist dieses aktuelle Ereignis des Regnens zwar gegeben, aber wegen des zu verneinenden Neuigkeitsgehaltes gilt auch hier $a = 0$.

Auch in Wissenschaft und Technik ist Aktualität ein zentraler Begriff. Die Erfindung der Dampfmaschine revolutionierte die damalige Welt. Dampfmaschinen zu bauen, war hochaktuell. Heute baut niemand mehr eine solche Wärmekraftmaschine mit so schlechtem Wirkungsgrad. Bei wissenschaftlichen Erkenntnissen gibt es ebenfalls einen Aktualitätsschwund. Ein mir bekannter Physiker, der kurz vor der Pensionierung stand, resümierte: »Mit der Wissenschaft ist es wie bei einem Moor. Nur die Oberfläche ist brauchbar. Zehn Zentimeter darunter ist alles tot. Da ist alles veraltet, und man kann nichts mehr davon gebrauchen. Entweder ist das Problem gelöst, oder der Ansatz ist nicht mehr aktuell.« Dann sagte er weiter: »Ich habe noch 75 Ordner mit wissenschaftlichen Unterlagen. Jetzt gehe ich daran, um das meiste davon wegzuwerfen.«

4. Zugriff *z* (subjektiver Begriff, empfängerorientiert): Die wichtigste Information ist wertlos, wenn keine Möglichkeit zum Zugriff besteht. »Kein Zugriff« hat den Wert $z = 0$, und der »volle Zugriff« des Empfängers auf die Information des Senders wäre mit $z = 1$ zu bewerten. Wir alle werden von der ständig anwachsenden Informationsflut geradezu überrollt. Eine Zeitung schrieb: »Uns dürstet nach Wissen, aber wir ertrinken in der Informationsflut.« Ein Parlamentarier beklagte, die zugesandte Information nicht mehr verarbeiten zu können:

> *»Ich habe in der vergangenen Woche alle Informationen, die mir das Europäische Parlament geschickt hat, gesammelt. Am Schluss der Woche habe ich sie nicht gelesen, sondern gewogen, und es waren 5,5 kg. Es kommt so viel Wissen auf uns zu, dass wir überhaupt nichts mehr damit anfangen können.«*

Mit zunehmender Informationsflut spielt das »Gewusst-Wo« eine bedeutende Rolle. Lexika und Karteikartensysteme verlieren zunehmend ihre Bedeutung zugunsten von fachspezifischen Datenbanken und Online-Recherchen mithilfe von Suchmaschinen (z.B. Google, Yahoo).

Trotz vorhandener Information kann der Zugriff $z = 0$ sein, wenn

- die Information dem Empfänger nicht vorliegt (Ich verdurste in der Wüste in der Nähe einer Quelle, wenn ich nicht weiß, dass sie dort existiert.);
- die Information in einem Code vorliegt, dessen Vereinbarung der Empfänger nicht kennt (z. B. ein deutscher Tourist in China, der nicht Chinesisch lesen kann);
- die Information zu verklausuliert oder zu fachbezogen (z. B. Juristentexte für Nichtjuristen, mathematische Beweise für Nicht-Mathematiker) ausgedrückt ist;
- der Sender die Information für einen bestimmten Empfängerkreis bewusst ausschließt (z. B. kryptografisch geschützte Geheimtexte, Datenschutz bei EDV-Anlagen, Versiegelung eines Briefes).

5. Existenz *e* (objektiver Begriff, senderorientiert): Während es beim Zugriffsaspekt um die individuelle Möglichkeit ging, an bestimmte vorhandene und prinzipiell verfügbare Information heranzukommen, geht es bei der »Existenz« um die grundsätzliche Frage, ob die Information überhaupt vorliegt. *Zugriff* ist somit eindeutig ein empfängerspezifischer Begriff, und *Existenz* bezieht sich ausschließlich auf den Sender. Der Wert für $0 \leq e \leq 1$ gibt an, wie viel von der überhaupt möglichen oder gewünschten Information zu dem jeweiligen Sachverhalt vorliegt (z. B. welcher Anteil bereits erforscht ist). Völlig offene Fragen werden mit $e = 0$ belegt, und voll bekannte Information erhält den Wert $e = 1$. Die früher offene Frage, ob es auf dem Mond Leben gibt ($e = 0$), ist heute voll beantwortet ($e = 1$). Die Information darüber, wie Leberkrebs therapiert wird, ist heute $e = 0$; für die Behandlung von Magenkrebs liegt e je nach Stadium zwischen 0 und 1. Die Ermittlung oder Abschätzung des Wertes für e ist meist schwierig, da die Gesamtinformation, auf die die momentan vorhandene Information zu beziehen ist, im Allgemeinen nicht bekannt ist. Der große englische Physiker *Isaac Newton* (1642–1727) schätzte trotz seiner zahlreichen Forschungsarbeiten seinen Beitrag an der wissenschaftlichen Erkenntnisgewinnung mit einem äußerst kleinen Wert für e ein, wenn er sagte [M3]:

»Ich weiß nicht, was die Welt von mir hält; aber mir selbst erscheine ich nur wie ein Knabe, der am Meeresstrand spielte und sich damit vergnügte, da und dort einen glatteren Kiesel oder eine hübschere Muschel als gewöhnlich zu finden, während der große Ozean der Wahrheit noch zur Gänze unentdeckt vor mir lag.«

6. Verständlichkeit *v* (subjektiver Begriff, sender- und empfängerorientiert): Dieser Faktor beschreibt die Verständlichkeit einer Information, wobei $v = 0$ völlig unverständlich und $v = 1$ sehr gut verständlich bedeutet. Wenn die vom Sender beabsichtigte Information den Empfänger nicht voll erreicht, können die Gründe auf beiden Seiten liegen: Entweder hat der Sender sich nicht klar genug ausgedrückt, sodass empfängerseitig auch bei hoher Intelligenz die beabsichtigte Semantik nur teilweise ankommt, oder die Intelligenz des Empfängers ist nicht ausreichend, um alles korrekt zu verstehen. Die Empfänger-Intelligenz ist noch aus einem anderen Grund von Bedeutung: Im Allgemeinen enthält die verbal formulierte Information (expliziter Anteil) noch Mitteilungen, die »zwischen den Zeilen« stehen (impliziter Anteil). Den letzteren Informationsanteil gewinnt der Empfänger durch Nachdenken und Hintergrundwissen.

Anmerkung: Manche der oben genannten Faktoren sind nicht scharf voneinander zu trennen, sodass es auch zu Überschneidungen kommen kann. Hier wollen wir nicht weiter diskutieren, in welcher Weise die sechs Parameter verknüpfbar wären. Hier wartet noch eine lohnende Forschungsaufgabe.

10.4 Anwendung dieser sechs Bewertungsparameter von Universeller Information auf die Bibel

Im vorigen Abschnitt haben wir sechs Parameter beschrieben, die uns geeignet erschienen, Universelle Information quantitativ bewerten zu können, nämlich semantische Qualität, Relevanz, Aktualität, Zugriff, Existenz und Verständlichkeit. Wir wollen nun zeigen, wie alle diese Parameter in der Bibel vorkommen. Das können wir auch als Hinweis werten, die entscheidenden Größen der Information erkannt zu haben.

1. semantische Qualität *q*: Drei besonders herausragende Punkte bezüglich der semantischen Qualität der Bibel greifen wir hier heraus:

- *Die Bibel ist göttlich:* »Ich tue euch kund, dass das Evangelium nicht menschlicher Art ist. Denn ich habe es von keinem Menschen empfangen noch gelernt, sondern durch eine Offenbarung Jesu Christi« (Galater 1,11-12).
- *Die Bibel ist reine Wahrheit:* »Wohlan denn, o Herr Jahwe, du bist Gott, und deine Worte sind Wahrheit« (2. Samuel 7,28; *Jerusalemer*). »Dein Wort ist die Wahrheit« (Johannes 17,17).
- *Die Bibel ist Vermittler der Rettungsbotschaft:* »In ihm (Jesus) seid auch ihr, die ihr gehört habt das Wort der Wahrheit, nämlich das Evangelium von eurer Seligkeit« (Epheser 1,13).

2. Relevanz *r*: Die biblische Botschaft ist für jeden Menschen relevant, denn Gott beurteilt alle gleich: *»Kein Lebendiger ist gerecht«* (Psalm 143,2), und: *»… sie sind allzumal Sünder und mangeln des Ruhmes, den sie bei Gott haben sollten«* (Römer 3,23). Ebenso hat Gott für alle Menschen denselben Rettungsweg durch seinen Sohn Jesus bereitet: *»In keinem andern ist das Heil, ist auch kein anderer Name unter dem Himmel den Menschen gegeben, darin wir sollen selig werden«* (Apostelgeschichte 4,12). Zahlreiche andere Belegstellen weisen in dieselbe Richtung: Johannes 3,16; 3,18; 14,6; 1. Johannes 5,12. Der Gewinn ist am größten, wenn wir die Relevanz richtig einschätzen. Das Verhalten der Gemeinden in Thessalonich (1. Thessalonicher 1,4-9) und in Philadelphia (Offenbarung 3,7-11) wird in diesem Sinne gelobt. Die Bibel warnt sehr eindrücklich vor der Fehleinschätzung ihrer Relevanz, denn diese führt zum größten Verlust überhaupt. So wird in Apostelgeschichte 13,46 den Zuhörern gesagt: *»Euch musste zuerst das Wort Gottes gepredigt werden. Weil ihr es aber abweist, erachtet ihr euch selbst des ewigen Lebens nicht wert« (Jerusalemer).* Der reiche Kornbauer machte seine Lebensrechnung ohne Gott, und so wird ihm gesagt: *»Du Narr! Diese Nacht wird man deine Seele von dir fordern«* (Lukas 12,20). Auch der reiche Mann in der Hölle (Lukas 16,19-31) ging nicht wegen seines Reichtums verloren – Abraham und Hiob hatten wahrscheinlich einen größeren Besitz –, sondern wegen falsch eingeschätzter Relevanz.

3. Aktualität *a*: Bestimmte Bibelteile zählen zu den ältesten bis heute erhalten gebliebenen Schriften, die die Menschheit kennt. Bis auf Lukas gehören alle Schreiber einem unauffälligen kleinen Volk im Nahen Osten an. Angesichts solcher Fakten könnte man meinen, dass ein derartiges Buch nur noch von historischem Interesse sei und sein Inhalt sich längst überholt habe. Eine gewisse Bedeutung als Kulturgut wäre noch in jenem Volk zu erwarten, deren Angehörige zu den Schreibern gehörten. Entgegen all solcher Überlegungen befassen sich Millionen von Menschen mit diesem Buch. Unabhängig von Alter, Sprache und Bildungsstand wird es geliebt und gelesen. Kein Buch der Weltgeschichte ist so hochaktuell. Woran liegt das? *Luther* sagte von diesem einmaligen Buch: »*Die Bibel ist nicht antik, auch nicht modern, sie ist ewig.*« Die Botschaft der Bibel spricht in jede Zeit hinein. Ihr Wort ist von bleibender Aktualität; es hat eine ewigkeitliche Dimension. Jesus verweist darauf in Matthäus 24,35: »*Himmel und Erde werden vergehen; aber meine Worte werden nicht vergehen.*« In dieser Welt ist alles dem Vergehen preisgegeben, nur das Wort nicht: »*Das Gras verdorrt, die Blume verwelkt; aber das Wort unseres Gottes bleibt ewiglich*« (Jesaja 40,8). Das oft zitierte »*Heute*« hat darum seine Bedeutung über Jahrtausende nie eingebüßt. Den damaligen Ruf Josuas an das Volk, »*so erwählet* (= entscheidet) *euch heute, wem ihr dienen wollt*« (Josua 24,15a), richtet Gott auch heute an uns. Welch ein Segen, wenn wir dieselbe Antwort geben: »*Ich aber und mein Haus wollen dem Herrn dienen*« (Josua 24,15b). Als Zachäus in der Begegnung mit Jesus die entscheidende Wende seines Lebens erfuhr, erhielt er den aktuellen Zuspruch: »***Heute** ist diesem Haus Heil widerfahren*« (Lukas 19,9). Dieses Heil wird auch uns im Heute geschenkt, wenn wir unser Leben auf Jesus ausrichten. Wer so zu ihm gefunden hat, lebt von dem Wort Gottes als der ständig aktuellen Speise: »*Der Mensch lebt nicht vom Brot allein, sondern von einem jeglichen Wort, das durch den Mund Gottes geht*« (Matthäus 4,4). Gottes Wort bleibt somit immer »up to date«.

4. Zugriff *z*: Das Gesamtwissen verdoppelt sich heute alle sieben Jahre, das Wissen in der Elektrotechnik alle fünf Jahre, und in der Informationstechnik ist diese Zeitspanne noch erheblich kürzer. Ein

Wissenschaftler, der in seinem Fachgebiet auf dem Laufenden bleiben will, müsste etwas Unmögliches tun, nämlich 100 Stunden pro Tag nur lesen! Bei der heutigen Wissensexplosion wird es nicht nur zunehmend schwieriger, zuweilen sogar unmöglich, die relevante Information zu finden. So wird der Zugriff zum Problem Nummer eins. Anders ist es bei der Bibel: Ihre *Weisheit* ist etwas Abgeschlossenes und Bleibendes und daher wesensmäßig von unserem menschlichen Wissen unterschieden. Die Information von Gott ist auf nur ein einziges Buch begrenzt, sodass wir leichten und völligen Zugriff darauf haben. Dieser Zugriff, d. h. der ständige Gebrauch, ist uns durch göttliche Weisung aufgetragen:

Josua 1,8: »*Und lass das Buch dieses Gesetzes nicht von deinem Munde kommen, sondern betrachte es Tag und Nacht!*«
Jeremia 22,29: »*O Land, Land, Land, höre des Herrn Wort!*«
Kolosser 3,16: »*Lasset das Wort Christi reichlich wohnen in euch!*«
1. Petrus 2,2: »*Seid begierig nach der vernünftigen, lauteren Milch wie die neugeborenen Kindlein, auf dass ihr durch dieselbe zunehmet zu eurem Heil!*«

Weiterhin werden wir durch das vorbildliche Zeugnis von Menschen zum Lesen ermuntert. Die Leute von Beröa »*nahmen das Wort ganz willig auf und forschten täglich in der Schrift*« (Apostelgeschichte 17,11). Der Psalmist sehnt sich nach dem Wort (Psalm 119,82), denn dort findet er Erquickung (Psalm 119,25), Stärkung (Psalm 119,28), Hoffnung und Heil (Psalm 119,81).

5. Existenz *e*: Es stellt sich noch eine wichtige Frage: Enthält die Bibel wirklich alle Information, um Gott und uns selbst kennenzulernen, um ein an den Maßstäben Gottes orientiertes Leben zu führen und um das ewige Ziel zu erreichen? Die Bibel stellt sich schon im Alten Testament als ein in diesem Sinne vollständiges Buch dar: »*Suchet in dem Buch des Herrn und leset! Es wird nicht an einem derselben fehlen; man vermisst auch nicht dies noch das*« (Jesaja 34,16). Alle wichtigen Fragestellungen finden ihre klare und eindeutige Antwort. Ungewissheit und Vernebelung bringen nur Kritiker und Zweifler hinein. *Spurgeon* beobachtete richtig, wenn er feststellte:

»Nichts ist ja leichter als zu zweifeln. Ein Mensch bloßer Halbbildung und von mäßigen Fähigkeiten kann mehr bezweifeln, als die klügsten Männer der Wissenschaft auf der ganzen Welt zu erklären und festzustellen vermögen.«

Wegen des Vollständigkeitscharakters der biblischen Botschaft dürfen wir von diesem Wort weder etwas abtun noch dazutun (Offenbarung 22,18-19), und bezüglich aller Auslegungen zur Bibel gilt der Grundsatz: *»Nicht über das hinaus, was geschrieben steht«* (1. Korinther 4,6).

6. Verständlichkeit *v*: Hierüber wurde bereits in Kapitel 9.6.1 geschrieben.

Bei der **zusammenfassenden Bewertung der biblischen Information** kommen wir zu eindrucksvollen Ergebnissen:

- Die Bibel enthält die *wichtigste Information*, die es gibt. Sie ist göttlicher Art und weist uns den Weg ins Vaterhaus.
- Die Information der Bibel ist für jeden Menschen von höchster Relevanz ($r = 1$). Sie ist der beste Ratgeber für dieses Leben und der einzige Kompass zum Himmel.
- Die Information der Bibel ist von *höchster Aktualität* ($a = 1$). Die meisten wissenschaftlichen Arbeiten sind schon nach zehn Jahren überholt, das Wort Gottes veraltet nie.
- Zur Information der Bibel haben wir *leichten Zugriff* ($z = 1$). Sie ist in unserem Land überall erhältlich, und sie ist leicht verständlich.
- Die Information der Bibel ist *vollständig und abgeschlossen* ($e = 1$).
- Die Bibel enthält keine falsche Information. Sie ist das einzige Buch der Wahrheit (Johannes 17,17).
- In der Bibel finden wir die höchste semantische Informationsdichte, die beste pragmatische Information (Gebote, Lebensregeln, Verhalten zu Gott und Menschen) und die höchste Zielvorgabe (Apobetik), die es gibt (Einladung zum Himmel!).

Kapitel 11: Häufig gestellte Fragen zur Theorie der Universellen Information

Nach Vorträgen an Universitäten und Technischen Hochschulen (siehe Anhang A6, Liste »Wissenschaftliche Vorträge zur Theorie der Universellen Information«) gibt es regelmäßig angeregte Diskussionen mit vielen Fragen. Nachfolgend seien die 23 wichtigsten mit ihren Antworten aufgeführt. Bei der Auswahl wurden besonders jene aufgenommen, die zum Verständnis der Theorie der Universellen Information beitragen.

11.1 Fragen zur Beweisbarkeit

Frage F1: War Ihr Vortrag ein moderner Gottesbeweis?

Antwort A1: Taucht irgendwo die Frage nach einem Gottesbeweis auf, dann erhält man mit großer Wahrscheinlichkeit die Antwort: »*Kant hat alle Gottesbeweise mit seiner Philosophie widerlegt; darüber brauchen wir nicht weiter nachzudenken!*« *Immanuel Kant* ist zwar als gebürtiger Ostpreuße ein Landsmann von mir; dennoch muss ich mich hier deutlich von ihm absetzen. Er lebte von 1724 bis 1804, und ihm standen, verglichen mit dem Wissensstand unserer Tage, nur sehr wenige wissenschaftliche Erkenntnisse zur Verfügung. Schon gar nicht kannte er die *Naturgesetze der Universellen Information*, und ebenso wenig wusste er von der riesigen Menge Universeller Information in den Zellen unseres Körpers und aller anderen Lebewesen. Die heutige wissenschaftliche Erkenntnis erlaubt es uns, weitreichende Schlussfolgerungen zu ziehen. Allein mithilfe dieser Naturgesetze konnten wir Wesentliches über Gott aussagen (Kapitel 8), nämlich dass er existiert und dass er allwissend, allmächtig und ewig ist. Um auf die obige Frage eine klare Antwort zu geben: Die in der Antike geführten Gottesbeweise sind weitgehend philosophischer Art. Hier haben wir erstmals einen Gottesbeweis vorliegen, der ausschließlich auf Naturgesetzen beruht:

> **Die konsequente Anwendung der *Theorie der Universellen Information* führt erstmals zu einem naturgesetzlichen Beweis der Existenz eines Gottes, der zwingend allwissend, allmächtig und ewig sein muss** (siehe auch Anhang A5.1 und A5.2).

Aber auch ohne die Naturgesetze der Universellen Information hat die Bibel uns bereits seit fast zweitausend Jahren gesagt, wir seien in der Lage, aus Gottes Werken auf seine ewige Existenz zu schließen: »*Denn Gottes unsichtbares Wesen, das ist seine ewige Kraft und Gottheit, wird seit der Schöpfung der Welt ersehen aus seinen Werken, wenn man sie wahrnimmt, sodass sie keine Entschuldigung haben*« (Römer 1,20).

Frage F2: Sie haben gesagt, die Naturgesetze sind nur aus der Erfahrung ableitbar, aber nicht beweisbar. Wie aber wollen Sie eine Aussage mit einer Sache beweisen, die selbst nicht beweisbar ist?

Antwort A2: Diese Frage des Studenten scheint auf den ersten Blick einen Widerspruch aufzudecken. Ich möchte die Antwort mithilfe der Mathematik geben. Wir alle sind fest davon überzeugt, dass es in der Mathematik feststehende und nicht kippbare Beweise gibt. Wenn wir irgendwo von Beweisen reden, dann fällt uns als Erstes die Mathematik ein, weil dort niemand einen fehlerfrei geführten Beweis infrage stellt. Wer wollte den Satz des Pythagoras oder den Beweis über die Unmöglichkeit der Quadratur des Kreises anzweifeln? Noch nicht einmal die Vertreter aller möglichen Verschwörungstheorien haben hier irgendeinen Zweifel angemeldet.

Das gesamte Gebäude der Mathematik ruht auf nur wenigen Axiomen. Ein Axiom ist ein als absolut richtig anerkannter Grundsatz, also eine gültige Wahrheit, die nicht bewiesen werden kann.

Halten wir also fest: Keines der Axiome ist beweisbar, aber das gesamte Lehrgebäude der Mathematik ist vollständig beweisorientiert.

In gleicher Weise ist der Umgang mit Naturgesetzen zu sehen: Die Naturgesetze selbst sind nicht beweisbar. Sie repräsentieren aber allgemeingültige Wahrheit, die jederzeit und an jedem Ort nachprüfbar ist. Sie stellen somit das Axiomensystem unserer Welt dar, und die daraus gewonnenen Schlussfolgerungen sind mit derselben Autorität bewiesen wie die Aussagen in der Mathematik.

Frage F3: Sind Ihre Aussagen eine Widerlegung der Evolutionslehre?

Antwort A3: Die hier genannten Informationssätze sind in ihrer Aussagequalität gleichrangig den Naturgesetzen, wie wir sie aus der Physik und Chemie her kennen. Naturgesetze sagen uns, was unter bestimmten Bedingungen unausweichlich geschieht, aber auch, dass ein gegenteiliger Prozess »strikt verboten«, d.h. ausgeschlossen ist (siehe Satz N13 in Kapitel 4). So verbietet z.B. der Energiesatz den Bau eines Perpetuum mobile, also einer Maschine, die ohne Energiezufuhr arbeitet. In gleicher Weise sind die Sätze NGI-3 und NGI-4 (Kapitel 5.6 und 5.7) Naturgesetze, welche die Entstehung von Universeller Information aus ungesteuerten, rein physikalischen und chemischen Prozessen oder aus Zufallsereignissen verbieten.

Das Grundproblem aller Evolutionsanschauungen ist die Herkunft der Information in den Lebewesen. Noch nie konnte in irgendeinem Labor der Welt gezeigt werden, wie ein Codesystem und semantische Information von selbst in der Materie entstehen. Dass dies auch niemals möglich sein wird, sagen die Informationssätze aus. Damit kommt eine rein materialistische Entstehung als Ursache für die Herkunft des Lebens nicht infrage. Die Evolutionslehre ist somit aus naturwissenschaftlichen Gründen unhaltbar geworden:

Die Evolutionslehre (Makroevolution) ist durch die Naturgesetze der Information widerlegt.

11.2 Fragen zum Definitionsbereich der Universellen Information

Frage F4: Stellt nach Ihrer Definition ein Foto Universelle Information dar?

Antwort A4: Nein! Obwohl die Stellvertreterfunktion (Kapitel 3.5, Beispiel 9) vorhanden ist, ist das Foto doch nicht abstrakt, weil das Bild der aktuellen Person oder dem Ding ähnlich ist. Außerdem fehlt bei einem Foto die Syntax (d. h. ein abstrakter Code), und damit liegt ein Foto außerhalb des Definitionsbereiches von Universeller Information.

Frage F5: Entsteht beim Ziehen von Lottozahlen Universelle Information? Wenn ja, könnte man das dann nicht als Zufallserzeugung von Universeller Information ansehen?

Antwort A5: Nein! Universelle Information kommt zwar in der Spielregel vor, denn zu dieser gehört auch Apobetik: Man will gewinnen! Aber das tatsächliche Ziehen der Zahlen ist ein Zufallsprozess und gehört in den Bereich C (*Bild 15*, Kapitel 3.4). Die Weitergabe der gezogenen Zahlen in schriftlicher oder mündlicher Form ist hingegen UI.

Frage F6: Das SOS-Signal ist periodisch; dennoch ist es Universelle Information. Wird damit nicht die notwendige Bedingung NB2 (Kapitel 2.2) widerlegt?

Antwort A6: NB2 besagt, dass die Sequenz der Einzelsymbole unregelmäßig und aperiodisch sein müssen. Bei der Buchstabenfolge MAMA haben wir zwar eine Silbenwiederholung, dennoch ist das noch nicht periodisch. Somit ist MAMA Information. Wenn wir eine Buchstabenfolge prüfen, ob sie UI ist oder nicht, muss man auf die Definition zurückgehen. Im Fall des SOS-Signals sind alle vier Informationsebenen (Syntax, Semantik, Pragmatik und Apobetik) vorhanden. Darum ist das SOS-Signal in der Tat Universelle Information.

Darüber hinaus ist SOS (**S**ave **O**ur **S**ouls, in Morsecode: ...---...) ein gutes Beispiel für Abkürzungen mit einer großen Bedeutungsfülle. Abkürzungen sind immer Konventionen, auf die man sich im Voraus geeinigt hat und die sowohl Sender als auch Empfänger bekannt sind. SOS wurde am 1. Juli 1908 (in den USA: 1912) erstmals als internationales Notsignal eingeführt. Es ist der Notruf eines Senders, der anzeigt, dass sich Leben oder Sachwerte in ernster Gefahr befinden. Die damit gemeinten und verstandenen Bedeutungsinhalte sind es, die es zu UI und nicht zu einem periodischen Unsinn machen.

Frage F7: Wenn ein Physiker die Struktur eines Kristalls unter dem Mikroskop untersucht, gewinnt er dadurch viel Information. Wo und wer ist in solchem Fall der Sender?

Antwort A7: Dies ist ein Beispiel dafür, was man umgangssprachlich unter Information versteht, aber es liegt außerhalb des Definitionsbereiches von Universeller Information. Beim Kristall wird die Wirklichkeit direkt beobachtet. Es fehlt somit die *Stellvertreterfunktion*, und wenn diese schon nicht erfüllt ist, liegt keine Universelle Information vor. Darum sind auch die Informationssätze hierauf nicht anwendbar.

Frage F8: Ist Ihre Informationsdefinition nicht willkürlich gewählt? Gibt es nicht auch andere Möglichkeiten?

Antwort A8: Natürlich kann man auch andere Definitionen einführen, weil Definitionen frei wählbar sind. Darum gibt es auch viele Ansätze, Information zu definieren, wie dies ja auch verschiedentlich geschehen ist z. B. durch *Shannon*, *Kolmogorov*, *Chaitin* und *Dembski*. Mir kam es darauf an, eine ganz spezielle Definition ausfindig zu machen, und zwar genau jene, die es erlaubt, einen Bereich abzugrenzen, in dem Aussagen mit naturgesetzlicher Gewissheit möglich sind. Nur auf diese Weise gelingt es, mithilfe der erkannten Erfahrungssätze und deren Schlussfolgerungen sichere Aussagen auch für unbekannte Fälle zu treffen. Der beschriebene Definitionsbereich ist somit gar nicht so willkürlich, wie man voreilig annehmen könnte, sondern wird letztlich durch die Erfahrungswirklichkeit diktiert.

Frage F9: Ist der Sender bereits in Ihrer Definition für Universelle Information enthalten? Wenn das der Fall ist, dann wäre die Folgerung, es gibt einen Sender, ein Zirkelschluss.

Antwort A9: Natürlich ist der Sender weder Teil noch Voraussetzung für die Definition der UI. In beiden Fällen würde es sich dann in der Tat um einen Zirkelschluss handeln. Naturgesetze sind sämtlich aus Erfahrung und Experiment gewonnen und nicht aus vorgefassten Meinungen oder Vermutungen. Bei der Untersuchung eines unbekannten Systems ist lediglich der Nachweis zu erbringen, dass alle vier Ebenen der Universellen Information (Syntax, Semantik, Pragmatik, Apobetik) vorhanden sind. Ist das der Fall, dann sind wir gewiss, dass hier Universelle Information im wissenschaftlich definierten Sinn vorliegt. Durch Anwendung des Naturgesetzes der Information NGI-4 (Kapitel 5.7) gelangen wir dann im nächsten Schritt zu der Schlussfolgerung, dass diese Information durch einen intelligenten Urheber verursacht sein muss.

Frage F10: Biologische Systeme sind komplizierter als technische Systeme. Müsste man darum nicht eine eigene Definition für biologische Information einführen?

Antwort A10: In der Tat sind biologische Systeme komplizierter als all unsere technischen Erfindungen. Wir benötigen aber beispielsweise keinen speziellen Energiesatz für biologische Systeme, denn der in allen physikalischen Systemen gültige Satz von der Erhaltung der Energie ist nicht nur in dem eingegrenzten Gebiet der unbelebten Materie gültig, sondern er gilt universell, und damit auch in allen lebenden Systemen. In den Sätzen N2 und N3 (siehe Kapitel 4.3) ist dies festgehalten. Wenn die genannten Sätze über Information Naturgesetze sind, dann gelten sie sowohl in allen belebten als auch in allen unbelebten Systemen. **Eine neue Definition und andere Sätze sind darum für biologische Systeme nicht erforderlich.**

Es ist im Augenblick nicht auszuschließen, dass es in den lebenden Systemen noch andere Darstellungsformen von Information gibt, als wir sie von den DNS-Molekülen her kennen. Ich denke z.B. an den

»Autopiloten« der Zugvögel, mit dem sie erstaunlich sicher navigieren können. Falls dieses uns bis heute unbekannte System einmal verstanden wird, könnte es uns vielleicht ein ganz anders geartetes Codierungssystem zeigen. Bei näherer Untersuchung würde sich diese Neuentdeckung sicherlich in unseren Definitionsbereich einfügen, weil solch ein komplexes System kreative Information darstellt und darum einen intelligenten Urheber verlangt. Es wäre allerdings nicht auszuschließen, dass auf diese Weise noch bisher unbekannte Naturgesetze aufgespürt werden könnten.

11.3 Fragen zu den Naturgesetzen

Frage F11: Können sich Naturgesetze im Lauf der Zeit ändern?

Antwort A11: Die Naturgesetze sind überall auf der Erde und nach unserem derzeitigen Wissen auch überall im Weltall in vollem Umfang und zu allen Zeiten gültig. Für Naturgesetze sind keine Ausnahmen bekannt. Das macht sie zu ehernen Gesetzen. Es wäre auch höchst problematisch, wenn sich die Naturgesetze im Lauf der Zeit ändern würden. Alle technischen Konstruktionen und Messapparaturen sind praktische Anwendungen der Naturgesetze. Würden sich die Naturgesetze mit der Zeit ändern, dann könnten Brücken und Hochhäuser einstürzen, die einmal korrekt unter Beachtung der Naturgesetze berechnet wurden. Da auch die physiologischen Lebensprozesse hiervon abhängig sind, würde auch hier die Änderung der Naturgesetze katastrophale Folgen haben. Über die Unveränderlichkeit der Naturgesetze siehe auch N5 in Kapitel 4.3.

Frage F12: Werden durch die Anwendung von N12 – Naturgesetze kennen keine Ausnahme – Prozesse *a priori* ausgeschlossen, die es doch geben könnte?

Antwort A12: Wenn es sich um ein *wirkliches* Naturgesetz handelt, dann wird es in der Tat auch nie ein Gegenbeispiel dazu geben. Es mag *vermeintliche* Naturgesetze geben, die für wirkliche Gesetze angesehen und vielleicht auch angewendet wurden. Durch ein einziges reproduzierbares, experimentell belegtes Gegenbeispiel, also eine Falsifikation, würde es den Status eines Naturgesetzes sofort verlieren. Der Energiesatz z.B. gilt in der Wissenschaft als unwiderlegbares, wirkliches Naturgesetz, und als solches wird er abermillionenfach erfolgreich in Physik und Technik angewandt. Immer wieder ist von Experimentatoren versucht worden, dieses so grundlegende Gesetz durch eine ausgeklügelte Idee zu Fall zu bringen. Es ist nie gelungen. Ein Physikprofessor sagte es in einem Gespräch neulich sehr pointiert:

> *»Wer den Energiesatz unbegründet nur anzweifelt, ist ein Spinner, wem es aber experimentell gelingen sollte, ihn zu falsifizieren, der bekommt sofort den Nobelpreis.«*

Frage F13: Wie viele Naturgesetze gibt es?

Antwort A13: Aus zwei Gründen kann die Gesamtzahl der Naturgesetze nicht genannt werden:

1. Es ist sehr wahrscheinlich, dass wir noch nicht alle existierenden Naturgesetze erkannt haben.
2. Manchmal lassen sich mehrere Naturgesetze im Rahmen eines übergeordneten Gesichtspunkts zusammenfassen. Dann erübrigt es sich, alle daraus ableitbaren Sätze extra aufzuführen.

In Kapitel 5 formulierten wir neun Erfahrungssätze (ES25 bis ES33) über Universelle Information, die in die sechs Naturgesetze (NGI-1 bis NGI-6) einmündeten. Bei NGI-4 haben wir fünf speziellere Sätze abgeleitet, die den Fokus auf einen jeweils anderen Aspekt legen. Je nach Formulierung lässt sich auch bei den Naturgesetzen der Universellen Information keine feste Anzahl nennen. Die oft zitierte Suche nach der Weltformel geht davon aus, dass sich alle Naturgesetze mithilfe einer einzigen Formulierung erfassen lassen. Dies dürfte ein utopisches Ziel sein.

Frage F14: Haben Sie Ihre Ausführungen über die Naturgesetze der Universellen Information Fachleuten vorgestellt? Wie lange haben

Sie gebraucht, um das Konzept in der jetzt vorliegenden Form zu erarbeiten?

Antwort A14: Diese Thematik habe ich an zahlreichen Universitäten des In- und Auslandes vorgetragen (siehe Anhang A6). Im Juni 1996 fand ein bemerkenswerter internationaler Kongress statt, der sich in besonderer Weise mit dem Informationsbegriff beschäftigte: *Second Conference on the Foundations of Information – The Quest for a Unified Theory of Information* [Nr. 26, Anhang A6]. Dort referierte ich über mein Informationskonzept. Bei solchen Gelegenheiten gibt es immer eine lebhafte Diskussion, und die Experten suchten das *eine* Gegenbeispiel zu finden, das die Naturgesetze der Universellen Information zu Fall bringen könnte. Die wissenschaftliche Gültigkeit dieser Gesetze wird durch die Tatsache gestützt, dass weder damals noch heute irgendeine echte Falsifikation einer der empirischen Aussagen oder der Naturgesetze vorgebracht werden konnte. Meinen ersten wissenschaftlichen Vortrag über die Theorie der Universellen Information hielt ich am 8. Oktober 1981 [G6]. Somit habe ich über 30 Jahre zur Erforschung und Weiterentwicklung meines Informationskonzeptes mit den Naturgesetzen aufgewandt. Inzwischen habe ich an Universitäten auf allen fünf Erdteilen über diese Thematik referiert. Diskussionen über die Universelle Information mit zahlreichen Wissenschaftlern im In- und Ausland haben mir sehr geholfen, das Konzept auf den hier in diesem Buch publizierten Stand zu bringen.

11.4 Universelle Information und Evolutionstheorie

Frage F15: Ist die Synergetik[82] des deutschen Physikers *Hermann Haken* nicht ein Hinweis dafür, dass aus Unordnung Ordnung entstehen kann und damit eine Evolution doch möglich wäre?

Antwort A15: *Haken* (*1927) nennt immer dieselben physikalischen Beispiele für das Entstehen von Ordnungsstrukturen. Nach einem Vortrag fragte ich ihn, ob er die genannten Ordnungsgefüge speichern könne. Dies musste er verneinen. Zur Speicherung eines gewonnenen

82 **Synergetik** versucht die Bildung und Selbstorganisation von Mustern und Strukturen in offenen Systemen zu erklären, die sich fernab vom thermodynamischen Gleichgewicht befinden.

Zustands braucht man einen Code. Da es den aber nirgends in einem physikalischen System gibt, fällt jede Ordnung in sich zusammen, wenn der dazu erforderliche Gradient (z. B. eine bestimmte Temperaturverteilung) aufgehoben wird.

Die Synergetik hegt in zweifacher Weise falsche Erwartungen:

1. Sie beschreibt geordnete Strukturen, die durch rein physikalisch-chemische Prozesse entstanden sind. Die »Ordnung« dieser Strukturen kennt jedoch nicht die Komplexität und das vielfache Zusammenspiel mit anderen Strukturen oder spezielle Funktionen, die zum Leben erforderlich sind. Mit anderen Worten: Sie haben nur eine geringe Menge an statistischer Information, aber die anderen Ebenen der UI fehlen vollständig.
2. Der zweite Punkt ist noch bedeutender: Selbst wenn wir annähmen, die nötigen Strukturen entstünden, so bräuchten sie einen Mechanismus, der sie von einer Generation zur anderen weiterreichte. Wir kennen diesen Mechanismus als den genetischen Code, und die Synergetik ist außerstande zu erklären, wie ein solcher Code durch rein materielle Prozesse entstehen könnte.

Frage F16: Was sagen Sie zu den *Miller*-Experimenten, mit denen in jedem Schulbuch versucht wird, eine chemische Evolution zu belegen?

Antwort A16: Bis heute haben die Experimente nach *Stanley Miller* (1930 - 2007) nur einige Grundbausteine des Lebens (Aminosäuren) synthetisiert, niemals aber Funktionseiweiße oder etwas annähernd Vergleichbares. Darum spricht man auch von »Proteinoiden« anstatt von Proteinen. Aber selbst wenn einmal ein geeigneter Eiweißstoff mit langer Aminosäurekette und richtiger optischer Drehung entstehen würde, wäre damit noch keine Evolution in Gang gesetzt. Es müsste ein Codesystem vorhanden sein, das die Information über den Eiweißstoff festhält, um ihn dann später aufgrund dieser Anweisung zu synthetisieren. Ein Codesystem aber kann niemals in der Materie von selbst entstehen (NGI-2 und NGI-3, Kapitel 5.5 und 5.6).

Alles in allem geben die *Miller*-Experimente überhaupt keine Antworten, die einen rein materiellen Ursprung des Lebens erklären könnten.

Ein grober Vergleich wäre folgender: Durch die Experimente habe man einige der Buchstaben des deutschen Alphabets erzeugt, aber damit wäre man nicht in der Lage, *Goethes* »Gesammelte Werke« zu verstehen. Ja, schlimmer noch, es müssten nicht nur einige, sondern alle »deutschen Buchstaben« hergestellt werden, außerdem die Zeichensetzung und darüber hinaus die grammatischen Regeln für die Kombination dieser Buchstaben. Schließlich müssten *Goethes* Werke produziert werden. Das wäre noch der einfachere Teil! Das Ganze müsste weiterhin völlig aus sich heraus geschehen, absolut ohne die Leitung durch einen intelligent Handelnden. Die *Miller*-Experimente wurden sorgfältig geplant und kontrolliert, sogar so weit, dass man eine Eingreifebene für den Forscher installierte, die weit über das hinausging, was für die Simulation eines echten Zufallsprozesses erlaubt war.

Frage F17: Kann durch Mutation neue Universelle Information entstehen?

Antwort A17: Im Rahmen der Evolutionsvorstellungen spielt dieser Gedanke eine wesentliche Rolle. Doch wie wir in früheren Kapiteln gesehen haben, kann durch Mutationen keine neue Universelle Information in der DNS entstehen. Wie in Kapitel 5.6 gezeigt wurde, verändern Mutationen vorhandene UI sehr wohl (es handelt sich dann aber um modifizierte und nicht um neu geschaffene UI). Allerdings zeigen alle Beobachtungen bis heute, dass Mutationen weitgehend zum Verlust ursprünglicher Funktionalität (Pragmatik) führen, aber nicht zu neuer UI oder zu neuer Funktionalität. Mutation ist keine Quelle (neuer) kreativer Information, wodurch neue Baupläne für neue Funktionen oder neue Organe entstehen könnten. Rein materielle Prozesse sind gemäß NGI-2 nicht in der Lage, neue Konzepte zu entwerfen.

Frage F18: Biologische Systeme haben oft die Fähigkeit, sich an neue Umweltbedingungen anzupassen. Ist dies nicht ein Zuwachs oder eine Neuschöpfung von Information, die durch rein materielle Prozesse zustande kommt?

Antwort A18: Auf den ersten Blick könnte man diesen Eindruck gewinnen. Es handelt sich jedoch bei den oft zitierten Beispielen durchweg um Adaptionen innerhalb einer Art. Die dazu erforderlichen Programme sind den Lebewesen bereits schöpfungsmäßig mitgegeben; sie sind also keineswegs neu entstanden. Am Beispiel der Entstehung der verschieden Menschengruppen (z. B. mit unterschiedlichen Hautfarben) haben die Autoren *Don Batten*, *Ken Ham*, *Jonathan Sarfati* und *Carl Wieland* sehr eindrucksvoll zeigen können [B2, S. 226-243], wie die verschiedenen Rassen aus der Familie Noahs entstanden sind. Die dazu erforderliche Information ist nicht durch evolutive Prozesse entstanden, sondern ist ein Anteil jener Information, die der Schöpfer von Anfang an mitgegeben hat.

11.5 Fragen zur Theorie der Universellen Information

Frage F19: Gibt es für UI auch einen Erhaltungssatz wie bei der Energie?

Antwort A19: Nein! Mit Kreide an die Tafel geschriebene Information kann ich auslöschen. Ein in Jahren erarbeitetes Buchmanuskript mit vielen neuen Gedanken ist unwiederbringlich verloren, wenn es jemand in den Ofen wirft. Wenn eine CD mit einem umfangreichen Text formatiert, also völlig gelöscht wird, so ist diese Information auch verloren. Andererseits kann neue UI in einem Denkprozess ständig erzeugt werden.

Frage F20: Hat Universelle Information etwas mit der Entropie des Zweiten Hauptsatzes zu tun?

Antwort A20: Der Zweite Hauptsatz der Thermodynamik gilt nur für die materielle Welt (unterste Ebene in *Bild 24*, Kapitel 5.11); aber Universelle Information ist eine nicht-materielle Größe (NGI-1 in Kapitel 5.4) – die allerdings mithilfe materieller Medien gespeichert und übertragen wird. Diese materiellen Medien sind dem Zweiten Hauptsatz der Thermodynamik unterworfen, und die von ihnen übertragene UI verschlechtert sich, wenn das Medium schlechter wird. Im Bereich der *Shannonschen* Information (statistische Ebene) gibt es ebenfalls einen Begriff mit demselben Namen »Entropie«. Damit ist aber etwas völlig anderes gemeint als das, was die Physik Entropie nennt. In der Thermodynamik geht es um Materieteilchen, bei *Shannon* um Zeichen. Nur die Formeln haben einen analogen Aufbau. Es ist schade, dass zwei so unterschiedliche Phänomene mit demselben Wort belegt worden sind.

Frage F21: Die natürlichen Sprachen befinden sich in einem dynamischen Prozess der Änderung. Widerspricht das nicht Ihrem Satz, dass die Codevereinbarung beibehalten werden muss?

Antwort A21: Ist einmal ein Codesystem durch die Formung eines Symbolsatzes und einer Syntax entwickelt worden, so muss strikt daran festgehalten werden. Immer wieder nimmt unsere Sprache aus aktuellem Anlass neue Wörter auf, die es in dieser Form und vor allem mit dieser Bedeutung vorher nicht gab. So liegt diesen Wörtern sehr wohl eine Bedeutungsvereinbarung zugrunde.

Die »Gesellschaft für deutsche Sprache«, Wiesbaden, ermittelt jährlich das »Wort des Jahres«, aber auch das »Unwort des Jahres«.[83] Für die letzten Jahre seien diese in der Fußnote einmal aufgelistet. Alle diese Wörter wurden in einem ganz bestimmten Kontext – meistens aus dem Umfeld der Politik – gebildet. Aus der Alltagssituation in

83

	Wort des Jahres	**Unwort des Jahres**
2017	Jamaika-Aus	Alternative Fakten
2016	postfaktisch	Volksverräter
2015	Flüchtlinge	Gutmensch
2014	Lichtgrenze	Lügenpresse
2013	GroKo	Sozialtourismus
2012	Rettungsroutine	Opfer-Abo
2011	Stresstest	Döner-Morde
2010	Wutbürger	Alternativlos
2009	Abwrackprämie	Betriebsratsverseucht
2008	Finanzkrise	Notleidende Banken
2007	Klimakatastrophe	Herdprämie
2006	Fanmeile	Freiwillige Ausreise
2005	Bundeskanzlerin	Entlassungsproduktivität
2004	Hartz IV	Humankapital
2003	Das alte Europa	Tätervolk
2002	Teuro	Ich-AG
2001	Der 11. September	Gotteskrieger
2000	Schwarzgeldaffäre	National befreite Zone
1999	Millennium	Kollateralschaden
1998	Rot-Grün	Sozialverträgliches Frühableben
1997	Reformstau	Wohlstandsmüll
1996	Sparpaket	Rentnerschwemme

Deutschland waren diese Begriffe insbesondere in dem betreffenden Jahr wohlbekannt und damit definiert. Niemand würde *Besserwessi* (1991) für eine Puddingsorte oder einen Gardinenstoff halten. In jedem Fall werden die Syntax und die Semantik der Sprache strikt eingehalten. Wenn ich hingegen neue Wörter wie z. B. *Reseweit* oder *Kratemunt* an die Tafel schreibe, könnte niemand etwas damit anfangen. In diesen Fällen würde die Vereinbarung in der Tat fehlen. Kurz gesagt: Sprachen sind dynamische Systeme, in denen es ständige Hinzufügungen, aber auch Verluste und Veränderungen gibt. Wir beobachten, dass die grundlegenden Mechanismen und Konstruktionen (also ihre Syntax) innerhalb einer Sprache ziemlich unverändert bleiben.

Frage F22: Haben die Untersuchungen zur »Software-Komplexität« etwas mit der Universellen Information zu tun?

Antwort A22: Alle Computer-Software gehört zum Definitionsbereich von Universeller Information. Weil UI eine nicht-materielle Größe ist, kann sie nicht in der Weise quantifiziert werden, wie es bei den materiellen Größen möglich ist. Lediglich auf der statistischen Ebene, wenn eine Sequenz von Zeichen auf ein materielles Medium gespeichert wird, kann die statistische Eigenschaft von UI in der Einheit Bit bemessen werden (siehe Anhang A1). Obwohl es nicht möglich ist, UI auf den anderen Ebenen mathematisch zu behandeln, hat es doch zahlreiche Versuche gegeben, zumindest ein Charakteristikum der Universellen Information zu quantifizieren, nämlich ihre Komplexität. Dr. *Horst Zuse* (*1945), der Sohn des Computer-Erfinders *Konrad Zuse*, sammelte alle diese Versuche in seinem umfassenden Werk *Software Complexity* [Z1]. Hierbei geht es ausschließlich um Versuche, die Komplexität von Computerprogrammen quantitativ zu erfassen, wobei er folgende Unterscheidungen vornimmt:

- *die strukturelle* (topografische Beziehungen zwischen den System-Komponenten),
- *die algorithmische* (bezogen auf die angewandten Rechenmethoden),
- *die logische* (die relative Schwierigkeit von logischen Entscheidungen oder Abläufen oder Verzweigungen innerhalb eines Systems),

- *die konzeptionelle* (hat mit der psychologischen Wahrnehmung oder der Vervollständigung eines Systems zu tun) und
- *die textuale Komplexität* (statistische Analyse einer Programmquelle).

Die Komplexität zu quantifizieren, ist eine sehr schwierige Aufgabe, weil es viele Ansätze gibt, Komplexität messbar zu machen. Software kann man nach dem Zeitaufwand, den die Erstellung kostete, oder nach der Anzahl der zu der Erstellung benötigten Operationen oder nach der Menge an Speicherplatz für mehr oder weniger komplex halten. Wir finden mehr als 200 verschiedene Maße für Komplexität in der Literatur angegeben – z. B. Prozessmaße, Produktmaße, statische und beschreibende Maße, Black-Box-Maße, Qualitätsmaße, Designmaße. Die Verwirrung ist hier derart groß, dass es einem Programmierer damit noch nicht einmal gelingt, die Komplexität recht einfacher Programme miteinander zu vergleichen. Mehr noch: Es gibt noch nicht einmal eine Definition für Komplexität, sodass gesagt werden könnte: »*Programm A ist komplexer als Programm B.*«

Wir haben hier noch zu bedenken: Programmiersprachen sind für einen recht eingegrenzten Anwendungsbereich konzipiert (z. B. Berechnungen, administrative Probleme, Grafiksoftware). Sie sind darum hinsichtlich ihres Wortumfangs, ihrer Struktur, Syntax und Ausdrucksmöglichkeiten erheblich eingeschränkter als die natürlichen Sprachen. Wenn es schon bei diesen künstlichen Computersprachen noch nicht einmal gelingt, die Programmkomplexität zu messen, wie weit ist man dann erst davon entfernt, ihre Semantik zu quantifizieren! Das lässt ahnen, dass es bei dem viel allgemeineren Begriff der *Universellen Information* wohl kaum möglich sein wird, Semantik, Pragmatik und Apobetik messbar zu machen.

Frage F23: In welchem Zusammenhang stehen die Aussagen der amerikanischen »*Intelligent-Design-Bewegung*« und Ihrer »*Theorie der Universellen Information*« (TUI)?

Antwort A23: Der zentrale Begriff in der Intelligent-Design-Theorie ist die **Spezifizierte Komplexität** (Specified Complexity). Die amerikanischen Wissenschaftler *William A. Dembski* und *Stephen C. Meyer* haben in gewisser Weise die Begriffe »spezifizierte Komplexität« und »Information« miteinander vereinigt (*Leslie Orgel* prägte den ersteren Ausdruck in seinem Buch *Origin of Life* aus dem Jahr 1973). Nach *Dembski* und *Meyer* wird »Information« im allgemeinsten Sinn erzeugt, wobei man sich so wenige Beschränkungen wie möglich auferlegt, wenn mindestens eine Möglichkeit von der Menge aller vorhandenen Möglichkeiten ausgeschlossen wird. So zeigt ein einmal geworfener Würfel genau ein Element der Menge **S** = {1, 2, 3, 4, 5 oder 6}. **S** repräsentiert die Menge aller Möglichkeiten. Wenn einem gesagt wird, dass eine »3« beim Würfeln herauskam, dann hat man nach der Definition von *Dembski* »Information« erhalten – weil alle anderen Möglichkeiten von **S** dadurch ausgeschlossen wurden. In diesem Sinn also – und nur in diesem Sinn – definieren, quantifizieren, messen und verwenden *Shannon, Dembski, Meyer et al.* den Begriff »Information«.

Dembski und *Meyer* wollten damit den Gedanken zum Ausdruck bringen, dass ein System, das gemäß ihrer Definition »Unwahrscheinlichkeit«, »Komplexität« und »Spezifizierung« aufweist, *nur* durch die Aktivität eines intelligenten Urhebers erzeugt worden sein kann [D3]. Das Wort »Design« (»Plan«) wird benutzt, um dies auszudrücken. Anders gesagt: Ein Gegenstand, eine Struktur oder ein Ereignis, das *Unwahrscheinlichkeit, Komplexität* und *Spezifizierung* aufweist, wird als »geplant« (engl. *designed*) bezeichnet, oder – was dasselbe ausdrücken soll – man nennt es *»Komplex Spezifizierte Information«* (KSI). Somit ist KSI eine spezielle Art von »Information« – spezifisch darin, dass sie (wegen ihrer Unwahrscheinlichkeit) sowohl komplexe als auch spezifizierte »Information« ist. Diese Definition trifft zu auf menschliche Sprachen, Computercodes, Maschinen, Kunstwerke und sogar auf die natürliche Welt, wie z. B. DNS, Proteine, Ornamente auf Schmetterlingsflügeln und Tierwanderungen (Zugvögel).

Nach dieser Definition ist auch festgelegt, dass die 18,3 Meter hohen Gesichter von vier amerikanischen Präsidenten am Mount Rushmore in South Dakota *komplex spezifizierte Information* enthalten, weil diese Gesichter die drei Eigenschaften von KSI erfüllen, nämlich Unwahrscheinlichkeit, Komplexität und Spezifikation. *Dembski* verallgemeinerte dieses Beispiel, indem er zeigte, dass die einzige Quelle für neue KSI nur Intelligenz sein kann. Er wies nach, dass DNS sich auch als KSI qualifiziert. Weil alle von den Materialisten in den letzten vierzig Jahren vorgeschlagenen Modelle für die Entstehung der genetischen »Information« versagt haben, bleibt Intelligenz als einzig mögliche Ursache übrig.

Bemerkungen: *Dembskis* »Komplex Spezifizierte Information« (KSI) unterscheidet sich von Universeller Information (UI) vor allem dadurch, dass KSI die Grenzen des Definitionsbereiches für Information weiter zieht als bei der UI; denn Syntax, Semantik, Pragmatik und Apobetik müssen in UI immer explizit (oder auch implizit erkennbar) vorhanden sein. In der KSI können, aber müssen nicht alle vier vorhanden sein; nur die Absicht (Apobetik) muss ausdrücklich ausgewiesen sein, und zwar in Form einer Spezifikation.

Ein Kampfflugzeug (hier ist nur die Hardware gemeint) erweist sich als KSI. Im Sinne unserer Informationstheorie ist es jedoch keine UI, weil Syntax und Semantik nicht explizit zu finden sind. In dem Mount-Rushmore-Beispiel ist nur die Apobetik explizit erkennbar. Es sei hier angemerkt, dass zur Planung, Herstellung und Instandhaltung des Kampfflugzeugs und bei der Planung und beim Herausmeißeln der Präsidentenköpfe von Mount Rushmore UI angewendet wurde. So können wir sagen, dass der KSI UI vorausging.

Wir erkennen, dass es eine große Schnittmenge zwischen *Komplex Spezifizierter Information* und *Universeller Information* gibt. Zu einer weitgehenderen Übereinstimmung kommt man dann, wenn wir zwischen ursprünglicher KSI (Primary CSI) und sekundärer KSI (Secundary CSI) unterscheiden.

Die »Ursprüngliche Komplex Spezifizierte Information« ist eine KSI, die alle zu unterscheidenden Ebenen der UI explizit aufweist. Zwischen ursprünglicher KSI und UI gibt es dann keinen Unterschied. »Sekundäre Komplex Spezifizierte Information« ist eine KSI, in der eine oder auch mehrere Ebenen der UI nicht explizit vorkommen. In den obigen Beispielen vom Kampfflugzeug und den Mount-Rushmore-Köpfen handelt es sich um Sekundär-KSI. Selbstverständlich war die ursprüngliche KSI von einem intelligent Handelnden erzeugt, weil ursprüngliche KSI dasselbe ist wie UI. Erwähnt sollte fernerhin sein, dass ursprüngliche KSI (das ist UI) für die Planung, Konstruktion und Erhaltung aller Größen erforderlich ist, die Sekundär-KSI zeigen.

Bei jedem Ereignis, in dem wir Sekundär-KSI entdecken, wissen wir dreierlei:

1. Die Sekundär-KSI wurde von einem intelligent Handelnden erzeugt.
2. Dieser intelligent Handelnde benutzte UI (oder eine andere Informationsart, die Semantik, Pragmatik und Apobetik zeigt), um die Sekundär-KSI zu planen und zu erzeugen.
3. Ein intelligent Handelnder kann die Sekundär-KSI genau untersuchen und messen und von dieser Untersuchung her im Umkehrschluss die originale ursprüngliche KSI (UI) rekonstruieren, die zur Planung und Erschaffung dieser bestimmten Größe verwendet wurde.

Seinem Ergebnis, dass das Leben nur durch Intelligenz entstanden sein kann, stimme ich *Dembski* [D3] voll und ganz zu. Auf einige Unterschiede zur »Theorie der Universellen Information« sei jedoch hingewiesen:

- Die Fragen – »Wie kann ich an einem unbekannten System eindeutig entscheiden, dass es sich um *Spezifizierte Komplexität* handelt?«; »Welches Kriterium zeigt mir eindeutig an, dass die Ursache nur durch intelligente Aktivität zustande kam oder ob materielle Erklärungen ausreichen?« – werden nach subjektiven Empfindungen entschieden.
- *Dembski* nennt zwei Kennzeichen der *Spezifizierten Komplexität*, nämlich »hohe Komplexität« (oder niedrige Wahrscheinlichkeit) und »Spezifikation« (Funktionalität). Da Komplexität nicht eindeutig definierbar ist, ist es als Kriterium kaum geeignet, um eine sichere Schlussfolgerung zu ziehen.
- *Dembski* vermischt Artefakte *ohne* Code (siehe Kapitel 3.4, *Bild 15*, Bereich B, z. B. Mount-Rushmore-Bilder) und Systeme *mit* Code

(Kapitel 3.4, *Bild 15*, Bereich A) und verliert damit das Entscheidungskriterium.

Mit der »Theorie der Universellen Information« umgehen wir diese Unsicherheit sowohl in der Systemanalyse als auch in den Schlussfolgerungen, indem wir

1. präzise definieren, was wir unter jener Größe *Information* verstehen, für die sich Naturgesetze formulieren lassen;
2. Kriterien nennen, die die eindeutige Zuordnung zum Definitionsbereich erlauben;
3. zu Schlussfolgerungen gelangen, die nicht auf Wahrscheinlichkeiten beruhen, sondern mit naturgesetzlicher Strenge möglich sind.

Bewertung der Intelligent-Design-Bewegung: Dem Konzept von *Dembski* und *Meyer* können wir voll zustimmen, denn wir haben ein gemeinsames Ziel. Es gilt unseren Zeitgenossen zu helfen, aus der Sackgasse von Materialismus und Evolutionismus herauszufinden. Wie hier dargelegt wurde, liegen die Ansätze nahe beieinander. Die *Intelligent-Design-Bewegung* hält sich zurück, wenn es um die Frage der Person des Designers geht. Das hat den Vorteil, dass säkulare Wissenschaftler nicht den Vorwurf erheben können, man wolle Gott ins Spiel bringen. Andererseits können ihre Ergebnisse von nichtchristlichen Religionen als Begründung für die Existenz ihrer Götter missbraucht werden. In der *Theorie der Universellen Information* benutzen wir die Naturgesetze der Universellen Information auch, um Wesensaussagen über den Schöpfer (z. B. allwissend, allmächtig, alles durchdringend, ewig) zu machen. Wir beantworten die offenen Fragen bewusst mit der Bibel und bezeugen Jesus Christus als den Urheber aller Dinge (Kapitel 9.5.3) und als den unbedingt erforderlichen Retter zum ewigen Leben (siehe Epilog).

Epilog

Sie haben nun das Ende dieses umfangreichen Buches erreicht. Auf weiten Strecken gab es neues wissenschaftliches Gedankengut, wozu auch neue Begriffe erforderlich wurden. Möge Ihnen das Mitdenken zum Gewinn geworden sein. Unser Ziel war es auch, die Wissenschaft durch solche Fakten und Schlussfolgerungen sprechen zu lassen, die erst nach *Darwins* Zeiten ans Licht gekommen sind und die nicht nur die Theorie der Evolution widerlegen, sondern auch alle materialistischen und atheistischen Weltanschauungen (siehe Anhang A4). Vielleicht haben Sie eine neue Perspektive für Ihr Leben gewonnen, die auch im 21. Jahrhundert wissenschaftlich und biblisch tragfähig ist.

Wir haben begründet, warum die Bibel ein außergewöhnliches und vertrauenswürdiges Buch ist, in dem Gott, der sich selbst in Jesus Christus offenbart hat, persönlich zu uns spricht. Er möchte Sie einladen, durch eine Änderung Ihres Lebens, d.h. durch eine Hinwendung zu Christus, die Ewigkeit mit ihm im Himmel zu verbringen. Dieser Aufenthaltsort wird im 1. Korintherbrief 2,9 als unvorstellbar schön beschrieben: »*Was kein Auge gesehen hat und kein Ohr gehört hat und in keines Menschen Herz gekommen ist, (ist das,) was Gott denen bereitet hat, die ihn lieben.*« Die Einladung gilt! Wenn Sie darauf eingehen, werden Sie von Gott sehr reich beschenkt. Das folgende Erlebnis ist ein Beispiel dafür, wie einfach es ist, dieser Einladung zu folgen:

Die Notwendigkeit einer Initialzündung

Es war Winterzeit. In der Gemeinde unserer Freunde *Werner* und *Hanna Trauernicht* in Spetzerfehn/Ostfriesland gab es einen Gästeabend. Mein Thema lautete: »Freu dich auf den Himmel«. Am Ende der Ansprache ermutigte ich die Gäste, Gottes Einladung anzunehmen, um an dem ewigen Fest im Himmel teilzunehmen. Ein junges Ehepaar blieb zurück, um weiter darüber zu reden. Ich fragte beide direkt, ob sie die Ewigkeit im Himmel zubringen möchten. *André* war aufgrund von gelegentlichen Gesprächen mit *Werner* schon gut informiert und bejahte die Frage. Seine Frau hingegen blieb ziemlich skeptisch und begründete ihre Unentschlossenheit damit, sie habe über den Glauben noch nicht viel gehört. Sie meinte, der Glaube müsse erst einmal wachsen, und dann könne sie ja später noch einmal darüber nachdenken. Ich saß am Kopfende des Tisches, rechts von mir *André* und links *Sandra*. Sie war hochschwanger. Auf ihr Argument des erst wachsenden Glaubens wandte ich nun Folgendes ein: »Sie werden in Kürze ein Baby bekommen. Im Augenblick wächst es noch in Ihrem Leib heran. Für dieses Leben war eine Initialzündung erforderlich, und erst dann begann das Wachstum. So ist es auch mit dem Glauben an Christus. Ohne Initialzündung wächst gar nichts. Im Glauben heißt diese Zündung Bekehrung[84] zu Jesus Christus.«

Diese gleichnishafte Erklärung war ihr sofort einsichtig. Bei beiden kam es während dieses Gesprächs zu der »Initialzündung«, die das ewige Leben bewirkt. Etwa ein Jahr später traf ich sie bei einer Geburtstagsfeier wieder. Voller Freude berichtete *André* mir, dass sie beide im Glauben gewachsen seien und inzwischen gerne in einer Gemeinde mitarbeiten. Alles hatte mit einer Initialzündung angefangen.

Wie komme ich in den Himmel?

Wir kommen nun zu der wichtigsten Frage unseres Lebens überhaupt: Wie kann ich gewiss werden, dass ich in den Himmel komme? Jesus hat es uns sehr deutlich gesagt: *»Ich bin die Tür (zum Himmel)«* (Johannes 10,9), und: *»Ich gebe ihnen das ewige Leben«* (Johannes 10,28). Schritt um Schritt wird dies nun in Form eines Dialogs erläutert. Wenn Sie diesen Weg beschreiten wollen, können Sie dies jetzt wie anhand einer Gebrauchsanweisung tun.

Erkennen Sie sich im Licht der Bibel: Wir wollen zusammen Römer 3,22b-23 lesen: *»Denn es ist hier kein Unterschied: Sie sind alle-*

84 Das Wort »Bekehrung« bedeutet »Umkehr« von einem Leben, in dem Jesus keine besondere Rolle gespielt hat, in eine persönliche Beziehung zu Jesus. In manchen Bibelübersetzungen wird das Wort »bekehren« darum auch mit »wendet euch zu Gott«, »kehrt zu ihm um«, »da wandten sie sich zu dem Herrn«, »begannen sie, an Jesus, den Herrn, zu glauben« oder »nahmen Jesus als ihren Herrn an« beschrieben.

samt Sünder und ermangeln des Ruhmes, den sie bei Gott haben sollten.« Diese Bibelstelle zeigt uns unsere Verlorenheit vor dem lebendigen Gott. Wir haben durch unsere Sünde, die uns von Gott trennt, keinen Zugang zu Ihm, und wir haben – entgegen unserer Selbsteinschätzung – auch nichts vorzuweisen, was uns vor Ihm angenehm erscheinen ließe. Kurz gesagt: Wir haben keine Verdienste vor Gott und besitzen auch nichts, womit wir mit Ihm ausgesöhnt werden könnten. Seit dem Sündenfall besteht eine tiefe Kluft zwischen dem Gott der Bibel und der sündigen Menschheit. Können Sie Gottes Einschätzung zustimmen, dass alle Menschen gefallene Sünder sind?

Der einzige Ausweg: Es gibt nur *einen einzigen* Weg, der uns aus diesem Dilemma herausführt, und dieser Ausweg wurde von Gott selbst geschaffen. Sein Sohn Jesus Christus nahm willig die Strafe für unsere Sünden am Kreuz auf sich. Er litt stellvertretend für uns. Jesus kam, um zu retten, was verloren ist (Matthäus 18,11). Rettung ist in niemand anderem und auf keine andere Weise zu finden (Apostelgeschichte 4,12). Können Sie dieser Tatsache ebenfalls zustimmen?

Bekennen Sie Ihre Sünden: In 1. Johannes 1,8-9 lesen wir: »*Wenn wir sagen, dass wir keine Sünden haben, so betrügen wir uns selbst, und die Wahrheit ist nicht in uns. Wenn wir unsere Sünden bekennen, so ist er treu und gerecht, dass er uns die Sünden vergibt und uns reinigt von aller Ungerechtigkeit.«* Jesus hat aufgrund seines Erlösungswerkes auf Golgatha die Vollmacht, Sünden zu vergeben. Wenn wir uns auf Seine Zusagen berufen und Ihm unsere Schuld bekennen und Ihn um Vergebung bitten, können wir sicher sein, dass Er Sein Versprechen hält. Wir können uns darauf verlassen, dass Er uns ganz sicher von allen unseren Belastungen und deren ewigen Folgen befreit.

Nachdem wir diese grundlegenden Dinge bedacht haben, kommt es nun auf das Handeln an. Sind Sie dazu bereit? Wenn Sie das bejahen, dann können Sie das jetzt dem Herrn Jesus im Gebet sagen. Wichtig ist bei diesem Gebet, dass es wirklich von Herzen kommt und auch Ihrer Überzeugung entspricht (was nun folgt, ist nur ein Vorschlag für ein frei formuliertes Gebet):

»Herr Jesus Christus, ich habe mein Leben so zugebracht, als gäbe es Dich überhaupt nicht. Jetzt habe ich erkannt, wer Du bist und was Du für uns Menschen getan hast, und so wende ich mich im Gebet zu Dir. Ich weiß jetzt, dass es einen Himmel gibt, aber genauso auch eine Hölle. Bitte, rette mich vor der Hölle, vor diesem Ort, an den zu kommen ich verdient habe als Folge aller meiner Sünden, vor allem wegen meines Unglaubens. Ich möchte Dich bitten, einmal bei Dir für alle Ewigkeit im Himmel sein zu dürfen. Ich begreife, dass ich nicht durch eigene Verdienste in den Himmel kommen kann, sondern allein durch den Glauben an Dich. Weil Du mich liebst, bist Du für mich am Kreuz gestorben und nahmst meine Schulden auf Dich und bezahltest für sie an meiner statt. Ich danke Dir dafür. Du kennst alle Übertretungen im Laufe meines Lebens, sogar diejenigen aus meiner Kindheit und Jugendzeit. Du weißt um alle Sünden, die ich je begangen habe, nicht nur diejenigen, an die ich mich erinnere, sondern auch jene, die ich längst vergessen habe. Du weißt alles über mich. Jede Regung meines Herzens ist Dir bekannt, sei es Freude, Traurigkeit, Glück oder Verzweiflung. Ich bin vor Dir wie ein aufgeschlagenes Buch. Weil ich mit meiner schuldhaften Vergangenheit vor Dir und vor Gott dem Vater nicht bestehen kann, ist mir der Zugang zum Himmel verschlossen. Darum bitte ich Dich, mir alle meine Sünden zu vergeben, die ich von Herzen bereue. Amen.«

Sie haben dem Herrn Jesus Ihre Vergangenheit hingelegt. Er selbst verbürgt sich für die Vergebung Ihrer Schuld. Was meinen Sie, wie viel von Ihrer Schuld jetzt getilgt ist? 10 %, 80 % oder 90 %? Es steht geschrieben: *»[Er] reinigt uns von* ***aller*** *Ungerechtigkeit«* (1. Johannes 1,9). Damit ist gesagt: Ihnen ist **vollständig** vergeben worden! Ja, wirklich alles, und das sind volle 100 %! Das ist für Sie nun eine Tatsache. Die Bibel legt Wert darauf, dass wir das von Gott Zugesagte nicht etwa als Einbildung empfinden, auch nicht als eine denkbare Möglichkeit oder vage Hoffnung! Es soll uns eine feste Gewissheit sein, und darum lesen wir in 1. Petrus 1,18-19:

»Denn ***ihr wisst****, dass ihr nicht mit vergänglichen Dingen, mit Silber oder Gold, erlöst worden seid, … sondern mit dem kostbaren Blut*

Christi als eines Lammes ohne Fehler und ohne Flecken« (Elberfelder 2006).

Und in 1. Johannes 5,13 finden wir die nochmalige Bestätigung:

> *»Das habe ich euch geschrieben, damit **ihr wisst**, dass ihr das ewige Leben habt, die ihr glaubt an den Namen des Sohnes Gottes.«*

Lebensübergabe: Der Herr Jesus hat Ihnen soeben alle Sünden vergeben. Nun können Sie Ihm Ihr ganzes Leben anvertrauen. In Johannes 1,12 lesen wir: *»So viele ihn aber aufnahmen, denen gab er das Recht, Kinder Gottes zu werden, die an seinen Namen glauben.«* Damit gibt Gott uns ein Versprechen: Alle, die den Herrn Jesus einladen, in ihr Leben einzutreten, und ihm alle Bereiche des Lebens anvertrauen, werden dadurch zu Kindern Gottes. Um es deutlich zu betonen: Kinder Gottes werden wir nicht als Belohnung für irgendwelche guten Taten oder weil wir so fromm sind oder weil wir zu einer bestimmten Kirche gehören. Wir werden nur dadurch zu Kindern Gottes, indem wir unser Leben dem Sohn Gottes anbefehlen und willens sind, Ihm nachzufolgen, d.h. in Seiner Spur zu wandeln. Auch das wollen wir in einem Gebet festmachen:

> *»Lieber Herr Jesus, ich lade Dich ein, in mein Leben zu kommen. Ich nehme Dich als meinen Herrn und Retter an. Wirke von nun an in meinem Leben, denn ich möchte jetzt so leben, dass es Dir gefällt. Schenke es mir, dass ich all das aufgeben kann, was in Deinen Augen nicht richtig ist, und segne mich mit neuen Verhaltensweisen. Hilf mir, Dein Wort, die Bibel, zu verstehen. Gib Gelingen, dass ich begreife, was Du mir in Deinem Wort sagen willst. Zeige mir den Weg, den ich jetzt gehen soll. Ich will Dir folgen, so gut ich es kann. Ich glaube Deiner Zusage, dass ich nun durch meine Umkehr zu Dir ein Kind Gottes geworden bin, das eines Tages in den Himmel kommt und ewig dort bleiben darf. Ich danke Dir für diese unverdiente Gnade, die mich sehr reich gemacht hat. Ich freue mich, Dich in jeder Situation des Lebens an meiner Seite zu haben. Hilf mir, solche Leute zu finden, die auch an Dich glauben, und hilf mir, eine Gemeinde zu finden, wo Deinem Wort ohne Abstriche geglaubt wird. Amen.«*

Angenommen: Der Herr Jesus hat Sie angenommen! Er hat Sie für sich erworben; dafür hat Er durch seinen Tod am Kreuz einen sehr hohen Preis gezahlt. Sie sind nun ein Kind Gottes geworden. Wer Kind ist, ist auch Erbe. Sie sind Erbe Gottes und somit ein Erbe der himmlischen Welt. Können Sie sich vorstellen, was jetzt im Himmel vor sich geht? In Lukas 15,10 erklärt uns Jesus: »*So, sage ich euch, wird Freude sein vor den Engeln Gottes über einen Sünder, der Buße tut.*« Der ganze Himmel gerät in Bewegung, wenn ein Mensch die Botschaft des Evangeliums ernst nimmt und sie in seinem Leben umsetzt. Die Bibel nennt den Prozess der Hinwendung zu Jesus *Bekehrung*; dabei übergeben wir Ihm unsere Schuld, und Er tilgt sie. Gleichzeitig geschieht von Gott aus die *Wiedergeburt* an uns: Er gibt uns das neue Leben der Kindschaft – wir sind von Neuem geboren! Nun ist uns neues Leben geschenkt (mit einem neuen Geist). Wir sind Gottes Kinder. *Bekehrung* und *Wiedergeburt* gehören somit zusammen – sie sind die beiden Seiten derselben Münze.

Danksagung: Die Errettung ist Gottes Gabe durch den Herrn Jesus an uns. Nur wegen Seiner Liebe ist dieses überhaupt möglich geworden. Wir können rein gar nichts zu diesem Werk der Erlösung beitragen. Jeder, der etwas geschenkt bekommt, sagt: »Danke!« Sagen Sie dem Herrn Jesus reichlich Dank mit Ihren eigenen Worten!

Was kommt jetzt? Die Bibel vergleicht Ihren jetzigen Zustand mit dem eines neugeborenen Kindes. Es gehört selbstverständlich zu seiner Familie, und so gehören Sie von nun an zu der großen Familie Gottes. Neugeborene befinden sich in einer kritischen Lebensphase. Das gilt auch für unser Glaubensleben. Die Geburt durch Bekehrung und Wiedergeburt ist gut verlaufen. Echtes, neues Leben ist da. Nun sind Nahrung (Milch) und gute Pflege unbedingt erforderlich. Natürlich hat Gott auch hier vorgesorgt und alles getan, damit Sie eine gute Entwicklung nehmen können. Schäden für unseren kindlichen Glauben können vermieden werden, wenn wir Gottes Gebote beachten.

Die gewaltigste Predigt, die je auf dieser Erde gehalten wurde, ist die Bergpredigt von Jesus (Matthäus 5–7). Sie beginnt mit dem Satz: »*Selig sind, die da geistlich arm sind; denn ihrer ist das Himmel-*

reich« (Matthäus 5,3). Diese Aussage gilt jetzt auch für Sie, denn Sie wissen noch nicht viel aus dem großen Schatz der Bibel und fühlen sich »geistlich arm« im Vergleich mit anderen, die schon jahrelang die Bibel lesen. Aber Sie sind gerettet und haben das ganze Himmelreich gewonnen. Seien Sie sich dieses großen Reichtums bewusst! Achten Sie beim Suchen einer Gemeinde darauf, dass Sie nicht in die Fänge einer Sekte (z. B. Zeugen Jehovas, Mormonen) gelangen! Am ehesten werden Sie heutzutage eine bibeltreue Lehre in einer der evangelikalen Gemeinden finden.

Die folgenden fünf Aspekte (**5 Gs**, weil alle mit einem G beginnen) sind nicht nur bedeutsam für Anfänger im Glauben, sondern sind unverzichtbare Voraussetzungen für das tägliche Leben eines Gläubigen mit Jesus. Beherzigen wir diese fünf Punkte, dann haben wir Gottes Garantie-Erklärung, dass wir das Ziel unserer Bestimmung auch wirklich erreichen:

1. Gottes Wort

Sie haben Ihre Entscheidung auf Gottes Wort, die Bibel, gegründet. Die Bibel ist das einzige Buch, das Jesus als Wort Gottes autorisiert hat (Johannes 17,17). Alle sonstigen Bücher der Welt können der Bibel nicht das Wasser reichen in Bezug auf Wahrheit und Menge lebenswichtiger Information. Das Wort Gottes zu lesen, es zu begreifen und danach zu handeln, ist darum angesagt. In 1. Petrus 2,2 wird auf diesen Aspekt Wert gelegt und deutlich erklärt: *»Seid begierig nach der vernünftigen lauteren Milch, so wie die neugeborenen Kinder.«* Machen Sie es sich zur Angewohnheit, täglich die Bibel zu lesen, um Gottes Willen zu erfahren. Es ist ratsam, mit dem Lesen der Evangelien zu beginnen (z. B. das Evangelium nach Johannes). Es gibt eine gewisse Folge von Tätigkeiten, die wir an jedem Morgen durchlaufen. Das Frühstücken und Zähneputzen vergessen Sie an keinem Tag. Nehmen Sie das Bibellesen als neuen Punkt Ihres Tagesablaufs hinzu.

2. Gebet

Sprechen Sie von nun an jeden Tag mit Ihrem Herrn. Durch Sein Wort redet Gott zu uns. Er möchte, dass wir auch mit **Ihm** reden. Es ist ein großes Vorrecht, Ihm alles sagen zu dürfen. Der Bibel zufolge dürfen die Gebete nur an Gott gerichtet werden, der nun Ihr Vater ist, und an Jesus Christus, den Sohn Gottes, Ihren Retter, Ihren guten Hirten, Ihren Freund. Die Bibel fordert ausdrücklich, zu niemand und nichts anderem zu beten. Alle von Menschen praktizierten Gebetsadressen, die nicht an Gott den Vater oder den Sohn gerichtet sind, sind Götzendienst und sind darum dem Herrn ein Gräuel. Für ein Gebet an den Heiligen Geist gibt es in der Bibel kein Beispiel. Der Heilige Geist hat wichtige Funktionen: Er führt Sie tiefer in die Wahrheiten der Bibel ein, und Er verherrlicht Jesus. Das Gebet wird Ihnen Kraft verleihen. Es wird Sie in positiver Weise verändern. Alles in Ihrem täglichen Leben kann zum Gegenstand des Gebets werden: Ihre eigenen Sorgen, Freuden und Pläne sowie die Schwierigkeiten und Probleme anderer. Gebet und das Lesen des göttlichen Wortes sind die Pumpen für die »geistliche Blutzirkulation«, die für die Gesundheit des geistlichen Lebens unerlässlich ist.

3. Gehorsam

Beim Lesen der Bibel werden Sie viele hilfreiche Anweisungen für alle Bereiche Ihres Lebens finden, einschließlich Ihres Lebens in der Gemeinschaft mit Gott. Setzen Sie das, was Sie verstanden haben, in die Tat um, und Sie werden einen großen Segen erfahren. Gott hat Wohlgefallen an gehorsamen Kindern, die nach Seinem Wort leben und Seine Gebote halten. Die beste Weise, Gott unsere Liebe zu zeigen, ist, ihm zu gehorchen: *»Denn dies ist die Liebe Gottes, dass wir seine Gebote halten«* (1. Johannes 5,3). Die Welt bietet mancherlei Lebenskonzepte an, die dem Zeitgeist entlehnt sind, aber sich in der Praxis nicht bewähren. Die Bibel hingegen legt eine Messlatte fest, die unser Leben gelingen lässt. Bei jeder auftretenden Wahlmöglichkeit entscheiden wir uns für Gottes Ratschläge: *»Man muss Gott mehr gehorchen als den Menschen«* (Apostelgeschichte 5,29). Wir achten darauf, dass wir nicht den Wünschen der alten Natur nachgeben, die im folgenden Bibelvers »das Fleisch« genannt wird: *»Wandelt im Geist, und ihr werdet die Begierde des Fleisches nicht erfüllen. Denn das Fleisch begehrt gegen den Geist, der Geist aber gegen das Fleisch, denn diese sind einander entgegengesetzt, damit ihr nicht das tut, was ihr wollt«* (Galater 5,16-17; Elberfelder 2006).

4. Gemeinschaft

Gott schuf die Menschen mit einem Bedürfnis nach Gemeinschaft. Darum sollten Sie nach anderen Christen Ausschau halten, die auch dem Herrn Jesus ihr Leben anvertraut haben. Das sind Leute, mit denen Sie beten und sich über Ihren Glauben austauschen können. Bleiben Sie mit ihnen in Verbindung. Nimmt man eine glühende Kohle aus dem Feuer, so wird sie bald erkalten. Genauso gilt die Regel, dass unsere Liebe zu Jesus erkaltet, wenn sie nicht durch die Gemeinschaft mit anderen Gläubigen am »Glühen« gehalten wird. Treten Sie einer bibelgläubigen Gemeinde bei, und nehmen Sie aktiv an dieser Gemeinschaft teil. Eine gute evangelikale Gemeinde, in der man der ganzen Bibel glaubt, ist sehr wichtig für ein Christenleben. Versäumen Sie nicht das Zusammenkommen mit Gläubigen in Gottesdiensten und Bibelstunden, denen es auch darum geht, das Wort Gottes richtig zu verstehen!

5. Glauben

Nach unserer Bekehrung und Wiedergeburt ist es lebenswichtig, dass unser geistliches Wachstum anhält. Paulus schrieb an Timotheus: »*Du aber bleibe in dem, was du gelernt hast*« (2. Timotheus 3,14). Lesen Sie sorgfältig, was in Epheser 4,17-32 steht, wo praktische Wahrheiten über die lebenslange Heiligung des Lebens im Geist aufgelistet werden. Am Ende seines Lebens konnte Paulus sagen: »*Ich habe den guten Kampf gekämpft, ich habe den Lauf vollendet, ich habe den Glauben bewahrt*« (2. Timotheus 4,7). Lassen Sie uns diesem Beispiel nacheifern und ebenfalls treu bleiben!

Die Bekehrung ist nicht ein Endpunkt, sondern vielmehr der Anfang eines neuen Lebens. Sie sind nun in der Lage, Gottes Mitarbeiter zu sein (1. Korinther 3,9). Bemühen Sie sich ernsthaft darum, dass auch andere die Erfahrung der Errettung in Jesus machen. Die Bekehrung hat zwei erstaunliche Folgen: 1) Unser irdisches Leben wird sinnvoll und erhält eine völlig neue Bedeutung; und 2) wir werden zu Kindern Gottes und zu Erben des ewigen Lebens.

Anhang 1:
Die statistische Betrachtung von Information

A1.1 Shannons Informationstheorie

Claude E. Shannon (1916 – 2001) war der Erste, der mit seiner bekannten Arbeit *The Mathematical Theory of Communication* [S7] im Jahre 1948 eine mathematische Definition des Informationsbegriffs entwarf. Sein Informationsmaß, das in »Bit« (binary digit) angegeben wird, erbrachte den Vorteil, quantitative Aussagen über Zeichenketten zu machen. Der Nachteil ist ebenso offensichtlich: Information nach *Shannon* umfasst – wie wir noch darlegen werden – nicht die Information von ihrem ganzen Wesensgehalt her, sondern beschränkt sich auf einen ganz speziellen Aspekt, der insbesondere für ihre Übertragung und Speicherung bedeutsam ist. Ob ein Text sinnvoll, verständlich, richtig oder falsch ist oder keinerlei Bedeutung enthält, wird dabei überhaupt nicht erfasst. Ebenso bleiben auch die wichtigen Fragen ausgeklammert, woher die Information kommt (Sender) und für wen sie bestimmt ist (Empfänger). Es ist für den *Shannonschen* Informationsbegriff völlig ohne Belang, ob eine Buchstabenreihe einen bedeutsamen und sinnvollen Text darstellt oder ob sie durch Würfeln zustande gekommen ist. Ja, so paradox es klingt: Eine Zufallsfolge von Buchstaben kann – nach *Shannonscher* Berechnungsweise – einen höheren Informationsgehalt aufweisen als ein bedeutungsvoller Text von gleicher Zeichenanzahl.

Shannons Konzept

Sein Grundkonzept geht von rein technischen Problemen der Nachrichtenübermittlung aus, nämlich von der Bestimmung der optimalen Übertragungsgeschwindigkeit, der Zuverlässigkeit der Übertragung (Reproduzierbarkeit) und der Ermittlung des Speicherbedarfs. Für diese technischen Zielsetzungen sind die Inhaltsschwere und die Tragweite der Nachricht unerheblich. Darum betrachtete *Shannon* diese Aspekte nicht. Er beschränkte sich nur darauf, dass etwas Neues ausgedrückt wird. Kurz: Informationsgehalt = Gehalt an Neuem. Das Wort »Neues« meint nicht eine neue Idee, einen neuen Gedanken oder eine neue Nachricht – das wäre bereits ein Bedeutungsaspekt –, sondern lediglich den größeren Überraschungseffekt, der durch ein selteneres Zeichen bewirkt wird. Information liegt für *Shannon* nur dann vor, wenn sie nicht vollständig vorhersagbar ist. Information ist somit ein Maß für die Unwahrscheinlichkeit eines Ereignisses. Einer sehr unwahrscheinlichen Nachricht misst man darum einen entsprechend hohen Informationsgehalt zu. Die Nachricht, dass jemand unter zwei Millionen Spielern das große Los gezogen hat, ist für ihn »gehaltvoller« als die Nachricht von einem Gewinn, der auf jedes zehnte Los fällt. Das erste Ereignis ist sehr viel unwahrscheinlicher.

Um zu verstehen, worum es *Shannon* ging, muss zunächst zwischen der Quelle der Symbole und der Quelle bedeutungsvoller Information unterschieden werden. Bedeutungsvolle Information geht immer von einer intelligenten Quelle aus; Symbole hingegen können auch von Maschinen erzeugt werden, einerlei, ob Intelligenz dahinter steht oder nicht. Weil *Shannon* sich mit den Symbolen beschäftigte, war die Vorhersagbarkeit eines Symbols, das einem anderen folgt, für ihn wichtig. Bevor eine verborgene Symbolquelle (wohlgemerkt: keine Quelle für Universelle Information) ein Symbol abschickt *(Bild 37)*, besteht Ungewissheit darüber, um welches Symbol aus dem Alphabet (a_1, a_2, a_3, … a_n) es sich handeln wird; es mag zum Beispiel das Symbol x_1 sein. Sobald dieses eine Symbol erscheint, ist die Ungewissheit beendet.

Stellen wir uns vor, der Buchstabe »A« sei erschienen (Beispiel aus dem Englischen). Dann besteht eine Reihe von Möglichkeiten für den folgenden Buchstaben. Falls die Quelle keine Zufalls-Sequenzen erzeugt, wird der folgende Buchstabe, einerlei welcher, die Anzahl der Möglichkeiten zur genauen Vorhersage des dritten Buchstabens auf dramatische Weise verringern. Ist zum Beispiel der zweite Buchstabe ein »P«, dann (natürlich wieder unter der Annahme, es handle sich nicht um eine Zufalls-Sequenz) werden nur Wörter im Wörterbuch, die mit »AP« anfangen, zur Liste der wahrscheinlichen Lösungen gehören. Wenn der dritte Buchstabe ebenfalls ein »P« ist, grenzt das die Möglichkeiten noch weiter ein. Dann sind schließlich nur noch Wörter wie »apply«, »applicable«, »apple« usw. im Rennen. Handelt es sich aber um eine Zufallssequenz, dann gibt es an keiner Stelle eine Einschränkung der Möglichkeiten. Darum heißt es von einer solchen Reihe, sie habe einen hohen »Informationsgehalt« in Bezug auf Speicherung und Übertragung. Nach *Shannonscher* Vorgehensweise gilt also: Information ist diejenige Unsicherheit, die durch das Erscheinen des betreffenden Zeichens gerade beseitigt wird. Einer großen »Überraschung« wird also mehr Information zugeschrieben als einer gewissen »Sicherheit« des Auftretens eines Zeichens.

Informationsgehalt einer Zeichenfolge

Wie wir im Folgenden noch deutlicher erkennen werden, interessiert sich *Shannon* nur für die Auftrittswahrscheinlichkeit der Zeichen. Darum erfasst er lediglich die statistische Dimension der Information. Der Begriff Information wird dadurch auf einen bedeutungsfreien Aspekt reduziert. Setzt man voraus, dass die Wahrscheinlichkeit für das Auftreten der einzelnen Zeichen voneinander unabhängig ist (z.B. nach einem »q« muss kein »u« folgen [wie im Deutschen sonst üblich]) und jedes der N verschiedenen Zeichen gleich wahrscheinlich ist, dann gilt: Die Wahrscheinlichkeit für das Auftreten irgendeines beliebigen Zeichens x_i ist $p_i = 1/N$.

Der Informationsgehalt wird nach *Shannon* gerade so definiert, dass drei Bedingungen zu erfüllen sind:

1. Die Informationsgehalte von k voneinander unabhängigen Nachrichten[85] (Zeichen oder Zeichenketten) sollen sich addieren, d.h. es soll eine Beziehung der Form $I_{ges} = I_1 + I_2 + \cdots + I_k$ gelten. Diese

85 **Nachricht:** Unter Nachricht wird im *Shannonschen* Informationszusammenhang nicht eine bedeutungstragende Botschaft verstanden, sondern nur ein einzelnes Zeichen (z.B. Buchstabe) oder eine Folge von Zeichen (z.B. Wort). In diesem Sinne ist auch der Begriff »Nachricht« in DIN 44 300 genormt: »Zeichen und kontinuierliche Funktionen, die zum Zweck der Weitergabe Informationen aufgrund bekannter oder unterstellter Abmachungen darstellen«.

Summenbedingung fasst Information als etwas Mengenmäßiges auf.

2. Der einer Nachricht zuzuschreibende Informationsgehalt soll mit zunehmender Überraschung steigen. Der Überraschungseffekt für das im Deutschen seltenere »*y*« (geringe Wahrscheinlichkeit) ist größer als für das häufigere »*e*« (hohe Wahrscheinlichkeit). Daraus folgt: Mit abnehmender Wahrscheinlichkeit p_i eines Zeichens x_i soll sein Informationsgehalt ansteigen. Mathematisch bedeutet das eine umgekehrte Proportionalität: $I \sim 1/p_i$.
3. Im einfachsten symmetrischen Fall, wenn der Zeichenvorrat aus nur zwei Zeichen besteht (z. B. »0« und »1«), die zudem gleich häufig auftreten ($p_1 = 0{,}5$ und $p_2 = 0{,}5$), soll dem Informationsgehalt I eines solchen Zeichens gerade die Einheit 1 Bit zugeordnet werden.

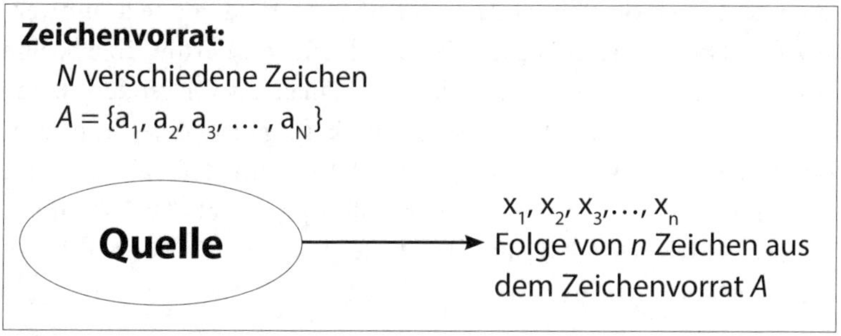

Bild 37: *Modell einer diskreten Quelle zur Erzeugung von Zeichenfolgen. Die Quelle verfügt über einen Vorrat von N verschiedenen Zeichen (z. B. Alphabet mit N = 26 Buchstaben), aus der zeitlich nacheinander eine lange Folge von n Zeichen gesendet wird. Die Quelle kann ein Zeichengenerator sein, der gemäß einer bestimmten Wahrscheinlichkeitsverteilung in zufälliger Folge Zeichen erzeugt, oder auch ein auf Magnetband gespeicherter unbekannter Text, der sequenziell (d. h. Zeichen für Zeichen) ausgegeben wird.*

A1.2 Mathematische Erfassung statistischer Information

A1.2.1 Das Bit: Maßeinheit für statistische Information

In den Naturwissenschaften und in der Technik ist man bemüht, die Forschungsergebnisse möglichst durch Zahlen und Formeln zu erfassen. Dabei spielen Messgrößen eine wichtige Rolle. Diese bestehen aus zwei Anteilen: der Maßzahl oder Größe und der Maßeinheit. Die Maßeinheit ist eine einheitlich festgelegte Vergleichsgröße (z. B. Meter, Sekunde, Watt), um andere gleichartige Messgrößen in Relation zu setzen.

Bit (aus dem Englischen von *binary digit*, »duale Ziffer«, abgeleitet) ist die Maßeinheit zur quantitativen Angabe des Informationsgehalts. Die Anzahl der Bits ist identisch mit der Anzahl der Binärzeichen. In Datenverarbeitungsanlagen wird Information in Form von Signalen elektrischer, optischer oder magnetischer Art dargestellt und verarbeitet. Hierbei ist es technisch vorteilhaft und darum üblich, nur zwei definierte (binäre) Zustände bzw. Signale zu verwenden. Binär oder zweiwertig bezeichnet die Eigenschaft, genau eines von zwei Binärzeichen als Wert anzunehmen. Dabei wird der eine Zustand binär Eins (1) und der andere binär Null (0) genannt. Auch 0 und L, JA und NEIN, RICHTIG und FALSCH, 12V und 2V können Paare von Binärzeichen sein.

In der Rechentechnik bezeichnet man mit Bit auch die Binärstelle in einem Maschinenwort. Damit ist ein Bit die kleinste in einem Digitalrechner darstellbare Information. Gibt man einen Text in einen Computer ein, so wird dieser in einen von mehreren vorgegebenen Binärcodes wie etwa ASCII gespeichert. So erfordert ein Buchstabe des deutschen Alphabets in ASCII acht binäre Speicherstellen, die man Byte nennt (8 Bit = 1 Byte). Der Informationsgehalt (= Speicherbedarf) eines Textes wird dann mit der Anzahl der benötigten Bits oder Bytes beschrieben. Gleich langen, aber unterschiedlichen Texten wird auf diese Weise der gleiche Informationsgehalt zugeschrieben. Sinn und Bedeutung der Information werden dabei nicht erfasst. Die Anzahl der Bits ist daher nur ein Maß für die statistische Informationsmenge, nicht aber für deren Bedeutungsschwere.

Anhand zweier Rechenbeispiele gewinnen wir einen Eindruck von den Vorteilen (z. B. Bemessung der Speichergröße von Information) und Nachteilen (z. B. Nichterfassung semantischer Gesichtspunkte) der Shannonschen Informationsdefinition:

Beispiel 1: Biologischer Informationsspeicher: Das DNS-Molekül des Menschen (Körperzelle) ist in gestreckter Form etwa zwei Meter lang und enthält 6×10^9 Nukleotide (chemische Buchstaben: Adenin [A], Cytosin [C], Guanin [G] und Thymin [T]). Wie viel statistische Information (d. h. wie viel Information nach *Shannon*) ist das? Da die $N = 4$ chemischen Buchstaben A, C, G und T etwa gleich verteilt auftreten, ist ihr mittlerer Informationsgehalt nach der Gleichung $H = \text{ld } 4 = \log 4 / \log 2 = 2$ bit berechenbar. Für die gesamte DNS ergibt sich damit eine Speicherfähigkeit von $I_{ges} = 6 \times 10^9$ Nukleotide $\times$ 2 bit/Nukleotid = 12×10^9 bit. Das entspricht der Informationsmenge von 750 000 Schreibmaschinenseiten.

Beispiel 2: Der statistische Informationsgehalt der Bibel: Die englische Bibel *(King James Version)* enthält 3 566 480 Buchstaben und 783 137 Wörter [D1]. Rechnet man die Leerzeichen zwischen den Wörtern mit, so ergeben sich $n = 3\,566\,480 + 783\,137 - 1$ Zeichen = 4 349 616 Zeichen. Unter Berücksichtigung der Buchstabenhäufigkeit (einschließlich der Leerzeichen) in der englischen Sprache beträgt der mittlere Informationsgehalt eines einzelnen Buchstabens (auch Entropie genannt) $H = 4{,}046$ bit. Somit ergibt sich für den gesamten statistischen Informationsgehalt der Bibel $I_{ges} = 4\,349\,616 \times 4{,}046$ = 17,6 Millionen bit. Da die deutsche Bibel mehr Buchstaben enthält als die englische, hat diese nach *Shannonscher* Rechenweise trotz des gleichen Bedeutungsinhalts einen höheren Informationsgehalt (siehe *Bild 38* und *Tabelle 4*). Extrem wird der Unterschied, wenn man zum Vergleich die Sprache der *Shipipo*-Indianer heranzieht. Diese Indianerbibel hat (vereinfacht hochgerechnet) bei statistischer Betrachtung einen 994/191 = 5,2-mal so hohen Informationsgehalt wie die englische Bibel. An dieser Betrachtungsweise wird die Problematik der *Shannonschen* Informationsdefinition erneut deutlich. Bei völlig gleichem Bedeutungsinhalt der Information (hier: die Bibel) liegen nach *Shannon* beträchtliche Unterschiede zwischen verschiedenspra-

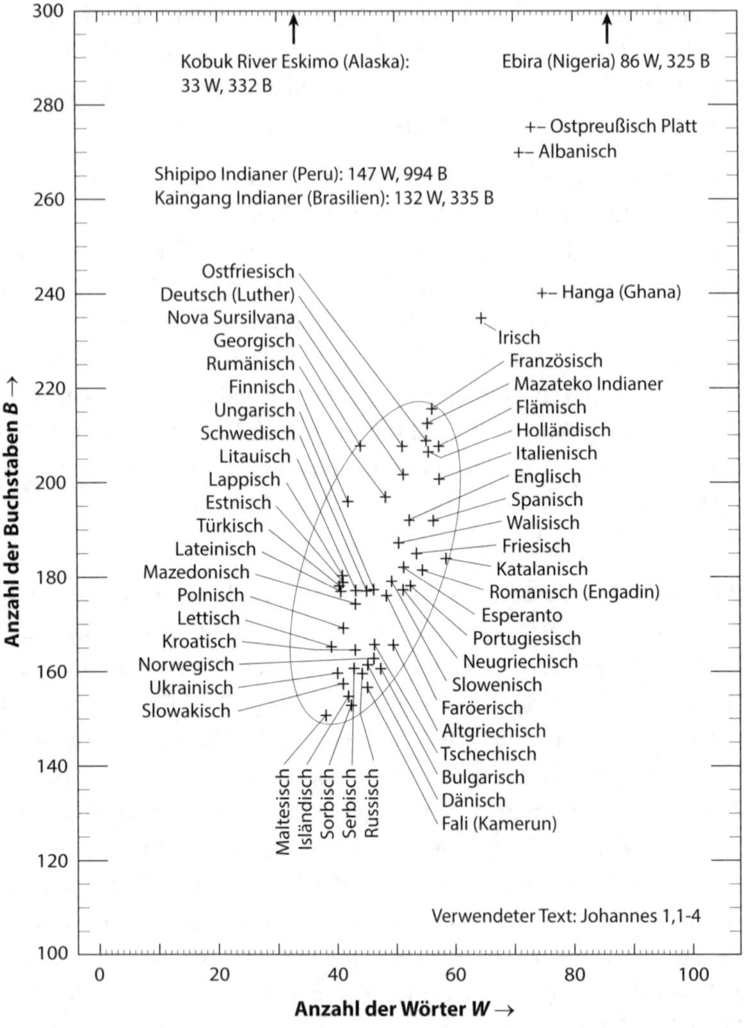

Bild 38: *Die Buchstabenzahl B und Wörterzahl W bei inhaltlich gleichen Texten als statistische Kennzahlen für verschiedene Sprachen. (Hier handelt es sich um Johannes 1,1-4.)*

1	**1** Hụrẹ ụmọrụmọ, d'a va yẹ ka aa mẹ ẹhẹ, Ịrẹyị Ohomorihi hụrẹ yà ịzọọ nị. Ịrẹyị ọnọọ vi ana yà ịda Ohomorihi, Ịrẹyị ọnọọ gẹdẹ-gẹdẹ vị Ohomorihi. **2** Hụrẹ ụmọrụmọ ọnọọ, Ịrẹyị ọnọọ hụrẹ yà ịda Ohomorihi nị. **3** Inị oze Ịrẹyị ọnọọ Ohomorihi zị mẹ avaba ịsa nị. Inị avaba ịsa on 'Ohomorihi tú saka-saka, ayị nyị ikonya ẹnẹ ẹyị vị ini oze Ịrẹyị ọnọọ ọ yà túọọ. **4** Ịrẹyị ọnọọ ọ mẹ ka ịsavị-savị è yàra nị. Ọyịyàra ọnọọ aa sị etohueyii zù aza nị. (EBIRA, Nigeria; 86 words, 325 letters)
2	**1** Bunso zaa piiligu, so ba n boona Yelibii n daa n na, o ba Naawun saani, ka o ni Naawunni niŋi lunko, **2** ka o ni Naawunni daa n ba niŋi piiligu maa. **3** 0 zu n na, bunso zaa daa n maali, ka pa o zu, bunso zaa daa n ki maali. **4** A kpali o zu, bunso zaa n daa n maali la marini nyevuri, ka nyevuri maa mi ti nisaaldima paaligu, ba nyaara. (HANGA, Ghana; 73 words, 240 letters)
3	**1** A daarra jày pî yèy tâaye nà, tâanjirre nà ni Fay. Yèy gi tâage Fay. **2** A daarra tâanji ni Fay. **3** Jày pî mbangsi ni erra. Cen jày mbangsi, to naa ni erra gi ba. **4** E hîige gŭyrra. Gŭyrra maan tâage kayang da nit ây. (FALI, Cameroon; 44 words, 155 letters)
4	**1** Aullaġniisaqqaaġataqman ittuq uqałiq, uqałiq, iqataupluni Agaayutmi, suli uqałiq Agaayutaupluni. **2** Ilaa piqatauniqsuq Agaayutmi aullaġniisaqqaaġatałiġmi. **3** Ilaa piqatigiplugu Agaayun iñiqtaqaqtuq supayaamik. Atausriq-unniiñ ilugaaniñ iñiqtaġikkaŋanin iñiqtaunġitchuq piilaaġlugu. **4** Uqałiq iñugutiqaqhuni iŋmiñi, taavruma iñuułhum iñuich qaġgutigai, kaŋiqsiłiksraŋatnun Agaayutmik. (KOBUK RIVER Eskimo, Alaska; 33 words, 332 letters)
5	**1** Ja Joi Ibo yoiquinra, en mato yoiai. Jabichoressiqui, jahuequescarin Dios iśhon, jan jato quiquinshamanhaquin onanmai; noa yoyo icatoninbi huetsabaon non icábo onancanai quescáaquin. Ja Joi Ibora, Diosen nato nete joniaamatianbi jaa iqui. Jara jatíbitian Dios betanbishaman jaconhirai jaque. Jainoaśh jaribi iqui, Dios betan senenribi. **2** Jascara iquenra, en mato banebainquin yoiai. Ja Joi Ibora, Diosen nete joniaamatianbi jaa iqui. Jascara icaśhśha, jaribi iqui Dios, jainoaśh ja betanbishamanribi jatíbitian jaque. **3** Ja Joi Ibo betan rabéanan jatíbi jahuéquibo jonianośhonra, Diosen shinana iqui. Jascara icaśhśhiqui, jatíbi non oinai jahuéquiboyabi nato neten jaa jahuéquibo, ja Joi Ibon joniaabires; jascáanon iśhon Diosenbi imaa icaśh. Jatíbi jan joniayamaquetianra, jahuebi yamaqueanque. **4** Jascati jatíbitian jaa iśhonra, joniboribi jan joniaa iqui. Jascara iśhonra, jatíbitianbiressibi noa jatíbi jonibo jan jamai. Jascáaquin noa jatíbitian jan jamai iśhonra, jatíbi noabo jan acai noa aconquin onanmaquin; jahuequescarin Dios iśhon. Nato netemea jahuéquibo joecan tenaquetian non oinai quescáaquinra, jan noa Dios onanmai. (SHIPIBO-CONIBO, Indian, Peru; 147 words, 944 letters)
6	**1** Topẽ tỹ nén ũ kar han ja tũg ki tóg nĩ ja nĩ, ẽg tỹ ũ to: "Topẽ vĩ," he mũ ẽn ti, hã to ẽg: Jesus, he mũ. Topẽ mré tóg nĩ nĩ. Topẽ vỹ tỹ ti nĩ gé. **2** Topẽ tỹ nén (ũ) kar han tũg ki tóg Topẽ mré nĩ nĩ. **3** Ti hã tugrĩn tóg nén ũ kar han, Topẽ ti, ẽg tỹ ũ to: "Topẽ vĩ," he mũ ẽn tugnĩn. A pir mỹ Topẽ tóg nén ũ han tũ nĩ, ti hã mre tóg nén kar han kãn. **4** Ẽg tỹ ũ to: "Topẽ vĩ," he mũ ẽn vỹ rĩr nĩ, hã kỹ tóg ẽg rĩnrĩr han mũ gé. Jẽngrẽ ri ke ti nĩ, ũ tỹ ẽg rĩnrĩr han mũ ẽn ti. Ti tỹ ẽg kanhrãn to ken hã vẽ. (KAINGANG, Indian, Brazil; 132 words, 335 letters)
7	**1** C?ia^{4} nca^{3} to^{2}ts?in^{3} -le^{4} cjoa^{4} to^{4}c?oa^{4} ti^{1}jna^{3}je^{2} en^{1}. Je^{2} en^{1} ti^{1} -jna^{3}t?a^{3} Ni^{3}na^{1}. Je^{2} en^{1} ña^{3}qui^{3} Ni^{3}na^{1} ni^{1}. **2** Je^{2} -vi^{4} xi^{3} ti^{1} jna^{3}t?a^{3} Ni^{3}na^{1} c?ia^{4} nca^{3} to^{2}ts?in^{3} -le^{4} cjoa^{4}. **3** Je^{2} tsa^{3}c?e^{1}nta^{3} nca^{3}yi^{3}je^{3} tso^{3} jmi^{2}. Tsa^{2} tsin^{2} je^{2}, ni^{4}to^{4} jme^{3} -jin^{2} xi^{3} tjin^{1} xi^{3} qui^{3}s?e^{3}nta^{3}. **4** Je^{2} xi^{3} tjin^{1} -le^{4} cjoa^{4}vi^{3}jna^{3} chon^{3}. Je^{2} cjoa^{4}vi^{3}jna^{3}chon^{3} je^{2} l?i^{1} xi^{3} si^{1}?i^{3} sen^{3} -le^{4} cho^{4}ta^{4}. (MAZATECO, Indian, Mexico; 54 words, 212 letters)

Tabelle 4: Johannes 1, 1-4 in unterschiedlichen Sprachen

Für die Mithilfe bei der Beschaffung der Bibeltexte möchte der Verfasser Herrn Andreas Holzhausen, Wycliff Bibelübersetzer, Burbach, besonders danken.

chigen Bibeln. Das liegt daran, dass das *Shannonsche* Informationsmaß – abgesehen von dem sprachspezifischen Faktor *H* – nur von der Anzahl der Buchstaben abhängig ist. Ein die Bedeutung erfassendes Informationsmaß würde in solchen Fällen den gleichen Zahlenwert liefern, unabhängig davon, in welcher Sprache die Aussage formuliert ist.

Tabelle 4 gibt die ersten vier Verse des Johannesevangeliums in drei afrikanischen und vier amerikanischen Sprachen wieder. In Ergänzung dazu sind für 47 verschiedene europäische Sprachen dieselben Verse in dem Buch »So steht's geschrieben« [G18, S. 105-108] aufgeführt. Die Angabe »86 W, 325 B« bedeutet, dass der genannte Text aus 86 Wörtern und 325 Buchstaben besteht. Die siebte in *Tabelle 4* angegebene Sprache (Mazateco) ist eine Tonsprache.

In der Grafik nach *Bild 38* sind für 47 verschiedene europäische Sprachen und sieben ausgewählte afrikanische und amerikanische Sprachen für die ersten vier Verse des Johannesevangeliums B und W gegeneinander aufgetragen. Es ist bemerkenswert, dass die Koordinatenpunkte für fast alle europäischen Sprachen sich innerhalb der gezeichneten Ellipse befinden. Maltesisch kommt unter den genannten Sprachen mit der geringsten Buchstaben- und Wörterzahl aus, während die entsprechenden Werte für die Sprache der Shipipo-Indianer am größten sind, um dieselbe semantische Information darzustellen.

Vom *Shannonschen* Informationsgehalt zu unterscheiden ist der Speicherbedarf für die Zeichenfolge. Ein Speichermedium fragt nicht nach der Wahrscheinlichkeit des Auftretens eines Zeichens, sondern nur nach der absoluten Zeichenzahl. Speichert man Texte in Computern, so werden hierzu im Allgemeinen 8 bit (= 1 Byte) für ein Zeichen benötigt. Für die 4 349 616 Zeichen (ohne Satzzeichen) der englischen Bibel wäre somit ein Speicherraum von 4 349 616 x 8 = 34,8 Millionen bit erforderlich.

A1.2.2 Die Informationsspirale

In *Tabelle 5* finden wir eine Fülle von Beispielen aus den Bereichen der natürlichen Sprachen, des Alltags, der Datenverarbeitung und des biologischen Lebens, bei denen die Informationsmengen in der Einheit Bit angegeben sind. Will man den großen Zahlenbereich mithilfe eines Diagramms veranschaulichen, so müssen über 24 Zehnerpotenzen erfasst werden. Wir wählten hierzu eine Spirale mit logarithmischer Teilung (*Bild 39*, S. 405). Die Werte von einem Teilstrich bis zum nächsten unterscheiden sich darum jeweils um den Faktor 10. In *Bild 39* ist eine Auswahl der in *Tabelle 5* genannten Beispiele enthalten.

In diesem Zusammenhang wollen wir auf zwei unterschiedliche Speichermedien hinweisen, die in *Bild 40* (Ameise und Mikrochip; S. 406) veranschaulicht sind:

- Speichertechnik in Computern, veranschaulicht durch den Mikrochip und
- biologische Informationsspeicherung in den DNS-Molekülen – repräsentiert durch die Ameise (A1.2.3).

Mikrochips sind die heutigen Speicherelemente moderner Computeranlagen. Ihre Details sind kaum sichtbar, denn die Strukturbreiten liegen bei einem millionstel Meter. Was 1946 der 30-Tonnen-Rechner an der Universität von Pennsylvania (USA) leistete, vollbringt heute ein Chip von weniger als sechs Quadratmillimetern. Noch vor wenigen Jahren galten Chips als revolutionär, die den Text von vier Schreibmaschinenseiten speichern konnten. Heute ist es möglich, sämtliche Telefonnummern einer Großstadt auf einem Chip zu speichern. Dabei arbeiten sie so schnell, als läse ein Mensch in einer Sekunde 200-mal die ganze Bibel. *Nur eines werden alle Chips der Welt nie können – nämlich das, was eine Ameise ausmacht und was sie vermag.*

Bit		Vergleich verschiedener Informationsmengen
		I = statistischer Informationsgehalt i = statistischer Informationsgehalt pro Zeichen S = Speicherraum v = Übertragungsgeschwindigkeit
		Übliche Informationseinheiten:
1		1 bit
1024		1 Kbit = 2^{10} bit = 1024 bit
1,049 x 10^6		1 Mbit = 2^{20} = 1024 · 1024 bit = 1 048 576 bit
1,074 x 10^9		1 Gbit = 2^{30} = 1024^3 bit = 1 073 741 824 bit
1,100 x 10^{12}		1 Tbit = 2^{40} = 1024^4 bit= 1 099 511 627 776 bit
8		1 Byte = 8 bits (= 1 Oktade = 2 Tetraden)
8,192 x 10^3		1 Kbyte = 1024 bytes = 8192 bit
8,389 x 10^6		1 Mbyte = 1 048 576 Byte = 8 388 608 bit
8,590 x 10^9		1 Gbyte = 1,073742 · 10^9 Byte = 8,5899 · 10^9 bit
8,796 x 10^{12}		1 Tbyte = 1,099512 · 10^{12} Byte = 8,796 · 10^{12} bit
		Informationsgehalt eines einzelnen Buchstabens: im Alphabet mit 27 Zeichen (26 Buchstaben, 1 Leerzeichen):
4,755	a)	gleiche Häufigkeit aller Buchstaben i = ld 27 = log 27/log 2 = 4,755 bit/Buchstabe
4,133	b)	Berücksichtigung der Häufigkeitsverteilung der Buchstaben in der deutschen Sprache: $i = \Sigma p_i \cdot \text{ld}\ (1/p_i)$ = 4,113 bit/Buchstabe
4,05	c)	Berücksichtigung der Häufigkeitsverteilung der Buchstaben in der englischen Sprache: $i = \Sigma p_i \cdot \text{ld}\ (1/p_i)$ = 4,05 bit/Buchstabe
3,32	d)	Berücksichtigung von Gruppen zweier Buchstaben (siehe [G14, S. 201]; Bigramme): i = 3,32 bit/Buchstabe
3,1	e)	Berücksichtigung von Gruppen dreier Buchstaben (siehe [G14, S. 201]; Trigramme): i = 3,1 bit/Buchstabe
1 bis 2	f)	Berücksichtigung der Redundanz der Sprache [B5]: i = 1 bis 2 bit/Buchstabe
		Informationsgehalt einer Ziffer in verschiedenen Zahlensystemen:
1	a)	Dualsystem: 2 verschiedene Ziffern (0 und 1) i = ld 2= 1bit/Ziffer
3,32	b)	Dezimalsystem: 10 verschiedene Ziffern (0,1,2,…,9) i = ld 10 = log 10/log 2 = 3,32 bit/Ziffer
4	c)	Sedezimalsystem: 16 verschiedene Ziffern (0,1,2,3,4,5,6,7,8,9,A,B,C,D,E,F) i = ld 16 = 4 bit/Ziffer

Bit	**Vergleich verschiedener Informationsmengen**
	Genetischer Code: Im DNS-Molekül gibt es vier chemische Buchstaben (Nukleotide): A, C, G, T, wobei ein Triplett von 3 Nukleotiden jeweils eine Aminosäure codiert.
2	a) Informationsgehalt eines Buchstabens (gleiche Häufigkeit) $i = \mathrm{ld}\,4 = 2$ bit/Nukleotid
6	b) Informationsgehalt eines Tripetts im DNS-Molekül: $i = 3$ Buchstaben/Tripletts $\cdot$ 2 bit/Buchstabe = 6 bit/Triplett
4,32	c) Informationsgehalt einer Aminosäure von 20 möglichen (hier: vereinfachend Gleichverteilung angesetzt!): $i = \mathrm{ld}\,20 = 4{,}32$ bit/Aminosäure
1,44	d) Informationsgehalt eines Buchstabens, wenn man von demjenigen der Aminosäure ausgeht: $i = 4{,}32$ bit/Aminosäure = 4,32 bit/Triplett = 1,44 bit/Buchstabe
	Aus dem Bereich des Alltäglichen:
198	Eine Minute Abzählen von Zahlen: $v = 3{,}3$ bit/s = 198 bit/min
960	Eine Minute Schreibmaschine schreiben: $v = 16$ bit/s = 960 bit/min
1320	Eine Minute Klavierspielen: $v = 22$ bit/s = 1320 bit/min
$3{,}5 \cdot 10^4$	Informationsaufnahme des menschlichen Ohres in 1 s: $v = 3{,}5 \cdot 10^4$ bit/s
$1{,}6 \cdot 10^4$	1 Schreibmaschinenseite DIN A4 mit 2000 Zeichen: $S = 2000$ Zeichen $\cdot$ 8 bit/Zeichen = 16 000 bit
$1{,}28 \cdot 10^4$	Bildschirminhalt eines EDV-Terminals: $S = 20$ Zeilen $\cdot$ 80 Zeichen/Zeile = 1600 Zeichen $S = 1600$ Byte = $1{,}28 \cdot 10^4$ bit
$3{,}1 \cdot 10^5$	Fernsehbild: 300 Kbit in 1/30 Sekunde: $v = 300 \cdot 1024 = 307\,200$ bit in 1/30 s
$3{,}1 \cdot 10^5$	Telefongespräch: 300 Kbit/min: $v = 300 \cdot 1024 = 307\,200$ bit/min
	Telefonate über Satelliten:
$1{,}843 \cdot 10^7$	a) Erster Nachrichtensatellit Telstar (1962): 60 Telefongespräche $I = 60 \cdot 307\,200$ bit/min = $1{,}843 \cdot 10^7$ bit/min
$7{,}373 \cdot 10^7$	b) Erster voll kommerziell genutzter Satellit (Early Bird = Intelsat I; 1965): 240 Telefonate gleichzeitig $I = 240 \cdot 307\,200$ bit/min = $7{,}373 \cdot 10^7$ bit/min
$1{,}014 \cdot 10^{10}$	c) Intelsat VI (1986): 33 000 Telefonate gleichzeitig $I = 33\,000 \cdot 307\,200$ bit/min = $1{,}014 \cdot 10^{10}$ bit/min
$2 \cdot 10^6$	HIFI-Schallplatte: 2 Mbit in 1 min
$1{,}5 \cdot 10^{10}$	Compact Disk (CD): $15 \cdot 10^9$ bit

Bit	**Vergleich verschiedener Informationsmengen**
	Aus dem Bereich der Computer:
$1{,}6 \cdot 10^4$	Arbeitsspeicher des EDSAC-Rechners der ersten Computergeneration: 2000 Byte = 16 000 bit
$1{,}214 \cdot 10^6$	5¼' Diskette für PC: 1,2 Mbyte = 1 213 952 bit
$1{,}174 \cdot 10^7$	3½' Diskette: 1,4 Mbyte $= 1{,}4 \cdot 8{,}388 \cdot 10^6$ bit $= 1{,}174 \cdot 10^7$ bit
$1{,}258 \cdot 10^7$	Arbeitsspeicher früherer Großrechner (z. B. TR440; 1970): 256 KWorte à 48 bit = 12 582 912 bit
$4{,}54 \cdot 10^7$	Speicherfähigkeit eines Magnetbandes: 720 m lang, 1600 bit per inch Zeichendichte $S = 1600$ bpi $\cdot 720 \cdot 10^3$ mm/(25,4 mm/inch) $= 4{,}54 \cdot 10^7$ bit
$9{,}6 \cdot 10^7$	Stündliche Leistung eines Schnelldruckers: 1250 Zeilen/min; 160 Zeichen/Zeile maximal $v = 1250 \cdot 160 \cdot 60 \cdot 8 = 9{,}6 \cdot 10^7$ bit/h
$4{,}3 \cdot 10^{14}$	Arbeitsspeicher heutiger Personalcomputer (PC): 50 Gbyte $= 50 \cdot 8{,}5899 \cdot 10^{12} = 4{,}3 \cdot 10^{14}$ bit
$7{,}73 \cdot 10^{15}$	Festplatte heutiger PCs: 900 Gbyte $900 \cdot 8{,}5899 \cdot 10^{12} = 7{,}73 \cdot 10^{15}$ bit
10^{12}	Theoretische Kapazität für holografische Speicher: 10^{12} bit/cm³
	Aus dem Bereich der Wissenschaften und Literatur:
$4{,}8 \cdot 10^6$	Fachausdrücke der Elektrotechnik: 60000 Termini (*Großer Duden*, Bd. 1), ca. 10 Buchstaben/Wort $S = 60\,000 \cdot 10 \cdot 8 = 4{,}8 \cdot 10^6$ bit
$1{,}28 \cdot 10^7$	Meyers Großes Universallexikon in 15 Bänden: 200 000 Stichwörter $= 200\,000 \cdot 8 \cdot 8 = 1{,}28 \cdot 10^7$ bit
$2 \cdot 10^7$	Fachausdrücke der Medizin: 250 000 Termini (laut *Duden*, Bd. 1) $S = 250\,000 \cdot 10 \cdot 8 = 2 \cdot 10^7$ bit
$4{,}2 \cdot 10^8$	Benennungen in der organischen Chemie: 3,5 Millionen (laut *Duden*, Bd. 1), 15 Buchstaben/Benennung angenommen; $S = 3{,}5 \cdot 10^6 \cdot 15 \cdot 8 = 4{,}2 \cdot 10^8$ bit
$3{,}47 \cdot 10^7$	Bibel, englische *King James Version*: 783 137 Wörter, 3 566 480 Buchstaben $I = (3\,566\,480 + 783\,137 - 1)$ Zeichen $\cdot$ 4,05 bit/Zeichen $= 17{,}6 \cdot 10^6$ bit $S = (3\,566\,480 + 783\,137 - 1) \cdot 8 = 34{,}72$ Millionen bit
$8 \cdot 10^8$	100 Aktenordner = 50 000 Schreibmaschinenseiten $I = 50\,000 \cdot 2000 = 10^8$ Zeichen $= 8 \cdot 10^8$ bit

Bit	**Vergleich verschiedener Informationsmengen**
$5{,}76 \cdot 10^{12}$	Derzeitige Anzahl wissenschaftlicher Zeitschriften: 100 000 Annahmen: 100 Seiten/Zeitschrift; 6000 Zeichen/Seite, monatliche Erscheinungsweise. Jährlicher Informationszuwachs: $S = 100\,000 \cdot 100 \cdot 6000 \cdot 12 \cdot 8 = 5{,}76 \cdot 10^{12}$ bit
$3{,}5 \cdot 10^{11}$	Bücher auf der 44. Frankfurter Buchmesse 1992 350 000 Bücher insgesamt, davon 101 000 Neuerscheinungen $I = 350\,000 \cdot 10^6$ bit/Buch = $3{,}5 \cdot 10^{11}$ bit
$6{,}2 \cdot 10^{11}$	620 000 Bücher sind momentan in Deutschland erhältlich: $I = 620\,000 \cdot 10^6$ bit/Buch = $6{,}2 \cdot 10^{11}$ bit Jedes Jahr werden mehr als 60 000 neue Titel auf den Markt gebracht.
10^{13}	Kongressbibliothek der USA (Washington): 10^7 Bände [S3] $I = 10^7$ Bände $\cdot\, 10^6$ bit/Buch = 10^{13} bit
10^{18}	Gesamtwissen der Menschheit in Büchern: 10^{18} bit Vergleich: 1 Buch mit 100 Schreibmaschinenseiten = 200 000 Zeichen = $1{,}6 \cdot 10^6$ bit 10^{18} bit entsprechen dann 625 Milliarden solcher Bücher: Nimmt man für ein Buch eine Dicke von 1,5 cm an, so errechnet sich folgende Regalbreite *B*: $B = 625 \cdot 10^9$ Bücher $\cdot$ 1,5 cm/Buch = $937{,}5 \cdot 10^9$ cm = 9,4 Millionen km = 235 x Äquatorlänge
$9{,}06 \cdot 10^{12}$	Tägliche Datenmenge von Satellitenbildern: Übertragungsrate: 100 Mbit/s $I = 100 \cdot 1{,}048 \cdot 10^6 \cdot 86\,400 = 9{,}055 \cdot 10^{12}$ bit/Tag
	Aus dem Bereich des Lebens:
$3{,}9 \cdot 10^6$	Wortgedächtnis des Menschen nach Küpfmüller [S3]: 100 000 Wörter der Muttersprache (Vergleich: Volksbrockhaus hat 250 000 Wörter) Auswahl eines Buchstabens: 1,5 bit für Sprechweise 5 bit (= ld 32) für Schreibweise bei 6 Buchstaben/Wort: $S = 100\,000 \cdot 6 \cdot (5 + 1{,}5) = 3{,}9 \cdot 10^6$ bit
10^{14}	Gedächtniskapazität des menschlichen Gehirns bei rein materieller Betrachtungsweise gemäß [S3]: a) *McCullach:* 10^{13} bis 10^{15} bit b) *Küpfmüller:* $3{,}9 \cdot 10^6$ bit (Nur Wortgedächtnis) c) *Müller:* 1500 bit/Komplex $\cdot$ 1000 Wissenskomplexe = $1{,}5 \cdot 10^6$ bit d) *v. Neumann:* 10^{10} Nervenzellen im Gehirn, 14 bit/s für Standardrezeptor, in 60 Jahren: $S_{max} = 10^{10} \cdot 14$ bit/s $\cdot$ 60 Jahre $\cdot$ 365 Tage/Jahr $\cdot$ 24h/Tag $\cdot$ 3600 s/h $S_{max} = 2{,}65 \cdot 10^{20}$ bit Wie in [G10] ausführlich dargelegt, ist die Informationsspeicherung beim Menschen nicht allein durch die Neuronenschaltungen des Gehirns erklärbar.

Bit	**Vergleich verschiedener Informationsmengen**
10^{21}	Speicherungsmöglichkeit in 1 cm^3 DNS: 10^{21} bit (DNS = Desoxyribonucleinsäure)
$3{,}4 \cdot 10^{24}$	Unbewusste tägliche Informationsflüsse im menschlichen Körper [S3] wie z. B. die riesige Produktion von Makromolekülen: $v = 3{,}9 \cdot 10^{19}$ bit/s $= 3{,}37 \cdot 10^{24}$ bit/Tag
$7{,}9 \cdot 10^{8}$	Vom menschlichen Auge aufgenommenes Bild bei 14 Bildern pro Sekunde [S3]: $v = 10^{10}$ bit/s $I = (10^{10}$ bit/s)/(14 Bilder/s) $= 7{,}86 \cdot 10^{8}$ bit/Bild
$1{,}2 \cdot 10^{10}$	Menschliche Keimzelle: $6 \cdot 10^{9}$ Nukleotide in der DNS $I = 6 \cdot 10^{9}$ Nukleotide · 2 bit/Nukleotid $= 1{,}2 \cdot 10^{10}$ bit
$8 \cdot 10^{6}$	DNS-Molekül von Escherichia coli. Dieses Bakterium wiegt 10^{-13} g und ist nur 2 µm lang. Sein DNS-Molekül ist ausgestreckt 1 mm lang und enthält 4 Millionen Buchstaben (Nukleotide). $I = 4 \cdot 10^{6}$ Nukleotide · 2 bit/Nukleotid $= 8 \cdot 10^{6}$ bit Die Zellteilung dauert etwa 20 Minuten; das bloße Erkennen der Buchstaben geht sogar noch 1000-mal schneller vor sich. Das bedeutet eine Lesegeschwindigkeit von $8 \cdot 10^{6}$ bit · 1000/(20 · 60) $= 6{,}6 \cdot 10^{6}$ bit/s

Tabelle 5: *Vergleich verschiedener statistischer Informationsmengen.*
Die Tabelle enthält eine Auswahl von Informationsmengen aus folgenden Bereichen: Buchstaben natürlicher Sprachen und des genetischen Codes, Computertechnik, Wissenschaft und Literatur, biologisches Leben. Alle in der linken Spalte genannten Zahlenwerte beziehen sich auf die Einheit Bit und sind damit als statistisches Informationsmaß ausgewiesen. Zum besseren Verständnis ist in manchen Fällen eine kurze rechnerische Herleitung angegeben.

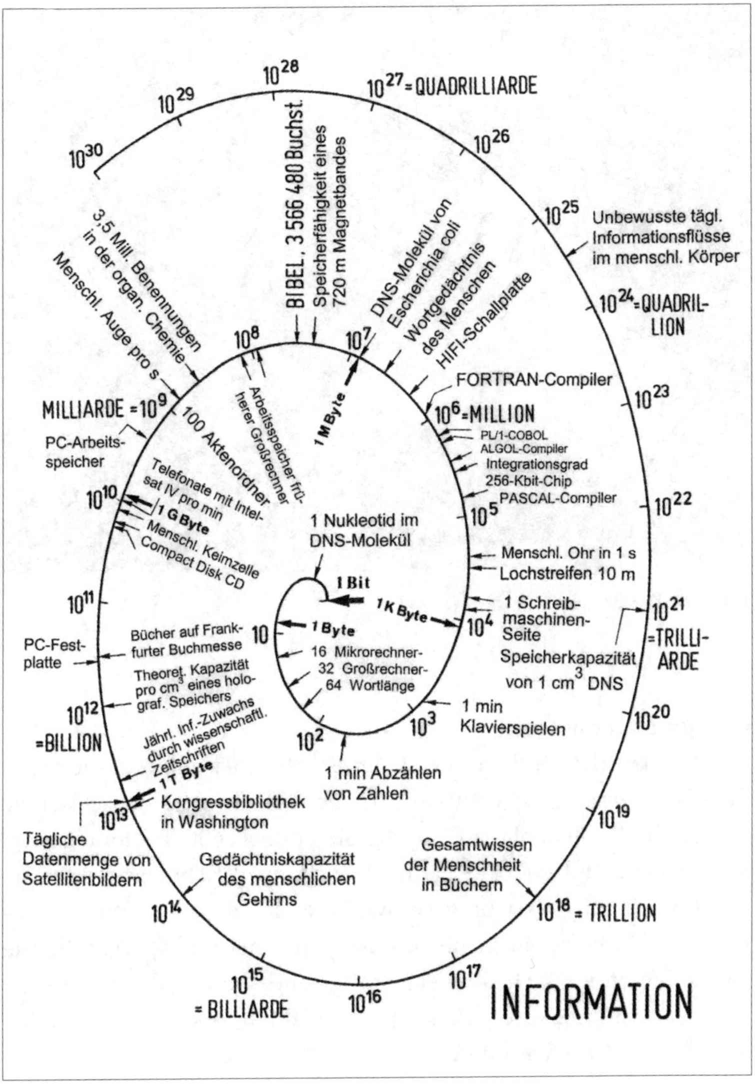

Bild 39: *Die Informationsspirale*

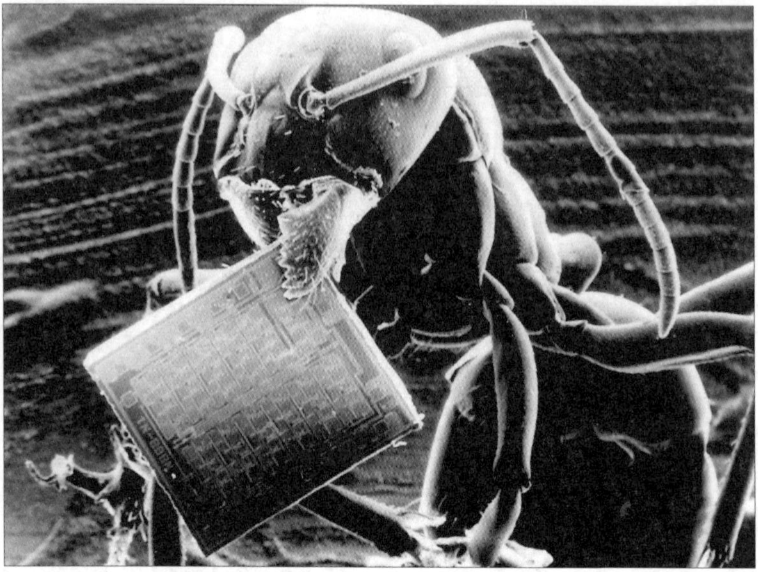

Quellennachweis: Werkbild Philips; mit freundlicher Genehmigung des Valvo Unternehmensbereichs Bauelemente der Philips GmbH, Hamburg.

Bild 40: *Die Ameise und der Mikrochip*

Computertechnologie

Als Pionier der programmgesteuerten Rechner gilt der deutsche Erfinder *Konrad Zuse* (1910–1995), der 1941 die erste betriebsfähige elektrische Rechenanlage Z3 baute. Sie enthielt 600 Telefonrelais im Rechenwerk und 2000 Relais im Speicherwerk. Dies war die erste funktionstüchtige, frei programmierbare, auf dem binären Zahlensystem aufgebaute Rechenmaschine. Die Speicherkapazität betrug 64 Zahlen zu je 22 Dualstellen. Pro Sekunde konnte dieser Rechner 15 bis 20 arithmetische Operationen ausführen, und eine Multiplikation dauerte 4 bis 5 Sekunden.

Einen weiteren Fortschritt in der Rechnertechnik brachte der Einsatz von Elektronenröhren (Rechner der ersten Generation). 1946 wurde der amerikanische ENIAC-Rechner mit über 18 000 Elektronenröhren und anderen Bauelementen, die mit mehr als einer halben Million Lötstellen verbunden waren, betriebsfertig. Eine Additionsaufgabe konnte in 0,2 und eine Multiplikation in 2,8 tausendstel Sekunden ausgeführt werden. Diese Anlage hatte eine Wortlänge[86] von 10 Dezimalstellen, wog 30 Tonnen und verbrauchte 150 kW elektrische Leistung.

Jahrelange Versuchsreihen führten 1947 zur Erfindung des Transistors, der 1955 die 2. Computergeneration einläutete. Statt Röhren wurden Transistoren als die neuen, wesentlich kleineren und schnelleren Schaltelemente eingesetzt.

Ein weiterer Meilenstein auf dem Weg zu den heutigen Hochleistungsrechnern war die Herstellung einer Schaltung aus verschiedenen Komponenten, die aber bemerkenswerterweise alle aus dem gleichen Material bestanden. Diese neuartige Integrationsidee von *Jack St. Clair Kilby* (1923 – 2005) und *Jean Amédée Hoerni* (1924 – 1997) führte 1958 zu der ersten integrierten Schaltung (IC: Integrated Circuit).

Die weitere Entwicklung sowie die stete Zunahme der Schaltelemente pro Siliziumchip (engl. *chip* = Scheibchen, Plättchen) leitete die dritte Rechnergeneration ein. Es setzte eine rasche Entwicklung ein von der ersten integrierten Schaltung im Jahr 1958 bis zum späteren 512-Megabit-Chip. Je nach Anzahl der Komponenten pro Baustein unterscheidet man:

SSI (Small Scale Integration)	1 bis 10
MSI (Medium Scale Integration)	10 bis 10^3
LSI (Large Scale Integration)	10^3 bis10^4
VLSI (Very Large Scale Integration)	10^4 bis 10^6
GSI (Grand Scale Integration)	10^6 und größer.

Die Großintegration (Platzierung vieler Elemente auf einem Chip), bei der zwischen 500 und 150 000 Transistorelemente auf einem Siliziumplättchen von 5 bis 30 mm^2 realisiert werden, führte zur Entwicklung von Mikroprozessoren. Mithilfe dieser Technik war es möglich, vollständige Zentraleinheiten und Speichereinheiten von Rechnern auf einem einzigen Chip unterzubringen. Fast alle zwei Jahre verdoppelte sich die Anzahl der Schaltfunktionen je Chip. 1984 wurde

86 **Wortlänge:** Die Folge von Bits, die von den Befehlen einer Datenverarbeitungsanlage zusammenhängend verarbeitet werden, nennt man Wort. Der darstellbare Zahlenbereich sowie die Anzahl der verwendeten Stellen von Daten hängen von der Länge des Wortes und seiner Struktur ab.

von IBM erstmals ein experimenteller Speicherchip entwickelt, der die Millionengrenze überschritt: Mehr als 1 Million Bit (1 Megabit $= 2^{20}$ bit = 1 048 576 bit) waren auf einer Siliziumfläche von 10,5 mm x 7,7 mm = 80,85 mm^2 ausgeführt. Auf diesem Megachip war eine Speicherdichte von 13 025 bit/mm^2 realisiert. Die Zugriffszeit zu Daten auf diesem Chip betrug 150 Nanosekunden (1 ns $= 10^{-9}$ s = 1 milliardstel Sekunde). Die Integrationsdichte konnte in den Folgejahren ständig erweitert werden, und die Zugriffszeit auf die Daten verringerte sich dementsprechend.

A1.2.3 Die höchste statistische Informationsdichte

Die höchste uns bekannte Informationsdichte ist in den DNS-Molekülen der lebenden Zellen realisiert. In *Bild 41* sind die Abmessungen dieses chemischen Speichermediums mit 2 nm $= 2 \cdot 10^{-9}$ m $= 2 \cdot 10^{-6}$ mm Durchmesser und 3,4 nm Ganghöhe der Helix (griech. *hélix* = Windung, Spirale) angegeben. Daraus errechnet sich das Zylindervolumen pro Windung ($V = h \cdot d^2 \cdot \pi/4$) zu

$$V = 3{,}4 \cdot 10^{-6}\,\text{mm} \cdot (2 \cdot 10^{-6}\,\text{mm})^2 \cdot \pi/4 = 1{,}068 \cdot 10^{-17}\,\text{mm}^3 \text{ pro Windung.}$$

Die menschliche DNS (Keimzelle) hat $3 \cdot 10^9$ Buchstabenpaare. Da eine Windung 10 Buchstabenpaare umfasst, ergibt sich somit ein Volumen von

$$(1{,}068 \cdot 10^{-17}\,\text{mm}^3 / \text{Windung}) \times 3 \cdot 10^9 \text{ Buchstaben} / (10 \text{ Buchstaben/Windung}) = 3{,}2 \cdot 10^{-9}\,\text{mm}^3.$$

Pro Gang (oder Windung) der Doppelspirale befinden sich 10 chemische Buchstaben (Nukleotide), sodass sich eine statistische Informationsdichte von

$$\rho = 10 \text{ Buchstaben}/(10{,}68 \cdot 10^{-18}\,\text{mm}^3) = 0{,}94 \cdot 10^{18} \text{ Buchstaben/mm}^3 = 0{,}94 \cdot 10^{21} \text{ Buchstaben /cm}^3$$ ergibt.

Bezieht man den ermittelten Informationsbedarf von 4,32 bit für eine Aminosäure (siehe Kapitel 7.4) auf einen Buchstaben (Nukleotid) des genetischen Codes, so kommt man bei dieser Rechnungsweise auf 4,32:3 = 1,44 bit/Buchstabe.

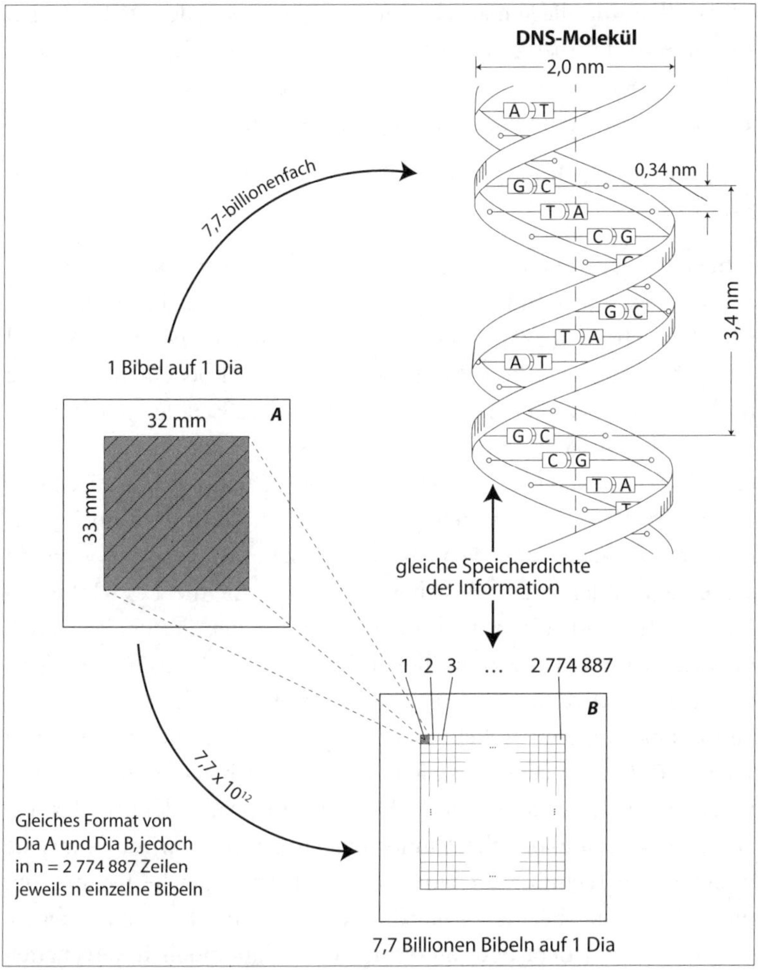

Bild 41: *Vergleich statistischer Informationsdichten.*
Die höchste bekannte statistische Informationsdichte finden wir im DNS-Molekül. Diese besonders geniale Speichermethode reicht bis an die Grenze des physikalisch Möglichen, nämlich herunter bis zum einzelnen Molekülbaustein als Informationsträger, und beträgt über 10^{21} bit/cm^3. Diese immense Informationsdichte übertrifft die der Bibel auf dem Dia A noch um das 7,7-billionenfache. Erst wenn man ein Dia B herstellen könnte (nur gedanklich möglich!), das auf gleicher Fläche ein Netz von 2,77 Millionen Zeilen und 2,77 Millionen Spalten enthielte, und man in jedem dadurch entstehenden Kästchen wiederum eine vollständige Bibel unterbringen würde, erreichte man diejenige Informationsdichte, die in jeder lebenden Zelle realisiert ist.

Wir wollen nun die statistische Informationsdichte der DNS mit den soeben ermittelten Werten ausdrücken, wobei wir hier für den Informationsgehalt pro Buchstabe den Wert 2 bit/Buchstabe (siehe auch *Tabelle 5*, Genetischer Code, Fall a) verwenden:

$\rho = 0{,}94 \cdot 10^{18}$ Buchstaben/mm^3 × 2 bit/Buchstabe = $1{,}88 \cdot 10^{18}$ bit/mm^3 bzw. $1{,}88 \cdot 10^{21}$ bit/cm^3.

Bibel auf Dia: Diese Informationsdichte ist so unvorstellbar groß, dass wir sie uns nun mithilfe eines anschaulichen Vergleichs verständlich machen wollen. In *Bild 41* sind die Abmessungen eines Dias A [M5] angegeben, auf dem die ganze Bibel von 1. Mose 1 bis Offenbarung 22 nach einem speziellen Mikroverfahren fotografisch festgehalten ist. Gemäß der ausgeführten Rechnung in [G17, S. 78-81] repräsentiert das DNS-Molekül eine 7,7-billionenfache Speicherdichte gegenüber der kompletten Bibel auf dem Dia. Dieser Vergleich wird noch staunenswerter, wenn man sich einmal vorstellt, wie eng Information auf einem anderen Dia B stehen müsste, damit die DNS-Informationsdichte gerade erreicht würde. Auf der gleichen Fläche des Dias A müssten beim Dia B 2,77 Millionen Zeilen und 2,77 Millionen Spalten angeordnet sein, wobei in jedem sich ergebenden Kästchen wiederum eine komplette Bibel (lesbar!) abgebildet sein müsste. Auf diese Weise würde man gerade erst jene Dichte erreichen, die die Informationsträger jeder Zelle aufweisen. Dabei ist noch zu bedenken, dass bei Dia B eine technologische Unmöglichkeit gefordert wird, denn jede fotografische Technik wäre eine makroskopische Speichertechnik und nicht eine solche, bei der einzelne Moleküle als Speichereinheit dienen. Selbst wenn eine derartige Fototechnik überhaupt möglich wäre, hätten wir nur eine *statische* und damit vom DNS-Speicherprinzip qualitativ grundverschiedene Speichertechnik. Das DNS-Molekül ist jedoch ein *dynamischer* Speicher, denn die eigene Information wird mithilfe einer komplizierten Maschinerie an andere Zellen beständig weitergegeben.

Einige weitere Vergleiche sollen uns die außergewöhnlich hohe Speicherdichte des DNS-Moleküls veranschaulichen:

a) **Stecknadelkopf aus DNS:** Stellen wir uns vor, wir hätten so viel DNS-Material, wie es dem Volumen eines Stecknadelkopfes von zwei Millimeter Durchmesser entspricht. Fragen wir uns, wie viele Taschenbücher (à 160 Seiten) darin speicherbar wären, dann kommen wir auf die immense Zahl von 15 Billionen Exemplaren. Aufeinandergelegt ergäbe das einen Stapel, der noch 500-mal höher wäre als die Entfernung von der Erde bis zum Mond, und das sind immerhin 384 000 Kilometer. Anders ausgedrückt: Würde man diese Menge der Bücher auf alle Bewohner der Erde (Stand 2015: 7,3 Milliarden Menschen) verteilen, so erhielte jeder etwa 2050 Exemplare.

b) **Draht ziehen:** Stellen wir uns vor, wir nehmen das Material eines Stecknadelkopfes von zwei Millimeter Durchmesser und ziehen daraus einen Draht, der genau denselben Durchmesser haben soll wie das DNS-Molekül, nämlich zwei Nanometer ($2 \cdot 10^{-9}$ m; zwei millionstel Millimeter). Wie lang würde dieser Draht wohl sein? Nun, er würde sage und schreibe 33-mal um den Äquator der Erde reichen, und der ist 40 000 Kilometer lang.

c) **Ein tausendstel Gramm DNS:** Würden wir nur ein Milligramm ($1 \text{ mg} = 10^{-3}$ g) des DNS-Materials nehmen und läge diese verdrillte Strickleiter als ein einziger Strang vor, dann entspräche das fast der Länge von der Erde bis zum Mond!

Zum menschlichen Genom

Bei der **DNS des Menschen** haben wir zu unterscheiden zwischen den *Keimzellen* (= dem Genom des Menschen, also der Erbsubstanz) und den *Körperzellen*. In den Keimzellen (= im Spermium und in den weiblichen Eizellen) beträgt die Gesamtlänge des DNS-Fadens jeweils einen Meter, aufgeteilt in 23 Chromosomen. Das entspricht $3 \cdot 10^9$ Nukleotidpaaren oder Basenpaaren oder genetischen Buchstaben. Die Körperzellen des Menschen besitzen die Erbinformationen in doppelter Ausführung – einen Satz vom Vater und einen von der Mutter. Somit enthalten sie 46 Chromosomen, und das entspricht einer DNS-Länge von zwei Metern bzw. $6 \cdot 10^9$ Nukleotidpaaren.

Durch einige anschauliche Vergleiche wollen wir uns einen Eindruck von der Informationsmenge und der kompakten Speicherdichte des menschlichen Genoms verschaffen:

a) **Geschrieben in Schreibmaschinenschrift:** Die Körperzelle des Menschen enthält sechs Milliarden genetische Buchstaben. Würde man diese mit einer Schreibmaschine in eine einzige Zeile schreiben,[87] so wäre diese Buchstabenkette noch um 900 km länger als die Entfernung vom Nordpol bis zum Äquator (= 10 000 km). Würde eine gute Sekretärin mit 300 Anschlägen pro Minute an 220 Arbeitstagen pro Jahr bei einem Achtstundentag ununterbrochen daran schreiben, so würden selbst drei komplette Berufsleben nicht ausreichen, um diese Buchstabenmenge auch nur zu tippen.

b) **Programmierertätigkeit:** Ein wissenschaftlicher Programmierer kann pro Tag etwa 40 Zeichen Programmcode entwerfen, wenn man die Zeit von der Konzeption bis zur Systempflege mit einbezieht. Geht man nur einmal von der Menge der Zeichen im Genom des Menschen aus, so wäre für diese Programmieraufgabe ein Heer von über 8000 Programmierern erforderlich, das während seines gesamten Berufslebens nur an diesem Projekt arbeitete. Kein menschlicher Programmierer aber weiß, wie dieses Programm zu gestalten ist, das auf einem gestreckten DNS-Faden von nur einem einzigen Meter Platz hat.

c) **Volumen:** Das menschliche Speichermedium (Keimzelle) in Gestalt der DNS-Doppelhelix nimmt nur ein Volumen von drei milliardstel Kubikmillimetern ein ($3 \cdot 10^{-9}$ mm^3) ein. Um sich davon einen Eindruck zu verschaffen, stellen wir uns vor, der Punkt am Ende dieses Satzes sei eine Kugel von rund 0,3 mm Durchmesser. Diese Punktkugel hätte dann ein Volumen von rund $1{,}414 \cdot 10^{-2}$ mm^3 und könnte die DNS von etwa 4,7 Millionen[88] Menschen fassen. Das entspräche ungefähr der Einwohnerzahl von Berlin und München zusammen.

87 Wir wählen eine heute gängige Schriftart in Word (Arial 12) mit 14 Zeichen pro Zoll. Das entspricht einer mittleren Buchstabenlänge von 25,4 mm / 14 B = 1,814 mm/Buchstabe. Bei 6 Milliarden Buchstaben kommen wir damit auf eine Länge von 10 900 km. Pro Arbeitsjahr schafft die Sekretärin 300 Anschläge/min x 60 min/h x 8 h/Tag x 220 Tage/Jahr = 31 680 000 Buchstaben/Jahr. Für die $6 \cdot 10^9$ Buchstaben braucht sie somit $6 \cdot 10^9$ B / $3{,}168 \cdot 10^7$ B/Jahr = 189 Jahre.

88 Volumen der Punktkugel $V = (4/3) \cdot \pi \cdot r^3 = (4/3) \cdot \pi \cdot (0{,}15 \text{ mm})^3 = 1{,}414 \cdot 10^{-2} \text{ mm}^3$.
$1{,}414 \cdot 10^{-2} \text{ mm}^3 / 3 \cdot 10^{-9} \text{ mm}^3 = 4{,}7$ Millionen.

d) **Buchstaben zählen:** Auch die Zahl der Buchstaben im menschlichen Genom ist gigantisch. Es sind vergleichsweise dreimal mehr Buchstaben[89] als Minuten seit der Geburt Jesu vor etwa 2000 Jahren vergangen sind!

e) **Menschliches Genom und Taschenbücher:** Rechnet man die Informationsmenge, die im menschlichen Genom enthalten ist, in Taschenbücher (à 160 Seiten) um, so entspricht das einer Auflage von fast 12 000 Exemplaren.

Alle diese Vergleichsrechnungen haben uns in atemberaubender Weise veranschaulicht, mit welch genialem Speicherkonzept hinsichtlich Materialeinsparung und Miniaturisierung wir es beim DNS-Molekül zu tun haben. Hier ist die höchste bekannte (statistische) Informationsdichte realisiert. Unsere hochintegrierten Speicherkonzepte in modernen Rechenanlagen sind noch weit von dieser Speicherdichte entfernt.

Schreibgeschwindigkeit und Fehlerquote

Das wohl bekannteste Bakterium ist *Escherichia coli*. Unter günstigen Bedingungen beträgt die Generationszeit, also jene Zeit, in der sich die Zahl der Bakterien in einem gegebenen Volumen Nährlösung verdoppelt, nur 20 bis 25 Minuten. Da ein Coli-Bakterium in der DNS etwa 4 720 000 Basenpaare enthält, beträgt die Abschreibegeschwindigkeit somit 236 000 Basenpaare pro Minute. Eine englische Bibel *(King James Version)* hat 3 566 480 Buchstaben. Anders ausgedrückt, ein Coli-Bakterium könnte eine komplette Bibel in 15 Minuten »abschreiben«.

Noch erstaunlicher ist die Genauigkeit, mit der die Informationsübertragung (Replikation) beim DNS-Molekül geschieht. Die Wahrscheinlichkeit dafür, dass ein Buchstabe falsch kopiert wird, liegt bei weniger als eins zu einer Milliarde. Um diese Fehlerquote zu veranschaulichen, stellen wir uns ein Schreibbüro vor, in dem 280 Sekretärinnen arbeiten und jede einmal die Bibel abschreibt (oder aber auch: Eine Sekretärin schreibt 280-mal die Bibel ab). Die Präzision

---

89 In 2000 Jahren sind 2000 Jahre x 365 Tage/Jahr x 24 h/Tag x 60 min/h = $1{,}05 \cdot 10^9$ Minuten vergangen. Das menschliche Genom (Keimzelle) hat $3 \cdot 10^9$ Buchstaben. Das ist ungefähr die dreifache Menge der Anzahl der Minuten in 2000 Jahren.

bei der DNS-Replikation ist so immens hoch, als würde bei den 280 Bibelabschriften nur ein einziger Buchstabe falsch abgetippt.

Neue Kennzahl für Informationsdichte

Die Dichte der Speichermedien bzw. der Integrationsgrad der Chips in den Computern hat in den vergangenen Jahren ständig zugenommen. Bisher mangelt es an einer geeigneten Kennzahl, um diesen Integrationsgrad auch unterschiedlicher Technologien zahlenmäßig vergleichbar zu machen. Der Autor hat darum vorgeschlagen [G12], die jeweils betrachtete Speicherdichte in Relation zu der höchsten (bekannten) in der Natur vorkommenden Speicherdichte zu setzen. Diese beträgt – wie oben ermittelt – $\rho_{DNS} = 1{,}88 \cdot 10^{18}$ bit/mm³.

Der gemeinsam von IBM, Siemens und Toshiba entwickelte 256-Megabit-Speicher wurde 1995 vorgestellt und hat eine Fläche von 286 mm². Rechnet man als technologisch erforderliche Dicke etwa 1 mm, so ergibt sich eine Informationsdichte dieses DRAM von $\rho_{DRAM} = 9{,}39 \cdot 10^{5}$ bit/mm³. In Analogie zur *Mach*schen Zahl ($M = u/v_0$) in der Strömungslehre oder der in der Relativitätstheorie üblichen Zahl $\beta = v/c$ wurde als **Kennzahl der Informationsdichte** die Verhältniszahl $q = \rho_{Sp}/\rho_{DNS}$ vorgeschlagen. Für den o. g. DRAM findet man $q = \rho_{DRAM} / \rho_{DNS} = 5 \cdot 10^{-13}$. Dieser extrem kleine Wert für q zeigt an, dass die moderne Computertechnologie noch weit entfernt ist von der Speicherdichte in der Natur. Da die Abmessungen des DNS-Moleküls in einem genau definierbaren kristallinen Zustand ermittelt werden, sind sie überall reproduzierbar. Somit hat diese spezielle Speicherdichte ρ_{DNS} den Charakter einer Naturkonstanten.

Nach derzeitigem Entwicklungsstand nimmt q einen sehr kleinen Zahlenwert an. Da die beschriebene Kennzahl sich jedoch am Maximalwert orientiert, bleibt für alle künftigen Technologien genug Spielraum, sodass $0 < q < 1$ stets gewährleistet bleibt. Die vorgestellte Maßzahl erlaubt es, auch den Integrationsgrad beliebiger anderer Speichermedien (z. B. CD, Magnetbänder) untereinander und miteinander zu vergleichen.

Anhang 2: Energie und Information in biologischen Systemen

A2.1 Energie – eine fundamentale Größe

Der Begriff der »Energie« (griech. *energeia* = Wirksamkeit) spielt in der gesamten Physik, aber auch in den übrigen Naturwissenschaften und in der Technik eine so zentrale Rolle, dass er – wie die Information – als ein Fundamentalbegriff anzusehen ist. Wir haben Information als eine nicht-materielle Größe kennengelernt; Energie hingegen ist eine Größe, die zur materiellen Welt gehört (unterste Hierarchiestufe gemäß *Bild 24* in Kapitel 5.11). Energie tritt in zahlreichen Erscheinungsformen auf, von denen viele ineinander umgewandelt werden können. Eine große Zahl physikalischer Prozesse besteht im Grunde genommen aus nichts anderem als der Umwandlung von Energie aus einer Form in die andere. Im Folgenden sind die wichtigsten Energieformen aufgelistet:

- mechanische Arbeit (Energie),
- potenzielle und kinetische Energie (Rotationsenergie, Translationsenergie),
- Feldenergie des Gravitationsfeldes, des elektrischen, magnetischen und elektromagnetischen Feldes,
- Wärmeenergie,
- elektrische Energie,
- Bindungsenergie der Nukleonen im Atomkern,
- chemische Energie,
- Strahlungsenergie von Teilchen (Elektronen, Protonen, Neutronen),
- Masse-Energie-Äquivalent.

Es ist wichtig festzustellen, dass die energetischen **Prozesse in lebenden Systemen** vollkommen durch ›biologische Information‹ (= Universelle Information, wie in diesem Buch definiert) gesteuert werden. Diese Information ist erforderlich, um das biologische Gleichgewicht aufrechtzuerhalten, also dem Abbau entgegenzuwirken, der sonst nach dem Zweiten Hauptsatz der Thermodynamik unvermeidlich wäre. Hinzu kommt vom physikalischen Standpunkt aus betrachtet, dass diese Prozesse oft mit minimalem Energieverbrauch verbunden sind. Sie sind so genial programmiert, dass ihre technische Nachahmung schon im Ansatz scheitert. Aus diesem Grunde widmen wir hier im Anhang einigen ausgewählten Systemen einen gebührenden Raum.

Alle Prozesse, sowohl in unbelebten als auch in belebten Systemen, gehorchen zwei grundlegenden physikalischen Gesetzen, dem Ersten und dem Zweiten Hauptsatz der Thermodynamik.

Erster Hauptsatz: Dieses so überaus wichtige Naturgesetz wird auch als »Energiesatz« oder »Gesetz von der Erhaltung der Energie« bezeichnet. Es wurde 1842 von dem deutschen Arzt *Robert von Mayer* (1814 – 1878) entdeckt und formuliert und es besagt, dass in dieser von uns beobachtbaren Welt Energie weder geschaffen noch vernichtet werden kann. Dieser Satz ist ein Erfahrungssatz wie alle Naturgesetze (siehe N1 in Kapitel 4.3). Bei jedem chemischen und physikalischen Prozess bleibt damit die Gesamtenergie des Systems und seiner Umgebung und damit auch die Gesamtenergie des Universums konstant. Energie kann also weder zerstört noch neu hinzugewonnen, sondern nur in andere Formen umgewandelt werden. Aus dem Energiesatz können wichtige Schlüsse gezogen werden:

- Es sind nur solche Vorgänge in der Natur möglich, bei denen sich die Gesamtbilanz aller beteiligten Energien nicht verändert. Der deutsche Physiker *Walther Gerlach* (1889 – 1979) formulierte dieses Prinzip wie folgt [R1]: »Das Gesetz von der Erhaltung der Energie spielt in der Naturwissenschaft und Technik die Rolle der obersten Polizeibehörde: Es entscheidet, ob ein Gedankengang erlaubt oder von vornherein verboten ist.«

  Anmerkung: Das Konzept von der Masse-Energie-Äquivalenz ($E = mc^2$) verbindet das Konzept der Massenerhaltung mit dem der Energieerhaltung.

- Die Unmöglichkeit eines Perpetuum mobile 1. Art: Es kann keine Maschine gebaut werden, die – einmal in Bewegung gesetzt – end-

los Arbeit verrichtet, ohne dass neue Energie zugeführt werden muss.
- Es gibt eine quantitative Übereinstimmung zwischen verschiedenen Energiearten. Derartige Energieäquivalenzen sind experimentell gesichert.

Zweiter Hauptsatz: Während der Erste Hauptsatz nur das Umsetzungsverhältnis zwischen Wärmeenergie und mechanischer Energie bestimmt, ohne Rücksicht darauf, ob die Umsetzung auch wirklich stattfindet, legt der Zweite Hauptsatz die Richtung fest, in der der Vorgang im zeitlichen Fortschritt abläuft. Die Prozesse gehen von selbst nur in **einer** Richtung vor sich; d. h. sie sind irreversibel (nicht umkehrbar). So wissen wir aus Erfahrung, dass es in einem isolierten Behälter zwischen einem kalten und einem heißen Kupferblock zu einem Temperaturausgleich kommt, wobei der heiße Block dem kälteren so lange seine Energie abgibt, bis eine einheitliche mittlere Temperatur erreicht ist. Legt man in den isolierten Behälter zwei Blöcke mit gleicher Temperatur, so geschieht nichts. Es würde nicht dem Ersten Hauptsatz widersprechen, wenn ein Block sich auf Kosten des anderen erwärmt, nur müssten Energieverlust und Energiegewinn ausgeglichen sein.

Der Zweite Hauptsatz liefert uns ein Kriterium, nach dem die Richtung eines gegebenen energetischen Prozesses vorausgesagt werden kann. Zur mathematischen Formulierung dieses Gesetzes wird eine zwar unanschauliche, aber dennoch sehr bedeutungsvolle Größe – die **Entropie** S – benötigt (siehe dazu *Bild 42*). Die Entropie ist eine mengenartige Größe, die beim Austausch von Wärmeenergie immer verändert wird. Wenn der Zweite Hauptsatz in der kürzesten Form mit $dS \geq 0$ (für geschlossene Systeme) ausgedrückt werden kann, dann lassen sich folgende Sätze daraus ableiten:

- Entropie kann niemals vernichtet, wohl aber erzeugt werden.
- Es ist unmöglich, eine periodisch arbeitende Maschine zu bauen, die weiter nichts bewirkt, als dass sie Arbeit verrichtet und dabei ein einziges Wärmereservoir abkühlt. Das bedeutet z. B.: Man kann den Wärmeinhalt des Ozeans nicht für einen Schiffsantrieb ausnutzen.

- Wärmeenergie kann von selbst niemals von einem kühleren Körper zu einem wärmeren hinüberfließen (*Rudolf Clausius*, 1850).
- Ein natürlicher, ungesteuerter Prozess, bei dem Entropie nur abnehmen kann, ist unmöglich.

Der deutsche Theoretische Physiker *Joseph Meixner* (1908 – 1994) veranschaulichte das Zusammenwirken der beiden Hauptsätze in treffender Weise [M2]:

> *»In der riesigen Fabrik der Naturprozesse nimmt die Entropieproduktion die Stelle des Direktors ein; denn sie schreibt die Art und den Ablauf des ganzen Geschäftsganges vor. Das Energieprinzip spielt nur die Rolle des Buchhalters, indem es Soll und Haben ins Gleichgewicht bringt.«*

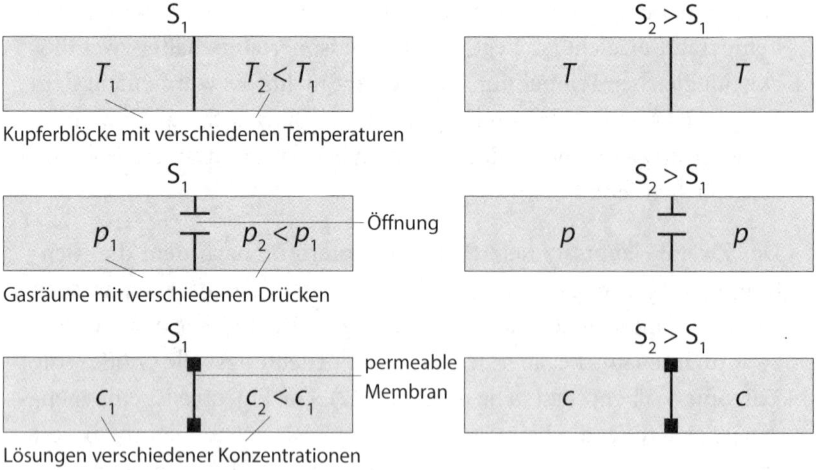

Bild 42: *Drei Prozesse in geschlossenen Systemen:*
- *Zwei Kupferblöcke mit unterschiedlichen Ausgangstemperaturen stellen sich im Lauf der Zeit auf eine einheitliche Temperatur ein.*
- *Zwei Kammern mit anfänglich unterschiedlichen Drücken führen über die Öffnung zu einem alsbaldigen Druckausgleich.*
- *Zwei Salzlösungen mit unterschiedlicher Konzentration tauschen über eine durchlässige Membran ihre Salzgehalte aus.*

Allen drei Vorgängen ist gemeinsam, dass die späteren Zustände gegenüber den Anfangssituationen durch eine höhere Entropie gekennzeichnet sind ($S_2 > S_1$).

Arbeitsfähigkeit: Ein wichtiger Begriff ist die *Arbeitsfähigkeit* eines Systems. Arbeit kann vollständig in Wärme umgewandelt werden, während der umgekehrte Weg, die vollständige Verwandlung von Wärme in Arbeit, *prinzipiell unmöglich* ist. Diese Asymmetrie der Energieumwandlung ist eine Kernaussage des Zweiten Hauptsatzes. Zusätzlich drückt dieser Satz auch aus, dass geschlossene Systeme einem Zustand zustreben, der durch ein Minimum an arbeitsfähiger Energie und ein Maximum an Entropie gekennzeichnet ist. Die Entropieänderung kann somit als Maß für die Irreversibilität eines Prozesses aufgefasst werden. Je besser bei einem Prozess das Ansteigen der Entropie verhindert werden kann, umso verwendungsfähiger ist die Energie als Arbeit.

Einfacher ausgedrückt: 100 Einheiten potenziell verfügbarer Arbeitsenergie können nicht so ausgenutzt werden, um damit 100 Einheiten Arbeit zu erzielen. Der Zweite Hauptsatz erzwingt einen unvermeidbaren Verlust bei allen Umwandlungsprozessen. Keine Maschine kann also einen 100-prozentigen Wirkungsgrad erreichen. Der Zweite Hauptsatz fordert, dass wir immer etwas weniger herausbekommen, als wir hineingesteckt haben. Nehmen wir als Beispiel den Benzinvorrat unseres Autos. Dieses Benzin habe 100 Einheiten verfügbarer Energie (in Form chemischer Energie). Es wird im Motor verbrannt. Dabei wird die chemische Energie in kinetische Energie umgewandelt, und über die Antriebswelle wird damit das Auto angetrieben. Der Umwandlungs-Wirkungsgrad einer Antriebsmaschine liegt bei Autos etwa bei 10 bis 20 Prozent. Die nicht nutzbare chemische Energie geht in Form von Wärme verloren. Der Zweite Hauptsatz fordert seinen Tribut!

Potenzielle und kinetische Energie, aber auch elektrische Energie lassen sich fast reversibel (d.h. nahezu umkehrbar) beliebig ineinander und damit auch in Arbeit wandeln. Bei der Wärmeenergie hingegen ist eine vollständige Umwandlung in eine andere Energieform prinzipiell nicht möglich, sondern nur teilweise lässt sie sich in mechanische oder andere Energieformen umwandeln. Es ist unmöglich, hier einen größeren Bruchteil umzusetzen, als es der *Carnot*-Wirkungsgrad $\eta_C = (T_2 - T_1)/T_2$ der idealen *Carnotmaschine* (reversibler *Carnotscher*

Kreisprozess) angibt. Dieser thermodynamisch mögliche Energieanteil »Arbeit zu verrichten« wird zur deutlicheren Unterscheidung mit einer eigenen Benennung – **Exergie** – belegt. Der Tatbestand, dass bei einer Wärmekraftmaschine ein höherer Nutzeffekt als η_C grundsätzlich nicht erreicht werden kann, lässt sich direkt aus dem Zweiten Hauptsatz herleiten. Wie wir noch sehen werden, haben Organismen einen höheren Wirkungsgrad (= verrichtete mechanische Arbeit bezogen auf die eingesetzte Energie) als der maximale thermische Wirkungsgrad, wie er aus dem Zweiten Hauptsatz folgt. Dies spricht nicht gegen dieses Naturgesetz, sondern für den Schöpfer, der in Umgehung der Wärmekraftmaschine ein Konzept realisiert hat, bei dem im Muskel chemische Energie direkt in mechanische umgewandelt wird. Die ausgeführten Werke des Schöpfers arbeiten sehr wohl im Rahmen der Naturgesetze, aber er verwendet sie in so genialer Weise, dass einem Ingenieur der Atem stockt. Der Schöpfer umgeht die Wärmemaschine, indem er ein Konzept realisiert hat, bei dem in den Muskeln des Körpers chemische Energie direkt in mechanische umgewandelt wird.

Halten wir fest: Alle Vorgänge, die zwar nach dem Energiesatz zulässig, aber mit einer Abnahme der Entropie verbunden wären, werden durch den Entropiesatz ausgeschlossen. Die Entropie erweist sich damit als einer der wichtigsten und merkwürdigsten Begriffe der ganzen Physik.

Entropie und Unordnung? In zahlreichen Veröffentlichungen werden immer wieder Beispiele genannt, wie mit zunehmender Entropie die Unordnung des betrachteten Systems anwächst, d. h. die Ordnung abnimmt. Auch auf biologische Systeme ist dieser Gedankengang leider ausgedehnt worden. Gegen eine solche Vereinfachung der wirklichen Sachlage ist Folgendes zu sagen:

- Biologische Prozesse laufen nicht in abgeschlossenen, sondern in offenen Systemen ab. Hierin lässt der Zweite Hauptsatz auch eine Entropieabnahme zu, wenn sie nur durch entsprechende Entropieabgabe an die Umgebung mindestens kompensiert wird. Nur eine Entropievernichtung ist ausgeschlossen.

- Ein allgemeingültiger Zusammenhang zwischen Entropie und Unordnung kann auch deswegen nicht bestehen, da es für Ordnung keine formelmäßige Beschreibung in den Naturwissenschaften gibt, während die Entropie eine physikalisch eindeutig formulierbare Größe ist. Eine Klassifizierung des Ordnungsbegriffs hat der Verfasser erstmals in [G6] und [G31, S. 321-323] versucht.
- Obwohl wir in Kristallen und vielen anderen Bereichen der Physik Ordnung ausmachen können, ist *Ordnung* dennoch keine physikalische Größe. Das wird auch daran deutlich, dass Ordnung nicht durch eine Kombination von Basiseinheiten des SI-Systems ausgedrückt werden kann (siehe Kapitel 5.4), wohingegen es ansonsten bei allen physikalischen Größen möglich ist. *Ordnung* ist ebenso wie *Schönheit* etwas subjektiv Wahrnehmbares, das sich aber jeglicher Messbarkeit entzieht.
- Die ausgesuchten Beispiele, bei denen Entropie und Unordnung korreliert erscheinen, sind durchweg Systeme, deren Teilchen keine Wechselwirkung aufweisen. Solche Systeme sind aber für biologische Strukturen ohne Bedeutung, denn in diesen spielen sich auf engstem Raum Tausende chemischer Reaktionen ab.
- Biologische Ordnung beruht auf codierter Information, die jeder Zelle mitgegeben ist. Über deren Qualität und Quantität haben wir uns bereits eine eindrückliche Vorstellung verschafft (Kapitel 7, 9.2 und A1.2.3).

Die Wattenmeerstruktur, wie sie z. B. an der Nordseeküste bei Ebbe sichtbar hervortritt, repräsentiert eine gewisse Ordnung, die sich durch energetische Prozesse herausbildet. Diese Ordnung ist ausschließlich physikalisch begründbar, denn ihr liegt kein Code und damit auch keine durch Information gesteuerte Absicht zugrunde.

A2.2 Energiegewinnung – Strategie zum Maximum

Bei der *Energiegewinnung* wie auch beim *Energieverbrauch* geht es immer um die Umwandlung einer Energieform in eine andere. Bei der Energiegewinnung kommt es darauf an, die Energie der zur Verfügung stehenden Quelle so gut wie möglich auszunutzen. Für das angewandte Verfahren wird dabei ein maximaler Wirkungsgrad angestrebt, kurz: Es handelt sich dabei um eine *Strategie zum Maximum*. An technischen und biologischen Systemen soll dieses Prinzip im Folgenden erörtert werden.

Beim Energieverbrauch hingegen wird die dazu umgekehrte Strategie – eine Strategie zum Minimum – verfolgt: Mit dem zur Verfügung stehenden Brennstoff muss so sparsam wie möglich umgegangen werden. Die erforderliche Arbeit ist dabei mit einem Minimum des eingesetzten Energieträgers zu verrichten. Auf welch geniale Weise und mit welch hervorragendem Erfolg dieses bei biologischen Systemen erreicht wird, zeigt das Kapitel A2.3.

A2.2.1 Energiegewinnung bei technischen Systemen

Die Erfindungskraft des Menschen hat zahlreiche Energiegewinnungskonzepte hervorgebracht. In den meisten Fällen geschieht der Umwandlungsprozess von der Primärenergiequelle bis zum Verbraucher über mehrere Energieformen hinweg. Die chemische Energie eines Brennstoffs wird in thermische, diese in mechanische und diese wieder in elektrische Energie umgewandelt (Kraftwerk). Im Motor wird die chemische Energie des Treibstoffs über Wärme mithilfe der dadurch bewirkten Gasausdehnung in mechanische Arbeit umgesetzt. Die Glühlampe setzt elektrische Energie in thermische und diese in Lichtenergie um. Alle diese Umwandlungen sind mit Verlusten verbunden. Das Verhältnis der wiedergewonnenen zur eingesetzten Energie ist der Wirkungsgrad. Selbst moderne Dampfkraftwerke erreichen nur einen Wirkungsgrad von 40 %, d. h., 60 % der in der Kohle enthaltenen Energie sind für die Energiegewinnung verloren.

In Deutschland wurden im Jahre 2014 insgesamt 610,5 TWh an elektrischer Energie erzeugt. Davon entfallen etwa 8,6 % auf Wind, 5,8 % auf Fotovoltaik, 8,0 % auf sonstige sogenannte »Erneuerbare Energien«, 3,4 % auf Wasser, 9,6 % auf Erdgas, 15,9 % auf Kernenergie und der Rest auf Wärmekraftwerke (Stein- und Braunkohle 43,6 %, Rest: Heizöl, sonstige Brennstoffe). Außer der nur begrenzt zur Verfügung stehenden Wasserenergie wird die gesamte technisch gewonnene Energie auf dem Umweg über die Wärme und damit über schlechte Wirkungsgrade erzeugt.

Direkte Energieumwandlung: Im Bereich der Technik werden große Anstrengungen unternommen, um zu einer Energie-Direktumwandlung ohne Zwischenform zu kommen. Zu diesen Bemühungen gehören die Brennstoffelemente, die magnetohydrodynamischen Generatoren sowie die fotoelektrischen Elemente.

Sonnenkraftwerke (Dampferzeugung über Hohlspiegel, dann Turbinen für Stromerzeugung) benötigen selbst im sonnigen Süden Europas eine Spiegel-Plantage von 26 000 m^2 (= 2,5 Fußballfelder), um 1 GWh/Jahr (= 1 Million Kilowattstunden pro Jahr) zu erzeugen [X2]. Damit können etwa 350 Haushalte versorgt werden. Wollte man die gleiche Leistung wie ein 1300-Megawatt-Kernkraftwerk erbringen, so müsste ein riesiges Gelände von 68 Quadratkilometern mit Spiegeln bedeckt werden, und das wäre etwa die Fläche einer Großstadt mit 150 000 Einwohnern.

Windkraftwerke: Die typische Leistung heute gängiger Windkraftanlagen liegt im Bereich von ca. 1,5 bis 4 Megawatt für Onshore-Anlagen und bis zu 8 MW für Offshore-Anlagen.

A2.2.2 Energiegewinnung bei biologischen Systemen (Fotosynthese)

Der einzige Vorgang in der Natur, bei dem Sonnenenergie in größerem Umfang gespeichert wird, ist die Fotosynthese. Sie ist der grundlegende Prozess der Energiegewinnung, der das Wachstum und die Vermehrung von Pflanzen ermöglicht, solange Kohlendioxid (CO_2), Wasser (H_2O) und geringe Mengen bestimmter Mineralien vorhanden sind. Die von der grünen Pflanze produzierten organischen Stoffe sind die primäre Nahrungs- und Energiequelle für alle nicht zur Fotosynthese befähigten *heterotrophen*[90] Organismen. Mit Recht kann gesagt werden, dass die Fotosynthese sowohl die entscheidende Quelle aller Lebensprozesse als auch der Energiegewinnung auf der Erde darstellt. Alle fossilen Brenn- und Rohstoffe (Stein- und Braun-

90 **Heterotrophe Zellen** sind Zellen, die zum Aufbau ihrer makromolekularen chemischen Verbindungen sowie der dazu erforderlichen Energie komplexe Nährstoffe (z. B. Glucose, Aminosäuren) benötigen. Im Gegensatz dazu stehen fototrophe Zellen, die fotosynthetisch aktiv sind, d. h., sie sind in der Lage, Lichtenergie in speicherbare chemische Energie umzusetzen.

kohle, Erdöl, Erdgas) entstammen der Biomasse früherer Zeiten und damit auch der Fotosynthese.

Aus einfachen energiearmen Stoffen werden komplexe, energiereiche Stoffe aufgebaut. Bei Oxidations-/Reduktions-Prozessen oxidiert normalerweise ein starkes Oxidationsmittel ein starkes Reduktionsmittel. Die Fotosynthese hingegen ist insofern ein besonderer Vorgang, als hierbei ein schwaches Oxidationsmittel (CO_2) ein schwaches Reduktionsmittel (H_2O) oxidiert und dabei ein starkes Oxidationsmittel (O_2) und ein starkes Reduktionsmittel (Kohlenhydrat) entstehen. Um das zu ermöglichen, ist die Zufuhr äußerer Energie notwendig. Diese wird dem Sonnenlicht entnommen. Zur Funktion eines solchen Prozesses wird eine Substanz benötigt, die in der Lage ist, Lichtquanten zu absorbieren, die absorbierte Energie auf andere Moleküle zu übertragen, selbst wieder in den Ausgangszustand zurückzukehren und erneut Lichtquanten zu absorbieren. Diese komplexe Leistung vollbringt das *Chlorophyll.* Es gibt fünf verschiedene Typen von Chlorophyll (a, b, c, d und f), die sich in ihrer chemischen Struktur jedoch nur geringfügig unterscheiden. Die Typen a und b sind die wichtigsten, da sie bei höheren Pflanzen und Grünalgen vorkommen. Die Bilanzgleichung der Fotosynthese-Reaktion lautet:

$$6\,CO_2 + 6\,H_2O + \text{Lichtenergie} \rightarrow C_6H_{12}O_6 + 6\,O_2 \qquad (1)$$

Unter Verbrauch von Sonnenlicht wird aus CO_2 und H_2O Glucose synthetisiert. Nur in einem Teilprozess wird Lichtenergie eingefangen und in chemische Energie umgewandelt. Die hierbei ablaufenden ersten Reaktionen heißen deshalb *Lichtreaktionen.* Alle übrigen Abläufe, bei denen unter Verbrauch chemischer Energie Glucose synthetisiert wird, können auch bei Abwesenheit von Licht ablaufen und heißen deshalb *Dunkelreaktionen.*

Die Fähigkeit, Licht zu absorbieren, variiert sehr stark von Substanz zu Substanz. Bei Wasser ist dieser Absorptionseffekt sehr gering, und darum erscheint es farblos. Die charakteristische Farbe eines Stoffes kommt dadurch zustande, dass in einem bestimmten Wellenlängenbereich die Absorption sehr stark ist. Trägt man den Absorptionsgrad in Abhängigkeit von der Wellenlänge in ein Diagramm ein, so erhält man das Absorptionsspektrum. Das Pigment Chlorophyll a absorbiert aus dem gesamten Spektrum des »weißen« Sonnenlichtes nur die blaue (400-450 nm) und rote (640-660 nm) Strahlung. Als Folge davon erscheint uns das von einer Chlorophyll-Lösung ausgesandte Licht grün. Als Aktionsspektrum bezeichnet man den Verlauf des Wirkungsgrades eines Prozesses in Abhängigkeit von der Wellenlänge. Es ist nun bemerkenswert, dass das Absorptionsspektrum des Chlorophylls und das Aktionsspektrum der Fotosynthese gut übereinstimmen. Das zeigt uns an, dass diesem lebensnotwendigen Vorgang eine fein aufeinander abgestimmte Konzeption zugrunde liegt. Nach der Berechnung des Wirkungsgrades dieser genialen Erfindung werden wir in die gleiche Richtung gewiesen.

Wirkungsgrad der Fotosynthese: Gemäß Gleichung (1) wird aus 6 mol[91] CO_2 gerade 1 mol Glucose gebildet, wozu 2872,1 kJ notwendig sind. Bezogen auf 1 mol CO_2 sind das 478,7 kJ. Da jede Energieumwandlung mit Energieverlusten verbunden ist, ist der reale Bedarf an Lichtenergie größer. Obwohl die Lichtquanten des Rotlichtes eine geringere Energie besitzen (etwa 2 eV/Lichtquant) als die des Blaulichtes (ca. 3 eV/Lichtquant), verrichten beide Arten wegen unterschiedlicher Wirkungsgrade etwa denselben Betrag fotochemischer Arbeit. Wie experimentell ermittelt werden konnte, sind 8 bis 10 Lichtquanten je Molekül CO_2 erforderlich. Der Energieinhalt von 1 mol Rotlichtquanten (= $6{,}022 \cdot 10^{23}$ Lichtquanten[92]) beträgt 171,7 kJ. 9 mol Rotlichtquanten (Mittelwert aus 8 bis 10) haben einen Energiegehalt von

91 **Ein Mol (1 mol)** ist diejenige Menge eines Stoffes in Gramm, die die relative Molekülmasse bzw. Teilchenmasse angibt. Die relative Molekülmasse ist die Summe der relativen Atommassen. Beispiel: relative Molekülmasse von $CO_2 = 12 + 2 \cdot 16 = 44$; somit 1 mol CO_2 = 44 g. Bemerkenswerterweise ist die Anzahl der Moleküle bzw. Teilchen in einem Mol für jeden beliebigen Stoff gleich, nämlich $(6{,}022\,1367 \pm 0{,}000\,0036) \cdot 10^{23}$ (*Avogadrosche Zahl* N_A oder in der deutschen Fachliteratur häufig noch als *Loschmidtsche Zahl* N_L bezeichnet). N_A ist eine grundlegende physikalische Naturkonstante.

92 **Energieäquivalent von Lichtquanten:** Entsprechend dem *Stark-Einstein*-Gesetz (Quantenäquivalentgesetz) kann in der fotochemischen Primärreaktion ein absorbiertes Photon mit der Energie $h \cdot \nu$ (*h Plancksches* Wirkungsquantum, ν Frequenz des Lichtes) nur ein Molekül anregen. Da ein Mol eines jeden Stoffes aus $6{,}022 \cdot 10^{23}$ Molekülen besteht, benötigt dieses zur Anregung oder Umsetzung den Energiebetrag $E = 6{,}022 \cdot 10^{23}\, h \cdot \nu$. Diese Energie wird als fotochemisches Äquivalent (= »1 Einstein« oder »1 mol Quanten«) bezeichnet. Das Energieäquivalent von Lichtquanten (Photonen) ist nicht konstant, sondern von der Wellenlänge $\lambda = c/\nu$ abhängig und wird zweckmäßigerweise in molaren Einheiten angegeben. Die Zahl der Photonen in einem »Mol« Licht ist somit identisch mit der *Avogadroschen* Zahl N_A.

$9 \cdot 171{,}7 = 1545{,}3$ kJ. Der Wirkungsgrad η errechnet sich als Quotient aus theoretischem Energiebedarf für die Assimilation von 1 mol CO_2 (478,7 kJ) und realem Energieinhalt des benötigten Rotlichtes (1545,3 kJ):

$\eta_{rot} = 478{,}7/1545{,}3 \cdot 100 = 31\,\%$

Blaulichtquanten haben einen Energieinhalt von 272,1 kJ/mol, und bei entsprechender Rechnung findet man $\eta_{blau} = 20\,\%$.

Quantität der Fotosynthese: Die Leistung der Pflanzen ist nicht nur qualitativ, sondern auch quantitativ höchst eindrucksvoll. Nach Angaben von *S. Scherer* [S4] baut eine einzige Buche (115 Jahre alt, 200 000 Blätter, 1200 m^2 Blattoberfläche, 180 g Chlorophyll) an einem Sonnentag 12 kg Kohlenhydrate auf und assimiliert dabei 9400 Liter CO_2 aus 36 000 m^3 Luft. Durch die Produktion von 9400 Litern O_2 werden somit 45 000 Liter Luft regeneriert.

Weltweit werden durch die Fotosynthese $2 \cdot 10^{11}$ Tonnen Biomasse pro Jahr erzeugt [F5]. Das entspricht einem Heizwert von rund 10^{14} Wattjahren (= 100 Terawattjahre = 100 TWa = $3{,}15 \cdot 10^{21}$ Ws). Der direkte weltweite menschliche Nahrungskonsum liegt im Jahr bei 0,4 TWa (= $1{,}26 \cdot 10^{19}$ Ws), der tierische bei 0,6 TWa. Das macht zusammen gerade ein Prozent der weltweiten Biomasseproduktion aus.

Atmung: Bei der Atmung geschieht ein zur Fotosynthese umgekehrter Prozess, wobei Energie freigesetzt wird. Auf der Erde gibt es ein ökologisches Gleichgewicht zwischen diesen beiden Vorgängen, sodass ohne Störung durch menschliche Eingriffe (z. B. Industrie) die Luftzusammensetzung konstant bleibt. Weiterhin ist bemerkenswert, dass die Maschinerien für Fotosynthese und Atmung erstaunliche Ähnlichkeiten aufweisen. Die beteiligten Stoffe gehören denselben chemischen Klassen an. So ist das Chlorophyllmolekül, ähnlich wie der für die Atmung wichtige Blutfarbstoff, chemisch aus vier Pyrrolringen aufgebaut, die um ein Zentralatom angeordnet sind: Magnesium bei Chlorophyll und Eisen beim Blutfarbstoff. Beide Prozesse geschehen an Festkörperstrukturen, den Membranen. Der Schluss liegt auf der Hand: Beiden Prozessen liegt ein gemeinsames geniales Konzept zugrunde, das sehr sorgfältig aufeinander abgestimmt wurde. Eine evolutive Entstehung muss schon deswegen verworfen werden, weil so ähnliche Vorgänge, die zudem eine solch staunenswerte Vollkommenheit aufweisen, nicht an so unterschiedlichen Stellen »zufällig« entstanden sein können.

Folgerung: Der Fotosyntheseforschung ist es bis heute noch nicht gelungen, die unvorstellbare Komplexität der dahinter stehenden molekularen Mechanismen aufzuklären. Für den Atmungsvorgang gilt dasselbe. Die Kenntnis der Bilanzgleichungen und einzelner enzymgesteuerter Zwischenschritte darf nicht darüber hinwegtäuschen, dass die Unwissenheit hier unvergleichlich höher ist als das Erforschte. Der Bioenergetiker *Albert L. Lehninger* (1917–1986) [L1] rechnet diese vielen ungeklärten Fragen »zu den faszinierendsten biologischen Problemen«. Die direkte technische Umsetzung von Sonnenlicht in chemischen Treibstoff ist eine Wunschvorstellung aller Solarenergie-Ingenieure. **Den Prozess der Fotosynthese hat bisher kein noch so findiger Ingenieur, Chemiker oder Verfahrenstechniker nachbauen können**, aber in jedem Blatt der Pflanze ist der Vorgang auf geniale Weise realisiert. Jede fototrophe Zelle (d. h. eine Zelle, die Licht als Energiequelle verwendet) braucht das dazu erforderliche Informationsprogramm, um eine so optimale Energieumsetzung vornehmen zu können.

A2.3 Energieverbrauch in biologischen Systemen – Strategie zum Minimum

Jede Zelle braucht ständig Energie, um die lebensnotwendigen Arbeitsabläufe (z. B. Synthese neuer Moleküle, Produktion einer Tochterzelle) zu ermöglichen. In vielzelligen Organismen kommen noch weitere gezielte Reaktionen hinzu (z. B. Fortbewegung, Aufrechterhaltung der Körpertemperatur). Jede Zelle, gleichgültig ob tierischer, pflanzlicher oder mikrobischer Art, setzt Energie nach den gleichen grundlegenden Prinzipien und Mechanismen um. Im Gegensatz zur Technik vermeidet der lebende Organismus den mit schlechten Wirkungsgraden verbundenen Umweg über die Wärme. Die Vorgänge in der Zelle laufen isotherm, d. h. bei gleichbleibender Temperatur ab [B7].

Energiekonzept: Es gilt besonders herauszustellen, dass die als Energieträger dienenden Nährstoffmoleküle beim Oxidationsvorgang ihre Energie nicht als Wärme abgeben. Das molekulare Konzept der biologischen Oxidation sieht aus energiewirtschaftlichen Gründen vor, dass auf katalytischem Wege über ganze Enzymverbände eine aus vielen Einzelreaktionen zusammengesetzte und exakt aufeinander abgestimmte Reaktionsfolge stattfindet, die über ebenso viele Zwischenprodukte führt. Eine Hauptrolle spielt die mit besonderen chemisch-energetischen Eigenschaften ausgerüstete Substanz Adenosintriphosphat (ATP), die zur Gruppe der Nukleotide gehört (bestehend aus Adenin, D-Ribose und Phosphatgruppen). Während des energieliefernden Vorgangs der Oxidation der Nährstoffe wird aus Adenosindiphosphat (ADP) Adenosintriphosphat (ATP) gebildet, das energiereicher ist. Diese so im ATP-Molekül enthaltene chemische Energie kann in der weiteren Folge zu chemischer (z. B. Biosynthese), mechanischer (z. B. Muskelarbeit) oder osmotischer Arbeit (Transportarbeit) genutzt werden. Dabei wird eine Phosphatgruppe an andere Moleküle, z. B. Zucker, übertragen, und es entsteht wieder ADP. In diesem Energietransportsystem ist somit ATP die energiereichere und ADP die energieärmere Form. Die zahlreichen, sehr komplexen chemischen Einzelschritte in diesem ATP/ADP-Energiekreislauf werden durch ein bestimmtes Enzymrepertoire katalysiert. Neben diesem generellen biologischen Energiefluss gibt es staunenswerte Sondermechanismen der Energietransformation.

Die **Elektrofische** (z. B. Zitterrochen, Zitterwels, Zitteraal) können Spannungsstöße von mehreren Hundert Volt abgeben, die aus chemischer Energie stammen. Die Lichtblitze **lumineszierender Tiere** entstehen durch Umwandlung chemischer Energie in Lichtenergie. Der **Bombardierkäfer** wandelt die chemische Energie des Wasserstoffperoxids in Druck-/Volumenenergie um.

Bei den von Menschen konstruierten **Maschinen zur Energiegewinnung** kommen im Wesentlichen Vorgänge in Betracht, bei denen über den Umweg der Wärme die transportfähige Elektroenergie erzeugt wird. Die Wärme Q kann nur dann Arbeit A verrichten, wenn eine Temperaturdifferenz T_2-T_1 besteht. Die (nur theoretisch!) maximal mögliche Arbeit, die von einer Wärmemaschine verrichtet werden kann, ergibt sich nach der Formel (*Carnot*-Prozess)

$$A = Q \cdot (T_2 - T_1)/T_2,$$

d. h. der maximal mögliche Wirkungsgrad beträgt $\eta = (T_2 - T_1)/T_2$.

T_2 kann z. B. die Eintrittstemperatur des Dampfes in eine Dampfturbine und T_1 die Austrittstemperatur sein. Daraus ist zu ersehen, dass man sehr große Temperaturdifferenzen benötigt, um zu einigermaßen brauchbaren Wirkungsgraden zu kommen. In der lebenden Zelle müssen die energieliefernden Prozesse grundsätzlich anders sein, da alle Vorgänge nur bei Zelltemperatur, d. h. bei isothermen Bedingungen, ablaufen können. Dieses dort realisierte raffinierte Energiekonzept arbeitet unter Vermeidung hitzebeständiger Stoffe und kommt dennoch zu außergewöhnlich hohen Wirkungsgraden.

Die Zellen: Die lebenden Zellen können gut mit einer Fabrik verglichen werden, die aus mehreren Abteilungen besteht, wobei jede wiederum über eine gewisse Anzahl von Maschinen verfügt.

Nach einem bis in letzte Details durchdachten Plan ist die Arbeit aller Abteilungen und Maschinen bestens aufeinander abgestimmt, sodass in einer Folge zahlreicher Einzelprozesse die Endprodukte hergestellt werden. Zu Recht können wir sagen, dass es sich hier um die kleinste vollautomatisierte Fertigungsstraße der Welt handelt, bei der ein eigenes Rechenzentrum und eigene Kraftwerke (Mitochondrien) selbstverständlich sind. Die kleinsten Zellen mit einem Radius von 100 nm finden wir bei den Prokaryonten, und Zellen mit dem größten Volumen sind die Vogeleier. Die größte Zelle mit einem Radius von 0,1 m = 10^8 nm ist das Straußenei. Die Mittelwerte der Radien von Zellen vielzelliger Organismen liegen zwischen 2000 nm und 20 000 nm (= 2 bis 20 µm). Große Lebewesen bestehen aus außerordentlich vielen Zellen (beim Menschen etwa 10^{14}), Kleinstlebewesen (z. B. Bakterien) nur aus einer einzigen Zelle. Nach der strukturellen Organisation unterscheidet man zwei große Zellklassen: prokaryotische (griech. *prokaryon*; kein Kern) und eukaryotische (griech. *eu* = gut) Zellen. Zu den *Eukaryonten* gehören viele einzellige Organismen wie

Hefen, Protozoen, einzellige Algen sowie fast alle mehrzelligen Organismen. Sie enthalten alle Zellkern, Mitochondrien und endoplasmatisches Reticulum. Die *Prokaryonten* umfassen die Bakterien und Blaualgen. Sie sind, verglichen mit den Eukaryonten, erheblich kleiner, weniger differenziert und spezialisiert, und ihnen fehlen mancherlei Strukturen (z. B. Zellkern, Mitochondrien).

Zusammenfassung: Nach diesen Ausführungen können wir die wesentlichen, gegenüber der Technik grundsätzlich zu unterscheidenden Merkmale der Energiegewinnung in Organismen wie folgt zusammenfassen:

1. *Isothermer Energieumsatz:* Die energetischen Prozesse laufen bei konstanter Temperatur (isotherm) und bei konstantem Druck und Volumen ab und umgehen auf diese Weise den in der Technik üblichen Umweg über die Wärme mit den dadurch verbundenen schlechten Wirkungsgraden.
2. *Höchstmögliche Miniaturisierung:* Das Hauptziel der Technik, die Miniaturisierung der Geräte, ist in der Zelle in technisch unnachahmlicher Weise realisiert: Die energieliefernden und -verbrauchenden Prozesse sind im Organismus auf molekularer Ebene verkoppelt. Zu Recht können wir von »molekularen Maschinen« sprechen, und damit ist das Äußerstmögliche an Kleinheit erreicht.
3. *Optimaler Betrieb:* Jede der etwa zehn Billionen (10^{13}) Muskelzellen des menschlichen Körpers besitzt ihr eigenes dezentralisiertes »Kraftwerk«. Nach Bedarf kann dieses in Betrieb gesetzt werden und geht somit äußerst wirtschaftlich mit dem Energieträger um.
4. *Indirekter Energieumsatz:* Die Energien werden nicht direkt verwendet. Zwischen dem energieliefernden Vorgang und der energieverbrauchenden Reaktion ist das ATP-System als energieübertragendes Bindeglied geschaltet. Die energiereiche Substanz ATP dient als Energieüberträger und als Energiezwischenspeicher. Die energiebedürftigen, ATP-betriebenen Prozesse können von sehr unterschiedlicher Art sein: Sie leisten bei der Kontraktion von Muskeln *mechanische* Arbeit, in den elektrischen Organen mancher Tiere *elektrische* Arbeit, bei der Aufnahme und dem Transport von Substanzen *osmotische* Arbeit oder in vielen Fällen *che-*

mische Arbeit. Alle diese Vorgänge sind in eine umfangreiche Stoffwechselkette eingebunden, die durch ein äußerst komplexes, häufig noch gar nicht verstandenes Enzymkonzept realisiert wird.

5. *Hoher Wirkungsgrad:* Der Atmungsvorgang (von der Glucose bis zu CO_2 und H_2O) ist im Gegensatz zur Vergärung (von der Glucose bis zur Milchsäure) ein äußerst wirksamer Prozess, bei dem die gesamte im Glucosemolekül steckende Energie freigesetzt wird. Betrachtet man die Energetik des Elektronentransports, so kommt man auf einen Wirkungsgrad von 91 %, also einen in der Technik utopisch hoch erscheinenden Wert. Dieses faszinierende Ergebnis wird erreicht durch ein genial strukturiertes System, bei dem das »Prinzip des gemeinsamen Zwischenproduktes bei der Energieübertragung« ständig eingehalten wird. ATP ist das Bindeglied zwischen energieliefernden und -verbrauchenden Reaktionen, d. h., es gibt eine einheitliche und leicht konvertierbare Energiewährung in der Zelle. Von energiefreisetzenden Prozessen wird dieses »Geld« eingehandelt und an energiebedürftige Prozesse ausgegeben. Da die Energietransporte somit über das ATP-System geschleust werden, verfügt die Zelle außerdem über einen hervorragenden Mechanismus zur Kontrolle des Energieflusses.

Im biologischen Energieversorgungssystem begegnet uns somit ein genial ausgetüfteltes Konzept, von dem jeder Energietechniker nur fasziniert sein kann. Niemand kann diese so miniaturisierte und hochgradig wirtschaftlich arbeitende Maschine nachbauen. Alle diese Prozesse laufen nicht zufällig ab; sie sind im Voraus geplant und sind informationsgesteuert.

A2.4 Energiesparen in biologischen Systemen

Der Tübinger Physiker *Alfred Gierer* (*1929) stufte Physik und Biologie auf folgende Weise ein [G2]: »Die Physik ist die allgemeinste Naturwissenschaft, anwendbar auf alle Ereignisse in Raum und Zeit, während die Biologie die komplexeste und zugleich die am meisten auf uns selbst bezogene Naturwissenschaft ist.« In diesem Zusammenhang ergeben sich einige wichtige Fragen: Gibt es im Bereich der Lebewesen Abläufe, bei denen die Gesetzmäßigkeiten von Physik und

Chemie nicht gelten? Ist ein Lebewesen nicht prinzipiell verschieden von einer Maschine? Gibt es eine physikalische Begründung der Biologie? Bei der Beantwortung dieser Fragen müssen wir zwei Punkte sehr sorgfältig unterscheiden:

1. *Ablauf:* Alle biologischen Vorgänge laufen aufs Strengste innerhalb der Naturgesetze von Physik und Chemie ab (siehe N2, N3 und N4 in Kapitel 4.3). Diese bilden aber nur den äußeren Rahmen des Geschehens und wirken im Allgemeinen eingrenzend. Eine weitere Einschränkung stellen die Randbedingungen (Umwelt) dar. Weiterhin ist bei allen biologischen Funktionen die jedem Lebewesen mitgegebene *Betriebsinformation* (Definition siehe Kapitel 5.9.2) grundlegend. Alle – meist sehr komplexen – Prozesse sind durchweg programmgesteuert.
2. *Herkunft:* Ebenso, wie jede Maschine, vom Korkenzieher bis zum Computer, nicht allein im Rahmen von Naturgesetzen und Umweltbedingungen erklärbar ist, bedarf auch jedes biologische System eines Ideengebers, eines Erfinders, eines Konstrukteurs. Jeder Schöpfer technischer Gebilde muss die physikalischen Gesetze kennen und kann dann unter Einhaltung dieser sowohl eingrenzenden als auch ausnutzungsfähigen Bedingungen zu geeigneten Konstruktionen kommen. Seine Genialität kommt am besten an jenen Maschinen zum Ausdruck, bei denen er unter Einsatz aller konstruktiven und architektonischen Ideen die Naturgesetze so geschickt ausnutzt, dass optimale Lösungen erkennbar sind. Ebenso ist es mit dem Schöpfer der biologischen Systeme. Wie viel mehr werden sein Ideenreichtum und seine unauslotbare Weisheit sich in den belebten Systemen widerspiegeln!

Physikalische Gesetzmäßigkeiten bilden zwar die Rahmenbedingungen biologischer Abläufe in den Lebewesen, aber sie reichen keineswegs aus, um die Komplexität, den Struktur- und Funktionsreichtum der Gebilde zu erklären. Wer sogar Herkunftsfragen und seelische Vorgänge auf rein materieller Ebene diskutiert, betreibt eine mechanistische Reduktion, die der Wirklichkeit des Lebens völlig unangemessen ist.

Der ungeahnte Erfinderreichtum, bei dem Naturgesetze oft bis an die Grenze des physikalisch Möglichen geschickt ausgenutzt werden, soll im Folgenden an Beispielen des Energiesparens näher erörtert werden.

A2.4.1 »Blattgrün« bei Tieren

Wir haben die Fotosynthese als eine geniale Erfindung kennengelernt, bei der Sonnenenergie umgesetzt wird, um Energiespender herzustellen. Es sind drei Tierarten bekannt [D5], bei denen dieser informationsgesteuerte Vorgang »eingebaut« ist, nämlich bei der Schlundsandschnecke *(Tridachia crispata)*, bei dem an den Küsten der Normandie und Bretagne lebenden, drei Millimeter großen Strudelwurm *(Convoluta roscofensis)* und bei dem mikroskopisch kleinen Grünen Pantoffeltierchen *(Paramecium bursaria)*.

Die in den Gewässern um Jamaika lebende Schlundsandschnecke ernährt sich normalerweise von Seetang. Sie kann aber auch dann noch weiterleben, wenn sie dieses Futter nicht mehr vorfindet. Das verzehrte Blattgrün vorangegangener Mahlzeiten wird nicht vollständig verdaut, sondern in Form unbeschädigter Chloroplasten in blattähnlichen Zotten auf dem Rücken gespeichert. Die pflanzlichen Organellen bleiben dabei voll funktionsfähig. Bei Sonneneinstrahlung produzieren diese wie beim Fotosyntheseprozess Zucker, der dem Körper der Schnecke als Energielieferant dient. Man kann hier zu Recht sagen:

- Das Tier leiht sich die chemische Fabrik einschließlich der Informationssteuerung von der Pflanze und macht sich dadurch sozusagen selbst zur Pflanze.
- Diese Schnecke frisst Nahrung, die dann ihrerseits ständig für neue Nahrung sorgt. Mithilfe dieses staunenswerten Prinzips kann sie sechs Wochen ohne Nahrungsaufnahme leben, wenn nur die Sonne scheint.

Die Versorgungsprobleme der Menschheit wären gelöst, wenn wir wüssten, wie diese Tiere das machen. Der Prozess der Fotosynthese ist jedoch ein so genialer informationsgesteuerter Vorgang, der noch weitgehend unverstanden ist und den wir keineswegs chemotechnisch nachbauen können. Es gelingt uns noch nicht einmal, die Chloroplasten, die Organellen des Blattgrüns, außerhalb der Blattzellen funktionsfähig zu erhalten, so wie es die o. g. Tiere vermögen.

A2.4.2 »Lampen« leuchtender Tiere

Unter dem Energiegesichtspunkt gibt es ein äußerst bemerkenswertes Phänomen bei zahlreichen Meerestieren und niederen Landtieren (z. B. Glühwürmchen): Die Biolumineszenz (lat. *lumen* = Licht). Diese Tiere sind in der Lage, Licht in verschiedenen Farben (rot, gelb, grün, blau oder violett) und Signalformen abzustrahlen. Vergleicht man unsere technische Lichterzeugung mit der Biolumineszenz, so erweist sich Erstere im Hinblick auf den Wirkungsgrad des Energieeinsatzes als geradezu stümperhaft. Eine normale Glühlampe setzt nur 3 bis 4 Prozent der aufgewandten Energie in Licht um, und eine Leuchtstoffröhre bringt es auch nur auf 10 Prozent Wirkungsgrad. So sind unsere Lampen eher als Öfen zu betrachten denn als Lichtstrahler. Neuerdings werden für Leuchtmittel mit stark zunehmender Tendenz Leuchtdioden[93] (LEDs) eingesetzt, die mit deutlich höheren Wirkungsgraden aufwarten.

Beim Schöpferpatent Biolumineszenz geschieht die Erzeugung kalten Lichtes. Es ist eine Methode, die **bisher kein Mensch nachahmen konnte**. Bei diesem Prozess werden bestimmte Leuchtstoffe (Luciferine) unter der katalytischen Wirkung des Enzyms Luciferase oxidiert. Chemisch sind drei grundsätzlich verschiedene Luciferine zu unterscheiden, nämlich die der Bakterien, der Leuchtkäfer und der Cypridina. Der amerikanische Biochemiker *William D. McElroy* (1917 – 1999) konnte die quantitative Leistungsfähigkeit dieser Art der Lichtproduktion bestimmen. Dabei ergab sich, dass jedes in Form von ATP[94] dem Leuchtorgan zugeführte Energiequant in Licht umgewandelt wurde. Die Anzahl der oxidierten Luciferin-Moleküle ist gleich

93 Erst 1962 wurde die Leuchtdiode (LED; engl. light-emitting diode) erfunden. Sie ist ein lichtemittierendes Halbleiter-Bauelement. Die effizientesten weißen LEDs erreichten im März 2014 eine Lichtausbeute von 303 Lumen/Watt. Das theoretische Maximum liegt bei etwa 350 Lumen/Watt, wenn weißes Licht mit 6600 K Farbtemperatur mit einem physikalischen Wirkungsgrad von 100 % erzeugt wird. Die heutige Lichtausbeute der LEDs liegt damit bei etwa 85 %.

94 **ATP** (= Adenosintriphosphat) ist das energiespeichernde und -transportierende Makromolekül in der lebenden Zelle (siehe Kapitel A2.3).

der der ausgesandten Lichtquanten. Das Leuchtkäferlicht ist tatsächlich völlig »kaltes« Licht, d. h. es gibt keinen Energieverlust durch Wärmeerzeugung. Durch diese vollständige Energieumsetzung in Licht haben wir es hier mit Lampen zu tun, die mit einem 100-prozentigen Wirkungsgrad arbeiten.

Der Schöpfer hat mancherlei Bakterien, Kleinorganismen, Insekten und insbesondere Tiefseefische mit dieser Leuchtmöglichkeit ausgerüstet. Die uns bekanntesten Leuchtorganismen sind wohl die Leuchtkäfer oder Glühwürmchen (*Lampyris*, *Phausis* u. a.). Die meisten der subtropischen und tropischen Lampyriden-Arten unterscheiden sich von unseren mitteleuropäischen dadurch, dass sie nicht zielorientiert blinken und blitzen können. Experimente mit dem Schwarzen Leuchtkäfer *(Photinus pyralis)* ergaben [B8], dass die fliegenden Männchen alle 5,7 Sekunden mit einer Blitzdauer von 0,06 Sekunden blitzen, worauf die im Gras sitzenden Weibchen im gleichen Rhythmus mit genau 2,1 Sekunden Abstand antworten. Die Blinksignale dienen offensichtlich der gegenseitigen Verständigung der Partner.

Es gibt auch Insekten mit verschiedenfarbigen Laternen wie z. B. den brasilianischen *Railroad Worm (Phrixothrix)*. Diese Käferlarve aus der Familie der Schneckenräuber *(Driliden)* trägt normalerweise zwei orangerote Lichter am Vorderende. Bei Gefahr schaltet sie zusätzlich rechts und links eine Reihe von elf grünlich leuchtenden Laternen ein. Die Assoziation zu einem im Dunkeln daherkommenden kleinen Eisenbahnzug gab der Larve den treffenden Namen Eisenbahnwurm.

Während unserer Israelreise 1985 konnten wir im Unterwasserobservatorium in Eilat einen im Roten Meer lebenden *Laternenfisch (Photoblepharon palpebratus steinitzi)* beobachten, der sein »Laternenlicht« nicht im eigenen Organ erzeugt, sondern es von lumineszierenden Bakterien erhält, die in Symbiose mit ihm leben. Die Bakterien sind so klein, dass das Licht eines einzelnen Individuums nicht zu sehen ist, aber als Kolonie werden sie deutlich sichtbar. Sie sitzen ausschließlich auf dem oval geformten Lichtorgan, das sich unterhalb der Augen befindet. Über ein dicht verzweigtes Netzwerk von Blutkapillaren werden die Bakterien ernährt und mit Sauerstoff versorgt. Das Licht wird ständig emittiert wie bei anderen lumineszierenden Bakterien, aber der Fisch kann das Licht nach Belieben ein- und ausschalten. Das geschieht mittels einer schwarzen Hautfalte, die wie ein Augenlid das Lichtorgan überzieht und dabei verschiedene Blinksignale hervorruft. Dadurch werden jene Meeresbewohner angelockt, die ihm zur Nahrung dienen.

Die Lichtstrahlung bei Bakterien ist von der anderer lumineszierender Organismen grundverschieden. Während die Ersteren beständig mit gleichbleibender Intensität strahlen, unabhängig von Tag und Nacht und von irgendwelchen Stimulationen, leuchten andere Meeresorganismen nur, wenn sie gestört werden oder sonst stimuliert werden (z. B. durch die Spur eines Schiffes, durch gebrochene Wellen am Ufer oder den Durchzug eines Makrelenschwarmes durch eine Masse lumineszierender Organismen).

Besonders ausgeprägt ist die Biolumineszenz bei den Tieren der Tiefsee. Es gibt da leuchtende Fische, Krebse, Pfeilwürmer und Quallen. Manche Fischarten tragen einzelne Lampen an ihrer Seite, während andere mit ganzen Reihen davon ausgestattet sind. Die Leuchtorgane können auch in geschnörkelten, geschwungenen oder gar unregelmäßigen Mustern verteilt sein. Bei dem *Fünfstreifigen Sternbildfisch (Bathysidus pentagrammus)* laufen an jeder Körperseite fünf schön gestaltete Lichtstreifen, von denen jeder aus einer Reihe großer blassgelber Lichter besteht. Jedes dieser Lichter ist wiederum zackensternartig von kleinen, aber lebhaft purpurn glühenden »Edelsteinen« umgeben. Die *Leuchtende Garnele (Sergestes prehensilis)* ist mit über 150 Lichtpunkten ausgestattet, die alle blitzartig an- und wieder abgeschaltet werden können. Wie bei den Lauflichtreklamen unserer nächtlichen Großstädte huschen innerhalb von ein bis zwei Sekunden gelbgrüne Lichtmuster in schneller Folge vom Kopf bis zum Schwanz. Während manche Fischarten Leuchtbakterien in den Dienst der Lichterzeugung nehmen, verfügen andere über eigene hochspezialisierte Organe, in deren Zellen der Leuchtstoff selbst produziert wird. Zur Steigerung der Lichteffekte gibt es Fische mit raffiniert gebauten Scheinwerfern, Sammellinsen und anderen optischen Zusatzeinrichtungen, mit denen das Licht z. B. in eine bestimmte Richtung gelenkt werden kann. Die Scheinwerfer sind so konstruiert, dass hinter dem leuchtenden Gewebe in mosaikartiger Anordnung Tausende kleinster Kristalle eingebettet sind, die eine spiegelblanke Oberfläche bilden und so das Licht reflektieren. Sogar Farbfilter (Pigmenthäute) sind im Einsatz, damit an einem einzelnen Tier alle möglichen Farbtöne auftreten können.

Des Schöpfers Erfinderreichtum ist hier grenzenlos, und wir kommen aus dem Staunen nicht mehr heraus.

A2.4.3 Die Lunge – eine optimale Konstruktion

Bei der Konstruktion hochwertiger technischer Anlagen wie auch bei biologischen Systemen kommt es darauf an, den Energieverbrauch so niedrig wie möglich zu halten. Ein zusätzlicher Energieaufwand ist durch irreversible Vorgänge bedingt, denen darum besondere Aufmerksamkeit gilt. Bei Strömungsvorgängen ist die Reibung der entscheidende irreversible Faktor. Durch großzügige Auslegung der Strömungsquerschnitte und drastische Verkleinerung der Übertragungsflächen werden die Reibungsverluste gesenkt. Dieser Forderung stehen jedoch zu beachtende Grenzen gegenüber: Eine zu reichliche Dimensionierung führt in der Technik zu unnötig hohen Investitionskosten und im lebenden Organismus zu erhöhtem Grundumsatz an Energie. Der Gesamtenergiebedarf eines Organs oder Muskels setzt sich zusammen aus dem Grundumsatz, der erforderlich ist, um das betreffende Gewebe in Funktion zu halten, und der Umsatzsteigerung, die sich aus erhöhter Aktivität ergibt.

Am Beispiel der **menschlichen Lunge** konnte der Schweizer Anatom *Ewald R. Weibel* (1929 – 2019) [W1] in Fortführung der Arbeiten des Schweizer Nobelpreisträgers *Walter R. Hess* (1881 – 1973) zeigen, wie raffiniert diese Optimierungsaufgabe gelöst ist. Die Konstruktion ist so ausgeführt, dass bei kleinstem Einsatz lebenden Gewebes (minimaler Materialeinsatz, minimaler Grundumsatz) sich nur kleinste Umsatzsteigerungen zur Überwindung von Druckabfällen ergeben. Die Luftröhre spaltet sich bekanntlich in die beiden Bronchien, und diese verzweigen sich wieder paarweise in dünne Rohre gleichen

Durchmessers und diese je wieder in zwei folgende noch dünnere Leitungen, bis bei der 23. Generation schließlich die feinsten Verästelungen erreicht sind. Das mittlere Verhältnis d_2/d_1 zweier aufeinanderfolgender Rohrdurchmesser (d_2 auf d_1) beträgt Messungen zufolge recht genau 0,8. Führt man eine strömungstechnische Optimierungsrechnung durch, wobei der Druckabfall für ein vorgegebenes Gesamtvolumen der Rohrleitung mit Inhalt bei laminarer Strömung (ohne Verwirbelung) minimal sein soll, so findet man $d_2/d_1 = \sqrt{½} = 0,79370$, was dem o. g. Messwert entspricht. Dieses $\sqrt{½}$ -Gesetz ist bei den Verzweigungen der Blutgefäße in der Lunge noch genauer erfüllt. Je mehr wir uns die Details der biologischen Systeme ansehen, umso stärker werden wir zur Erkenntnis geführt, dass ihr Urheber ein genialer Konstrukteur sein muss.

A2.4.4 Der Flug der Zugvögel

Der Vogelflug ist eine der faszinierendsten Fortbewegungsarten, die wir in der Schöpfung beobachten. Eine Fülle technisch unnachahmbarer Lösungen finden wir hier vor [D5], [R5], [S2]. Vogelflügel sind aus der Sicht der Strömungsmechanik hochspezialisierte und optimierte Gebilde. Die Wölbung der Flügel ist dabei von besonderer Bedeutung, denn nur mit gewölbten Flügeln lässt sich fliegen. Während Flugzeuge auf den Fahrtwind angewiesen sind und darum eine ziemlich hohe Mindestgeschwindigkeit benötigen, um in der Luft zu bleiben, können Vögel beim Langsamflug ihren eigenen Schlagwind nutzen. Vogelflügel sind Propeller und Tragfläche zugleich. Der Antrieb geschieht mit technisch unerreicht hohem Wirkungsgrad. Aus den zahlreichen ausgeführten Problemlösungen wollen wir hier zwei herausgreifen: die *präzise Energiekalkulation* und die *exakte Navigation.*

A2.4.4.1 Der Flug der Zugvögel – eine präzise Energiekalkulation

Jeder Vorgang in Physik, Technik oder Biologie verläuft streng nach dem Energiesatz, d. h., jeder Arbeitsvorgang benötigt zu seiner Durchführung eine bestimmte Energiezufuhr. Das Energieproblem des Zugvogels besteht darin, genügend Treibstoff in Form von Fett mit sich zu führen, um die anstehende Reiseroute zu bewältigen. Wegen der geforderten guten Flugeigenschaften muss die gesamte Konstruktion des Vogels auf Leichtbauweise ausgerichtet sein, d. h., unnötiges Gewicht ist absolut zu vermeiden. So ist auch ein optimaler Umgang mit dem Treibstoff erforderlich. Wie hat es der Schöpfer realisiert, dass der »Brennstoff« ohne Nachtanken so lange ausreicht?

Die wirtschaftlichste Reisegeschwindigkeit: Die erste Maßnahme ist die Wahl der wirtschaftlichsten Reisegeschwindigkeit. Fliegt der Vogel zu langsam, verbraucht er einen zu hohen Treibstoffanteil für den Auftrieb. Fliegt er zu schnell, vergeudet er zu viel Energie zum Überwinden der Luftreibung. Es gibt somit ein ausgeprägtes Minimum für den Treibstoffverbrauch. Würde der Vogel diese spezielle Geschwindigkeit kennen, so könnte er äußerst energiesparsam fliegen. Je nach der aerodynamischen Konstruktion des Rumpfes und der Flügel ist diese optimale Geschwindigkeit für jeden Vogel verschieden (z. B. Aztekenmöwe 45 km/h; Wellensittich 41,6 km/h). Es ist bekannt, dass die Vögel sich exakt an diese energiesparende Geschwindigkeit halten. Woher kennen sie diese? Für die Ornithologen ist dies eines der vielen ungelösten Rätsel.

Schwerpunkthöhe halten: Der französische Regisseur und Produzent *Jacques Perrin* (1941 – 2022) hat mit seinem Meisterwerk *»Nomaden der Lüfte – Das Geheimnis der Zugvögel«* (2001) einen bisher einmaligen Naturfilm gedreht. Mithilfe modernster Ultraleichtflugzeuge, Minihubschrauber und Deltadrachen begleitete er 44 Arten von Zugvögeln auf gleicher Flughöhe und mit gleicher Geschwindigkeit, um ihr elegantes Flugverhalten detailliert zu studieren. Wer den 2002 angelaufenen Film gesehen hat, erlebte ein Manifest der Großartigkeit und konnte Staunenswertes aus der Werkstatt des Schöpfers sehen. Die Flugkunst hinsichtlich Technik und Schönheit ist beeindruckend. Im Zusammenhang mit der Energiekalkulation ist auffällig, wie auch bei allen großen Zugvögeln (z. B. Wildgänse, Störche, Kraniche) die Höhe des Schwerpunkts des gesamten Vogels trotz der nicht unerheblichen Dynamik des Flügelschlags sich fast gar nicht verändert. Es wäre ein nicht unerheblicher Energieverlust, wenn diese Bedingung nicht eingehalten würde. Stellen wir uns eine Wildgans von 8 Kilogramm vor. Würde ihr Schwerpunkt sich pro Flügelschlag beispielsweise um nur 3 Zentimeter absenken und wieder anheben, dann wäre dafür ein zusätzlicher Energiebedarf von 2,4 Joule erforderlich. Bei 100 000 Flügelschlägen wären das schon 240 kJ, und allein dafür müsste die Gans 6 Gramm mehr Fett mitführen.

Brennstoff für den Goldregenpfeifer

Am Beispiel des ostsibirischen **Goldregenpfeifers** (*Pluvialis dominica fulva;* engl. *Golden Plover*) wollen wir uns ein weiteres Energieproblem, nämlich die mitgeführte Brennstoffmenge, näher ansehen. Dieser Vogel fliegt zur Überwinterung von Alaska nach Hawaii. Im Nonstop-Flug muss er dabei den offenen Ozean, den Pazifik, überfliegen, ohne auch nur einmal rasten zu können, denn es gibt unterwegs keine Insel, und außerdem ist er Nichtschwimmer. Während dieses über 4000 km langen Fluges (je nach Startpunkt) führt er in ununterbrochener Folge die unvorstellbare Anzahl von 250 000 Flügelschlägen aus. Der Flug dauert 88 Stunden. Der Vogel hat ein durchschnittliches Startgewicht von $G_0 = 200$ g, wovon 70 g in Fettpolstern angelegt sind, die als Treibstoff dienen. Es ist bekannt, dass der Goldregenpfeifer 0,6 % ($p = 0{,}006/\mathrm{h}$) des jeweiligen Körpergewichts in Bewegungsenergie und Wärme umsetzt. Unter der Annahme vollständiger Windstille benötigt er für die erste Flugstunde also

$$x_1 = G_0 \cdot p = 200 \cdot 0{,}006 = 1{,}2 \text{ g Fett.} \qquad (1)$$

Zu Beginn der zweiten Flugstunde wiegt er nur noch $G_0 - x_1 = 200 - 1{,}2 = 198{,}8$ g, sodass er in den folgenden Stunden schon etwas weniger Fett verbraucht:

$$x_2 = (G_0 - x_1) \cdot p = G_1 \cdot p = 198{,}8 \cdot 0{,}006 = 1{,}193 \text{ g} \qquad (2)$$

$$x_3 = (G_0 - x_1 - x_2) \cdot p = G_2 \cdot p = 197{,}6 \cdot 0{,}006 = 1{,}186 \text{ g.} \qquad (3)$$

Für die 88. Flugstunde ist der Treibstoffverbrauch wegen des stark abgenommenen Gewichts auf den Wert

$$x_{88} = (G_0 - x_1 - x_2 - x_3 - \ldots - x_{87}) \cdot p = G_{87} \cdot p \qquad (4)$$

abgesunken. Wir wollen nun errechnen, wie viel der Vogel nach der Reise wiegt:

Das Körpergewicht nach den jeweiligen Flugstunden ergibt sich durch den Abzug des Fettverbrauchs:

1. Flugstunde: $G_1 = G_0 - x_1 = G_0 - G_0 \cdot p = G_0(1 - p)$ (5)

2. Flugstunde: $G_2 = G_1 - x_2 = G_1 - G_1 \cdot p = G_1(1 - p)$
$= G_0(1 - p)^2$ (6)

3. Flugstunde: $G_3 = G_2 - x_3 = G_2 - G_2 \cdot p = G_2(1 - p)$
$= G_0(1 - p)^3$ (7)

...

z. Flugstunde: $G_z = G_{z-1} - x_z = G_{z-1} - G_{z-1} \cdot p =$
$= G_{z-1}(1 - p) = G_0(1 - p)^z$ (8)

...

88. Flugstunde: $G_{88} = G_{87} - x_{88} = G_{87} - G_{87} \cdot p =$
$= G_{87}(1 - p) = G_0(1 - p)^{88}$ (9)

Nach dieser *einfachen Rechenweise*[95] bilden die einzelnen Gewichte G_0, G_1, G_2, G_3, ..., G_{88} eine geometrische Reihe mit dem Multiplikationsfaktor $q = 1 - p < 1$. Setzt man die entsprechenden Zahlen in Gleichung (9) ein, so ergibt sich das Gewicht des Vogels nach der 88. Flugstunde zu:

$$G_{88} = 200 \cdot (1 - 0{,}006)^{88} = 117{,}8 \text{ g} \quad (10)$$

Den gesamten Treibstoffverbrauch finden wir als Differenz zum Startgewicht:

$$G_0 - G_{88} = 200 - 117{,}8 = 82{,}2 \text{ g.} \quad (11)$$

95 **Andere Rechenweise:** Aus Gründen leichterer Verständlichkeit haben wir die obige Rechnung in Schrittweiten von 1 Stunde ausgeführt. Geht man jedoch von der Differentialgleichung $dG/dt = -G(t) \cdot p$ und $G(t = 0) = G_0 = 200$ g aus, so erhält man die kontinuierliche und mathematisch exakte Lösung: $G(t) = G_0 \cdot \exp(-p \cdot t)$ mit $p = 0{,}006$/h. Die o.g. Rechnung in Stundenschritten (Gleichung 10) ist eine gute Näherung, denn sie stimmt bis auf unwesentliche Stellen nach dem Komma mit der folgenden exakten Lösung überein: $G(88\ h) = 200 \cdot \exp(-0{,}006 \cdot 88) = 117{,}96$ g.

Dieser Wert ist deutlich höher als die mitgeführten 70 g! Das Grenzgewicht von 130 g (siehe *Bild 43*) darf der Vogel aber nicht unterschreiten. Trotz seines Fluges mit der optimalen Geschwindigkeit für minimalen Treibstoffverbrauch erreicht der Vogel wegen zu geringer Treibstoffmenge das Ziel Hawaii nicht. Fragt man nach der Stundenzahl z, für die der Treibstoff gerade noch ausreicht, so findet man wegen

$$G_z = G_0 \cdot (1 - p)^z = (200 - 70) = 130 \text{ g}, \qquad (12)$$

dass nach $z = 72$ Stunden die 70 g Fett vollständig verbraucht sind. Was ist die Folge? Es kommt nach 81 % der Flugzeit – also gut 800 km vor dem Ziel – zu einem tödlichen Absturz des Vogels ins Meer. Haben wir uns hier verrechnet, oder hat der Schöpfer den Vogel nicht richtig konstruiert und ausgestattet? Beides trifft nicht zu. Des Schöpfers Werk setzt uns in Erstaunen. Er handelt nach dem Grundsatz »**Energieeinsatz – optimal durch Information**«, d. h., er gab dem Vogel eine wichtige Information mit: »Fliege nicht im *Einzelflug* (Kurve G_E), sondern in *Keilformation* (Kurve G_K)! Im Keilflug sparst du 23 % Energie ein, und du wirst sicher dein Winterquartier erreichen.«[96] *Bild 43* zeigt auch die Kurve G_K der Gewichtsabnahme im Falle des Keilfluges. Nach 88 Stunden bleibt im Normalfall noch ein Fettrest von 6,8 g. Auch dieser Resttreibstoff ist nicht überflüssig im »Tank«, sondern vom Schöpfer für den Fall einkalkuliert, dass bei Gegenwind sich ein zusätzlicher Energiebedarf ergibt. Der Goldregenpfeifer an der Spitze der Keilformation hat den höchsten Brennstoffverbrauch. Darum wechselt er sich immer wieder mit anderen aus der Formation ab.

Der äußerst geringe spezifische Treibstoffverbrauch von $p = 0{,}6\,\%$ des Gewichts pro Stunde versetzt noch mehr in Erstaunen, wenn man bedenkt, dass die entsprechenden Werte für die von Menschen entwickelten technischen Fluggeräte um ein Mehrfaches darüber liegen (Hubschrauber $p = 4$ bis 5 %; Düsenflugzeuge $p = 12\,\%$).

---

96 **Keilflug bei anderen Vögeln:** Bei Brandgänsen beträgt diese Energieersparnis 18 % und bei Kranichen sogar bis zu 70 %, wenn der Vogelverband mit drei Viertel seiner Höchstgeschwindigkeit fliegt und aus mindestens zwei Dutzend Tieren besteht. Gelegentlich kommt es vor, dass etwa ein Kranich in einem Verband von Wildgänsen mitfliegt, dass sich eine Ente in eine Formation von Kranichen einreiht. Die Ornithologen sprechen dann von »Schwarzfahrern«.

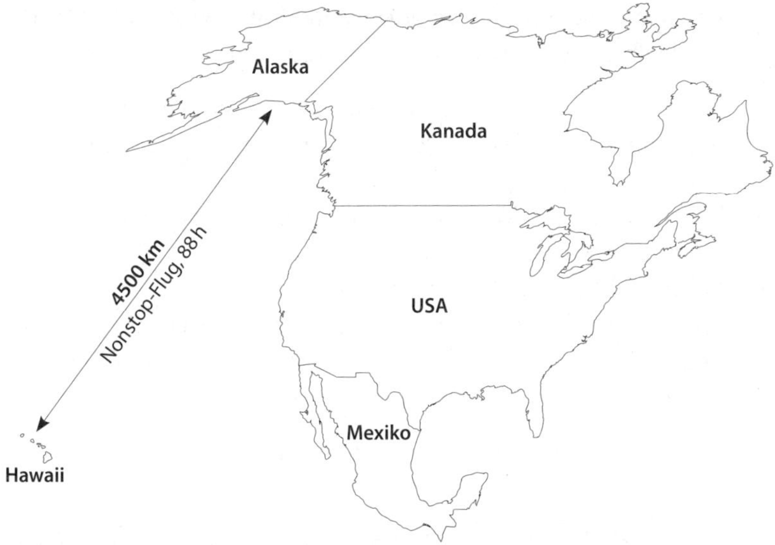

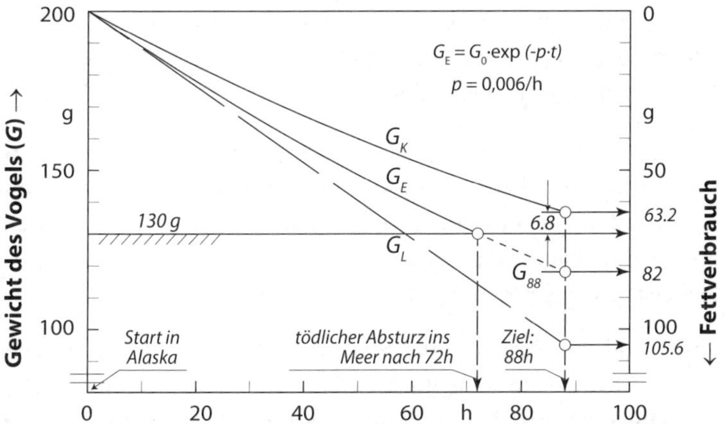

***Bild 43:** Der Flug des ostsibirischen Goldregenpfeifers.*
Für den 4500 km langen Nonstop-Flug von Alaska zu den Hawaii-Inseln stehen dem Zugvogel 70 g Fett als Treibstoff zur Verfügung. Würde der Vogel jede Stunde so viel verbrauchen wie in der ersten Stunde, würde die gestrichelte Linie G_L für ihn gelten, und er würde 105,6 g Fett benötigen. Würde der Flug von einem Einzelvogel durchgeführt (Kurve G_E), hätte er alle seine Fettreserven nach 72 Stunden verbraucht und würde 800 km vor dem Ziel in den Ozean stürzen und sterben. Fliegen die Vögel aber in Keil-Formation (Kurve G_K), reduziert sich der Energieverbrauch um 23 %, sodass sie ihr Ziel mit 70 g Fett sicher erreichen.

Wenn jemand diese präzisen Vorgänge nicht als des Schöpfers Werk ansieht, bleiben diesem wichtige Fragen unbeantwortet:

- Woher kennt der Vogel den notwendigen Energiebedarf?
- Wie kommt es, dass er vor der Reise gerade die richtige Fettmenge ansetzt?
- Woher kennt der Vogel die Entfernung und den spezifischen Brennstoffverbrauch?
- Woher kennt der Vogel die Flugroute?
- Wie navigiert der Vogel, um das Ziel exakt zu erreichen?
- Woher weiß der Vogel, dass er in Keil-Formation mit anderen Vögeln erheblich weniger Brennstoff verbraucht?

Anhänger der Evolutionslehre werden alle diese Fragen so beantworten:

> *»Es ist doch klar, dass nur ein Vogel mit genügend Fettreserven das Ziel Hawaii erreichen kann. Der Vogel kennt nicht die Route und besitzt auch kein Navigationssystem; aber einige Vögel haben rein zufällig die richtige Route gewählt …«*

Bei derlei Annahmen und Einschränkungen wird vergessen, dass der Flug nur gelingen kann, wenn *alle* obigen Fragen beantwortet sind. Sonst würde nicht nur eine knappe Mehrheit, sondern höchstwahrscheinlich beinahe jeder Vogel ertrinken. Wir beobachten aber, dass die meisten Vögel heil ankommen.

(Ausgehend von den hier dargelegten Fakten über den Goldregenpfeifer tritt dieser in dem Buch »Wenn Tiere reden könnten« [G21] als Erzähler auf, um den Leser als gedachten Dialogpartner auf zahlreiche Schöpfungswunder aufmerksam zu machen.)

Neben dem o.g. *(ostsibirischen) Goldregenpfeifer* gibt es noch den *nordamerikanischen Goldregenpfeifer (Nominatrasse).* Auch dieser zieht in gewaltiger Nonstop-Flugleistung von den Küsten Labradors über den westlichen Atlantischen Ozean bis nach Nordbrasilien. Während die ostsibirische Rasse für Hin- und Rückflug denselben Weg nimmt, wählt der nordamerikanische Goldregenpfeifer unterschiedliche Routen für Herbst und Frühjahr. Der Rückflug von den Pampas Südamerikas geht über Mittelamerika und die USA nach Kanada. Weitere unvorstellbare Flugleistungen vollbringt

- die *Japanische Bekassine (Capella hardtwickii)*: 5000 km Flug von Japan nach Tasmanien,
- der *ostsibirische Stachelschwanzsegler (Chaetura caudacuta)*: Flug von Sibirien nach Tasmanien: 12600 km,
- die amerikanischen Strandläuferarten (z. B. *Calidris melanotos* = *Graubruststrandläufer*): 16000 km Flug von Alaska bis Feuerland.

A2.4.4.2 Der Flug der Zugvögel – eine navigatorische Meisterleistung

Der bekannte dänische Ornithologe *Finn Salomonsen* (1909–1983) schreibt über die Orientierung während des Vogelzuges [S2]: »Die Fähigkeit des Vogels, während des Zuges den Weg zu finden, darf als das rätselhafteste Mysterium gelten. Nur wenige andere Fragen haben zu allen Zeiten zu so vielen Theorien und Spekulationen Anlass gegeben wie diese.« In der Tat ist die navigatorische Leistung, die ohne komplizierte Armaturen, ohne Kompass und Karte und bei sich ständig ändernden Bedingungen von Sonnenstand, Windrichtung, Wolkendecke, Tag/Nacht-Rhythmus geschieht, ein Wunder ohnegleichen. Bei einem transozeanischen Zug von Landvögeln, wie wir es bei dem *Goldregenpfeifer* kennenlernten, würde schon eine minimale Abweichung vom Kurs bedeuten, dass die Vögel auf offenem Meer rettungslos zugrunde gehen müssten. Die exakte Einhaltung der Zugrichtung ist nicht eine Sache des Probierens. Der weitaus größte Teil der Zugvögel würde ohne navigatorische Maßnahme das Ziel nie erreichen, und solch einen massiven Verlust könnte keine Art überdauern. Jede irgendwie ins Spiel gebrachte evolutionäre Vorstellung ist hier völlig zu verwerfen. Auch die Vorstellung, dass Jungvögel den erstmaligen Weg unter der kundigen Leitung der Eltern kennenlernen, spielt nur eine untergeordnete Rolle, da ja viele Vogelarten im Einzelflug reisen. So wird angenommen, dass die Zugvögel über einen angeborenen Richtungssinn verfügen, der es ihnen ermöglicht, sich nach den Himmelsrichtungen zu orientieren und somit eine bestimmte Richtung fest einzuhalten. *Salomonsen* begründet diesen Richtungssinn an zwei in

Westgrönland lebenden Kleinvögeln, die beide im Herbst nach Süden ziehen. Der *Steinschmätzer* und die *Schneeammer* stammen aus derselben Landschaft und starten häufig auch gleichzeitig nach Süden. Im Süden Grönlands angekommen, trennen sich dann aber die Wege: Während die Schneeammer ihren Zug in südlicher Richtung fortsetzt, um in Amerika zu überwintern, dreht der *Steinschmätzer* nach Südost ab, um quer über den Atlantik nach Westeuropa und Nordafrika zu fliegen. Beide Vögel haben einen spezifischen Richtungssinn, der sie in unterschiedliche Richtungen ziehen lässt.

In Verfrachtungsversuchen mit verschiedenen Zugvogelarten wurden detaillierte Erkenntnisse über die Präzision der navigatorischen Leistungen ermittelt. Bemerkenswert war der Versuch an zwei *Seeschwalbenarten* (*Sterna fuscata* und *Anous stolidus*) mit ihren Brutplätzen auf den Tortugas-Inseln im Golf von Mexiko. Die Vögel wurden per Schiff in verschiedene Richtungen transportiert und auf offener See freigelassen. Obwohl sie in Abständen von 832 bis 1368 km vom Nistplatz in für sie völlig unbekannten Meeresgebieten ausgesetzt wurden, kehrten die meisten Seeschwalben in wenigen Tagen mit großer Zielsicherheit zu ihren Eiern und Jungen auf die Tortugas-Inseln zurück. Besonders viele Verfrachtungsexperimente hat man mit *Brieftauben* ausgeführt. Ihre Navigationsleistungen sind am meisten untersucht und beschrieben worden. *Salomonsen* schreibt über diese atemberaubenden Navigationswunder [S2]:

> *»Selbst wo Vögel den Hinweg im Flugzeug in Narkose erduldeten oder wo ihr Transportkäfig ständig rotierte, sodass sich die Richtung unablässig änderte, waren sie im gleichen hohen Maße wie nicht derart präparierte Kontrollvögel in der Lage, nach der Auflassung wieder heimzufinden. Es kann daher kein Zweifel daran sein, dass die Vögel im Besitz eines besonderen Sinnes für die geografische Position, also eines echten navigatorischen Sinnes sind. Über die eigentliche Natur dieses Sinnes wissen wir nichts, noch weniger kennt man die Lage des betreffenden Organs.«*

Die Vögel verfügen über ungeahnte Fähigkeiten: Über weite Strecken hinweg können sie sich heimwärts orientieren, auch wenn man ihnen auf dem Verfrachtungsweg alle Orientierungsmöglichkeiten entzieht. Sie sind in der erstaunlichen Lage, am jeweiligen Ort, an dem sie sich gerade befinden, ihrer Umgebung solche Daten zu entnehmen, aus denen sie ihre Position relativ zum Heimatort erschließen können. Nach der bis heute noch unverstandenen Art und Weise, wie der Vogel zur Standortermittlung kommt, beginnt das eigentliche Problem, nämlich die Flugnavigation. Ein einfacher Richtungssinn reicht dazu nicht aus.

Beim Zug der Vögel über weite ozeanische Bereiche, wo ständig Wind herrscht, ist mit einer merklichen Abdrift zu rechnen. Solche Abdriften müssen, um Energieverluste durch Umwege zu vermeiden, wie bei einem regelungstechnischen Folgesystem ständig nachgeführt werden. Der Schöpfer hat den Vögeln einen hochpräzisen *»Autopiloten«* eingebaut, der offenbar ständig eine geografische Ortsbestimmung vornimmt und diese Messdaten mit dem individuell einprogrammierten Zielort vergleicht, sodass ein zeitoptimaler, energiesparender und zielorientierter Flug gewährleistet wird. Wo dieses lebensnotwendige System lokalisiert ist und wie diese Betriebsinformation codiert ist, weiß bis heute niemand als der Schöpfer allein, der es konzipierte. Für unsere Unwissenheit haben wir eine spezielle Bezeichnung erfunden, nämlich »Instinkt«.

A2.4.4.3 Der Flug der Vögel – ein informationsgesteuerter Prozess

Nach der Evolutionslehre sollen sich aus Reptilien Vögel entwickelt haben. Aber selbst den Vertretern dieser Lehre erscheint dieser Vorgang höchst unwahrscheinlich. So schreibt der britische Zoologe *David Attenborough* (*1926) [A1, S. 7]:

> *»Bei der Beschreibung der Folgen dieses Prozesses [der Evolution] wird nur zu leicht eine Ausdrucksweise verwendet, die die Vorstellung erweckt, als wären die Tiere selbst bestrebt gewesen, auf zweckgerichtete Weise eine Veränderung herbeizuführen – als hätten die Fische an Land gehen und ihre Flossen in Beine umgestalten wollen, als hätten Reptilien den Wunsch gehabt zu fliegen und deshalb*

danach getrachtet, ihre Schuppen in Federn zu verwandeln, sodass sie zu guter Letzt Vögel wurden. Es gibt nicht den geringsten konkreten Beweis für eine derartige Annahme.«

In Kapitel 8.10 haben wir einen solchen Prozess der Makroevolution mithilfe der Naturgesetze über Information bereits als unmöglich zurückgewiesen (Schlussfolgerung SF8), sodass nicht weiter darüber zu diskutieren ist. Im Zusammenhang mit den Zugvögeln sei jedoch noch auf einen anderen sehr einsichtigen Einwand gegen die Evolution hingewiesen. Wir gehen dazu sehr weit mit einem Vertreter der Evolutionslehre mit und gestehen ihm gedanklich einmal zu, dass ein Evolutionsprozess einen fertigen Vogel, also mit komplettem Flugapparat, hervorgebracht habe. Ein solcher Vogel aber könnte überhaupt nicht fliegen, denn er benötigte ein äußerst kompliziertes Programm (= biologische Information = Universelle Information) in seinem Gehirn, das ihm alle seine Flugmanöver ermöglichte. Auch wenn die Evolution alle physiologischen Bedingungen (= materieller Anteil) erfüllen könnte, wäre sie als materieller Prozess gemäß NGI-1 und NGI-2 (Kapitel 5) nie in der Lage, Information [= eine nicht-materielle Größe] zu kreieren. So können wir getrost bei dem bleiben, was in 1. Mose 1,21 steht:

»Und Gott schuf … alle gefiederten Vögel, einen jeden nach seiner Art. Und Gott sah, dass es gut war.«

Anhang 3: Naturgesetze

A3.1 Klassifikation der Naturgesetze

Betrachtet man die Naturgesetze nach ihrer Aussageweise, so entdeckt man allgemeine Prinzipien, nach denen sie sich einordnen lassen. So können mehrere Gesetze zu einer spezifischen Kategorie zusammengefasst werden. Deutlich unterscheiden wir zwischen Naturgesetzen für materielle und nicht-materielle Größen. Es ist das Neuartige dieses Buches, dass erstmals Naturgesetze für nicht-materielle Größen beschrieben und angewandt wurden. Im Folgenden benennen wir sieben Kategorien für materielle und zwei für nicht-materielle Größen.

A3.1.1 Naturgesetze für materielle Größen

1. Erhaltungssätze: Die Erhaltungssätze bilden eine spezielle Klasse von Gesetzen, über die Folgendes gesagt werden kann: Wenn sich für ein abgeschlossenes System eine physikalische Größe mit präzisem Zahlenwert und zugehöriger Maßeinheit angeben lässt, die sich auch bei einer Vielzahl von physikalischen Prozessen im Laufe der Zeit nicht verändert, dann haben wir es mit einem *Erhaltungssatz* zu tun.

Das bekannteste Gesetz dieser Art ist der *Satz von der Erhaltung der Energie.* Von allen Erhaltungsgesetzen ist dieses das erstaunlichste und abstrakteste überhaupt, zugleich ist es das nützlichste, weil es in Physik, Technik, Biologie oder Astronomie am effektivsten angewandt wird. Trotz der Einfachheit der Formulierung ist es gedanklich kaum zu fassen, dass es einen solch universellen Satz überhaupt geben kann. Es ist erheblich schwerer zu begreifen als die Gesetze von der *Erhaltung der Masse, des Impulses, des Drehimpulses* oder *der Ladung.* Energie tritt nämlich in sehr verschiedenen Formen auf (z. B. kinetische oder Bewegungsenergie, potenzielle oder Lageenergie, Wärmeenergie, elektrische Energie, chemische Energie, Kernenergie). Bei einem realen Prozess kann die Energie sehr unterschiedlich auf diese verschiedenen Arten verteilt sein. Für jede Energieart lässt sich dann in dem betrachteten System eine Zahl, versehen mit der Energieeinheit (z.B. 120,5 kWh), errechnen. Der Energiesatz besagt nun, dass alle diese Zahlen der verschiedenen Formen von Energie stets die gleiche Gesamtsumme ergeben, und zwar unabhängig von allen im Laufe fortschreitender Zeit stattfindenden Umwandlungen. Zu jedem beliebigen Zeitpunkt ist diese Gesamtsumme stets konstant. Es ist bemerkenswert und geradezu verblüffend, dass es so etwas Staunenswertes überhaupt gibt – und das auch noch in einer so einfachen Formulierung für physikalische oder biologische Systeme, die beliebig komplex sein können.

2. Äquivalenzsätze: Nach der von *Einstein* gefundenen und berühmt gewordenen Formel $E = m \cdot c^2$ stehen Masse und Energie in einer Äquivalenzbeziehung. Bei atomaren Energieumwandlungsprozessen (Kernenergie) gibt es einen geringfügigen Massenverlust (Massendefekt genannt), der gemäß der *Einsteinschen* Gleichung der jeweils frei werdenden Energie entspricht. Die Masse-Energie-Äquivalenz ist der Grund dafür, warum ein ruhendes, massives Elementarteilchen in andere Teilchen zerfallen kann und dabei seine Ruheenergie ganz oder teilweise in kinetische Energie umgewandelt wird. Die Masse eines Teilchens kann also als konzentrierte Form von Energie betrachtet werden, denn schon geringen Massen entspricht eine große Energiemenge; in üblichen Einheiten sind beispielsweise 10^{-4} g äquivalent zu der Energie von 2500 kWh.

3. Sätze über Richtungsverläufe: Aus Erfahrung wissen wir, dass zahlreiche Erscheinungen dieser Welt nur in einer Richtung ablaufen. Eine Tasse, die wir herunterfallen lassen, zerbricht. Den umgekehrten Vorgang, dass die Tasse sich wieder selbst zusammensetzt und in die Hand hüpft, werden wir auch bei langer Wartezeit nicht erleben. Werfen wir einen Stein in die Mitte eines Teiches, so werden sich konzentrische Wellen bilden, die zum Ufer hin auslaufen. Die mathematischen Gleichungen, die diesen Vorgang beschreiben, sind in gleicher Weise geeignet, auch den Ablauf des umgekehrten Vorgangs anzugeben, nämlich, dass sich am Ufer kleine Wellen bilden, die dann zur Mitte hin immer größer werden. Während der erste Vorgang beliebig oft wiederholt werden kann, ist der zweite nie beobachtet worden.

Es gibt Naturgesetze, bei denen die Richtung keine Rolle spielt (z. B. Energiesatz), und es gibt andere, bei denen die Ablaufrichtung einer Einbahnstraße vergleichbar ist. Im letzteren Fall kann zwischen Vergangenheit und Zukunft deutlich unterschieden werden. Immer, wenn Reibung im Spiel ist, sind solche Prozesse nicht umkehrbar. Sie laufen von alleine nur in einer Richtung ab.

3a. Ein Gesetz, das einen eindeutigen zeitlichen Richtungssinn für einen Ablauf fordert, ist der ***Zweite Hauptsatz der Thermodynamik*** – auch Entropiegesetz genannt (ausführlicher dazu in Anhang A2.1).

3b. Ein weiteres wichtiges Richtungsgesetz wurde von dem französischen Chemiker *Henry Le Chatelier* (1850 – 1936) und dem deutschen Physik-Nobelpreisträger *Karl Ferdinand Braun* (1850 – 1918) unabhängig voneinander gefunden: Es ist das ***LeChatelier-Braunsche Prinzip*** oder das *Prinzip des kleinsten Zwanges*:

> *Übt man auf ein System, das sich im chemischen Gleichgewicht befindet, einen Zwang durch Änderung der äußeren Bedingungen aus, so stellt sich infolge dieser Störung des Gleichgewichts ein neues Gleichgewicht ein, das dem Zwang ausweicht.*

Das Prinzip ist sehr allgemein gefasst und beschreibt in qualitativer Weise die Abhängigkeit des chemischen Gleichgewichts von äußeren Bedingungen. Das Gleichgewicht verschiebt sich demnach stets so, dass es dem äußeren Zwang (z. B. durch Temperatur, Druck, Konzentration der Reaktionspartner) ausweicht. Es wird darum auch als der »Satz vom Prinzip des kleinsten Zwanges« bezeichnet. Dem Zwang Temperaturerhöhung wird mit Wärmeverbrauch ausgewichen. Dem Zwang Wärmeentzug wird durch Wärmeproduktion entgegengewirkt. Erhöht man den Druck, weicht das System so aus, dass die volumenverkleinernde Reaktion gefördert wird, und umgekehrt. Dieses Naturgesetz ist ein Beispiel dafür, dass nicht alle Naturgesetze mathematisch formuliert werden können.

Beispiel: Eine bekannte Reaktion ist die Herstellung von Ammoniak im *Haber-Bosch*-Verfahren aus Stickstoff und Wasserstoff:

$$N_2 + 3\,H_2 \rightleftharpoons 2\,NH_3$$

Es entstehen also aus 4 Gasmolekülen auf der linken Seite der Gleichung 2 Gasmoleküle auf der Produktseite rechts. Oder in mol formuliert: Auf der linken Seite befinden sich 4 mol (entsprechend $4 \cdot 22{,}4$ Liter = 89,6 Liter) und rechts nur 2 mol ($2 \cdot 22{,}4 = 44{,}8$ Liter). Will man also Ammoniak (NH_3) gemäß der obigen Reaktionsgleichung herstellen, dann muss Druck aufgewandt werden. Auf den Zwang »Druck« weicht das System mit Volumenverkleinerung (von 89,6 auf 44,8 Liter) aus.

Das Prinzip besagt auch, dass bei exothermen Reaktionen zusätzliche Wärmezufuhr das Gleichgewicht in Richtung auf die Ausgangsstoffe, bei endothermen Reaktionen in Richtung auf die Produktionsstoffe verschiebt. Das *LeChatelier-Braunsche Prinzip* kann nicht nur auf reversible chemische Prozesse angewendet werden, sondern auch auf reversible physikalische Prozesse, z. B.: Salzwasser plus Wärme wird zu Wasserdampf plus Salz.

3c. Ein weiteres bedeutendes Richtungsgesetz ist das ***Massenwirkungsgesetz*** der Chemie. Es besagt, dass bei einer chemischen Reaktion im chemischen Gleichgewicht der Quotient aus dem Produkt der Aktivitäten der Reaktionsprodukte und dem Produkt der Aktivitäten (Konzentrationen) der Ausgangsstoffe einen für die betrachtete Reaktion konstanten und charakteristischen Wert hat.

4. Unmöglichkeitssätze: Die meisten Naturgesetze lassen sich auch in der Form »Es ist unmöglich, dass …« ausdrücken. Als Unmöglichkeitssatz lautet der Energiesatz beispielsweise: »Es ist unmöglich, dass Energie von alleine entsteht.« *R. Clausius* drückte den 2. Hauptsatz der Thermodynamik in der Unmöglichkeitsart aus: »Wärme kann nie von selbst von einem Körper niederer Temperatur auf einen Körper höherer Temperatur übergehen.« Die Unmöglichkeitssätze sind in ihrer Anwendung äußerst nützlich, da sie sehr effektiv zwischen möglichen und unmöglichen Vorgängen unterscheiden können. Bei den Informationssätzen begegnet uns diese wissenschaftliche Aussageform mehrfach.

Unmöglichkeiten gibt es auch in der Geometrie. *Bild 44* zeigt drei verschiedene Darstellungen von Körpern, deren Realisierung ebenso unmöglich ist wie gewisse Abläufe, die aufgrund von Naturgesetzen ausgeschlossen sind.

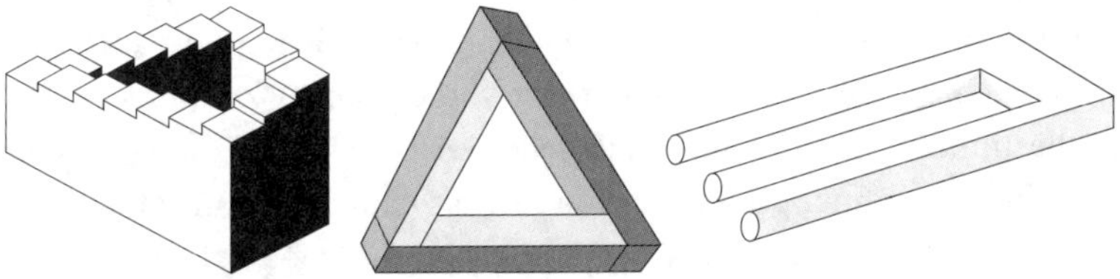

Bild 44: *Geometrisch unmögliche Körper.*

5. Prozessgesetze: Ein Prozessgesetz erlaubt die zeitliche Beschreibung der Zustände eines Systems für die Zukunft (Prognose) oder für die Vergangenheit (Retrognose), wenn die Werte der relevanten Variablen für wenigstens einen Zeitpunkt bekannt sind. Die Beschreibung des radioaktiven Zerfalls ist ein typisches Prozessgesetz der Physik.

6. Koexistenzgesetze: Im Gegensatz zu den Prozessgesetzen beschreiben diese Gesetze die gleichzeitige Existenz von Eigenschaften eines Systems. Das ideale Gasgesetz $p \cdot v = R \cdot T$ ist ein typisches physikalisches Koexistenzgesetz. Es ist die Zustandsgleichung eines hypothetischen idealen Gases, die das Verhalten vieler realer Gase in guter Annäherung beschreibt. Als Erster hat der französische Physiker *Émile Clapeyron* (1799–1864) das ideale Gasgesetz im Jahr 1834 als eine Kombination der Gesetze von *Boyle* und von *Charles* formuliert. Es kann auch aus der durch *Rudolf Clausius* (1857) und *August König* (1856) unabhängig voneinander entwickelten kinetischen Theorie abgeleitet werden. Im Gesetz vom idealen Gas wird sein Zustand vollständig durch die Werte folgender Größen beschrieben: Druck *(p)*, spezifisches Volumen *(v)* und die absolute Temperatur *(T)*. Die Werte hängen nicht von der Vorgeschichte des Gases ab oder von der Art und Weise, wie der momentane Druck oder das momentane Volumen erreicht worden sind. Größen dieser Art nennt man Zustandsgrößen. Die Gaskonstante *R* hat den Wert 8,3145498 J/(mol·K).

7. Grenzsätze: Schließlich gibt es noch Sätze, die Grenzen in unserer Welt markieren, die nicht übersprungen werden können. Die *Heisenbergsche Unschärferelation* ist ein solcher Satz, den der deutsche Physik-Nobelpreisträger *Werner Heisenberg* (1901–1976) im Jahre 1927 veröffentlichte. Danach ist es unmöglich, sowohl den Ort als auch den Impuls eines Teilchens zu einem fest vorgegebenen Zeitpunkt exakt zu bestimmen. Das Produkt aus den zwei Unschärfen dieser beiden Variablen ist immer größer als eine gewisse natürliche Konstante (was bei verschwindender Unschärfe unmöglich wäre). So folgt daraus z. B., dass bestimmte Messungen nie absolut genau ausgeführt werden können. Dieses Ergebnis brachte das Gebäude des bis dahin gebräuchlichen Determinismus in der Philosophie des 19. Jahrhunderts zum Einsturz. Naturgesetze verfügen über eine so große Mächtigkeit in ihrer Aussage, dass Auffassungen, die bis zum Zeitpunkt ihrer Formulierung gängig waren, plötzlich zu Fall kommen.

A3.1.2 Naturgesetze für nicht-materielle Größen

1. Informationssätze: Schließlich gibt es noch eine Reihe von Sätzen, die nicht der Physik oder Chemie zuzuordnen sind, dennoch sind sie in gleicher Weise Naturgesetze. Für diese Sätze, die in diesem Buch ausgiebig vorgetragen wurden (Kapitel 5.4 bis 5.10), sind alle für Naturgesetze geltenden Kriterien N1 bis N14 erfüllt (Kapitel 4.3). Auch die Bedeutungsaspekte B1 bis B6 (Kapitel 4.5) kommen hier voll zum Tragen.

2. Lebenssätze: Bezüglich der *Naturgesetze des Lebendigen (NGL)* stehen wir noch ganz am Anfang der Forschung. In Kapitel 6.3 habe wir bereits einige Sätze über das Leben formuliert, obwohl wir noch keine hinreichend verbindliche Definition für Leben gefunden haben. So sind diese Sätze NGL als erster Entwurf gedacht.

A3.2 Mögliche und unmögliche Vorgänge

Die Gesamtheit aller nur denkbaren Vorgänge (oder Prozesse) in der Natur können wir nach *Bild 45* in zwei Gruppen aufteilen:

a) mögliche Vorgänge und
b) unmögliche Vorgänge.

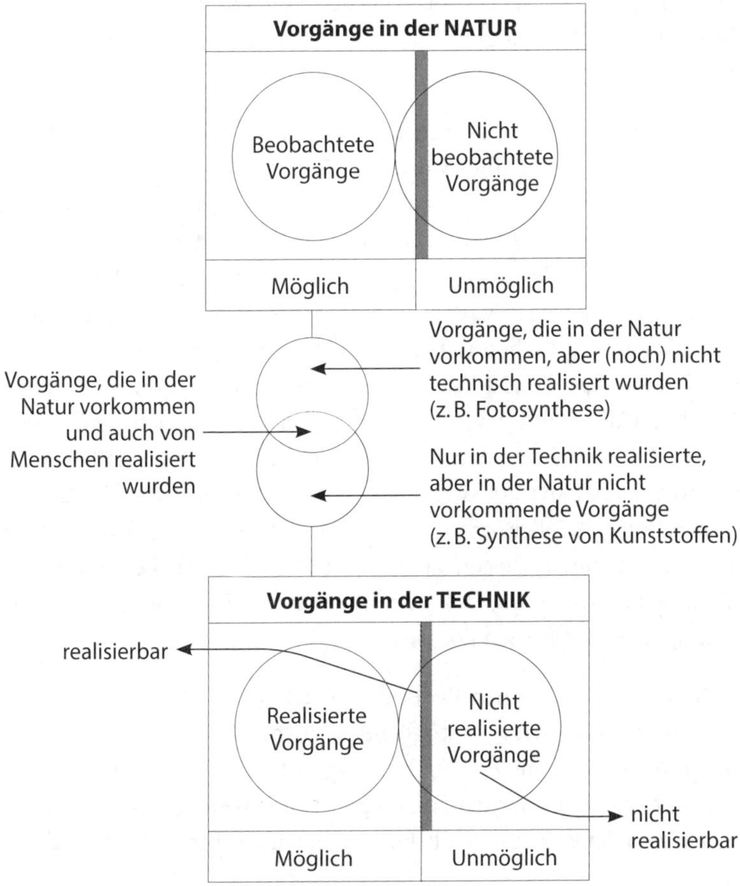

Bild 45: *Mögliche und unmögliche Vorgänge in Natur und Technik.*

Die **möglichen Vorgänge** laufen zwar alle unter der Oberaufsicht der Naturgesetze ab, es ist aber im Allgemeinen nicht möglich, sie durch diese vollständig zu beschreiben. Andererseits können die **unmöglichen Vorgänge** durch sogenannte **Unmöglichkeitssätze** als solche erkannt werden.

Bei den unmöglichen Vorgängen können wir zwischen »**prinzipiell** unmöglichen Vorgängen« und »**statistisch** unmöglichen Vorgängen«

unterscheiden. Vorgänge, die z. B. dem Energiesatz widersprechen, sind **prinzipiell** unmögliche Vorgänge, da dieser Satz sogar für das einzelne Atom gilt.

Der radioaktive Zerfall hingegen ist ein statistisches, d. h. den Wahrscheinlichkeitssätzen unterworfenes Gesetz, das darum nicht mehr auf das einzelne Atom anwendbar ist. In allen praktischen Fällen ist die Zahl der Atome jedoch so immens groß, dass dennoch mit einem »strengen« Gesetz $n(t) = n_0 \cdot e^{-k \cdot t}$ gerechnet werden kann. Die Zerfallskonstante k ist weder von der Temperatur noch vom Druck, noch vom Zustand der chemischen Bindung abhängig. Die Halbwertszeit T, nach der die Zahl der anfangs vorhandenen Atome n_0 durch Zerfall auf die Hälfte $n_0/2$ abgenommen hat, ergibt sich rechnerisch zu $T = (\ln 2)/k$. Da es sich um statistische Vorgänge handelt, wäre es durchaus denkbar, dass zur Zeit T noch gar nicht die Hälfte oder aber schon erheblich mehr Atome zerfallen sind. Abweichungen von diesem Gesetz liegen aber mit einer so erdrückenden Wahrscheinlichkeit bei Null, dass wir in solchen Fällen von statistischer Unmöglichkeit sprechen können.

Stellt man die Frage der Beobachtbarkeit (Erkennbarkeit, Messbarkeit), so ist klar, dass unmögliche Vorgänge auch nicht beobachtbar sind. Bei den möglichen Vorgängen haben wir es in der Regel mit beobachteten oder beobachtbaren Vorgängen zu tun. Es bleiben jedoch mögliche Vorgänge übrig, von denen zu sagen ist, dass sie

- der Beobachtung nicht oder noch nicht zugänglich sind (z. B. Vorgänge im Innern der Sonne);
- prinzipiell beobachtbar wären, aber nie beobachtet worden sind.

Bisher haben wir nur von Vorgängen in der Natur gesprochen. Wir können die Darlegungen nun auf Vorgänge der Technik (in weitestem Sinne alles, was durch den Menschen machbar ist) anwenden, wobei sich hierbei folgende Gliederung ergibt:

1. mögliche Vorgänge
   1.1 bereits realisierte
   1.2 noch nicht realisierte, aber realisierbare

2. unmögliche Vorgänge: Gedachte Vorgänge dieser Art sind prinzipiell nicht realisierbar, da Naturgesetze sie von vornherein verbieten.

Vergleicht man nun die möglichen Vorgänge in Natur und Technik, so kommt man zu folgender in *Bild 45* skizzierten Unterscheidung:

a) **Nur** in der Natur realisierte, aber technisch nicht (oder noch nicht) realisierbare Vorgänge (z. B. Fotosynthese, Funktionen des Lebens).
b) Vorgänge, die in der Natur ablaufen und die auch technisch realisierbar sind (z. B. industrielle Synthese von organischen Stoffen).
c) **Nur** in der Technik realisierte, aber in der Natur nicht vorkommende Vorgänge (z. B. Synthese von Kunststoffen).

A3.3 Müssen Naturgesetze immer mathematisch formulierbar sein?

Wir wollen jetzt zwei Fragen nachgehen, die im Zusammenhang mit den Naturgesetzen für nicht-materielle Größen berechtigterweise gestellt werden können:

- Erhalten wissenschaftliche Aussagen erst dann den Status »Naturgesetz«, wenn es gelingt, die Beobachtungen mithilfe mathematischer Gleichungen zu fassen?
- Sind Naturgesetze immer quantifizierbar?

Es gibt verschiedene Sprachsysteme, um Aussagen festzuhalten. Am geläufigsten sind uns die natürlichen Sprachen. Für Spezialzwecke wurden im Laufe der Zeit diverse künstliche Sprachen geschaffen, wie z. B. die Notenschrift, um Musik zu codieren, oder die chemische und mathematische Formelsprache. Letztere hat sich besonders bewährt, um physikalische Zusammenhänge zu beschreiben. Um eine wissenschaftliche Erkenntnis festzuhalten, brauchen wir also irgendein Sprachsystem. Welches das geeignetste, anschaulichste oder effektivste ist, hängt vom jeweiligen Anwendungszweck ab. Wie wir im Folgenden noch ausführlich begründen werden, trifft das mehr oder weniger willkürlich verwendete Sprachsystem jedoch keinesfalls eine

Entscheidung darüber, ob ein beobachteter Tatbestand naturgesetzlichen Charakter hat oder nicht.

Im Jahre 1604 entdeckte *Galileo Galilei* (1564–1642) die Fallgesetze. Er formulierte die gefundenen Gesetzmäßigkeiten zunächst in Form von verbalen Sätzen der italienischen Sprache (in »La nuova scienza«), die in jede andere Sprache übersetzbar sind. Später wurden die Sätze mithilfe einer künstlichen Sprache, nämlich der mathematischen Schreibweise, erfasst. Die mathematische Sprache hat gegenüber den natürlichen Sprachen den Vorteil, dass sie eine eindeutige und besonders kurze Schreibweise erlaubt. Gleichungen sind Ausdrücke mit quantitativen Angaben; sie stellen aber nur einen Teil des mathematischen Instrumentariums dar. Die Formulierungen der mathematischen Logik benutzen zwar auch einen Formelapparat, behandeln aber keine quantitativen Größen. Sie stellen eine andere, aber ebenso unverzichtbare Ausdrucksform dar. Bezüglich der eingangs gestellten Frage gilt es, zweierlei zu bedenken:

1. Nicht alle Beobachtungen in der Natur, die mathematisch formuliert werden können, sind deshalb auch Naturgesetze. Naturgesetze müssen zwei wichtige Bedingungen erfüllen: Ihre Aussagen müssen universell gültig und absolut sein. Sie dürfen also von nichts anderem abhängen, insbesondere nicht vom Ort und von der Zeit. Es spielt also keine Rolle, wer die Natur beobachtet, wo oder wann man das tut oder in welchem Zustand sich die Welt gerade befindet. Die Zustände werden von den Gesetzen beeinflusst, aber nicht umgekehrt.

2. Um den Status eines Naturgesetzes (siehe N1 bis N14 in Kapitel 4.3) zu erlangen, muss der beobachtete Tatbestand nicht unbedingt mathematisch formulierbar sein, was nicht ausschließt, dass irgendwann einmal auch eine formale Darstellung gefunden wird (siehe Beispiele a, b, c). Außerdem ist zu bemerken, dass mehrere als richtig erkannte Naturgesetze späterhin durch ein noch allgemeineres Prinzip zusammengefasst werden konnten. Ein Naturgesetz muss nicht unbedingt durch *quantitative* Messwerte repräsentiert sein. Es genügt auch, eine Beobachtung *qualitativ* und verbal zu beschreiben, wenn sie nur allgemeingültig, d.h. beliebig oft reproduzierbar ist. Wichtig ist, dass es bezüglich der Aussagen der Naturgesetze keine Ausnahmen gibt. Diese Aspekte sollen nun an einigen Beispielen erklärt werden:

a) *Drehrichtung eines Strudels:* Auf der nördlichen Halbkugel der Erde dreht der Strudel des aus einem Gefäß (z. B. Badewanne ohne Störgrößen, die dem Einfluss der Corioliskraft entgegenwirken) ausfließenden Wassers entgegen dem Uhrzeigersinn, auf der südlichen Halbkugel in umgekehrter Richtung. Würde man solche Versuche auf anderen Planeten durchführen, so ergäbe sich dort ebenso ein Zusammenhang zwischen dem Drehsinn des Planeten und der Lage des Versuchsortes ober- oder unterhalb des Äquators (https://de.wikipedia.org/wiki/Corioliskraft).

b) *Rechte-Hand-Regel:* Nach der Entdeckung (1831) des englischen Physikers *Michael Faraday* (1791 – 1867) wird in einem metallischen Leiter ein Strom induziert, wenn er in einem Magnetfeld bewegt wird. Die Richtung dieses Stromes wird durch ein Naturgesetz beschrieben, das der englische Physiker *John Ambrose Fleming* (1849 – 1945) im Jahre 1884 mithilfe der »Rechte-Hand-Regel« beschrieben hat: *»Bilde mit den drei ersten Fingern deiner rechten Hand rechte Winkel. Wenn der Daumen die Richtung angibt, in der der Leiter bewegt wird, und der Zeigefinger in Richtung des Magnetfeldes weist, dann zeigt der Mittelfinger die Richtung des Stromflusses an.«*

c) *Pauli-Prinzip:* Von dem österreichischen Physiker und Nobelpreisträger *Wolfgang Pauli* (1900 – 1958) wurde 1925 das nach ihm benannte Prinzip (Ausschließlichkeitsprinzip) aufgestellt. Es besagt u. a., dass am Aufbau von Atomen und Molekülen nur solche Elektronen beteiligt sein können, die sich wenigstens hinsichtlich einer ihrer vier Quantenzahlen unterscheiden, d. h., es können keine zwei völlig gleichen Elektronen nebeneinander existieren. Oder anders gesagt: In keinem atomaren System dürfen Elektronen vorhanden sein, die in allen vier Quantenzahlen n, l, m und s übereinstimmen. Etwas anschaulicher hieße das, dass für zwei in allen Eigenschaften (Quantenzahlen) übereinstimmende Elektronen im Atom kein »Platz« ist. Das *Pauli*-Prinzip könnte man darum auch *Pauli*-Verbot nennen, weil es Verhaltensregeln für Elektronen aufstellt. Ihnen wird nicht gestattet, gleich zu sein bzw. das Gleiche zu tun. Einem Elektron wird durch *Pauli* verboten, sich wie sein Nachbar zu bewegen. Es muss anders sein und sich individuell verhalten. Dieses Prinzip ist ein Naturgesetz, das nicht mathematisch formuliert wurde und das für das Verständnis des Periodensystems der Elemente von größter Bedeutung ist.

Anmerkung: Die verbalen Formulierungen der Beispiele a, b und c reichten aus, um sie als Naturgesetze anzuerkennen, bevor sie später auch mithilfe von mathematischen Gleichungen bestätigt wurden, wie in den folgenden Kurzbeispielen dargestellt wird.

Zu a) Die Drehrichtung des Strudels lässt sich auch aufgrund von Gleichungen der Mechanik (*Coriolis*-Kraft) herleiten.

Zu b) Dem englischen Physiker *James Clerk Maxwell* (1831 – 1879) gelang es 1873 (»A Treatise on Electricity and Magnetism«), eine mathematische Beschreibung zu finden, die der deutsche Physiker *Heinrich Hertz* (1857 – 1894) dann 1890 in die heute noch gebräuchliche Fassung als erste und zweite *Maxwellsche* Gleichung brachte.

Zu c) *Paulis Ausschlussprinzip* wurde ursprünglich experimentell entdeckt. Späterhin gelang es, dieses Prinzip auch mathematisch von der Wellenfunktion des Elektrons abzuleiten. Das Gesetz selbst wird jedoch weiterhin nur verbal formuliert.

d) *Das LeChatelier-Braunsche Prinzip (= Le Chatelier's principle of least restraint)* ist ein Naturgesetz mit qualitativer Aussage und kann darum nicht mathematisch formuliert werden.

e) *Prinzip der minimalen Strukturänderung:* Von dem amerikanischen Chemiker *Jack Hine* (1923 – 1988) ist ein Naturgesetz entdeckt worden, mit dessen Hilfe der Verlauf von chemischen Reaktionen vorhergesagt werden kann. Es besagt, dass diejenige Reaktion bevorzugt abläuft, die die wenigsten Änderungen von Atompositionen und Elektronenkonfigurationen benötigt. So lässt sich beispielsweise mit diesem Prinzip vorhersagen, warum bei der *Birch*-Reduktion von aromatischen Verbindungen 1,4-Diene und nicht 1,3-Diene entstehen. Diene oder Diolefine sind ungesättigte aliphatische und cycloaliphatische Kohlenwasserstoffe, die im Molekül zwei Doppelbindungen enthalten.

f) *Der dritte Hauptsatz der Thermodynamik:* Der 3. Hauptsatz wurde 1906 von dem deutschen Physiker und Chemiker *Walter Nernst* (1864–1941) aufgestellt. »*Es ist unmöglich, durch irgendeinen Prozess mit einer endlichen Zahl von Einzelschritten die Temperatur eines Systems auf den absoluten Nullpunkt von 0 K (= Null Kelvin = –273,15 °C) zu senken.*« Der 3. Hauptsatz der Thermodynamik besagt also, dass man sich dem absoluten Nullpunkt beliebig nähern, ihn aber nie erreichen kann. Die bisher tiefste erreichte Temperatur betrug = $2 \cdot 10^{-5}$ K.

A3.4 Naturgesetze und Mathematik

Der amerikanische Nobelpreisträger für Physik *Richard P. Feynman* beschrieb die Mathematik wie folgt [F1, S. 54]:

> »*Mathematik ist eine Sprache plus Schlussfolgerungen; sie ist gleichsam eine Sprache plus Logik. Mathematik ist ein Werkzeug, um Schlüsse zu ziehen.*«

Dass die Mathematik nicht immer erforderlich ist, um ein Naturgesetz zu beschreiben, belegt *Feynman* an folgendem Beispiel [F1, S. 49-50]:

> »*In der Physik gibt es ein Gesetz, das sogenannte Faradaysche Gesetz, das besagt, dass die bei der Elektrolyse abgeschiedene Stoffmenge proportional zum elektrischen Strom und zur Dauer des Stromflusses ist. Das heißt, die Menge des abgeschiedenen Materials ist proportional zur Ladung, die durch das System fließt. Das klingt sehr mathematisch. In Wirklichkeit heißt es nichts weiter, als dass die Elektronen, die durch den Draht fließen, eine Ladung tragen. Sagen wir, um ein Atom abzuscheiden, bedarf es eines durchfließenden Elektrons, dann wäre die Zahl der Atome, die abgeschieden werden, notwendig gleich der Zahl der durch den Draht fließenden Elektronen und damit proportional zur Ladung, die durch den Draht fließt. So steckt hinter dem mathematisch wirkenden Gewand des Gesetzes im Grunde nichts Tiefgründiges, nichts, was höhere mathematische Kenntnisse verlangte.*«

All die aufgeführten Beispiele von Naturgesetzen belegen, dass Naturgesetze nicht notwendigerweise mathematisch ausgedrückt werden müssen. Mathematische Formeln sind nicht die passende Ausdrucksart, um den Verlauf chemischer Reaktionen, bevorzugte Richtungen oder Drehrichtungen oder allgemeine Prinzipien zu beschreiben. In manchen Fällen ließen sich die gefundenen naturgesetzlichen Beobachtungen späterhin auch aufgrund noch allgemeinerer Gesetze herleiten. So ist z.B. das Induktionsgesetz der Elektrotechnik bereits als Sonderfall in den *Maxwellschen* Gleichungen enthalten.

Es kommt darauf an, dass wir die Möglichkeiten der Mathematik weder unter- noch überschätzen. Zwei divergierende Auffassungen mögen uns zur richtigen Einschätzung verhelfen. Eine überspitzte Einschätzung finden wir bei dem Königsberger Philosophen *Immanuel Kant* (1724–1804), der behauptete, »dass in jeder besonderen Naturlehre nur so viel eigentliche Wissenschaft angetroffen werden könne, als darin Mathematik enthalten sei« [in: Metaphysische Anfangsgründe der Naturwissenschaft (1786)]. Der französische Mathematiker und Physiker *Blaise Pascal* (1623–1662) schrieb hingegen in einem Brief an *Pierre de Fermat* (1660):

> *»Denn um Ihnen ein offenes Wort über Mathematik zu sagen: Ich halte sie zwar für die höchste Schule des Geistes; gleichzeitig aber erkannte ich sie als so nutzlos, dass ich wenig Unterschied mache zwischen einem Manne, der nur ein Mathematiker ist, und einem geschickten Handwerker. Auch nenne ich sie die schönste Beschäftigung von der Welt; aber schließlich ist sie nichts als eine Beschäftigung, und ich habe oft gesagt, dass sie dazu taugt, unsere Kraft zu erproben, nicht aber, sie zu gebrauchen, sodass ich für die Mathematik keinen Finger rühren würde.«*

Alle in Kapitel 4.3 diskutierten Aspekte N1 bis N14 über die Naturgesetze der Physik und Chemie gelten in gleicher Weise auch für die Naturgesetze der Information. Ihrem Wesen nach sind die allgemeingültigen Tatbestände über Information beobachtbar, aber sie sind derzeit nicht quantifizierbar. So werden die Aussagen verbal beschrieben. Die Art der Beschreibung aber ist kein Kriterium dafür, ob ein Tatbestand Naturgesetz ist oder nicht. Zur Zeit kann nicht entschieden werden, ob nicht-materielle Größen prinzipiell nicht vollständig quantifizierbar sind. Im Falle der Information ist nur der Teilaspekt der Statistik quantifizierbar (siehe Anhang A1.2).

Anhang 4: Was Darwin nicht wissen konnte[97]

A4.1 Wem müssen wir danken?

Rechtzeitig zu Beginn des Darwinjahres 2009 erschien am 31. Dezember 2008 in der deutschen Wochenzeitung »DIE ZEIT« ein doppelseitiger Artikel mit der Überschrift **»Danke, Darwin!«**; hinzu kamen noch weitere vier Ganzseiten zum Thema Evolution. Der Dank galt einem Mann, der vor 200 Jahren geboren wurde und dessen revolutionierendes Buch »Die Entstehung der Arten« vor 150 Jahren erschien.

Der deutsche Philosoph *Immanuel Kant* (1724 – 1804) behauptete voller Stolz: ***»Gebt mir Materie, und ich werde eine Welt daraus bauen!«*** Auch der französische Mathematiker und Astronom *Pierre-Simon Laplace* (1749 – 1827) trumpfte 50 Jahre später gegenüber Napoleon auf: **»Meine Theorien benötigen nicht die *Hypothese ›Gott‹*!«** Diese und andere Vorreiter des wissenschaftlichen Atheismus suchten nach Erklärungen für die Entstehung des Lebens, in denen Gott nicht mehr vorkommt. Die scheinbar rettende Antwort gab *Darwin*, der es denkmöglich machte, die Entstehung des Lebens auf »natürliche Weise« zu erklären.

Während *Darwin* selbst die Konsequenz dieser Aussage noch zaudernd bedachte, huldigt die heutige, immer gottloser gewordene Welt ihrem Schutzheiligen in endlosen journalistischen Jubelparaden.

Bis zu *Darwins* Seereise zu den Galapagos-Inseln (1835) galt weit und breit die Lehre des griechischen Philosophen *Aristoteles*, nach der die Arten unveränderlich seien. Aus den unterschiedlichen Schnabel-

97 Dieser Text von Anhang A4 ist auch in verschiedenen Sprachen (z. B. Arabisch, Brasilianisch, Englisch, Französisch, Holländisch, Italienisch, Rumänisch, Russisch, Serbisch, Slowenisch, Spanisch, Ungarisch) als farbiger Flyer erhältlich, den man beim »Missionswerk DIE BRUDERHAND« bestellen kann. (E-Mail: bruderhand@bruderhand.de; Homepage: www.bruderhand.de; Postanschrift: DIE BRUDERHAND, Am Hofe 2, 29342 Wienhausen, Deutschland.)

formen der dort lebenden Finken leitete *Darwin* ganz richtig ab, dass sich die Arten verändern und anpassen können.

Allerdings ist seine weitere Schlussfolgerung, alle Arten könnten auf einen gemeinsamen Stammbaum zurückgeführt werden, wissenschaftlich unhaltbar.

Schon *Darwin* selber sah, dass eine große Schwäche seiner Theorie darin lag, dass sich in der Natur keine fossilen Zwischenformen fanden. Dennoch: Der Mensch verlor nach *Darwins* Lehre seine ihm vom Schöpfer zugedachte Extrastellung, *nach dem Bild Gottes geschaffen zu sein*, und war fortan nur noch ein Emporkömmling aus dem Tierreich.

A4.2 Die Triebfedern der Evolution

Als Triebfedern der Evolution werden heute Mutation, Selektion, Isolation, lange Zeiten, Zufall und Notwendigkeit und der Tod genannt. Alle diese Faktoren gibt es; keiner jedoch ist ein Geber neuer kreativer Information.

- **Mutation** kann nur bereits vorhandene Erbinformation verändern. Ohne bereits vorhandene DNS-Information kann die Evolution aber gar nicht erst starten. Die Mutation ist definitionsgemäß ein Zufallsmechanismus ohne jegliche Zielvorgabe, sodass sie demzufolge prinzipiell keine neuen Konzepte (z. B. Organe erfinden) hervorbringen kann.
- **Selektion** bevorzugt solche Organismen, die überlebenstüchtiger sind, und sorgt dafür, dass ihre Erbanlagen mit höherer Wahrscheinlichkeit weitergegeben werden. Durch Selektion wird aber nur bereits Vorhandenes aussortiert oder ausgemerzt; niemals aber verbessert sie die Information oder fügt ihr neue hinzu (siehe Kapitel 7.8).
- Auch die anderen oben genannten Evolutionsfaktoren scheiden als kreative Gestalter aus.

Schauen wir uns einige wenige Beispiele aus dem Bereich der Lebewesen an und prüfen wir dabei, ob die ziellos wirkenden Evolutionsfaktoren die folgenden Konzeptionen zuwege gebracht haben könnten.

A4.3 Die geschlechtliche Vermehrung

Nach der Evolutionslehre ist die »Erfindung« der geschlechtlichen Vermehrung eine entscheidende Bedingung für die Höherentwicklung der Lebewesen. Durch immer wieder neue Genkombinationen entstehen viele Varianten, von denen jene im Selektionsprozess überleben, die am besten in ihre Umwelt passen. Dieser Prozess scheidet aber aus zwei Gründen für den gewünschten evolutiven Aufwärtstrend in der Stammesentwicklung aus:

1. Die sexuelle Fortpflanzung kann überhaupt nicht durch einen Evolutionsprozess beginnen. Sie wäre doch nur möglich, wenn beide Geschlechter gleichzeitig über fertige voll funktionsfähige Organe verfügen. Bei der Evolution gibt es aber definitionsgemäß keine lenkenden, zielorientiert planenden Strategien. Wie sollte eine Entwicklung der dazu notwendigen Organe über Tausende von Generationen geschehen, wenn die Lebewesen sich doch noch gar nicht ohne diese Organe vermehren können? Wenn aber die langsame Entwicklung auszuschließen ist, wie könnten dann so unterschiedliche und zudem komplexe Organe, die bis in die letzten Details aufeinander abgestimmt sein müssen, plötzlich auftreten? Außerdem müssten sie noch ortsgleich und zeitgleich verfügbar sein.

2. Bei der großen Anzahl unterschiedlicher Lebewesen, die sich geschlechtlich vermehren (z. B. Tausende von Insekten- und Säugetierarten), ist auch eine entsprechende Vielfalt unterschiedlich strukturierter Geschlechtsorgane erforderlich, die hierfür sehr spezifische Erbinformationen benötigen. Selbst wenn wir annähmen, die geschlechtliche Vermehrung sei ein einziges Mal durch Zufall entstanden, dann würde bei der Durchmischung des Erbgutes keine prinzipiell neue Information entstehen, die für andere Arten verwendbar wäre. Außerdem können Artgrenzen nicht übersprungen werden. Das haben Pflanzen- und Tierzüchter durch ihre unzähligen Versuche gezeigt, denn auch hochgezüchtete Kühe sind stets Kühe geblieben, und aus Weizen wurde niemals eine Sonnenblume. Demzufolge müsste die Sexualität entsprechend oft immer wieder neu durch Zufall »erfunden« werden. Das aber ist unmöglich! Die sogenannte Mikro-Evolution (Änderungen innerhalb einer Art) ist nachprüfbar;

für eine Makro-Evolution (Änderungen über die Artgrenzen hinweg) fehlen jegliche Belege.

A4.4 Geniale Technik bei den roten Blutkörperchen

In jedem Kubikmillimeter ($1\ mm^3 = 1\ \mu l$ = 1 Mikroliter) Blut haben wir 5 Millionen rote Blutkörperchen; d. h. in einem Bluttropfen sind es 150 Millionen. Es sind hochspezialisierte U-Boote, die keine lebenstötenden Torpedos an Bord haben, sondern etwas äußerst Lebensnotwendiges verrichten.

- 175 000-mal werden sie während der 120-tägigen Lebensdauer mit Sauerstoff betankt, und gleichzeitig entladen sie in der Lunge das durch die Oxidation entstandene Abfallprodukt Kohlendioxid (CO_2).
- Diese kleinen Transportschiffchen sind so winzig, dass sie sich sogar durch die engsten Kapillargefäße zwängen, um alle Teile des Körpers zu erreichen.
- Pro Sekunde werden zwei Millionen neue rote Blutkörperchen erzeugt, die den roten Blutfarbstoff Hämoglobin enthalten, eine bemerkenswerte, sehr komplexe chemische Verbindung.

Hämoglobin wird für den Sauerstofftransport schon während der Embryonalentwicklung benötigt. Bis zum dritten Monat ist der Sauerstoffbedarf deutlich anders als im fetalen Stadium (ab dem 3. Monat), und darum wird eine jeweils andere Hämoglobinart mit einer anderen chemischen Zusammensetzung benötigt. Kurz vor der Geburt laufen dann alle Fabriken auf Hochtouren, um nochmals eine Umstellung auf das Erwachsenenhämoglobin durchzuführen. Die drei Hämoglobinarten können nicht auf evolutivem Wege durch Ausprobieren gefunden werden, weil die meisten anderen Varianten nicht genügend Sauerstoff transportieren würden, und das wäre tödlich. Selbst wenn in zwei Stadien das richtige Molekül hergestellt würde, dann wäre es der sichere Tod, wenn das dritte nicht stimmen würde. Dreimal wird für die Hämoglobinherstellung eine grundlegend andere Biomaschinerie gebraucht, die auch noch zum richtigen Zeitpunkt die Produktion umstellen muss.

Woher kommt eine solch komplizierte Maschinerie? Jegliche Evolutionsvorstellung versagt hier gründlich, denn in ihren halb fertigen Zwischenstadien, die laut Evolution zu dieser komplexen Maschinerie geführt hätten, hätten die Lebewesen gar nicht erst überlebt.

Dieses Konzept der nichtreduzierbaren Komplexität gilt auch für das Immunsystem des menschlichen Organismus oder für das Flagellum, mit dem sich Bakterien fortbewegen. Auch hier hätten die Lebewesen »auf dem Weg« zu ihrem jetzigen Stadium nicht überlebt. Naheliegender ist es anzunehmen, dass alles von Anfang an fertig gewesen ist, und das ist nur möglich, wenn ein weiser Schöpfer alles so konzipiert und geschaffen hat, dass es voll funktionsfähig ist.

A4.5 Ist die Evolution ein brauchbares Denkmodell?

Wie der obige kurze Blick in den Bereich der Lebewesen beispielhaft zeigt, finden wir auch sonst durchweg hochgradig zielorientierte Konzepte:

- Der **Pottwal**, ein Säugetier, ist so ausgerüstet, dass er aus 3000 Metern Tiefe auftauchen kann, ohne dabei an der gefürchteten Taucherkrankheit zu sterben.
- Eine riesige Menge mikroskopisch kleiner **Bakterien** in unserem Darmtrakt hat eingebaute Elektromotoren, die vorwärts und rückwärts laufen können.
- Von der vollen Funktionsweise vieler **Organe** (z. B. Herz, Leber, Niere) hängt das Leben ab.

Unfertige, sich erst entwickelnde Organe sind wertlos. Wer hier im Sinne des Darwinismus denkt, muss wissen, dass die Evolution keine Zielperspektive in Richtung eines später einmal funktionierenden Organes kennt. Der deutsche Evolutionsbiologe *Günther Osche* (1926 – 2009) bemerkte ganz richtig: »Lebewesen können ja während bestimmter Evolutionsphasen nicht wie ein Unternehmer den Betrieb wegen Umbaus vorübergehend schließen.«

Die in den Werken der Schöpfung zum Ausdruck kommende Intelligenz und Weisheit ist geradezu überwältigend. Die Schlussfolgerung von den Werken der Schöpfung auf einen kreativen Urheber ist daher mehr als nur naheliegend. Es passt also gut zu unserer Beobachtung, was die Bibel bereits in ihrem ersten Vers ausdrückt: *»Am Anfang schuf Gott!«* Beeinflusst durch den Darwinismus etablierte sich die bibelkritische Theologie, die den Schöpfungsbericht nicht mehr als volle Wahrheit akzeptierte. Wir tun jedoch gut daran, *»allem zu glauben, was geschrieben steht«* (Apostelgeschichte 24,14), denn *»Gott ist nicht ein Mensch, dass er lüge«* (4. Mose 23,19).

A4.6 Woher kommt die Information?

Die stärkste Argumentation in der Wissenschaft ist immer dann gegeben, wenn man Naturgesetze in dem Sinne anwenden kann, dass sie einen Prozess oder Vorgang ausschließen. Naturgesetze kennen keine Ausnahme. Aus diesem Grunde ist z. B. ein Perpetuum mobile, also eine Maschine, die ohne Energiezufuhr ständig läuft, eine unmögliche Maschine.

Heute wissen wir, was Darwin nicht wissen konnte, dass in den Zellen aller Lebewesen eine geradezu unvorstellbare Menge an Information und dazu noch in der höchsten uns bekannten Packungsdichte vorkommt. Die Bildung aller Organe geschieht informationsgesteuert, alle Abläufe in den Lebewesen funktionieren informationsgesteuert, und die Herstellung aller körpereigenen Substanzen (z. B. mehr als 50 000 Proteine im menschlichen Körper) geschieht informationsgesteuert. Das Gedankensystem Evolution könnte überhaupt nur funktionieren, wenn es in der Materie eine Möglichkeit gäbe, dass durch Zufallsprozesse Information entstünde. Diese ist unbedingt erforderlich, weil alle Baupläne der Individuen und alle komplexen Vorgänge in den Zellen informationsbasiert ablaufen.

Darwin konnte dieses und vieles andere nicht wissen, weil ihm die heutige Technik nicht zur Verfügung stand (z. B. Hochleistungsmikroskope). Trotzdem hätte *Darwin* andere Dinge wissen können und wissen sollen, einfach, indem er in der Bibel gelesen hätte und sich treu an das gehalten hätte, was Gottes Wort so eindeutig sagt. Somit ist auch *Darwin* am Ende *ohne Entschuldigung*.

Information ist eine nicht-materielle Größe; sie ist daher keine Eigenschaft der Materie. Die Naturgesetze über nicht-materielle Größen, insbesondere die der Information, besagen, dass Materie niemals eine nicht-materielle Größe erzeugen kann. Weiterhin gilt: Information kann nur durch einen mit Intelligenz und Willen ausgestatteten Urheber entstehen. Damit ist bereits klar: Wer Evolution für denkmöglich hält, glaubt an ein »Perpetuum mobile der Information«, also an etwas, was die allgemeingültigen Naturgesetze strikt verbieten. Damit ist die Achillesferse der Evolution getroffen und ihr das wissenschaftliche AUS gesetzt.

A4.7 Woher kommt das Leben?

Bei all dem lauten Evolutionsgetöse unserer Tage fragt man sich: »Woher kommt das Leben denn nun wirklich?« Die Evolution hat nicht die geringste Erklärung dafür, wie Lebendiges aus Totem entstehen kann.

Der US-amerikanische Biologe und Chemiker *Stanley Miller* (1930–2007), dessen »Ursuppenexperiment« (1953) in jedem Biologiebuch erwähnt wird, gab 40 Jahre danach zu, dass keine der gegenwärtigen Hypothesen über den Ursprung des Lebens zu überzeugen vermag. Er bezeichnete sie allesamt als »Unsinn« bzw. als »chemische Kopfgeburten«. Der französische Mikrobiologe *Louis Pasteur* (1822–1895) erkannte etwas sehr Grundlegendes: *»Leben kann nur von Leben kommen.«* Es hat nur Einen gegeben, der sagen konnte: *»Ich bin das Leben«* (Johannes 14,6), und das war Jesus. Von Ihm heißt es in Kolosser 1,16: *»Denn in ihm ist alles geschaffen, was im Himmel und auf Erden ist, das Sichtbare und das Unsichtbare«*, und weiterhin in Johannes 1,3: *»Alle Dinge sind durch das Wort* (= Jesus) *gemacht, und ohne dasselbe ist nichts gemacht, was gemacht ist.«* Jede Welt- oder Lebensentstehungstheorie, in der Jesus nicht als Quelle und Urgrund des Lebens genannt wird, ist somit eine Totgeburt, die unausweichlich an dem Felsen zerschellen muss, der Jesus heißt.

Die Evolution ist somit einer der größten Irrtümer der Weltgeschichte und hat Millionen von Menschen in den Abgrund des Unglaubens gerissen. Was viele Zeitgenossen leider nicht bedenken: Dem Abgrund des Unglaubens folgt jenseits der Todesmarke der Abgrund der ewigen Verlorenheit (Hölle). Für die heutige Welt ist es eine richtige Tragödie, dass die Journalisten weltweit *Darwin* feiern, anstatt auf den Urheber von allem hinzuweisen und zu sagen: **»Danke, Jesus!«**

Viele wissen nichts davon, dass Jesus Christus uns ein großartiges Angebot gemacht hat. Er hat gesagt: *»Ich bin die Tür«* (Johannes 10,9), und damit meinte er den Eingang zum Himmel. Wer sich zu ihm hinwendet, der hat das ewige Leben.

Anhang 5
Nachlese zu diesem Buch

Dieses Buch erscheint nun schon in der 8. Auflage und ist vielen auf der Suche nach Gott zu einer ausrichtenden Hilfe geworden. Auch Gläubige, die durch den starken Einfluss der Evolutionslehre und des Materialismus angefochten sind, haben zahlreiche wissenschaftliche Argumente gefunden, die sich mit dem biblischen Zeugnis decken.

Bei einem so grundlegenden Buch mit vielen wissenschaftlich neuen Gedanken bleibt es nicht aus, dass sich Skeptiker aufmachen und das Neue kritisch hinterfragen[98]. Solches Fragen hat immer wieder dazu geführt, dass eine Theorie entweder gefestigt und auf sicheren Grund gestellt werden konnte oder dass das Modell präziser formuliert wurde oder aber wegen erkannter Fehler verworfen werden musste. Diesem Prozess muss sich jede neue wissenschaftliche Idee stellen. Und das soll hier auch geschehen.

Die Haupteinwände, die durchweg berechtigt erscheinen, habe ich gesammelt, und sie sollen nun detailliert beantwortet werden. Mögen die folgenden Erläuterungen dazu verhelfen, das Gesamtkonzept dieses Buches besser zu verstehen.

A5.1 Beweise und Widerlegungen

Einwand E1: *Sie sprechen immer wieder von Beweisen. Ist das nicht zu hoch aufgehängt, wenn Sie behaupten, Sie haben die Evolutionstheorie, den Atheismus und den Materialismus widerlegt? Echte Beweise gibt es m. E. nur in der Mathematik.*

98 Auch *Einsteins* Relativitätstheorie wurde massiv hinterfragt. Der bekannte Physiker und Nobelpreisträger *Ernest Rutherford* (1871 – 1923) sagte: »Die Relativitätstheorie? Unsinn! Für unsere Arbeit ist sie nicht nötig!« *Wilhelm Conrad Röntgen* (1845 – 1923), der Entdecker der nach ihm benannten Röntgenstrahlen und Nobelpreisträger, kritisierte *Einstein* mit den Worten: »Mir will es nicht in den Kopf hinein, dass man so ganz abstrakte Betrachtungen und Begriffe brauchen muss, um Naturerscheinungen zu verstehen.« Erst im Jahre 1919 ergab sich eine astronomische Überprüfung der Relativitätstheorie durch die Messung der Periheldrehung des Merkur, dessen Winkel *Einstein* mithilfe seiner Theorie präzise vorausgesagt hatte.

Antwort zu E1: Die folgende Antwort wird sicherlich verständlich, wenn wir

- bei dem Wort »Beweis« sehr konsequent zwischen **harten** und **weichen** Beweisen bzw. **harten** und **weichen** Widerlegungen unterscheiden. Diese notwendige Unterscheidung wird hier erstmalig eingeführt.
- klären, worauf sich ein Beweis gründet
- den Begriff Beweis klar definieren.

Definition D11: Ein **Beweis** ist die fehlerfreie Herleitung einer Aussage aus feststehenden Tatsachen.

Definition D12: Eine **Widerlegung** ist der fehlerfreie Nachweis, dass eine behauptete Aussage aufgrund feststehender Tatsachen auf einen Widerspruch geführt werden kann.

Um eine deutliche Trennlinie zu markieren zwischen dem, was unumstößlich ist, und dem, was dank besserer Erkenntnis korrigiert werden kann, führen wir hier zwei neue Begriffe ein: Harte und weiche Beweise (bzw. Widerlegungen).

A5.1.1 Harte Beweise und harte Widerlegungen

Harte Beweise und **harte Widerlegungen** gibt es nur dann, wenn sie auf absolut feststehenden Tatsachen beruhen. Es gibt nur drei Bereiche in unserer Welt, die dieser Forderung gerecht werden:

1. die Strukturwissenschaften (Axiome),
2. die Naturgesetze (Wirklichkeit)
3. und die Bibel (Gott).

Was ist die feststehende Basis in den drei Bereichen? Punkt 1 gründet sich auf *Axiome*, bei 2. ist es die *beobachtete Wirklichkeit*, und bei 3. sind alle Aussagen in *Gott* verankert.

Da die Begriffe **harte** und **weiche Beweise** hier neu eingeführt werden, bedarf es einer Präzisierung:

Definition D13: Harte Beweise (und auch **harte Widerlegungen**) sind neue Aussagen, die sich auf ein so festes Fundament gründen, dass sie nicht mehr widerlegbar sind.

Wir haben nur drei Bereiche benennen können, in denen diese strenge Bedingung erfüllt ist. So wollen wir nun aus allen drei Bereichen je einen solchen Beweis benennen, der nicht widerlegbar ist:

1. **Mathematik.** Bezeichnet man in einem rechtwinkligen Dreieck die beiden Seiten, die den rechten Winkel miteinander bilden, mit a und b (= die Katheten) und die gegenüberliegende Seite mit c (= Hypotenuse), dann gilt der von *Pythagoras* bewiesene Satz: In allen ebenen rechtwinkligen Dreiecken ist die Summe der Flächeninhalte der Kathetenquadrate gleich dem Flächeninhalt des Hypotenusenquadrates ($a^2 + b^2 = c^2$).
Dieser Beweis ist nicht widerlegbar.

2. **Naturgesetz:** Nach dem Zweiten Hauptsatz der Thermodynamik ist kein Prozess in dieser Welt möglich, bei dem ein Wärmeaustausch bei abnehmender Entropie stattfindet (siehe Anhang A2.1). Damit lässt sich beweisen, dass Wärmeenergie niemals von selbst von einem kühleren Körper zu einem wärmeren hinüberfließen kann.
Dieser Beweis ist nicht widerlegbar (durch kein Experiment!).

3. **Bibel:** In Johannes 10,35 spricht Jesus von den Prophetien des Alten Testaments und sagt darüber: »*Die Schrift kann doch nicht gebrochen werden.*« Damit steht fest, dass alle prophetischen Voraussagen in Erfüllung gehen werden, was natürlich auch die Aussagen über Jesus impliziert.
Diese Aussage wurde bisher nicht widerlegt.

Definition D14: Von **weichen Beweisen** (und auch **weichen Widerlegungen**) sprechen wir in allen anderen Fällen, die nicht zu den drei obigen Bereichen gehören.

Ein weicher Beweis kann in den meisten Fällen zutreffend sein, aber er ist es nicht zwingend. So ordnen wir z. B. alle juristischen und historischen Beweise den weichen zu, da sie weder auf mathematischer Logik noch auf Naturgesetzen beruhen.

Wenden wir uns nun den drei Bereichen zu, zu deren Charakteristika harte Beweise und harte Widerlegungen gehören:

1. Strukturwissenschaften

Die Strukturwissenschaften wie Mathematik und Informatik arbeiten losgelöst von der Wirklichkeit allen Geschehens in dieser Welt. *Albert Einstein* (1879 – 1955) sagte zu Recht: »Insofern sich die Sätze der Mathematik auf die Wirklichkeit beziehen, sind sie nicht sicher, und insofern sie sicher sind, beziehen sie sich nicht auf die Wirklichkeit.« Die Herleitung einer Aussage folgt aus einer bestimmten Anzahl von Axiomen, die als wahr vorausgesetzt werden, und weiterhin aus Aussagen, die bereits bewiesen sind.

Wahre Sätze lassen sich durch verschiedene Methoden (z. B. vollständige Induktion) **beweisen** (z. B. »Die Zahl π ist eine irrationale Zahl«; Der *Fermatsche* Satz: »Ist n eine natürliche Zahl größer als 2, so kann die n-te Potenz jeder natürlichen Zahl ungleich null nicht in die Summe zweier n-ter Potenzen natürlicher Zahlen ungleich null zerlegt werden. Das heißt, die Gleichung $a^n + b^n = c^n$ ist für positive ganze Zahlen a, b, c, n unlösbar, wenn n größer als 2 ist.«). Der Mathematiker *Kurt Gödel* (1906 – 1978) konnte mithilfe seiner Unvollständigkeitssätze beweisen, dass *nicht alle* wahren Sätze in der Mathematik beweisbar bzw. widerlegbar sind.

Einen **falschen Satz kann man widerlegen**, indem man die behauptete Aussage mathematisch auf einen Widerspruch führt.

2. Naturgesetze

Nach den bisher gesicherten Erkenntnissen der Naturwissenschaften sind es die Naturgesetze und Naturkonstanten, die keiner Veränderung in Raum und Zeit unterliegen (siehe Fußnote Nr. 34). Die **Naturgesetze** haben in der materiellen Welt eine derart durchdringende Wirkung, dass sie bis in die entferntesten Winkel des Universums gültig sind. Nicht ein einzelnes Atom kann sich ihrem Einfluss entziehen. Alle Prozesse – und es sind bereits Tausende in einer einzigen lebenden Zelle wirksam – stehen unter der absoluten Oberhoheit der Naturgesetze. Kein Vorgang auf dieser Erde und in den Weiten des Universums bleibt für den Bruchteil einer Millionstel Sekunde von ihnen unberücksichtigt. Man kann nur in höchstem Maße staunen, dass es so etwas Grundlegendes, Durchgreifendes und alles Durchdringende über alle Raum- und Zeitgrenzen hinweg gibt.

Dieselbe Bedeutung, die den Axiomen in der mathematischen Beweisführung zukommt, haben die Naturgesetze für die uns umgebende Wirklichkeit. **Wenn wir mit Naturgesetzen argumentieren, dann gelangen wir zu der stärksten naturwissenschaftlichen Beweisform.** Für alle Naturgesetze gilt folgende grundlegende Eigenschaft, die wir mit dem folgenden Satz S1 festhalten:

S1: Naturgesetze haben **erlaubenden** und **verbietenden** Charakter. Oder anders ausgedrückt: Sie haben **beweisenden** und auch **widerlegenden** Charakter.
(*Hinweis:* Nur der Urheber der Naturgesetze kann sie für seine Taten ändern. Das geschieht bei den Wundern der Bibel [siehe Kapitel 4.4]).

Dieselbe Aussage von S1 wollen wir nun in verschiedenen Formulierungen S2 bis S5 ausdrücken, um damit unterschiedliche Anwendungsfälle zu erfassen:

S2: Man kann **durch Naturgesetze beweisen**, dass ein gedachter Prozess in der Realität prinzipiell möglich ist, wenn dabei keinem Naturgesetz widersprochen wird. Das gesamte Ingenieurwesen beruht darauf, dass im Voraus Prozesse (z.B. Ammoniak-Synthese) und Maschinen (z.B. Flugzeuge, Turbinen, Autos, Raketen) gemäß den Naturgesetzen berechnet und geplant werden können. Geschah alles im Rahmen der Naturgesetze, dann sind die Planungen auch in der Realität umsetzbar, wenn nicht andere Restriktionen (z.B. zu hohe Kosten, zu große Entfernungen) dagegen sprechen.

S3: Man kann **durch Naturgesetze beweisen**, dass ein gedachter Prozess oder eine gedachte Maschine nicht in die Realität umgesetzt werden kann, wenn dabei auch nur einem Naturgesetz widersprochen wird.

Andere Formulierungen von S2 und S3:

S4: Wenn sich jemand einen Prozess oder eine Maschine ausdenkt, bei denen nachweislich ein Naturgesetz verletzt wird, so kann diese Idee mithilfe der Naturgesetze widerlegt werden.

S5: Ob ein gedachter Vorgang oder eine erdachte Maschine in der Realität **unmöglich** ist, kann dadurch **bewiesen** werden, wenn gezeigt wird, dass dabei ein Naturgesetz verletzt würde *(Widerlegung durch Naturgesetze).*

Zwei neue naturgesetzliche Beweise aus diesem Buch:

B1: Unmöglichkeit der Makroevolution: Nach S3 hat es den Vorgang der biologischen Evolution (Makroevolution) nie gegeben, weil dabei ein Naturgesetz der Universellen Information verletzt würde (Verletzung von NGI-4: *Universelle Information kann nur von einem intelligenten Sender erzeugt werden* und nicht von alleine entstehen).

B2: Gottesbeweis durch die Information: Da die lebenden Zellen eine riesige Menge an Universeller Information enthalten, aber alle diese codierten Konzepte von keinem Menschen stammen, ist als Quelle ein (göttlicher) intelligenter Sender (Urheber, Gott) erforderlich. (Notwendigkeit der Existenz eines Urhebers gemäß NGI-4: *Universelle Information kann nur von einem intelligenten Sender erzeugt werden*).

B1 und B2 machen Gebrauch von dem obigen **Satz S1**: Naturgesetze haben **beweisenden** und auch **widerlegenden** Charakter.

3. Bibel

Den beiden zuvor genannten Beweismöglichkeiten mithilfe der Strukturwissenschaften und der Naturgesetze kann auch jeder Atheist zustimmen. Die Bibel als absolute Wahrheitsquelle anzuerkennen, erschließt sich nur dem, der der Bibel in allem genauso glaubt, wie es Paulus von sich bekennt: »*Ich glaube allem, was geschrieben steht*« (Apostelgeschichte 24,14). Ebenso eindeutig ist Jesus in seinem Gebet zum Vater: »*Dein Wort ist die Wahrheit*« (Johannes 17,17). Bei dieser Klarheit haben wir ein weiteres festes Fundament gefunden, um **Beweise** und **Widerlegungen** mithilfe der Bibel durchzuführen.

Den beweisenden bzw. widerlegenden Umgang mit dem Wort Gottes finden wir bei Jesus insbesondere dann, wenn er gegenüber seinen Gesprächspartnern mit den Worten argumentiert: »*Habt ihr nicht gelesen?*« (Matthäus 12,3) oder »*Die Schrift kann doch nicht gebrochen werden*« (Johannes 10,35).

Beispiel 1: Beweis der Auferstehung
An Jesus traten die Sadduzäer mit einer Fangfrage heran, um gegen die Auferstehung der Toten zu argumentieren. Sie fragten ihn (Matthäus 22,23-33): Wenn sieben Brüder nacheinander ein und dieselbe Frau heiraten und sie schließlich selbst stirbt, wessen Frau wird sie in der Auferstehung sein? Jesus entkräftete ihren Einwand mit der Aussage, dass jenseits der Todeslinie der Ehestand nicht mehr besteht, und fügte eine Denksportaufgabe hinzu, indem er 2. Mose 3,6 zitierte: »*Ich bin der Gott Abrahams und der Gott Isaaks und der Gott Jakobs.*« Da aber Abraham, Isaak und Jakob gestorben waren, müssen sie konsequenterweise aus dem Tode auferstehen, weil »*Gott nicht ein Gott der Toten, sondern der Lebenden ist*« (Matthäus 22,32b). So bewies Jesus seinen Kritikern mithilfe der Bibel die Tatsache der Auferstehung.

Beispiel 2: Widerlegung einer falschen Hoffnung
Nach der Kreuzigung Jesu waren die Emmausjünger zutiefst enttäuscht: »*Wir aber hofften, er sei es, der Israel erlösen würde*« (Lukas 24,21). Sie hatten fest damit gerechnet, dass Jesus Israel von der Besatzungsmacht der Römer befreien würde. Als der auferstandene Jesus sich den Jüngern auf dem Weg nach Emmaus unerkannt anschließt, widerlegt Jesus mit der Schrift ihre falsche Denkweise: »*Musste nicht Christus dies erleiden und in seine Herrlichkeit eingehen? Und er fing an bei Mose und allen Propheten und legte ihnen aus, was in der ganzen Schrift von ihm gesagt war*« (Lukas 24,26-27).

A5.1.2 Weiche Beweise und weiche Widerlegungen

Unter den Begriffen **weiche Beweise** oder **weiche Widerlegungen** fassen wir alle sonstigen Beweisformen zusammen, die auf weniger starken Aussagen basieren als die drei oben genannten Wahrheitsquellen. Zu dieser Kategorie gehören z. B. die **historischen Beweise** und die **Indizienbeweise**. Von einem Indizienbeweis spricht man bei einem Gerichtsverfahren, wenn möglichst mehrere Fakten benannt werden können, die die eigentlich zu beweisende Tat belegen können. Weil aber das Risiko einer Fehldeutung bestehen bleibt (Justizirrtum), sprechen wir hier von einer »weichen« Beweisform.

Beispiel eines Justizirrtums: *Holger Hellblau* saß fünf Jahre im Gefängnis. Er war 2006 vom Landgericht Neuruppin zu lebenslanger Haft wegen Mordes verurteilt worden. In einem Wiederaufnahmeverfahren wurde er aufgrund neuer Beweise und einer DNA-Analyse nachträglich freigesprochen.
(Quelle: https://de.wikipedia.org/wiki/Liste_von_Justizirrtümern_in_der_deutschen_Rechtsprechung)

A5.2 Ist Gott beweisbar?

Einwand E2: *Gott kann man nicht beweisen. Er ist unendlich, und darum kann man ihn nicht mit endlichen Mitteln beweisen.*

Antwort zu E2: In der Tat entzünden sich die Gemüter, wenn es um die Beweisbarkeit Gottes geht. Schon seit der Antike hat man versucht, Gott »zu beweisen«. Wir führen hier nur einige der historisch zurückliegenden Versuche auf:

- Der kosmologische Gottesbeweis
- Der Kausalitätsbeweis
- Der ontologische Gottesbeweis (*Anselm von Canterbury*; 1033 – 1109)
- Der teleologische Gottesbeweis (*Thomas von Aquin*; 1225 – 1274).

Zunächst sei ein wichtiger Hinweis gegeben: Das kurze Stichwort *Gottesbeweis* kann in dem Sinne missverstanden werden, als sei es möglich, Gott in seiner ganzen Wesensart beweisbar zu machen. Dies ist schon deshalb nicht möglich, weil Gott von sich offenbart hat: »*Meine Gedanken sind nicht eure Gedanken, und eure Wege sind nicht meine Wege, spricht der Herr, sondern so viel der Himmel höher ist als die Erde, so sind auch meine Wege höher als eure Wege und meine Gedanken als eure Gedanken*« (Jesaja 55,8-9).

Mithilfe der Naturgesetze können wir nur wenige Merkmale Gottes beweisen, wie z. B.:

- seine Existenz (Kap. 8.3, SF1),
- seine Allwissenheit (Kap. 8.4, SF2),
- sein ewiges Wesen (Kap. 8.4.3, SF2c),
- seine Allmacht (Kap. 8.5, SF3a).

So ist es bei jeder Beweisform unbedingt notwendig, ergänzend zu sagen, auf welche Eigenschaft Gottes Bezug genommen wurde. Die in der Bibel offenbarten Eigenschaften Gottes wie Liebe, Barmherzigkeit, Güte, Wahrheit und Retterliebe sind der wissenschaftlichen Beweisform nicht zugänglich.

Wenn wir über Gottesbeweise nachdenken, kommen wir nicht umhin, über den bekannten Philosophen *Immanuel Kant* (1724 – 1804) zu reden. Er wird als der große Zerschmetterer aller Gottesbeweise angesehen. Neben *Gotthold Ephraim Lessing* (1729 – 1791) ist *Kant* zum Inbegriff der Aufklärung geworden, darum nennt man die beiden auch das »Zweigestirn der Aufklärung«. *Kant* meinte, dass unser Erkenntnisvermögen äußerst beschränkt sei. Dennoch wirft unser Gehirn dauernd Fragen auf, mit denen es – so *Kant* – überfordert ist: Fragen nach dem Sinn des Lebens, nach dem Universum, nach der Unendlichkeit, nach der Seele, nach der Unsterblichkeit, nach Gott.

Die Bibel sagt hingegen, dass wir Gott sehr wohl erkennen können: *»Seid stille und erkennet, dass ich Gott bin«* (Psalm 46,11). – *»Denn was man von Gott erkennen kann, ist unter ihnen offenbar«* (Römer 1,19).

In seiner »Kritik der reinen Vernunft« hat *Kant* dargelegt, dass der Mensch die Welt sowieso nicht erkennen kann, wie sie ist, sondern nur so, wie sie uns erscheint. »Beim Nachdenken über Gott und die Seele dreht das Denken leer. Wir können nicht wissen, ob es Gott gibt, ob er lieb ist oder streng, ob er Sünden bestraft oder nicht. Ebenso wenig können wir wissen, ob es eine Seele gibt und ob sie nach dem Tod weiterlebt.«

In seinen grundlegenden Aussagen positioniert sich *Kant* der Bibel entgegen.

Der frühere Bundeskanzler *Willy Brandt* (1913 – 1992) unterhielt sich wenige Tage vor seinem Tod mit seinem Sohn *Peter Brandt* (*1948) über den Tod. Er äußerte dabei: »Ich weiß nicht, ob es Gott gibt. Ich lasse es in der Schwebe.«[99]

Angesichts der Aussagen von *Immanuel Kant* und auch von *Willy Brandt* gewinnen Gottesbeweise in unserer Zeit eine ganz neue Bedeutung. Wenn im Römerbrief so stark betont wird, dass *»Gottes unsichtbares Wesen seit der Schöpfung der Welt an seinen Werken ersehen wird«* und dass sie alle *»von Gott wussten«* (Römer 1,20+21), dann ist das mehr als ein bloßer Hinweis auf Gott, sondern eine sehr starke Aussageform über die Existenz des Urhebers aller Dinge.

Ob wir in wissenschaftlicher Terminologie von einem **Gottesbeweis** sprechen können oder nicht, hängt von der angewandten Beweisform ab.

Wir haben in Kap. A5.1.1 gezeigt, dass nur in drei Bereichen von »harten« Beweisen gesprochen werden kann, nämlich in den Strukturwissenschaften Mathematik und Informatik oder wenn von Naturgesetzen ausgegangen werden kann oder wenn biblische Bezüge angewandt werden.

In Kapitel 8.3 (Seite 266) kamen wir aufgrund der Anwendung eines Naturgesetzes der Information (NGI-4: *»Universelle Information (UI) kann nur von einem intelligenten Sender erzeugt werden«*) auf die in allen Lebewesen gefundene DNS-Information zu dem Schluss: *»Es muss einen intelligenten Sender geben, der diese UI geschaffen hat.«*

Das ist ein **Gottesbeweis** in dem Sinne, dass ein Gott als intelligenter Sender existieren muss. Dieses auf Naturgesetzen basierende Ergebnis lässt sich in zwei Schlussfolgerungen zusammenfassen:

SF1: Der Atheismus ist widerlegt.

SF2: Die Existenz Gottes ist nachgewiesen.

Die aus NGI-4 abgeleitete Schlussfolgerung ist zunächst nur der Existenzbeweis eines Gottes. Dass es der Gott der Bibel ist, kann hieraus

99 Quelle: Wochenzeitung DIE ZEIT vom 14.11.2013: Dossier Geschichte »Der andere Deutsche« (*Willy Brandt* zum 100. Geburtstag), S.16.

nicht gefolgert werden. Im weiteren Fortgang der Schlussfolgerungen konnte gezeigt werden, dass dieser Gott *allwissend* (Kap. 8.4, SF2) und *ewig* sein muss (Kap. 8.4.3, SF2c).

Den in Kapitel 8.3 vorgestellten Gottesbeweis können wir somit bezeichnen als den **Existenzbeweis Gottes durch ein Naturgesetz der Information**.

Eine besondere Form eines Gottesbeweises wird ausführlich in Kapitel 9.3 vorgestellt, es ist der **Prophetisch-mathematische Gottesbeweis**. Da diese Beweisführung von den erfüllten Prophetien der Bibel ausgeht, ist dies ein Gottesbeweis, der in seinen Aussagen deutlich über naturgesetzliche Schlussfolgerungen hinausgeht. So vermag dieser Beweis den Gott der Bibel als den **einzig** existierenden auszuweisen, und er bestätigt die Bibel als Buch der Wahrheit.

Zweck eines Gottesbeweises: Ist es überhaupt nötig, einen Gottesbeweis zu konstruieren? Was ist dadurch gewonnen? In Deutschland ist etwa ein Drittel der Bevölkerung konfessionslos; der größte Teil davon ist atheistisch oder agnostisch und erfahrungsgemäß über die biblische Verkündigung kaum noch erreichbar. Durch einen Gottesbeweis könnten manche davon überzeugt werden, dass sie sich als Atheist oder Agnostiker auf falschem Gleis bewegen. Somit gäbe es einen gewichtigen Grund, sich mit der Bibel und dem Evangelium zu beschäftigen.

Widerlegbarkeit von Gottesbeweisen: Wir hatten in A5.1 zwischen harten und weichen Beweisen unterschieden. Harte Gottesbeweise basieren auf Naturgesetzen. Damit ist eine scharfe Trennungslinie auch zwischen den beiden Arten der Gottesbeweise gezogen. Da es naturwissenschaftlich gesehen keine höhere Instanz als die Naturgesetze gibt, gibt es auch kein Kriterium, um solche Gottesbeweise zu Fall zu bringen. Es gibt noch einen weiteren Grund dafür, warum ein harter Gottesbeweis nicht widerlegt werden kann: Wenn der Existenzbeweis Gottes durch Naturgesetze bereits erbracht ist, wird man kein anderes Naturgesetz finden, das dieses Ergebnis widerlegen könnte, da es kein Naturgesetz gibt, das einem anderen widerspricht (siehe Kapitel 4.3, Satz N9 und Frage F1 in Kapitel 11.1).

Zu den weichen Beweisen zählen wir all jene Gottesbeweise, die nicht auf Naturgesetzen basieren. Diese sind – auch wenn sie noch so plausibel formuliert sind – insofern risikobehaftet, als sie sich auf kein absolut feststehendes Fundament gründen. Wenn von *Kant*, dem Widerleger (»Zerschmetterer«) der Gottesbeweise gesprochen wird, kann sich das nur auf weiche Beweise beziehen, die kein naturgesetzliches Fundament aufweisen. Es ist wesentlich, dabei zu beachten: *Kant* mag den einen oder anderen weichen Gottesbeweis kritisiert haben, wenn er aber nur philosophisch und nicht naturgesetzlich argumentiert, kann er nicht von Widerlegung (»Zermalmung«) sprechen. Gottes Existenz kann niemand widerlegen, da sie bereits naturgesetzlich bewiesen ist. Da die Naturgesetze sich untereinander nicht widersprechen, ist die Widerlegung prinzipiell nicht mehr möglich.

Gottesbeweis und Rettung: Durch die Akzeptanz eines Gottesbeweises ist man noch nicht zum rettenden Glauben gekommen. Es bedarf noch der Offenbarung durch den Heiligen Geist, dass Jesus als der persönliche Retter in freier Entscheidung angenommen werden muss. Wenn auch Gottesbeweise nicht direkt zum Glauben führen, so sind sie dennoch geeignet, mancherlei Glaubenshindernisse aus dem Weg zu räumen. Der rettende Glaube ist von Jesus abhängig. Anhand zweier Zitate aus dem Neuen Testament sei dies belegt: »*Wer den Sohn hat, der hat das* (ewige) *Leben; wer den Sohn Gottes nicht hat, der hat das* (ewige) *Leben nicht*« (1. Johannes 5,12). »*Wer an ihn* (= Jesus) *glaubt, der wird nicht gerichtet; wer aber nicht glaubt, der ist schon gerichtet, denn er glaubt nicht an den Namen des eingeborenen Sohnes Gottes*« (Johannes 3,18).

A5.3 Sind Prophetien aus mathematischer Sicht als voneinander unabhängige Ereignisse zu betrachten?

Einwand E3: *Bei dem Ameisenmodell zur Veranschaulichung des »Prophetisch-mathematischen Gottesbeweises« wird die Wahrscheinlichkeitsrechnung benutzt (Kap. 9.3.3). Diese Methode darf aber streng genommen nur dann angewandt werden, wenn die Einzelereignisse unabhängig voneinander sind. Biblische Ereignisse sind aber meines Erachtens nicht unabhängig voneinander.*

Antwort zu E3: Da die Mathematik eine rein theoretische Wissenschaft ist, die losgelöst von aller Wirklichkeit betrieben wird, stimmt sie höchstens annähernd mit der Wirklichkeit überein. Die Mathematik hat sich dennoch millionenfach in den Realwissenschaften als äußerst wirksames Werkzeug zur quantitativen Bewertung von Vorgängen bewährt. Insbesondere bei der Beschreibung realer Prozesse in den Natur- und Ingenieurwissenschaften, aber auch in den Wirtschaftswissenschaften spielt sie eine zentrale und unverzichtbare Rolle. Reale Prozesse sind wegen ihrer Komplexität oftmals nicht so zu idealisieren, dass die mathematischen Formeln exakt greifen können. In solchen Fällen behilft man sich mit mathematischen Modellen, die den Vorgang zwar nicht exakt, aber dennoch hinreichend genau beschreiben.

Sind bei der Modellbildung einzelne Parameter unbekannt, dann hilft es oft, wenn man z. B. einen oberen Grenzwert einsetzt, sodass alle wirklichen Werte stets darunter liegen. Dann steht man bei den Schlussfolgerungen auf der sicheren Aussagenseite. Genau das wurde bei den Berechnungen beim »Prophetisch-mathematischen Gottesbeweis« strikt beachtet. Da die für *jede einzelne* Prophetie anzusetzende Wahrscheinlichkeit unbekannt ist, haben wir mit $p = 0{,}5$ einen extrem hohen Wert für ihre Erfüllung angesetzt (oberer Grenzwert!). In keinem Fall dürfte die tatsächliche Einzel-Wahrscheinlichkeit höher als p sein (siehe Kapitel 9.3.2). Somit ist gesichert, dass die tatsächliche Gesamtwahrscheinlichkeit, dass sich alle Prophetien in der biblisch angegebenen Weise erfüllen, noch deutlich kleiner ist als der durch unsere modellmäßige Berechnung gefundene Wert von $w = 10^{-984}$. Da die Schlussfolgerungen (siehe Kapitel 9.3.4) auf diesem »zu hohen« Wert beruhen, sind wir sogar in extremer Weise auf der sicheren Seite.

Eigentlich wäre eine mathematische Behandlung nicht mehr erforderlich, weil die Vielzahl erfüllter Prophetien so stark für sich spricht, dass jeder, der sich damit konfrontiert sieht, überwältigt und zugleich überzeugt sein müsste, dass hier der lebendige Gott der Bibel aufgrund seiner Allwissenheit alle Geschehnisse im Voraus kennt und weiterhin aufgrund seiner Allmacht dazu in der Lage ist, die vorausgesagten Aussagen in die Tat umzusetzen.

Dennoch wollen wir auch den mathematischen Weg beschreiten, weil dieser uns auch in quantitativer Weise ein neues Staunen abverlangt. Mir ist bewusst, dass es sich bei dem **Prophetisch-mathematischen Gottesbeweis** nicht um eine exakte mathematische Darstellung der biblischen Wirklichkeit handeln kann. Das sei hier an zwei ausgewählten Punkten **P1** und **P2** erläutert:

P1: Die verwendete Zahl von 3268 erfüllten Prophetien beruht auf einer akribischen Zählung des amerikanischen Bibellehrers *Finis Jennings Dake* (1902–1987). Inzwischen haben sich weitere Prophetien erfüllt, die hier nicht berücksichtigt werden konnten. Es kann auch sein, dass *Dake* manche Prophetie als erfüllt angesehen hat, die ein anderer Bibelkenner als noch nicht erfüllt ansehen würde. Diese Schwankungsbreite haben wir berücksichtigt, indem die Rechnung auch mit der halben Zahl erfüllter Prophetien durchgeführt wurde (siehe Rechnung 1, Seite 310). An den Schlussfolgerungen ändert das gar nichts.

P2: Es gibt weiterhin eine semantische Unschärfe beim Umgang mit biblischen Texten. Anders als ein säkulares Buch erschließt sich der volle Inhalt der Bibel nur dem christusgläubigen Menschen (1. Korinther 2,13). Jesus nannte in Johannes 5,39 eine wichtige Aussage zum Verständnis des Alten Testaments: *»Ihr sucht in der Schrift, denn ihr meint, ihr habt das ewige Leben darin; und sie ist's, die von mir zeugt.«* Demjenigen, der nicht an Jesus als den Sohn Gottes glaubt, bleiben die Verheißungen des Alten Testaments, die sich auf Jesus beziehen, verschlossen. Die Pharisäer und Schriftgelehrten zur Zeit Jesu sind ein beredtes Beispiel dafür. In heutiger Zeit sind es mancherlei andere Gruppierungen, die Jesus als den bereits gekommenen Messias ablehnen. Als ich vor Jahren den Prophetisch-mathematischen Gottesbeweis in einer physikalischen Fachzeitschrift veröffentlichen wollte, erhielt ich von der Redaktion einen ablehnenden Bescheid mit der Begründung: »Wir haben viele jüdische Leser, und die würden sich in ihrem Glauben verletzt fühlen.«

Ereignis-Unabhängigkeit: Eine wichtige Bedingung für die Anwendung der Wahrscheinlichkeitsrechnung ist, dass die einzelnen Ereignisse unabhängig voneinander sind. Die Prophetien können wir als historische Ereignisse ansehen, da sie sich in unserer Welt in Raum und Zeit ereignen. Historische Ereignisse finden entweder zeitlich parallel[100] oder in einer zeitlichen Abfolge[101] statt – und beides gilt auch für die Prophetien. Die Parallelereignisse können wir als unabhängig voneinander ansehen. Bei denen mit zeitlicher Abfolge haben wir den intuitiven Eindruck, dass es eine Ereignis-Abhängigkeit geben könnte. Somit gilt es, dies zu überprüfen.

Das Würfelspiel ist das Paradebeispiel dafür, dass die einzelnen Würfe als mathematisch unabhängig voneinander zu betrachten sind. Bei allen praktischen Anwendungen ist jeweils zu prüfen, ob diese Ereignis-Unabhängigkeit dort auch gewährleistet ist. Auch bei dem Ameisenmodell gilt es zu prüfen, ob die Ereignis-Unabhängigkeit zutrifft. Hierzu greifen wir die markanteste prophetische Ereigniskette des Alten Testaments heraus, bei der wir rein intuitiv am ehesten eine Ereignis-Abhängigkeit vermuten. Es sind die zahlreichen Voraussagen über das Kommen des Messias, die wir uns nun näher anschauen wollen. Auf den ersten Blick scheint hier eine feste Kopplung der Generationenfolge des Stammbaums Jesu nach Matthäus 1,1-17 vorzuliegen, denn diese bildet eine festgefügte lineare Sequenz, die bei Abraham beginnt und sich dann stetig fortsetzt über Isaak, Jakob, Juda, … Isai, David, Salomo …

Für den Nachweis der Ereignis-Unabhängigkeit greifen wir aus der langen Kette von Stammvätern von Adam bis hin zu Jesus nur zehn Kettenglieder heraus, um das Wesentliche deutlich zu machen. Gleich nach dem Sündenfall gibt Gott seine Rettungsabsicht bekannt, die er dann im Verlauf des Alten Testaments über viele Jahrhunderte hinweg mehr und mehr entfaltet. Dies geschieht in schrittweisen, zeitlich aufeinanderfolgenden Offenbarungen, wobei jeder einzelne Schritt – mathematisch betrachtet – einem neuen Würfelspiel ent-

100 Im Jahre 1492 geschahen z. B. folgende Parallel-Ereignisse:

- Die Entdeckung Amerikas durch *Christoph Kolumbus* (1451 – 1506).
- *Leonardo da Vinci* (1452 – 1514) entwarf seine Zeichnungen für einen Flugapparat.
- *Königin Isabella von Kastilien* (1451 – 1504) vertrieb die Mauren aus Granada, der ihr letzter Stützpunkt in Spanien war.

101 In Deutschland folgten drei Kaiser aufeinander: *Wilhelm I.* (1871 – 1888), *Friedrich III.* (1888), *Wilhelm II.* (1888 – 1918). (Die Jahreszahlen beziehen sich auf die Regierungszeiten.)

spricht. Bei der Berechnung von Wahrscheinlichkeiten bei Würfelspielen, die nacheinander stattfinden, spielt es keine Rolle mehr, was vorher gewürfelt wurde. Das neue Würfelspiel ist und bleibt unabhängig von der Vorgeschichte (Ereignis-Unabhängigkeit!). Ebenso verhält es sich auch bei der Betrachtung der einzelnen Kettenglieder bezüglich der Stammväter in der Heilslinie. Mathematisch gesehen sind Würfelspiele, die zeitlich nacheinander stattfinden, unabhängig voneinander. Sind durch prophetische Entscheidung »die Würfel gefallen« für den Stammvater S_k, so kann dieses »Kettenglied« als erledigt angesehen werden. Nun steht der Wahrscheinlichkeitsberechnung für den folgenden Stammvater S_{k+1} nichts mehr im Wege, denn S_k gehört zum zurückliegenden Würfelvorgang und beeinflusst den neuen nicht.

Da die Stammväter unterschiedlich viele Nachkommen hatten, konnte man zunächst nicht wissen, welcher von den n Söhnen den Stammbaum Jesu fortsetzen wird. Somit hat jeder Sohn die Wahrscheinlichkeit $w = 1/n$, in den Stammbaum der Heilslinie zu gelangen. Erst die Prophetie schränkt die Zahl der voneinander unabhängigen Möglichkeiten auf die **eine einzige** in der jeweiligen Generation ein.

1. Wir beginnen mit 1. Mose 3,15, der allerersten Ankündigung des Retters: »*Und ich will Feindschaft setzen zwischen dir und dem* **Weibe** *und zwischen deinem Samen und* **ihrem** *Samen. Derselbe soll dir den Kopf zertreten, und du wirst ihn in die Ferse stechen.*«

In noch verschlüsselter Form wird hier ausgesagt, dass der Messias ausdrücklich aus dem ***Samen des Weibes*** – und nicht aus dem Samen des Mannes – kommend verheißen wird. Unter Zuhilfenahme des Neuen Testaments wissen wir, dass der Messias sowohl als der **Menschensohn** (z.B. Matthäus 18,11; 24,30; Lukas 6,22; Johannes 3,14) als auch gleichzeitig als der **Gottessohn** (z.B. Matthäus 14,33; 16,16; Johannes 3,18) kommt. Um jedoch beides zugleich sein zu können – Mensch und Gott – musste er sowohl einen menschlichen als auch einen göttlichen Ursprung haben. So scheidet ein Ehepaar als Genquelle aus, weil Jesus dann rein menschlicher Natur wäre. Wie wir aus Lukas 1,35 wissen, übernimmt der Heilige Geist die Rolle des göttlichen Stammbaums. Den menschlichen Stammbaum kann darum

nur einer übernehmen – entweder ein Mann oder eine Frau. Mit 1. Mose 3,15 fällt Gott die Entscheidung für die Frau: Der Messias soll ausdrücklich **aus dem Samen des Weibes** kommen und nicht aus dem Samen des Mannes. Damit werden 50 Prozent aller Menschen als unmittelbarer Elternteil ausgeschlossen. Die Wahrscheinlichkeit, aus dem Samen der Frau zu kommen, betrug vor der Prophetie $w = 0{,}5$.

2. Noah hatte drei Söhne: Sem, Ham und Jafet. Da nur einer von den Dreien die Segenslinie fortführen kann, beträgt bis zu diesem Zeitpunkt für jeden Sohn die Wahrscheinlichkeit $w = 1/3$. Durch die folgende noch etwas verdeckte Prophetie werden die *Semiten* zum Träger der Segenslinie benannt; gleichzeitig sind zwei Drittel der Nationen (Hamiten, Jafetithen) ausgeschlossen: »*Gelobt sei der Herr, der Gott* ***Sems****; und Kanaan* (= Sohn Hams) *sei sein Knecht! Gott breite Jafet aus und lasse ihn wohnen in den Zelten des Sem*« (1. Mose 9,26-27).

3. Die Semiten verzweigten sich im Laufe der Zeit in Hunderte von Einzelvölkern. Niemand wusste, welches dieser Völker den Stammbaum Jesu fortsetzen wird; somit beträgt die Wahrscheinlichkeit für jedes Volk bis dahin $w < 1/100$. Erst durch die Prophetie von 1. Mose 22,18: »*Durch deinen* (= **Abrahams**) *Samen sollen alle Völker auf Erden gesegnet werden, darum dass du meiner Stimme gehorcht hast*« fällt die Wahl auf *Abraham*, wodurch alle anderen semitischen Völker vom Stammbaum Jesu ausgeschlossen werden.

4. Abraham hatte acht Söhne (1. Mose 16,11; 21,3; 25,1-2), somit war für jeden Sohn die Wahrscheinlichkeit, zur Segenslinie zu gehören, genau $w = 1/8$. Durch die Prophetie in 1. Mose 17,19, »*Da sprach Gott: ›Ja, Sara, dein Weib, soll dir einen Sohn gebären, den sollst du* **Isaak** *heißen; denn mit ihm will ich meinen ewigen Bund aufrichten und mit seinem Samen nach ihm*‹«, fällt die Wahl nun eindeutig auf *Isaak*.

5. Von Isaaks beiden Söhnen Esau und *Jakob* wird der letztere durch Prophetie erwählt: »*Es wird ein Stern aus* **Jakob** *aufgehen und ein Zepter aus Israel aufkommen*« (4. Mose 24,17).

6. Jakob hatte zwölf Söhne, von denen jeder mit der Wahrscheinlichkeit $w = 1/12$ die Heilslinie hätte fortsetzen können. Durch die Prophetie von 1. Mose 49,10 wird nun festgelegt, dass es der Stamm *Juda* sein wird, aus dem später der Messias (= Held) hervorgehen wird: *»Es wird das Zepter von* **Juda** *nicht entwendet werden noch der Stab des Herrschers von seinen Füßen, bis dass der Held komme; und demselben werden die Völker anhangen.«*

7. Aus den inzwischen Tausenden von Familien *Judas* wird durch die folgende prophetische Festlegung das Kommen des Retters aus dem Geschlecht des *Isai* verheißen: *»Und es wird eine Rute aufgehen von dem Stamm* **Isais** *und ein Zweig aus seiner Wurzel Frucht bringen, auf welchem wird ruhen der Geist des Herrn, der Geist der Weisheit und des Verstandes, der Geist des Rates und der Stärke, der Geist der Erkenntnis und der Furcht des Herrn«* (Jesaja 11,1-2).

8. Isai hatte gemäß 1. Samuel 17,12 und 1. Chronik 2,13-15 acht Söhne (Eliab, Abinadab, Simea, Nathanael, Raddai, Ozem, … David). Da nur einer von ihnen den Stammbaum Jesu fortführen kann, beträgt zunächst für jeden von ihnen die Wahrscheinlichkeit $w = 1/8$. Durch die Prophetie aus 2. Samuel 7,12 wird David als der jüngste von ihnen erwählt: *»Ich will deinen* (= **Davids**) *Samen nach dir erwecken, der von deinem Leibe kommen soll; dem will ich sein Reich bestätigen.«*

9. David hatte 19 Söhne: Amnon, Chileab, Absalom, Adonja, Sephatja, Jethream (2. Samuel 3,2-5), Sammua, Sobad, Nathan, Salomo, Jibhar, Elisua, Nepheg, Japhia, Elisama, Eljada, Eliphelet (2. Samuel 5,14-16) und Elisama und Nogah (1. Chronik 3,5-8). Da jeder ein Sohn Davids ist, beträgt für jeden zu diesem Zeitpunkt die mathematische Wahrscheinlichkeit $w = 1/19$, zur Heilslinie zu gehören. Erst die Prophetie aus 1. Chronik 28,5+7 schafft Eindeutigkeit – es wird *Salomo* sein: *»Unter allen meinen Söhnen (denn der Herr hat mir viele Söhne gegeben) hat er meinen Sohn* **Salomo** *erwählt, dass er sitzen soll auf dem Stuhl des Königreiches des Herrn über Israel … und will sein Königreich bestätigen ewiglich.«*

10. Die prophetischen Worte Gottes spitzen sich in Jesaja 7,14 auf eine einzige Person zu: eine Jungfrau: *»Siehe, eine* **Jungfrau** *ist schwanger und wird einen Sohn gebären, den wird sie heißen Immanuel.«* Die damaligen Empfänger dieser Botschaft haben die Aussagen wohl nicht erfassen können, denn Gott mutet ihnen etwas menschlich Unmögliches zu, *eine schwangere Jungfrau!* Auch Maria kann die Botschaft des Engels nicht fassen, wenn sie sagt: »*Wie soll das zugehen, da ich doch von keinem Manne weiß?*« (Lukas 1,34). Ihr wird die Antwort gegeben: »*Denn bei Gott ist kein Ding unmöglich*« (Lukas 1,37).

Wie wir gesehen haben, legt jede neue Prophetie mit zeitlichem Abstand ein neues Kettenglied in der Heilslinie fest. Nachdem die Heilslinie Glied um Glied bis zum Stammvater S_k durch Prophetie offenbart wurde, kann durch nichts gefolgert werden, welcher der Söhne des Stammbaumhalters S_k nun das nächste Glied S_{k+1} in der Heilslinie sein wird. Aus mathematischer Sicht gibt es je nach Anzahl der Söhne n des Stammbaumhalters S_k für jeden seiner Söhne die Wahrscheinlichkeit $w = 1/n$, den Stammbaum fortzusetzen. Erst durch die neue Prophetie wird das nächste Kettenglied S_{k+1} festgelegt. Damit haben wir die Ereignis-Unabhängigkeit aller Kettenglieder mit positivem Ergebnis überprüft.

Ein weiterer unbedingt zu bedenkender Aspekt bezüglich der Ereignis-Unabhängigkeit ist die Tatsache, dass die meisten Propheten in verschiedenen Jahrhunderten gelebt haben und sich darum nie persönlich begegnet sind.

A5.4 Ist die Theistische Evolution durch Naturgesetze widerlegbar?

Frage: *Sie haben gezeigt, dass die biologische Evolution in ihrer atheistischen Form durch die Naturgesetze der Universellen Information widerlegt werden kann. Nun gibt es eine theistische Variante, der leider nicht wenige Christen folgen, die besagt, dass Gott die Evolution benutzt habe, um das Leben zu erschaffen. Ist diese theistische Evolution ebenso wie in ihrer atheistischen Form durch einen harten Beweis widerlegbar?*

Antwort 1 – Naturgesetzliche Widerlegung: In Kapitel 8 hatten wir durch harte Beweise zeigen können, dass für die Herkunft des Lebens ein Urheber existieren muss (SF1) und dass dieser notwendigerweise allwissend (SF2) und allmächtig (SF3a) sein muss. Mit zunehmender Intelligenz x bei gleichzeitig vorhandener Macht verringert sich die

Zeit zur Lösung einer Aufgabe gemäß der Beziehung $1/x$. Bei unendlichem x wird die benötigte Zeit T gemäß dieser Hyperbelfunktion $T \sim 1/x$ zu Null. Da die theistische Evolution die Entstehungszeiten von Jahrmillionen aus der atheistischen Evolutionslehre entnimmt, steht sie im Widerspruch zu der o. g. Herleitung und ist somit widerlegt.

Antwort 2 – Biblische Widerlegungen: Zwei Widerlegungen seien hier aufgezeigt:

W1: Die in der theistischen Evolution übernommenen langen Zeiträume aus der atheistischen Version stehen im Widerspruch zu der biblisch bezeugten Gesamtschöpfungszeit von sechs Tagen: »*Denn in sechs Tagen hat der Herr Himmel und Erde gemacht und das Meer und alles, was darinnen ist*« (2. Mose 20,11). Nach den Überlegungen in A5.1.1 ist dies eine harte Widerlegung.

W2: Gemäß der von der atheistischen Evolutionslehre übernommenen Sichtweise bahnt sich das Leben mit einem ungeheuren Ausmaß an Schmerz, Leid und Tod den Weg zur Aufwärtsentwicklung. Das steht in deutlichem Widerspruch zur biblischen Lehre, wonach der Tod eine Folge der Sünde des fertig geschaffenen Menschen ist und darum kein Schöpfungsprinzip sein kann.

A5.5 Was ist das grundlegend Neue dieses Buches?

Einwand E4: *Die von Ihnen aufgestellten Naturgesetze der Information kann ich nicht als Naturgesetze akzeptieren, da Information eine nichtmaterielle Größe ist. Naturgesetze beziehen sich immer auf die Materie.*

Antwort auf E4: Der Einwand E4 ist durchaus nachvollziehbar. In den heutigen Wissenschaften ist der *Materialismus* und der *Methodische Atheismus* einseitig zum alles überragenden Paradigma erhoben worden. Weicht man von diesem Paradigma ab, gilt es, eine nicht unerhebliche gedankliche Hürde zu überspringen. Dem Frager zu **E4** mag es auch so ergangen sein.

Obwohl Wille, Bewusstsein und Information eindeutig nicht-materielle Größen sind, werden sie in den entsprechenden Wissenschaften ausschließlich in materialistisch orientierten Modellen gedeutet. So wird Information fast ausschließlich auf die *Shannonsche* Ebene reduziert (siehe Anhang A1.1).

Um Verwechslungen zu vermeiden, wurde zur Unterscheidung von allen sonstigen Situationen, bei denen man von Information spricht, der Begriff »**Universelle Information**« (UI) eingeführt. Bezüglich dieser UI werden in diesem Buch vier grundlegend neue Forschungsergebnisse vermittelt, die in den etablierten Wissenschaften bisher unbekannt sind:

1. Nachdem Information schon auf mancherlei Weise definiert wurde, wird hier erstmals eine umfassende Definition für UI geliefert, mit der spezifischen Eigenschaft, damit Naturgesetze der Information formulieren zu können.

2. Es wird der wissenschaftliche Nachweis erbracht (Kapitel 5.4), dass diese Information (UI) eine nicht-materielle Größe ist und keinesfalls der Materie zugeordnet werden kann.

3. Weiterhin erfährt der Leser etwas ganz Neuartiges: Auch für nicht-materielle Größen lassen sich Naturgesetze formulieren, die alle Qualitätsmerkmale aufweisen, die auch für die materiellen Naturgesetze (in Physik und Chemie) gültig sind (siehe Kapitel 4.3: *Das Wesen der Naturgesetze*). Dies gilt es, immer wieder herauszustellen und bewusst zu machen, weil hier wissenschaftliches Neuland bearbeitet wurde.

4. Besonders weitreichend sind dann auch die Schlussfolgerungen, die mithilfe der *Naturgesetze der Universellen Information* gezogen werden können (siehe Kapitel 8). Wie wir im Anhang A5.1.1 unter Punkt 2 zeigten, haben wir bei Aussagen, die auf Naturgesetze basieren, die stärkste wissenschaftliche Argumentation.

Das in diesem Buch vorgetragene Informations-Konzept wurde weltweit – in zahlreichen Ländern auf allen fünf Erdteilen – an Fachinstituten verschiedener Universitäten vorgetragen (siehe Anhang 6). Nirgendwo konnte jemand die vorgetragenen Naturgesetze der Universellen Information durch ein Gegenbeispiel widerlegen. Dies ist insofern von Bedeutung, da ein einziges Gegenbeispiel ausreicht, ein nur vermeintliches Naturgesetz zu Fall zu bringen.

In diesem Buch werden weiterhin zwei **Gottesbeweise** vorgestellt. Der erstere beruht auf einem Naturgesetz der Universellen Information (siehe Kapitel 8.3) und der andere betrachtet die erfüllten Prophetien aus der Sicht der mathematischen Wahrscheinlichkeitsrechnung (siehe Kapitel 9.3).

Schließlich wird gezeigt, dass auch das **Lebendige** eine nicht-materielle Größe ist (siehe Kapitel 6.3). Es wurde versucht, erste Naturgesetze des Lebendigen zu formulieren.

Anhang 6:
Wissenschaftliche Vorträge zur Theorie der Universellen Information

Immer wieder werde ich danach gefragt, wie lange ich dazu gebraucht habe, um die hier vorliegende Konzeption dieser naturgesetzlichen Informationstheorie auszuarbeiten, und ob ich die Ergebnisse vor Wissenschaftlern vorgetragen und diskutiert habe. Aus diesem Grunde soll diese Frage hier ausgiebig beantwortet werden.

Vor einem wissenschaftlichen Publikum habe ich die Grundidee erstmals unter der Überschrift »Ordnung und Information in Technik und Natur« während einer von mir organisierten zweitägigen Fachtagung vom 7. bis 8. Oktober 1981 vorgetragen. Es war das 37. PTB-Seminar mit dem Tagungstitel »Struktur und Information in Technik und Natur« in der Physikalisch-Technischen Bundesanstalt in Braunschweig. Alle neun Beiträge erschienen damals in einem Berichtsband [PTB-Bericht ATWD-18, 1981]. Später wurden die Vorträge in einem Buch mit dem folgenden Titel publiziert [G7]:

Am Anfang war die Information – Forschungsergebnisse aus Naturwissenschaft und Technik, Technischer Verlag Resch KG, Gräfelfing/München, 1982, 211 S. (vergriffen).

Im Laufe der Jahre habe ich das Konzept sehr oft vor Wissenschaftlern, insbesondere an den Fachinstituten verschiedener Universitäten im In- und Ausland vorgetragen. Das geschah **weltweit in allen fünf Erdteilen** mit verschiedenen Themenstellungen wie z. B.:

Deutsch:
- Information – die dritte Grundgröße neben Materie und Energie
- Naturgesetze über Information
- Information – eine fundamentale Größe in Naturwissenschaft und Technik
- Herkunft des Lebens aus der Sicht der Information

- Eine neue Antwort auf die Frage nach der Herkunft des Lebens – Was die Naturgesetze über Information aussagen –
- Widerlegung der Evolution durch Naturgesetze

Englisch:

- Information – A fundamental quantity in natural and technological systems
- Laws of Nature about Information
- Laws of Nature about Information – Information: A Fundamental Quantity in Science and Engineering

Spanisch:

- En el princípio existió la información – El origen de la Vida

Portugiesisch:

- No princípio era a informação

Polnisch:

- Na poczatku byla informacja

***Russisch** (umgesetzt in lateinischen Buchstaben):*

- Informazija – zentralnaja welitschina w prirode i technike, w lingwistike i biologii

Durch die vielen Diskussionen mit Wissenschaftlern verschiedener Fachrichtungen und all die erhaltenen Anregungen durch gezielte Fragen bin ich mehr und mehr zu der Gewissheit gelangt, dass es sich bei den Sätzen über Information in gleicher Weise um Naturgesetze handelt, wie wir sie aus den Bereichen Physik und Chemie her kennen (siehe hierzu Kapitel 4 und 5 dieses Buches).

In zeitlicher Reihenfolge sind hier nur die Vorträge an wissenschaftlichen Institutionen aufgeführt; die zahlreichen zusätzlichen Beiträge vor einem mehr öffentlichen Publikum sind hier nicht erwähnt:

[1] Braunschweig, Physikalisch-Technische Bundesanstalt, 8. Oktober 1981. (Das war die erste Präsentation der neuen Ideen zum Informationsbegriff vor einem wissenschaftlichen Publikum. Titel des Vortrags: »Ordnung und Information in Technik und Natur«. Publiziert 1981 in [G6] als PTB-Bericht PTB-ATWD-18 und 1982 in [G7] in Buchform.

[2] Münster, Bezirksverein Rhein-Ruhr des Verbandes Deutscher Elektrotechniker, November 1987.

[3] München, Institut für Rundfunktechnik GmbH, 20. Juni 1988.

[4] München, Bezirksverein Südbayern des Verbandes Deutscher Elektrotechniker, 15. März 1988.
[5] Mainz, Fernseh- und Kinotechnische Gesellschaft, 12. Oktober 1989.
[6] Stuttgart, Universität Stuttgart, Elektrotechnisches Kolloquium der Fakultät Elektrotechnik, 30. April 1991.
[7] Moskau (Russland), Skotschinski-Institut, Akademie der Wissenschaften, 14. Mai 1991.
[8] Kaiserslautern, Universität Kaiserslautern, Institut für Theoretische Elektrotechnik und Optische Nachrichtentechnik, 10. Dezember 1992.
[9] Johannesburg (Südafrika), University of the Witwatersrand, Institute of Electrical Engineers, 20. Februar 1992.
[10] Kapstadt (Südafrika), Cape Town University (CTU), Institute of Electrical Engineers, 5. März 1992.
[11] Kapstadt (Südafrika), University of Western Cape (UWC), Department of Computer Science, 10. März 1992.
[12] Karaganda (Kasachstan), Physikalisches Institut, Universität Karaganda, 14. April 1993.
[13] Karaganda (Kasachstan), Medizinisches Institut der Universität Karaganda, 14. April 1993.
[14] Karaganda (Kasachstan), Polytechnisches Institut Karaganda, 15. April 1993.
[15] Karaganda (Kasachstan), Universität Karaganda, Institut für Informationstechnik, 17. April 1993.
[16] Bischkek (Kirgisien), Technische Universität Bischkek, 20. April 1993.
[17] Bischkek (Kirgisien), Universität für Architektur und Bauwesen, 20. April 1993.
[18] Bischkek (Kirgisien), Universität Bischkek, Institut für Agrarwissenschaft, 21. April 1993.
[19] Bischkek (Kirgisien), Universität Bischkek, Medizinisches Institut, 22. April 1993.
[20] Moskau (Russland), Uniwersitet imeni Lomonosowa G. Moskwy (Lomonossow-Universität Moskau), 23. April 1993.
[21] Salzburg (Österreich), Universität Salzburg, 18. Oktober 1994.
[22] Königsberg (Russland), Mathematisch-Physikalische Fakultät der Universität in Kaliningrad (früher Königsberg), 9. Mai 1994.
[23] Pretoria (Südafrika), Department of Electrical and Electronic Engineering, University of Pretoria, 23. Februar 1995.
[24] Johannesburg (Südafrika), Randse Afrikaanse Universiteit Johannesburg, 28. Februar 1995.
[25] Windhoek (Namibia), University of Namibia, 16. März 1995.
[26] Wien (Österreich), Second Conference on the Foundations of Information – The Quest for a Unified Theory of Information. Vienna University of Technology (Österreich), 11. – 15. Juni 1996.
[27] Kaliningrad (Russland), Universität Kaliningrad (früher Königsberg), 21. Juni 1996.
[28] Vilnius (Litauen), Vilniaus Universitetas Mathematikos Fakultetas (Mathematische Fakultät der Universität Litauen), 24. Juni 1996.
[29] Böblingen, IBM Deutschland Entwicklung GmbH, DIE-Kolloquium, Böblingen, 6. Februar 1997.
[30] Brisbane (Australien), Queensland University of Technology, Faculty of Information Technology, 11. April 1997.
[31] Perth (Australien), Department of Computer Science, Curtin University of Technology, 21. April 1997.
[32] Perth (Australien), School of Physical Science, Engineering and Technology, Murdoch University, 22. April 1997.
[33] Adelaide (Australien), The University of Adelaide, Department of Physics and Mathematical Physics, 24. April 1997.
[34] Melbourne (Australien), La Trobe University, Bundora/Melbourne, School of Electronic Engineering, Faculty of Science and Technology, 29. April 1997.
[35] Melbourne (Australien), The University of Melbourne, School of Physics and Department of Electrical and Electronic Engineering, 30. April 1997.
[36] Ballarat (Australien), University of Ballarat, School of Information Technology and Mathematical Sciences, 1. Mai 1997.
[37] Melbourne (Australien), Monash University, Department of Software Development and Computer Technology, Faculty of Computing and Information Technology, 2. Mai 1997.
[38] Hobart (Tasmanien, Australien), University of Tasmania, Department of Electrical and Electronic Engineering, 5. Mai 1997.

[39] Sydney (Australien), University of Technology, School of Computing Sciences, 7. Mai 1997.
[40] Sydney (Australien), University of Sydney, Department of Computer Science, 9. Mai 1997.
[41] Canberra (Australien), University of Canberra, Faculty of Information Sciences and Engineering, 13. Mai 1997.
[42] Braunschweig, Physikalisch-Technische Bundesanstalt, PTB-Kolloquium, 18. Juni 1997.
[43] Kapalua, Maui (Hawaii, USA), Pacific Symposium on Biocomputing, 4. – 9. Januar 1998.
[44] Lissabon/Lisboa (Portugal), Universidade Lisboa (Universität Lissabon), 18. September 1998.
[45] Porto (Portugal), Universidade Lusíada Porto (Universität Porto), 19. September 1998.
[46] München, Verein Deutscher Ingenieure, 12. Dezember 1998.
[47] Johannesburg (Südafrika), University of Witwatersrand, Department of Electrical and Electronic Engineering, 2. März 1999.
[48] Pietersburg – seit 2005 Polokwane (Südafrika), Library of Pietersburg, 3. März 1999.
[49] Pietersburg – seit 2005 Polokwane (Südafrika), University of the North, Faculty of Mathematics and Natural Sciences, 4. März 1999.
[50] Pretoria (Südafrika), University of Pretoria, Department of Electrical and Electronic Engineering, 5. März 1999.
[51] Durban (Südafrika), Glenwood High School, 11. März 1999.
[52] Durban (Südafrika), George Campbell Technical High School, 12. März 1999.
[53] Durban (Südafrika), University of Natal, 12. März 1999.
[54] Stellenbosch (Südafrika), University of Stellenbosch, Department of Mechanical Engineering, 18. März 1999.
[55] Windhoek (Namibia), University of Namibia, 25. März 1999.
[56] Kattowitz/Katowice (Polen), Uniwersytet Śląski w Katowicach (Schlesische Universität Kattowitz), 9. Mai 2000.
[57] Warschau/Warszawa (Polen), Szkola Glowna Handlowa, Uniwersytet Warszawa (Universität Warschau), 10. Mai 2000.
[58] Portland (Oregon, USA), Portland University, 14. September 2000.
[59] Los Alamos (New Mexico, USA), Los Alamos National Laboratory, 16. September 2000.
[60] Columbia (Missouri, USA), University of Missouri-Columbia, 19. September 2000.
[61] Columbus (Ohio, USA), Ohio State University, 20. September 2000.
[62] State College (Pennsylvania, USA), University Park, Pennsylvania State University, 25. September 2000.
[63] Christchurch (Neuseeland), University of Canterbury, Maths and Computer Science Department, 7. März 2001.
[64] Christchurch (Neuseeland), University of Canterbury, Department of Electrical and Electronic Engineering, 9. März 2001.
[65] Dunedin (Neuseeland), University of Otago, 13. März 2001.
[66] Palmerston North (Neuseeland), Massey University, Department of Information Sciences and Technology, 16. März 2001.
[67] Hamilton (Neuseeland), University of Waikato, Department of Physics and Electronic Engineering, 21. März 2001.
[68] Auckland (Neuseeland), University of Auckland, Department of Computer Science, 26. März 2001.
[69] Auckland (Neuseeland), University of Auckland, Department of Chemical and Materials Engineering, 27. März 2001.
[70] Fernheim (Paraguay, Chaco), Lehrerkonferenz im Chaco, 17. August 2001.
[71] Brest (Weißrussland), Universität Brest, Pädagogisches Institut, 2. September 2002.
[72] Brest (Weißrussland), Universität Brest, Mathematisches Institut, 3. September 2002.
[73] Minsk (Weißrussland), Belorussian Engineering Academy Minsk (Weißrussische Ingenieurakademie), 6. September 2002.
[74] Pinsk (Weißrussland), Pinskij Wysschij Bankowskij Kolledsch (Fachhochschule und Universität zur Ausbildung von Bankiers in Pinsk), 10. September 2002.
[75] Asunción (Paraguay), Universidad Nacional de Asunción, 18. August 2004.
[76] Curitiba (Brasilien), Universidade Federal do Paraná, Setor de Ciências Biológicas, Departamento de Genética (Universität Curitiba, Biologische Wissenschaften, Abteilung Genetik), 8. März 2005.

[77] Posen/Poznań (Polen), Universität Posen, 18. Mai 2006.
[78] Elbing/Elbląg (Polen), Panstwowa Wyzsza Szkola Zawodowa w Elblagu (Universität Elbing, Polytechnisches Institut), 20. Mai 2005.
[79] Danzig/Gdansk (Polen), Technische Hochschule Danzig, 24. Mai 2005.
[80] Karaganda (Kasachstan), Technische Universität, 5. Mai 2006.
[81] Temirtau (Kasachstan), Medizinisches Kolleg, 10. Mai 2006.
[82] Karaganda (Kasachstan), Pharmazeutisches Institut der Universität, 12. Mai 2006.
[83] Karaganda (Kasachstan), Medizinische Akademie, 12. Mai 2006.
[84] Karaganda (Kasachstan), Kasachisch-Russische Universität, Lehrstuhl für Informatik, 15. Mai 2006.
[85] Coronel Oviedo (Paraguay), Universität, 21. August 2006.
[86] Asunción (Paraguay), Universität Asunción, Politécnica, 22. August 2006.
[87] Asunción (Paraguay), UCSA Universität, 23. August 2006.
[88] Encarnación (Paraguay), Universität Encarnación, Interfacultades (UNI), 24. August 2006.
[89] Caaguazú (Paraguay), UTCD (Universidad Técnica de Comercialización y Desarrollo), 26. August 2006.
[90] Simferopol (Krim/Ukraine), Commonwealth International University, 14. Mai 2007.
[91] Simferopol (Krim/Ukraine), Fakultet Informatika, Crimean Industrial-Pedagogical University, Simferopol, 15. Mai 2007.
[92] Astana (Kasachstan), S. Seifullin Kazakh Agrotechnical University, 5. Mai 2008.
[93] Petropawlowsk (Kasachstan), Sewero-Kasachstanskij Gosudarstwennyj Uniwersitet (Universität Petropawlowsk), 7. Mai 2008.
[94] Kokschetau (Kasachstan), Kokschetauskij Uniwersitet imeni Abaja Mürsachmetowa (Universität Kokschetau), 8. Mai 2008.
[95] Karaganda (Kasachstan), Karagandinskij Medizinskij Kolledsch, 12. Mai 2008.
[96] Karaganda (Kasachstan), Karagandinskaja Gosudarstwennaja Medizinskaja Akademija (Medizinische Akademie von Karaganda), 14. Mai 2008.
[97] Karaganda (Kasachstan), Karagandinskij Universitet Bisnesa, Urawlenija i Prawa (Universität Karaganda), 15. Mai 2008.
[98] Tokio (Japan), Tokyo University, Institute of Technology, Precision and Intelligence, 6. Juni 2008.
[99] Tokio (Japan), Wasedo University, 7. Juni 2008.
[100] Kyoto (Japan), Ichinotsubo Kusauchi Kyotanabe Kyoto, 12. Juni 2008.
[101] Nagoya (Japan), Nagoya University, 14. Juni 2008.
[102] Chitose (Japan), Chitose Institute of Science and Technology, 16. Juni 2008.
[103] Sapporo (Japan), Hokkaido University, 17. Juni 2008.
[104] Sapporo (Japan), University of Agriculture, 18. Juni 2008.
[105] Tokio (Japan), Aoyama Gakeun University, 25. Juni 2008.
[106] Yokohama (Japan), Toyo Eiwa Jogakin University, 25. Juni 2008.
[107] Tokio (Japan), Sophia University, 26. Juni 2008.
[108] Hannover, Technische Universität Hannover, 23. Oktober 2008.
[109] Wien (Österreich), Technische Universität, 16. März 2009.
[110] Danzig/Gdansk (Polen), Technische Universität, 12. Juni 2009.
[111] verschiedene Städte in Bulgarien, 16. bis 24. August 2010.
[112] Jena, Friedrich-Schiller-Universität Jena, 14. Oktober 2010.
[113] Bielefeld, Universität Bielefeld, 30. Januar 2011.
[114] New York (New York, USA), Cornell University, 31. Mai bis 3. Juni 2011.
[115] Szeged (Ungarn), Universität Szeged, 20. September 2014.
[116] Debrecen (Ungarn), Universität Debrecen, 23. September 2014.
[117] Miskolc (Ungarn), Universität Miskolc, 24. September 2014.
[118] Budapest (Ungarn), Technische Universität Budapest, 25. September 2014.
[119] Budapest (Ungarn), Corvinus Universität, 26. September 2014.
[120] Regensburg, Universität Regensburg, 20. November 2014.
[121] Lüneburg, Leuphana Universität Lüneburg, 18. Mai 2015.
[122] Chemnitz, Technische Universität Chemnitz, 10. Juni 2015.

Literaturverzeichnis

Hinweis: Neuere Literatur wird weitgehend in den Fußnoten der entsprechenden Kapitel genannt.

[A1] Attenborough, D.: Das Leben auf unserer Erde – Vom Einzeller zum Menschen, Wunder der Evolution. Paul Parey Verlag, Hamburg und Berlin, 1979, 320 S.

[B1] BAM: Informationsversorgung – neue Möglichkeiten in der Bundesanstalt für Materialforschung BAM-Information 6/81

[B2] Batten, D., Ham, K., Sarfati, J., Wieland, C.: Fragen an den Anfang – Die Logik der Schöpfung Christliche Literatur-Verbreitung, Bielefeld 5. Auflage 2018, 281 S.

[B3] Blechschmidt, E.: Die pränatalen Organsysteme des Menschen Hippokrates Verlag Stuttgart, 1973, 184 S.

[B4] Bleeken, S.: Welches sind die existentiellen Grundlagen lebender Systeme? Naturwissenschaften 77, 277-282 (1990)

[B5] Born, M.: Symbol und Wirklichkeit I Physikalische Blätter 21 (1965), S. 53-63

[B6] Borstnik, B. et al.: Point Mutations as an Optimal Search Process in Biological Evolution. J. theor. Biol. (1987) 125, S. 249-268

[B7] Broda, E.: Erfindungen der lebenden Zelle – Zwölf epochale bisher nicht nachgeahmte Prinzipien –. Naturwiss. Rundschau 31 (1978), S. 356-363

[B8] Buck, J. B.: Synchronous flashing of fire flies experimentally produced Science 81 (1935), S. 339-340

[C1] Chaitin, G. J.: Randomness and mathematical proof Scientific American 232 (1975), S. 47-52

[D1] Dake, F. J.: Dake's Annotated Reference Bible Dake Bible Sales, Inc., PO Box 173, Lawrenceville, Georgia 30245, 1961

[D2] Dawkins, R.: Der blinde Uhrmacher – Ein Plädoyer für den Darwinismus – Kindler-Verlag, München, 1987, 384 S.

[D3] Dembski, W. A.: No Free Lunch – Why Specified Complexity Cannot Be Purchased without Intelligence –, Rowman & Littlefield Publishers, Inc., Lanham, Boulder, New York, Oxford, 2002, 404 S.

[D4] Dose, K.: Die Ursprünge des Lebens (Tagungsbericht über den ISSOL-Kongress in Mainz vom 10. bis 15. Juli 1983), Nachr. Chem. Techn. Lab. 31 (1983), Nr. 12, S. 968-969

[D5] Dröscher, V. B.: Überlebensformel dtv-Taschenbuch, 2. Auflage 1982, 329 S.

[D6] de Duve, Chr.: Vital Dust. Basic Books, 1995, 362 S.

[E1] Eichelbeck, R.: Das Darwin-Komplott – Aufstieg und Fall eines pseudowissenschaftliches Weltbildes – Riemann Verlag (Bertelsmann), 1. Auflage 1999, 380 S.

[E2] Eigen, M.: Selforganisation of Matter and the Evolution of Biological Macromolecules Naturwissenschaften 58 (1971), S. 465-523

[E3] Eigen, M.: Stufen zum Leben – Die frühe Evolution im Visier der Molekularbiologie – Piper-Verlag, München, Zürich, 1987, 311 S.

[F1] Feynman, R. P.: Vom Wesen physikalischer Gesetze
Piper-Verlag, München, Zürich, 2. Auflage 1993, 216 S.

[F2] Fischer Der Fischer Weltalmanach 2001 – Zahlen, Daten, Fakten –
Fischer Taschenbuch Verlag, Frankfurt/M., Okt. 2000, 1407 S.

[F3] Flechtner, H.-J.: Grundbegriffe der Kybernetik
Wissenschaftliche Verlagsgesellschaft mbH,
4. Auflage 1969, 423 S.

[F4] Forrest, S.: Genetic Algorithms: Principles of Natural Selection Applied to Computation Science, Vol. 261, 13. August 1993, S. 872-878

[F5] Fricke, J.: Biomasse
Physik in unserer Zeit 15 (1984), H. 4, S. 121-122

[G1] Gallager, R. G.: Claude E. Shannon: A Retrospective on His Life, Work, and Impact. IEEE Transactions on Information Theory, Vol. 47, No. 7, 7. November 2001

[G2] Gierer, A.: Die Physik und das Verständnis des Lebendigen
Universitas 36 (1981), S. 1283-1293

[G3] Gilbert, W.: DNA-Sequenzierung und Gen-Struktur (Nobel-Vortrag)
Angewandte Chemie 93 (1981), S. 1037-1046

[G4] Gipper, H.: Sprache als In-formation (Geistige Prägung)
in: O. G. Folberth, C. Hackl (Hrsg.): Der Informationsbegriff in Technik und Wissenschaft
R. Oldenbourg Verlag, München, Wien, 1986, S. 257-298

[G5] Gitt, W.: Information und Entropie als Bindeglieder diverser Wissenschaftszweige, PTB-Mitt. 91 (1981), S. 1-17

[G6] Gitt, W.: Ordnung und Information in Technik und Natur
in: W. Gitt (Hrsg.), Struktur und Information in Technik und Natur
(Vorträge des 37. PTB-Seminars, 7. bis 8. Oktober 1981)
PTB-ATWD-18, 1981, S. 165-204

[G7] Gitt, W. (Hrsg.): Am Anfang war die Information
– Forschungsergebnisse aus Naturwissenschaft und Technik –
Resch-Verlag, Gräfelfing/München, 1982, 211 S.

[G8] Gitt, W.: Ein neuer Ansatz zur Bewertung von Information
– Beitrag zur semantischen Informationstheorie –
in: H. Kreikebaum et al. (Hrsg.), Festschrift Ellinger,
Verlag Duncker & Humblot, Berlin, 1985, S. 210-250

[G9] Gitt, W.: »Künstliche Intelligenz« – Möglichkeiten und Grenzen –
PTB-Bericht TWD-34, 1989, 43 S.

[G10] Gitt, W.: Information – die dritte Grundgröße neben Materie und Energie,
Siemens-Zeitschrift (1989), H. 4, S. 2-8

[G11] Gitt, W.: Naturgesetze über Information. Jahresbericht 1996 der Physikalisch-Technischen Bundesanstalt in Braunschweig, S. 280, ISSN 0340-4366, März 1997

[G12] Gitt, W.: Neues Maß zum Vergleich hoher Speicherdichten.
Jahresbericht 1997 der Physikalisch-Technischen Bundesanstalt in Braunschweig, S. 307, ISSN 0340-4366, März 1998

[G13] Gitt, W.: Ist Information eine Eigenschaft der Materie?
Westdeutscher Verlag, EuS 9 (1998), H. 2, S. 205-207

[G14] Gitt, W.: In the Beginning was Information. 3rd English Edition 2001,
Christliche Literatur-Verbreitung, Bielefeld, 256 S.,
ISBN 3-89397-255-2

[G15] Gitt, W.: Zur Präzisierung des Informationsbegriffs
Westdeutscher Verlag, EuS 12 (2001), H. 1, S. 22-24

[G16] Gitt, W.: In 6 Tagen vom Chaos zum Menschen – Logos oder Chaos –
Aussagen und Einwände zur Evolutionslehre
7. aktualisierte Auflage 2007, Hänssler-Verlag, Holzgerlingen, 238 S.

[G17] Gitt, W.: Das biblische Zeugnis der Schöpfung
7. Auflage 2000, Hänssler-Verlag, Holzgerlingen, 188 S.

[G18] Gitt, W.: So steht's geschrieben – Zur Wahrhaftigkeit der Bibel – Christliche Literatur-Verbreitung, Bielefeld 8. überarbeitete Auflage 2011, 255 S.

[G19] Gitt, W.: Fragen, die immer wieder gestellt werden Christliche Literatur-Verbreitung, Bielefeld 26. Auflage 2018, 192 S.

[G20] Gitt, W.: Schuf Gott durch Evolution? Christliche Literatur-Verbreitung, Bielefeld, 10. Auflage 2019, 160 S.

[G21] Gitt, W.: Wenn Tiere reden könnten Christliche Literatur-Verbreitung, Bielefeld 18. Auflage 2018, 126 S.

[G22] Gitt, W.: Signale aus dem All – Wozu gibt es Sterne? Christliche Literatur-Verbreitung, Bielefeld 5. Auflage 2007, 222 S.

[G23] Gitt, W.: Zeit und Ewigkeit Christliche Literatur-Verbreitung, Bielefeld 4. Auflage 2011, 155 S.

[G24] Gitt, W.: Faszination Mensch Christliche Literatur-Verbreitung, Bielefeld 4. Auflage 2019, 155 S.

[G25] Gitt, W.: Und die anderen Religionen? Christliche Literatur-Verbreitung, Bielefeld 13. Auflage 2020, 176 S.

[G26] Gitt, W.: Wunder und Wunderbares Christliche Literatur-Verbreitung, Bielefeld 2. verbesserte Auflage 2007, 319 S.

[G27] Gitt, W.: Schatzsucher Christliche Literatur-Verbreitung, Bielefeld 2. Auflage 2014, 351 S.

[G28] Gitt, W.: Schatzfinder Christliche Literatur-Verbreitung, Bielefeld 1. Auflage 2014, 349 S.

[G29] Gitt, W.: Das sonderbarste Schiff der Weltgeschichte (Berechnungen zur Arche Noah) Zeitschrift Fundamentum, Immanuel-Verlag, STH Basel, CH-4125 Riehen, Sonderdruck, 2. Auflage 2002, 50 S.

[G30] Gitt, W., Compton, R., Fernandez, J.: Biological Information – What is It? In: Biological Information – New Perspectives Preceedings of a Symposium held May 31 through June 3, 2011 at Cornell University (New York).Veröffentlicht in dem Buch »Biological Information – New Perspectives«, Robert J. Marks II, Michael J. Behe, William A. Dembski, Bruce L. Gordon, John C. Sanford (Hrsg.), World Scientific Publishing C. Pte. Ltd., New Jersey, London, Singapore, Beijing, Shanghai, Hong Kong, Taipei, Chennai, 2013, 563 S.

[G31] Gitt, W.: Am Anfang war die Information Hänssler-Verlag, Holzgerlingen, 3. Auflage 2002, 360 S.

[G32] Gitt, W.: Scientific laws of information and their implications – part 1. Journal of Creation 23(2):96-102, 2009. Scientific laws of information and their implications – part 2. Journal of Creation 23(2):103-109, 2009.

[G33] Goel, N. S., Thompson, R. L.: Computer Simulations of Self-Organization in Biological Systems. Croom Helm Ltd, Beckenham, Kent BR3 1AT, 1988

[G34] Guinness: Das neue Guinness Buch der Rekorde 1994 Ullstein Verlag Berlin, 1993, 368 S.

[H1] Halstead, B.: Popper: good philosophy, bad science?
New Scientist, 17. Juli 1980, S. 215-217

[H2] Heribert-Nilsson, N.: Synthetische Artbildung – Grundlinien einer exakten Biologie
Verlag CWK Gleerup, Lund, Schweden, 1303 S.

[H3] Heschl, A.: Das intelligente Genom
Springer Verlag, Berlin, Heidelberg, 1998, 391 S.

[H4] Horgan, J.: An den Grenzen des Wissens
– Siegeszug und Dilemma der Naturwissenschaften –
Fischer-Taschenbuch, Frankfurt/M, 2000, 463 S.

[H5] Hoyle, F.: The Big Bang in Astronomy
New Scientist 19 (1981), S. 521-527

[J1] Janich, P.: Informationsbegriff und methodisch-kulturalistische Philosophie
Westdeutscher Verlag, EuS 9 (1998), Heft 2, S. 169-182

[J2] Jones, E. S.: Das frohmachende Ja
– Das Vermächtnis des bekannten Missionars und Evangelisten –
Christliches Verlagshaus GmbH, Stuttgart, 1975, 95 S.

[J3] Junker, R., Scherer, S.: Evolution – Ein kritisches Lehrbuch
Weyel Biologie, 7. Auflage 2013, 368 S.

[K1] Kaplan, R. W.: Der Ursprung des Lebens
dtv Georg Thieme Verlag, Stuttgart, 1. Auflage 1972, 318 S.

[K2] Kessler, V.: Ist die Existenz Gottes beweisbar?
– Neuere Gottesbeweise im Licht der Mathematik,
Informatik, Philosophie und Theologie –
Brunnen-Verlag, Gießen, 1999, 125 S.

[K3] Knippers, R.: Molekulare Genetik
Thieme Verlag, Stuttgart, New York
7. Auflage 1997, 508 S.

[K4] Kreeft, P.: Three Philosophies of Life. Ignatius Press, 1989, 140 S.

[K5] Küppers, B.-O.: Der Ursprung biologischer Information
– Zur Naturphilosophie der Lebensentstehung –
Piper-Verlag, München, Zürich, 1986, 319 S.

[K6] Küppers, B.-O.: Leben = Physik + Chemie?
Piper-Verlag, München, Zürich, 2. Auflage 1990, 256 S.

[K7] Kuhn, H.: Selbstorganisation molekularer Systeme und
die Evolution des genetischen Apparats
Angewandte Chemie 84 (1972), S. 838-861

[L1] Lehninger, A. L.: Bioenergetik
Georg Thieme Verlag, Stuttgart, 1974, 261 S.

[L2] Lexikon der Biologie: Lexikon der Biologie in 9 Bänden
Spektrum Akademischer Verlag, Heidelberg, Berlin, Oxford, 1994

[L3] Lwoff, A.: Virus, Zelle, Organismus
Angewandte Chemie 78 (1966), S. 689-724

[M1] Matthies, H.: Satellitenfernsehen ist Fingerzeig Gottes
Christen in der Wirtschaft (1986). H. 1, S. 7-9

[M2] Meixner, J.: Die Thermodynamik irreversibler Prozesse
Physikalische Blätter 16 (1960), S. 506-511

[M3] Meschkowski, H.: Mathematiker-Lexikon
Bibliographisches Institut, Mannheim, Wien, Zürich, B.
I.-Wissenschaftsverlag,
3. überarbeitete und ergänzte Auflage 1980, 342 S.

[M4] Meyer, S. C.: DNA and the Origin of Life: Information, Specification, and Explanation
http/www.discovery.org/articleFiles/PDFs/DNAPerspectives.pdf,
2002, 44 S.

[M5] Minibibel: Die kleinste Bibel der Welt auf einem Dia
Zu beziehen: Ernst Paulus Verlag, Haltweg 23,
67434 Neustadt/Weinstraße

[M6] Mohr, H.: Der Begriff der Erklärung in Physik und Biologie
Naturwissenschaften 65 (1978), S. 1-6

[M7] Monod, J.: Zufall und Notwendigkeit
– Philosophische Fragen der modernen Biologie –
dtv-Verlag, 3. Auflage 1977

[O1] Ohta, T.: A Model of Evolution for Accumulating Genetic Information
J. theor. Biol. (1987) 124, S. 199-211

[O2] Osawa, S. et al.: Recent Evidence for Evolution of the Genetic Code
Microbiological Reviews, März 1992, S. 229-264

[O3] Osche, G.: Die Vergleichende Biologie und die Beherrschung der Mannigfaltigkeit
Biologie in unserer Zeit 5 (1975), S. 139-146

[P1] Peierls, R. E.: Wo stehen wir in der Kenntnis der Naturgesetze?
Physikalische Blätter (19) 1963, S. 533-539

[P2] Peil, J.: Einige Bemerkungen zu Problemen der Anwendung des Informationsbegriffs in der Biologie
Teil I: Der Informationsbegriff und seine Rolle im Verhältnis zwischen Biologie, Physik und Kybernetik, S. 117-128
Teil II: Notwendigkeit und Ansätze zur Erweiterung des Informationsbegriffs, S. 199-213
Biometrische Zeitschrift Bd. 15 (1973)

[P3] Penzlin, H.: Ordnung – Organisation – Organismus
– Zum Verhältnis zwischen Physik und Biologie –
Akademie-Verlag Berlin, 1988, 32 S.

[P4] Planck, M.: Vorträge und Erinnerungen
S. Hirzel-Verlag, Stuttgart, 1949

[P5] P. M. Perspektive: Das Wunder der Evolution
C 7382 F, Heft 96/044, 1996

[R1] Rentschler, W.: Die Erhaltungsgesetze der Physik
Physikalische Blätter 22 (1966), S. 193-200

[R2] Ripota, P.: Was Charles Darwin uns alles verheimlichte
P. M. Peter Moosleitners Magazin – die moderne Welt des Wissens, H. 4/2002, S. 22-29

[R3] Rokhsar, D. S. et al.: Self-Organisation in Prebiological Systems:
Simulations of a Model for the Origin of Genetic Information
Journal of Molecular Evolution (1986) 23, S. 119-126

[R4] Ropohl, G.: Der Informationsbegriff im Kulturstreit
Westdeutscher Verlag, EuS 12 (2001), H. 1, S. 3-14

[R5] Rüppell, G.: Vogelflug
Rowohlt Taschenbuch Verlag GmbH, 1980, 209 S.

[S1] Sachsse, H.: Die Stellung des Menschen im Kosmos in der Sicht der Naturwissenschaft
Herrenalber Texte HT33, »Mensch und Kosmos«, 1981, S. 93-103

[S2] Salomonsen, F.: Vogelzug
Aus der Serie: Moderne Biologie
BLV München, Basel, Wien, 1969, 210 S.

[S3] Schäfer, E.: Das menschliche Gedächtnis als Informationsspeicher
Elektronische Rundschau 14 (1960), S. 79-84

[S4] Scherer, S.: Photosynthese
– Bedeutung und Entstehung – ein kritischer Überblick.
WORT UND WISSEN-Fachberichte, Bd. 1, Hänssler-Verlag, Neuhausen-Stuttgart, 1983, 74 S.

[S5] Schneider, H.: Der Urknall
Zeitschrift factum (1981), Nr. 3, S. 26-33

[S6] Schrödinger, E.: Was ist Leben?
Piper-Verlag, München, Zürich, 5. Auflage 2001

[S7] Shannon, C. E., Weaver, W.: The Mathematical Theory of Communication
Urbana (USA), University Press 1949

[S8] Sösemann, F.: Information, physikalische Entropie und Objektivität
Wiss. Zeitschrift der Techn. Hochschule
Karl-Marx-Stadt 17 (1975), S. 117-122

[S9] Spurgeon, C. H.: Das Buch der Bilder und Gleichnisse
– 2000 der besten Illustrationen –
J. G. Oncken-Verlag, Kassel, 1900, 731 S.

[S10] Spurgeon, C. H.: Es steht geschrieben
– Zwei kämpferische Predigten über die Bedeutung der Bibel –
Christliche Literatur-Verbreitung, Bielefeld,
überarbeitete Auflage 2015, 144 S.

[S11] Steinbuch, K.: Falsch programmiert
Deutscher Bücherbund, Stuttgart, Hamburg, 1968, 251 S.

[S12] Strombach, W.: Philosophie und Informatik
Forschungsbericht Nr. 122 der Abteilung Informatik, Universität Dortmund, 31 S.

[T1] Theimer, W.: Was ist Wissenschaft?
Uni-Taschenbücher 1352,
Francke Verlag Tübingen, 1985, 163 S.

[V1] Vollmert, B.: Das Molekül und das Leben
– Vom makromolekularen Ursprung des Lebens und der Arten: Was Darwin nicht wissen konnte und Darwinisten nicht wissen wollen –
Rowohlt-Verlag, 1985, 256 S.

[V2] Völz, H.: Information II
Akademie-Verlag, Berlin, 1983, 367 S.

[V3] Völz, H.: Information verstehen. Vieweg Verlag, 1994, 184 S.

[W1] Weibel, E. R.: Morphometry of the Human Lung
Springer Verlag, Berlin, 1973

[W2] v. Weizsäcker, E.: Offene Systeme I
– Beiträge zur Zeitstruktur von Information,
Entropie und Evolution –
Ernst Klett Verlag, Stuttgart, 1974, 370 S.

[W3] Wieland, C.: Superbugs – Not super after all. Why drug-resistant germs in hospitals don't show that Darwin was right.
Creation ex nihilo, Vol. 20, No. 1, S. 10-13, 1998

[W4] Wieland, W.: Möglichkeiten und Grenzen der Wissenschaftstheorie
Angewandte Chemie 93 (1981), S. 627-634

[W5] Wiener, N.: Kybernetik
– Regelung und Nachrichtenübertragung in Lebewesen und Maschinen –
Rowohlt Verlag, 1968, 252 S.

[W6] Wills, P. R.: Scrapie, Ribosomal Proteins and Biological Information
J. theor. Biol. (1986) 122, S. 157-178

[W7] Wuketits, F. M.: Biologie und Kausalität
Verlag Paul Parey, Berlin und Hamburg, 1981, 165 S.

[X1] -: Das neue Internationale Einheitensystem (SI), Physikalisch-Technische Bundesanstalt, 38116 Braunschweig. Stand: 5/2020

[X2] -: Energie aus Sonne und Wind: Raum nicht in der kleinsten Hütte
Zeitschrift »tag+nacht« der Stadtwerke Braunschweig, IV 1983, S. 3

[Y1] Yockey, H. P.: Self Organisation, Origin of Life Scenarios
and Information Theory
J. theor. Biology 91 (1981), S. 13-31

[Z1] Zuse, H.: Software Complexity – Measures and Methods
Walter de Gruyter, Berlin, New York, 1991, 605 S.

Stichwortverzeichnis

Namensverzeichnis

Autor

Werner Gitt wurde am 22. Februar 1937 in Raineck in Ostpreußen geboren. Von 1963 bis 1968 absolvierte er ein Ingenieurstudium an der Technischen Hochschule Hannover, das er als Dipl.-Ing. abschloss. Von 1968 bis 1971 war er Assistent am Institut für Regelungstechnik der Technischen Hochschule Aachen. Nach zweijähriger Forschungsarbeit wurde er zum Dr.-Ing. mit *summa cum laude* promoviert. Gleichzeitig mit der Promotion verlieh die TH Aachen ihm die Borchers-Plakette.

Von 1971 bis 2002 leitete er den Fachbereich »Informationstechnologie« bei der Physikalisch-Technischen Bundesanstalt (PTB) in Braunschweig. Er wurde 1978 zum Direktor und Professor bei der PTB ernannt. Er hat sich mit wissenschaftlichen Fragestellungen aus den Bereichen Informatik, numerische Mathematik und Regelungstechnik beschäftigt und die Ergebnisse in zahlreichen wissenschaftlichen Originalarbeiten publiziert.

1990 gründete er die »Fachtagung Informatik«, zu der jährlich etwa 150 Teilnehmer anreisen. 2022 übergab er die Leitung an Prof. Dr. *Eduard Siemens.* Ziel der Tagung ist es, biblische Leitlinien mit wissenschaftlichen Fragestellungen – besonders im Bereich der Informationswissenschaften – zu verbinden. Von 1984 bis 2016 vertrat er das Gebiet »Bibel und Naturwissenschaft« als Gastdozent an der »Staatsunabhängigen Theologischen Hochschule Basel (STH Basel)«. Er hat zahlreiche Vorträge in Ländern aller fünf Kontinente gehalten. Seit 1966 ist er mit seinen lieben Frau *Marion* verheiratet. Sie sind dankbar für ihre Kinder *Carsten* und *Rona* mit ihren Ehepartnern und den drei Enkeln *Silas*, *Lina* und *Samuel.*

Homepage von Werner Gitt: www.wernergitt.de

Dort sind zu finden:

- Liste der aktuellen Vortragstermine
- Aufsätze und Bücher in verschiedenen Sprachen zum Herunterladen
- farbig gestaltete Kleinschriften mit 8 oder 10 Seiten (z. B. »Wie komme ich in den Himmel?«, »Wer ist der Schöpfer?«, »Wunder der Bibel«, »Was Darwin noch nicht wissen konnte«, »… und Er existiert doch«, »Krippe, Kreuz und Krone«, »Reise ohne Rückkehr«, »Die größte Einladung«, »Die Erde – ein außergewöhnlicher Planet«, »Widerlegung der Evolution durch Naturgesetze«, »Der Mensch – eine geniale Konstruktion«, »Warum gibt es so viel Leid und den Tod in der Welt«, »Bionik: Lernen von den Ideen Gottes«, »Der Gottesbeweis durch die Naturkonstanten«, »Wahn oder Wirklichkeit: Die Auferstehung Jesu Christi«, »Der Urknall kommt zu Fall«) zum Herunterladen in etwa 70 Sprachen oder zum Bestellen unter info@bruderhand.de.